National Association for the Study
of Educational Methods

日本教育方法学会 編

教育方法学辞典

学文社

まえがき

　教育方法学は，多方面の教育実践領域の意味をどう理解するか，よりよい実践をどうつくり出すかを，多様な観点から理論的・実践的にアプローチしてきた。一つの実践領域で始まった研究が別の領域に広がっていくこともあったし，特定の領域で深化していくこともあった。その際，教育実践は社会的政治的な影響を受けるだけでなく，科学・技術の進展の影響を受けて，その実践形態を良くも悪くも更新し続けてきた。しかし，教育方法学は，関連する学問分野の研究と実践から学ぶだけでなく，さまざまな影響を与えてもきた。そうした交錯と交流の中で，教育実践の世界で長く流通する言葉だけでなく，新たな言葉が生まれることもあった。従来からの言葉の意味を引き継ぎつつ，新たな意味を重ねていくこともあった。学としての専門用語といえど，ゆらぎや変遷は避けられない。

　そこで，教育方法学の各分野において，現在の時点からある程度流通する用語を取りだして概念の整理を主たる目的に，『教育方法学辞典』を日本教育方法学会創立60周年事業の一つとして編むこととした。1964年に結成された本学会は，この間に類書として『現代教育方法事典』（図書文化，2004年），『教育方法学研究ハンドブック』（学文社，2014年）を刊行してきた。今回の『教育方法学辞典』は，概念の基本となる捉え方をコンパクトに提示することを方針としたが，短いながらも教育方法学の近年の研究と実践の積み重ねを編み込み，言葉の複数性も可能な限り反映するように努めることとした。

　今回は選択されていない項目も，これからの研究と実践の中で，重要な言葉として流通し，新たな相貌を描くために欠かせない言葉となっていくものもあるだろう。他方で，一時的用語として消えて行く言葉もあるかもしれない。しかしながら，この辞典が，教育実践の事実とともに歩む研究の土台の一つとして参照され，一つの指標としての役割を果たすことになれば幸いである。

　本書は，60周年記念事業検討委員会・『教育方法学辞典』編集委員会委員の多大な努力と，各項目を執筆いただいた学会員の知的貢献の賜である。今後の教育方法学研究の参考として学会員だけでなく，広く教育関係者に活用されていくことを願っている。

　最後に，本書の編集と刊行にあたって，学会事務局の皆さんと学文社の編集部の皆さんにお世話になったことを記してまえがきの言葉とする。

　　2024年8月

日本教育方法学会代表理事
子安　潤

目 次

目 次

まえがき　i

第1章　教育方法学の原理と方法

第1節　教育方法学の原理と思想……………………2
教育方法　2
教育技術　2
教育実践　3
教授原理　3
教育と科学　4
教育と生活　4
教育と労働　5
陶冶と訓育　5
個と集団　6
指導　6
援助　7
支援　7
エンパワーメント　8
ケア　8
教育とジェンダー　9
教育とエコロジー　9
教育と民主主義　10
教育と多言語・多文化　10
教育とテクノロジー　11
教育の市場化　11
教育基本法　12
能力主義　12
平等主義　13
教育権　13
学習権　14
発達権　14
児童憲章　15
子どもの権利条約　15
サラマンカ宣言　16
インテグレーションとインクルージョン　16
包摂と排除　17
差異　17
他者　18

第2節　教育方法学の視点と方法……………………19
質的研究と量的研究　19
アクション・リサーチ　19
エスノメソドロジー　20
ライフヒストリー　20
ナラティブ　21

解釈学　21
現象学　22
マルクス主義　22
批判理論　23
実存主義　23
経験主義　24
構成主義　24
構築主義　25
活動理論　25
正統的周辺参加論　26
コミュニケーション論　26
社会システム論　27
学習科学　27
ポストモダン　28
フェミニズム　28
パターナリズム（父権主義）　29
贈与論　29
再生産論　30
弁証法　30
場所（論）　31
身体論　31
臨床の知　32
演劇の知　32

第2章　子どもの発達と教育方法

第1節　子どもの人格発達の理論的基礎……………34
子どもの発達の権利保障　34
脳および身体の発達（発達の生理的基盤）　34
文化と発達　35
学習と発達　35
遊びと発達　36
仕事・労働と発達　36
自立と発達　37
発達と環境移行（トランジション）　37
自治的活動と発達　38
ジェンダー・セクシュアリティと保育・教育　38
全面発達　39
人格の発達　39
定型発達と非定型発達　40
学力と人格　40
発達の段階と教育　41
文化資本，社会関係資本　41

家庭学習　42

第2節　子どもの知的発達と教育方法 …………… 43
　　知的興味・好奇心　43
　　注意・集中　43
　　記憶　44
　　感性　44
　　知性　45
　　学習意欲　45
　　態度　46
　　知識・理解　46
　　ことばの発達　47
　　思考の発達　47
　　概念の形成　48
　　表現力　48
　　想像力　49
　　創造力　49
　　学習観　50
　　つまずきと知的発達　50
　　学びに向かう力の発達　51
　　学び方を学ぶ（メタ認知）　51
　　自己調整　52
　　発達の最近接領域　52

第3節　子どもの非認知的発達と教育方法 ………… 53
　　非認知的発達（社会情動的スキル）　53
　　道徳性の発達　53
　　感情の発達　54
　　意志の発達　54
　　自主性の発達　55
　　社会性の発達　55
　　個性の発達　56
　　自己実現　56
　　自己決定　57
　　アイデンティティ　57
　　レジリエンスの発達　58
　　自尊心　58
　　共生と寛容　59

第4節　乳幼児の発達と教育方法 …………… 60
　　保育・教育の質　60
　　乳幼児教育の構造　60
　　乳幼児期の教育課程　61
　　乳幼児期の教育方法　61
　　乳幼児期の教育形態　62
　　保育・幼児教育における遊び　62

　　乳幼児の知育　63
　　乳幼児期の情操教育　63
　　しつけ　64
　　おもちゃ・遊具　64
　　絵本・紙芝居　65
　　飼育・栽培　65
　　プロジェクト・アプローチ　66
　　レッジョ・エミリア・アプローチ　66
　　乳幼児の子ども文化　67
　　乳幼児の保育環境　67
　　幼保小連携・接続と架け橋期　68
　　幼保の一元化　68
　　保育所・幼稚園と家庭との連携　69
　　乳幼児の福祉と養護　69
　　子育て支援　70
　　就学能力をめぐる議論　70
　　幼児向けメディアコンテンツ　71
　　保育・幼児教育の記録　71
　　園内研修　72
　　大学における保育者養成　72

第5節　特別なニーズと教育方法 …………… 73
　　多様性と包摂性の教育　73
　　特別なニーズ教育　73
　　障害児教育課程の変遷　74
　　障害のある児童の教科指導　74
　　ユニバーサル・デザイン　75
　　自立活動　75
　　総合的な学習の時間（養護学校・特別支援学校）　76
　　学習障害（LD）児の教育方法　76
　　ADHD児の教育方法　77
　　重度・重複障害児の教育方法　77
　　病弱児の教育方法　78
　　院内学級　78
　　寄宿舎における教育　79
　　個別教育計画　79
　　障害のある人とトランジション　80
　　特別支援学級の教育方法　80
　　統合教育　81
　　交流教育　81
　　ギフテッドの子どもと教育　82

第6節　子どもの発達の困難と教育方法 …………… 83
　　子どもの発達の困難　83
　　発達疎外　83
　　子どもの健康をめぐる課題　84

v

食の問題と発達　84
いじめ　85
非行・問題行動　85
子どもの自殺　86
ひきこもり　86
暴力　87
子ども虐待　87
心的外傷　88
ムカつく・キレる　88
薬物乱用　89
貧困・格差　89
ヤングケアラー　90
外国人児童生徒と教育　90

第3章　カリキュラム・教育課程

第1節　カリキュラム・教育課程の編成 …… 92

カリキュラムと教育課程　92
教育の目的と目標　92
学校の教育目標　93
教育課程の編成　93
生きる力　94
リテラシー　94
コンピテンシー　95
資質・能力　95
ウェルビーイング　96
エージェンシー　96
隠れたカリキュラム　97
形式陶冶と実質陶冶　97
カリキュラムの類型　98
スコープとシークエンス　98
工学的アプローチと羅生門的アプローチ　99
逆向き設計　99
普通教育と専門教育　100
児童中心カリキュラム　100
学問中心カリキュラム　101
経験主義と系統主義　101
課程主義と年齢主義　102
履修主義と修得主義　102
本質主義（エッセンシャリズム）　103
ミニマムエッセンシャルズ　103
教育内容の精選　104
習得・活用・探究　104
単元　105
教科・科目　105
各教科等における見方・考え方　106

STEM・STEAM教育　106
学習指導要領　107
時間割編成　107
ラーニング・エコロジー　108

第2節　人的・物的資源 …… 109

チーム学校　109
管理職　109
研究主任　110
教諭・講師（常勤・非常勤）　110
養護教諭（保健室）　111
栄養教諭・栄養士　111
ボランティア　112
教材・教具　112
教科書　113
地域教材　113
展示・展示物　114
教室　114
オープン・スペース　115
職員室　115
教科準備室，特別教室　116
保健室　116
学校図書館　117
学校園・ビオトープ　117
体育館・講堂　118
黒板・電子黒板　118
電子掲示板　119

第3節　カリキュラムと評価・経営 …… 120

学校評価　120
カリキュラム評価　120
カリキュラム・マネジメント　121
指導と評価の一体化　121
学力調査　122
校内研修　122
研究指定校・研究開発学校　123
教育課程特例校　123

第4章　学力の形成と授業の研究

第1節　授業の目的と学力の形成 …… 126

教育目標　126
学力の構造　126
目標の種類　127
基礎学力　127
基礎・基本　128

問題解決能力　128
暗黙知　129
非認知能力　129

第2節　授業設計の原理 130

授業　130
学習指導案　130
教材研究　131
座席表　131
個別化と共同化　132
教授行為　132
授業の山場　133
足場かけ　133
主体的・対話的で深い学び　134

第3節　授業展開の方法 135

学習形態　135
一斉授業　135
個別最適な学び　136
協働的な学び　136
複式授業　137
講義法　137
問答法　138
討議法　138
ドリル・練習　139
問題解決型の学習　139
プロジェクト型の学習　140
発問　140
指示　141
説明　141
助言　142
板書　142
ディベート　143
教育的タクト　143
ノート指導　144
ゆさぶり　144
指名　145
反転授業　145
ワークショップ　146
演劇的手法　146
ジグソー法　147
宿題　147
自由進度学習　148
机間指導　148

第4節　授業と集団 149

学習集団　149
学級経営　149
学級目標　150
班（小集団）　150
班長（学習リーダー）　151
合意形成　151
集団思考　152
学習規律　152
全員参加　153
学習者の主体性　153
習熟度別学習（指導）　154
異年齢集団　154
少人数授業　155
専科制と教科担任制　155
ティーム・ティーチング　156

第5節　授業の分析と評価 157

授業研究　157
Lesson Study　157
カンファレンス　158
ストップモーション方式　158
談話分析　159
授業記録　159
発問分析　160
誤答分析　160
カルテ（みとり）　161
思考過程の分析　161
集団過程の分析　162
学習の評価　162
学力評価　163
アセスメント　163
絶対評価と相対評価　164
目標に準拠した評価　164
ゴールフリー評価　165
到達度評価　165
主体的に学習に取り組む態度の評価　166
思考力・判断力・表現力の評価　166
知識・技能の評価　167
鑑識眼　167
フィードバック　168
パフォーマンス評価　168
ポートフォリオ評価　169
評価の規準と基準　169
ルーブリック　170
指導要録　170

目次

通知表　171
個人内評価　171
自己評価　172
相互評価　172
形成的評価　173
妥当性と信頼性　173
公正性と実行可能性　174

第5章　情報通信技術（ICT）の教育

教育工学　176
情報教育　176
視聴覚教育　177
遠隔教育　177
放送教育　178
Society5.0　178
教育DX　179
GIGAスクール構想　179
EdTech　180
著作権教育　180
情報モラル教育　181
デジタルシチズンシップ教育　181
メディア・リテラシー　182
デジタル・ディバイド　182
情報活用能力　183
情報科　183
授業におけるICTの活用　184
教員のICT活用指導力チェックリスト　184
TPACK　185
校務の情報化　185
AIドリル　186
デジタル教科書　186
デジタルコンテンツ　187
データサイエンス　187
教育データ利活用　188
教育情報セキュリティ　188
教育CIO　189
ICT支援員　189
LMS（Learning Management System）　190
WWW会議システム　190
SNS（Social Networking Service）　191
ラーニングコモンズ　191

第6章　教科と領域の教育方法学

第1節　教科と教育方法学　194

国語科の教科論　194
国語科の教育方法　195
社会科の教科論　196
社会科の教育方法　197
地理歴史科の教科論　198
地理歴史科の教育方法　199
公民科の教科論　200
公民科の教育方法　201
算数・数学科の教科論　202
算数・数学科の教育方法　203
理科の教科論　204
理科の教育方法　205
生活科の教科論　206
生活科の教育方法　207
音楽科の教科論　208
音楽科の教育方法　209
図画工作科の教科論　210
図画工作科の教育方法　211
美術科の教科論　212
美術科の教育方法　213
家庭科の教科論　214
家庭科の教育方法　215
技術科の教科論　216
技術科の教育方法　217
保健・体育科の教科論　218
保健・体育科の教育方法　219
外国語科の教科論　220
外国語科の教育方法　221
道徳の教科論　222
道徳の教育方法　223
職業に関する教科の教科論・教育方法　224

第2節　領域・テーマと教育方法学　225

SDGsとESD　225
国際理解教育　226
平和教育　227
環境教育　228
人権教育　229
福祉教育　230
開発教育　231
異文化理解教　232
安全・防災教育　233
ジェンダー・性の教育　234

食に関する教育　235
心の教育　236
いのちと死の教育　237
読書に関する教育　238
総合的学習の教育　239

第7章　生活指導・生徒指導・道徳教育と特別活動・学校文化

第1節　生活指導・生徒指導・道徳教育 …………242

生活指導　242
学級　242
学級づくり　243
集団づくり　243
管理と指導　244
生徒指導　244
生徒指導提要　245
ガイダンス　245
カウンセリング　246
子ども理解　246
受容と要求　247
スクール・カウンセラー　247
スクールソーシャルワーカー　248
進路指導　248
校則　249
懲戒　249
体罰　250
スクール・ロイヤー　250
参加　251
自治　251
日記指導　252
放課後の遊びと学び　252
読書指導　253
学級文集　253
学級通信　254
道徳教育　254
価値の教育　255
徳目主義　255
市民性教育　256
主権者教育　256

第2節　特別活動と学校文化 …………………257

特別活動　257
自由研究　257
学級（ホームルーム）活動　258
クラブ活動　258

部活動　259
児童（生徒）会活動　259
学校行事　260
儀式　260
国旗・国歌　261
遠足　261
修学旅行　262
学芸会・文化祭　262
運動会・体育祭　263
勤労生産活動　263
ボランティア活動　264
自然体験活動　264
職場体験学習　265
係活動　265
当番活動　266
委員会活動　266
集会活動　267
学校給食の指導　267
朝の会・帰りの会　268
学校文化・学級文化　268
生徒文化　269
学校新聞・学級新聞　269
演劇活動　270

第8章　学校・家庭・地域の連携

学習権宣言　272
子どもの自立と社会参画　272
社会教育　273
生涯学習　273
成人教育　274
リカレント教育　274
学校の社会的機能　275
地域の福祉機能と学校との連携　275
家庭・地域の教育力　276
住民の学校参加　276
PTA　277
コミュニティ・スクール　277
フリースクール　278
オルタナティブスクール　278
地域の過疎化と学校教育　279
NGO/NPOによる教育活動　279
保護者との協働と対応　280
家庭教育学級　280
家庭教育　281
学童保育　281

少年自然の家等の利用　282
博物館等の利用　282
公民館の利用　283
図書館の利用　283
野外文化活動　284
伝統・文化の継承　284
子ども組織　285
祭りと年中行事　285
地域文化　286
子ども食堂　286
子どもの居場所　287
学習塾・習い事　287

第9章　高等教育の方法と教師の力量形成

第1節　高等教育の方法　290
大学教育のカリキュラム　290
大学の授業　290
アクティブラーニング　291
ゼミ　291
研究の指導方法　292
TA（ティーチング・アシスタント）　292
大学の学習評価　293
大学の授業評価　293
大学の正課外教育　294
職業教育・専門職教育　294
高等専門学校　295
放送大学（公開大学／通信制大学／オンライン大学）　295
大学入学者選抜　296
高大接続　296
高等教育とジェンダー　297
教育におけるハラスメント　297
研究倫理の教育　298
オンライン授業　298
インターンシップ　299

第2節　教師の力量形成　300
教師教育　300
大学における教員養成　300
開放制教員養成　301
教員養成カリキュラム　301
教員養成の教授方法　302
教育実習　302
教職の専門性　303
教師の専門知識　303
教師の専門的力量形成　304

教師教育とジェンダー　304
社会的公正／社会正義にむけての教師教育　305

第10章　教育方法の歴史と実践

第1節　人名編（西洋）　308
ソクラテス　308
コメニウス　308
ルソー　309
ペスタロッチー　309
フレーベル　310
ヘルバルト　310
フンボルト　311
ディースターヴェーク　311
モンテッソーリ　312
デューイ　312
フレネ　313
シュタイナー　313
フレイレ　314
ブルーナー　314
ブルーム　315
ヴィゴツキー　315

第2節　人名編（日本）　316
芦田恵之助　316
糸賀一雄　316
及川平治　317
木下竹次　317
大村はま　318
大西忠治　318
小西健二郎　319
近藤益雄　319
西郷竹彦　320
斎藤喜博　320
東井義雄　321
林竹二　321
無着成恭　322

第3節　実践編（西洋）　323
五段階教授法　323
プロジェクト・メソッド　323
ドルトン・プラン　324
イエナ・プラン　324
ヘッド・スタート計画　325

第 4 節　実践編（日本）……………………………… 326
　大正自由教育　326
　生活綴方的教育方法　326
　コア・カリキュラム運動　327
　地域教育計画　327
　水道方式　328
　仮説実験授業　328
　楽しい授業　329
　極地方式　329
　集団主義教育　330
　全国授業研究協議会　330
　教育技術法則化運動　331
　学びの共同体　331
　公害と教育　332
　東日本大震災と教育実践　332
　パンデミックと教育実践　333
　家永教科書検定訴訟　333
　同和教育運動　334

事項索引　335
人名索引　344
執筆者一覧　346

第 1 章

教育方法学の原理と方法

第1節　教育方法学の原理と思想
第2節　教育方法学の視点と方法

第1節　教育方法学の原理と思想

教育方法

　教育の目的を達成する方法という意味である。
　「方法学」という概念は、プラトンの対話篇『パイドロス』の中で、弁論のようなアートの堅固な知識という意味で使われている。
　今日使われる意味での教育方法という概念を初めて使ったのは、1546年のP.ラムスの『弁証法の訓練』においてである。ラムスは、弁証法（論理学）と教授法の融合という状況の中で、「方法」概念を提案した。ラムスにおいて、方法とは、「よりよく知られているものから、よく知られていないものに進む議論の配列」のことだった。論議の配列を二分律の図で表現し、「カリキュラム」と呼んだ。
　日本の学校教育において教育方法という場合、ヘルバルトが、管理、教授、訓練の三要素で教育的教授を構想したことを受けて、教授・学習指導、学級経営、教科内容、生活指導を教育方法の内容とすることが多い。
　カントは、『教育学講義』の中で、教育の作用を養護、訓練、教授で捉えている。学校教育の教育方法も養護を含んで構想しうるが、養護を含むとすると、家庭教育の方法も教育方法の対象となる。家庭における養護は、経験の「何（what）」を内容、「how（どのように）」を方法と考える（デューイ）とすれば、養護による子どもの経験の成長の中にも、内容と方法はあることになる。このことは、成人教育、地域社会の教育についても同じである。
　稲富栄次郎は、教育を作用、活動と捉え、作用の学としての教育学は、目的論、内容論、方法論を含んだ方法学とならざるを得ないと述べている。教育方法という概念は、この意味で、目的、内容（陶冶、訓練、管理、活動、経験の内容）、方法（陶冶、訓練、管理、活動、経験の道筋）を含んだ概念である。

〔中野和光〕

[参] Gilbert, Neal Ward (1960) *Renaissance Concepts of Method*, Columbia University Press. Mack, Peter (1993) *Renaissance Argument*, E. J. Brill. 稲富栄次郎 (1958)『教育方法論―作用としての教育学―』福村出版。カント, I.著, 勝田守一・伊勢田曜子訳 (1971)『教育学講義』明治図書。佐々木秀一 (1933)『教育方法学概論（岩波講座教育科学第二十冊）』岩波書店。デューイ, J.著, 帆足理一郎訳 (1959)『民主主義と教育』春秋社（原著, 1916年）。

教育技術

　教育技術とは、教育的指導を目的とした子ども（被教育者）に働きかける技・手法・方式の総称のことである。
　教育目標は教育基本法や学習指導要領等に示され、子どもたちが理解すべき概念や技術などの教育内容も教科書等に示されているが、それらが存在するだけでは子どもに習得されない。教育目標や教育内容を子どもが習得するためには、子ども自身がそれらを獲得するための活動が必須となる。その活動を引き起こし、取り組む対象や取り組み方を方向づける教師の諸活動が不可欠となる。その時に用いられる教師の一連の技や手法および方式（型）を総称して一般に教育技術という。技術概念には工学的把握、身体論的把握などがある。
　教師の身のこなし方や文字の巧拙といった技を指すこともあれば、発問の仕方や指名の仕方あるいは係活動のさせ方といった手法を指すこともある。さらに、問題解決学習や探究学習、体験学習などの授業の進行過程の方式（型）を指すこともある。
　どんな手法や方式であれ、技なしに教育技術が具現することはない。技は経験を積む中で熟達していく。手法は、指名の手法であれ発問の仕方であれ、それぞれ複数の取り組み方があり、一つの手法だけがいつでも効果的ということはない。教える内容や教師と子ども、子ども同士の相互関係などを無視した取り組みは技術主義的誤謬に陥る。各手法が持ち出された時の諸条件との関係が解明されると、一定の客観性を備えた手法となっていく。
　よって教育技術の研究は、目標と内容を視野に、一連の技・手法の意味を子どもたちの事実に即して解明することが求められる。なお、一定の効果があるからといって、子どもの人権を損なったり自主性を奪う取り組みは認められない。
　授業の型・学習方式は、おおよその授業進行の展望をもつうえで参考となるが、その型を絶対視すると、学習活動は形式化する。特定の手法や学習方式をどんな内容の時にも用いるのではなく、また、過去の経験則や確率に過度に依存するのではなく、現在の子どもの状況に対応して変える構えが子どもの理解と教育技術を発展させていく基本とされる。

〔子安　潤〕

[参] 城丸章夫 (1977)『新しい教育技術1』日本標準。

教育実践

「教育実践」とは、一般的には、教室での授業など、教育現場での取り組みの実際を表す言葉である。しかし、そもそも教育の「実際」にとどまらない「実践」という言葉に込められた歴史的意味を踏まえるなら、人間が人間に対して、その人間形成に関わって目的意識的に働きかける直接的な活動過程といった形で概念規定できる。それは、各教科や「総合的な学習の時間」等を中心とした学習指導のみならず、特別活動等の生活指導も含み、広く子どもたちの学習・生活過程を対象とする。

「教育実践」概念の成立は、教育研究において、思弁的考察に終止せず、教育活動や教育方法の実態を重視する動きと関係している。例えばそれは、沢柳政太郎らにおいては、教育の実際という言葉で表現されていた。また、教育小説や実践記録といった形で、教師が自らの活動全体をその内側からリアルに捉え、その生き方を問うようになってきたことも、「教育実践」概念成立の契機となった。そして、1930年代に、プロレタリア教育運動や北方性教育運動を含む、生活綴方の影響のもとで、「教育実践」という言葉が一定の問題意識をもって使われ始める。生活の主体者として子どもを把握する見方、本当の教育の発見や創造は、実際に教育にあたる者により、現場においてなされるという意識、さらに、教育という営みとその担い手である教師の、歴史を拓く社会的役割の自覚が背景にあった。

戦時体制のもとで抑圧された教育運動が、戦後に民間教育研究運動として広く展開しはじめるようになり、「教育実践」概念は、権力への対抗を含んで、民主主義教育をめざす意識を伴って、教師の主体的な教育活動を表明する概念として広く使われるようになる。1951年の『山びこ学校』を皮切りに実践記録が数多く刊行されていく中で、その概念の内実が成熟していくことになるが、1970年代以降、学校における日常的な教育的営為を指す言葉として脱政治化されて用いられるようになった。理論を実際に移すことにとどまらない理論と実践との緊張関係、そこにおける教育現場の主体性といった、「教育実践」概念に込められた意味を再確認する必要がある。

〔石井英真〕

教授原理

教授原理 (Teaching Principle, didaktisches Prinzip/Unterrichtsprinzip) は、教授という行為を貫く原理であるとともに、教えるという教育的行為を意識的あるいは無意識的に方向づけ、価値づける規範でもある。したがって、ある教授原理に従った教授行為を主導することも可能であるし、他方である教授行為に作用している原理・原則を追究することも可能である。

教授原理の探究は、近代教授学の成立の一つの悲願であった。というのも、多くの学習者を一斉に教える学級教授が成立するためには、多様な子どもたちに対して、多くの教科・領域・学年・学校種に対応した授業を成立させる必要があり、そのための教員養成・教師教育を主導する教授学理論の確立が求められたからである。

コメニウス、ルソー、ペスタロッチー、ヘルバルト、ディースターヴェーク、ケルシェンシュタイナーといった近代教授学の礎を築いてきた教授学者らは、自身の教育に通底する一定の原理を見いだしてきた。すなわち、「直観の原理」や「合自然の原理」、「労作の原理」などである。その後、旧ソビエト教育学や東西ドイツ教授学においては、教授原理・授業原理の理論的・実践的探究が数多く蓄積され、「わかりやすさの原理」や「生徒志向の原理」などの原理が提起されてきた。

教授原理を探究することは、教えること・教授することを貫く一定の原理・原則を追究することであり、教えることの科学性を探究することである。この蓄積が、教授学というディシプリンの形成に寄与してきたし、またそのことが多様な授業実践と教師教育実践へと波及してきたことに意義がある。また、教授原理の一つひとつを個別的に捉えるのではなく、教授を構成するいくつかの原理を統一的に把握することで、カリキュラム論的かつ教授理論的な教授原理の探究がなされてきたことにも重要な意義がある。

他方で、教えるという教授行為にはそれを貫く一定の原理があるとする考え方は、原理主義の思考に陥りやすい。「生徒のために」という生徒志向の原理が、子どもたちの自由な発達を保障する権利を侵害することも実践的にはありうる。こうした原理主義の問題を克服する教授理論の絶えざる探究と実践の問い直しが課題である。

〔吉田成章〕

[参] Klein, H. (1959) *Didaktische Prinzipien und Regeln*, Volk und Wissen.（クライン, H. 著, 吉本均訳 (1964)『教授の原則』明治図書.）

教育と科学

　教育と科学（学問）の関係をめぐり二つの語釈がある。
　第一は、戦後の教育研究において提起された「教育と科学（学問）の結合」である。当時、教科内容と科学（学問）の関係をめぐる諸問題が議論された。生活単元・問題解決学習は経験主義的な新教育であり、学問の成果を適切に認識できる教育になっておらず、基礎学力が低下したという厳しい批判が、民間教育研究運動の中で展開された。そして、学問の成果で構成された教育内容に基づき教材単元をつくり、それらを系統的に学ぶべきとする主張がなされた。系統主義の教育と呼ばれることもある。「系統」という概念については、各教科の研究でその定義づけが試みられ、教育内容の系統性や系統的教育課程の具体例が提案されてきた。しかし、教育学における一般概念としては、いまだ明確に定まっていない。
　1950年代後半から60年代にかけて、教科教育に学問の現代的成果を取り入れる「教育内容の現代化運動」が世界各国で起こった。教育内容の現代化は常に行われることだが、この時期の現代化、特に数学教育と自然科学教育のそれは、教育と科学の結合を問う運動として注目された。この「教育と科学の結合」に対しては、科学を絶対的規範として捉えてしまう問題があることや、科学と生活の関係が議論され、「教育と生活の結合」の重要性が提起された。
　第二の語釈は、教育（教育学）の科学化、教育研究の科学化である。教育学におけるイデオロギーの問題、教育学と社会科学等の諸学問との関係（教育と科学の関係）を整理し、教育学の学問としての固有性は何かを問う議論が展開されてきた。近代学校教育の開始以来、教育学の科学化が論点となり、実証的方法によって、教育を科学的に研究することが追求されてきた。
　しかし、諸科学（諸学問）は変化・発展している。実証的方法が要求する客観的根拠（エビデンス）に対する考え方や研究方法の根底にある科学観にはさまざまな立場がある。研究方法を量的研究法から質的研究法へと移行すれば、教育学や教育研究の科学化が抱える困難が解消するわけではない。過度な社会科学化や数理科学化を懸念する声もある。教育学の科学化とは何かを十全に確定することは難しい。
　近年、データサイエンスや生成AI等の人工知能技術が急速に進歩している。今後の展開によっては、教育学の科学化の議論や教育と科学の関係に大きな影響を与えることになるだろう。

〔大野栄三〕

教育と生活

　教育方法学において、「教育と生活の結合」は「教育と科学の結合」に並ぶ大きなテーマである。この時、教育の語は、人間のよりよい成長・発達を目的とした学校教育を意味することが多い。人間は学校で学び育つ以前から、家庭や地域を主たる生活の場として育っている。学校教育は、家庭や地域では十分なし得ないような人間形成の機能を有することが期待された一方、読み・書き・算や論理的思考等は、教科書を使用し言語で教授すれば子どもたちの身につくわけではない。ここに、どのような教育方法がよりよいのかという問いが立ち、生活の中での人間形成への注目が生まれる。
　ルソーは理性的な人間を育てるために消極教育（子ども自らが生活経験から教訓を学ぶ）や労働を重視した（『エミール』1762年）。ペスタロッチーは「生活が陶冶（教育）する」（『白鳥の歌』1826年）ことを主張した。産業革命後、児童労働が社会問題化する中で、どのような生活や労働が人間の発達を促すのかが重要な関心事となった。20世紀初頭、デューイは米国の学校を教師や教科書中心から子どもを中心とするものへ転換すべきだと主張し（『学校と社会』1899年）、子どもの経験に注目し、生活との連続性を重視し、実験学校を経営した。デューイの取り組みは経験主義の教育運動を生み出した。クルプスカヤは、ロシア革命後のソビエト連邦において、教育と生産労働の適切な結合を提唱した。
　近代学校誕生後の日本では、大正新教育において生活が注目された。子どもと教師が自治的生活を行う私立小学校や、生活に根ざした修身を行う附属小学校があった。公立小学校では国定教科書の指定がない綴方の時間を使った生活綴方が広がった。いずれも、学校教育を通じて、子ども自身が生活を進める主人公となることが目指された。1920年代半ば以降の教育政策の転換の中で、これらの教育実践は弾圧、もしくは変節させられた。
　家庭や地域の教育の変容の中、学校で生活者として子どもを育てることの研究は常に求められる。これには学校を主体とした教育課程全般に関わる研究の自由が重要である。

〔川地亜弥子〕

[参] 田中耕治編著（2017）『戦後日本教育方法論史』（上・下）、ミネルヴァ書房。橋本美保他編著（2021）『大正新教育の実践』東信堂。

教育と労働

　人間の本質的諸力を対象化する行為が労働である。この労働を抜きに教育を語ることはできない。

　第一に，人間の系統発生的発達（進化の過程）において労働が果たした役割は決定的であった。人間は労働により外部の自然を変化させると同時に人間としての肉体的・精神的能力を発達させた。

　第二に，人間の文化的・歴史的発達（文化の伝承と蓄積）は人間固有のものであるが，その文化を構成する知識・技能の発生の源は本質的に労働の中にある。今日ではそれらは科学・技術・芸術の営みの成果である。そしてそれらが次に述べる個体発生的発達を介し再び労働の中で応用されることで文化は豊かになり，歴史が推し進められる。

　第三に，人間の個体発生的発達（誕生から成人までの過程）においても労働は重要な役割を果たす。労働を発生源とする知識・技能は今日では主に学校教育で系統的に教授され，職業教育も介しながら，労働なしに一日も成り立たない社会の中でその労働を担う成員を育てていくのである。

　この個体発生的発達においては教育と労働の直接的結合も追求されてきた。それは人間性の回復をめざし，系統発生的発達に見いだされる労働の人間形成的価値を引き出そうとするものであるといえる。例えば形式的・コトバ主義的教育を克服しようとしたヨーロッパの「手工教育運動」や「労作教育運動」，日本の「勤労体験学習」や小中高一貫の技術教育の確立をめざす運動などである。

　一方，社会主義を標榜した旧東ドイツでは人格の全面発達実現のために普通教育で生産労働と教育の直接的結合が本格的に実践された。知識・技能の定着・応用と職業準備としてだけでなく労働が人間社会の基盤であることの認識や労働の欲求と責任感の形成がめざされ，生徒は工場や農場の現場で実際の生産労働に従事した。しかし学校の教育課程より工場や農場の生産計画がどうしても優先されるため，労働内容を知識や技能の系統に沿ってより高次へと配列することができないという現実が立ちはだかった。教育と労働の直接的結合の難しさが浮き彫りになっていた。

〔三村和則〕

［参］海老原遥（1995）『教育と労働』新読書社。ドレスラー，G. 著，三村和則訳（2023）『東ドイツ小都市ズールの総合技術授業1958年-1989年』教育評論社（原著，2017年）。

陶冶と訓育

　陶冶（Bildung）と訓育（Erziehung）は学校教育の構造，さらには授業の構造をめぐる理論的かつ実践的な探求の中で，ドイツ教授学の議論にも学びながら教育の鍵概念として位置づけられてきたものである。

　ここでいう陶冶とは，知識や認識，技能さらには思考力や判断力が身につくように働く教育作用を意味し，訓育は意欲や感情，世界観（ものの見方や考え方），価値観が形成されるように働く教育作用を意味している。これらの教育作用は，相対的に独自な作用でありながらも，種々の領域でなされる教育的な行為において相互に制約し合い，かつ相互に浸透し合うように統一的に展開されていることが重要である。

　例えば，算数の授業でいくつもの解法が子どもたちから出されるような内容を用意し，その内容に挑みかかり得るように問いかけ，働きかけるとき，子どもたちは種々の知識や技能を身につける可能性にひらかれるだけではない。個々の解法を導き出した仲間のものの見方・考え方に触れながら，仲間への関心を高め，そのことを通して他者とともに学び，ともに生きることへの喜びやそれを実現するための行為・行動の仕方を身につけていくことにもひらかれているのである。

　また，学級で起こった種々のトラブルへの指導に際し，トラブルの当事者たちがそのような行為を選ばずにはいられなかった思いや気持ちを読みひらきながら，その子どもたちに共感したり，弱さを乗り越えるように批判しながら励ましたりする方へと誘う指導の展開の過程を考えてみよう。この場合においても，子どもたちをそうした状況に追いやる情勢や権力関係を読みひらく知を手に入れるという陶冶を受けることでそのトラブルを解決する具体的な手立てを見いだしながら，同時に別の問題に遭遇した際に，民主的で平和的な解決を導き出す知恵とちからを手に入れることで，「ともに生きる」ことを，模索する世界観や価値観を形成していくのである。

　このように，陶冶と訓育を「と」で結ぶひとまとまりの概念は，教育活動が子どもたちをして「ともに生きる」ことを共同的かつ集団的に探り合う方へと誘う可能性を秘めているのである。

〔福田敦志〕

［参］石川正和（1994）『子どもの人格発達と集団づくりの探究』大空社。吉本均（1974）『訓育的教授の理論』明治図書。

個と集団

　個と集団をどのように考えるのか，教育，特に人間形成／自己形成を目的とした教育においては本質的な問題である。教育において個を重視するのか，集団を重視するのか。あるいはその関係を重視するのか。例えば，「プログラム学習」は（いわば心理学的・経験科学的に）個を重視する立場に，「集団主義教育」は（いわばイデオロギー的・先験規範的に）集団を重視する立場に，「個と集団の弁証法」という考え方を有する「集団づくり」は個と集団の関係を重視する立場に立つ。いずれの立場にも共通していることは個と集団それぞれを実在的なものと考えていることである。

　実在的なものとして捉えてみることは，科学的に重要なことであるが，人間形成／自己形成としての教育のために，自立／自律の視座から個と集団を見た時，それだけでは不十分である。他の個と相働くことによって，個は個となり，集団が形成され，そこに教育の実践が展開するからである。厳密にいえば，個が他の個と相働くその時に，個は内なる自己を自覚し，自己の外側に集団が，つまりその個が外を見た時に（また外から他者がその個と他の個の働き合いを見た時に）集団が認識される。そして，その集団において，言い換えれば他の個との相働き方において，その個がいかに自立していくかということが教育の問題となる。自立していくとは，集団を制度的なものとして絶対化してその集団に順応するということではなく，その集団が集団として適切なものでなくなったと判断した時には，その集団を批判し能動的によりよいものにつくり変えていくことを意味する。同時に，その集団において，自分とは異なる他の個の立場を認識し自覚することによって，その個がいかに自律していくのかということが教育のもう一つの問題となる。自律していくとは，自己を正当化し絶対化することではなく，自立しようとすることが独りよがりにならないよう，自己を吟味して自己否定的に省察していくことを意味する。したがって，個と個が相働くことで成立する集団は，個が外に自立的になっていくこと，すなわち創造的な存在となっていくことと，個が内に自律的になっていくこと，すなわち倫理的な存在となっていくことを同時に包み込んで展開している実践的なものとして認識する必要がある。

〔田上　哲〕

[参] 上田薫 (1968)「教育における個と集団」『教育学全集12　集団と教育』小学館，311-329頁。田上哲 (2017)「学習における個と集団のとらえ方と人間形成の課題」日本教育学会編『教育学研究』84(4)，434-445頁。

指導

　一般に，指導とは目的を指さしそこに導くことである。「導く」には機能と行為の両側面が含まれる。ただし，「実践」と呼ぶに相応しい意図的・計画的な働きかけという特徴からみれば，教育実践では，子ども・集団の自己指導もあるが，指導を教師の行為として理解することが多い。しかし，その場合でも，実際には，子どもを管理・統制することと同一視されることがある。それゆえに逆に，子どもの主体性に委ねて指導が忌避の対象とされることもある。政策的にも「指導から支援へ」が主張されたり，その反省として「教えて考えさせる指導」が強調されたりしてきている。

　指導理解の揺らぎや混乱がみられる中で教育方法学では，改めて確認されるべき原則的理解が提示されてきた。例えば，自主的・非自主的の違いはあっても，いずれも強制力があるという共通の性質をもつ管理とは異なり，指導とは，子どもの拒否の自由を前提とした非強制的な働きかけであり，なおそのうえでやる気をひき起こし方向づける働きかけであるという理解である（城丸章夫）。あるいは，子どもを管理・統制するのでもなければ，子どもの「自発」を無条件に楽天的に信仰するのでもなく，かといって両者を単に折衷するのではなく，指導することで子どもの自己活動を成立させるという理解である（吉本均）。ここに，指導理解のこれまでの到達点を認めることができる。

　今日では，それをさらに発展的に継承する試みが多様に繰り広げられている。例えば，子どもの主体性や自己活動を引き出し方向づける指導が，ともすれば教師の予定した枠組みの中に子どもを誘う「閉じた」指導になりがちである点に留意し，子ども中心主義に回帰することなく，参加主体・権利主体・人格主体として教師と共同できる異質な他者としての子どもの応答に「開かれた」，したがって予定した指導の枠組みもそこから子どもとともに問い直し修正することのできる教師自身にも「開かれた」指導へと発展させる試みなどである。これらの試みは，教育を再定義するさいの定点のひとつとなろう。

〔久田敏彦〕

[参] 城丸章夫 (1992)『城丸章夫著作集第8巻　教育課程論・授業論』青木書店。吉本均 (1982)『ドラマとしての授業の成立』明治図書。

援助

「援助」とは，それを受ける者に潜在する肯定的な力の存在を前提として，援助を受ける者がその力によって自立していく方向に向かうように関わることを指す。それゆえ保育実践における援助とは，その対象となる幼児が自ら意欲的に環境に関わり，自身の目標を達成することができるようになるという潜在的自己教育力を前提として，最終的には保育者の援助を必要とせずに，幼児が自分自身で活動を展開できる方向を目指して，保育者が幼児に関与することである。それは，小学校以上の教育の教授活動のように教師の意図や計画に従って子どもの学習活動を系統的に導く指導とは異なる。幼児がその力を発揮できるためには，保育者が幼児にどのように関わることが可能かを見定め，保育者が願いをもって関わることが必要となる。

保育者が幼児への関わり方の可能性を探るには，幼児の状況を把握し理解することが必要であり，この意味で幼児理解は援助の重要な一部である。保育者は幼児の行動を一人ひとりの行動文脈に沿って捉え，その意味を解釈する必要があるが，その際に，保育者が固定的な価値観（例：〇歳なのに，まだ〜〜できない）にとらわれてしまっていないかを常に検討する必要がある。

保育者の援助には，音声や身振りを介して保育者が幼児と直接に関わる直接的援助と，物的・人的環境を整える間接的援助とがある。幼児の自発的な活動を促すためには間接的援助が重要であり，幼児が要求する遊具や素材を自分で選んで，幼児がやりたい活動を展開しやすいように，遊具や素材を選択し，それらをどこにどのように出しておくかを考えて環境を構成することが必要である。物的環境だけではなく，環境と人（保育者や幼児たち）が関わる姿（例：ままごとコーナーで保育者や幼児が食事を作っている等）は，他の幼児にとっては環境となり，動機形成につながる（例：私もままごとをして遊びたい）可能性も高い。

なお，保育者が一人で，クラス全員の幼児一人ひとりの特性に応じた援助を適切に行うことは容易ではない。この問題については，あまり議論されておらず，今後の課題である。

〔岩田遵子〕

［参］小川博久（2010）『保育援助論』萌文書林。

支援

一般に，教育実践における「支援」とは，既存の教師・子ども関係への省察から自覚されるようになった概念であり，「指導と管理」から「支援」への転換は注目に値する。

「指導」は，長年，教育実践，とりわけ生活指導実践において理論的にも検討されてきた。目標への効率的達成を求め，子どもの行動を規制する「管理」概念を乗り越え，子ども一人ひとりや子ども集団の自主性・主体性に基づき子ども自身の納得を前提に教師が導いていくのが指導である。

しかし，一方で，教科教育を主とする授業実践場面では，「学習指導案」・「指導計画」のように，同じ「指導」という語を用いながらも，教師による一方的な教授と子どもの受動的な学習を現出しているのではないかという反省が生じた。「指導」概念では見過ごされていた，教師と子どもの関係の相互性に注目し，すなわち教師もまた子どもと同じ学びのコミュニティの中に居て学び変化していく主体として位置づける。そして，自律的に学びを進める子どもに伴走しつつ助言したり，子どもが主体的に学び進める後方から必要なときに支えたりすることを「支援」として理解されるようになった。なかでも，「学びの共同体論」はこの「支援」概念を具現化しているといえる。

いまや，「学習支援案」・「（個別）支援計画」など，教育実践において「支援」概念はかなり流布しているが，「支援」とは名ばかりで一方的な「指導と管理」を実質的に意味する展開や，他方で，子どもの自律性を重視するという理念が過剰に強調され教師による働きかけや教師自身の学びなどが軽視される例も多い。支援概念のもつ相互性が再確認される必要があるだろう。

なお，教師・子ども関係とは異なる次元で，発達心理学領域にて，例えば読み書きのような子どもの認知発達にかかわる困難に対し，個別に具体的な教材・ICT技術や技法を提示することを「支援」として概念化している例もある。また，共生社会の実現に向けて，特殊教育から特別支援教育へと転換させた際には，障がいのある子どもの自立や主体的な社会参加が可能となるよう，適切に個々のニーズに応ずることを考えていこうとすることを「支援」として捉えられるようになった例もある。

〔藤本和久〕

エンパワーメント

　ある子どもが言う。「先生，学校に来ていること自体が表現なんですよ」と。学校に来て椅子に座る，その行為自体に「期待」が込められているのだと。ゆえに，その投げかけを受けた者，教師やスクールカウンセラーや，ソーシャルワーカーなどの対人援助を仕事とする者はその期待にこたえる必要があるのだ。赤ちゃんが誕生する時，自ら羊水の環境保全に努めながら生まれてくる。先の子どもの言葉を借りるなら，そもそも人間は生まれた瞬間から生きる喜びや尊厳をもち，期待をもって世に生まれてくる。

　エンパワーメントはその人に主体がある言葉である。対人援助の場面で，「権利付与や力づける」という意識は大切であるが，本来，例えば傷ついた人自身が「自身の尊厳に気づき，自己を力づけられる存在であることに気づき，自分には権利があると気づき，その人自身の自己決定によって力を発揮すること」をさす。

　いじめ問題では被害者が深刻な心的外傷をもつ。悔しいことに被害者なのに自分の身体がもつことになる。「出来事」や「その時の傷つき，傷つきによって抱えたその後の困難」は，私の身体や人生からは消えない。ただし，そのことを安全が保障される場所で信頼できる他者に「語り」，奪われた自分らしい「表情や言葉」を取り戻していく中で，「人生の中の一つの出来事」として捉えられ，自分を力づけながら，人生のひとつひとつを決定しながら生きてみることが少しずつできるようになり，傷ついた出来事にたいして，小さなポシェットを抱え続けているくらいのイメージをもてた時，初めて回復したといえる。

　そして，傷ついた自分がひとつひとつ人生の歩みを進めている姿を「健気に生きている」と自分自身が肯定できることは，エンパワーメントである。

　そして，「私は希望をもって幸せに生きる権利がある」「他者や世の中に期待をしてよい」そう思えるためには，安心や信頼を見い出せる他者や，おそるおそるでありながらも決定しながら生きることを支える集団や社会が必要となる。エンパワーメントは，その人に主体がある言葉であるとともに，互いが互いのエンパワーメントを支え合えるものなのである。

〔福田八重〕

[参] 森田ゆり（2024）『多様性（ダイバーシティ）とエンパワーメント―競争から共生へ・つながるいのち―』解放出版社．

ケア

　今日，ケアは日常的に違和感なく使われている用語である。医療・看護，福祉・介護の分野はもとより，保育の現場でも用いられている。ここでのケアは，例えば看護の分野でいえば，看護する人が，看護される人に，深い人間的な理解のもと，相手の不安や弱さに寄り添いながら関わり，回復していくことを支援していく営みを表す概念として捉えられる。ケアは，単なる人間関係論的な概念ではなく，その人が意識的にであれ無意識的にであれ，目指そうとするところに導くように援助していく営みを表す概念である。

　ケアが日本の教育現場で注目され始めたのは，ネル・ノディングズのケア論が紹介されたことが大きい。ノディングズによれば，ケアとは人間にとって「基本的な要求」と捉えられるものであり，すなわちそれは，ケアする人にとっても，ケアされる人にとっても，自己の存在を確かめることができるものである。看護の現場からも，心を砕いて相手の世話をする営みによって，ケアする人も，ケアされる人もそれぞれに，同じように癒やされることが語られている。ここにケアと癒やしとの密接な関係も読み取れよう。

　ノディングズは，ケアによって「指導－被指導」という一方向的に陥りがちな教育的関係の問い直しを求めていたといえよう。それだけではなく，これまでの学校でのリベラル・アーツ中心の教育を批判し，自己や他者，動物や植物などの自然界にあるもの，技術や芸術・学問をケアの6領域として設定し，新たな学びのあり方，「全体の知」を深める契機になるものとして捉え提示している。

　今日の教育現場では，教師と子どもとの，また子ども同士の「信頼関係」を基盤におき，その前提のもとでさまざまな教育活動を展開しているように思われる。信頼関係を前提とすることはもちろん重要なことである。しかし，学びの内容（対象）に向かう子ども同士の，また教師と子どもとの，対話的な，関わり合いの学びを通してこそ，子どもたちは学びを深めることができるのであり，その結果として，信頼関係も育ってくるのである。教育実践において，それぞれが対話・交流しつつ（ケアしつつ），対象へ向き合う（ケアする）という過程を通すことが重要である。ケアは，新たな教育的関係論や学び論を生み出す可能性を秘めているのである。

〔山岸知幸〕

[参] ノディングズ，N. 著，佐藤学監訳（2007）『学校におけるケアへの挑戦　もう一つの教育を求めて』ゆみる出版（原著，1992年）．

教育とジェンダー

　ジェンダーとは「肉体的差異に意味を付与する知」（スコット，1992）といわれ，社会的・文化的につくられる性別概念である。生物学的な違いを根拠に，望ましいとされる「男らしさ」や「女らしさ」が想定され，子どもたちは社会のジェンダー秩序に組み込まれるように社会化される。女子はスカート・男子はズボンの制服，男子が前・女子がそのあとに続くというような名簿の順番や並び方，女子は「さん」づけ・男子は「くん」づけという呼称の違い，教室の男子列・女子列の座席，女子はピンクや赤・男子は青や黒の色分けのように，学校の中には女子と男子を分けて識別する表象やルールがさまざまに存在している。

　こうした男女の「違い」は，「当たり前」のこととみなされ学校教育の日常の中にある。男女を分ける合理的な理由がないのにもかかわらず，慣習となってきた不要な区別は差別に通じる。子どもたちの個性を「女性」「男性」という二つの性別に依拠した枠にはめるのではなく，その子らしい育ちを支援するために，教育の中に潜むアンコンシャス・バイアス（無意識の偏見）に気づくジェンダー・センシティブ（ジェンダーに敏感）な視点をもつことが重要となる。

　教科指導においても，ジェンダー・バイアスは存在している。例えば中学校技術・家庭科において技術分野は男性教師，家庭分野は女性教師が担当しているなら，工学的内容は男性・家庭的内容は女性，というメッセージを暗に伝えていることになる。このような「隠れたカリキュラム」の存在が，ステレオタイプな教科観の形成につながる。教師は生徒にとって，ロール・モデルとなる存在である。教科における教師の性別比率の偏りは，教科に対するジェンダー・イメージを強化する。

　性別違和をもつ子どもや多様なセクシュアリティを自認する子どもの存在が可視化される今日，ジェンダーと教育の問題は，「男性」「女性」という性別二元論を超えて，すべての子どもが自分らしく生きるために，教育がどうあるべきかという観点から問い直したい。

〔堀内かおる〕

［参］木村涼子（1999）『学校文化とジェンダー』勁草書房。スコット，J. W. 著，荻野美穂訳（1992）『ジェンダーと歴史学』平凡社（原著，1988年）。堀内かおる（2023）『10代のうちに考えておきたいジェンダーの話』岩波書店。

教育とエコロジー

　エコロジーという言葉は多義的であるため，教育とエコロジーの関係も重層的意味を有する。今日の教育言説で広く流布するエコロジーの理解は，環境保護というものである。深刻化する生態危機にいかに対処するかという現代的課題に，教育の立場から介入しようとする。昨今，ESDやSDGsといった国際的枠組みに立脚して，エコロジーへの寄与が期待される教育実践が多く展開される。

　とはいえ，このような捉え方は公害や環境問題が衆目を集め始めた1960年代以後に広がったものである。それ以前より，エコロジーは生態学，すなわち主体とそれを取り巻く環境，それらの相互作用を研究し，有機的システムとしての生態系を探究する学問として，その知見が蓄積されてきた。さらに，エコロジーは哲学的な問いをも提起するもので，認識論や倫理に関わる問題を主題化する。

　エコロジーの学理では，知識は人間と有機世界との絶えぬ相互作用を通して蓄積され更新されるものと捉える。エコロジーの認識論に立つ教育は，断片的な知識獲得を問題視し，知識と知識の間の断絶を克服したり，知識と生きた世界のつながりを取り戻したりする学習と指導を求める。これは教育の認識論やカリキュラム論全体に関わる問題提起であり，知識伝達スタイルに特徴づけられる近代的教育の延長線上に，単にエコロジーに関わる題材を含み入れることを否定する。

　エコロジーを一種の倫理として捉えることは，教育における学習と指導のあり方を問うことのみならず，近代社会の成立と成熟の中で蔓延する現代文明のより根源的な問題を問うことにつながる。例えば，人間中心主義，進歩への絶対的信仰，個人主義といった暗黙のうちに我々の認識や行動を支える価値観，観念，世界との付き合い方などが問われる。そこでは，人間と自然との関係だけでなく，人間と人間との関係をも対象化される。

　エコロジーは，あらゆる主体と環境の関係，そして相互作用を対象とする。社会というシステムとしてさまざまな文化を有する人間集団間の関係から，人間社会を包含する地球というシステムにおける人間と他の生命体との関係まで，そのすべてにおいてエコロジーの倫理が働く。

〔祁　白麗〕

［参］ベイトソン，G. 著，佐藤良明訳（2023）『精神の生態学へ』（上・中・下），岩波書店（原著，1972年）。

教育と民主主義

　民主主義は，市民を主体とする統治の制度・思想・行動を表わす概念である。民主主義は専制主義と違って，①自由，平等を根本の価値とする，②市民の理性を権威ある法理念として表わす，③被統治者が同意や要求によって統治者の言動を制約（拘束）する。教育と民主主義の密接な関係を代表するのは民主的人格の形成である。プラトンは『国家論』で，ポリスの民主政が金・労力・時間の浪費に流れ僭主独裁に移行するとした。彼には内側から政治主体を変革する構想がなかった。

　民主的人格を育てるうえで教育の役割は大きい。ジョン・デューイは民主主義の要である「連帯的な共同経験」は教育のみがつくりだせるとした（『民主主義と教育』）。資本主義の私利私欲を見据えた，プラグマティストの論点であった。文部省著作教科書『民主主義』（1948年）は日本国憲法の精神を踏まえつつ，「民主主義を求め，それを愛し，それを生活のなかに実現してゆこうとする人々」の重要性を説いた。国民が民主主義の意思を貫く際，「多数決」は一般的であるが，これは，多数派の意思が絶対的であることを意味するのではない。議論を尽くして多数派が一定の決断をしたことには従うが，討論は継続しており，その決定さえも実践で検証されるべきである。熟議民主主義はこの多面的討議の過程を重視する。

　民主的人格を育てるのは共同社会だが，この社会も民主主義の認識と行動に基づく相互の連帯なしには成立しない。ここに民主主義教育の弁証法がある。学校では教育課程の民主主義が問われる。学習指導要領と寸分違わぬ授業を義務づけるのは誤りで，子どもの学習権に基づく教育内容編成こそが要である。教師の「研究と修養」が鍵である。「代表者を選ぶ」「みんなで決めて，みんなで守る」「集団の自己指導を確立する」など，子どもたちが民主主義を実践する自治的集団づくりの世界がいま豊かに追求されている。だが，自治に包括するだけでは不十分で，差異から学び他者とともに生きることを学ぶ民主主義の学習が必要である（ガート・ビースタ）。ケアが生み出す倫理と民主主義とは不可分の関係にあり，民主主義の学習と再生が必要である。民主主義を通して豊かな平和的社会をめざすとき，独裁を防ぐためには，自由希求力と批判精神の教育が最大の要となる。

〔折出健二〕

教育と多言語・多文化

　日本の学校における多言語と多文化の問題は，国の国民統合政策や言語政策と強い関連をもったものである。例えば明治期には，幕藩体制から近代国家に移る中で，日本列島の各地域の中にあった多様な日本語（お国言葉）が，標準語政策に伴ってさまざまな教育の中で一つの言葉，一つの国家に収斂されていった。その後も，植民地主義の中で日本の範囲が拡大する中で，多民族国家日本を結びつけるために，日本語が大いに活用された歴史がある。戦後はそうしたことによる歪みが，在日コリアンの教育や，沖縄やアイヌの問題となって現れてきた。歴史を振り返ってみれば，これまでの日本ではその多くが，マジョリティや宗主国の文化や言語を規範的前提としてそれに向けて言語的文化的マイノリティを同化させていくことが主流であった。

　1980年代後半以降の日本では，外国人住民の増加に伴って，学校における多言語・多文化的な状況は新たなフェーズに入っている。歴史的な反省の上に立てば，地域や学校で進行する多言語・多文化を，単純に現状を維持してその場しのぎに対応することでも，既存のマジョリティの文化や言語の枠組みに単に同化するようなことでもない。重要なことは，積極的にカリキュラムのレベルで全体のこととして捉え直していくことである。

　こうした発想によるカリキュラムを捉える際の手がかりはいくつかある。第一に，多文化教育の考え方で，カリキュラムの中で多様な文化への対応をどう考えていくかが重要となる。第二に，バイリンガル・マルチリンガル教育の考え方である。人は誰しもが複数の言語に関わりながら生きていることを前提に，その関わる多様な言語の総体をもって「言語力」と捉え，それを伸ばしアイデンティティとし，社会とかかわっていくことをめざしたものである。

　こうした学校と多言語・多文化であることを前提とした学校カリキュラムは，近代の中で「単一であること」を前提としてきた学校に対する大きな変革性を有している。

〔南浦涼介〕

［参］ガルシア，O.・ジョンソン，S.I.・セルツァー，K.著，佐野愛子・中島和子監訳（2024）『トランスランゲージング・クラスルーム─子どもたちの複数言語を活用した学校教師の実践─』明石書店（原著，2016年）。

教育とテクノロジー

　教育とテクノロジーという言葉は，教育の質と学びの機会保障の改善に関わる重要な概念である。「テクノロジー」の言葉の語源といわれている「テクネー」という言葉にさかのぼって考えてみると，この概念は，技術や技能，専門知識を指している。そのためか教育とテクノロジーに関する論議は，教育の質や効果を高めるための方法論や教育の目的と手段の関係性について，多様な視点や立場から行われてきた。例えば，教育自体を，特定のスキルや知識を伝えるためのテクノロジー（技術）として捉えたり，またテクノロジーを教育の道具として捉えたりする。一方でテクノロジーは，人間の全面的な成長や発展を促進するための活動を促し，知識やスキルの習得だけでなく，個々の学習者が自己を理解し，社会との関わり方を学ぶ場となると捉えられることもある。

　最近では，2000年代中頃より，デジタル技術を活用して教育分野に従来にない変革を起こすことを目指すEdTechの観点からの議論も活発に行われてきている。デジタル技術の進化により，教育の方法や手段が大きく変化しており，これらの技術を用いて，教育の機会均等，個別の学習ニーズへの対応，学習効果の向上，デジタル社会における社会的スキルの育成をどのように考えるか，その影響などについても考えることの議論が行われている。

　これらの議論は，教育の目的と手段，そしてその質をどのように理解し，評価するかについての深い洞察を提供してくれる。それぞれの視点から，教育とテクノロジーの関係を理解することは，教育の質を向上させ，より効果的な教育を提供するための重要なステップとなる。しかし，過剰なテクノロジーへの依存は，教育の改善をむしろ阻害する可能性もあるかもしれない。これに対し，保護者や教員は上手にバランスを取っていくことが必要である。

　以上のように，テクノロジーは教育に変革を起こし，児童生徒のモチベーションを高める力を秘めている。しかし，その利用には適切なバランスが求められる。その利用は教育者の判断に委ねられている。

〔小柳和喜雄〕

［参］日本放送協会放送文化研究所編（2015）『放送メディア研究12 特集・多様化する子どもの学習環境と教育メディア』丸善プラネット。

教育の市場化

　市場とは，売り手と買い手が集まり商品（サービス）を取引する場のことであり，教育の市場化とは教育を市場における商品（サービス）と見立て，教育サービスを取引可能・取捨選択可能な状態にすることである。その目的は，教育への市場原理の適応によって質の低い教育を淘汰し，より質の高い教育サービスを生み出すことにある。ただし駅前には塾や予備校が軒を連ね，書店には数多くの教育商材や学習ドリルが販売されているように，教育に関わる市場はかねてより存在している。それゆえ，あえて「教育の市場化」という言葉が用いられる際，それは公的機関としての学校教育に関わる事柄の市場化が意図されている。

　教育の市場化の先駆的なアイデアは，ノーベル賞受賞者ミルトン・フリードマンによるものである。彼が提案した教育バウチャーは，1980年代以降の世界的な新自由主義的な教育改革の中で，いくつかの国や地域で実際に導入されてきた。さらに近年では，学校教育のデジタル化の中で，デジタルデバイスの導入，そこに収められるコンテンツやオンライン授業の開発など，学校制度だけではなく，カリキュラムや授業方法に関しても市場化が進展している。学校教育のデジタル化は，教育の市場化を強烈に推し進め，学校教育を「ビッグビジネス」の場としてきている。

　教育の市場化は，市場原理を適応することによって，より質の高い学校教育を実現する可能性を有している。しかしながら，教育バウチャーといった政策の導入や市場化の中で生み出されたコンテンツの積極的な使用が，子どもたちの学力向上や将来の経済的な成功につながるのかについては，明確な結論は出ていない。また学校教育に市場原理が浸潤していく中で，学校教育における数値化可能な要素（例えば学力や進学実績）の効率的な向上に，学校教育の質が還元されてしまうという危うさも存在している。

　現代において，教育の市場化は抗い難い事態である。このことを認めたうえで，市場化を教育にとって適切なものとしていくために，その効果の適切な測定方法を開発することや，市場化による効率性の追求とは異なる教育的な価値（公平性や公正性）を対置していくことが重要となる。

〔松田　充〕

［参］佐藤学（2021）『第四次産業革命と教育の未来—ポストコロナ時代のICT教育—』岩波書店。

教育基本法

　日本の教育の基本を定めた法律である。
　旧教育基本法は，1947年3月31日に公布施行された。
　現行の教育基本法は，旧教育基本法を改正した新法として，2006年12月22日に公布施行された。この改正には，旧教育基本法の理念法から振興法への転換，教育行政による教育内容への介入，国の地方への関与，国家による人材育成，政府による教員の養成と研修，といったさまざまな批判が行われた。
　教育実践，教育方法に大きな影響を与えた改正点は次のことである。
　旧教育基本法第6条の「学校の教員は，全体の奉仕者であつて」の中の「全体の奉仕者」が削除され，新教育基本法の第9条（教員）で，「養成と研修の充実が図られなければならない」が加わった。
　旧教育基本法第10条（教育行政）の「国民全体に対し直接に責任を負つて」「教育の目的を遂行するに必要な諸条件の整備確立を目標として行われなければならない」が削除され，新教育基本法第16条（教育行政）で，「この法律及び他の法律の定めるところにより行われるべきものであり」が，加わった。
　新教育基本法第17条（教育振興基本計画）で，「政府は，教育の振興に関する施策の総合的かつ計画的な推進を図るため，教育の振興に関する施策についての基本的な方針及び講ずべき施策その他必要な事項について，基本的な計画を定め，これを国会に報告するとともに，公表しなければならない」が付け加わった。
　この改正によって，国は，法律によって，教育の内容・方法，教員の養成と研修に介入することが可能になった。教育振興基本計画による教員の養成と研修に関わる，教員育成指標，教育の質保証政策，教職課程コアカリキュラム，教職大学院，といった政策が行われるようになった。

〔中野和光〕

［参］市川昭午（2009）『教育基本法改正論争史―改正で教育はどうなるのか―』教育開発研究所。田中耕太郎（1961）『教育基本法の理論』有斐閣。浪本勝利・三上昭彦編（2007）『「改正」教育基本法を考える―逐条解説―』北樹出版。宗像誠也（1975）『教育基本法：その意義と本質』新評論。

能力主義

　能力主義とは，収入・地位などの配分が，個人の能力・業績に応じてなされるべきであるという考え方である。「能力主義」は，「メリトクラシー（meritocracy）」の訳語としても使われてきた。meritocracyは，社会学者のマイケル・ヤングがその著書 The Rise of the Meritocracy（邦題『メリトクラシー』）の中で用いた造語であり，merit（功績，業績）によって支配される社会（-cracy）を表現している。能力主義は，近代以前の，出自によって社会経済的地位が決まる属性原理による社会に比べれば，個人の意志と努力によって変えられるという点で肯定的な面も有しているが，ヤングが描こうとしたのは，むしろmeritですべてが決まり，次第にエリートが固定化していくディストピアとしてのメリトクラシーであった。
　ヤングが〈merit = IQ + 努力〉と定式化したのに対し，日本の能力主義において「能力」として主に用いられてきたのは学力であり，学力によって得られた学歴であった。日本社会における能力主義を性格づけたのは，年功序列に対して唱えられた日経連（日本経営者団体連盟）の「能力主義管理」（1969年）である。さらに，学力（学歴）が企業に入ってからの訓練可能性の代理指標として用いられたことにより，学校と企業社会を貫く一元的能力主義が成立した（乾彰夫）。
　能力主義は，機会均等のもとで行われる公平な競争という装いをもつが，実態はそれとはかけ離れている。まず，出自（親の社会経済的地位，性別，地域）によって教育機会には大きな格差がある（例えば，親の年収と学力・学歴の相関の高さ，性別・地域による大学進学率の違いなど）。また，そもそも学校で求められる能力や望ましいとされる態度が，支配層のそれを反映しており，社会の再生産をもたらしているという点も問題視されている。
　近年，学歴取得にしか役立たない知識・技能をこえて情動的側面や対人的側面も含む能力（コンピテンシーなど）への関心が高まっているが，それが，水平的多様化ではなく垂直的序列化につながり，ハイパー・メリトクラシーをもたらすという批判もなされている（本田由紀）。能力をいかに飼いならすかは，能力主義批判の大きな課題である。

〔松下佳代〕

［参］乾彰夫（1990）「日本の教育と企業社会―一元的能力主義と現代の教育＝社会構造―」大月出版。本田由紀（2020）『教育は何を評価してきたのか』岩波書店。

平等主義

1947年施行の日本国憲法に第14条「平等権」，第26条「教育を受ける権利」が明記され，特に後者は「すべて国民は，法律の定めるところにより，その能力に応じて，ひとしく教育を受ける権利を有する」と平等な教育を明記した。しかし，国は権利保障の優先順位を設けたので，例えば障がい者が等しく学校に通うことができるようになったのは1979年であり，真の平等はなかなか実現しなかった。

現代の教育の平等主義についてはいくつもの検討課題がある。

第一に，平等をどう考えるかである。機会の平等が必ずしも結果の平等と一致しないのではないかという問題提起がある。一方で，例えばすべての競争を廃止すべきだといった議論もあり，公教育現場では評価にも苦悩する状況がある。何をもって平等とするのか，平等概念の検討が求められている。

第二に，さまざまな教育ニーズに対して平等な教育の機会を提供できていないのではないかという議論がある。義務教育では長く40人が定数の時代が続き，そもそも一人ひとりの子どもをみることが難しい環境にあった。加えて，近年，外国にルーツをもつ子どもや多様な発達課題をもつ子ども等，ことばの伝達にも時間を要する子どもが増えた。教師の多忙化もあって，彼らがニーズに見合った教育を受けることができていないケースも多い。

第三に2000年代半ばの三位一体の改革以降，自治体財政の格差が大きくなり，地域によって教育環境が大きく異なる現状がある。平等を実現するための国による予算措置が求められる。

第四に，教育の福祉国家的機能が弱められ，公教育段階においても私費負担が増大している。「義務教育はこれを無償とする」という憲法条項に反する事態が横行し，一方で「子どもの貧困」をめぐる状況は改善が遅れているので，教育の質量ともに階層間格差が拡大している。これについても国による財政措置が求められている。

第五として，生涯教育領域においては，図書館・資料館・博物館・スポーツセンター等，施設を自治体が直接に管理・運営せず，民間に委ねる手法が激増し，教育の専門性や安定性が損なわれる事態が生じている。これも地域格差があり，教育の平等をめぐる大きな課題となっている。

〔久保田貢〕

教育権

広義には日本国憲法第26条に保障される教育を受ける権利を含み，教育に関する権利の総称を意味する場合もあるが，狭義には，教育に関して教育を実施する主体に保障される教育内容・方法を決定する権限・権能を意味する。

後者の教育内容・方法については，国が関与・決定する権能を有するとする説（「国家の教育権」説）と，親およびその付託を受けた教師を中心とする国民全体が，子どもの教育について責任を負うとし，教育内容・方法の決定権限は国民にあり，国は教育条件整備の任務を負うにとどまるとする説（「国民の教育権」説）の論争がある。これについて，旭川学力テスト事件最高裁判決（最大判1976（昭和51）年5月21日）では，両者いずれかの立場を採ることを避け，折衷的に，教育の全国水準維持の必要性に基づき，国は，教科目，授業時間数等の教育の大綱について決定できると解されるが，国の過度の教育内容への介入は教育の自主性を害し，許されないとした。

日本国憲法第26条は，子どもに教育を受ける権利を保障し，旭川学力テスト事件でも判例上，子どもの学習権を認めている。教育の権限・権能について，国家の教育権説か国民の教育権説かという二者択一の発想ではなく，国による教育内容や教育方法への過度の介入の是非の判断基準をどのように考えるかが問題となる。現代においても，いじめや不登校等への法制度的対応，教育基本法改正，学習指導要領の大綱的基準性，学校制度の多様化など，国家の教育への介入が問われる場面や状況は，むしろ拡大しつつあるともいえる。

将来の民主主義社会を創造する主体を育てる教育のあり方として，子どもの教育を受ける権利，学習権を子どもの成長・発達に応じて保障していくため，1994年に日本で批准された国連「子どもの権利条約」や2023年に施行された「こども基本法」の理念である「子どもの最善の利益」を基準に，今後，教育内容・方法についての国家の介入の程度や妥当性を判断していくことが課題である。

〔田代高章〕

［参］芦部信喜（2023）『憲法 第八版』岩波書店。堀尾輝久（2019）『人権としての教育』岩波書店（初出，岩波同時代ライブラリー，1991年）。

| 第1章 | 教育方法学の原理と方法 |

学習権

　学習とは一人ひとりが生涯にわたり主体的に自己の行動や思考を発展・変化させていく営みであり、誰かと比べて優位に立つためのものでも、経済成長のための道具でもなく、自分なりに発見した「知」を積み重ねることで、自己を救い、他者を救い、社会に参画していくためのものである。

　学習は人間的発達を果たすうえで欠かせないものであるが、人類の長い歴史の中で常に、すべての人の学習する権利が認められてきたわけではない。学校教育を受ける権利に限って考えてみても、身分や性別の違い、障害の有無、家庭の状況、国や文化の違い、国家の情勢の如何によって、教育を受ける権利が阻害されてしまい、誰もが心置きなく学ぶことができない状況が現在もある。

　ユネスコ学習権宣言（1985年）では、「学習権を承認するか否かは、人類にとって、これまでにもまして重要な課題となっている」とし、「学習権とは、読み書きの権利であり、問い続け、深く考える権利であり、想像し、創造する権利であり、自分自身の世界を読み取り、歴史をつづる権利であり、あらゆる教育の手だてを得る権利であり、個人的・集団的力量を発達させる権利である」としている。ここでの学習権は、子どもに限らず、成人にも認められるものである。

　教育は、個人が人格を形成し、社会において有意義な生活を送るために不可欠な前提をなす。日本国憲法第26条では、基本的人権の一つとして教育権が規定されており、すべて国民は、法律の定めるところにより、その能力に応じて、ひとしく教育を受ける権利を有する。「教育を受ける権利」は、精神的自由権としての側面や、憲法第25条の生存権の保障における文化的側面をもつ（佐藤功『憲法（上）〔新版〕』有斐閣、1983年）という。

　また、国民はその保護する子女に教育を受けさせる義務を負うが、国民各人が自らなしうるところには限界がある。そこで、国に対し合理的な教育制度と適切な教育の場を提供することを要求する「社会権」（国家に対し積極的な配慮を求めることができる権利）が認められており、特に、子どもは、その学習要求を充足させるための教育を自己に施すことを大人一般に対して要求する権利を有すると考えられる（旭川学力テスト事件 最高裁判決、1976年）。

〔松尾奈美〕

発達権

　社会－文化－歴史的な存在としての人間が、その生涯をかけてさまざまに変化していく過程を「発達」として定義するとき、「発達権」とは、この変わり得る存在であり続ける、ということを一つの人権として位置づけ直したものである。なお、文脈によって「成長発達権」と呼ばれることもある。

　子どもの人権をめぐる議論の中で成長発達権が参照される場合には「子どもの権利条約」の第6条第2項に定められた「児童の生存及び発達を可能な最大限の範囲において確保する」という文言に依るところが大きいが、日本の法律上の根拠については次の二つの文脈における参照が考えられる。一つ目は教育法の文脈におけるものであり、二つ目は少年法の文脈におけるものである。

　教育法の文脈において発達権は、日本国憲法第26条第1項に定められた「ひとしく教育を受ける権利」ならびに同条項との関連が強調される憲法第25条に定められた「生存権」、すなわち「健康で文化的な最低限度の生活を営む権利」の解釈上の展開において措定される。教育を受ける権利と文化的な生活を営む権利の解釈上の展開において最初に措定されたのは、文化的な生活を営むために学ぶ権利としての「学習権」であった。この学習権を礎としつつ、学校教育という制度的な枠組みにとどまることなく子どもの全人格的な成長・発達を保障するものとして位置づけられるのが教育法の文脈における発達権である。

　他方、学校教育とは異なる文脈で子どもの発達権を保障しようとする流れが少年法の文脈におけるものである。少年法の文脈において発達権は、少年法の第61条に定められた推知報道の禁止との関連において議論されてきた。この条項は、特定の少年が刑事事件の当事者である場合に、そのことが推知されるような個人情報の報道を禁止するものである。この条項によって刑事事件の当事者である少年が被り得る社会的な不利益から彼らを保護し、彼らが生涯にわたって成長・発達していく権利を保障しようとするのが少年法の文脈における発達権の位置づけである。

　また、解釈上の展開においては憲法第13条に定められた「生命、自由及び幸福追求に対する国民の権利」、すなわち「幸福追求権」との関連において発達権が主張されることもある。

〔横山草介〕

児童憲章

　児童憲章は，1951年5月5日に日本国憲法の精神に従い，「児童に対する正しい観念を確立し，すべての児童の幸福をはかるため」（同憲章，冒頭）に制定された憲章である。憲章は12条からなり，前文には基本的な原理として「児童は，人として尊ばれる。児童は，社会の一員として重んぜられる。児童は，よい環境の中で育てられる。」という総則3条が示されている。

　条文の具体的な内容としては，基本的な生活や家庭環境の保障，社会保障，教育や労働の機会保障，文化的社会環境の保障，労働・虐待等からの保護，文化的社会環境の保障などがある。なお，児童憲章は児童の心身の保護や生活権・学習権の保護について定められてはいるが，宣言であり法律ではないため法的拘束力は有しない。

　児童憲章は，戦後国民の間に児童の基本的人権を守ろうとする機運が高まってきたという背景により制定されたとされる。しかし，実のところ，GHQのPHW（公衆衛生福祉局）職員アーヴィン・H・マーカソンから提供された資料である英国の世界児童憲章（1922年）やジュネーブ宣言（1924年），アメリカ児童憲章（1930年）といった諸外国の先進的な権利憲章に触発されたことから，憲章の作成が始まったともされる。

　児童憲章は，その民主主義的な制定過程が特徴的であると指摘される。憲章制定のために，一般市民や各種団体の意見が取りまとめられ，憲章案について各県からの案や児童憲章草案準備委員による私案が検討された。具体的な制定過程は厚生省児童局の『児童憲章制定記録』（中央社会福祉協議会，1951年）に詳しい。また，憲章の制定が1951年であり，国際連合による「児童権利宣言」の制定が1959年であることから考えて，児童憲章は子どもの権利保障に関わる先駆的な憲章であったということができる。

　児童憲章に掲げられた理念と規定の実現は，朝鮮戦争の勃発（1950年6月）に伴う民主化の抑制・再軍備化といういわゆる「逆コース」のために頓挫する。他方，「児童憲章の完全実現」を基本目標に掲げて「日本子どもを守る会」が1952年5月に誕生している。

〔清重めい〕

子どもの権利条約

　1989年11月20日，国際連合第44回総会において採択された。正確には，「子どもの権利に関する条約（Convention on the Rights of the Child）」である。日本は，1994年4月22日に批准し，同年5月22日に発効した。158番目の締約国であった。2022年6月22日には，本条約の精神に則った「こども基本法」が公布されている。

　前文で述べられているように，本条約は，世界人権宣言（1948年）等を踏まえ，「子どもの権利に関するジュネーブ宣言」（1924年）や「子どもの権利に関する宣言」（1959年）の思想を引き継いだ，子どもの権利を包括的に保障する国際文書である。

　本条約は54か条からなり，第1条では，18歳未満のすべての者を子どもと定め，「家庭環境を奪われた子どもの保護」（20条）や「休息・余暇，遊び，文化的・芸術的生活への参加」（31条）など，子どもの権利を幅広く保障している。なかでも，本条約の実施にあたって特に踏まえるべき一般原則として，以下の4つが特定されている。すなわち，2条「差別の禁止」，3条「子どもの最善の利益」，6条「生命への権利，生存・発達の確保」，12条「意見表明権」である。

　子どもは守られるべき「保護の対象」であるとともに，「権利の主体」であると捉えている点に，本条約の特徴がある。子どもは，子ども期を豊かに生きるための権利を有する主体であるとともに，自らの「権利を行使する主体」でもある。そのことを最もよく表しているのが，12条によって規定された「子どもの意見表明権」である。子どもにかかわるすべての活動において，子どもは意見を聴きとられる権利を有し，その過程を経て「子どもの最善の利益」が第一義的に考慮されるべきことを定めている。また同時に，子どもが権利を行使するにあたっては，親・保護者等が子どもの発達しつつある能力に適した方法で，適当な指示・指導を行う責任・権利・義務があることも明記している（5条）。

　国連子どもの権利委員会が設置され，各締約国からの報告をもとに，本条約の実施状況を定期的に審査する仕組みも設けられている。

〔黒谷和志〕

[参] 三上昭彦・林量俶・小笠原彩子編著（1995）『子どもの権利条約　実践ハンドブック』労働旬報社．

サラマンカ宣言

　1994年6月，スペインのサラマンカにおいて「特別なニーズ教育に関する世界会議」がユネスコとスペイン政府の共催で開かれた。この会議には92か国の政府および25の国際組織を代表する300名以上が参加し，「サラマンカ宣言」と「特別なニーズに関する行動のための枠組み」が採択された。これらの文書では，インクルージョンの原則と，個別のニーズに対応する「万人のための学校」を構築するための活動の必要性が表明されている。

　「サラマンカ宣言」には，「すべての子どもは誰であれ，教育を受ける基本的権利をもち，また，受容できる学習レベルに到達し，かつ維持する機会が与えられなければならず，すべての子どもは，ユニークな特性，関心，能力および学習のニーズをもっており，教育システムはきわめて多様なこうした特性やニーズを考慮にいれて計画・立案され，教育計画が実施されなければならず，特別な教育的ニーズをもつ子どもたちは，彼らのニーズに合致できる児童中心の教育学の枠内で調整する，通常の学校にアクセスしなければならず，このインクルーシブ志向をもつ通常の学校こそ，差別的態度と戦い，すべての人を喜んで受け入れる地域社会をつくり上げ，インクルーシブ社会を築き上げ，万人のための教育を達成する最も効果的な手段であり，さらにそれらは，大多数の子どもたちに効果的な教育を提供し，全教育システムの効率を高め，ついには費用対効果の高いものとする。」とあり，通常の学校におけるインクルーシブ教育の重要性が指摘された。さらにこの宣言では，インクルーシブ教育の推進について，すべての政府，国際社会に対する具体的な要求が示されている。

　「特別なニーズに関する行動のための枠組み」では，インクルーシブな学校は「さまざまな学習スタイルや学習の速さについて調整をしながら，また，適切なカリキュラムと，編成上の調整，指導方略，資源の活用，地域社会との協力を通じ，すべての子に対し質の高い教育を保障しながら，生徒の多様なニーズを認識し，それに応じなければならない」としている。

　「サラマンカ宣言」は，その後の特別なニーズ教育に関する研究，インクルーシブ教育の展開に大きな影響を与えた。

〔土屋弥生〕

インテグレーションとインクルージョン

　インテグレーションは，セグリゲーション（segregation）の意味である分離や隔離の対語である「統合」と訳された。そもそも，1950-1960年代における米国の公民権運動を背景とした黒人や女性などの差別や排除されてきた人たちの主流化であるメインストリーミングや，同時期に北欧から広がったノーマライゼーションに見られる運動の展開の中で人権意識が醸成され，排除されてきた人たちの社会への統合がめざされた。

　教育の分野においてインテグレーションが課題として注目されるようになったのは1970年前後からである。インテグレーションという用語は，「統合教育」と訳され，その概念は，はじめに子どもを障害児と健常児に二分したうえで，障害児だけを対象に，主流である健常児に合流させようとする二元論に基づいたものである。しかしながら，これは障害児と健常児の場の統合を楽観的にめざしてしまう恐れがある。この点に注意しなければ，障害児を通常教育へ「ダンピング（投げ込み）」することになりかねない。

　1994年の「サラマンカ宣言」において，統合教育に代わってインクルーシブ教育の理念が提唱された。インクルーシブ教育は，教育の対象を従来の障害児に限定するのではなく，単なる場の統合に終始することでもない。すなわち，インクルーシブ教育は，特別な教育的ニーズのある子どもの多様な生活や学習の機会を保障しながら，通常学校の改革をめざすことである。

　こうしたインクルーシブ教育は，学校教育から排除された子どもたちの同化・適応ではない学校へのインクルージョン（包み込み・包摂）である。そもそもインクルージョンは，社会政策用語である社会的包摂を意味するソーシャル・インクルージョン（social inclusion）の教育分野への適用である。背景には，1980年代後半以降の新自由主義による貧困や格差拡大から生じた社会的排除が，貧困だけではなく，経済活動，文化・教育などからの排除も世代をこえて引き継がれる状況がある。これが「排除・除外」であるエクスクルージョン（exclusion）として概念化された。この状況に対して，ソーシャル・インクルージョンを実現することで，インクルーシブな社会の実現がめざされる。

〔吉田茂孝〕

[参] 清水貞夫（2010）『インクルーシブな社会をめざして』クリエイツかもがわ。高橋智・加瀬進監修，日本特別ニーズ教育学会編（2020）『現代の特別ニーズ教育』文理閣。

包摂と排除

排除（社会的排除）とは，貧困，障害，不平等，マイノリティであること，などによって，その人がもっているあたりまえの生存条件が阻まれている状態，あるいは，その人の本来の力を発揮する機会や社会参加の条件が奪われた状態をさす。貧困が「資源」の不足であるのに対して，（社会的）排除は「関係」の不足であるといわれている。包摂とは，このような状態を是正することをめざす社会政策の用語として使われ始めた。より広義の捉え方では，インクルーシブ教育やジェンダー平等も包摂に含まれることもある。

人を排除する要因は複合的で連鎖しているのだが，この点に関して湯浅誠が提起した「五重の排除」（教育課程から，企業福祉から，公的福祉から，家族福祉から，自己自身からの排除）が参考になる。例えば，DVやいじめや親の失業などによって学習の機会を奪われた子どもがいる。その子どもたちは不安定な就労につく可能性が高く，社会保険がうけられない。福祉関係の場所に行っても「まだ働ける」といって追い返される。家族に頼ることもできない。二重三重に排除された人は，自分には生きている価値がないと思いこんでしまう。

自己自身からの排除を助長する背景には「弱いのは自分の努力不足だ」という自己責任のイデオロギーがあり，それが人々を孤立に追い込んでいる。それゆえに，包摂を実現するシステム・構造を要求する運動とともに，人々が社会へ「参加」する意欲と力を支援することが必要になる。

教育の課題としては，働くことにかかわる知と技とネットワークを学ぶこと（広義のキャリア教育）が大切になる。それとともに，自分の悩みや意見を聞いてもらえたという「承認」の経験，要求することで校則を変えることができたという「自治」の体験などが社会参加への基礎となる。

包摂や参加を求める際には「自立」支援が強調されるが，ただ雇用を奨励すればよいのではなく，「自立とは依存できる選択肢を増やすことだ」という視点が重要である。その際，「弱さ」を否定しないコミュニティに所属し，安心の居場所を経験し，自己決定の機会を保証することが大切である。そのためにも，教育，福祉，医療，労働，行政，などの関係者の連携が求められる。

〔白石陽一〕

［参］湯浅誠（2007）『貧困襲来』山吹書店。

差異

差異は，個人と個人の間，あるいは社会集団間において見出されるものの，今日の社会における差別・排除，格差といった諸問題との関わりでは，社会集団間における差異としての捉え方が重要となる。こうした問題には，個人間の人間関係よりむしろ社会集団間の差異をめぐる不均衡な権力関係，いわば差異の政治が強く関わっているからである。ここでいう社会集団とは，一連のものの見方や行動のとり方によって相互に親近性を有している人々の集合体を意味する。社会集団の指標としては，国籍，性別，階層，民族，人種，宗教，障害，セクシュアリティ，年代などが挙げられる。

差異は，社会集団間においてアプリオリに存在するのではなく，社会的に構成される。社会には，労せずに得た特権（privilege）を維持するばかりでなく，強力な影響力を保持し，社会の規範を規定する支配集団が存在する。この支配集団こそが，自らの価値観やイメージ，経験を当該社会の文化として浸透させ，さまざまな社会集団のどの特徴を取り上げ人々を分類しランクづけするかを決めている（グッドマン，2017，8頁）。

差異の政治という観点からは，平等かつ民主的な社会を実現する個人を育成するはずの学校で，現実に何が起きているかが明らかになる。学校では，ある支配集団の言語やコミュニケーション・スタイルが用いられ，ある支配集団の文化（歴史認識，行動規範，倫理的価値観等）が伝達されている。そこには，国籍，性別，階層，民族，人種，宗教，障害，セクシュアリティ等における差異をめぐって重層的に支配-被支配の関係性が生成されている。学校は，社会における支配集団の文化を再生産するばかりか，子どもたちの間に格差を生じさせ，子どもを差別・排除する装置として機能するに至っているのである。

こうした事態に対しては，社会正義の観点から，被支配的立場に置かれた子どもたちの多様な声を聴き，子どものアイデンティティや自尊心を承認しながら，その境遇やニーズ，見解にそって権力関係を再編し，教育の内容と方法を変革しようとする取り組みが求められる。そのための方法論を検討することが今後の課題である。

〔金井香里〕

［参］グッドマン，D. J. 著，出口真紀子監訳（2017）『真のダイバーシティをめざして』上智大学出版（原著，2nd Ed., 2011年）。

第1章 教育方法学の原理と方法

他者

　他者とは，なんらかの理由から「自己」や「我々」とは異なると認識されるものを指す。それは，文化的様式や伝統による場合，信仰や価値観，さらには社会的階層や国際的な立場による場合もある。そもそも人間以外の生物や物，事象である場合もある。他者とは単に他人ではなく，他なるもの全般を指すのである。

　他なるものとしての他者は認識され，対象化される客体なのではない。他者とは何らかの身体性をもちながら，自己と向き合う「もう一つの主体」である。このような他者の理解は，教育実践においてまず，教師に対して子どもを他者として認識する観点をもたらす。それは，固定的な観念にとらわれた子ども理解を拒み，他者としての子どもとの応答の中で，常に子どもと出会い直していくという子ども理解のあり方を要請する。

　さらに，他なるものという他者の理解は，自己と他者の隔絶を意味するのでもない。「異なる」という他者へのまなざしや「異なる」他者との出会いは，自己を捉え直すための契機となりうる。それゆえ，教育実践においては，異なる他者を成員とする集団やそのような連帯を作り出していく中で，他者との出会いを保障していくことが課題となる。より根本的には，他者は自己の存在のために必要不可欠な存在でもある。なぜなら，自己が存在するためには，自己が承認している他者によって，自己の存在が承認される必要があるからである。例えば，学級代表を選ぶ投票で自分一人にだけ投票権がないという状況は，その学級の中で自身の存在が他者から承認されていない状況である。そのような承認が毀損された状態を抜け出さなければ，自身がその学級に存在することはできないだろう。

　「多様性の尊重」という言葉の陰に隠れた他者への無関心が存在する。応答関係の中で他者理解を構築していくこと，異質性を含みこむ集団づくりを進めること，異質な他者を承認していくことは，いずれも容易なことではない。それは闘争的な過程となるかもしれない。しかし自己にとって他者は必要不可欠な存在であるからこそ，他者との関係は本質的に放棄できないものである。他者の理解や承認の方法，他者とともにあるための方途や技法を模索していく必要がある。

〔松田　充〕

[参] 藤野寛（2016）『「承認」の哲学―他者に認められるとはどういうことか―』青土社。

第2節　教育方法学の視点と方法

質的研究と量的研究

　質的研究と量的研究はともに，現実の事象を対象としてデータを収集し分析することにより，事実に基づいた知見を導き出そうとする研究である。

　質的研究は，社会的・文化的文脈を重視し，個別の事象を深く考察し，潜在する本質的な意味を見いだすことに重きを置く。現象学やエスノグラフィーなどの影響を受け，研究が発展し多様化している。質的研究では，観察やインタビューによって得られた質的なデータを扱うことが多い。また，研究者の主観を排除しておらず，研究プロセス全般に主観が関与するが，結論を導く手順を明示し客観性を志向することも大切になる。研究方法論としては，解釈主義的あるいは構成主義的なパラダイムを背景としている。

　量的研究は，多数のデータの共通性から，再現性の高い一般的な法則を見いだすことに重きを置く。統計学的手法によって研究が発展してきている。データ収集段階では，測定の信頼性と妥当性の確保が重要である。カテゴリーなどの名義尺度による質的データも量的研究の対象になりうる。量的研究でも，研究主題の設定，データ収集・分析方法の決定，結果の考察には研究者の主観が関与するが，データ処理の数値演算には主観は関与せず，研究の各段階において主観の有無が明確に区分できる。研究方法論としては，実証主義的なパラダイムを背景としている。

　事例をもとに探索的に仮説や理論を構成するためには質的研究が有効であるし，確認的に仮説や理論を実証するためには量的研究が有効である。質的研究と量的研究は異なる研究方法論に立脚しており，安易な混合は回避すべきであるが，両者を取り入れた混合研究法が用いられることもある。

　教育方法学においては，例えば，理論構築を志向する授業分析のように，対象とする教育実践の固有性・一回性を重視する場合や，実践者による研究のように，対象と不可分な研究主体の当事者性を重視する場合など，質的研究が適していることも多い。さらに，質的研究の一部の過程に，探索的データ解析の量的手法である，データマイニング，自己組織化マップ，可視化技術などを併用することも有効であり，人工知能技術の導入による今後の研究の発展が期待される。

〔柴田好章〕

［参］大谷尚（2019）『質的研究の考え方』名古屋大学出版会。

アクション・リサーチ

　アクション・リサーチとは，現実社会における問題解決のために，当事者自ら，あるいは当事者と研究者の協働で，課題の特定と解決のための行動を計画・実施し，その過程や結果を評価する一連の研究方法であり，単に当該の問題を解決するだけでなく，既存の価値観の問い直しや，新たな知識の創造を目指すものである。

　アクション・リサーチにおいては，伝統的な研究や従来の応用研究のように，問題の所在の外部から研究者が理論や解決策を持ち込み，被験者やクライエントの変容を調査するのではなく，問題が生起している只中で，当事者自らが，あるいは当事者と研究者がともに行動と省察，理論と実践を結びつけながら，その関与と変革の過程自体をも研究対象としていくアプローチをとる。

　アクション・リサーチは，1940年代に社会心理学者のクルト・レヴィンが考案し，その後，経営学，政治学，社会学，心理学，教育学，人類学，工学，保健衛生学等，さまざまな分野で広く用いられるようになった。

　教育分野におけるアクション・リサーチの導入は，まず米国，英国，オーストラリアで展開していったが，なかでも，1960年代の英国で生起した「研究者としての教師（teacher-as-researcher）」の運動において，教師主導によるカリキュラム改革にアクション・リサーチが果たした役割は大きい。1990年代初頭からは，アジアや東欧でも，教育実践における創造性や批判的思考の育成や学び方学習（learning to learn）への注目を背景に，アクション・リサーチへの関心が高まっている。

　一方，アクション・リサーチは，現実社会の問題解決に寄与するものの，伝統的な研究方法に比べ成果発表の仕方が難しく，また旧来の研究論文の基準に照らして「科学的」でないという批判にも晒されてきた。これに対して，アクション・リサーチの研究者らは，アクション・リサーチ研究の質を保障する7つのポイントとして，①目的の明確さ，②研究発表者と当事者のパートナーシップ，③理論と実践への貢献，④研究方法と研究過程の適切さ，⑤実行可能な新たな知見の提供，⑥研究発表者の再帰性，⑦当該の問題解決に止まらない広義の意義，を挙げている。

〔北田佳子〕

エスノメソドロジー

　エスノメソドロジーとは，人々がどのような方法を用いながら日々の活動を秩序づけ遂行しているのかを研究する分野である。例えば，教師が授業中に深刻な表情で突然自らの話を中断し，生徒たちを凝視したとする。この教師の姿を目にした生徒たちは，次第に沈黙する。この相互行為には「静かに話を聞かなくてはならない」という秩序が潜在している。そしてここには，この教室の成員ならばこの相互行為を同じ秩序だった意味として理解しうるだろうという暗黙的な期待があり，これはいわばこの教室での行動を方向づける方法であるともいえる。このように特定の集団や共同体の中で生じる出来事や現象を秩序あるものとして捉え，それを記述し説明していくことがエスノメソドロジーの主たる関心である。

　エスノメソドロジーは，1950〜60年代に米国の社会学者ハロルド・ガーフィンケルが行った研究を基盤とする。以降，さまざまな分野に波及し，教育学では教師や子どもの会話分析や相互行為分析が行われている。なかでもヒュー・ミーハンが明らかにした「I (initiation：教師の発問) − R (reply：生徒の応答) − E (evaluation：教師の評価)」という授業内の連鎖構造は代表的な研究功績である。

　エスノメソドロジーを提唱したガーフィンケルは，伝統的な社会学が社会の出来事や現象をそれらが生ずる世界の内側からではなく，研究者が持ち込んだ科学的合理性によって説明しようとしてきたことを批判した。彼によれば，人々の活動は科学的合理性によってのみ捉えられるものではない。たとえ科学的合理性を欠いていたとしても，その人々からすれば十分に秩序だって行われている活動もある。そして，それを観察し報告することがエスノメソドロジーにおける合理性の探究であり，会話や相互行為に焦点をあてた研究が行われる。エスノメソドロジーでは，出来事や現象の説明にアプリオリな見方や特権的な見方を持ち込まず，あくまでもその出来事や現象をあるがままに説明する「エスノメソドロジー的無関心」な姿勢をとる。特定の理論や概念を念頭に置いて研究するわけではないが，その成果は結果的に社会に浸透する理論や概念を変革させる可能性がある。

〔芦田祐佳〕

[参] 串田秀也・好井裕明編 (2010)『エスノメソドロジーを学ぶ人のために』世界思想社。

ライフヒストリー

　「ライフヒストリー」(Life-history：以下LHと略記) は，一定の時代・社会を舞台として歩んできた個人・集団の生活史であり，歴史学・社会学等における研究対象として取り上げられるものである。同時に，人文社会科学における質的研究法の興隆とともに，LH法と呼称され研究手法としても用いられることが多くなってきている。

　教師が創造する教育実践は，その過程の中で創出・使用される「知識・技術」も含め，脱状況的・脱文脈的に取り出され，容易に一般化共有化が可能とされるようなものではない。実践はそれを創造した教師のLH全体および特定時期の有り様に規定されているものとして，また個々の「知識・技術」さえもそれを用いた教師の「(教育・授業という営みに関する) 信念・観」と不可分に結びついているものとして理解されなければならない。したがって，教育方法学研究では，個々の実践および「知識・技術」の教育的な意味や価値を論究しようとする場合，実践主体である教師のLHへの論究，教師が有する「信念・観」と結びつけての「知識・技術」の解明が必要不可欠となる。それを可能とする研究手法としてLH法は有効・有益である。

　具体的には，主にインタビュー調査により，(入職前の被教育体験も含む) 人生の軌跡を聴き取ることを基礎作業とし，その聴き取った内容を歩んできた地域・社会の歴史とも結びつけながらLHを構成していくのである。その聴き取りは，職業時間上の経験だけにとどまらず，病気・加齢などを含む個人時間や家事・育児などを含む家族時間，さらには社会的な出来事との遭遇などを含む歴史時間上の経験までも視野に入れることになる。したがって，LHに関する幅広い知識と同時に，インタビュー論などの調査方法論や個人情報の扱いなどの研究倫理的配慮に関する認識も必要不可欠となる。また，LHの構成作業に関わる客観性や妥当性などを保障するための手続き論も課題となる。

　教育方法学研究においてLH法は，教師が実践活動の中で自己形成する高度な専門的力量の内容とその形成過程・要因・条件などの解明を志向する研究などに用いられてきている。

〔山﨑準二〕

[参] 山﨑準二 (2012)『教師の発達と力量形成』および同 (2023)『教師と教師教育の変容と展望』，いずれも創風社。

ナラティブ

　ナラティブ（narrative）は，話し言葉や書き言葉によって，ストーリー性のある表現行為が生成するプロセスとその産物を意味する言葉である。ストーリー性のあるナラティブは，物語のプロットに導かれながら，いくつかの出来事を伴って，ある時間軸の上に再配列され，組織化されながら絶えず生成・消滅している。

　ある状況のもとで，物語のプロットは，多元的で複雑な出来事を，前後，上下，左右からかき集めて単一のストーリーへとまとめる役割を担っている。教育の文脈で，ナラティブを媒介に，他者の表現行為の意味について考察するときには，ナラティブの中で胎動し，姿を現しつつある物語のプロットを，多声的かつ対話的に理解しつづけることが必要になる。

　J. S. ブルーナーは，論理－科学的思考と並んで，物語（ナラティブ）的思考が，人間の日常生活における洞察力や直観力を支えると考えた。また，自己の社会・文化的なアイデンティティそのものが物語的な性格をもち，その人間の実存的な基盤を形成していると考えた。

　一方，ナラティブは，教育方法学研究における方法意識として活用されている。一般にナラティブという方法意識には，次のような特徴がある。一つは，自己の前に「他者」として立ち現れる子どもの人生の語り（ストーリー）を尊厳あるものとして傾聴し，子どもの生活世界や内なる経験の意味を探究し合うという意識である。もう一つは，語るものと聴くものが，互いに無知の姿勢を尊重し合いつつ，「いまだ語られていない物語」（not-yet-said story）を探索するという意識である。

　このような方法意識から，教育という文脈において，多数者が支配しているマスター・ナラティブと，そこに馴化されないカウンター・ナラティブが浮き彫りになることが期待される。

　さらに教育方法学におけるナラティブへの着目は，教えるものと学ぶもの，あるいは，学ぶものどうしの関係における他者性への顧慮や，少数者への思慮深い応答とは何かを問う契機となる。他者の声を聴く力，聴き取った声を意味ある探究の過程に位置づける力，そこから新たに問うべき問いの糸口を見つける力，これらが三位一体となる教育方法が問われている。

〔庄井良信〕

解釈学

　解釈学は，Hermeneutik（独），herméneutique（仏），hermeneutics（英）と表記。表現する，演じるというギリシア，およびギリシア神話の神々の言葉を人間に伝える使者ヘルメスに由来し，「17世紀につくられたギリシア語から作られた新造語」（O. ペゲラー編『解釈学の根本問題』晃洋書房，6頁）といわれている。

　哲学の分野で，古代ギリシアのプラトン，アリストテレス，西ローマ帝国のカトリック教の司教アウグスティニス，宗教改革者のマルティン・ルター，17世紀の神学者ヨハン・C・ダンハウアー，18世紀のヨーハン・M・クラデーニウス，ゲオルグ・F・マイアー等，神学，法学，古典などを解釈する技術学として展開されてきた。

　19世紀に至って，フリードリヒ・D・E・シュライアマハーは，各分野の特殊的な解釈ではなく，一般的・普遍的な解釈学の樹立を探究した。ヴィルヘルム・C・L・ディルタイは，解釈学を精神科学の研究に基礎づけた。ディルタイの弟子，ヘルマン・ノール，エデュアルト・シュプランガー，フリットナーによって，その後，マルティン・ハイデッガーとハンス・ゲオルグ・ガダマーによって展開された。近年，批判理論，ポスト構造主義，等の文脈で展開されている。近年，マルティン・クルテンの解釈学的認知科学（Hermeneutische Kognitionswissenschaft），ノベルト・シュレーア等による知識社会学的解釈学（Wissenssoziologische Hermeneutik）の提唱がある。

　ディルタイ以降の解釈学は，日本では精神科学的教育学として紹介・研究されてきた。ドイツではガダマーの理解すること（Verstehen），解釈すること（Auslegen），応用すること（Anwenden）という解釈の循環は授業記録を解釈する授業研究に応用されている。ウーリヒ・エフェーマンの客観的解釈学は，政治教育におけるシークエンス分析法（C.Schelle）や質的な研究方法（Warnet Andreas）に応用されている。これらの動向は，深い理解・解釈そして実践のための実証性の保証強化である。その一方で，解釈学の基礎資料となる詳細なテキストの記述方法とその解釈における妥当性が問われている。

〔的場正美〕

〔参〕Joisten, Karen (2009) *Philosophische Hermeneutik*, Akademie Verlag. ダンナー，H. 著，山﨑高哉監訳（2024）『解釈学入門』法政大学出版局（原著，2021年）。

現象学

　現象学は，20世紀初頭にエトムント・フッサールが創唱した哲学である。「諸事象そのものへ（独：zu den Sachen selbst）」を研究格率とする。現象学が向かう事象は複数あり，一義的に確定しているわけではない。それは，「生活世界の現象学」や「知覚の現象学」や「道具的世界の現象学」など，探究者の課題や観点に応じて変動する。先入見や空理空論を排し，各事象をありのままに見ること，またありのままに見えるように描き出す（記述する）ことを目指す。

　現象学は，哲学研究にとどまらず，精神医学や社会学や美学や教育学など，さまざまな学術分野に応用される。フッサール自身，現象学的心理学を構想した。そればかりか，現象学は，学術にもとどまらず，諸事象をありのままに描き出そうとする詩人や作家や画家によっても実行されるとする説もある。

　諸事象そのものへと迫るための決定的な第一歩は，現象学的態度変更である。これは現象学的還元とかエポケー（判断中止）とか括弧入れとも呼ばれ，現象学の核心をなす。世界の存在を素朴に信じて実践的に生きている自然的態度を徹底的に変更し，自然的態度における世界と自己を括弧に入れるのがエポケーである。これにより，括弧に入れられた世界と自己とは異なる，括弧に入れる新たな存在，超越論的主観性が覚醒する。これは自己のこの上なく深い変貌である。超越論的主観性は，括弧に入れられた自己がもつような心や肉体をもたない。しかし，それが覚醒するとその実在は疑いようがないほど確かであり，不動不変である。超越論的主観性は，自然的態度の世界と自己を括弧に入れたり，それらをありのままに見たり，記述したりすることができる。

　この態度変更と超越論的主観性の覚醒，また超越論的主観性による世界と自己の観察や記述を現象学とみなすならば，現象学が，フッサールにより切り開かれた新たな哲学であるとともに，さまざまな学術に応用可能であること，ひいてはあらゆる実践において生きられることも理解可能になる。

〔田端健人〕

［参］田端健人（2001）『「詩の授業」の現象学』川島書店．フッサール，E.著，谷徹訳（2004）『ブリタニカ草稿』筑摩書房．

マルクス主義

　マルクス主義とは19世紀の社会思想家・社会運動家であったマルクスが，盟友エンゲルスとともに構築した，弁証法的唯物論を方法論的基礎とする社会変革とその主体形成のための理論や思想である。

　マルクス主義を方法論とする研究は哲学，経済学，政治学から社会学，教育学，心理学，文学，自然科学にも及び，ロシア革命後のソ連，東欧，中国などの社会主義諸国はもとより発達した資本主義国の西欧や日本にも広がっていった。

　日本の教育学研究との関係では，ソ連の教育学，教授学，心理学理論の紹介や翻訳，これらを基礎とした研究はソビエト教育学，ソビエト心理学とも呼ばれ，戦前は新興教育研究運動に影響を与え，戦後は新教育批判等をはじめ，戦後民主教育の理論形成と研究運動に大きく貢献した。

　マルクス主義のもっとも重要なキーワードは全面発達である。マルクスが活躍した19世紀ヨーロッパは機械制大工業の発展の真っ只中にあった。そこでは精神労働と肉体労働の分離など分業が進み，資本家によって指定され限定された労働においてしか労働者は自己の能力を発揮できない状態におかれていた。そこでマルクスは，知育，体育と並んで，あらゆる生産工程の一般的原則や，あらゆる労働部門での基本的な道具の使用法を教えるための総合技術教育を提唱した。この総合技術教育（ポリテフニズム）はソビエト連邦に引き継がれ，特定の労働につくための職業教育（モノテフニズム）ではなくて，多くの労働に共通する基礎的な知識や技能の教授や，社会的有用労働の学校への導入，工場での労働体験等を通して，さまざまな職業につくための基礎教育が構想された。

　1991年，ソビエト連邦の崩壊を契機に，マルクス主義の終焉や敗北などが盛んに喧伝された。しかし，現在の雇用環境が特定の分野での専門性をもった「人材（specialist）」の養成を求めている中にあって，全面発達の思想は再評価されなければならない。また，最近のマルクス再解釈の中で，アメリカ型新自由主義とソ連型国家主義にかわる「第三の道」としてのコモン（公共財，社会的共通財）のアソシエーションによる自治的民主的管理が提唱されている。今世紀の教育課題として構想されなければならない。

〔山本敏郎〕

批判理論

　人文社会科学総体の文脈で批判理論といえば，ドイツで1930年前後以降に登場したフランクフルト学派の批判的社会理論を指すのが一般的だが，日本の教育学においては，北米を中心に1970年代後半以降展開されてきた，西欧マルクス主義の系譜に連なる教育研究を指すことが多い。この分野では，教育をめぐるさまざまな権力関係・不平等問題に焦点化する点に特徴があり，これらに関する記述・分析的な研究や，社会的に不公正な教育状況への異議申し立て，その是正・変革に向けた提言的考察が理論・実践の両側面で蓄積されてきた。

　この分野の論客として双璧といえるのがM. アップルとH. ジルーである。90年代後半頃までのアップルは，A. グラムシのヘゲモニー論や英国の新しい教育社会学等を援用し，公教育政策や学校知が，その平等主義的理念と裏腹に，社会的不公正・不平等にいかに加担しているかを関係論的に分析した。ジルーは，P. フレイレにも依拠しつつ，より提言論的な考察を抵抗の文化政治学として展開し，ポスト構造主義・ポストモダニズム理論も駆使して，批判的教育学の規範論的転回と呼ぶべきものに寄与した。その後世紀末以降は，両者とも福祉国家的リベラリズムの成果を掘り崩して跋扈するネオ・リベラリズムに批判の矛先を向けるようになった。また，この二人以外にも重要な研究者が多数現れ，この分野の研究対象・方法の拡充，グローバルな展開も目覚ましく，今日に至っている。

　この研究分野の教育方法学上のアクチュアルな意義は，まず，教育計画やその実践において公正（equity）という理念の重要性に対する関心が高まる中で，公教育のどこに社会的不公正やそれを産む原因が潜んでいるのか，その是正にどう寄与可能かという課題に関する知見を豊富に蓄積してきた点にあり，また，教育政策や学校教育の公正性に対する評価の観点として，階級・階層要因のみならず，人種，ジェンダー，セクシュアリティ，障がい等，多元的な諸要因を視野に収めると同時に，諸要因間の葛藤関係にも注意を促すようになった点にあるといえよう。

〔澤田　稔〕

［参］澤田稔（2019）「第10章カリキュラムの批判的研究」日本カリキュラム学会編『現代カリキュラム研究の動向と展望』教育出版．

実存主義

　実存主義は「実存」（仏・英 existence, 独 Existenz）を重視する思想動向を指す。「実存」という訳語は「現実存在」の略語として日本で生まれた造語である。元来，存在の「本質」を表すラテン語 essentia と対比され，今ここに立ち現れている「存在」（現実存在）を表す existentia に由来する。先駆者とされるのは19世紀のS. A. キルケゴールとF. W. ニーチェである。第一次大戦後，M. ハイデガーとK. ヤスパースが実存哲学を基礎づけた。「実存主義」（仏 existentialisme）の名称が一躍，世界的に広まったのは，第二次世界大戦終結の1945年，「実存主義はヒューマニズムか」と題して講演したJ.-P. サルトルの功績による。彼はヤスパースとG. マルセルをキリスト教的実存主義に，ハイデガーと自らを無神論的実存主義に区分した。ハイデガーはこれに同意していない。

　実存主義の思想内容は論者によりさまざまである。ここでは代表的なサルトルを紹介する。彼は実存としての人間の有り様をペーパー・ナイフとの対比で解明する。ペーパー・ナイフの場合，それが何のために存在するのか，その本質は最初から明白である。したがってこの場合，本質は実存に先立つ，といえる。だが人間の場合は逆である。各自が何のために存在するのか，その本質は最初から明白ではない。今ここに存在している各自にとって，その本質は自らつくるところのもの以外の何ものでもない。そこでサルトルは人間の場合，実存は本質に先立つ，と宣言する。人間は何にも縛られず主体的に自己形成し得る自由な存在なのである。だが換言すれば，人間は何の拠り所もなく，逃れることもできず，自己形成の自由と責任を引き受けねばならない。サルトルは，人間は自由の刑に処せられている，とも語る。

　かけがえのない各自の自己形成に直結する実存思想の観点から，人間発達を連続的な過程と捉える従来の教育観を超えて，教育の非連続的形式の可能性に着目したのはO. F. ボルノーである。彼は教育の連続性を突如中断する実存的な体験（危機，覚醒，出会い等）の自己形成上の意義に光を当てた。

〔佐久間裕之〕

［参］サルトル，J.-P. 著，伊吹武彦ほか訳（1996）『実存主義とは何か』人文書院（原著，1946年）．

経験主義

　経験主義あるいは経験論は，知識の源泉や認識作用を経験において捉えていこうという立場であるが，教育における経験主義は，プラグマティズムを基盤とする教育の思想や実践とその系譜を意味する。哲学史的には三つの経験概念がある。ギリシア哲学とイギリス経験論，プラグマティズムである。ギリシア哲学では，経験は単に蓄積された実際的な知識と捉えられた。次にイギリス経験論では，スコラ主義の思弁や合理主義の生得観念説，普遍的真理観を退け，経験を知識の源泉と位置づけた。例えば，ジョン・ロックは，感覚による外的な可感的事物の観察と内省による心の内的な働きの知覚を，経験の二大要素と捉え，前者の感覚的経験こそが知識の究極的な根拠であると考えた。実は経験（experientia）の原義は「試す」や「操作」の意味を含んでいたが，ここでいう経験とは，外界から強制的に与えられる受動的な感覚でしかなく，知識の対象は観念であるという主観的観念論を帰結することとなった。

　この経験論を批判的に継承しながら，経験を行為の中で，与えられた状況を実験的に変えていく能動的な働きとして，生物学的には有機体と環境との相互作用の過程として捉えたのがプラグマティズム（ジョン・デューイの経験論）であった。例えば，手が火に触れ火傷を負っただけでは経験にはならない。経験となるためには，行為とその結果（被った痛み）が認識の中で結合されなければならない。この結合が意味を与える（学習する）。以後，火に触れることは火傷を意味することになる。デューイは経験を直接的に生きられた経験である第一次経験と，省察によって媒介された第二次経験とに区分しているが，省察による行為と結果の結合，意味の把握はあらゆる知性の目標である。

　子どもの経験は強烈かもしれないが，過去の経験からの背景が十分でない場合，被ることと試みることとの関係は把握されない。働きかける行為と素材，主体と客体とが未分化なままの直接経験が，反省的思考において分析され分化されると，それらの前後の関連性に意味が与えられる（第二次経験）。これが経験から学ぶということである。そこで，教育とは「経験の意味を増加させ，その後の経験の進路を方向づける力を増大させるように経験を再構成ないし再組織すること」（『民主主義と教育』）である。デューイ的な経験概念は，新教育運動，個性重視の教育，総合学習，生活科，探究的な学び，問題解決学習など多くの教育運動や実践の中にその影響をみることができる。

〔松下晴彦〕

構成主義

　構成主義は，哲学や心理学，社会学など多様な源流をもつ考え方であり，特に学習を，知識を受け取るように捉えるのではなくて，学習者自身が知識を構成する（つくる）というように捉える考え方である。大きくは二つに分けられる。

　一つは，ラディカルな構成主義，個人的構成主義，心理学的構成主義などと呼ばれる立場である。代表的論者の一人のE. v. グレーザースフェルド（2010）がラディカル構成主義の根本原理の一つに「知識は感覚やコミュニケーションを経由して受動的に受けとられるものではない。／知識とは認知主体によって能動的に構築される。」(124頁) と定式化していることからもわかるように，知識の個人的構成を強調する考え方である。

　もう一つは，社会的構成主義，社会構成主義などと呼ばれる立場である。この立場は，他者との相互作用を通して知識を構成する，知識の共同的構成を論じている点で共通している。社会的構成主義という考えは，教育学においては，L. S. ヴィゴツキーやJ. デューイなどの成果に依拠することで概念化してきた。また，社会構成主義の第一人者とされるK. J. ガーゲン（2020）は「知識はすべて共同で創りだされるものなのだから，教育という営みについても，関係のプロセスへの参加を促す活動と捉えるほうがはるかに実りが多い」(301頁) とさまざまな"関係"という視点からの教育の捉え直しを提唱している。

　OECD国際教員指導環境調査（TALIS）では学習指導と学習に対する教員の信念として，直接伝達主義的指導観と構成主義的指導観というカテゴリーが用いられた。重要なのはこれら二つの指導観が対立的に捉えられていないことである。

　構成主義は，日本でも国語，算数，理科などの各教科授業の，また，協働型学習や探究的学習などの新たな学びのスタイルの理論的根拠として広く用いられてきた。「主体的な学び」や「対話的な学び」の必要性が叫ばれている今日，知識あるいは知の見方から論じる構成主義の果たすべき意義は大きいといえよう。

〔髙木　啓〕

［参］OECD編著，斎藤里美監訳（2012）『OECD教員白書』明石書店。ガーゲン，K. J. 著，鮫島輝美・東村知子訳（2020）『関係からはじまる──社会構成主義がひらく人間観──』ナカニシヤ出版（原著，2009年）。グレーザースフェルド，E. v. 著，西垣通監修，橋本渉訳（2010）『ラディカル構成主義』NTT出版（原著，1995年）。

構築主義

本概念は多義的であるが，教育方法学では以下の4つの文脈で言及されることが多い。

第一に，認識対象の実在性を批判的に考察し，社会的な構築物であることを強調する場合である。例えば，教育内容として「北方領土は日本固有の領土」「ピーマン栽培が盛んな宮崎平野」という知識を捉えるにしても，この解釈の妥当性を問う以上に，これがいつ・誰によって・どういう経緯で提起されるようになったかを問う。また国家カリキュラムを分析するにしても，テクストの構造を考察する以上に，カリキュラム成立に至る見解の対立や調停の過程を捉えるものである。言説分析としての構築主義と称したい。

第二に，学習者が習得する知識の外在性に対して，学習者自身の構築性を強調する場合である。例えば，子ども一人ひとりの認知スキーマに基づいて対象を捉え，知識が（誤って）構成される過程に注目する，あるいは，子ども一人ひとりの主体的な意味づけ以上に，子どもが置かれた共同体の目的のもと，遂行される行動や相互作用を通じて共有される知識に注目しようとする立場である。学習論としての構築主義と称したい。

第三に，学習者の主体性や共同性に対して，学習者が埋め込まれた社会・文化の構造的な影響を強調する場合である。例えば，沖縄と広島，北海道という場の歴史的経験や集合的記憶が子どもの平和理解に与える影響を問う。あるいは，国籍や民族性に由来する集団的アイデンティティや，帰属集団で支配的な安全保障・天皇制に対する規範が平和理解に与える影響を本質的と捉える立場である。社会・文化的アプローチとしての構築主義と称したい。

第四に，学習者のおかれた場の構造を無批判に受容させるのではなく，学習者自身の構造改革に向けた意識づくりを強調する場合である。例えば，子どもが差別や貧困という状況に，また不正義な規範・ルールに向き合い，それらを生み出す構造との対決を通じて既存のシステムを作り替えていく姿勢や実践に，教育の意義を見いだそうとする立場である。批判主義的アプローチとしての構築主義と称したい。

なお，実際の著作物では，これらの意味での構築主義が複合的に言及されることも少なくない。

〔草原和博〕

活動理論

文化・歴史的活動理論（cultural-historical activity theory：CHAT）をフルネームとする活動理論は，人間の活動の変革に関する論理的に一貫した体系的な理論である。活動理論は，カール・マルクスの「感性的・人間的な活動，実践」（「フォイエルバッハに関するテーゼ」）の概念に基づく弁証法的な理論として発展してきた。それは，主観と客観の二元論的な分離を打ち破る理論的な枠組みを，教育方法学の研究にもたらしている。つまり，活動理論は，マクロな社会構造である教育制度とマイクロな日常的行為である教育方法との間の隔絶を弁証法的につなぐことができる中間レベルを，人間の「活動システム」として捉え，その集団的な創造に積極的にアプローチしているのである。

活動理論は，過去30年ほどの間，教育・学習・発達研究の領域で国際的に最もインパクトの大きい潮流の一つとなってきた。この活動理論に基づき，ユーリア・エンゲストロームが提唱し，いまや国際的な研究運動を巻き起こしているのが，「拡張的学習理論（expansive learning theory）」である。拡張的学習は，自分たちの活動システムの中にある矛盾に直面することから始まり，協働の問題分析を自分たちで進めることによって，自分たちの未来を自分たち自身で概念化・モデル化して，活動システムを変革していく，いわば「まだないもの」を学ぶような学習である。

活動理論では，活動の担い手たち自身が，周りの世界を変え，それによって同時に自分たち自身を変えていくような弁証法的な拡張的学習を通して，自分たちの「変革的エージェンシー」を生み出し高めていく協働の介入支援が，「形成的介入」と呼ばれて研究の中軸に据えられることになる。

活動理論に基づく形成的介入は，介入者によってあらかじめ決定されたゴールをめざす通常のリニアな介入とは根本的に異なっている。それは，活動の担い手自身の拡張の学習の生成をボトムアップに援助し，当事者の変革的エージェンシーを高めていく新たな方法論に立脚している。実践者と研究者が協働するこうした形成的介入は，「チェンジラボラトリー」と呼ばれる具体的な方法を用いて，国際的に展開されている。

〔山住勝広〕

［参］山住勝広（2017）『拡張する学校─協働学習の活動理論─』東京大学出版会。

正統的周辺参加論

　学習理論の一つ。J. レイヴとE. ウェンガーは，何らかの実践共同体の営みに新参者が周辺から参加して学習を深め，経験ある一人前のメンバーとして次第に成長していく過程を正統的周辺参加（legitimate peripheral participation）と呼んだ。正統的周辺参加論は，文化的共同体の実践活動に人が参加して状況や文脈に埋め込まれた学びを行って必要な知識・技能を身につけ，成員としてのアイデンティティを獲得していく過程が，本来の学習のありようであることを示している。

　例えば，レイヴらが観察した仕立屋の事例では，新参者は失敗しても影響が少ないボタンづけからスタートし，縫い合わせ，裁断と段階的に重要な仕事を与えられ，一人前の仕立屋になるために必要な知識・技能を獲得する。

　ここで注目するべき点の一つめは，学習は社会的・文化的実践共同体に参加していくなかで生じることである。学習者の学習内容や学び方は，実践共同体の古参者の恣意にも新参者の恣意にも委ねられない。実践共同体という実践のアリーナの中に知識や熟練が存在し，そこから学習が生起するからである。二つめは，新参者は参加の正統性を認められており，実践共同体に存在する学習資源にアクセスできることである。そのため新参者は参加してすぐ共同体に一定の影響を与えることができる。三つめは，実践共同体に参加する学習者は，共同体においてどのような自分でありたいかを突き詰め，自己のアイデンティティを形成していくことである。四つめは，新参者の参加によって成員間の相互交渉が活性化され，実践共同体が発展的に変容することである。新参者の権力が増大して古参者と地位が入れ替わることもありえる。つまり，学習は個人だけの問題ではなく，社会の維持発展に関わる概念として捉えられる。

　学習は参加という枠組みで生じる過程であり，個人の頭の中でではない。共同参加者内の見え方の違いによって学習は媒介される。このような視座は，どのような社会的関わり合いが，学習が生起する適切な文脈を提供するのかという問いを学校教育に対して投げかけている。

〔水野正朗〕

[参] レイヴ，J.・ウェンガー，E. 著，佐伯胖訳（1993）『状況に埋め込まれた学習―正統的周辺参加―』産業図書（原著，1991年）。

コミュニケーション論

　種々の媒体による情報や意思などの伝達・交換・共有を広く意味するコミュニケーションを，その構造・意味・展開などにわたって解明する理論。一括できないほど，哲学，社会学，心理学，言語学，情報科学，政治学などにわたって広範かつ多角的に論じられている。なかでも，言語行為論を継承しつつ軸足を転換させるコミュニケーション論転回が注目されてきている。その理論的体系化の牽引者としては，ユルゲン・ハーバーマスを挙げることができる。

　ハーバーマスは，生活世界の合理化によるシステムの複合性の肥大化が逆に生活世界を浸蝕するというパラドクスに抗して，コミュニケーション的行為による生活世界の構築を構想する。行為者が目的を設定し手段を選択して自己の目的を実現する成果志向の行為とは区別して，コミュニケーション的行為は，了解という行為を経て調整される了解志向の行為であり，①客観的世界たる事実にかかわって何が真理であるのかについて合意を得ること，②社会的世界にかかわって合意形成のために必要かつ正当な規範をも相互承認すること，③主体的世界にかかわって自分の思念・意図を誠実に表出することの三位一体の要件を満たす行為であるという。ここから知の継承と更新，社会的統合と連帯，自己同一性の形成という意義が説かれる。教育実践にとっては，知の共同創造・連帯・アイデンティティ形成に資する教師と子どもならびに子どもたちの相互主体的な共同のあり方が示唆される。だが，同時に，感性を視野に入れない理性至上主義，合意内容を真理とする一面性，参加者の現実的な差異や多様性の捨象といった陥穽には留意が必要である。

　他方，行為主体からではなく，「情報・伝達・理解」の一連の作動であるコミュニケーションからコミュニケーションがつくられるとする自己産出的で自律的なコミュニケーションが社会（教育）システムを構成するという対抗的な見解（ニクラス・ルーマン）もある。教育実践の解釈や分析にとどまらず，それを創造するにあたって，そこから何が具体的に示唆されるかもさらに追究されてよい。

〔久田敏彦〕

[参] ハーバーマス，J. 著，河上倫逸ほか訳（1985-1987）『コミュニケイション的行為の理論』（上・中・下），未來社（原著，1981年）。ルーマン，N. 著，佐藤監訳（1993, 1995）『社会システム理論』（上・下），恒星社厚生閣（原著，1984年）。

社会システム論

　社会システム論の主要関心事の一つは「社会秩序はいかにして可能か」との問いにある。これを米国の社会学者タルコット・パーソンズは「ホッブズ的な秩序問題」と名づけている（パーソンズ，1974，43頁）。

　この問いへの回答の要点は，外的強制ではなく，自発的な行為が秩序を成立させるとの考えにある。この説明概念に文化，社会，人格という三つのシステムが導入された。文化の規範が，社会システムへと制度化し，人格システムの中に内面化する。これによって行為の統合秩序が成り立つと見られた。彼が呈示した二重の偶発性という問題の解決の仕方も同様である。行為選択は自己も他者も互いの出方に依らざるを得ないが，相手がどう出るかはそれぞれにいつも不透明である。この中でどのように社会秩序が生じるのか。彼の回答は共通価値の内面化，つまり社会化にあった。

　ドイツの社会学者ニクラス・ルーマンは，この問題を別様に回答する。この出発点は社会と心理という二つのシステム作動の閉鎖性にある。一方はコミュニケーションを構成要素とし，他方のそれは表象である。社会化にはコミュニケーションの表象への転移が想定されているが，それは両方の閉鎖性ゆえに非蓋然的である。それゆえ二重の偶発性は解消し得ずつねに潜在するという。彼にとってこれは問題ではなく，それどころか秩序生成の条件であった。自己は他者が自分をどのように観察するかを観察する。他者も同じく観察を観察する。ここからお互いの出方に即応する契機が生起するとされる。彼がいう「ノイズからの秩序」には，コミュニケーションにともなう偶発性からの秩序の創発が表現されている（ルーマン，2020，232頁）。

　パーソンズの回答は，デュルケームの「体系的社会化」（デュルケーム，1976，59頁）としての教育に土台を提供するが，ルーマンのそれはまったく異なる。閉鎖システムの理論の受け入れは教育学には困難だろうと彼は述べる。教育のコミュニケーションそれ自体も偶発性からの創発的事象となるし，たとえコミュニケーション・メディアによってコミュニケーションが非蓋然的にもかかわらず継続していても，それでも教育には作動の閉鎖性ゆえにいつもテクノロジーが欠如することになんら変わりはないからである。

〔牛田伸一〕

[参] 小林孝雄（2003）『社会学概論』産能能率大学。デュルケーム, É.著，佐々木交賢訳（1976）『教育と社会学』誠信書房。パーソンズ, T著，佐藤勉訳（1974）『社会体系論』青木書店。ルーマン, N.著，馬場靖雄訳（2020）『社会システム（上）』勁草書房。

学習科学

　学習科学（The Learning Sciences）とは，効果的な学習をもたらす認知的・社会的プロセスの解明を通じて，学習環境をデザインし，人々がより深く学習できるようにすることを目指す学際的な研究領域を指す。1990年代以降，認知科学，教育心理学，コンピュータ科学，文化人類学，社会学，情報科学，神経科学，教育学，応用言語学，デザイン科学など多様な学問分野を総合することによって，教授・学習プロセスに関する実践的な研究分野として発展を遂げてきた。

　学習科学においては，学習者自らが学習に対して主体的，能動的に取り組むことによって知識を構築すると考える構成主義（とりわけ，他者や道具との相互作用といった社会・文化的な文脈を強調する社会的構成主義）を理論的基盤とし，分散認知（ソロモン編『分散認知』）や正統的周辺参加（レイヴ＆ウェンガー『状況に埋め込まれた学習』）等の考え方を背景として，知識獲得や問題解決を個人内のプロセスとしてではなく，環境にある道具や他者と関わることによって生じる活動として捉える。とりわけ，①表層的な事実や手続きを覚えるのではなく概念的理解を深めること，②教科やコースに区分された知識ではなく，つながりのある首尾一貫した知識を学ぶこと，③脱文脈化された教室でのトレーニングとしてではなく現実的な文脈の中で真正の知識（authentic knowledge）を学ぶこと，④個人単独ではなく他者と協同して学ぶことの重要性が強調されている。

　研究アプローチとしては，学習心理学における伝統的な仮説検証型の手法ではなく，生態学的妥当性を重視し，学習に関する諸理論や研究知見を踏まえた指針（デザイン原則）に基づいて実践に介入し，そこで得られた知見をその後の改善に活用するプロセスを繰り返すデザイン研究（design-based research）が主な方法論として位置づけられてきた。そこでは，学習環境を構成する要素（学習方法，教材，学習の形態や活動，場の構成，テクノロジーなど）を工夫し，学習効果に関連する複数の変数を取り上げることによって，総合的な効果を検討することが目指される。

〔鹿毛雅治〕

[参] ソーヤー, R. K.編，森敏昭・秋田喜代美・大島純・白水始監訳（2016-2018）『学習科学ハンドブック　第二版』（全3巻）北大路書房（原著, 2nd Ed., 2014年）。

ポストモダン

　ポストモダン（仏 postmoderne，英 post-modern）は，啓蒙の理念に基づく近代（モダン）に対する批判的な思想動向に使われる。原語は形容詞で，その射程は学問・科学，芸術・文化，社会・制度等々，広範に及ぶ。一義的な定義は困難である。ポストとあるが近代の後に続くという意味ではない。ポストモダンは近代内部で生じた近代への不満の表明，問い直しの意識である。元来，米英で活動したCh. ジェンクスが建築分野で「ポスト・モダン」（post-modern）を使い始め，フランスの哲学者J.-F. リオタールが『ポストモダンの条件』（*La condition postmoderne*, 1979）を発表して以来，広く一般に普及した。代表的論者にリオタールのほか，J. ボードリヤール等が挙げられる。M. フーコー，G. ドゥルーズ，J. デリダも一括して扱われたりするが，彼らはこの呼称を積極的に引き受けてはいない。

　リオタールは『ポストモダンの条件』で，科学の言説がその正当化のために準拠してきた（「啓蒙」や「解放」のような）メタ物語（メタ言説，形而上学としての哲学）を「大きな物語」（grand récit）と名づけた。科学が進歩した結果，こうしたメタ物語への不信感が生じているとし，この不信感を彼はポストモダンと呼んだ。彼にとってポストモダンは，これまで信奉されてきたメタ物語の衰退や危機と，それに支えられてきたアカデミズムの拠点たる大学制度の危機も表していた。こうした危機に対して，リオタールは「大きな物語」の再興ではなく，「小さな物語」（petit récit）の可能性を模索する。それはローカルな場で人々の間に生じるさまざまな「言語ゲーム」（L. ウィトゲンシュタインの援用）のパラロジー（paralogie，相互の差異性，異質性，多様性を認める知の論理）によるものである。

　ポストモダンの立場から見れば，人間，大人，子供，人格の完成，道徳的自由，自立，自律，発達，教育，陶冶，教養等々，教育学の世界はモダン（近代）の産物である「大きな物語」に彩られてきたことがわかる。とはいえ，教育学は現在，「小さな物語」への可能性に対して開かれている，ともいえる。

〔佐久間裕之〕

［参］リオタール，J.-F. 著，小林康夫訳（1986）『ポスト・モダンの条件』水声社。

フェミニズム

　フェミニズムとは，社会にある不平等や抑圧等の不正義に目を向け，とりわけ女性という属性を理由とした不正義の是正と，同化によらない尊厳の回復を目指す思想・姿勢および政治運動をさす。

　欧米で展開された政治運動としてのフェミニズムは，複数の「波」に区分されて語られることが多い。第一波は19世紀から20世紀前半にかけての運動を指し，ここでは女性の社会的，政治的，経済的地位が低くなるようさまざまな制度によって抑圧されている状況を是正するため，選挙権等の権利要求が行われた。女性を男性よりも劣る性と位置づける男性主体の文明を批判したシモーヌ・ド・ボーヴォワールの『第二の性』もこの時代のフェミニズムに位置づけられる。

　第二波は1960年代から80年代にかけて展開された，権利要求だけでは是正できない構造上の問題の分析を通した女性解放運動をさす。「個人的なことは政治的なこと」をスローガンに，個人が経験してきた不平等，差別や抑圧等に関する語りから社会構造上の問題を浮き彫りにした。キャロル・ギリガンの『もうひとつの声で』は，当時米国で合法化されたばかりの人工妊娠中絶を経験した女性たちの語りを記録・分析している。

　1990年代以降に展開された第三波は，それまでの運動で想定されていた女性像の幅の狭さを問題視した。現実に経験されている不正義は，女性という一つの属性だけで語れるほど単一的ではなく，人種や階級，セクシュアリティ等の属性の交差性（インターセクショナリティ）によって複雑で多様なものとなっていることに目を向け，より包摂的に問題の是正を目指した。2010年代以降に生まれた，仕事世界に根ざす性差別や，性暴力の重大性を見過ごす慣習（レイプ・カルチャー）等を是正しようとする，いわゆる#MeToo運動に象徴される動きは，時に第四波と呼ばれる。

　ただし，フェミニズムを「波」に区切ることへの批判も多い。「波」を越えて流れるフェミニズム思想の変遷が見過ごされること，「波」の狭間の時期のフェミニストらの活動が見落されること，米国の黒人女性らが19世紀から展開していた，ブラック・フェミニズムと呼ばれる思想や運動は，メインストリームのフェミニズムに多大な影響を与えたにもかかわらず，いずれの「波」にも適切に位置づけられていないこと等が理由である。

〔山辺恵理子〕

パターナリズム（父権主義）

　パターナリズムとは，より強いとされる個人や組織がより弱い者の自由を制限することが，制限される者の保護や利益につながると考えられる場合において，保護・利益を正当性の根拠や目的に行われる，当人の意思に反する介入を指す。

　Pater はラテン語で「父」を意味し，パターナリズムという言葉の背景には家長が家族を支配・統率する特権をもつ，いわゆる封建社会における家父長制のもとでの父親の特権性がある。ただし，家父長制はフェミニストらによって意味を拡張され，とりわけケイト・ミレットの『性の政治学』等の議論を受け，現在では家庭における父親や長男の特権だけでなく，男性がその他の性の人間を，そして年長者が年少者を，性と年齢という属性を根拠に支配する社会構造として捉えられている。

　一方でパターナリズムは，必ずしも男性や年長者による支配を意味しない。一方を強者，他方を弱者とみなし，自身の幸福や最善の利益を追求する力がないと判断される弱者に対して，強者が善導・保護することを正当な目的と捉えて行うあらゆる介入を指す。政府等の公権力が法律等で国民の行動を制限することもパターナリズムの一例である。一国が他国を支配する植民地主義の背景にも，経済的利益の追求だけでなく，強い国家・集団が弱いものを善導することを正当化するパターナリスティックな思想があるとされる。また，エリオット・フリードソンが『医療と専門家支配』で提示した，医師と患者の関係にもパターナリズムが当てはまるという指摘は，インフォームド・コンセント等の概念・実践の普及へとつながった。

　パターナリズムは一方を弱者とみなすことの暴力性や，保護される個人や集団の自己決定権や自律性を侵害する点において時に批判される。しかし，判断力等が未熟な子どもに対しては介入が不可避であり，非難されるべきではないと広く考えられている。未成年者の飲酒を禁じる法律や，定められた教育課程で学ぶ学校教育制度への根本的な批判が少ないことはこの表れである。むしろ，保護されることは子どもの権利であるとみなされる。ただし，法や制度ではなく，教師－生徒等の人間関係においては，強者と弱者の立場を固定化し，過剰にパターナリスティックな介入を行うことは人権侵害に至る危険性を有する。

〔山辺恵理子〕

贈与論

　1920 年代の文化人類学者の M. モースや B. マリノフスキーの著作に端を発し，贈与交換論として，贈与と返済のメカニズム（提供・受容・返礼の義務に加え，神に対する贈与の義務のシステム），すなわち互酬性の原理や規範がさまざまに研究されてきた。人類学的・経済学的視点にとどまらず，G. バタイユ，J. デリダ，J.-L. マリオンといった哲学者によって社会の機能作用を捉える重要概念として論じられてきた歴史をもつ。

　教育学では，特に近年の教育の市場化に対する分析・対抗概念としてしばしば言及されるが，贈与を意味する Gift がドイツ語では「毒」を意味する（かつては「贈りもの」の用法もあった）ことからも，それ自体が無限定に肯定されるわけではないことに注意が必要である。

　教育方法学にとって特に関連が深いのは，純粋贈与の議論である。（1998 年の「教育の起源についての覚書」を嚆矢とする一連の研究をまとめた）『贈与と交換の教育学』（東京大学出版会，2008 年）において矢野智司は，教育学に残るのは「ただ共同体におけるより普遍的で合理的な教育目的の吟味と選択の手段の探究，そしてその目的を実現するための有効な手段の探究だけ」（18 頁）なのかと問う。消費社会による人間的交渉や教育に対する理解への影響を脱し，「等価交換の制度のなかに生起する純粋贈与という出来事に着目することによって，ちょうど共同体の道徳を超えた倫理の根源にいたるように，私たちは教育という謎に出会うことできる」と矢野はいう（19 頁）。

　森田裕之は『贈与－生成変化の人間変容論』（青山社，2015 年）において，与える主体から学ぶ主体への純粋贈与としての「与える」と生成変化への「待つ」の弁証法から現実の子どもの多元的な生を捉えようとしている。J. パトチカの「世界への根づき」にもつながるこうした視点を，教育方法学が対象とする諸領域，例えば各教科の教授＝学習過程の見取りにどう位置づけるかが問われている。教えることが「教師が所有していない贈りものを贈ること」（G. ビースタ『教育の美しい危うさ』東京大学出版会，2021 年，181 頁）なのだとすれば，その内実を明らかにすることが教育方法学に要請されているのである。

〔亘理陽一〕

[参] 岩野卓司（2019）『贈与論』青土社．

再生産論

　生産の更新を一般には再生産（reproduction）と呼ぶが，近代における再生産論には生命を対象とする議論と社会・文化的継承のメカニズムを対象とする議論とがある。再生産論は，生命を対象とした場合，生殖・出産・養育など人間の営為全般を視野に入れ，社会・文化的な観点の場合，資本主義社会の生産様式と労働力の再生産のメカニズムが議論の対象であった。それが，1970年頃から，生命を対象とした場合もフェミニズム論に典型的なように，社会文化的な観点からの議論が展開されるようになる。経済的な再生産の場合にも，階級・階層の世代間の経済的な再生産の観点だけではなくて，人間集団の文化的な構造の継承の問題として把握され，議論されるようになる。

　教育はまさに世代間の継承であることから，再生産論が教育学においても注目を集めることとなる。代表的議論の一つは，学校教育が資本主義における生産関係と内的な対応関係をもち，学校教育の中で生産関係の行動規範の形成が行われているとするS.ボールズとH.ギンタスの主張である。ただ，対応関係において，学校に通う子どもたちが社会関係に服従だけするのではないことを英国の労働者階級の子どもたちの調査から示したP. E.ウィリスの議論も注目を浴びた。

　もう一つの代表的主張には，B.バーンスティンの言語コード理論，P.ブルデューの文化的再生産論がある。言語コード理論は，労働者階級の子どもの方が教育的不成功に終わる確率が高いが，その原因を不正確で語彙が少ない話し言葉（制限コード）の多用にあり，対して中産階級の子どもたちは正確な文法と豊富な語彙（精密コード）を用いることを示し，学校が精密コードに親和的であることで成績に影響するとするものであった。ブルデューの文化的再生産論は文化資本が階層によって異なることを包括的に示したが，特に身体化された形態をハビトゥスと呼びその形成論が教育研究に影響を与えた。再生産論に対しては文化等の影響を宿命論的に捉えているとする批判がある。そこで再生産の各要因構造を抽出しつつ，それらを超えていく社会システムと教育の可能性を探究する方向の研究が生まれている。

〔子安　潤〕

［参］Bernstein, Basil (1996) *Pedagogy, Symbolic Control and Identity*, Taylor & Francis. 宮島喬（1994）『文化的再生産の社会学――ブルデュー理論からの展開――』藤原書店。

弁証法

　弁証法が思考および存在の発展を示す論理法則であることをヘーゲルが体系化した。彼によれば，弁証法の核心は，「否定の否定」という否定性（Negativität）と矛盾・対立の統一性にある。ジョン・デューイが若い時期に弁証法のこの論理に学び，interaction, growthの概念を仕上げて子ども主体の民主主義教育論を提起した。また，ヴィゴツキーが主著『思考と言語』で弁証法を駆使して「外言」「内言」の分析と総合を詳述したことも知られている。コロリョフ／グムルマンの『教育学原論』（邦訳，1973年）は，ヴィゴツキーが「要素」に分解せず「単位」で発達の全体像を把握したこと，またマカレンコも，個人と集団の基本的依存形態（基礎集団）と見通し形成を単位で捉えたことが肯定的に評価されている。研究方法としての弁証法の理論的意義は現代の教育学にも通用する。

　教授学の見地から吉本均は，教授主体と学習主体の関係を「二者択一としてではなく，弁証法として克服する」ことが現代教授学の特質と課題であるとした（吉本均『訓育的教授の理論』）。吉本の「否定発問」（ゆさぶり）説は思考発展のもつ否定性への着眼であった。実践では，斎藤喜博が教材追求で子どもとの知的対決をつくる「演出者としての力」を提起した。大西忠治は，学習集団における「問答」から「からみ問答」への討論の指導法を実証した。優れた実践家は授業の認識過程と対話の組織化の弁証法を豊かに追求している。

　訓育論では，竹内常一が学級・HR集団と第一次集団（班）の弁証法による自治的集団づくりの理論を展開し，全国生活指導研究協議会の指導方法論に大きな影響を与えた。「指導は相手の拒否の自由を認めた上に成立する」（城丸章夫）の論点や「働きかけるものが働きかけられる」（同前）も，弁証法の論理を適用した生活指導観を表している。

　弁証法を定立・反定立の形式論理でみるのは一面的である。すべての事物・個人は対他者性をもつので内的矛盾が生じ，これが発展の鍵となるというリアルな実践的弁証法の理解が今も課題である。教育のDX化が進む中で，子どもたちが自分の言葉で主体的につくりだす対話と討論をどのように導くか，まさに弁証法の方法論なくしては打開できない状況に直面している。

〔折出健二〕

［参］折出健二（2023）『否定の中に肯定をつかむ弁証法ノート』高文研。

場所（論）

　場所は，哲学や文学をはじめ広範な領域においてさまざまな文脈のもと用いられ論じられてきた。場所は，そこに存するものを，単に空間（space）として限定するものでも，物語（narrative）として限定するものでもなく，トポス（topos），プレイス（place）として，（現在としての）時間の持続を有するものとしてある。つまり，場所はそこに存するものを限定すると同時に，限定することによって，そこに存するものにとっての「今」，言い換えれば，本来の意味での実践が生じる。

　教育においてもそれは同様である。学校や教室という場所において，個としての教師は他の個としての子どもたちに，同様に個としての子どもたちは他の個としての教師や他の子どもと相働き合う。そこで展開される実践は，他者と自己の存在への自覚を通して一人ひとりの内なる方向に倫理的なものであり，他者と自己が相働き合うことを通して環境としての外なる方向に創造的なものである。

　教育が真に人間の形成のためにあるとすれば，一人ひとりの人間が人間になるのも場所である。人間が人間になることを通して社会を形成していく。その意味で，子どもたちが場所における実践を通して身につけていくものは知的なものであるとともに倫理的なものであり，社会をつくり変えていく原動力になるものである。場所において他者と相働くことによって人間は自らの行為，あり方について，否定的に自覚し自覚的に分析するという意味で省察を行うことができる。したがって，人間形成／自己形成としての教育とその実践について本質的に追究していくために，場所は重要な視座となる。

　しかしながら，現実の教育においては，場所が場所として十分機能せず，本来の実践が生じないことがしばしばある。それは，学校や教室が唯物論的に物理的な空間として制度やシステムとクロノス的な時間に縛られたものとなり，そこでは教師が子どもたちを，また子どもたちが教師や他の子どもたちを，唯心論的に感情的なイメージでのみで理解できていると思い込んでしまい，他の個を相働く個として捉えることができないものとなっているからである。

　これからの教育において，場所が場所としての本来の姿を取り戻すために，改めて私たち一人ひとりが自他の人間への理解を深めていくことが肝要である。

〔田上　哲〕

身体論

　デカルト以来の心身二元論では，身体は精神と切り離されたうえに劣位に置かれてきた。それに対して，人間にとって身体が果たす役割を重視する議論を，身体論と総称する。哲学の分野ではメルロ＝ポンティが代表的な先駆者である。

　1970年代に演出家の竹内敏晴は，精神にただコントロールされるのではない「主体としてのからだ」を提唱し，教育界にも大きな影響を与えた。1970年代末には心理学者の佐伯胖がイメージ研究を紹介しながら身体の役割に注目した議論を展開して認知科学的なアプローチを切り開き（『イメージ化による知識と学習』），1980年代の佐々木正人の「からだ」と認識の議論や宮崎清孝の視点論などを先導した。教育分野でも1990年代には体育教育・舞踊教育の高橋和子が，心身を切り離さない発想に立って，従来の体育科の内容におさまらない「からだ気づき」の活動を提唱した。また，1990年代末以降に教育学者の齋藤孝が，「教養」を「身体知」の視点から捉え直す議論を展開し，「鍛錬」，「型」の反復，「暗誦」などの活動を提起し，音読のブームを引き起こした。2000年代後半から教育学者の渡部淳は，「学びの全身化」を唱え，「ドラマ技法」を組み込んだ教育方法の構築を図った。

　今日的なトピックとして次の三つがある。

　① 身体の役割を重視するからといって言葉を軽視するわけではなく，むしろ，身体感覚をどのように言語化するか，言語化されたものがどう身体感覚に影響するかに着目する研究が行われてきた。生田久美子の「わざ言語」，諏訪正樹の「からだメタ認知」などである。

　② 記号がどのように実世界の意味に結びつくかという記号接地問題が，人工知能研究の分野でテーマになってきた。「身体化された認知（embodied cognition）」はそれへの一つの回答になるものである。2000年代以降の心理学的研究が，フィンチャー＝キーファー『知識は身体からできている』にまとめられている。

　③ 2020年代の状況は二つの点で身体論を際立たせた。一つは，コロナ禍がもたらした接触の制限，もう一つは，デジタルテクノロジーの発達である。マスク越しのコミュニケーション，ビデオ会議でのやりとりがどんな特性をもつのかが問われた（山口真美ら『コロナ時代の身体コミュニケーション』など）。また，VR（Virtual Reality：仮想現実）やメタバースの普及が始まる中で，人間が生身の身体をもつことの意味も改めて問われている。

〔渡辺貴裕〕

臨床の知

　臨床の知とは，哲学者の中村雄二郎によって科学の知に対置する形で提唱された術語である。科学の知は，主体と対象とを分離して観察することから導かれる普遍性・論理性・客観性に立脚することによって，近代文明の発展の基盤となった。これに対して，コスモロジー（固有世界）とシンボリズム（事物の多義性）とパフォーマンス（身体性をそなえた行為）が臨床の知の特徴として挙げられている。中村は，学問が生活世界から乖離しているという現象学者 E. フッサールの問題意識を継承し，バリ島の魔女ランダに関する考察や科学哲学者 M. ポランニーの暗黙知の論考を踏まえて，受苦の知あるいはパトス（情動）の知とも言い換えられる臨床の知を提起したのである。

　一方，教育学における臨床の学の構想は，現象学的教育学の祖である M. J. ランゲフェルトが提唱した「子どもの人間学」を継承して成立した。臨床心理学と教育学の統合を目指して 1988 年に臨床教育学専攻が京都大学の大学院に設置された際には，それまで自明視されていた教育学的な前提を異化し問い直すことが期待されていた。つまり，臨床教育学は，臨床心理学や一般教育学や教科教育学の応用ではない，子どもの個別具体的な困難に向き合い，人間の弱さや苦悩に寄り添う対人援助職を養成するために構想された。これらは基礎医学理論の応用として予防・診断・治療などの臨床処置を行う臨床医学とも異なる位置づけである。

　このように見ると，教育方法学における臨床の捉え方は，「ケア」「弱さ」「傷つきやすさ」等の研究テーマとの関連だけではなくて，これらの研究とともに開発されつつあるナラティブ・アプローチ，当事者研究，エピソード記述などの研究手法やそれらを支える研究方法論とともに読み解かれなくてはならない。また，その研究範囲についても，学校教育に限定せず，家庭や地域での子どもたちの生活世界に視野を広げることが求められている。臨床の知の観点から子どもたちの生きづらさ（しんどさ）や願いが聴き取られ，思慮深くありたいけれども寄る辺のない大人の教育的な応答責任が果たされるための研究と実践を積み重ねることが要請されている。

〔宮原順寛〕

[参] 中村雄二郎 (1992)『臨床の知とは何か』岩波書店。和田修二・皇紀夫・矢野智司編 (2011)『ランゲフェルト教育学との対話―「子どもの人間学」への応答』玉川大学出版部。

演劇の知

　中村雄二郎は演劇に着目し，「知の新しい範型」として「演劇的知」を提起した。中村はその構成要素を「シンボリズム」＝演劇のもつ象徴性，「コスモロジー」＝「聖なるもの」が中心となって世界が方向づけられること，「パフォーマンス」＝世界から働きかけられ交流するパトス的（受苦的）存在である人間の劇的行動の三つとし，普遍性・論理性・客観性を志向する「近代の知」に対抗しうる「知の枠組み」としたのである。

　こうした現代思想と相まって，1980 年代には，竹内敏晴が「からだとことばのレッスン」を展開した。「からだ」を通して人間関係の気づきと自己の変容を行う営みは広く注目を浴び，教育実践にも影響を与えた。

　2000 年代になると，欧米のドラマ教育等の理論家，実践家の招聘やその影響を受けた演劇人らによるワークショップが盛んに行われるようになる。これらは「総合的な学習の時間」の開始に後押しされ，また，文化庁の実演家派遣事業等によって学校にワークショップが入る契機を作った。

　ドラマ教育や演劇ワークショップは，劇の上演や鑑賞を中心とした従来の演劇教育とは異なる。それぞれは多様で，重点の違いはあれ，身体性，パフォーマンス重視，関係性の構築，情動や感情の尊重，虚構性といった「演劇の知」を共通要素として持ち，それらを再構成して一連の活動として「学び」の中に演劇的な作用を取りこもうとしている。こうした知の在り方は知識伝達型の学校教育を脱構築しようとするものである。

　「演劇の知」を日常の授業に活かそうとする試みも生まれている。例えば，渡部淳は「演劇的知」を「知的探究の活動をパフォーマンスへと展開する一連の活動を通して，学習者の内部に形成される能動的で創造的な知」と定義し，リサーチ，ディスカッション，パフォーマンスを通して，学習者がリアルな世界とフィクションの世界を往還しながら他者への想像力と理性を結びつけるような参加獲得型の教育を構想した。

　学習観の変化の中で教師に求められる資質も変容する。教師養成・研修の場面でもこうした「演劇の知」によって教師自身の身体性の変容，コミュニケーションの構築能力を育成しようとする動きも現れている。

〔宮﨑充治〕

[参] 渡部淳 (2001)『教育における演劇的知―21 世紀の授業像と教師の役割―』柏書房。

第 2 章

子どもの発達と教育方法

第1節　子どもの人格発達の理論的基礎
第2節　子どもの知的発達と教育方法
第3節　子どもの非認知的発達と教育方法
第4節　乳幼児の発達と教育方法
第5節　特別なニーズと教育方法
第6節　子どもの発達の困難と教育方法

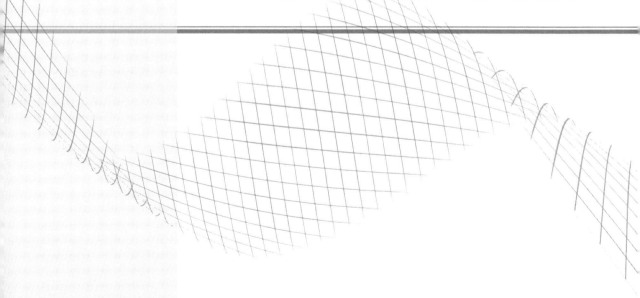

第1節　子どもの人格発達の理論的基礎

子どもの発達の権利保障

　子どもの発達の権利は，「児童の権利に関する条約（子どもの権利条約）」（1989年締結）において，諸権利の冒頭（第6条：生存・発達の最大限の確保）に位置づけられる。この発達の権利を実質的に保障するのが，学習の権利である。米国の低所得者層の幼児を対象とした補償教育が，その教育の機会によって，落第や退学，失業・犯罪の増加を予防した実証例からも明らかである。

　1960～1970年に展開した教育権論では，子ども固有の権利としての学習権を根拠に，親の教育権，国の教育権が導かれた。特に，発達可能態という，子どもの存在に即しながら，成長・発達の権利，その成長・発達にふさわしい学習の権利を子どもの権利の中核に据え，教育制度や教育行為を論じてきた。しかし日本政府は1994年，子どもの権利条約を批准して以来，国連子どもの権利委員会から，競争の激しい教育制度による子どもの生存・発達の危機を指摘され，子どもの学習権を保障する教育が行われていないと勧告されてきた。2024年施行の「こども基本法」では，国およびすべての地方自治体の学校教育行政・施策において，子どもが保護の対象であると同時に，権利行使の主体であることを基本として実施するよう求められている。

　子どもが学習の権利主体へと育成されるために，子どもはその要求を満たす教育を受ける権利をもち，大人は適切な指導を行う義務がある。特別な支援や配慮を要する子ども，ヤングケアラー，外国籍の子どもらが抱える困難は，教育の前提となる生活基盤自体の不安定さに由来している。教師はこうした子どもらが抱える生きづらさ，不安や悲しみに気づき，その子の問題行動やトラブルの原因となる権利侵害・抑圧の状況を他の子どもらを交えて共感的に探り出させ，権利を保障するための取り組みを展開させる必要がある。そのために，教師は子どもの置かれている状況に入り込み，その思いや願いを共感的に受け止める関係性の構築と維持が求められる。学校自体が権利を尊重する・される場所でなければ，子どもらは安心して自己肯定感をもって生活することはできない。授業や授業外で一人ひとりの子どもの権利を護る教師の姿勢が，子どもに自他の権利を尊重する態度や行動を育成する土台となる。

〔橘川喜美代〕

脳および身体の発達（発達の生理的基盤）

　脳イメージング技術の進展に伴い，脳構造・機能脳両面が縦断的に解明できるようになる一方で，運動発達においても数理科学モデルや機械学習，マーカーレスモーションキャプチャー技術等を活用できるようになり，人生最初期からの生理的基盤の精緻な発達変化過程の解明が進められている。

　人間の脳は妊娠初期から20代前半，またそれ以降も規則的に発達していく。まず生命維持機能と自律神経機能が発達し，次に認知・運動・感覚・知覚過程が発達し，複雑な統合プロセスや価値観に基づく長期的な意思決定が最後に発達する。すなわち出生前期から急速にシナプスや神経細胞は思春期過ぎまで継続的に発達し，刈り込みが進んでいく。その際に環境からの刺激やトレーニングは生涯を通して脳の発達に影響を与える。ただし，視覚の発達には臨界期があるのに対し，愛着や言語等においては感受性期という，より固定的でないが適切な発達の時期がある。早期に逆境を経験することは脳発達やその他の基本的機能に短期的長期的に影響を及ぼす可能性があることが示されている。

　脳は文化の革新や新たな挑戦など新しい現象に適応する力をもっている。脳内回路は脳の領域や回路を再利用し新たな認知課題を解決したり，十分な適応性をもっている。特定分野の熟達化によって脳内変化が生じることも実証されている。脳構造の変化は直接学習と結びついているわけではないが，加齢に伴う影響は年齢による線形的変化ではなく，また脳の皮質別や追加神経メカニズムを利用することで能力を補うこともできる。

　乳幼児期には身体活動量の増加が体力の向上をもたらし，それが脳神経基盤の変化を通して，学力や実行機能の向上をもたらす方向性が検討されている。またそれは一方向性だけではなく運動発達と脳の発達の双方向関係も検討されてきている。ただし脳神経活動（fMRI）や構造的な指標（脳容積や白質線維統合性）を含めた包括的な脳機能・イメージング研究が求められている。

〔秋田喜代美〕

[参]　秋田喜代美他監訳（2024）「学習と脳」『人はいかに学ぶのか』北大路書房，66-80頁。野崎大地編（2024）「特集　乳幼児期の脳・身体運動の発達」『体育の科学』74(2)，68-112頁。

文化と発達

　ドイツのW. M. ヴントは，「実験心理学」を打ち立て心理学の祖といわれた。さらに，それを補うものとして，人が生まれた文化との関わりを重視した「民族心理学」も提起した。しかしその後の心理学は，文化の影響をノイズとして扱い，普遍的かつ抽象的な形式の理論の確立を目指していった。一方，1980年代から，文化は発達において本質的な役割を果たすものとして捉えるべきだという文化心理学 (cultural psychology) が台頭してきた。

　文化をどのようなものとして考えるかによって，研究の方向性が異なる。第一は，記号・人工物を文化の媒介物と考える研究である。L. S. ヴィゴツキーの「文化－歴史的理論」に影響を受けている。ヴィゴツキーは，人間が心理過程に言語等の記号を媒介させることによって，文化的・歴史的に構築された行為と意味の世界に参入し，高次精神機能が精神間から精神内へ内面化することで，文化的発達をすると考えた。このヴィゴツキー理論に影響を受けたM. コールは，媒介するものを記号だけではなく人工物 (artifact) へと拡張した。こうして文化と認知の相互作用として発達を捉える研究は，J. V. ワーチ，B. ロゴフ，Y. エンゲストローム，J. レイヴ＆E. ウェンガーなど，独自の展開を遂げている。第二は，J. ブルーナーに代表される意味ネットワークとしての文化重視の研究である。社会・歴史・文化は，意味のネットワークで構成されている。人間は言語とりわけ文化的道具としてのナラティブ（語り）を通して，意味を構成し発達していくと考える。また，人類学者のR. A. シュウェーダーは，人々の紡ぎだす意味の体系を文化として定義し，文化と心の関係を研究している。

　文化心理学に加えてもう一つ，比較文化心理学がある。これは，第三者の視点から，複数の文化を比べるという方法を取る。実践の文脈に近づくと，異文化（間）教育，多文化教育という問題群になる。文化間移動や異文化接触をいつどのような状態で体験したかは，言語・認知・対人関係・アイデンティティ・社会性などの発達に異なる影響をもたらす（塘，2013）。

〔松崎正治〕

［参］コール, M. 著, 天野清訳 (2002)『文化心理学—発達・認知・活動への文化－歴史的アプローチ—』新曜社（原著，1996年）。ブルーナー, J. 著, 岡本夏木ほか訳 (1999)『意味の復権—フォークサイコロジーに向けて—』ミネルヴァ書房（原著，1990年）。田島信元編 (2008)『〈朝倉心理学講座⑪〉文化心理学』朝倉書店。塘利枝子 (2013)「異文化間教育・多文化教育」日本発達心理学会『発達心理学事典』丸善出版，468-469頁。

学習と発達

　発達 (development) には類似する概念として，成長 (growth) や成熟 (maturity) という言葉がある。成長は，身長が伸びる等の個体の量的な変化として捉えられ，成熟は，生殖機能の完成といった個体内部の生得的要因が展開していくことを指し，学習との対比で用いられる。これらに対し発達は，環境や文化といった外部の要因を個体の内部に取り込むことで起こるものであり，機能的・構造的な量的変化と質的変化の両方をさす。ここでの発達は，学習との関係から主に質的な変化の方を意味する。

　学習と発達に関わる心理学の理論として，レフ・C・ヴィゴツキーの「最近接発達領域 (Zone of Proximal Development)」がある。これはある知的課題について，現段階で独力でできること（現実の発達水準）と，独力ではできないが他者の援助を借りればできること（可能性を含めた発達水準）の間にある，発達の幅を意味する。この理論からデヴィッド・ウッドらは，最近接発達領域における援助のあり方として「足場かけ (scaffolding)」を提唱する。そしていずれ，こうした他者からの援助なしに独力で課題が達成されるようになる（内化）という。ヴィゴツキーの論に沿えば，この足場かけを行うことが「発達に応じた教育」に該当し，学習と教育［教授］のあり方は不可分なものとして考える必要がある。

　学習とは，学校等において新たな知識・技能を習得することとして捉えられることが多いが，心理学においてはより広い意味で，ある経験によって（自らの）行動が変容し，その状態が長期にわたって持続することを指す。他方，ここでの学習は，上述のことを踏まえると，最近接発達領域における課題解決のために，特定の場・時間を共有する参加者が協調・協同的に理解を共有していくことで成立していくものとして理解される。すなわち，知的発達とは内的な認知的枠組みの変容ではなく，社会的に構築されていくものなのである。ここから「協同学習」の考え方・方法が導き出され，授業研究の分野で数多く検討が重ねられている。なお，「他者とともに取り組む」だけでなく「多様な［異質な］人々とともに取り組む」という意味を強調した「協働学習」というものもある。

〔清重めい〕

遊びと発達

　子どもは，遊びを通して，身体的な機能ばかりでなく，認知的な側面，感情的な側面，社会性の側面等，多面的な発達を遂げる。特に，乳幼児期には，日常的な生活経験で得た感覚的印象を再構成し，自らの遊びの中でそのイメージを表現するというその時期特有の遊びの特徴がある。新たな経験や遊びを通して，子どもは事象のイメージを形成していくことで，眼前にない事象を想起し，自分なりに考えたり行動したりできるようになる。

　こうした遊びを分類して子どもの発達を捉える理論がこれまでにも提示されてきており，認知的な側面の発達から発達段階説を提唱したピアジェの遊びの分類は，よく知られている。それによれば，乳幼児期を対象とした遊びは，次のように大別される。物にかかわって音を出したりして感覚的に楽しむ「機能遊び」，積み木や折り紙，砂遊びのように何かをつくり出す「構成遊び」，ふりや見立て，瞬間的に演じる遊びからある程度ストーリーや役割に一貫性のある役割演技までを指す「象徴遊び」，鬼ごっこのようにルールを守ることによって成立する「ルールのある遊び」である。社会性の発達の側面からは，パーテンが，「一人遊び」「傍観者的遊び」「平行遊び」「連合遊び」「協同遊び」という分類を行っている。また，認知的発達と社会性の発達の両側面から遊びを捉える尺度として，ピアジェ・パーテンスケールも挙げられる。

　このように，子どもの遊びと発達には密接な関係があり，遊びは個々の子どもの発達過程を映し出すと同時に，発達を促すものであると捉えられる。現行の「幼稚園教育要領」「保育所保育指針」「幼保連携型認定こども園教育保育要領」においても，遊びを通した総合的な指導の必要性が提示されている。保育・幼児教育によって遊びの経験の充実化を図ることは，近年その重要性が提唱されている非認知能力である人間形成に寄与する子どもの心情や意欲の形成にもつながる。そのためには，特に乳幼児期に特有の「象徴遊び」の発達に着目した活動内容を構成し，実践することが効果的である。遊びとして頻繁に生じる「象徴遊び」を日常的な保育実践に生かし，子どもの自発的な劇化の経験を促進することが望ましい。

〔佐野美奈〕

仕事・労働と発達

　仕事・労働は，あそびや学習とは異なり，社会的有用性において成果を求められるものである。モンテッソーリが「状況が自然な場所では，子どもたちが大人の仕事に加わります。生活が単純で自然な場所では，子どもたちが大人の生活に参加する場所では，子どもたちが落ち着いて幸せである」（アネット・ヘインズ編『1946年ロンドン講義録』風鳴舎，2016年）と述べているように，子どもが仕事・労働に参加することは，そもそも自然な姿であり，その過程において人間として成長し発達を遂げていくのである。

　城丸章夫は「仕事はある特定の集団にとっての有用さを目的とするものであり，労働とは，社会的な有用さを追求することです。幼児は労働ではなくて仕事をし，仕事を学習する必要があります」（『幼児のあそびと仕事』草土文化，1981年）と仕事と労働を厳密に区別しているが，子どもが社会の仕事や労働に参加し，そうした環境と相互応答的に関わることで，身体的，精神的な厳しさや要求を学び，体験することは，人格形成に寄与するものである。

　幼児教育の分野で，例えば「田植え」や「芋ほり」体験がある。「田植え」の活動は，保育内容の「環境」「人間関係」や「食育」との関連で実施されていることが多い。イネ（植物）や田んぼの泥とのふれ合いや他者との協働によるよろこびやしんどさなどが味わえる活動である。一方で，イネの苗の植え付けの際の深さ，隣の苗との間隔，前後の苗の幅など，正確にイネの苗を植え付けなければ，イネは十分に育つことなく収穫が得られない。子どもはそうした制約のもと，社会的な成果を求めて努力し，やりがいや生きがいをその過程において見出し人間的に発達していくのである。

　「頭と手と心」（ペスタロッチー）の調和的発達以降の労作教育に見られる「教育と労働の結合」は，人間の全面発達と結びついてきた。しかし，城丸も言うように安易に結合すればよいものではなく，仕事・労働の切り口は保育者のいざないにある。仕事・労働は単なる保育者の「お手伝い」にとどまるものではなく，子どもが主体的に環境と対話する真剣な活動になるような保育のあり方が求められる。

〔深澤悦子〕

［参］城丸章夫（1993）『城丸章夫著作集第6巻』青木書店。三原征次・高田清・豊田和子・上野ひろ美（1986）『幼児教育の構造』高文堂出版社。

| 第1節 | 子どもの人格発達の理論的基礎

自立と発達

　自立は，支配・強制を受けずに，他者の働きかけや援助・支援に依存しつつ自己実現をすること。基本的生活行動の自立，社会的自立（人間関係の自立），経済的自立（就労自立），精神的自立の諸側面がある。規制緩和による競争促進が拡大した1980年代の後半頃から，人に頼らず自分のことは自分でする自己管理・自己責任を備える状態を表わす「自立」が使われた。その一方で，障がい者の自立を就労自立のための社会適応と同一視する問題点も明らかになった。さらに市場原理優先のもとで人々が分断されるアトム化が進み，孤立や不安が深刻となった。人権・共同（協同）・自由希求のあり方を問い直す中で，他者への依存が果たす役割を重視する自立概念が浸透してきた。

　他者の支えで一緒に自分でやってみることが個人の諸能力の獲得や質的変化という発達可能性をきりひらく。この「発達的自立」（田中昌人）を常に尊重することが保育・教育・福祉の分野で課題となっている。さらに，LGBTQなどの多様性を保障し，個人が選び取る自己決定性を認める人格的自立（self-reliance）の方向へと変わりつつある。この精神的な自立を表わすために「自律」（autonomy）の言葉が最近では多く使われている。

　外から規範的な自立像を押しつけることは，教化である。自立をめざすことで，貧困・格差の困難を抱える子ども・若者が自分を抑圧する自己否定に陥ってはならない。自主性・共同性・開放性のある社会的連帯づくりがきわめて重要である。そのため，子どもたちの対話と相互応答関係を育て，共同で問題解決に取り組む自治能力を備える集団づくりの実践が，豊かに追究されている。その実践を通じて，他者にヘルプを言える，仲間の不安・葛藤を聴き取る，他者の呼びかけに応答する（竹内常一）諸能力を自立概念に込めるようになった。『生徒指導提要』（2022年）にこうした自立概念が反映されている面もあるが，権利主体としての子どもの自立は，依然として教育の課題である。個人の尊重と自己実現に配慮しつつ，「ありのままの自分」を認めてその社会的自立を導く指導性が求められている。こうしたケアの視点をもつ実践が他者との相互依存，信頼と共同性につながり，人格発達としての自立を支えるのである。

〔折出健二〕

[参] 折出健二（1993）『相互自立の生活指導学』勁草書房.

発達と環境移行（トランジション）

　人は環境との交流を行い発達する。個人と取り囲む環境を一つのシステムとして捉え，環境への適応は，個人と環境の両者相互交流（transaction）の上に成り立つとする有機体的発達論のアプローチの鍵概念が環境移行である。エリック・エリクソンは人の心理社会的発達に伴う危機を8つの発達課題として提示した。この理論を基礎にモスとシェーファー（Moos & Schaefer, 1986）は，人生ではこれまで有効であった行動様式では解決できないことが適応の危機であるとする理論を提示した。ワップナー（1991）は，これらの考えを踏まえ，環境移行に伴う危機の考え方を整理した。

　個人は環境との間に調和のとれた状態，すなわち安定し均衡化した状況になるよう自ら積極的に環境に働きかけ，進んで目標を創りそれに向かって進もうとする。そしてそのために，環境を探索して情報を収集し，環境についての自己の世界を構築し，構造化していく。しかしそのシステムは全体的に統合した状態で機能するが，そのシステムの一部分の均衡が崩れる場合に，危機的移行を経験することになる。

　危機的移行には，入園，入学，進級，進学，就職，結婚などの加齢に伴い社会文化的制度の転入転出による環境の変更や，転校や留学・退学，転勤・転職・離職，家族や重要な他者との関係の物理的心理的喪失など個人的要因による環境変化，天災や疫病などなど社会全体の混乱もある。いずれも個人の従来の行動様式が通用しないことから，動揺や葛藤が生じる。環境移行の途上では異なる，新たな特有の文化への適応が求められるため，移行後の集団や社会の内容や制約に習熟すること等が必要となる。移行前との比較評価のもとで認知的再構成や関係性の再構築，自己概念の再構築が生じる。移行の原因や重要性の認知により影響は異なり，環境適応までの期間に相違が生じる。適応への問題解決において，自らがそれまでの環境で構築した行動や認知に対して，「付加や置き換え，除去あるいは置き換え」などが個人内に生じる。環境移行が円滑に進行するためには，周りの環境からの支援や制度的検討が重要となる。

〔秋田喜代美〕

[参] Moos, R.H., Schaefer, J.A. (1986) Life Transitions and Crises. In Moos, R.H. (Eds.), *Coping with Life Crises*. Springer, pp.3-28. 山本多喜司・ワップナー, S.編著（1991）『人生移行の発達心理学』北大路書房.

自治的活動と発達

　自治的活動とは，子どもたち自らの手による管理・運営を原則とする自治的集団が，今ある生活をつくり変え，生活をより豊かにするための必要や要求に基づいた活動を行うことである。そこでは，学級・学校での生活の質を問い，生活をより豊かにするためにどのような取り組みをしていくのかを話し合い，決定し，実行することを通して自治の力が育成される。

　学校における自治的活動としては，学級活動や児童会・生徒会活動等が例に挙げられる。ただし，形式的な自治を行うにすぎない活動も少なくない。特に，今日の学校現場において「スタンダード」の名のもとに学級・学校での生活の仕方から授業における学習の仕方に至るまで細部にわたって規定化し，その規定に否応なく従わせることで子どもと教師を統制しようとする教育動向がある。このような状況では，子どもの自治的活動は促進されないばかりか，子どもの声も聴きとられず，子どもの意見表明権や自己決定する力が剥奪される。

　子どもの権利条約の批准から30年が経ち，法をはじめ，社会や学校の仕組みの中にようやく子どもの権利が正当に位置づけられようとしている今日において，改めて子どもの権利として自治的活動を重視する必要がある。その際，重要となる視点は次の三点である。

　一つ目は，自らの発達と人間的自立にかかわる子ども一人ひとりの思いや願いを聴き合いながら自他の必要や要求に応答し，自分たちの生活世界（諸活動，関係性等）の問題に対して，自分たちで話し合って解決しようとする民主的な自治的集団を育てることである。

　二つ目は，自治的集団を基盤として学級・学校における生活世界のあり方を批判的に問い直し，子どもたちが自分たちの力でともに生きるに値する生活世界へとつくり変えることができたと実感できる活動をつくり出すことである。

　三つ目は，子どもの意見表明権を尊重し，自治的活動を通して学級・学校づくりの計画，実行，評価のプロセスへの子ども参加の仕組みを保障することである。

　自治的活動を子どもの発達における権利として捉え，学級・学校づくりへの子ども参加を保障していくことや地域への参加も視野に自治的活動をどのようにひらいていくのかが今後の課題である。

〔今井理恵〕

［参］全生研常任委員会企画，竹内常一・折出健二編著（2015）『生活指導とは何か』高文研。

ジェンダー・セクシュアリティと保育・教育

　セクシュアリティ（sexuality）は，人間の性のあり方全般をさす言葉である。人間の性は，解剖学的／生物学的性（sex），性自認（gender identity），性的欲望の対象（sexual orientation），性表現（gender）の4側面から説明されることが多い。ジェンダーという言葉により，人間の性が社会文化的に男女の二項区分と強制異性愛主義により，「男」と「女」の非対称的な性別秩序（支配関係）として構築されてきたことが明らかにされてきた。今日では身体の特徴一つをとっても性は多様であると認識されるようになり，自分が自分の性をどう規定し表現するかは多様であるため「性のグラデーション」と表現される。人間社会を平等につくり変えるには，ジェンダー・バイアス（差別）に取り組む必要がある。その際，多様な性の人権を対等・平等に処遇する必要から，不可視化されてきた性的マイノリティ当事者が表現するLGBTQI＋に加え，あらゆる人を包括する概念としてSOGI（sexual orientation & gender identity）が注目されている。また，近代社会はジェンダーとセクシュアリティのみならず，階層，民族，人種，国籍，障害の有無，年齢，ヴァルネラビリティなどが複合的（インターセクショナル）に交差しており，そのことを踏まえて「差異の政治」に取り組む必要がある。

　園・学校では，ルールや慣習，行事，環境（トイレや更衣室）などの約束事の多くが男女別につくられ，性別秩序の再生産装置として機能してきた。近年，生まれた時に振り分けられた「性別」に違和がある子どもの存在がようやく可視化されるようになった。ユネスコなどの国際機関は，人権を基盤に多角的に性を扱う「包括的性教育」（『国際セクシュアリティ教育ガイダンス』2009年。2018年改訂）の必要を示唆している。園や学校では，性的マイノリティの子どもへの個別の配慮だけでなく，以下が必要といえる。

　一つは，性について子どもたちが真理を探究できるように，性別二元論を前提にした公的カリキュラムを変更することである。日本の学習指導要領の教科・教科外のすべて検討が必要である。もう一つは，マイノリティの子どもの声を聴き，子ども・保育者・教師・保護者・地域の人々がともに園・学校・社会の約束事を批判的に検討し，誰もが生きやすい，差異と複数性に開かれた環境づくりに取り組むことである。それにより，保育・教育の場において，民主主義の民主化が可能になる。

〔山田　綾〕

［参］木村涼子（1999）『学校文化とジェンダー』勁草書房。

全面発達

　人間は古来より諸能力の全面的で調和的な発達を追求してきた。その到達点が全面発達である。それは、その諸能力を最大限に発揮できるよう物質的豊かさや文化的営みをすべての人が平等に享受できる社会的諸関係を樹立し維持する必要も含んだ概念であり、マルクス主義の概念である。

　古代ギリシアでは美と善を備えた人間像である「カロカガティア」が理想とされた。しかし奴隷社会であったがゆえにそれは労働と切り離されていたという点で全面発達とは異なっている。ルネサンス時代にはあらゆる分野で天才的な才能を発揮することができる万能人が理想とされたが、これも同様の理由で全面発達とは異なっている。近代教育のヒューマニストたち、例えばペスタロッチーの教育理念では労働の教育が重要な意味を持ち、精神的・道徳的・身体的能力を調和的に発達させることに教育の目的があり、その手段の一つとして生産労働と教育の結合が重視された。しかし、それは領主の統治下で人間的自由を享受する人間の教育の構想にとどまった。

　産業革命後の機械制大工業は物質的豊かさと文化的営みをすべての人々に提供できる条件を整えたが、富は偏在している。またそこでの労働は労働者の全面的可動性を必要とするが現実には一面的労働しか許さず、人間が機械の従属物となっている。これに対して労働自体が人格を豊かに発達させ、労働の成果がすべての人々の自由な時間の拡大をはじめとする豊かな人格発達の条件となる社会をマルクスは展望したのである。

　全面発達した人間とは、そうした人間を育てる教育である総合技術教育を原理的・実践的に発展させたクルプスカヤによると、次のように定義することができる。「自覚的で組織的な社会本能をそなえており、全一的な考えぬかれた世界観をもち、自然のなかで、また社会生活のなかで、自分の周囲において生起するすべてのことを明瞭に理解している人間、あらゆる種類の労働に、身体労働にも、精神労働にも、理論においても実践のうえでも、準備されていて、合理的で十分な衣食住を、美しくて楽しい社会生活を打ち立てることのできる人間を指している。」

〔三村和則〕

人格の発達

　人格とは、イマヌエル・カントの哲学における重要な概念であり、理性的な存在者を意味し、道徳法則に基づいて行為する自律した主体のことをいう。あらゆる人間にとって、人格は手段としてではなく、目的そのものとして尊重される。例えば、虚偽の約束を他者と交わすことは相手の人間を手段として用いることである。

　そもそも人格という言葉は、神学的な背景をもつ言葉であり、ラテン語のpersona（ペルソナ）に由来している。ペルソナは仮面を意味することから、人と人との関係における役割をそれぞれの舞台で演じることを含意している。そのため、人間は多様な関係の網の中で自己を定め、その間柄において現れる様相を人格として理解することができる。また、人格は心理学においても用いられる概念である。その場合、パーソナリティと呼ばれ、カントが示した価値的な表現というよりも、「その人の人となり」（大山泰宏『人格心理学』）全体を意味する。このように理解すると、「あの人は優しい」「あの人は勇敢だ」といったように、他者からの評価として人格を表現する場合もあれば、行動や思考を決定する個人の内面を人格として捉える場合もある。さらに、ライフサイクルの視点から発達の漸成説を論じたエリクソンによれば、健康なパーソナリティの構成要素には、乳児期における基本的信頼の感覚や、学童期における物を作り仕事を完成させるという勤勉の感覚などが重要であるとされる。数や量といった抽象的な概念を操作できるようになり、言葉や社会規則を理解できるようになるなどの個体の身体的・精神的な成長や、学校や仲間といった複数の社会集団との接触などの環境の変化と、多様な他者との関係から自己を捉え直し自分がどのような人間であるのかという人格の発達は関連する。

　人格の発達は、単純な社会適応や外部からの働きかけだけでなく、また個人の内面的成長だけでもなく、自己が他者や社会に働きかけ、その反応を受けとり、新たな行動を行うという相互作用や関係性を通して理解される。また、人格は自己自身による理解もあれば、他者による理解もあり、総合的な人間理解の一つといえる。

〔藤井佳世〕

[参] エリクソン, E. H. 著, 西平直・中島由恵訳 (2011)『アイデンティティとライフサイクル』誠信書房（原著, 1959年）。
大山泰宏 (2015)『人格心理学』放送大学教育振興会。

定型発達と非定型発達

「定型発達」や「非定型発達」は発達心理学や教育学、医学などの分野で用いられている。

「定型発達」は多くの子どもたちがたどる発達の過程のことである。例えば、生まれて間もない赤ちゃんは意識せずに生理的微笑という笑顔を見せ、その数か月後に大人が笑ったら意識的に笑い返す社会的微笑を見せるようになるというような過程のことである。その他にも、言語スキルや運動スキル、認知スキルなど予想可能な時期に予想可能な順序で発達することを指す。

一方、「非定型発達」は、定型とは違った発達の形態を指し、発達全般の遅れや歪み偏りがあることをいう。「非定型発達」は「注意欠陥多動症」や「自閉スペクトラム症」「知的発達症」なども含まれている。例えば「自閉スペクトラム症」では、友達と遊んだり、会話を楽しんだりしているものの、状況にあった適切なやりとりができるようになるのが遅く、話題に沿った会話ができるときとできないときがあり、空気を読むということは非常に困難になる。

また、児童期における抑制についても、「注意欠陥多動症」や「自閉症スペクトラム症」、「限局性学習症」、「知的能力障害」などの「神経発達症」の場合、抑制の弱さがあることが示唆されている。

このように「非定型発達」をもつ子どもたちは、言語の発達が遅れたり、社会的スキルが同年代の子どもたちと比べて異なったり、特定の行動パターンを示すなど、さまざまな特徴が見られる。このような発達に特徴をもつ子どもたちに対して、個別の教育計画（IEP）や行動介入計画、療育プログラム、言語療法、作業療法などさまざまな支援が必要とされているが、これらの支援は、子どもの強みを伸ばすことを大事にしつつ、困難を克服できるようにしていくことが求められている。

また、上記のような発達障害と診断される中には発達障害ではないケースも見られるようになっており、発達障害ではないが、発達の弱さや偏りが見られる「非定型化」という視点も生まれている。

「定型発達」でも「非定型発達」でも、教育現場ではすべての子どもがその可能性を最大限に発揮できるよう支援することが重要である。

〔椋田善之〕

［参］河合俊雄・田中康裕（2016）『発達の非定型化と心理療法』創元社。東田直樹（2023）『自閉症が30歳の僕に教えてくれたこと』角川書店。

学力と人格

学力と人格の関係は、戦後の学力論争で繰り返し議論されてきた。例えば、1970年代には、高度経済成長による地域生活の荒廃、「落ちこぼし」、「病める学力」、身心の発達のゆがみといった問題が顕在化していた。これに対し、坂元忠芳は、内面的な人格構造の発達の中に学力を位置づけることを、「生きる」ことと「わかる」ことを結びつけることを学力研究の課題とした。他方、藤岡信勝は、坂元の学力論について、態度主義であり、学力形成の問題を、生き生きとした生活や意欲の回復の問題として読み替えるもので、学力形成に固有の教科内容・教材の組み換えや授業を通した解決の取り組みを遅らせるものだと批判した。

学力が高いからといって人格が育っているとは限らないし、むしろ、学力獲得競争のもとで子どもたちの人格のゆがみが生じている。学力・能力は手段であって、それを使う主体の態度・価値観・道徳性の方が重要である。このように、学力と人格を二元論的に捉えて後者を重視する論調は根強い。これに対して、中内敏夫により提唱された「段階説」は、学校教育で問題とすべき「態度」を、教育内容が学習主体によって充分にこなされ、思想や生き方にまで気化した状態（学力の発展性）として捉え、それを「習熟」という言葉で語り直すものであった。また、京都到達度評価運動の展開の中で提起された「並行説」は、認知と情意の関係を、一方が他方の土台ではなく、並行関係と捉えることで、両者が不可分の関係にあり相互媒介的に深まっていく様子を表現しようとした。

系統的に組織された文化遺産を学ぶこと自体、その過程が学び深めや再創造を伴うもので、さらに、他者との相互作用を含んで社会的に展開されるのであれば、それは思想や人間性の基盤となる認識枠組み（見方・考え方）や世界観の形成につながり、日常的な行為に知性や思慮深さや見通しをもたらしうる。また、何を見ているか知っているかという情報環境が人の意識や行動を規定するのであって、伝達される知識内容自体の立場性・思想性を吟味することも重要である。人格論一般ではなく、文化的な学びを通して人格形成を間接的に展望する、学校教育に固有の人格形成へのアプローチ（徳育につながりうる豊かな知育）の可能性が追求される必要がある。

〔石井英真〕

第1節　子どもの人格発達の理論的基礎

発達の段階と教育

　子どもの育ちに目を向けるとき，それまでに獲得し蓄積した力を土台として，著しい質的な変化が突然起こり，全体的に飛躍をしたように感じることがある。そしてそれらが一定の順序に従って生起する時，人間の発達が段階的に区分されうるものであることが理解される。発達の段階に関する理論として，学校教育に特に大きな影響を与えてきたのは，J.ピアジェの論理的操作に関する認知発達の理論や，E. H. エリクソンの生涯にわたる心理社会的発達の理論である。これらの発達の理論によって，子どもの言動の理由や意味が明らかになり，育ちを見通し，子ども理解を深めることができる。

　発達と教育の関連をめぐる議論としては，1940～1950年代に広がった「学習のレディネス（準備状態）」という考え方に基づく発達を待つ教育と，そのカリキュラムが挙げられる。また，それらを批判したブルーナーは「どのような内容も，どんな子どもでも何らかの形で理解できる」と主張し，1960年代の米国のカリキュラム改革の原動力となった。同様に，発達の後を教育が追いかけることを批判したL. S. ヴィゴツキーは，一人で到達できる段階と教師や仲間の援助によって到達できる段階との間の領域（ゾーン）を「発達の最近接領域」と呼び，教育は発達の最近接領域において行われるべきであると主張した。

　その後も，発達の順序性を重視してそれに応じて教育内容を配列し，教育目標を学年別に編成してプログラム化するべきであるという工学的アプローチによるカリキュラム開発のあり方と，その時々の子どもの自発的な活動と教材の出合いからカリキュラムを構成すべきであるという羅生門的アプローチによるカリキュラム開発との対比において，発達と教育のカリキュラム関連問題は展開してきている。

　発達は，文化に埋め込まれて生じている。つまり，発達は，個人の能力の変容ではなく，他者との共同から生まれるものであり，個人を取り巻く状況や関係のありようの総体の変容である。そのような発達の見方を教育やカリキュラムにどのように実現するかは，これからの検討課題でもある。

〔影浦紀子〕

〔参〕永野重史（2001）『発達とはなにか』東京大学出版会。

文化資本，社会関係資本

　文化資本および社会関係資本は，社会的再生産論を提起したフランスの社会学者ピエール・ブルデューにより，人間が具え獲得可能な資本として経済資本とともに分類された。

　文化資本は人間の日常生活における行為や嗜好を半ば無意識に方向づけるハビトゥスを形成する環境条件のことである。ブルデューは文化資本を，①書籍や絵画や楽器（現代ではコンピュータも含む）等の客体化された形態，②学歴や資格等の制度化された形態，③ハビトゥスに直接的に結びつく言語やふるまい等の身体化された形態，の3形態に分類した。この文化資本は経済資本と親和性が高い。例えば，人間の経済資本が豊かであればアクセスできる書籍や絵画が増え，高次の学歴や資格を獲得しやすく，使う言葉が豊かになり，立ち振る舞いも優美になる。逆に人間が文化資本を豊かにもつことで，より多くの金銭を稼げる職業に就きやすく，そこで稼いだ資産を基盤としてさらなる経済資本である土地や証券を得やすくなる。

　したがって，文化資本を獲得することが社会移動の流動性を生み出すとともに，既得した社会的地位の持続，すなわち社会的再生産へと結びつく。このことから，特に制度化された文化資本の増進装置である学校システムの重要性に加え，その平等性の担保の問題が明白となった。

　社会関係資本は個人に還元される経済資本や文化資本と異なり，人間と人間の間に存在する信頼，人脈，協働，相互扶助，ネットワークのことである。たとえ経済資本と文化資本を豊かにもたなくても，人間は他者との信頼関係や人脈といった社会関係資本を豊かにすることで多様な文化資本にアクセスする機会を得ることが可能になる。さらに，社会関係資本をより豊かにすることが，人間個々人の知識やスキルといった人的資本の増進，そして主観的ウェルビーイングへと結びつく。

　したがって，社会関係資本は個人の成長発達とウェルビーイング追求に連関する他者存在と互恵性の価値を明確にする。さらに，社会関係資本は多様なコミュニティにおける統治効果，社会的安定性，協働組織の発展に影響を及ぼすことから，教育における学習環境の形成や社会情動的学習の推進における基盤概念にもなっている。

〔木村　優〕

〔参〕ブルデュー，P.著，石井洋二郎訳（2020）『ディスタンクシオン　普及版』（Ⅰ・Ⅱ），藤原書店（原著，1979年）。

家庭学習

　家庭学習は，子どもたちが教育課程外の時間に家庭等で取り組む学習活動であり，一般に「宿題」と「宿題以外の家庭学習」に大別することができる。

　「宿題」は，基本的に学校の授業の一環としての性格を有しており，教師によって内容や提出期日が指示・管理される。さらに，「宿題」に対しては，子どもたちの取り組み状況の点検や評価，指導が行われ，「宿題」の成果を踏まえた授業展開が行われることもある。「宿題」の内容としては計算や漢字などの反復的な練習，音読などが多い。反復学習以外にも各教科等の単元・授業内容に関連する「宿題」が出されることもあり，例えば挨拶や就寝起床時間などの生活習慣の確認，国語科の作文，日記，図画工作科・美術科の作画，体育科の縄跳び，鉄棒運動など多岐にわたる。

　一方，「宿題以外の家庭学習」には，子どもの自主的な家庭学習としての「自学自習」や通塾による学習などが含まれる。「自学自習」は内容・提出期日等について教師が指示するものではないが，内容の例示や，計画的な進め方，実施状況についての指導，チェックや価値づけなどにおいて教師の関与を前提としているものが多い。「自学自習」は各教科に直接含まれない学習内容に取り組むこともあり，子どもたちの興味・関心や自主性，自発性に基づく学習を展開する契機となりうる。

　「宿題」をはじめとする家庭学習は教育課程外で実施されるものであり，学習指導要領等に明記されていない。「家庭との連携を図りながら，児童の学習習慣が確立するよう配慮すること」（2017年版小学校学習指導要領）という記述に留まり，子どもたちの学習習慣を確立するために学校と家庭で連携して取り組まれるものとして位置づけられている。「宿題」は広く学校現場において定着しているにもかかわらず，その効果に関する学術研究は少ないため今後の研究蓄積が待たれている。

〔清水良彦〕

［参］藤村美由紀・杉本任士（2019）「小学校における望ましい家庭学習を推進するための方策―教育実践家・教育学者の宿題に関する論説を通して―」『北海道教育大学大学院高度教職実践専攻研究紀要』9，145-154頁。

第2節　子どもの知的発達と教育方法

知的興味・好奇心

　知的興味とは，ある特定の対象に注意を向け，それに対して積極的に関与しようとする心理状態を意味する。興味は状態興味と特性興味に大別できる。状態興味とは何かに注意が注がれるといった一時的な心理状態を指し，楽しみと集中の感覚が伴う。他方，特性興味は，特定の領域に関心を示して，それに対して繰り返し取り込もうとする安定的な傾向である。これらの主な違いは，その心理状態が一時的なものか，安定的なものかである。知的好奇心には，拡散的好奇心と特殊的好奇心がある。拡散的好奇心は，情報の飢えから生じ，ある事柄を幅広く求める心理状態である。それに対して，特殊的好奇心は，既有知識が不十分であったときに生じ，納得するまで不十分さを埋めようとする心理状態である。
　市原学・新井邦二郎（2004）は，小学4年生から中学3年生までを対象とした横断的研究で，各主要教科の学習場面における興味（有能感も含む）の発達を調査した。得られたデータをもとに各教科の興味における発達的変化を分析した結果，小学校から高校に向かうにつれて学習に対する興味は低下傾向になることが明らかになった。これについて彼らは，次のように考察した。学校の教科学習は，学年が上がるごとに子どもの経験に即した具体的内容からより抽象度の高い内容に変化する。それによって，その変化に順応できない子どもが増え，子どもの学習への意識は，身近なものから自分と関係のないものへ変わる。その結果，学習意欲が低下するのではないかと考えた。
　S.ヒディらは，興味の発達の程度を質的に位置づけようとする興味発達の4局面モデルを提案する（Hidi & Renninger, 2006）。第1局面は，状況的興味の誘発，第2局面は状況的興味の維持，第3局面は特性興味の発現，第4局面は特性興味が発達した状態である。状況的興味は，環境による刺激によって引き起こされる一時的心理状態（楽しみや集中に感覚）であり，特性興味は個人がある事柄に対して何度も取り組むような持続的な傾向性である。モデルは，環境によって状況的興味が誘発され，それが次第に特性興味へと至る道筋を描いている。指導においても，興味の発達を考慮した教材や指導展開などを検討して子どもの興味を育成することが大切である。

〔細矢智寛〕

[参] Hidi, S. & Renninger, K. A.（2006）The four-phase Model of Interest Development, *Educational Psychologist*, 41 (2), 111-127. 市原学・新井邦二郎（2004）「学習場面における有能感と興味の発達」『筑波大学心理学研究』27，43-50頁．

注意・集中

　「注意」とは，情報を選択したり，情報の特定の側面にのみ処理を限定したり，情報の存在に気づいたりすることで認知活動を支える機能である。行動や記憶，思考，情動を制御したり，覚醒状態や集中している状態を維持したりする働きももつ。
　人間を含め生体が環境に適応するためには，環境の状態を常に把握している必要がある。しかし環境には多様な情報が複雑に存在し，そのすべてを処理することは不可能である。また，不要な情報を処理する必要はない。必要な情報を効率的に取り入れて行為を生成する機構が「注意」である。
　情報を選択する注意の側面は選択的注意とよばれる。パーティの雑音のなかでも関心のある会話は聴き取ることができるという「カクテル・パーティ効果」はその例である。自分が会話に夢中になれば周りの話し声は気にならなくなり，会話に集中できる。授業における小集団の話し合い場面のように同時多発的に発話がなされるとき，自分たちの班のメンバーの発話を明瞭に聴き取ることができるのは選択的注意の働きである。また，視覚的な選択的注意はスポットライトやズームレンズのメタファーで表現されることが多い。授業において，重要な語句を色のついたチョークで書いたり，板書を構造化することなどは，視覚的な選択的注意の点からも合理的である。
　注意のメカニズムの説明の一つに，注意を情報処理のための上限のある一定量の資源と捉える考え方がある。注意の量が十分にあれば，高いパフォーマンスを発揮できるが，不足するとパフォーマンスは低下する。また，必要な注意の量の合計が限界を超えなければ，注意を複数の課題に配分できる。これを分割的注意という。処理に必要な注意の量はその処理が困難なものであるほど増す。よって，簡単な課題や習熟している課題であれば注意は少なくてすみ，より多くの課題を同時にこなすことが可能となる。自動車の運転免許を取ったばかりの時には運転に専念していた人が，運転に習熟してくると運転しながら同乗者と会話ができるようになることはその例である。
　「集中」は，注意の観点からみれば選択した情報を選択し続けることであるといってよいだろう。注意の中でも，ほかの情報を無視しながら特定の情報に焦点をあてる焦点的注意の働きによるものと考えられる。注意をどれだけ持続できるかの度合いを覚醒度というが，覚醒度の低下は刺激や情報への慣れに起因するといわれる。

〔藤江康彦〕

記憶

　私たちは記憶に際し，外界の情報を処理できる形式に変換し，頭の中に取り込み（符号化），取り込まれた情報を引き出すまでの間，頭の中に保持する（貯蔵）。そして必要に応じて，その中から特定の情報を探して取り出し（検索），用いている。

　符号化された記憶は，すぐに使えるように数秒間保持される。この記憶は短期記憶ないしワーキングメモリと呼ばれる。短期記憶の容量は「7±2チャンク」（「チャンク」は情報のひとまとまりを指す）と呼ばれているが，他の情報と関連づけたりまとまりを再構成したりするなどの記憶方略を用いることでより多くの内容を保持することが可能になる。

　短期記憶で保持された情報は，繰り返し用いられたり，他の情報と関連づけられたりすることで，長期記憶へと転送される。長期記憶には，手続き記憶，意味記憶，エピソード記憶がある。手続き記憶は「自転車の乗り方」や「おいしい卵焼きの作り方」など，言語化が難しく，無意識のうちに取得される。意味記憶は「愛知県の県庁所在地は名古屋市だ」のように，一般的な事実や事象についての記憶である。これに対しエピソード記憶は，「名古屋に旅行へ出かけた時の出来事」のようにある出来事が起きた時間や場所など，文脈情報が伴った記憶で，たとえ1回の出来事でも，新しい情報を迅速に学習し，保持しておくことができる。

　上記の記憶のメカニズムにおいて，得られた情報は単なるコピーではない。貯蔵に際して他の情報と結びつくことでその都度再構築される。また，検索し，想起する際にも，情報はその時に学習者がもつ知識，予想，文脈などによって新たに再構築される。このように，記憶は常に社会的な文脈において他の情報と関連づけられながら再構築されていく。こうした記憶の社会文化的な特徴は学習科学において研究が進められているが，その知見は教育方法学にも示唆があるだろう。学習者の記憶がどのような教育方法の中で形成されたものか，なぜそのような記憶が形成されたのか，学習者や教育実践の文脈と対話する中で理解を深めることができる。

〔一柳智紀〕

［参］全米科学・工学・医学アカデミー編，秋田喜代美・一柳智紀・坂本篤史監訳（2024）『人はいかに学ぶのか―授業を変える学習科学の新たな挑戦―』北大路書房（原著，2018年）。

感性

　教育において，感性は知性と対置される傾向がある。そのため，感性は知性偏重教育において軽視されてきたもの，すなわち五感による知覚を介した発見や思考，質感や美しさ等の価値判断，感情，他者理解といったさまざまな能力や働きを意味する語として用いられる。

　感性による判断や反応は，分析的，論理的なものではなく，直感的，有機的なものである。それゆえ，感性は既成概念や知識，データの分析等とは対照的に，非論理的で飛躍的な発想や革新的で想定外のものを生み出すアート等の創造性と関連が深く，ときに論理的解決が困難な場面や非効率性，遊び，無駄等を肯定的に許容する。また，感性は個人の関心や経験に関わるものであり，一人ひとり異なる。そのため，感性への着目は自分の好み等の自己理解を促進させ，個々人の感性の共有は対象に対する多次元的な見方を開く。さらに，感性は曖昧さ，不確実性を含み，説明が困難で，正解がない。このことは，ヴーカ（VUCA：Volatility 不安定，Uncertainty 不確実，Complexity 複雑，Ambiguity 曖昧）の時代といわれる今日における感性の重要性を際立たせる。

　感性は，生得的なものとされる部分もあるが，学習可能で変容する側面をあわせもつ。教育課程において，感性は育成すべき人間性等に関わる資質・能力に位置づけられている。そこには，創造性の涵養において働かせる感性，「音楽に対する感性」のような教科特有の感性，STEAM教育の「A：Arts」のように教科横断的な学習で求められる感性，共感のような他者関係における感性等が含まれる。

　感性を育成するためには，子どもの驚きや感動を学習の起点とすること，個々の子どもの感じ方に注意を払うこと，想像活動や表現活動を取り入れること，そのようにして子どもたちがさまざまな経験の味わいを重ねていけるようにすること等が重要であると考えられる。また，指導要録の観点に示しきれない感性の評価では，日々の学習活動に現われる個々の子どもの感じ方を教師が見いだして伝えることや，子どもたち，保護者といった多様な評価者を含むこと等が求められる。

　感性は，感性以外の目標内容に子どもたちを向かわせる方法でもある。例えば，学習対象への興味関心を喚起させ学習動機づけを高めるために，絵画や写真等の感性情報が取り入れられる。また，安井俊夫の教育実践に代表されるように，歴史認識を形成する方法としての共感の採用もみられる。

〔小山英恵〕

知性

　知性をさまざまな事物や事象，それらの関係性を捉える知的能力と考えた場合，知能（intelligence）に関する心理学的な諸研究は，人間の知性を考えるうえでのさまざまな手がかりを示している。

　集団に対して知能検査を実施し，因子分析を用いて構成要素を明らかにしようとする研究が20世紀前半に始まり，知能検査全般に関わる一般因子と各検査固有の因子が知能を構成すると考えられる二因子説や，相互に独立した多くの因子が知能を構成すると考えられる多因子説が提起されてきた。

　多因子説の流れを引きながら人間が育つ文化との関わりで，R. B. キャッテルは結晶性知能と流動性知能という二つの因子を見いだした。結晶性知能はそれまでの経験によって獲得された知識を反映する知能であるのに対して，流動性知能は経験とは相対的に独立に情報処理の速度や能力などに関連する知能である。それらの発達的変化として，人間の生理的成熟に関連すると考えられる流動性知能は25歳頃をピークに徐々に遂行レベルが低下するのに対して，環境や文化の影響を受ける結晶性知能は成人期・老年期を通じて緩やかな上昇傾向を持続するとされている。また，加齢に伴う流動性知能の低下は結晶性知能の向上によって補償されることも主張されている。

　知性を主体が外界を捉えるための内的な枠組みと捉えたとき，その枠組みが年齢とともに段階的に形成されると考えるJ. ピアジェの発生的認識論は，知能の発達の順序性を考えるうえで示唆的である。誕生からおよそ2歳頃までの「感覚・運動期」では対象に対する直接的な運動と感覚を通じて枠組みが形成される。2歳頃から7歳頃までの「前操作期」になると言葉やイメージに基づく思考の枠組みが形成されるが，可逆性など論理性の点で不十分性をもつとされる。7歳頃から11歳頃までの「具体的操作期」では具体的対象が現前する状況で論理的思考が可能になり，さらに11歳頃以降の「形式的操作期」では仮定に基づく論理的思考が出現するとされる。そのような知能の出現年齢には領域による違いや文脈の効果も指摘されており，教育を通じた関わりの影響も想定される。

〔藤村宣之〕

[参] 子安増生編（2016）『よくわかる認知発達とその支援　第2版』ミネルヴァ書房。

学習意欲

　学習意欲とは，当人の「学びたい」という欲求に基づいて，粘り強く学習活動を行ったり学習成果を目指したりする心理現象を指す。

　学習意欲は，モチベーションに関する心理学研究によって主に検討されてきた。モチベーション（動機づけ）とは「特定の行為が始発し，持続し，方向づけられるプロセス」を意味する。このことから，学習意欲に関する研究は「学習活動がどのように生起し，維持され，学習の深化，発展に向けて調整されていくか」というテーマを中心に展開され，その結果，学習動機づけは学習者当人の心理的要因（欲求，価値，期待など）と環境要因（学習する場のあり方）によってダイナミックに規定されることが理論的に明らかになっている。

　「学びたい」という欲求（need）は学習意欲が生じるための条件であり，学習活動の「原動力」だといえる。人は生まれながらにして環境と効果的に相互作用する能力（コンピテンス）を持っており（ホワイト『モチベーション再考』），学習活動は学習や発達を促すように機能する「コンピテンスへの欲求」に基づいて生じる。このような学習それ自体（「わかるようになる」「できるようになる」など）を目的とする内発的動機づけは学習意欲の本質的特徴とされ，学習と直接的には無関係な目的（「よい成績をとる」など）のための手段として生じる外発的動機づけと区別される。

　価値（value）とは，当人が「学ぶべき」と感知すること，すなわち，学習の意義に関する認知（知覚，認識）を指す。特に「役立つ」「望ましい」「興味深い」といった学習内容に固有な性質に基づく課題内生的価値の認知が学習意欲を高める。

　期待（expectancy）とは成功可能性に関する認知（「学ぶことができる」という自信）を意味し，学習動機づけ全般を規定する。行為が結果と結びついている（やればできる）という随伴性認知と，特定の行動に対する遂行可能だという認知（それができる）の自己効力の二種類があり，自己効力がなければ行動は生じない（やらない）。

　以上のような個人内要因は対人的，社会・文化的な特質をもつ環境要因と相互作用しながら，その状況における当人の学習動機づけを規定する。また，その種の体験は特性（学習適性）としての学習意欲の形成に影響を及ぼす。

〔鹿毛雅治〕

[参] 鹿毛雅治（2013）『学習意欲の理論―動機づけの教育心理学―』金子書房。

態度

「態度」は、「ある人が、ある対象（人、モノ、コト）に対して、どのように感じ、考え、かつ振る舞うかという主体の一般的な反応準備状態を指し、一定の動作や行動を実現し、それらを方向づけたり、調整したりする機能をもつ心理学的構成概念」（鹿毛、2013）とも定義されるが、日本では、指導要録における評価の観点として長く位置づいてきた。1980年改訂の指導要録では、すべての教科の評価に「関心・態度」の観点が盛り込まれ、1991年改訂の指導要録では、「関心・意欲・態度」として観点別評価の筆頭に位置づけられた。2019年改訂の指導要録では、「主体的に学習に取り組む態度」と改められた。これは、2017年改訂の学習指導要領に示された「学びに向かう力、人間性等」に対応した観点で、「観点別学習状況の評価を通じて見取ることができる部分」を評価するものとされた。観点の趣旨では「言葉を通じて積極的に人と関わったり、思いや考えを広げたりしながら、言葉がもつよさを認識しようとしているとともに、言語感覚を養い、言葉をよりよく使おうとしている」（小学校・国語）、「社会的事象について、国家及び社会の担い手として、よりよい社会を考え主体的に問題解決しようとしている」（小学校・社会）、「自然の事物・現象に進んで関わり、学んだことを学習や生活に生かそうとしている」（中学校・理科）のように表現された。

広岡亮蔵の学力モデルの提唱以降、「認知」と「（態度を含む）情意」の関係が問われてきた。中内敏夫の学力モデル（段階説）では、「到達目標の内容が十分にこなされた形態」を意味する「習熟」という概念が「認知」と「情意」の両者を含むものとして提唱された。さらに、京都モデル（並行説）では、「認知」と「情意」の両者がまさに並行して形成されるモデルは示されたものの、具体的な形成過程は十分に解明されなかった。「態度」の評価は、ともすると恣意的な人格評価を呼び込み、「忠誠競争」を引き起こしかねない。この問題を解くためには、認識の深化にとって必要不可欠な契機としての「認知」と「情意」の関係を具体的に解明する必要があるし（田中、2008）、「認知」と「情意」が互いに契機となって認識が深化していくプロセスを教師と子どもが相互に確認し理解を深め合える評価方法が求められる。

〔大島　崇〕

［参］鹿毛雅治（2013）『学習意欲の理論』金子書房。田中耕治（2008）『教育評価』岩波書店。

知識・理解

知識とは、人間が観察や経験あるいは学習を通じて情報を取得（認識）し、それを自らの既有の知識体系に組み入れ、統合した有意味な情報である。また、共同体で収集・整理・承認・共有された有意味な情報群（書籍やデータベース）も知識といえよう。人は知識を用いて新たな知識を学習するとともに、意思決定や問題解決などに活用する。

認知機能の違いに着目すると、「知識（Knowledge）」は、外部情報の取り込みや学習によって獲得された具体的データ、事実、概念、理論など「正しいと推測される個別情報の記憶という静的な認知機能」に焦点づけられた言葉である。一方、「理解（Understanding）」は、個別知識を、新たな情報として取り込み、既存の知識体系の中で他の知識と関連づけ、組み直し、統合する、いわゆる再構造化によって「知識の背後にある原理や意味をも把握しようとする動的な認知機能」に焦点づけられた言葉である。簡潔にいえば、知識は所有された情報、理解はその情報を意味や文脈に組み込むことと言い換えることができよう。

知識と理解は相互に関連しており、ある分野の理解が深まるにつれて知識も発展し、新しい情報や経験が加わることで、既存の知識は修正され、理解がさらに深まる。要するに、知識は理解の基盤であり、理解は知識の深化と拡張といえよう。

知識のタキソノミーを援用した学習論では、学習によって獲得される知識が、（一問一答的な）個別単純なものか、他の知識との関連性を含む複雑なものか、関連する知識の構造まで含めた統合的なものかという知識の深化と拡張の度合いが注目されている。この文脈で「教科特有の見方・考え方」などの「深化した理解」は、その汎用性ゆえに転移可能な「思考力」になると捉えられている。

それゆえ児童生徒が興味・関心をもつ「問い」を立てることで、学習単元の知識を主体的に学ぶことを促し、既有の知識体系（視点）の異なる仲間と対話的に学ぶことで、理解の多様さに気づかせ、学んだ知識を異なる文脈のもとで活用（転移）させる「主体的、対話的で深い学び」は、学習内容を「生きて働く知識・技能」として深く理解できる最良の教育方法の一つであると考えられる。

〔広石英記〕

ことばの発達

　受精後4か月ごろから胎児は母親の声を認識し，誕生後に聞く人の声を単語ごとに認識する手がかりを得ている。そして子どもは乳幼児期から身近な人との関わりや生活の中でことばを獲得していく。子どもは，数年のうちに人類が数千年の経験の中で得た言語や科学の認識に「ことば」を通してたどり着く。

　ジャン・ピアジェは発生的認識論の立場から，子どもが自ら意味，概念を構成していくことに焦点をあてる。子どもの発達段階を「感覚運動期（0～2歳）前操作期（2～7歳），具体的操作期（7～11歳），形式的操作期（11歳～）」の4つに分ける。ことばが急激に増える2歳頃から，子どもは新しい経験を既知の枠組み「シェーマ」に同化させ，調節して均衡化しながら理解できることを増やしていく。3～4歳頃になると，ことばは，簡単なコミュニケーションの手段としての話しことばである「外言」としてだけでなく，より複雑な考えを形成する独り言としても使われるようになる（「（自己）中心的言語」）。6～7歳頃，思考とことばの「脱中心化」が始まり，「中心的言語」は姿を消し，内化されたことば「内言」によって論理的思考ができるようになっていくと考える。教育においては，子どもの発達段階に，どのように適切な課題が提供できるかを問われる。

　一方，レフ・ヴィゴツキーは社会構成主義の観点から，子どもは，社会での交流を通して，ことばが思考を媒介し，発達するという立場をとる。子どもの心理活動を「言語的思考」と名づけ，その対象を生活的概念（「ことばの意味」の構築）と，科学的概念に分けた。ヴィゴツキーは，「中心的言語」は，頭の中で概念を操作するために使われ，外言から内言に移行する過渡期段階のことばであると捉える。学齢期に入り「書きことば」を習得することで，子どもはことばの一般化（抽象化）ができるようになり，科学的概念が発達する。11～12歳頃からは，ことばが自在に関係性を形成するようになり，学習が円滑に進み，概念的思考が可能になる。また，情動のコントロールも可能になり，内省的で自律的な人格が育っていく。親や教師，友人と協働する中で，さらに発達する域をもつこと（「発達の最近接領域の法則」）が教育の可能性を示唆している。

〔矢野英子〕

［参］ヴィゴツキー著，柴田義松訳（2001）『新訳版・思考と言語』新読書社（原著，1934年）。

思考の発達

　人間は，身体や感情とともに，推理，判断，問題解決といった思考も発達する。ジャン・ピアジェは，人間が対象を認識し理解する際の枠組みをシェマ（スキーマ：schema）と名づけた。思考の発達とは，外界の性質を既存のシェマに取り込む同化（assimilation）と，外界の性質に合わせて自身のシェマを組み替える調節（accommodation）とを繰り返すことで，認識精度を高めること（均衡化（equmbration））を意味する。ピアジェは年齢に応じて，以下の4つの発達段階に整理する。第一は感覚運動期（0～2歳）であり，感覚を通して対象を認識する。第二は前操作期（2～7歳）であり，自己中心的ではあるがイメージを浮かべ言語も習得する。第三は具体的操作期（7～11歳）であり，具体物を通した数量などの科学的な概念の獲得や，他者との相互作用も行う。第四は形式的操作期（11歳以降）であり，目の前にない抽象的な概念に基づいた論理的思考ができるようになる。

　これに対して，L. S. ヴィゴツキーによれば，言語には他者と話す際に用いる外言と，自身の思考において用いる内言とがある。幼児は外言の獲得が不十分なために自己中心的な内言が独り言のような形で表出すると，ピアジェは考えた。これに対して，ヴィゴツキーはまず外言を獲得した後に発達によって内面化するため，未成熟な内言が独り言として表出すると考えた。この前提には，他者との関わりを通じて対象を自己の内面に取り込むという社会文化的発達理論と，教師や友人といった他者と適切に関わることで達成できる水準があるという発達の最近接領域理論がある。

　知能については，C. E. スピアマンの一般因子（g因子）と特殊因子（s因子）およびJ. P. ギルフォードによる，内容（図形，記号，概念，行動）×操作（認知，記憶，拡散，集中，評価）×所産（単位，分類，関係，体系，転換，見通し）を組み合わせた120因子から成る立体構造モデル等が知られている。またR. J. スタンバーグは，実践的知能，創造的知能，分析的知能という知能の三頭理論を考案した。さらにH. E. ガードナーは，言語的知能，論理的・数学的知能，音楽的知能，身体的・運動的知能，空間的知能，対人的知能，個人内知能，自然的知能から成る多重知能論を提唱した。

〔樋口直宏〕

［参］ヴィゴツキー著，土井捷三・神谷栄司訳（2003）『「発達の最近接領域」の理論―教授・学習過程における子どもの発達』三学出版。

概念の形成

　概念とは共通の特徴を有する複数の事物・事象を包括する普遍的・抽象的な枠組みを与える心的な構成物である。ヴィゴツキーは学習者が枠組みを形成する際，知覚的な類似性に着目する局面から外面的な類似性に着目する局面を経て，より普遍的・抽象的な概念を形成すると主張した。この中でも構造化・体系化された科学的概念は，日常生活での直接経験に裏打ちされた非体系的な生活的概念が，教育などでヒト・モノを介して足場掛けされ，自覚的・随意的に思考で用いることができるレベルへと引き上げられ，獲得される。

　個人内での概念形成の過程について，欧米では構成主義的学習観のもと，先行概念の有無やその種類による違いが指摘されてきた。特に，①「理論説」と，②「断片説」の二つの立場から個人内の概念変化の過程が議論されてきた。両者は，先行概念を有するものが，その概念で説明できない現象・事象に直面した際に，①一貫性や体系性を有する概念全体の置き換えを志向するのか，②断片化された知識を再編し，体系化して対応するのかという点で異なっているほか，体系性を重視した際の概念の構造化や文脈への対応の方策に違いがある。

　この他，概念の形成については，ピアジェなど自生的な発達を捉える立場と教授に基づき発達を捉える立場の対立もある。これらを統合するものとして，ラーニング・プログレッションズと呼ばれる適切な概念形成に向けた長期的な道筋を示した資料も提案されている。そこでは領域固有性の考え方を背景に，特定の概念が素朴な段階から支援を通して形成される際の道筋が複線的・予防的な形で示される。

　さらに，個人の認知的・社会的・文化的条件を視野に入れた「概念変容の動的モデル」と呼ばれる概念変容の枠組みも生まれている（Nadelson et al., 2018）。そこでは，従来の動機づけや認知的関与，既有知識や感情などの概念変容に影響を与える要素に加え，個人の知識や認識的信念や知的態度，教室や家族，地域など文化的・社会的構造の影響も概念形成の要因とされる。また集団の側面から建設的相互作用と収斂的概念変化の相補的過程から概念が形成されることも指摘されている（斎藤，2018）。

〔大貫　守〕

[参] Nadelson et al. (2018) Conceptual Change in Science Teaching and Learning, *International Journal of Educational Psychology*, 7(2), 151-195. 斎藤萌木 (2018)「授業における協調問題解決活動を通した理解深化の過程」『東京大学教育学研究科 博士論文』.

表現力

　子どもの「表現力」は，思考や判断による問題解決能力の向上に寄与するものであり，知的発達と密接な関係をもつ。その「表現力」を伸ばすためには，幼児期にその基礎を形成していく必要がある。「表現力」の基本は，自らの感情を表出したり，事象に対する自らのイメージをさまざまな方法で表したりする自己表現である。そのため，原初的な感情による表出や，未熟であっても表現しようとする子どもの意欲を受容し，環境に能動的にかかわり日常生活の感覚的な経験を豊かにするように，大人が働きかける必要がある。それにより，他者に自らの考えを伝え相互作用する子どものコミュニケーション力も育まれ，「表現力」を伸ばすことができるのである。

　子どもの「表現力」を豊かに育むための教育方法として，幼児期から就学期にわたって有効な「劇化」による表現の経験が挙げられる。劇化による教育方法の教科教育における重要性は，20世紀初頭より，英国のフィンレイ・ジョンソン (*The Dramatic Method of Teaching*, 1915) 等によって提唱されていたが，1950年代以降には，幼児期からのチャイルド・ドラマの必要性についても述べられるようになってきた。日本では，大正期に小原國芳が教科教育に関する『学校劇論』(1923年) を著し，昭和から平成期の岡田陽は，子どもの表現活動を芸術教育における表現へと導くことの重要性を提唱している（『子どもの表現活動』1944年参照）。

　特に，幼児期には，発達的特徴としての象徴遊びの発達により，眼前にないものを想起して自分なりのイメージで全身を用いた断片的な劇化表現が頻繁に生じる（第2章第1節「遊びと発達」参照）。そのために，幼児期にはストーリー性のある劇化の経験を通して，さまざまな表現や多面的な学びを得ることができる。例えば，幼児期の音楽的表現の活動は，大人の評価基準にそぐわない音声と身体的な動きの一体化した表現となりやすい。しかし，それを大人がすべて受容し，劇化と音楽経験を統合する教育方法により，自己表現および他者との相互作用や協調性を育む総合的な「表現力」を伸ばすと同時に，音楽の構成要素の認識と理解を促すという知的発達を導くことができるということである。

〔佐野美奈〕

想像力

　想像力とはある事柄について推測したり，現実にないものの心像をつくったりする力をさす。日常的には他者の気持ちを推し測ったり，経験したことのない事物を心に描いたりする際にはたらく。

　想像力は記憶や象徴機能，言語の発達と関係している。子どもは1～2歳の頃，行為による見立てを行う。椅子をバスの運転席に見立てて遊ぶ行為は，過去の経験を再現する再生的想像の働きによる。3歳前後から始まるごっこ遊びでは身近な物や人が別の対象の象徴となり，それが共通のルールとして認識されることで遊びが展開する。L. S. ヴィゴツキーは，ごっこ遊びは他者存在への憧れや行為への欲求という情動が起点となり，子ども自身が遊びのルールを確立することによって自由を獲得するモメントに注目した。想像的な遊びにおいて知性と情動が統一され，発達の最近接領域が創出されるという彼の見解は想像活動の人間発達上の意義を端的に示している。想像は子どもの欲求や感情，経験を基に進行することから，乳幼児期に心的・身体的に豊かな経験が可能な保育環境を整えることが重要である。

　4歳頃から身振りや道具，絵などの具体物に代わってことばが想像活動を支えるようになってくる。5歳頃になると子どもは話し合いにより，友達と協同して架空の世界を構築し，十分に展開させることができるようになる。就学後は学校におけるさまざまな活動が想像活動を新たな段階に押し上げる。想像力により自分が経験したことのない歴史的な出来事，外国の気候，太陽系の仕組みについても，既知の要素を複合させて理解できるようになる。このように経験を解体し，個々の要素を拾い上げ，複合させて新しい心像をつくることを創造的想像という。

　想像力は学校教育の場で広く必要とされ同時に育まれる。児童は想像力を使って試行錯誤しながら，算数で新しい解法を見つけたり，ダンスで独創的な振り付けを生み出したり，他者理解を深めたりする。時に子どもの想像は斬新でユニークなものとなり，周囲の認識を改めることがある。人工知能が普及する現代社会において想像は，既存の枠組みからの解放と心的な自由，創造的活動をもたらす人間に固有の営みとして今後，より重要性を増すだろう。

〔伊藤美和子〕

［参］ヴィゴツキー著，土井捷三・神谷栄司監訳（2012）「子どもの心理発達における遊びとその役割」『「人格発達」の理論』三学出版。内田伸子（1999）『発達心理学―ことばの獲得と教育―』岩波書店。

創造力

　創造とは，一般に，新しいものを生み出すことを指し，創造力とは，その能力を指す。英語では，creativityという用語があてられる。

　中央教育審議会答申「「令和の日本型学校教育」の構築を目指して」（令和3年）では，「一人一人の児童生徒が，自分のよさや可能性を認識するとともに，あらゆる他者を価値のある存在として尊重し，多様な人々と協働しながらさまざまな社会的変化を乗り越え，豊かな人生を切り拓き，持続可能な社会の創り手となることができるようその資質・能力を育成すること」が希求されている。ワークショップ型授業，アクティブ・ラーニング型授業，STEAM教育，教科横断的な視点からのカリキュラム・マネジメント，総合的な学習（探究）の時間など，既存の枠組みにとらわれず新たな社会的な価値を生み出していく資質・能力の育成が求められているといえる。

　創造性は，古くは神秘主義と結びついていたが，現在，創造性研究は心理学研究の一領域として位置づけられることが多い。その起点になる人物として，1950年にテストによる創造性の量的な測定を試みた米国の心理学者ジョイ・ギルフォードを挙げることができる。その後，こうした創造性を測定可能な個人の特性として捉えるアプローチに対して，社会文化的アプローチによる創造性研究も進められていく。ミハイ・チクセントミハイは，創造を個人の中にある静的なものではなく，個人（individual），領域（domain），場（field）の相互作用によって社会的に構築されるものと捉える「創造性のシステムモデル」を提案している。そして，チクセントミハイの「フロー」概念を集団のコラボレーションに拡張させ「グループ・フロー」を提唱したキース・ソーヤーは，近年，創造性教育やそれにおける教師の役割について論じている。ソーヤーは，これまでの詰め込み教育の授業を批判し，学生と教師が日常的にすべての科目で知識を創造する，創造的な学習組織に学校を作り変える必要性を強調し，創造性の高い教師の特徴を明らかにしている。

〔園部友里恵〕

［参］ソーヤー，K. 著，月谷真紀訳（2021）『クリエイティブ・クラスルーム―「即興」と「計画」で深い学びを引き出す授業法―』英治出版（原著，2019年）。チクセントミハイ，M. 著，浅川希洋志監訳（2016）『クリエイティヴィティ―フロー体験と創造性の心理学―』世界思想社（原著，1996年）。

学習観

　学習観とは，学習の仕組みや働き方に対する考え方を指す。学習者は，学習を通じて，知識，技能や態度を獲得するとともに，その過程で形成された学習観に基づいてさらに学習を行い，行動や認識を変容させている。

　例えば，「次のものを年代の古い順に並べてください。① 墾田永年私財法　② 三世一身法　③ 荘園の成立　④ 班田収授法」（西林克彦『間違いだらけの学習論』新曜社，1994年，4頁）という問題から考える。学校の授業で受けた説明や，友人からの助言といった影響を受けながら，学習者は次のようなアプローチをとることがある。第一に，「ごろ合わせ」といった方略でそれぞれの年号を暗記し，その知識を再生して解答を試みることができる。第二に，教科書の記述や関連する図書，あるいは動画などを通じて，意味理解を重視して，一連の流れとして歴史を学ぶ学習者もいる。この問題であれば，土地が貸与され徴税されていた制度から，開墾を促すべく土地の私有化が認められるものの，最終的には水路等のインフラの問題などから，有力者により私有地が荘園として統合されていく過程と理解することで，年号を暗記していなくても解答することができる。

　上記のような学習で得た知識を活用して，テストといった評価場面で学習者は評価結果を得る。その結果について，成功や失敗として自己評価するとともに，周囲からのフィードバック等を得ながら，学習観を確立していく。

　さらに，こうして確立された学習観は，学習方法や指導法の効果に影響を与える。例えば，丸暗記を重視する学習者は，評価場面において短期的にはよい結果が得られるかもしれない。しかしながら，膨大な学習内容をすべて暗記し続けることは困難であり，その成功は長くは続かない。加えて，こうした学習観をもつ児童生徒に，教師が意味理解を重視した指導をしたとしても，容易には学習観を転換しない。教師は，児童生徒がもつ学習観を踏まえつつ，必要に応じて学習観そのものの転換を促すような指導をする専門性が求められている。

〔大下卓司〕

［参］市川伸一編（2010）『現代の認知心理学5　発達と学習』北大路書房。

つまずきと知的発達

　つまずきは，学習内容との関わりでその獲得等の不十分性を示す言葉であると考えられる。人間の問題解決を，解き方や答えが一つに定まる定型問題解決と，さまざまな考え方や解が可能な非定型問題解決に心理学的に区分した場合，獲得の不十分性が顕著に表れるのは定型問題であり，非定型問題に関しては構成主義の観点から考えるとどの学習者も何らかのアプローチで既有知識に依拠して解決を試みることが可能であることが想定される。

　例えば，かけ算やわり算の筆算のような定型問題のつまずきには一貫した誤りのタイプがみられ，1970年代から「計算バグ」のように一連の情報処理過程における誤りとして捉えられてきた。つまずきを示す学習者は特定の定型問題を解決するための手続き的知識・スキルの一部に自分なりの誤ったルールや手続きを生成しており，それに基づいて一貫した誤りを示すと考えられる。その克服には誤りを生じている各手続きの意味を理解することが重要であり，当該手続きと同型構造をもつ具体物やモデルが利用されてきた。また学習方法としては，個々の手続き的知識・スキルの不十分さに対応した指導（個に応じた指導）が有効とされ，定型問題に対する一斉学習の後に誤りのタイプ別に個別学習と教師による支援を行う「完全習得学習」や，個々の学習者の個別の手続き的知識・スキルの不十分さに複数の教師が対応する「ティーム・ティーチング」，ICTを利用した個々の誤りに対応した個別学習など，共通目標に対する学習方法の個別化により対応されてきた。

　小学校中学年以降の発達期には二つの次元を関連づける思考が可能になり，学習内容としても分数，割合，単位あたり量，比例など，複数の次元を関連づけて考えることが必要な概念が各教科で扱われ，手続き的知識・スキルの獲得が不十分な児童が増加する。それらの概念的理解を深めるには非定型問題の探究を通じた多様な知識の関連づけが有効と考えられるが，思考の枠組みの形成に関する漸進性を考慮すると，手続き的知識・スキルの獲得に関しては上記の学習方法の個別化が一定の有効性をもつと推測される。

〔藤村宣之〕

［参］藤村宣之編著（2019）『発達心理学──周りの世界とかかわりながら人はいかに育つか── 第2版』ミネルヴァ書房。

学びに向かう力の発達

　学びに向かう力は，2017年告示の学習指導要領（小・中）において「生きる力」のために育成する資質・能力の三つの柱（「知識及び技能」「思考力，判断力，表現力等」「学びに向かう力，人間性等」）の一つとして示された。これは，「どのように社会や世界と関わり，よりよい人生を送るか」に関わると解説され，「主体的に学習に取り組む態度」，「自分の感情や行動を統制する力」，および「メタ認知」を含むとされている。

　学びに向かう力が学習指導要領の中核的概念の一つに含められた背景には，非認知能力または社会情動的スキルへの注目がある。多くの研究から，「知識及び技能」や「思考力，判断力，表現力等」という認知的スキルの育成には，好奇心，粘り強さ，自制力，責任感など社会情動的スキルが有効であることが示されている。同時に，認知的スキルの成長は社会情動的スキルが発達する環境条件にもなり，両者は動的相互作用の関係にあると考えられている（経済協力開発機構，2018）。このように広く社会情動的スキルを包含している学びに向かう力の概念は，学校教育が育成を担う資質・能力のイメージを，従来の学力像より多面的で社会的なものへと拡張することに貢献した。さらに，社会情動的スキルが幼児教育で重視されていることを背景に，資質・能力の議論を乳幼児から成人まで続く生涯発達のプロセスに載せられるようになった意義も大きい。

　学びに向かう力の概念によって，学校教育の具体的な変革が期待される。例えば，小中学校の学習の基礎として，幼児期から培われた社会情動的スキルを発揮させる指導が求められる。また，子どもに自律性や有能感を実感させる協同学習や探究学習に取り組むことで，学びに向かう力という社会情動的スキルを伸ばし，結果的に認知的スキル向上につなげる実践も期待される。米国では，そうした実践の有効性が報告されつつある（タフ，2017）。

〔村瀬公胤〕

[参] 経済協力開発機構（OECD）編著，ベネッセ教育総合研究所（企画・制作），無藤隆・秋田喜代美監訳（2018）『社会情動的スキル―学びに向かう力―』明石書店（原著，2015年）。タフ，P. 著，高山真由美訳（2017）『私たちは子どもに何ができるのか―非認知能力を育み，格差に挑む―』英治出版（原著，2012年）。

学び方を学ぶ（メタ認知）

　人は自らの認知をさらに認知するとされる。例えば，授業中に問いについて考える状態は認知的活動だが，教師から考えを聴きたいと問われ，"自分は人に説明できる程わかったか"，"この説明で考えを正しく伝えられているか"等と考える状態は認知に対する一次元上の認知的活動といえる。このような人の高次的思考を1970年代にフレイヴェルやブラウンが概念化し，メタ認知とよんだ。

　メタ認知は自身の学びをマネジメントする力でもある。2016年の中央教育審議会答申に，グローバル化や情報化の急激な社会的変化の中で主体的に学び続けるための資質・能力の柱の一つに学びに向かう力が掲げられた。2019年にOECDが示した学習の枠組み2030においても学びの中核的な基盤の中の一つであるスキルに学び方の学習（learning to learn）が入れられた。学校教育に子どものメタ認知育成の役割が求められている。

　メタ認知は大きくメタ認知的知識とメタ認知的活動に分けられる。前者には，人の認知特性についての知識（目標をもって学習すると身につきやすい等）の他，学習方略についての知識が含まれる。情報の処理の仕方（新しい情報は既有知識と関連づけるとよい等）は認知的方略，情報の処理の仕方や自身の理解状態を評価・調整すること（人に説明を試みる等）はメタ認知的方略，外的な資源の活用（他者に援助を求める等）はリソース管理方略と整理される。メタ認知的活動はこのような学習方略に関する知識を実際の学習中に用いることである。自分の認知状態を評価するモニタリングと，その結果を受けて行動や認知を調整するコントロールに分類される。

　自らの学びをマネジメントするには，まず学習方略の意義を自覚し，必要な場面で使えなくてはならない。そのために他者への説明や質問を促すなどの介入研究が行われてきた。また，子どもたちが協働的に探究する文脈で自律的に学び方を選び，学びに取り組む中で選んだ学び方の特性を実感できるような，学習集団としての環境デザインの解明も期待される。

〔山路　茜〕

[参] 三宮真智子（2008）『メタ認知―学習力を支える高次認知機能―』北大路書房。深谷達史（2016）『メタ認知の促進と育成―概念的理解のメカニズムと支援―』北大路書房。

自己調整

　自己調整とは，学習目標を達成するために，周期的に適応される自発的な認知，感情，行動を意味する。ここでの認知とは，学習過程のさまざまな段階において目標と計画を立て，組織化を行い，進歩状況を評価することである。感情とは，学習のさまざまな場面で期待，価値，有能感，自己効力感，自律感を認識することである。行動は，学習を最適なものにする環境を選び，構成し，創造することである。

　その過程は，予見，遂行および意思的制御，自己省察から構成され，これらの過程は循環する。これは一見，PDCAサイクルと同義と思われるかもしれない。PDCAサイクルは組織や集団など，工場における製品の製造過程（反復的で短期間のサイクル）を想定した概念である。対して，自己調整は一人ひとりの人間が発達していくうえでの長期的な改善のサイクルに焦点をあてた概念である。

　新型コロナウィルス感染症の拡大に伴う臨時休業の長期化は，多様な子ども一人ひとりが自立した学習者として学び続けるようになっているのかという点が改めて問われた。なぜなら，学校の臨時休業中，子どもたちは学校や教師の指示・発信がないと，何をしてよいかわからず，学びを止めてしまうことも多々あったからである。自立した学習者として学び続けていくためには，学習を自力で進めるために目標や計画を立て，遂行し，時折うまくいっているかを確認し，問題があれば目標や計画の再検討をしていく自己調整を身につける必要がある。

　自己調整の習得には，学習者が自らの遂行とその結果を観察したり，他者をモデルとしてその遂行と結果を観察したりする必要がある。あるいは，他者による教示や解説によって認知や行動パターンの概念を形成して，次にそのような仮の概念に導かれて実際に遂行してその概念を修正したりしていく過程を必要とする。また，指導にあたっては自己調整における汎用的な側面と教科固有の側面を十分に検討する必要もある。なぜなら，自己調整には問題解決過程，科学的な探究過程，文章の読解過程や作文の生成過程といった教科固有の過程が存在するからである。

〔細矢智寛〕

[参] Zimmerman, B. J. (2000) Attaining self-regulation : A social cognitive perspective, In Boekaerts, B., Pintrioh, P. R. & Zeidnor, M. (Eds.), *Handbook of self-regulation*, Academic Press, pp.13-39.

発達の最近接領域

　発達の最近接領域（最近接発達領域）は，子どもが「自主的に解決される問題によって規定される現下の発達水準」と，「大人に指導されたり，自分よりも有能な仲間との協同において解決される課題によって規定される子どもの可能的発達水準」との間を指す概念である（ヴィゴツキー, 2003）。

　ヴィゴツキー（2003）は知能検査の例を挙げて次のような説明している。二人の子どもがおり，知能年齢が同じく8歳のとき，一人は教示をすると12歳までの課題をクリアし，もう一人は9歳までの課題しかクリアできない場合，この二人は同じ知能の発達と捉えてよいのか，と。ヴィゴツキーは，子どもの内的な発達を個体内にとどめず，他者との相互的な関係の中で生みだされる動的な変化として発達を捉えようとしている。

　さらに，ヴィゴツキーは発達と教授ー学習との関係について，発達を先回る教授ー学習こそがよりよい教育である点を指摘している。このような点は，発達をふまえた指導を考えるうえで示唆的である。

　このように，発達の最近接領域は，発達の捉え方のメタファーとしての側面と，子どもの発達を踏まえた指導論としての側面がある。とりわけ，ブルーナーら（Wood et al., 1976）が提唱した「足場かけ（Scaffolding）」論は，教師の教示の程度が子どもの問題解決をどのように促進するのかといった研究へとつながっていくことになる。

　この概念で重要な点は，発達の最近接領域の概念は，出現しつつあるがまだ確立していない発達過程であるという点である。言い換えるならば，教授ー学習や大人の指示等は，発達の最近接領域を創造はするが，現在，この瞬間にその過程を直接的に観察研究する方法はないのである。

　このようなパラドクスを孕んだ概念ゆえに，多様な解釈がされ議論されている。発達の最近接領域は，子どもの潜在的な発達の可能性と教育のあり方を考えるうえで重要なヒントを与えてくれる概念である。

〔岡花祈一郎〕

[参] Wood, D., Bruner, J. S., Ross, G. et al. (1976) The role of tutoring in problem solving, *Journal of Child Psychology and Psychiatry*, 17, 89-100. ヴィゴツキー著, 土井捷三・神谷栄司訳 (2003)「教授・学習との関連における学齢児の知的発達のダイナミズム」『「発達の最近接領域」の理論』三学社.

第3節　子どもの非認知的発達と教育方法

非認知的発達（社会情動的スキル）

　非認知的能力とその発達については，近年注目を浴びるようになった。マシュマロテストの結果が大人になってからの成功を予測できるといった研究結果（ミッシェル，2015）をはじめ，粘り強さ（ダックワース，2016）や自己コントロールといったものが重要であることが明らかとなってきた。ヘックマンらの研究において，幼児期に介入を行った結果，実験群は統制群の子どもたちに比べて当初学業成績といった認知能力が優れていたものの，次第に差がなくなっていくのに対し，成人してからの人生においてより成功を収める可能性が高かったことに着目し，そこで培われた非認知的能力が影響を及ぼしていたのではないかと論じている（国立教育政策研究所，2017）。

　非認知能力とは，社会情動的スキルとも呼ばれ，意欲や意志，好奇心，楽観的なものの見方，誠実さ，人と協働できる力，目標を目指して粘り強く取り組んだりやり遂げるような自制心，そのためにやり方を調整し工夫する力，などが挙げられる。やる気，創造性，独立心，自己信頼感，主体性や，実行機能とよばれる，目標を達成するため行動を抑制したり，優先順位をつけたり，頭を切り替えたりする能力も含まれる。これらの能力は幼児期に顕著な発達が見られ，児童期・思春期を経て，大人まで伸び続ける。教育方法の視点からは，子ども中心の教育（問題解決，探究志向型）と教え込み型の教育（計画的課題，スキル習得訓練）があるが，子ども中心の教育は社会情動的スキルを伸ばすとされる一方，教え込み型は社会情動的スキルを長期的に妨げる可能性も否定できないといわれている。また，非認知的スキルの状態は後の認知的スキルの状態を予測するが，その逆の結果は認められなかった，という研究もある。学習指導要領では三つの資質・能力のうち「学びに向かう力，人間性等」として位置づけられ，知識・技能や思考力などとともに重要な概念である。

〔鈴木正敏〕

[参] 国立教育政策研究所（2017）『非認知的（社会情緒的）能力の発達と科学的検討手法についての研究に関する報告書』。ダックワース，A.著，神崎朗子訳（2016）『やり抜く力』ダイヤモンド社。ミッシェル，W.著，柴田裕之訳（2015）『マシュマロ・テスト　成功する子，しない子』早川書房（原著，2014年）。

道徳性の発達

　『学習指導要領（平成29年告示）解説　特別の教科道徳編』では「道徳性とは，人間としてよりよく生きようとする人格的特性であり，道徳教育は道徳性を構成する諸様相である道徳的判断力，道徳的心情，道徳的実践意欲と態度を養うことを求めている」と説明されている。また道徳性は道徳的行為や実践を支える「内面的資質」であり，道徳教育の目的はこの内面的資質としての道徳性を涵養していくことに他ならない。そしてこの道徳性の発達を知るということは，人間の成長・発達についての「地図」を手に入れることであり，どのような教育的働きかけをすればよいのかについて知見を得ることができる。

　先の学習指導要領解説においては，「児童生徒の発達の段階等を踏まえて」という表現が見られ，2015年改正の道徳の教科化にあたっては「道徳の内容をより発達の段階を踏まえた体系的なものに改善すること」が示された。しかしながら，これは道徳科の内容の示し方が，学年階梯が上がるにつれて徐々に抽象的，かつ広範囲に描かれることを表しており，内面的資質としての道徳性が総体としてどのような道筋で発達していくのかを示したものではない。

　道徳性の発達を最初に示したのが，J.ピアジェである。彼は道徳性の本質を「規則の尊敬」にあるとし，「他律的な道徳」から「自律的な道徳」への道筋を示した。外在的な要因から道徳判断をする段階から，他者の内面や意図を読み取って自らで判断をする段階へ発達するとした。このピアジェの研究を精緻化したのが，L.コールバーグである。彼は3水準6段階の道徳性発達段階を示し，正義という公平さに関わる思考の形式が，自己中心的な段階から，二者関係の相互性，仲間集団における公平さ，社会秩序，社会秩序を超えた視点獲得の順で発達することを示した。コールバーグにとって道徳性が発達するとは，役割取得する範囲が拡大することであり，対象を拡大する中で公平に諸要求の均衡化を図っていくことを意味している。

　このように，道徳性そのものをどのように定義するかによってその発達の過程は異なってくる。「道徳性」と「発達」と「教育」をより密接に関連を持って捉えていく必要がある。

〔荒木寿友〕

感情の発達

　一般的に感情と呼ばれるものには，情動（emotion），気分（mood）など，さまざまな概念が含まれる。例えば，情動（情緒とも呼ぶ）は，心拍数などの生理現象や，表情や声などの行動傾向を複合的に伴った心の動きである。それを喚起する出来事が明確にあり，比較的強く一過的に生ずる。一方，気分は長時間持続する比較的弱い反応であり，漠然とした理由でも生じる。また，感情（affect）は，快・不快の感覚刺激からくる原初的な反応であるが，以上の心的現象を総称する用語としても使用されている。そもそも感情にはさまざまな学問的系譜があるため，それを明確に定義することは難しい。

　感情の発達をめぐっては，生得的に基本的な情動を備えていると考える基本情動説の立場と，身体的，認知的，神経的な発達により漸次的に組織化されると考える構成主義の立場がある。現在では，後者の立場を支持する研究が増えている。後者の立場から見ると，新生児の感情は未分化か，分化していたとしても快・不快くらいであり，その背景には身体・生理的な観点からの大雑把な評価しかない。それが生後3か月頃になると，感情は次第に分化し，その背景に身近な大人との相互作用に対する認知的評価が見られるようになる。こうして1歳半頃までに，喜び，悲しみ，怒り，恐れなどの感情が出現する。以降は，自己意識や他者意識，社会的な規則に対する意識などの芽生えにより，罪悪感や誇りなどの感情が経験されるようになる。このように構成主義の立場では，感情が諸発達と連動して分化し多様化すると考える。

　また感情の生起のみならず，その理解や制御も発達する。こうした感情の生起から表出までの能力や有能性は情動知能（emotional intelligence）や情動コンピテンス（emotional competence）と呼ばれ，それを構成する下位要素ごと（例えば，情動理解や情動制御ごと）に膨大な研究蓄積がある。これらの発達については，幼少期に重要な局面を迎えるものの，成人になってからも適切な機会さえあれば発達するという生涯発達が見込まれる。ただし，感情面の能力の高さを悪用して反社会的な行為を行うことも可能であり，共感性や道徳性を同時に獲得することが必要とされる。

〔芦田祐佳〕

［参］遠藤利彦（2013）『「情の理」論―情動の合理性をめぐる心理学的考究―』東京大学出版会。

意志の発達

　意志の発達とは，自らの思考や行動を制御できるようになることである。

　ヴィゴツキーによれば，意志の発達は環境や状況を自らコントロールするだけではなく，行動過程が人格と結びつき，個人の人格が行動を制御するに至ると考えられている。

　このようなヴィゴツキーの考えを踏まえるならば，以下の二つの論点を導き出すことができる。

　一つ目は，状況の中で自ら新しい意味を創造することが，意志の制御することにつながるという点である。ヴィゴツキーは「無意味な状況に関する実験」を例に挙げる（ヴィゴツキー，2002）。何もない部屋に待つように指示された被験者は，長時間待たされるという理不尽な状況のなか，壁時計をみながら何時何分になったらこの部屋を退出しようと自らの意志で決める。多くの場合，自らの行為を支えるものを外部に求め（この場合は時計の針），無意味な状況から意味ある状況へと転換させるのである。このように，外部の心理的な道具の支えを用いて意志をコントロールするのである。

　なお，この意味は大人や教師によって与えられたものではなく，子ども自らが意味をつくりだすことによって行動をコントロールできるようになるという点に留意しておく必要がある。

　二つ目は，動機と目的の関係が意志によって制御されていくという点である。学習への動機づけは，何らかの報酬などだけでコントロールされるものではない。むしろ，自らの行為を随意的にコントロールすることによって動機をも制御されると考えられる。

　言い換えるならば，長期的な目的の達成のために，短期的な欲求や願望などを制御し，動機をつくりかえていくことが意志の役割となってくる。目先の報酬のために，行動を決めるのではなく，目的のために自らの行動を制御することができるようになることが意志の発達だと考えられる。

　以上のような論点は，子どもの主体性や非認知的能力を考えていく際に参考になるだろう。

〔岡花祈一郎〕

［参］ヴィゴツキー著，菅田洋一郎監訳（2002）『子どもの心はつくられる』新読書社。

自主性の発達

　「自主性」は「自発性」とは異なる。「自発性」が「内側から生じてくる」という意味をもつ概念であるのに対して、「自主性」は他からの働きかけを受け入れ、それを意志的に行うことを意味する概念だからである。つまり、「自発性」が外からの働きかけとは独立しているのに対して、「自主性」は他からの働きかけを不可欠とするのである。この点を踏まえるならば、「自主性」と類似するのは「自律」であるかもしれない。

　だが、「自主性」と「自律」も異なっている。「自律」は、物的・人的環境への単なる依存状態である他律から「自律」へと変容するに際して、他からの働きかけを必要とするという点においては「自主性」と共通する。しかし、「自律」が自ら立てた規範に従って行為することであるのに対して、「自主性」は他者によって定められた規範に従って行為することだからである。

　つまり、自主性の発達は、他律から自律へと変容する被教育者のいずれかの状態を示す概念であるといえる。そしてこのことは、自主性の発達が、近代以降の教育学が直面する、被教育者の自律を目指す教育のパラドックスと関連していることを意味する。それは、未だ自律していない子どもを自律させるためには教育という他律が必要だが、「自律せよ」という教育者の命令に従う限り被教育者は他律状態から抜け出すことは不可能であるというものである。

　このようなパラドキシカルな事態において、教育方法学は、被教育者の自主性の発達に働きかけることを唱えてきた。吉本均は、一人ひとりの子どもの中に存在している「二人の自分」、その「もう一人」への「指さし」（＝励まし）こそが、指導であるという。「できない」子どもの中に、「できるようになりたい」もう一人の自分がいるのであり、その子どもの過去に共感しつつ、未来を励まし、現在への指さしを与え続けていくことのほかにはないのである。また、佐藤学は、協同的学びにおいて主体的に発表することよりも他者の声を聴くことの方が大切であるとし、小学1・2年生のペア学習と3年生以降の4人以下のグループ学習において聴き合う関係を育むことを唱えている。能動的受動である聴くことを通して、自主性が発達するのである。

〔平野拓朗〕

［参］佐藤学（1999）『教育改革をデザインする』岩波書店。吉本均（1992）『授業観の変革―まなざしと語りと問いかけを―』明治図書。

社会性の発達

　社会性は、ヒトが他者と関わり、集団を組織しながら暮らしていくことのできる人間の力と定義できる。つまり、社会性とは「ヒトの独自性を支えるものであり、また個々人の社会適応の鍵となるもの」なのである（久保、2024）。社会性の発達の出発点は乳児期である。乳児期の養育者との信頼関係は、後の他者とのかかわりが円滑に形成されるかどうかに影響する。児童期になるとヒトは集団に属したいという一方、集団に必ずしもなじまない自己が現れる。つまり、児童期には、集団に属しながらも、自己との間での葛藤を経験することになる。児童期後期において、ヒトは養育者よりも同世代の身近なヒトたちと集団を形成し適応していくようになる。青年期においてヒトは、集団に属しながら自己の確立が促されるようになる。自己の確立は自己が何者であるのかを認識するアイデンティティの確立と重なる（久保、2024）。アイデンティティは単独で確立に向かうことはない。ヒトは、他者とかかわる中で自己の特質や存在の意義を理解する。社会性を育み集団に属すことは自己の確立においても重要な意味がある。

　これまで児童生徒の能力は測定可能なIQや各教科の学力といった認知能力に焦点をあて、その能力を高めるための研究・実践が多く蓄積されてきた。近年では、テストで測定することのできない非認知能力を学校で育てることの重要性が認識されてきている。OECDは、非認知能力を社会情動的スキルと呼ぶ。社会性はその核になる能力として位置づけられているのである。こうした動向に伴って「社会性と情動性の学習」（Social and Emotional Learning：SEL）としての教師用指導資料が出版され始めている。今日、社会情動的スキルを育む教育実践のあり方について研究が行われており、なかでも、社会性の発達をどのように学校教育で育成することができるのか、その教育方法に関する実践・研究が期待されているのである。

〔磯田三津子〕

［参］久保ゆかり（2024）「社会性の発達とは」長谷川真里・佐久間路子・林創編著『社会性の発達心理学』ナカニシヤ出版、1-9頁。小泉令三（2021）『社会性と情動の学習（DEL-8S）の導入と実践』ミネルヴァ書房。

個性の発達

　子どもの個性の発達を保障することは，教育上の重要課題である。個性の発達を見取る視点は，二つに大別して示すことができるように思われる。

　第一に，M.ヴァン＝マーネン（2011）が「〈教育〉的な理論は，独自なものの理論，特定の事例のそれであらねばならない」（234頁，傍点は原文ママ）と述べるように，独自なものとして子どもの個性を捉えようとする視点である。この視点に依拠する時，子どもの育ちは一般化された理論からの演繹ではなく，一回性を特徴とする固有の生の経験を通して現れる。学校教育に置き換えて例えるならば，この視点は，等しく学びの機会が提供される学校教育の場において生じる，子ども毎に固有な学びの過程に焦点をあてる。したがって，独自なものとしての個性は必然的に個別具体性を有しており，差し当たり，この視点を実存的個性観と呼ぼう。

　第二に，B.ロゴフ（2006）が「個人と文化過程は，別々に定義されるのではなく，互いに構成しあう」（66頁）と述べるように，個性と社会・文化を相互構成的に捉えようとする視点である。この視点の特徴は，学校での子どもの学びを理解するためには学校とその子の関係性の理解が前提となるように，特定の共同体への参加の過程と結びつけて個性の発達を描く点にある。ただし，この場合の参加は，既存の共同体への同化を意図しているわけではない。参加とは，共同体に自らを投げ入れ，共同体の維持または更新に関わることであり，その過程で子どもたちは共同体の形成者としての自己を確立していく。ゆえに相互構成的であり，差し当たり，この視点を関係論的個性観と呼ぼう。

　実存的個性観と関係論的個性観の区別は便宜上のものであり，両者には共通点も存在する。どちらも，個性の現れを暫定的な状態とみなしており，個性の発達を常に変わり得る動態として捉えているのである。したがって，子どもの個性の発達を保障しようとする大人には，安易に個性を決めつけて子ども理解を実体化することを避ける禁欲的態度が求められる。同時に，固有の生の経験にせよ，共同体への参加の経験にせよ，その動態に寄り添い，折に触れて生じる子どもの変化と向き合う精神的努力も求められるのである。

〔池田竜介〕

［参］ヴァン＝マーネン，M.著，村井尚子訳（2011）『生きられた経験の探究』ゆみる出版（原著，1997年）。ロゴフ，B.著，當眞千賀子訳（2006）『文化的営みとしての発達』新曜社（原著，2003年）。

自己実現

　自己実現とは，個人が自分自身の可能性を最大限に引き出し，自分の能力や才能を完全に発揮することを目指すことで，自分らしくあるということである。

　この概念は，ユング，ロジャーズ，ゴールドシュタイン，マズローなどがそれぞれの立場から論じている。なかでも，心理学者のアブラハム・マズローは『人間性の心理学』において，自己実現を人間の基本的な欲求の一つとして位置づけ，彼の提唱する欲求階層理論の最上位にこの自己実現の欲求を置いている。この欲求階層理論（自己実現理論）は，5段階あり，欲求5段階説ともいわれている。5段階の欲求とは「生理的欲求」や「安全の欲求」「社会的欲求」「承認の欲求」そして「自己実現の欲求」と内容が段階的に発展していく。

　マズローは，これらの欲求が満たされることで，次の段階の欲求が表出するとしている。つまり，自己実現の段階に達するためには，下位の欲求が満たされている必要があるとしている。

　また，「生理的欲求」「安全の欲求」「社会的欲求」「承認の欲求」は欠乏欲求であり，「自己実現の欲求」は，成長欲求といわれている。つまり，「自己実現の欲求」以外すべてが外部から得ようとする欲求のことであり，欠乏欲求が満たされて初めて成長したいという欲求の動機になるのである。

　また，マズローの著書『人間の最高価値』において何かに没頭する時に，至高経験（幸福感を感じる体験，最も幸せな瞬間）が得られることが示されている。このような没頭する経験は人生のすべての時期において重要であるが，乳幼児期の遊びの場面でも重要視されている。マズローの理論から考えると，遊びに没頭することが乳幼児を幸福（Well-being）に誘い込むことになるといえ，『幼稚園教育要領』や『保育所保育指針』などにも没頭することの重要性が記載されている。つまり，乳幼児期は大人による環境構成により没頭する経験をすることによって欠乏欲求を満たし，成長欲求（自己実現）へといざなうことができるのである。近年，その重要性がさまざまな研究からも明らかにされている乳幼児期には，特にこのような没頭できる遊びが展開されることが望まれている。

〔椋田善之〕

［参］マズロー，A. H.著，上田吉一訳（1973）『人間の最高価値』誠信書房（原著，1971年）。

自己決定

　自己決定とは，自己の内なる決意や確固たる目的等意思を含み，自分自身で自律的に何かを自由に決定する行為・能力に関する状態や質，または過程や結果，を意味する。

　心理学者エドワード・デシとリチャード・ライアンによる自己決定理論（Self-Determination Theory）では，人は有能感（コンピテンス），関係性，自律性（自己決定）という基本的欲求をもつとし，非自己決定から自己決定の下位分類を示した。外的で過剰な管理や最適でない挑戦，つながりの欠如は苦痛や精神病理につながる一方，興味関心意欲など内発的動機づけに基づく行為は満足や精神的健康，幸福を促進すると述べた。教育場面において，学習者の自己決定と育成は非常に重要であり多くの機会が提供される。しかし，当事者本人の理解や情報提供が不十分で資源・時間・方法などが限られたり，教師・支援者の設定した目標・選択肢の範囲内で効率的に自己決定が促されたりする状況では，自己決定が形骸化しやすい。また成長発達過程や学級等集団形成過程，相互承認を求めるなど集団成員の関係性が強い影響力をもつ場合，集団の共同決定への同調圧力が高まりやすくなる場合がある。自己決定は個人を取り巻く環境の質と相互関係にある。教育・保育，福祉，医療，看護，ジェンダー，法制度，等，自己決定をめぐる議論は多岐の領域にわたっている。身近な他者・特定の集団内規範を超えた文化や社会システムなど，よりマクロな社会的文脈と関連して自己決定を捉える必要がある。厚生労働省による意思決定支援ガイドラインでは，障害福祉サービスにおいて，本人の自己決定の尊重に基づいて本人の支援を行うこと，また支援に関わる支援者には，不合理と思われる決定でも他者への権利を侵害しないのであればその選択を尊重するよう努める姿勢が求められること，本人の自己決定や意思確認が困難な場合，本人をよく知る関係者がさまざまな情報を把握し，根拠を明確にしながら意思および選好を推定することなどの支援が基本原則とされている。

〔野口隆子〕

［参］Ryan, R. M. & Deci, E. L. (2000) Self-Determination Theory and the Facilitation of Intrinsic Motivation, Social Development, and Well-Being, *American Psychologist*, 55 (1), 68-78.

アイデンティティ

　古代ギリシアから哲学用語として，同一的に存在する実体をめぐって論じられてきた概念であり，自己（自我）同一性と訳されることが多い。この概念を，エリク・ホーンブルガー・エリクソンが精神分析の用語として「内的な不変性と連続性を維持する各個人の能力（心理学的意味での自我）が他者に対する自己の意味の不変性と連続性に合致する経験から生まれた自信」（エリクソン，1959＝1973，112頁）と再定義した。

　エリクソンの理論は，自我アイデンティティと集団アイデンティティの相互作用，すなわち，個人の発達とコミュニティ（集団）との関係性を重視している。それゆえ，教育方法学の領域では「学校・学級」，「教師という職業集団」のなかでの個人の学びを捉えようとする意図で，このアイデンティティ概念が注目される。

　例えば『教育方法学研究』では，幼児教育の「集団遊び」を対象にしたもの，学校文化に着目し，教室学習場面における子どもの動機とアイデンティティ形成を捉えるもの，教師と生徒のコミュニケーション実践による相互のアイデンティティ発達に焦点をあてたもの，異文化間学習を通したアイデンティティ形成や外国につながる子どもの言語アイデンティティに言及したもの，大学生のボランティアと授業での学習を通じた自己アイデンティティ形成，教職志望学生や教師の職業アイデンティティ形成を検討したものがあり，幼児教育から高等教育，さらには教員養成・教師教育領域まで幅広く論じられている。その中で，とりわけ『教育方法学研究』に特徴的な研究として，アイデンティティ概念と，社会構成主義的学習論や状況的学習論とを関連づけるものが挙げられる。すなわち，共同体のアイデンティティを獲得した知識や技能の獲得を学習と捉える理論から教育実践を捉える研究である。

　こうした中で，社会学理論の分野では，今日の若者の状況の不安定・複雑化を背景にエリクソンの理論の限界と再構成可能性が論点とされている（河井，2011）。教育方法学においても，この論点を既述のような教授・学習論との関係から取り扱うことが期待されうる。

〔平岡秀美〕

［参］エリクソン，E. H. 著，小此木啓吾訳編（1973）『自我同一性―アイデンティティとライフサイクル―』誠信書房（原著，1959年）。河井亨（2011）「アイデンティティ形成についての社会学的考察―Eriksonのアイデンティティ理論とそれ以降のアイデンティティ研究の検討」『現代社会学理論研究』(5)，日本社会学理論学会，146-158頁。

レジリエンスの発達

人は何らかのストレスフルな出来事によって精神的な傷つきを経験しながら生きている。しかし、その傷つきは一生そのままというわけではない。ある程度の時間をかけて立ち直ることができる。レジリエンスは人間のもつこのような逆境下に対して精神的に適応する能力・過程・結果であり、回復する力を表す概念である。

ただし、回復するという現象は複雑である。あるストレスフルな出来事が生じても、経験したそれぞれの人によって傷つきは異なる。考えられる理由は、抵抗する力（傷つかない力）の違い、傷ついても回復する力の違い、他者の目の解像度の違い（回復速度が速いと傷つかなかったかのように見える）などが挙げられる。どこまでをレジリエンスと捉えるかは明確に統一されていない。

レジリエンスの構成要素として、個人要因と環境要因が明らかにされてきた。前者は、個人が内的に有していて、生まれもった気質との親和性が高い要因である（楽観性など）。後者は外的で、環境との相互作用プロセスと捉えられる要因である（問題解決志向など）。特に後者の要因は、発達的に身につけやすいとされる。発達の方向性には、対処法を新しく身につけたりポジティブな考え方の枠組みを生み出したりすることもあれば、自分が本来もっていて無意識に発揮していた力に気づくこともある。

レジリエンスを伸ばすための教育プログラムは、学級など集団で実践されることが多く、ポジティブ感情を体験させること、各人がもっている内的／外的資源（自分の強みや、自分を助けてくれる他者やソーシャルサポート）に注目させることが有効とされる。レジリエンスは数値で表されることが多く、質的な違いが十分に検討されていない点は課題である。教育プログラムにおいて具体的にどのような題材や環境がどのような過程を経て学習者の変容を促すのか、あるいは個人は平時にありたい自分と逆境下の自分との葛藤の中でどのようにレジリエンスと向き合うかの検討がさらに問われている。

〔山路　茜〕

［参］小塩真司・平野真理・上野雄己（2021）『レジリエンスの心理学』金子書房。平野真理（2022）『レジリエンスは身につけられるか―個人差に応じた心のサポートのために―』東京大学出版会。

自尊心

自尊心は、字義としては「自分自身を尊ぶ心」である。自分自身を尊び、大切に思う心であると捉えられる一方、「自尊心が傷ついた」などという場合は、自尊心はプライドや誇りを意味する。後者の場合は、自分自身を偉いと思う「自惚れ」の意味合いも含むが、そのような品位や人格を保とうとする心持ちとも捉えることができる。

心理学で自尊心にあたる言葉は self-esteem である。self-esteem は通常、自尊感情と訳される。自分自身に対する肯定的な評価、あるいは自分自身を尊重する感情や自己意識を指す。その意味では、自己肯定感と重なる概念であり、自分が人よりも偉いと考えるような他者への優越性を示すものというよりは、自分をありのままでよいものとして受け入れる自己受容に近い概念である。

教育現場では自尊心よりも自己肯定感という言葉の方が馴染みがあると思われるが、それは自尊心という言葉に「自惚れ」のようなニュアンスが含まれるからであろう。いずれにせよ、自分自身を全体的に肯定的に評価できていることが、その人の心理や行動にポジティブな影響を与えると考えられている。

例えば、自尊心（自尊感情）が高い場合は、ストレスが低く、情緒的にも安定し、レジリエンスも高い。他者に対しての緊張も低く、周囲から好意的に評価される傾向がある。反対に自尊心（自尊感情）が低い場合は、学習への動機づけや親和性、人生満足度が低く、非行や抑うつ、攻撃行動など、さまざまな問題が生じやすいといわれている。

自尊心を育むには、基本的には、乳幼児期からの安定した他者との関係性の中で、五感を使ったさまざまな体験を通して、自己意識を形成していくことが土台となる。試行錯誤を繰り返しながら物事に取り組み、自分が「やればできる」という感覚を経験していくことが自尊心につながる。児童期以降では、リフレーミングを用いた自己イメージの捉え直しや他者からの承認なども有効である。また、所属意識とも関係すると考えられるため、学校行事や学級活動における協働する活動なども自尊心の育成につながると考えられる。

〔椋木香子〕

［参］無藤隆・森敏昭・遠藤由美・玉瀬耕治著（2023）『心理学（新版）』有斐閣。

共生と寛容

　寛容は，教育学（教育方法学）の領域では「ゼロトレランス（寛容ゼロ）」の問題として取り上げられることが多い。「ゼロトレ」とは，みんな同じようにルールをきちんと守る，一人も逸脱を許さないという考え方である。それに対して共生とは，個々人の違いを認め合い仲良く暮らすという教育的なニュアンスをもっている。だが，歴史的にみれば，寛容は共生と対立してきたのである。

　西洋社会において寛容とは，宗教上の対立や信教の自由にかかわる要件であった。そもそも宗教においては，自分たちが絶対の真理をもっていると主張するのであるから，異なる宗教間での寛容や妥協や折衷などはありえない。

　寛容とは「やさしさ」ではないし，多様性の称揚でもない。寛容は他者に対する「否定的」評価を前提にしているのであり，自分にとって「好ましくない」存在や「不愉快」な隣人との共生・共存という厄介な課題と不可分であった。

　その対応の仕方は，まず相手を「理解できないが尊重する」，つまり「礼節」をもって接するのである。これは，相手を肯定はしないけれども受け入れる態度である。相手に対して敬意をもつことまでは要求しないが，排他的・暴力的な言動を慎み，相手との関係を切らないで対話を続けることを志向するのである。

　この考え方に対しては，相手を理解することを断念してよいのかという批判がなされてくる。だが，真心をもってすれば通じ合えるとか，愛・絆・和を唱えるだけの，教育界にありがちな「きれいごと」では，一旦争いが起こると一転して強い敵意が生じやすい。

　また，嫌悪や不満を抑制しようとする「忍耐」のレベルに寛容が留まるならば，この態度は社会的矛盾や差別的現実を隠蔽する危険性がある。容易に理解できない他者を何とかして理解し，そのためのルールやマナーを探る努力の中に，共生を実質的に実現する道がある。

　このような現実に対する厳粛な認識に鑑み，また攻撃的な言論など世間が不寛容に走る状況のもとで，自治や対話を形骸化させないために，寛容論の歴史的成果に学ばねばならない。

〔白石陽一〕

[参] 森本あんり（2020）『不寛容論』新潮社。

第4節　乳幼児の発達と教育方法

保育・教育の質

　保育・幼児教育の領域では、1980年代から1990年にかけて、保育・教育の質の向上とそのための質評価が国際的に課題として浮上した。その背景には、新自由主義のガバナンス改革による分権化、市場化、規制緩和があり、低い質の保育・教育を排除または改善する手立てが必要とされた。さらに2000年代に入ってからは、教育経済学の質の高い保育・幼児教育は投資効果が高いとする知見や、幼児教育が後の学力に影響を与えるとするOECDの国際調査が後押しするかたちで、保育・幼児教育の整備が進み、質の議論が進展した。

　日本の文脈では、とりわけ2000年代以降に待機児童が社会問題となり、保育を量的に拡大するための規制緩和と民間事業者の参入が推進された。その動向に対して、量的拡大だけでなく質の向上が重要だという主張が展開され、保育・教育をめぐる質の議論が盛んに行われるようになった。

　以上のように、質の議論には、製造業の品質管理を公共政策に適用するニュー・パブリック・マネジメントの一貫としての質概念と、量に対置されるものとしての質概念の双方が含まれている。

　保育・教育の質には複数の側面がある。OECDのStarting StrongⅡでは、「志向性の質」「教育の概念と実践」「構造の質」「実施運営の質」「相互作用あるいはプロセスの質」「子どもの成果の質あるいはパフォーマンスの基準」の6つの側面で保育・教育を捉えている。具体的な質評価は、成果（子どもの発達や学習到達度）のほか、構造的要因（クラスサイズや大人と子どもの数の比率）とプロセスの要因（保育者と子どもの関わりや保育者の取り組み）を焦点化している。

　質評価の議論に対する批判は、それが保育・幼児教育の倫理的政治的実践としての側面を捨象し、もっぱら技術的実践として扱っていることに向けられている。無批判に質の言説を用いることは、ローカルな文脈や価値の多様性を看過して保育・幼児教育を画一化する点や、客観的な指標によって教師から専門家としての判断を奪うとされる。現在、このような批判を踏まえた質評価が模索されている。

〔浅井幸子〕

［参］秋田喜代美・古賀松香編著（2022）『世界の保育の質評価』明石書店.

乳幼児教育の構造

　保育所、幼稚園、認定こども園などに通う子どもは、一日のうちの多くの時間、園舎や園庭において多様な遊具や教材などとかかわりながら過ごしている。したがってそれぞれの保育施設では、子どもが十分に活動することのできる物的環境を整えることが大切である。また、子どもは、保育者や他の子どもとかかわりながら過ごしている。したがってそれぞれの保育施設では、生命の保持はもちろん、子どもが安定した情緒のもとで過ごすことのできる保育者のかかわりなど、人的環境を整えることも大切である。乳幼児教育の構造とは、こうした物的環境と人的環境からなる全体的なものとして捉えることができる。

　乳幼児教育の構造における物的環境とは、具体的には、園舎、園庭、設備、遊具、玩具、絵本、紙芝居、その他の教材など、物理的・文化的な環境のことである。登園や降園、食事、睡眠や休息、排泄、室内や戸外での遊びなど、保育施設における子どもの活動を支える環境や空間の整備が求められる。

　乳幼児教育の構造における人的環境とは、保育者の研修や養成、保育者と子どもの人数比率、クラスサイズ、職場における保育者の負担感、体調、満足感など、労働状況も含めた環境のことである。子どもが安心して生活し、好奇心や探究心を働かせながら遊ぶことを支える保育者の素養が求められる。

　従来の日本は、都市部を中心に、待機児童問題が深刻化したことから、乳幼児教育の量の拡大が進められてきた。しかし、待機児童問題が解消に向かう今日では、乳幼児教育の質の向上が求められている。私たちが乳幼児教育の質について考えるとき、当該の保育施設がどのように物的環境や人的環境を整えているのか、保育者、非常勤職員、事務職員、栄養士などの労働状況も含めた環境の整備や改善にどのように取り組んでいるのかなど、乳幼児教育の構造についても注視しなければならない。他方、乳幼児教育の構造は、それぞれの保育施設や地域の実情に応じて多様であることから、質の高い乳幼児教育の構造とは何かについて、一律の基準では捉えられないことも踏まえておかなければならない。

〔中坪史典〕

乳幼児期の教育課程

　乳幼児期の教育・保育施設である，幼稚園，保育所，認定こども園には，教育や保育の目標を達成するために，教育・保育内容を選択，構造化した全体計画としての教育課程（カリキュラム）が存在する。幼稚園における教育課程は，入園から修了までの教育期間の全体にわたって，各園の目標に向かってどのような道筋をたどって教育が行われるかを明らかにした全体計画である。保育所には法令上，「教育課程」という文言は使用されない。しかし，保育所や幼保連携型認定こども園においても，在園・在籍期間全体を見通した計画は作成されており，それらは「全体的な計画」と呼ばれる。保育所の全体的な計画は，延長保育や夜間保育等も含めた保育所生活全体において，養護と教育が一体となった保育をいかに進めていくかを示すものである。幼保連携型認定こども園の場合は，満3歳以上の子どもの教育と保育を必要とする子どもの保育を一体的に捉え，それらが子育ての支援等とも有機的に連携するように，「教育及び保育の内容と子育ての支援等に関する全体的な計画」を作成する。

　幼稚園の教育課程と保育所や認定こども園の全体的な計画は，指導計画等を作成するための基盤となるものであり，全職員の共通理解と協力のもと，各園の長の責任において編成・作成される。編成・作成においては，「幼児期の終わりまでに育ってほしい姿」を踏まえつつ，子どもの発達過程と各園および家庭・地域の実態に即して，各園の教育・保育目標を明示することと，その目標に照らした教育・保育内容を組織的，計画的に構成することが求められる。また，教育課程や全体的な計画に基づく保育の実施状況を，子ども理解に基づいて評価して改善を図ることで，組織的，計画的に教育・保育の質を向上させるカリキュラム・マネジメントの必要性も指摘されている。

　乳幼児期の教育や保育は，遊びを中心とした生活を通して総合的に展開される。そのため，幼稚園教育要領等では，教育・保育の「ねらい及び内容」は，学問領域ではなく子どもの発達の側面から，「健康」「人間関係」「環境」「言葉」「表現」の5領域で整理されている。また，教育・保育内容は領域別ではなく，生活の中で相互に関連し合いながら展開するように組織される必要がある。こうした幼児期の教育と小学校教育との円滑な接続を図ることが今日課題となっており，子どもの発達や学びの連続性を見通したカリキュラム開発や，地域や家庭との連携協力が一層求められている。

〔渡邉眞依子〕

乳幼児期の教育方法

　一般に教育方法は，目的，内容，方法から構成される。幼児教育においても目的は子どもの育ちの姿から設定され，その目的に沿って内容，方法が選択される。特定の方法をパターン化して指導することは個の特性に応じた指導を重視する乳幼児期の教育方法としてふさわしいものとはいえない。

　乳幼児期，つまり就学前の子どもを対象とする教育方法は，就学後の教育方法と区別される。初等教育以降の学校教育における主な教育方法は，教師による教科の教授法，学習指導法を意味し，広義では生活指導を包括するものとされる。一方で，乳幼児期の教育方法は，「保育」という養護と教育が一体化した営みを中心に，一人ひとりの発達の状況や個性を含む子どもの生活すべてを捉えた指導・援助を意味する。これは「保育方法」とも呼ばれる。小川博久は「保育における指導は，原則として援助でなければならない」（『保育者援助論』）と述べ，乳幼児の指導は，子どもの自発的活動を尊重する援助を含むものと捉えられる。

　こうした乳幼児期の教育方法を歴史的に俯瞰してみると，フレーベルは，自己活動としての遊びが幼児期にふさわしい教育のあり方であることを主張した。また日本でも，倉橋惣三は，子どもの発達や心情に即して教育目的を実現するための方法として誘導保育を提唱した。倉橋は恩物の形式的指導や象徴主義に陥った教育を批判し，フレーベルの根本的精神に立ち返る必要性を主張していた。

　日本における乳幼児期の教育方法は「環境を通して行う」ことを基本としている。また，子どもの生活の大部分は遊びで構成されることから，「遊びを通した総合的な指導」を教育方法として位置づける必要がある。これらは1989年改訂の「幼稚園教育要領」において幼稚園教育の基本として明示され，現在まで受け継がれている。子どもは，自ら主体的に環境と関わり成長・発達していく存在である。望ましい環境を整え，自由を保障すること，遊びを通して総合的な見地からねらい，活動を捉えることが乳幼児期の教育方法の特質といえる。

　今日，幼保小協働による架け橋期の教育の充実においても，幼児教育の特性についての認識の共有が目指されている。その際，遊びの中で生じる自発性を学習の場面においても適切に活かすなど，方法的側面の共有も肝要となる。

〔内藤由佳子〕

乳幼児期の教育形態

　乳幼児期の教育形態とは，乳幼児を対象とした保育所・幼稚園・認定こども園などの集団保育における指導形態のことを表し，保育形態と同義語である。

　乳幼児期の教育形態は，教育方法上，クラスや学級編成の点から捉える場合と，子どもの活動形態から捉える場合があるが，主に以下の四つに分類される。第一には子どもの年齢上の区分であり，同学年の子どもを同じクラスに配属したり活動する同学年年齢別保育と，年齢の異なる子どもを同一クラスに編成・活動する異年齢保育・混合保育・縦割り保育がある。後者の異年齢保育や縦割り保育は，意図的に年齢の異なる子どもたちの育ち合いを目的にした保育であるのに対し，混合保育は子どもの人数が少ないため，年齢の異なる子どもを同一クラスに編成・活動する形である。第二には子どもの活動の自主性や保育者の主導性の観点からであり，遊びを中心とした自由保育やオープン・エデュケーションなどの子どもの主体性を重んじる保育と，保育者の意図のもとに行う設定保育・一斉保育とに分かれる。乳幼児期は子どもの興味や関心も多様で，個人差や発達差の大きい時期であるため，遊びを中心とした自由保育を柱とするが，一方で設定保育や一斉保育には，保育者が子どもたちに経験してほしい活動を意図的・計画的に行う場合や，片づけや給食の時間などの生活に含まれる一斉活動もあり，ルールや規律を守るなどの規範意識を育成する点からも必要な活動である。第三には子どもの集団性の観点からであり，個別活動，グループ活動，学級・クラス活動，園全体で取り組む活動や行事があるが，これらの活動形態においても，子どもが自発的に取り組んだり子ども集団を形成する場合と，保育者が意図的に個，グループ，集団で活動するように設定する場合がある。第四には障害の有無に関する点で，学級・クラスを健常児のみで編成する保育と，障害児を健常児と一緒にクラス編成する統合保育やインクルーシブ保育がある。

　実際の保育場面では，保育者が子どもたちに育てたい力やねらいをもち活動を実践するため，クラス編成以外にも，子どもの発達や実態に合わせて複数の教育形態を組み合わせ，多様な経験ができるように工夫しながら保育を行っている。

〔小山優子〕

保育・幼児教育における遊び

　「遊び」とは，子どもが興味・関心に基づいて自発的，能動的に環境と関わり生み出す活動である。大人にとっての「遊び」が労働の対極にある「余暇」であるのに対し，子どもにとっての遊びは，その成果や外部からの強制に縛られることなく自由に自己課題を追求すること，つまり生きることそのものであるといえる。

　乳幼児期の遊びの教育的意義を明確に唱えたのは，幼稚園（Kindergarten）の創始者として知られる F. W. A. フレーベルである。彼は，子どもを創造的・活動的な存在と捉え，遊びを「幼児の発達の最高の段階」と位置づけた。子どもの自己表現活動としての遊びを重視し，幼児期に全身全霊を込めて遊ぶことが人間形成の基礎となることを主張した。

　子どもは遊びを通して育つ存在である。しかし，遊びから得られる教育的効果を期待する活動が大人の側で設定される場合，遊び本来の意義を失わせることにもつながる。遊びはそれ自体が目的であり，何らかの成果を生み出すことが目的ではない。遊びを通じて得られる知的能力や社会性は結果としてもたらされる成長・発達の一部に過ぎない。遊びの豊かさは，子どもの内面から発生する動機に依拠する。遊びのプロセスに着目すると，子どもが自発的な動機に基づいて遊びを継続・発展させ，課題意識をもって自ら対象に没頭する時，遊びは「遊び込む」状態になったといえる。

　保育者は，遊びに向かう子どものこころの状態を丁寧に見取り，遊びの質的な深まりを意識した教育活動を展開することが重要である。また，幼児期における遊びの教育的意義については，幼児教育の特性を踏まえたうえで家庭や地域，小学校とも認識の共有を図ることが求められる。

　遊びの中で好奇心や探究心を発揮し，挑戦する意欲が遊びの充実につながる一方で，こうした子どもの冒険心は，遊具等に起因する事故とも隣り合わせである。遊びの楽しさを尊重しながらも安全管理の徹底および遊びを見守る人材の配置などが必要となるだろう。また，インターネットを含むデジタル環境は，ますます低年齢化の傾向にあり，幼児期からのデジタルリテラシーの育成が求められる。子どもたちがデジタル社会に参加し等しくその恩恵を受ける権利を保障しつつ，家庭と連携しながらさまざまなリスクから子どもを保護する必要がある。

〔内藤由佳子〕

［参］小川博久（2010）『遊び保育論』萌文書林。

乳幼児の知育

　知育とは，知的な能力を育む教育のことである。英国の哲学者であるハーバート・スペンサーが『教育論』(1861年) で唱えた三育（「知育」知的能力を養う教育・「徳育」豊かな心や人間性を養う教育・「体育」健やかな体を養う教育）を，福沢諭吉が紹介したことで日本国内に広がったといわれている。

　好奇心・探究心・思考力・発想力・創造力など，子ども自ら物事に興味をもち，主体的に考える力を育むことが知育の目的であり，ひらがなの練習をさせる，興味がないのに動物の名前を覚えさせるなど，一方的に学習させたり知識を詰め込んだりすることとは区別される。乳幼児期においては発達的に，周囲のさまざまな環境と直接的にかかわり，環境に働きかけたり環境からの働きかけに応じたりしながら，幼児期独自の物の見方や考え方により，その事物についての概念を形成していく。興味関心をもつことに加え，物事との関わりを通して感情が動く中で，子どもにとっての物事や出来事の意味が生まれる。また，仲間や大人とともに発見したり，興味をもったことに取り組んだり，発見したことを伝えあったりすることも，知が育つ過程にとって重要なものである。

　乳幼児の知的な育ちは，日々の生活や遊び，子どもを取り巻く文化と切り離すことができない。文字や数の概念の獲得についても，生活の中で出会う文字や数に興味をもつことや，生活や遊びが豊かになるものとして必要感をもつことが動機となる（例えば，育てている野菜がたくさんなっているのを見ていくつあるのかを知りたい，など）。

　乳幼児の知育において重要なことは，家庭・園・地域での日々の生活や遊びの中で，興味をもつ，入り込んでかかわる，考え工夫し，試行錯誤するといった環境に出会えるようにすることや，子どもが環境にかかわりながら面白さや目的を見出し，工夫していく過程を，見守ったり一緒に行ったり，問いかけたりするなどを通して，支えていくことである。

〔箕輪潤子〕

［参］秋田喜代美 (2000)『知をそだてる保育—遊びでそだつ子どものかしこさ—』ひかりのくに。無藤隆 (2001)『知的好奇心を育てる保育—学びの三つのモード論—』フレーベル館。

乳幼児期の情操教育

　情操には，美的情操，倫理的情操，知的情操，宗教的情操などがあり，社会的文化的価値に向けられる温和で持続的な感情反応のことを指す。乳幼児期には，幼稚園等や家庭や地域において子どもの心を豊かに育むことがめざされている。幼児期の情操教育は，知的教育や健康教育と並んで，「生涯にわたる人間形成の基礎」「豊かな人生」の基礎を培うための重要な側面をなす。

　子どもを取り巻く環境の変化により，自然との触れ合いや感情を伴った直接体験をする機会が少なくなってきている現状では，情操の基礎となる豊かな感性や心情を育むことは，重要な課題である。遊びや生活を中心とする乳幼児期の教育においては，情操は子どもの主体性を重んじる遊びを中心としたさまざまな直接体験を通じて総合的に育まれていく。2017年告示の「幼稚園教育要領」の「幼児期の終わりまでに育ってほしい姿」の中で情操教育に関連するものとしては，〈道徳性の芽生え〉〈言葉による伝え合い〉〈豊かな感性と表現〉の項目で，育ってほしい姿として具体的に挙げられている。

　乳幼児は，大人からの愛情や信頼関係を土台に家庭や園での生活を自ら楽しむ中で，美しいもの，善いもの，尊いもの，真実などに触れたとき，素直に心を動かされ，感じたことや思いを表現し伝えようとする。情操は，何かの時間に教えられて育つものではなく，自由感のある雰囲気，意欲や心情を引き出す保育環境のもとに，豊かに育まれていくものである。

　その方法に関して「幼稚園教育要領」には，領域「環境」では，幼児が自然現象や動植物と触れ合うことで美しさや生命の尊さに気づくようにすること，「言葉」では，イメージや言葉を豊かにするとともに，絵本や物語などに親しみ，想像する楽しさを味わうこと，「表現」では，音形色などに気づいたり感じたり，美しいものに心を動かしたり，音楽に親しんだり，描いたり作ったりなどさまざまな表現活動を楽しむことなどが具体的に示されている。

　乳幼児期に遊びを始めとするさまざまな体験を通して培われた情操は，それに続く小学校以降の人間形成および学びの基礎として重要な資質をなすものである。

〔豊田和子〕

［参］文部科学省 (2017)「幼稚園教育要領」。文部科学省 (2018)「幼稚園教育要領解説」。

しつけ

　家庭の教育力や地域の子育て機能が低下し、保育園や幼稚園に対する子育て支援の役割がいっそう期待されている。乳幼児期には、基本的生活習慣やそのスキルを習得することで健全な生活を営むことができるようにしていくこと、集団生活をしていくうえでの役割やルールを身につけること、言わば「しつけ」の営みは教育の重要な一つをなす。大人の保護から徐々に自立し、将来の社会の一員として生きていく力の基礎を育む過程で、「しつけ」という教育的営みは欠かせない。

　幼児の発達の観点から、岡本夏木は「しつけ」について、文化社会において生きていくために必要な習慣やスキルなどを、初めは賞罰や、大人が手本を示して一緒に行動し教えていき、やがては子ども自身の判断で自己コントロールし、社会的行為として実践できるように、「しむけていく」営みであると説明している。このように、「しつけ」の語源「躾」の解釈にあるように、発達が不十分で保護されながら生活している段階では、外的動機付けを主とするが、子どもの自我や自己認識が芽生えるようになると自分からしようとする内発的動機付けによって、しつけの行為は行われる。乳幼児期には、基本的生活習慣・生活リズム、身近な大人や仲間との人間関係、集団生活でのルールに関わる内容が中心となり、年齢的には、大人の一方的な世話から自立し始める2歳頃からしつけが行われる。

　2歳頃には、衣服の着脱、食事の習慣、排泄などの「基本的生活習慣」が身につくように、「一人でやりたがる」気持ちに寄り添いながら、大人はできたことを認めていく。3・4歳頃には、基本的習慣はほぼ形成されて園や地域での新しい人間関係が広がるので、挨拶、友達との関わり方や、片付けや持ち物の整理、掃除などの活動や行為を自ら状況判断して行うことができるように援助や指導を行う。その際、指示されてできるのではなく、自らの意志でしようとすること、できたことによる自己肯定感情を高めていくようなしつけが大事である。5・6歳頃には、自分のことだけでなく、園や家庭での集団生活を営むうえでの約束や責任感や協同性などの力を育んでいく。押しつけや強制とは異質の援助によるしつけは、個の人格の自立と集団生活の自律を促すことをめざす。

〔豊田和子〕

[参] 岡本夏木（2005）『幼児期—子どもは世界をどうつかむか』岩波書店。

おもちゃ・遊具

　「おもちゃ」の語源は「もちあそび」という言葉から発生し変化していったもので、日本でおもちゃが子どもを対象に量産されるようになったのは、江戸時代、元禄のころといわれている。明治に入り、欧米の教育事情が広く紹介されると、子どもの知識を増やすのに役立つおもちゃが推奨されるようになった。なかでも、物の本質は基本的な形に触れることによって理解されるとしたフレーベルの恩物、幼児期には視覚、聴覚、触覚などの感性を磨くことが重要だとする教育理念に基づいたモンテッソーリ教具などは、幼稚園教育を通して広がった。これらは後のおもちゃ作りに大きな影響を与え、大正期にはおもちゃの教育性が認知され定着していったのである。現在、子どものおもちゃの種類や数は夥しく存在し、市場に溢れかえっている。大人のものと子どものものの境目も曖昧になり、「おもちゃとは何か」を一口で説明できないほどに多様性と広がりを見せている。しかし、子どもの心身にとって安全性が確保されているか、子どもの創意工夫が生かされ成長につながるか、人間関係を育むものであるかどうかなど、慎重に吟味し選びたいものである。

　一般的に、子どもたちが手を使って遊ぶ比較的小さなおもちゃに対して、幼稚園や保育所などに設置されている遊び道具・玩具を遊具という。すべり台やブランコなど大型の固定遊具と、自転車、遊技台など移動できる遊具がある。これらの遊具は明治時代に「幼稚園保育及設備規程」が定められ、子どもの自由な遊びや身体訓練が重視されたことから、教育・保育現場に設置されるようになった。設置基準は何度かの改正を経て、現在でも学級数や幼児数に応じて必要な種類や数を揃えることや、常に改善し補充されなければならないことなどが示されている。おもちゃ・遊具はいずれも子どもにとって自分の手で「もてあそぶ」ことができ、あるいは身体を使ってダイナミックに楽しむことができる児童文化財である。遊び方のルールや扱い方を学べるのはもちろんのこと、子どもの発達段階を考慮し、子どもが主体的に遊べる環境も整備しておきたい。

〔齋木喜美子〕

[参] 永田桂子（1987）『絵本観・玩具観の変遷』高文堂出版社。永田桂子（2000）『増補　よい「おもちゃ」とはどんなもの』高文堂出版社。

絵本・紙芝居

　絵本とは，テキスト（ことば・文章）とイラストレーション（図像・絵）でさまざまな情報を伝達する表現媒体であり，その表現方法には無限の可能性がある。歴史的には，1658年に出版されたコメニウスの『世界図絵』が絵本の起源の一つであるといわれている。絵本の種類は，内容や表現方法，読者によって，物語絵本，民話絵本，科学絵本，ことばの絵本，文字なし絵本，仕掛け絵本，赤ちゃん絵本，バリアフリー絵本など多岐にわたっている。とりわけ現代の絵本は，社会と歴史，戦争と平和，核と原発，多文化共生，貧困・差別，生と死・老い，人権・ジェンダー，SDGsなどテーマの多様化が進んでおり，読書の入り口だけではない多様な価値を含んだメディアとして発展してきている。保育・教育現場では，子どもたちが絵本と出会う経験を十分に保障することができるように計画的に指導，環境整備を行うことが必要だろう。また，さまざまな人生経験を経たおとなや，心のケアが求められる場面における読み合い・読み聞かせの可能性も広がってきている。

　紙芝居は，日本で生まれた子どもの文化財である。歴史的には，1930年代に街頭紙芝居として誕生した。その後，教育紙芝居として，保育・教育現場において注目され，普及していった。現在では，観客である子どもとのコミュニケーションを重視しながら展開する参加型の紙芝居や，行事や食育をテーマにした紙芝居など，多様な内容や表現の紙芝居が作られており，海外でも注目されている。

　絵本は，画面に文章が書かれているため，読者は一人で本と向かい合い，綴じられているページをめくることで物語が展開する。一方，紙芝居は画面に文字が書かれていないため，演じ手の存在は不可欠となり，演じ手が画面を一枚ずつ抜くことで物語が進行していく。したがって，絵本は，自分という個の存在が作品世界を味わうことで個の感性を育み，紙芝居は，演じ手と観客，観客相互の共感によって作品世界を味わうことで共感の感性を育むという特徴がある。絵本も，読み合い・読み聞かせ場面においては，紙芝居同様の特徴があるといえる。いずれにしても子どもたちの実体験が希薄になっていく中で，絵本や紙芝居の実演による直接交流で得られる双方向性と一体感を味わう経験は意義が大きいといえるだろう。

〔影浦紀子〕

［参］まついのりこ（1998）『紙芝居・共感のよろこび』童心社。松本猛編（2015）『絵本講座3 絵本と社会』朝倉書店。

飼育・栽培

　飼育・栽培は，動植物を世話・管理し，適した環境条件を与えてその成長を促すことを意味する。飼育に関して，幼稚園等ではウサギなどの小動物や，ポニーなどのより大きな動物が飼育舎で育てられることがある。他にも，水生生物や幼児が捕獲した昆虫が保育室の中で飼われる場合もある。栽培に関しては，観賞用の草花，食用の果菜，葉菜，根菜類が園庭や農園で育てられる。幼児教育においては，こうした動植物の飼育・栽培を通して，幼児が動植物の特性を知るようになること，そしてそれらに「愛着」を持って関わるようになることなどがねらいである。

　以上のねらいは幼稚園が制度的に確立した頃から意識され，種々の動植物を対象にして実践されてきた。例えば「幼稚園令施行規則」（1926年）において，その保育項目の一つに自然等の観察が規定されると，東京女子高等師範学校附属幼稚園での実践が注目された。そこでは，年間を通して多種多様な動植物が取り上げられ，幼児の年齢や関心に合わせて，それらの生態や特性に関する話を聞かせたり，「よく可愛がって世話をする優しい心持」を養ったりしていた（東京女子高等師範学校附属幼稚園編『観察の実際』）。第二次大戦後は，『保育要領―幼児教育の手引き―』（1948年）や『幼稚園教育要領』（1956年），それ以降の政策文書にも飼育・栽培のねらいや意義が示されるようになり，現在に至るまで多くの幼稚園等において実践されてきている。

　今日，保育者に求められていることとしては，単に世話をすることを教えるだけでなく，幼児が動植物への「愛着」をもつことができるよう環境を整えることが挙げられる。そして，それぞれの生き物に適した関わり方について幼児とともに調べる中で，幼児なりにそのことを理解できるよう支援することも求められている。その他にも，生き物が苦手な幼児に適切に対応すること，動物福祉の観点から飼育環境を検討すること，作物を栽培する場合は連作障害に留意することなども挙げられる。このように，幼稚園等においては，動植物の世話を通して幼児の認知的発達と態度の養成を図るため，保育者にはさまざまな期待が寄せられている。だからこそ，飼育・栽培のねらいや方法，取り上げる動植物種を吟味し，それを踏まえてよりよい実践を行うことが求められる。

〔後藤みな〕

［参］東京女子高等師範学校附属幼稚園編（1938）『観察の実際』日本幼稚園協会。

プロジェクト・アプローチ

　プロジェクト・アプローチとは，ジョン・デューイの学習理論を基本的視座とし，子どもの知的・社会的発達を促す主体的なプロジェクトワークに意義をおく指導論である。

　幼児教育におけるプロジェクト・アプローチの始まりは，1950年代W. H. キルパトリックが顧問を務めていたニューヨーク市の私立学校の保育実践であるといわれている。その後，1960・1970年代の進歩主義教育，英国の幼児学校等のカリキュラムの中核となっていく。1989年には，米国のL. G. カッツとS. C. チャードによって方法論が整理・体系化され米国に広まり，多くの実践が生み出される。日本では，1990年代に入り，イタリアのレッジョ・エミリアの保育実践を通してプロジェクトが再注目される。

　プロジェクトとは，「子どもたちが興味をもつ特定のトピックをめぐって深く探究すること」を意味しており，その期間は，数日から数週間にわたり，形態は個人，グループ，クラス全体とさまざまである。そのアプローチは，子ども自身の探究への活動的な参加と，子どもと人々・事物・環境との有意味な交渉を促す教師の役割を重視し，子ども自身が興味をもつトピックによって構成されていく。

　プロジェクト・アプローチの目的は，「子どもの心の生活を豊かにする（cultivate）ことである」とされる。そこでは，①知識，②技能，③性向，④感情の4つの目標が設定されており，3つの段階「開始」―「調査と表現」―「まとめ」と5つの要素「話し合い」「フィールドワーク」「調査」「表現」「展示」がある。この5要素は，教師に子どもたちと学びの環境を構成する方法を提示している。「話し合い」と「展示」はコミュニケーションと情報の分かち合いの機会を，「フィールドワーク」は子どもたちの学びを実際の経験や専門家とのつながりに基づいたものにし，「調査」と「表現」は私たちすべてが学ぶことができる方法と調和した補完的な学びの手段である，とされる。

〔光本弥生〕

[参] カッツ，L. G.・チャード，S. C. 著，小田豊監修，奥野正義訳（2004）『子どもの心といきいきとかかわりあう―プロジェクト・アプローチ―』光生館（原著，2nd Ed., 2000年）。角尾和子（2008）『プロジェクト型保育の実践研究』北大路書房。

レッジョ・エミリア・アプローチ

　レッジョ・エミリア・アプローチは，北イタリアのレッジョ・エミリア市で発展した乳幼児教育の教育哲学と教育システムである。市立の幼児学校と乳児保育所のネットワークにおいて発展し，市によって推進されている。創造性と市民性の教育として国際的に着目され，国内外の教師の研修とネットワークの拠点となっている。

　レッジョ・エミリアの教育の基盤は，従来は弱くて未熟な存在であるとみなされてきた子どもを，豊かで有能な存在としてみるという子ども観の転換である。子どもを関係性においてみることで，生まれた時から有能な学び手，知識や文化を共同構築する主人公であり市民として位置づけている。

　教育長として市の教育を主導したローリス・マラグッツィは，多様な言語と非言語による理解とそのつながりのアイデアを，「子どもたちの百の言葉」という比喩で表現した。それぞれ学校にはアトリエと呼ばれる部屋があり，小グループの子どもたちが，デザインされた環境において，多様なアートの言語を用いてさまざまな可能性を試すことができる。

　子どもたちの教育的な経験は，言葉や絵によるメモ，写真，ビデオ，録音など多様な媒体で記録される。大人は，それらのドキュメンテーションによって，子どものアイデアに耳を傾け，その経験を解釈し，次の活動をデザインする。子どもたちも，自らの経験を再訪することができる。

　レッジョ・エミリア市の教育活動は，既成のカリキュラムにあてはめるのではなく，不確実性に開かれており，観察，ドキュメンテーション，解釈のプロセスを通して生成される。このようなプロジェッタツィオーネ（いわゆる「プロジェクト」との違いを表すため，イタリア語のまま表記される）のアイデアは，子どもの学びだけでなく，たえず他者と新しさに開かれたレッジョ・エミリアの経験の原理でもある。

　レッジョ・エミリア市の教育は自治体によって保障されるべき子どもと大人の権利であり，子ども，教育者，保護者の参加が教育プロジェクトを構成する。幼児学校と乳児保育所は，他者との出会いや多様な視点の対話を通して，学び，文化，価値，コミュニティ，アイデンティティが形作られる場として位置づいている。

〔浅井幸子〕

[参] レッジョ・エミリア市（2014）「レッジョ・エミリア市自治体の幼児学校と乳児保育所の指針」レッジョ・チルドレン。

乳幼児の子ども文化

　乳幼児を取り巻く文化は絵本，歌，ダンス，おもちゃ，アニメ，習い事など多岐にわたっている。ここでは子ども文化の中でも芸術，特に音楽に焦点化して述べたい。《カルミナ・ブラーナ》で有名な20世紀を代表する作曲家カール・オルフは，子どもが幼少期より経験する生活文化に着眼し，日常生活で営まれる子どもの遊びから音楽教育をスタートする教育方法を編み出した音楽教育家としても知られる。

　オルフの教育理念の特質は，子どもが今まさに生きている生活文化と密接な関係にある言葉，動き・踊り，音楽を合一した「Elementare Musik（基礎的な音楽）」に結晶化されている。この理念は「音楽」の語源となった古代ギリシア時代の「ムーシケー（mousikē）」，すなわち舞踊，音楽，詩の合一した表現形態に由来し，彼は人間の音楽的発展の歴史と子どもの音楽表現の発達を重ね合わせ，「Elementare Musik」を中核とした教育方法を確立した。この音楽教育を通して，オルフは子どもに潜在する音楽性や創造性を覚醒させ開花させることを企図したのである。

　オルフの教育理念と方法論は，教材集『Orff-Schulwerk Musik für Kinder（オルフ・シュールヴェルク　子どものための音楽）』（全5巻）に投影されている。子どもが営為する生活文化（遊び）にこだわった彼は，母国ドイツの子どもが日常的に用いる言葉「Kuckuck（カッコウ）」を音楽教育の出発点とし，「Kuckuck」に内包されるリズム（韻律），メロディを取り出すことを試みている。さらに子ども同士の言葉のかけあい遊び，ボール遊び，なわとび，かけっこなどの言葉，動きを伴った遊びから，子どもに内在する音楽的な芽生えを発達段階的に育成していく。この独自の教育方法は，オルフの「遊ぶことは動きであり，自然な動きやリズムである」（オルフ制作の映像「Music for Children」）という言葉に鮮明に表現されている。

　子ども文化を尊重した教育方法を考える際にオルフの音楽教育が示唆的なのは，子どもの音楽的発達の道筋を示しただけではなく，子どもが生まれ育った生活文化に根ざし醸成された言葉，動き，音楽が子どもの教育には不可欠であること，さらにそれらを他者と共有しながら，自他の身体，感覚，感性への気づきを十分に自覚させる音楽的対話の重要性を提起したことにある。

〔藤井康之〕

［参］Orff, Carl (n.d.) Music for Children (English Version), The National Film Board.

乳幼児の保育環境

　1947年制定の学校教育法で幼稚園の目的が「幼児を保育し，適当な環境を与えて，その心身の発達を助長すること」と定義されて以来，保育の特性を捉える際，環境は重要なキーワードとなった。しかし，保育の歴史的変遷において，環境の捉え方は一様ではなかった。1964年版幼稚園教育要領では，ねらいを達成するために，保育者が望ましい幼児の経験や活動を適切に選択・配列することに重きが置かれ，環境にかかわりながら活動を生み出す子どもの主体性は意識化されていなかった。その後，1989年版幼稚園教育要領では，総則において，「幼児期の特性を踏まえ，環境を通して行うものであることを基本とする」と幼児教育の基本原理が定義された。ここから幼児の主体性を育む保育環境が意識化されるようになり，この考え方は保育所保育指針，幼保連携型認定こども園教育・保育要領にも継承されていった。2017年版幼稚園教育要領では，主体的・対話的で深い学びが実現するような保育環境の創造が求められている。

　乳幼児の保育環境とは，保育者等や子どもなどの人的環境，施設・設備・遊具などの物的環境，自然や社会の事象，さらには子どもを取り巻く時間，空間，雰囲気までもが含まれる。国の基準は，幼稚園設置基準，児童福祉施設の設備及び運営に関する基準の中で示されている。保育者の役割は，子どもが興味，関心をもって主体的にかかわりたくなるような環境を構成するとともに，一人ひとりの子どもの特性に応じて援助することである。保育所保育指針では，保育が養護と教育を一体的に行う特性があるとし，養護を生命の保持と情緒の安定として捉えている。しかし，これは乳幼児が生活しているあらゆる場所において必要な観点である。

　乳幼児の保育環境は，児童の権利に関する条約（1989年国連採択，1994年日本批准）の子どもを権利主体と捉える子ども観に基づいて創造されなければならない。特別な配慮を必要とする乳幼児，ジェンダー，多文化共生などを観点に，一人ひとりの子どもの権利が守られる保育環境の保障が課題である。また，地球環境に配慮した保育環境への取り組みも，さらに充実発展されるべき課題である。

〔船越美穂〕

幼保小連携・接続と架け橋期

　幼保小の連携・接続は，以前から課題となっているが，近年では就学前の5歳児から小学校1年生の2年間を「架け橋期」としたうえで，「幼保小の架け橋プログラム」を実施することを中央教育審議会（2023）が提唱している。その前段階として，2008（平成20）年にスタートカリキュラムが学習指導要領解説に示され，生活科を中心に幼児教育との接続が図られてきている。また，2010（平成22）年には「幼児期の教育と小学校教育の円滑な接続の在り方について（報告）」が出され，教育の連続性・一貫性を確保するように求めている。さらに，2017（平成29）年に公示された幼稚園教育要領，保育所保育指針，幼保連携型認定こども園教育・保育要領には小学校教育との円滑な接続を図るよう努めることが明記され，同時に小学校学習指導要領においても要領・指針に示された「幼児期の終わりまでに育ってほしい姿」をもとにカリキュラムを編成するよう求められた。幼児期では小学校教育を見通して「主体的・対話的で深い学び」等に向けた資質・能力を育み，小学校では子どもの経験を踏まえて教育活動を実施することが架け橋期の教育として重要であり，それを実現するために幼保小が協働してのカリキュラム・マネジメントが必要であるといえる。

　このような動きが出てきた背景として，日本の学校教育の転換を見ておく必要がある。1989（平成元）年の生活科の導入から，総合的な学習の時間が位置づけられ，教科中心の教え込み型から学習者中心の方法へのシフトが意図されてきた。幼稚園教育要領等でも，1989（平成元）年を境に遊びを中心とした環境を通した教育が強調されている。しかしその結果到達目標を目指す小学校と，経験を重視した方向目標を掲げる幼児期との間に乖離が生まれ，小1プロブレムといった課題が出てきた。当初は小学校に慣れるために小学生と幼児との交流活動が活発に行われてきたが，次第に保育者・教師の子ども観・教育観の交流，そして学びの一貫性を目指した架け橋期のカリキュラムづくりへと重点が移ってきている。架け橋期においては，教師主導で学習規律を習得させるというより，子どもたち自身が探究を通して学校の仕組みや学ぶ意味などを見いだしていくような方法が望まれる。

〔鈴木正敏〕

［参］中央教育審議会（2023）「学びや生活の基盤をつくる幼児教育と小学校教育の接続について」。

幼保の一元化

　日本の就学前保育施設は，戦前には幼稚園と託児所，戦後には幼稚園と保育所という形で二元化されてきた。幼保の一元化とは，学校としての幼稚園と児童福祉施設としての保育所という二元的な位置づけを問い直し，両施設を一元化しようとする政策や考え方を指すものであり，これまでに繰り返し議論されてきた保育・幼児教育の制度的課題である。

　幼保の一元化をめぐる議論の中で目指されてきたのは，制度や管轄を一本化して効率化を図ることのみならず，親の就労に左右されず，すべての子どもたちに平等に保育を保障するための新たな制度を構築していくことである。すなわち，単に制度を統一するだけでなく，子どもたちの教育・保育の機会均等を実現するという積極的な意味が幼保の一元化には含まれているのである。

　幼保の一元化に向けた動きは戦前から見られたものの，戦後に確立した幼稚園と保育所の二元体制は現在も引き継がれている。幼稚園と保育所の関係性はことあるごとに問題にされてきたが，1990年代以降は少子化の進行や保育所の待機児童が課題となる中で，両施設の連携や一体的な運用が推進されるようになった2006年には，認定こども園制度が開始され，2015年には子ども・子育て支援新制度において幼保連携型認定こども園が制度化されたことにより，幼保一体型の保育施設が誕生した。しかし，このような動きは，幼稚園，保育所，幼保連携型認定こども園への「三元化」を示すものであり，保育・幼児教育制度のさらなる複雑化を招いているとの見方も示されている。また，2023年に発足したこども家庭庁には，幼稚園を除く保育所と認定こども園のみが移管したため，当初目指されていた幼保の一元化はここでも見送られることとなった。

　世界的には，ケアと教育を一体化した乳幼児期の保育・教育（early childhood education and care）の実現に向けた「教育」を担う幼児教育施設と「ケア」を担う保育施設の一元化が潮流となっている。日本でもさまざまな議論や動きが積み重ねられてきているが，幼保の一元化問題は根本的に解決しておらず，さらなる議論が求められる。

〔中西さやか〕

保育所・幼稚園と家庭との連携

　乳幼児の子育て・保育においては，家庭との連携の重要性が高まっている。保育所保育指針（2008・2017年改正）には，保育所の目標の一つに「入所する子どもの保護者に対し，その意向を受け止め，子どもと保護者の安定した関係に配慮し，保育所の特性や保育士等の専門性を生かして，その援助に当たらなければならない」と位置づけられている。幼稚園教育要領（2008・2017年改訂）においても，目標には含まれていないが，運営上の留意点として，「家庭との緊密な連携を図るようにすること。その際，情報交換の機会を設けたりするなど，保護者が幼稚園と共に幼児を育てているという意識が高まるようにすること」などが記載されている。

　家庭との連携は，子育て支援の一部でもあり，保護者と対等の立場で，保育・子育てのパートナーとして，保護者の自己決定を尊重する姿勢が重要である。多様な家庭の状況を踏まえて，保護者の気持ちに共感し，相互の信頼関係を築くこと，日々の家庭や園での子どもの様子，保育・子育ての方針や保育計画および子どもの成長を共有することによって，保護者は不安や悩みをやわらげ，子育ての主体となっていくことが期待される。同時に，保育内容・方法についても保護者と一緒に考え，家庭からの協力が得られることによって，保育の質も高まっていく。

　家庭との連携においては，具体的には，園内での協力体制のもと，送迎時のコミュニケーション，連絡帳，お便り，写真つきのドキュメンテーション，保育参観・参加，懇談会，個人面談等，多様な機会や方法で，保護者にわかりやすく伝え，相互理解を図る工夫が必要である。近年ではICT機器の活用による連絡や情報共有も進んでいる。また，保護者会や行事等によって，保護者同士の交流や支え合いを促進することも重要である。多様化した保育ニーズに応じ，障害児，医療的ケア児，外国にルーツのある子ども，養育困難な家庭などに対する特別な配慮が必要な場合も，子どもにとっての最善の利益を一緒に考え，必要に応じて，市町村および関係機関との連携・協力や，多様な社会資源の活用を図ることが求められている。そのためには，日常的に地域とのつながりをつくっておく必要がある。

〔山本理絵〕

乳幼児の福祉と養護

　保育所は1947年に公布された児童福祉法では，「保育に欠ける児童」を入所させて保育する措置をとる児童福祉施設の一つとして設置された。その後，2016年の法改正により，児童福祉の理念に児童の権利に関する条約の精神が掲げられ，福祉の保障は子どもの権利として位置づけられ，保育所は「保育を必要とする乳児・幼児」に保育を行う施設となった。保育所保育指針（2017年改正）によれば，保育所は，「その健全な心身の発達を図ることを目的とする児童福祉施設であり，入所する子どもの最善の利益を考慮し，その福祉を積極的に増進することに最もふさわしい生活の場所でなければならない」とされている。

　「養護」については，1965年通知の最初の保育所保育指針から，「養護と教育が一体となって」子どもを育成することが保育所の基本的性格として明記され，2017年改正の保育所保育指針でも，「養護」は「子どもの生命の保持及び情緒の安定を図るために保育士等が行う援助や関わり」であり，保育所における保育全体を通じて，養護と教育を一体的に行うと位置づけられている。保育・養護は「家庭養育の補完」と捉えられたこともあったが，2006年の改正「教育基本法」に幼児教育の振興が明記され，2015年度から始まった子ども・子育て支援新制度により保育所保育に幼児教育が積極的に位置づけられるようになってきた。幼稚園教育要領（2017年改訂）においても，「養護」という言葉は使われていないが，「幼稚園教育の基本」に，「幼児は安定した情緒の下で自己を十分に発揮することにより，発達に必要な体験を得ていくものであることを考慮して，幼児の主体的な活動を促し，幼児期にふさわしい生活が展開されるようにすること」が明記されている。

　「養護」は，狭義では安全で安心できる雰囲気の中で，子どもの生理的欲求を満たし，生命の保持と情緒の安定を図ることであるが，広義では，自分の思いを聴いてもらえ，自己選択・自己決定でき，受容・共感され，信頼感や意欲をもって過ごせるようになる関わりであると捉えられる。欧米では両者が統一された"エデュケア"という概念が用いられることが多い。保護者の就労等にかかわらず，保育・教育を受ける子どもの権利を基本に据えて考える必要がある。

〔山本理絵〕

第2章　子どもの発達と教育方法

子育て支援

　子育て支援とは，2012（平成24）年に策定された「子ども・子育て支援法」において，「全ての子どもの健やかな成長のために適切な環境が等しく確保されるよう，国若しくは地方公共団体又は地域における子育ての支援を行う者が実施する子ども及び子どもの保護者に対する支援をいう」（第7条）と定義された。さらに，2024（令和6）年の一部改正においては，子どもをもつことを希望する者が安心して子どもを生み，育てることができる環境を整備するなど，すべての子ども・子育て世帯を対象とする支援へと拡充されている。

　日本における子育て支援は，「1.57ショック」を契機とし，1990年代から少子化対策・人口減少対策として始まる。それは家族主義的であった日本の子育ての社会化への転換とされる。

　1994（平成6）年に策定された「エンゼルプラン」は，仕事と育児の両立支援のための保育施策であった。主に育児の主体とされていた母親への支援であり，地域子育て支援センターの設立，低年齢児の受け入れ，保育所の増設，時間延長・休日保育等が提示される。その後，1999（平成11）年，男女共同子育てを視程に入れた「新エンゼルプラン」が策定される。2001（平成13）年，保育士とは，「児童の保育及び児童の保護者に対する保育に関する指導を行うもの」（児童福祉法第18条の4）と規定され，幼稚園は「親と子の育ちの場」としての役割機能を充実するべきであるとの提言がなされた。しかし，その後も少子化は加速の一途をたどり，「保護者支援」中心の支援から，就労環境や若者自立支援を含めた社会構造の再構築を目指す「子育ての社会化」へと歩みを進める。

　2005（平成17）年に「子ども・子育て応援プラン」が策定され，同年『国民生活白書』には「子育てが家族の責任だけで行われるのでなく，社会全体によって取り組む，『子育ての社会化』が重要である」（内閣府）と示されている。

　2006（平成18）年には，小学校就学前の子どもや保護者に対する子育て支援の総合的な提供を行う施設として，認定こども園が設置された。仕事と子育ての両立支援や保育の「量」とともに，「質」の保障が大きな課題となっている。

　2023（令和5）年，子育て支援を一元化し充実することを目的として「こども家庭庁」が創設され，同年より「こども基本法」が施行されている。現在，当事者（子ども等）視点での子育て支援が強調されているが，加えて行政と市民，当事者同士の協働的関係づくりからの「質」保障の重要性が指摘される。

〔光本弥生〕

就学能力をめぐる議論

　学校教育法では，子の年齢により就学させる義務が保護者にあるとされており，その開始時期が第17条で「子の満六歳に達した日の翌日以後における最初の学年の初めから」とされている。保護者の義務の猶予や免除については同第18条において「病弱，発育不完全その他やむを得ない事由のため，就学困難と認められる」場合とされているが，就学能力が問われているわけではない。

　一方で，持続可能な世界を築くために2030年までに達成すべき目標（SDGs）の4番のターゲットの4.2では，すべての子どもに質の高い幼児教育を保障し就学への準備が整っているようにすることが挙げられている。就学前の準備として身につけておきたい力量をめぐる議論は，世界各国で義務教育制度が成立した当初から展開してきた。

　例えば，19・20世紀転換期に新教育運動が世界的に展開したおりには，幼児教育界においては，3R's（読み書き算）等の前倒し教育の是非が，スクール・レディネスとの関連で盛んに議論された。発達とそれを踏まえた教育方法に関する研究の蓄積を経て，幼児期の教育方法は小学校以降の教科教育とは異なる独自なものであり，一人ひとりに応じ，遊びと生活を中心とした経験主義的な教育であることへの理解が浸透していった。

　昨今では，家庭の社会経済的背景による家庭教育環境格差の問題が指摘されている。言葉や，数理認識，経験の格差の実態も各種研究で明らかにされ，介入教育や補償教育の必要性も議論されている。一律に3R's等の教育を否定するのではなく，個々の状況に応じた支援の必要性も議論されている。

　保護者の就労支援の観点ではなく，乳幼児の権利としての教育保障も問題にされている。子どもの権利条約の実施状況を審査する国連子どもの権利委員会では，特に，乳幼児期の教育に関する権利保障が課題として指摘されている。

　幼児教育と小学校教育のなだらかな接続を図るために，0年生や就学前クラス，移行期クラスを義務教育や無償教育として設置している国々もある。日本においても幼児教育と小学校教育の架け橋期が注目され，それぞれの独自な方法による教育を保障しつつそれらを架橋するプログラムのあり方が議論され，開発が進められている。

〔北野幸子〕

幼児向けメディアコンテンツ

　子どもの遊びを変容させたメディアの代表的なものに，20世紀半ばに家庭に浸透したテレビが挙げられる。そして現在では，インターネットの影響を無視することはできないだろう。概ね1990年以降に生まれた人を「デジタルネイティブ」と呼ぶが，現在の子どもたちは親世代も生まれた時からデジタルコンテンツを使いこなしてきた世代である。そのため，子育て環境においてもスマートフォンやタブレットは当たり前に存在し，オンラインゲームやユーチューブ視聴は今や子どもの玩具に匹敵するほど身近な存在だと言っても過言ではない。

　家庭用ゲーム機が誕生した1980年代以降，幼児向けゲームのコンテンツも数多く開発されており，今ではさまざまな媒体をインターネットに接続することで，いっそう簡便に楽しむことができるようになった。紙媒体ではないハイパー絵本が登場したのは1990年代である。CD-ROMだけでなく，2000年以降普及してきたオンラインで読むことができる音声付きの絵本は，読み聞かせる大人が介在しなくても幼児が一人で楽しめる。

　こうしたコンテンツが子どもを惹きつける一方で，五感で楽しむ「本物」の児童文化財ではないという批判も生まれ，「ゲームに夢中で勉強に支障が出る」「友人と集団で遊ぶ経験が乏しくなる」などという議論も起こった。絵本やおもちゃは養育者や友達同士の声とぬくもりが伝わり，人間性を豊かに育むという観点から推奨され，デジタルコンテンツは大人のプログラミングに子どもが支配されていると捉える見方は今なお根強い。

　確かに，扱い方によっては弊害が指摘されていることも事実だが，2019年12月の文部科学省発表以降急速に進んだGIGAスクール構想（全国の公立小中学校の児童生徒一人に一台の情報端末と，高速大容量通信ネットワークを導入するという国の構想）を視野に入れると，幼児期からICTを活用し，デジタルリテラシーを身につけていくことが新時代の学びにとって必要不可欠であることは明らかである。優れた絵本やおもちゃが時代を超えて子どもたちに受け継がれ，子どもの心を豊かに育てることは間違いないが，大人とともに触れて楽しく遊びながらデジタル世界のルールを学び，子どもにあった遊びや学びの選択肢を広げていくことも，これからの教育・保育には重要な視点だといえよう。

〔齋木喜美子〕

［参］文部科学省「GIGAスクール構想について」(https://www.mext.go.jp/a_menu/other/index_0001111.htm)。

保育・幼児教育の記録

　日々の子どもたちの活動や経験，保育者のかかわりや援助などを記録することは，保育者が自らの実践を振り返り，改善・充実を図るために重要な意味をもつと考えられている。すなわち，保育・幼児教育の実践には，子ども理解を出発点とする〈計画―実践―振り返り・評価―改善〉という循環的な過程があり，記録をもとに子どもへの見方を深め，実践を見つめ直し，次の保育につなげていくことが可能になるのである。また，記録は，保育者個人の振り返りや専門性の向上に資するだけでなく，子どもの経験や学びを他の保育者や職員，保護者，子どもと共有し，対話するための手がかりにもなる。

　保育・幼児教育の記録には，日誌，連絡帳，お便り，要録，実践記録など多様な種類があり，視点や方法もさまざまある。例えば，子どもの経験や育ち・学びのプロセスを読み解くための記録としては，エピソードによる記録，マップ型記録，写真や動画を用いた記録などがある。近年，保育・幼児教育の現場で広がりを見せているのは，文章，写真，動画，子どもたちの作品などを通して子どもたちの育ち・学びの履歴（軌跡）を記録する方法であり，ポートフォリオ，イタリアのレッジョ・エミリアのドキュメンテーション，ニュージーランドのラーニングストーリーはその代表例である。これらの記録は，子どもの興味・関心，感じ方やモノの見方，思考や理解などを丁寧に読み解き，「有能な学び手」としての子どもが学ぶプロセスを描きだす可能性を有している。乳幼児期の子どもが学ぶプロセスは，いわゆるチェックリストのような観点から捉えることが難しく，「子どもに見えているもの」や「子どもにとっての意味」にアプローチすることによって解釈可能になるのである。

　現在，保育・幼児教育の記録は現場に広く浸透しているが，記録のための時間が十分に取れなかったり，記録を実践に生かすことの難しさを感じたりするなどの保育者の声もある。記録が単なる負担やタスクとなってしまうことがないような環境や条件について，さらなる議論や取り組みが求められる。

〔中西さやか〕

［参］ダールベリ，G.・モス，P.・ペンス，A.著，浅井幸子監訳(2022)『「保育の質」を超えて―「評価」のオルタナティブを探る―』ミネルヴァ書房（原著，2013年）。

園内研修

　園内研修とは，保育所，幼稚園，認定こども園などにおいて，保育者，非常勤職員，事務職員，栄養士など，管理職も含め，同じ職場に集う職員同士が時間と場を共有し，共通の目標のもとで行う研修のことである。園内研修に参加する職員の対象範囲，研修の内容や方法，実施頻度などは園によって異なる。

　園内研修の一般的な内容として，例えば，①外部の研修に参加した職員が学んだ内容を持ち帰って報告する，②写真や動画を用いて保育の一場面を職員同士で共有し振り返る，③一部の保育者が自分の保育を公開し職員同士で検討する，④保護者とのやりとりや気になる子どもなど個別具体的なケースについて今後の方針を話し合う，⑤外部の専門家を招聘して話を聞くなどがある。

　園内研修の方法や進め方は多様であるものの，園長，主任，経験年数の多い一部の保育者などが中心となって他の職員に一方向的に知識・技術・情報などを伝えるような「伝達型」園内研修と，経験年数，常勤・非常勤，管理職の有無を問わず，職員同士が語り合うような「協働型」園内研修に大別できる（中坪，2018）。前者は，どちらかというと「上意下達」（トップダウン）モデルであることから，即座に園全体の意思統一を図るうえで有効である。後者は，どちらかというと「下意上達」（ボトムアップ）モデルであることから，職員同士の連携を促すうえで有効である。

　今日，保育の低年齢化や長時間化，子育てに不安を感じる保護者の増加，外国籍の子どもや保護者を受け入れる機会の増加など，保育を取り巻く状況は変化している。このような状況においては，個々の職員が個人単位で学ぶだけではもはや対応が難しく，職員同士が手を携えて学び合い，支え合いながら対応することが大切となる。園という一つの組織がチームワークを形成し，管理職だけでなく，保育者，非常勤職員，事務職員，栄養士など，職員全員がチームの一員としての当事者意識を有しながら，園全体が持続的に成長することが求められる。園内研修は，職員同士がチームで学び合う「場」としても機能する。

〔中坪史典〕

[参] 秋田喜代美・小田豊編（2023）『学びが広がる・深まる園内研修でもっと豊かな園づくり』中央法規。中坪史典編著（2018）『保育を語り合う「協働型」園内研修のすすめ』中央法規。

大学における保育者養成

　2000年代以降，国内外を問わず保育に対する関心は高まり，保育界では最新の研究成果を反映させながら保育の質向上を目指す動きが生じている。こうした背景のもと，今日の大学における保育者養成は，高度な知識や技術と深い学識を兼ね備えた専門家の育成をその使命としている。それではその実態はどのようなものだろうか。

　「OECD国際幼児教育・保育従事者調査2018報告書」（加盟9か国対象）によると，まず参加国全体の傾向として，ほぼすべての保育者が「子供の発達」や「遊びの支援」に関する内容が養成課程の教育に含まれていたと回答している。日本の傾向としては，「子供の育ちや学び，生活の観察・記録」と「特別な支援を要する子供の保育」が養成課程の教育に含まれていたと回答した保育者の割合が参加国の中で最も高く（順に96.2％，86.1％），「読み書きや話し言葉に関する学びの支援」と「科学や技術に関する学びの支援」が養成課程の教育に含まれていたと回答した保育者の割合が参加国の中で最も低い（順に72.8％，46.6％）。

　全数調査ではないことに留意しながらも，この調査の結果からは日本の大学における保育者養成の特色が見て取れる。すなわち，とりわけ子どもの姿を見取ることを重視する一方で，認知面での教育に関わることには相対的に消極的であることが示されているのである。このことは，子ども理解を保育の出発点に位置づけ，子どもの自発的な活動としての遊びを通しての総合的な指導を教育方法の基本とし，また特別な配慮を必要とする子どもに対する指導も行うという，日本の公的な保育のコンセプトとも符合する。

　2021年には「医療的ケア児及びその家族に対する支援に関する法律」が施行され，保育者にもその支援体制の拡充が求められている。保育の他にも，保護者や地域の人々に対する子育て支援等が努力義務として課されており，保育者に期待される役割はますます多岐にわたる。他方で，民営化率の高い保育ではサービス業化が進み，その結果として生じる保育の脱専門職化を危惧する声もある。したがって今日の大学における保育者養成では，専門職としての質保証を行いつつ，保育の専門性に対する社会の理解を深めていくことが大きな課題の一つとなっている。

〔池田竜介〕

[参] 古賀松香（2023）『保育者の身体的・状況的専門性―保育実践のダイナミック・プロセスの中で発現する専門性とは―』萌文書林。

第5節　特別なニーズと教育方法

多様性と包摂性の教育

　包摂性への志向は，世界のノーマライゼーション・インテグレーション等の思想と運動を背景にして，ソーシャルインクルージョンへと展開してきている。20世紀末の「サラマンカ宣言」，21世紀初めの「障害者の権利条約」等にその思想が示されてきた。

　インクルーシブ教育はその一翼を担い，特別支援学校等の別学体制にある教育の場を含めて，多様な生活と発達の状態にある子どもを包摂する学びのあり方を探究してきた。外国につながりのある子どもや不登校の子どもを包摂する社会形成，戦争や災害による生活崩壊や経済的格差・ジェンダー等の次元での排除と分断への対応等，多様性（ダイバーシティ・複数性）をめぐる哲学・社会学等の知を踏まえて，近未来社会における公教育の場としての学校が果たす役割の究明が待たれる。

　包摂性を目指す教育は，共生教育の課題等として論じられてきた。しかし，スタンダード化が進む現在の学校をめぐる教育思潮では，障害やギフテッド等の多様な特別なニーズのある子ども，多元的能力主義の枠の中で「個性的に」生きている個々の子どもの自立と発達への要求を聴き取り，応答する教育が軽視される。そこでは，多様（異質）な他者との共同の世界を学び，自己の中にある多様な生き方を包摂して生活しようとする精神的自立の力を形成することが困難になる。

　子どもたちは教師集団や地域の人々とともに，暴力と専制の政治を問いかけ，地球市民として生きている今を分析し，未来への展望を拓こうとする学びの主体である。シティズンシップ教育・主権者教育の動向を踏まえながら，多様性への注目が孤立・差別の論理に陥らず，「包摂と排除の境界」を問いかけ，形式的平等を越える権利としての教育の実質的平等の世界を探り，多様性に開かれた幸福追求の権利と平和的な社会を志向する力の形成に軸を置く授業指導と生活指導の展開が問われている。「包摂性と多様性」の関係性に潜むポリティックスを子どもたちとともに当事者として追求し，「理念型」としてのインクルージョンのプロセスを問う教育方法学研究と教育実践の進展が求められている。

〔湯浅恭正〕

［参］湯浅恭正・新井英靖編（2017）『インクルーシブ授業の国際比較研究』福村出版。

特別なニーズ教育

　特別なニーズ教育（Special Needs Education：SNE）とは，従来の特殊教育である特別な学校での教育に代わり，教育の場を特別な場に限定せず，通常の学級とともに多様な場においても特別な指導や支援を保障するというものである。特別なニーズ教育の対象は，障害児だけではなく，民族・言語的あるいは階級・経済的要因などによって学習困難になる特別な教育的ニーズ（Special Educational Needs：SEN）のある子どもである。

　特別なニーズ教育の核となる概念である特別な教育的ニーズは，1978年の英国のウォーノック報告において，従来の障害種別のカテゴリーでは支援されにくい学習における困難さのある子どもの教育の充実をめざして提起され，その概念が世界的に普及する契機となった。その後，1994年にユネスコとスペイン政府の共催によって開催された「特別なニーズ教育に関する世界大会」において採択されたのが「サラマンカ宣言」である。この宣言は，「万人のための教育（Education for All）」のもと，障害者だけではなく，すべての人のための特別なニーズ教育を宣言した。この宣言では，特別な教育的ニーズのある子どもは，「障害児やギフテッドの子どもたち，ストリート・チルドレンや労働している子どもたち，辺境地域の子どもたちや遊牧民の子どもたち，言語的・民族的・文化的マイノリティの子どもたち，その他の不利な立場にある，もしくは疎外された地域または集団の子どもたち」と明記されている。その際，特別なニーズ教育とともに，インクルージョンの考え方も示された。

　日本では，2007年に開始された特別支援教育の英訳をもともと"Special Support Education"としていたが，現在"Special Needs Education"へと変更している。けれども，特別支援教育は，障害児のみを対象としているため，国際的に議論されている特別なニーズ教育とは異なる。なお，日本では1995年に特別なニーズ教育とインテグレーション学会（現「日本特別ニーズ教育学会」）が創設されるとともに，毎年の研究大会に加え，機関誌『SNEジャーナル』も刊行され，特別なニーズ教育について議論を積み重ねている。

〔吉田茂孝〕

［参］髙橋智・加瀬進監修，日本特別ニーズ教育学会編（2020）『現代の特別ニーズ教育』文理閣。特別なニーズ教育とインテグレーション学会編（2020）『特別なニーズと教育改革』クリエイツかもがわ。

障害児教育課程の変遷

　障害児の教育課程は第二次世界大戦後に整備された。当時の日本の教育は、経験主義の特徴が強く反映されたものであったが、障害児の教育課程に関しても同様であった。特に、知的障害児教育においては、学校卒業後の就労がとても厳しい状況であったこともあり、学校を工場のように見立てた作業学習を中心とした教育課程を編成するなどの特徴を有するものであった。

　通常の教育では、1958（昭和33）年に公示された学習指導要領から教科学習を中心とした系統主義へと変化していくが、障害児の教育課程は経験主義教育が継続された。すなわち、学習指導要領では教科中心の教育課程が示されたが、「領域・教科を合わせた指導」といった「作業学習」や「生活単元学習」などの指導の形態が認められた。そのため、知的障害特別支援学校では、教科学習を設定せず、作業学習や生活単元学習中心の時間割を編成する学校も多くあった。

　こうした中で日本では、1979（昭和54）年に重度障害児であっても学校に就学できるようになった。このとき、「領域・教科を合わせた指導」の中に「遊びの指導」が加わったり、障害の改善・克服を目的とした「養護・訓練」中心の教育課程を編成することが多くの学校で行われた。

　1990年代になると、「養護・訓練」と呼ばれていた領域を「自立活動」に改称した。この当時は、発達障害児に対する特別支援を提供することが求められたため、知的障害特別支援学校においても「自立活動」を時間割に位置づけ、障害の改善・克服を目的とした指導が行われるようになった。

　さらに、21世紀になると、日本では「インクルーシブ教育の推進」が課題となった。すなわち、国連障害者の権利条約が採択され、日本がこの条約に批准するために「通常学校の教育課程」と「特別支援学校の教育課程」が分離したかたちで編成されている状態を解消することが求められた。そのため、2017（平成29）年に改訂された学習指導要領では、知的障害児教育でも教科指導を中心とした教育課程を編成することが求められた。これは、重度・重複障害児に対しても例外ではなく、今後、重度障害児でも教科中心の教育課程で資質・能力を育成する実践を展開することが求められ、そして、それは深い教科研究を要請するものであろう。

〔新井英靖〕

障害のある児童の教科指導

　障害のある児童の教科指導をめぐる議論は、養護学校（現・特別支援学校）から知的障害のある児童の教科指導を考える立場と、通常の学校・学級から障害のある児童の教科指導を考える立場の、大きくは二つの軸を中心に展開されてきた。

　戦後の知的障害児教育の分野で行われた「領域」か「教科」か、「生活」か「教科」かといった議論は、「自立＝職業的自立」という表層的な自立観を教科の視座から問いなおすものだった。また、障害のある児童を対象に生活綴方教育を実践した近藤益雄をはじめ、知的障害のある児童の学びへの思いや願いは個々の生活の文脈にとどまらず、教科の内容を含みこむものであることは多くの教員に確認されていた。東京都立青島養護学校や八王子養護学校、京都府立与謝の海養護学校等の取り組みは、障害のない児童を対象にした教科教育の「水増し」ではない教科指導に挑むものだった。

　2010年頃より授業のユニバーサルデザインを称する教育団体が提唱した「焦点化」「視覚化」「共有化」といった視座は、障害のある児童が学びを深めるための授業方法として共有された。また、インクルーシブ授業研究会は障害のある児童だけでなく、性の多様性を生きる児童や外国とのつながりのある児童等が通常の学校に在籍する事実にも着目し、インクルーシブな授業づくりに必要な思想や理論、方法を描き出すことに挑んだ。

　引き続き、どの校種や級種においても障害に焦点を当てた教科指導の研究を進めていく必要がある。ただし、障害をめぐる経験や意味づけは個々で異なるため、安易な一般化は避けなければならない。また、障害のある児童には、貧困、外国とのつながり、性の多様性といった他の社会的属性をあわせもつ事例もある。従来の障害に焦点をあてた研究だけでなく、障害と他の社会的属性との交差性（intersectionality）の視座をふまえた研究にも取り組みたい。障害のある児童を含むすべての児童に必要な教科のカリキュラムや指導はどうあるべきか。教科観を絶えず問いなおし、つくりかえていくことが求められる。

〔原田大介〕

〔参〕窪田知子（2017）「障害児教育の変遷―「自立」の意味を問い直す―」田中耕治編『戦後日本教育方法論史（下）―各教科・領域等における理論と実践―』ミネルヴァ書房。

ユニバーサル・デザイン

　年齢や性別，障害の有無などに関係なく，多様な人たちが使いやすく過ごしやすいよう考慮した製品や環境を設計し，提供するというユニバーサル・デザインの考え方は，米国の建築家でノースカロライナ州立大学教授のR.メイスにより提唱された。「公平性」「柔軟性」「シンプルで直感的」「わかりやすさ」「安全性」「身体への負担の少なさ」「スペースの確保」がユニバーサル・デザインの7原則とされる。

　教育の分野において，米国のCAST (the Center for Applied Special Technology) が提唱した「学びのユニバーサル・デザイン」(Universal Design for Learning, 以下UDL) が知られている。UDLの「ガイドライン」(CAST，金子晴恵・バーンズ亀山静子訳，2011年) によれば，UDLは教育者がさまざまなニーズに対応できるような柔軟な学習の目標，方法，教材・教具，評価の方法を提供し，学習者の個人差に対処するのに役立つとされている。特別支援教育においては，障害のある子どもの特性に応じた支援方法を工夫し，学習や生活の障壁になることや困難をできる限り取り除き，学習環境を整えるという実践が行われており，障害のある子どもへの合理的配慮にもつながっている。特別支援教育の視点は，通常学級での教科指導にも生かされるなど，学校教育全体に波及しており，各教科における授業のユニバーサル・デザインの研究も進められている。子どもたちの多様なニーズに合わせて「視覚情報を多く用いる」「より具体的な指示を行う」など，授業の中で子どもたちが苦手を克服し，主体的に学ぶための工夫や配慮を行うことによって，より多くの子どもが「わかった」「できた」と実感できるようにすることが目指される。中央教育審議会の「「令和の日本型学校教育」の構築を目指して（答申）」(2021年) に見られるように，学校教育現場では個別最適な学びと協働的な学びの一体的な充実が課題とされているが，その実現のためには，すべての子どもの学習環境を整え，多様な子どもたちが学び合う場を提供するという意味で，ユニバーサル・デザインの考え方が不可欠となる。教育現場におけるICTの活用も，学習に困難を抱える子どもをはじめ，多様な子どもたちの学びにとって大きな効果が期待される。

〔土屋弥生〕

自立活動

　自立活動は，特別支援学校の教育課程に設けられた特別の指導領域である。2017（平成29）年告示の特別支援学校小・中学部学習指導要領では，「個々の児童又は生徒が自立を目指し，障害による学習上又は生活上の困難を主体的に改善・克服するために必要な知識，技能，態度及び習慣を養い，もって心身の調和的発達の基盤を培う」という目標が示されている。特別支援学校の在籍者だけではなく，特別支援学級在籍者と通級による指導の対象者にも，自立活動を実施することが可能である。

　昭和30年代までは，中・重度の知的障害や重複障害のある子どもの就学は一般的ではなかった。そのため，特殊学校の教育課程は通常学校に準ずるものとされ，障害に関連する指導内容は各教科に組み込まれていた。昭和40年代に入り，中・重度の知的障害や重複障害のある子どもの就学が進む中で，障害の重度化，重複化，多様化に対応するための特殊教育の新たなアプローチが求められるようになった。そこで，1971（昭和46）年告示の特殊教育諸学校学習指導要領では，障害に関する学習事項は教科から独立し，「養護・訓練」という新たな指導領域が設定された。1999（平成11）年告示の特殊教育諸学校学習指導要領からは，現在の「自立活動」へと名称変更され，子どもの主体性をより強調することになった。2000年代以降は，自立活動の指導の充実のための校内指導体制の整備が重視され，特別支援学校では自立活動に関する校務分掌の設置や，自立活動専任教諭の配置が進められている。また，理学療法士，作業療法士，言語聴覚士，看護師などを自立活動教諭として採用する自治体の動きがある。

　2017（平成29）年告示の学習指導要領では，自立活動の指導内容は6区分（「健康の保持」「心理的な安定」「人間関係の形成」「環境の把握」「身体の動き」「コミュニケーション」）とその下位に27項目が設定されている。6区分27項目は，すべてを扱うのではなく，障害の特徴や程度，子どもの実態に応じて必要なものを選択して活動内容に組み込む。実施にあたっては，個別の指導計画の作成が義務づけられており，自立活動の時間を設けての指導と，学校の教育活動全体を通じて行う指導の二つの方法でなされる。

〔楠見友輔〕

総合的な学習の時間（養護学校・特別支援学校）

　総合的な学習の時間は，1999（平成11）年3月告示の学習指導要領において創設された。特別支援学校における総合的な学習の時間は，各教科，道徳，外国語活動，特別活動，自立活動と並ぶ教育課程を編成する柱の一つであり，領域・教科を合わせた指導である生活単元学習とは異なる。

　特別支援学校小学部・中学部学習指導要領（2017（平成29）年4月告示）では，小学部又は中学部における総合的な学習の時間の目標，各学校において定める目標及び内容並びに指導計画の作成と内容の取扱いについては，それぞれ小学校学習指導要領第5章又は中学校学習指導要領第4章に示すものに準ずるとした。そのほか，配慮事項としては，①障害の状態や発達の段階等を十分考慮し，学習活動が効果的に行われるよう配慮すること，②体験活動に当たっては，安全と保健に留意するとともに，学習活動に応じて交流及び共同学習を行うよう配慮すること，③特別支援学校中学部（知的障害）において，探究的な学習を行う場合には，学習上の特性として，学習によって得た知識や技能が断片的になりやすいことなどを踏まえ，各教科等の学習で培われた資質・能力を総合的に関連付けながら具体的に指導内容を設定し，生徒が自らの課題を解決できるように配慮することとした。

　授業時数については，障害の状態や特性及び心身の発達の段階等を考慮して，視覚障害者，聴覚障害者，肢体不自由者又は病弱者に対する教育を行う特別支援学校では，小学部第3学年以上及び中学部において，また，知的障害者に対する教育を行う特別支援学校では，中学部においてそれぞれ適切な授業時数を定めることとされている。

　生活単元学習と総合的な学習の時間の違いに関して，生活単元学習は，学校や地域の行事，社会的スキル，季節等を内容とする生活上の目標達成や課題解決のために，自立的な生活に必要な事柄を実際的・総合的に学習する。対して，総合的な学習の時間は，国際理解，情報，環境，福祉・健康，現代的課題や自己の生き方等に関する内容について探求的な見方・考え方を働かせて物事の本質を探り，見極めようとする協働的な学習活動を発展的に繰り返していく学習である。

〔今井理恵〕

[参] 三浦光哉・清水貞夫編著（2003）『特別支援教育の「総合的な学習の時間」実践撰集』田研出版．

学習障害（LD）児の教育方法

　学習障害（Learning Disabilities：LD）は発達障害の一種であり，国や学問領域によって定義が異なる。日本では1999年に文部省（当時）が「基本的には全般的な知的発達に遅れはないが，聞く，話す，読む，書く，計算する又は推論する能力のうち特定のものの習得と使用に著しい困難を示す様々な状態を指すものである。学習障害は，その原因として，中枢神経系に何らかの機能障害があると推定されるが，視覚障害，聴覚障害，知的障害，情緒障害などの障害や，環境的な要因が直接の原因となるものではない」（学習障害及びこれに類似する学習上の困難を有する児童生徒の指導方法に関する調査研究協力者会議「学習障害児に対する指導について（報告）」）と定義した。

　LD児支援にあたっては，その困難の多様さや幅広さに注意が必要である。同じ「読むこと」の困難であっても，音韻処理の弱さから特殊音節の読みが苦手な場合もあれば，視知覚の弱さから文字の形態認識が苦手な場合もある。また，LDに含まれる諸領域は学習の基盤となるものであるため，LD児は国語や算数だけでなく，教科学習全般に困難を経験する可能性がある。

　LD児は特別支援学校や特別支援学校の対象とはならないが，「通級による指導」の対象に含まれる。「通級による指導」では通常学級での教科学習を繰り返すのではなく，子どもに合わせた指導が工夫される。例えば，通常学級での書字練習では漢字を習得しづらい子に対して，砂に書く，粘土で作る，腕全体で空中に書くなど，多感覚を生かすアプローチを行うなどである。また，辞書やICT機器等，自分に合った補助手段を見つけて使いこなす練習も重要である。これは通常学級での学びに生かせるだけでなく，進学や就職に際しての合理的配慮要請の土台にもなる。

　LDは早期発見の困難さが課題であるが，子ども自身の工夫や苦闘の結果として，LDによる困難が外から見えづらくなることもある。例えば，読むことの苦手な小学生が，教科書の文章を丸覚えして「読める」ようにふるまう，音韻処理の苦手な就学前児が，言葉遊びの場から離脱するなどである。教師はこのような子どもの姿に気づく目を持ち，背後にある辛さや必死さを受けとめながら，支援へとつなげなければならない。

〔羽山裕子〕

ADHD児の教育方法

注意欠陥/多動性障害（Attention-Deficit/Hyperactivity Disorder：ADHD。注意欠如多動症とも）は発達障害の一種であり、発達の水準に不相応な不注意や多動性－衝動性が見られる。不注意優位型、多動性－衝動性優位型、混合型があり、加齢に伴い多動性－衝動性が改善する場合もある。

ADHD児は、特別支援学級や特別支援学校の対象とはならず、学校生活の大部分を通常学級で過ごす。そこで、学級集団づくり、環境の調整、授業の工夫などによって、通常学級を安心できる居場所とする必要がある。学級集団づくりにおいては、ADHD児の興味関心や得意分野に応じて、授業や学級活動で活躍の場を設けるなど、ADHD児の良さが周囲に自然と伝わり、本人も自信をもてるような機会をつくることが大切である。環境の調整としては、座席位置を刺激から遠ざける、教室内外にカームダウンスペースを設けるといったことが有効である。授業の工夫としては、集中を保てるよう活動時間を区切る、簡潔な言葉での指示や視覚的提示などで見通しを持たせるといった配慮を行ったうえで、条件を決めて離席や離室を認めることも時には必要であろう。

ADHD児は、「通級による指導」の対象に含まれるため、通常学級外での取り出し指導が可能である。「通級による指導」では、障害による困難の改善や克服に資する学習が行われる。例えば不注意さを補うような自分なりの方法を考えたり、遊びやロールプレイングを通して、衝動性をコントロールする力を養ったりといった活動などである。

なお、ADHDは中枢神経系の問題に起因すると考えられており、薬物療法によって、根治はしないものの症状の緩和が見込まれる。学齢期のADHD児が服薬する場合、副作用による身体的負担に配慮するとともに、服薬を級友に知られることへの不安といった精神面へのケアが求められる。

ADHDでは、失敗や叱責される経験が蓄積することによる、自己評価の低下や周囲への不信感の増大が懸念される。これらは、抑うつ傾向やひきこもりといった内向的な問題にも、非行のような外向的な問題にもつながり得る。このような二次障害を防ぐためにも、早期発見によって学校での適切な支援や配慮につなげなければならない。

〔羽山裕子〕

重度・重複障害児の教育方法

重度・重複障害児とは、知的障害と肢体不自由など障害が重度かつ重複している子どもを指す。なかには、人工呼吸器をつけているなど、医療的なケアを必要とする重症心身障害児や視覚障害と知的障害がともに重度の障害児もいる。日本では1979年以降、こうした子どもに学校教育を保障し、授業を展開してきた。

重度・重複障害児の授業づくりでは、感覚を最大限に活用して、「わかる」ことを増やしていくことが重要となる。例えば、「てぶくろ」という絵本を読み聞かせたあと、重度・重複障害児に手ぶくろをはめて教師が「あったかいね～」と声をかけるなど、絵本の物語の一部を教室で体験することで理解を促す授業を展開している。また、絵本の展開に合わせて音楽をかけたり、時には香水などを使ってにおいを通して外界を理解するなども、重度・重複障害児の授業ではよく見かける指導方法である。このように、絵本の内容を理解することを目的にした授業であったとしても、重度・重複障害児には、視覚・聴覚をはじめとして、触覚や嗅覚など、活用できる感覚を総動員し、「外界の変化を感じ取る」ことを中心とした授業を展開している。もちろん、重度・重複障害児は、教師から「あったかいね」と声をかけられても、言語的（あるいは概念的）に絵本の内容を理解できないかもしれない。しかし、教師が創り出す授業の雰囲気の中で、子どもの変化を丁寧に捉えながら、手ぶくろをはめたときの感覚をもって、絵本の内容の一部を理解し、絵本を楽しんだと捉えて実践を進めている。

重度・重複障害児の授業の中には、障害の改善・克服を目的とした「自立活動」という領域もある。しかし、日本の特別支援学校では、重度・重複障害児に対して単に障害を改善・克服するためだけに指導するのでなく、どんなに障害が重度であっても、文化的遺産を伝承していくことができるように、教科的視点をもって授業づくりが行われている点に特徴がある。

見た目では、重度・重複障害児に対する授業は、通常の学級における授業とは内容や方法が大きく異なる。しかし、重度・重複障害児の教育は、すべての教育実践の根源であると捉えることも可能である。すなわち、ここには、すべての子どもたちの発達を促す関わりや、深い学びを促す教材開発の原理が含まれていて、現代教育で求められている主体的・対話的で深い学びを追究する際にも、重度・重複障害児の授業づくりの知見を参考にすることが重要であると考える。

〔新井英靖〕

病弱児の教育方法

　病弱児の教育の形態としては，入院中の場合には院内学級，特別支援学校または教育委員会からの訪問教育，入院前の学校からのICTを使った遠隔教育，訪問教育と遠隔教育の併用，通信制高校の利用と院内学級によるサポートの組み合わせ等がある。また在宅の場合は，特別支援学校や教育委員会からの訪問教育や，在籍校からのICTを使った遠隔教育などが行われている。学校からの支援だけでは不十分である場合に，児童生徒の希望によってはNPOや大学生による学習支援および遊びや課外活動的な支援が行われているケースもある。「院内学級と入院前の学級」「対面と遠隔」「学校と民間」と児童生徒の状況に応じたさまざまなハイブリッドな支援が求められており，文部科学省も「病気療養児の教育について」（1994年），「病気療養児に対する教育の充実について」（2013年）等で，関係機関との連携やコーディネーターの役割の重要性について通知を出している。対面授業と遠隔授業の関係については，遠隔授業の活用を認めつつも対面で行う授業が半分以上であること等を「高等学校等における遠隔授業の実施に係る留意事項について（通知）」（2021年）で示し，さらにオンデマンド型についても「高等学校等の病気療養中等の生徒に対するオンデマンド型の授業に関する改正について」（2023年）で，生徒の状況によっては双方向型ではない遠隔授業を認めているが，この場合も「対面による授業を相当数行う必要があること」と文部科学省は通知を出している。また通常学級に在籍している病弱児には状況に応じた合理的な配慮が必要である。例えばアレルギーのある児童生徒への対応としてはアレルゲン除去食の提供やアレルゲンとの接触の予防，EIA（運動誘発ぜんそく）発作予防のための給水や休息および十分な準備体操，ぜんそく発作に備えたエピペンの使用方法の確認などが必要である。また，心疾患のある児童生徒が運動を行う際には学校生活管理指導表を適切に使用し，参加の方法等を工夫する必要があり，病弱という理由で一律に体育は見学で低評価の成績をつけることは不適切である。これらの通常学級の中での合理的配慮は，本人・家族と相談・確認のうえ，個別の事情に応じて行わなければならない。その際には主治医や院内学級からの情報提供が必要かつ有効である。

〔栗山宣夫〕

[参] 全国病弱教育研究会編（2021）『病気の子どもの教育入門　改訂増補版』クリエイツかもがわ。

院内学級

　入院中の子どもの教育機会の確保のために病院内に設置された学級を，病院内学級または院内学級と称している（以下，院内学級と記す）。院内学級は制度上は特別支援学校またはその分校・分教室と，通常学校の特別支援学級に分かれる。1979年に就学猶予制度が廃止された後も入院中の子どもの教育機会は十分に保障されていなかったが，1990年代に入り国も「病気療養児の教育について（通知）」（1994年）を出すなど，少しずつ院内学級の設置が進んでいった。2018年には厚生労働省が「小児がん拠点病院等の整備に関する指針の周知について（依頼）」を出し，その中で「病弱等の特別支援学校又は小中学校等の病弱・身体虚弱等の特別支援学級（特別支援学校による訪問教育を含む）による教育支援が行われていること」と示し，現在，義務教育段階については小児がん中央機関（2病院）と小児がん拠点病院（15病院）すべてに院内学級が設置され，さらに小児がん連携病院についても多くの病院で設置されている。しかし高等学校段階での教育保障の課題は現在も残っている。国立がん研究センター「小児患者体験調査報告書」（2021年）によると，入院中に学校教育を受けられている高校生の割合は19.4％と極めて低い。その要因としては，退院後の復学の問題や単位認定の問題および教科の専門性を担保した教員配置が求められること等が挙げられる。入院して院内学級に転入する際にそれまで通っていた高等学校を退学し，退院時に復学しようとしても再入学の形をとるために次の4月を待たなければならないケースがある。また復学できた場合でも単位認定の問題があり，留年を余儀なくされるケースもある。一方，院内学級と高等学校が入院時から連携をとり，単位の読替えや院内学級での対面での支援と高等学校からの遠隔での支援等について協議し，両校から状況に合わせた支援を提供する工夫を行いスムーズな復学につなげている自治体もある。学籍を移さずに，教育委員会から派遣された教員が入院前の高等学校の教員として院内学級の小中学部の教員とともに常駐することで，学籍異動の問題と教科の専門性の保障の問題の克服に努めている自治体もある。院内学級には教科学習以外にも同じような立場の仲間とつながり合う，心理的支援の場としての役割もある。

〔栗山宣夫〕

[参] 栗山宣夫（2022）「小児がん等の難病で入院中の高校生の教育保障の動向と課題」全国障害者問題研究会『障害者問題研究』50(1)，2-9頁。

寄宿舎における教育

　寄宿舎とは，子どもが通学を前提に家庭生活から離れ，共同で生活するための施設・寮である。おもな設置の理由は，①通学距離や通学条件の影響，②共同生活における教育目的の達成，のためである。

　歴史的に寄宿舎における教育効果の観点から注目されてきたのが，英国のパブリック・スクールである。池田潔『自由と規律』（岩波書店，1949年）によれば，パブリック・スクールの寄宿舎では，プリーフェクト制度と呼ばれる，校長から選出された最高学級の人格成績衆望の模範となる学生をリーダーとした自治的な生活の中で，学生が相互に協力しながら生活文化をつくることに教育的な意義があるとされる。すなわち，全体の利益のための共同的で質素な生活の中で，豊かな生活では感じない愉快や，忍耐の精神が生まれ，正面から現実の問題に取り組む力が形成されるという。日本において寄宿舎について教育の観点から期待されているのが，特別支援学校の寄宿舎である。学校教育法第78条では，「特別支援学校には，寄宿舎を設けなければならない。ただし，特別の事情のあるときは，これを設けないことができる。」と規定されている。特別支援学校の寄宿舎は，在籍する子ども全員が入舎する「全寮制」もあれば，障害の重い子どもの心身の負担を考慮した「1週間に2泊3日＝曜日泊」「宿泊しない入舎＝放課後入舎」など，子どもたちの教育的ニーズに応じて柔軟な形態が取り入れられている。特別支援学校における寄宿舎では共同生活によるトラブルは少なくない。ただしそのトラブルの中で，寄宿舎指導員を中心としながら，「こんな生活がしたい」という子どもたちの要求から出発する実践が積み上げられ，子どもたちの「生きる力」の形成が試みられてきた。

　現在，貧困と社会的格差の広がりによって，発達の土台である「生活」が厳しい家庭もある。寄宿舎を「通学困難のための寄宿舎」としてのみ捉えるのではなく，発達困難を有する子どもとその保護者の生活支援・発達支援の役割を果たす寄宿舎への発展が求められている。

〔早川知宏〕

［参］小野川文子（2022）『特別支援学校寄宿舎のまどから―子どもの育ちを社会にひらく―』かもがわ出版。

個別教育計画

　特別支援教育では，「集団の計画」である教育課程の編成に加え，一人ひとりの特別なニーズのある子どもに対し「個別の計画」が作成される。この源流は，米国の「全障害児教育法」（1975年）のIEP（Individualized Education Program：個別教育プログラム）であり，基本的に行政担当者も計画作成に関わり，IEP作成が就学措置の必要条件となっている。また，IEPの見直し請求等保護者の計画への関与も強い。

　一方，日本では，就学措置後の学校における計画作成の意味合いが強く，「個別の教育支援計画」と「個別の指導計画」の2種類の計画の作成が義務づけられている。まず，個別の教育支援計画については，2003年の「今後の特別支援教育のあり方について（通知）」でその策定が明記された。保護者，学校，関係機関が連携し，長期的な視点による計画作成が求められ，その活用の意義は，①保護者や関係者等との情報の共有と共通理解，②支援ニーズの明確化，③役割分担と連携による支援，④継続した支援等にある。また，「個別の指導計画」は，すでに1999年の「盲学校，聾学校及び養護学校学習指導要領」で，「自立活動の指導」や「重複障害のある児童生徒への指導」について作成が規定されていた。

　2009年の「特別支援学校学習指導要領」において，障害の重度・重複化，多様化する児童生徒の実態を踏まえ，各教科等にわたり作成することとし，指導の改善に努めることが明記された。「個別の指導計画」は，長期的なスパンの「個別の教育支援計画」の内容を受け，学校の教員が共通理解のもとに作成する短期的スパンの計画である。校内の各教科・領域等の具体的な指導に関する目標と手だてが記載され，各教科・領域等の年間指導計画の作成，単元（題材・主題）の設定，各授業づくりとつなげ，一人ひとりの特別なニーズのある子どもの目標の達成と教育実践の改善が図られる。

　さらに，2017年の小学校・中学校・高等学校学習指導要領でもその作成が明記され，特別支援学校だけでなく，インクルーシブ教育の推進が求められる通常の学校においても，よりいっそう，個別の教育支援計画・個別の指導計画の作成と活用が問われている。

〔冨永光昭〕

［参］冨永光昭他編著（2021）『特別支援教育の授業の理論と実践』あいり出版。

障害のある人とトランジション

　障害のある人のトランジション（transition）とは，学校教育に職業訓練の場や個別のニーズに沿う学びの場を設けることで，障害のある児童生徒の学校教育修了後の生活を豊かにすることをめざす取り組みである。トランジションの基盤には，インクルージョン（inclusion）の理念がある。

　これまでに特別支援学校を中心とする学校教育の場では，障害のある児童や生徒に対して，身辺のことが自分でできること，職業的スキルを身につけることといった，社会適応をめざした取り組みが中心に行われてきた。特に知的障害や重度重複障害のある児童・生徒の場合は，教員だけでなく，保護者もまた，強い願いのもとに子どもを社会に適応させること，職業的スキルを身につけさせることを求めてきた経緯がある。

　身辺の自立や職業的自立が重要であることは，疑いようのない事実である。一方で，教育目標と社会適応とを同一視する考え方が学校現場で広がることにより，本来は豊かな概念であるはずの「自立」の概念が矮小化されたものとして位置づけられることに問題がある。「自立」とは，身辺のことを自分でできたり職を得たりすることだけでなく，自己の弱さやできなさを見つめることができたり，他者と豊かな関係を築くことができたり，社会の課題を見抜き，自身の立場から向き合い，変えていくことができたりするといった，幅広い概念である。また，「自立」は自己責任を軸とする概念ではない。他者に頼ったり頼られたりすること，公的機関を柔軟に活用したり提供する側になったりすることなど，する／される立場を両義的に実践する概念である。

　教員が障害のある人のトランジションを考える際は，児童生徒の思いや願い，保護者等の要望を丁寧に確認して実践を展開することが求められる。高等学校／高等部に限らず，小学校／小学部や中学校／中学部においても，障害のある児童生徒が自己・他者・社会を見つめ，自身の短期・中期・長期的な時間軸を見据えつつ，興味・関心のあることや喜びを他者と共有したり，生きづらさから社会課題を追究したりするといった，社会参加へとつながる学びを考えたい。

〔原田大介〕

［参］山中冴子（2014）『オーストラリアにおける障害のある生徒のトランジション支援』学文社。

特別支援学級の教育方法

　特別支援学級とは，障害による学習上または生活上の困難を，児童生徒が克服し自立を図るために必要な知識技能の獲得を目的として小学校，中学校などに設置される学級のことをさす。障害種別ごとに学級が編成される。定員は1学級8人を上限とし，最大6学年にわたる複式編成である。対象となる障害は，知的障害，肢体不自由，病弱および身体虚弱，弱視，難聴，言語障害，自閉症・情緒障害である。LD（学習障害）やADHD（注意欠如多動性障害）は対象となっていない。

　小学校・中学校における特別支援学級の在籍児童・生徒数は，2022年度現在，35.3万人（全児童数の3.7％）である。2012年度は16.4万人（全児童数の1.6％）であり，増加している。知的障害，自閉症・情緒障害が全体のおよそ9割を占める。

　特別支援学級における教育課程は，小学校または中学校の学習指導要領に準ずる。ただし，通常の教育課程における学習が困難な場合は，学校教育法施行規則第138条に基づき，特別支援学校の学習指導要領を参考に特別の教育課程を編成できる。その際，個々の障害を改善・克服するための自立活動を実施することが求められている。

　特別支援学級における教育方法では，在籍児の個々の障害特性に応じた指導が求められる。例えば，視覚的な教材・教具を用いて，自閉症スペクトラム障害児にとって，理解しやすい指導が重視される。加えて，特別支援学級という場に規定された教育方法もある。特別支援学級は，複式編成という特徴により，生活年齢・発達年齢がさまざまな在籍児を同時に教える必要性を有する。加えて，在籍児が通常学級で学ぶこともあり，基礎的集団が固定されない。このような状況を踏まえて，さまざまな指導方法が開発されてきた。例えば，「領域・教科を合わせた指導」の一つである生活単元学習の枠組みの中で，さまざまな発達・学習水準にある在籍児が参加できる指導である。加えて，教科学習においても，多様な在籍児が共同で学ぼうとする授業が開発されつつある。

　なお，課題として，特別支援学級担任は，特別支援学校教諭免許状など特定の資格を必要としておらず，特別支援学級担任の専門性を担保する制度設計の必要性が挙げられる。

〔赤木和重〕

［参］村上公也・赤木和重編著（2011）『キミヤーズの教材・教具―知的好奇心を引き出す―』クリエイツかもがわ。

統合教育

　統合教育（インテグレーション：integration）は，歴史的に，障害のある子どもたちを障害の種類や程度別に通常の学校教育体系から切り離して教育を行ってきた分離教育の対概念である。1970年代以降，差別の撤廃や障害者の権利に対する国際的な意識の高まりの中で，障害児教育における大きな潮流となった。

　一口に統合教育といっても，その形態はさまざまである。障害のある子どもとない子どもが物理的に同じ場で学ぶことを指す場合もあれば，「交流及び共同学習」などを通して，特別支援学校・特別支援学級で学ぶ障害のある子どもたちと通常の学校・学級の子どもたちがともに学ぶ機会を保障することを指す場合もある。英国のウォーノック報告（1978年）では，「位置的統合（場の統合）」「社会的統合（遊びなど社会・生活面での統合）」「機能的統合（カリキュラムの統合）」という三つの形態が示された。いずれの場合も，単に，障害児を通常学校・学級という"同じ場"に就学させることが目的ではなく，障害のある子どもにとっても，障害のない子どもにとっても，人格の完成を目指し，社会性や人間性を育み，お互いを尊重し合う態度を養う機会であることに意義がある。

　その一方で，統合という名のもとに，適切な支援や配慮のないまま，障害のある子どもをただ通常学校・学級に在籍させているだけの状態（ダンピング）に陥りかねないという危険性を孕むものであることには注意が必要である。また，統合教育においては，障害のある子どもとない子どもを区別したうえで，前者を後者に統合させるという発想に立っており，その意味で"分離"を乗り越えられていないことなども課題として指摘されてきた。

　1990年代以降，統合教育に代わって，障害を含めた多様な教育的ニーズのある子どもたちの存在を前提として，通常学校教育のあり方そのものを問い直すことを志向する包摂的な教育（インクルージョン：inclusion）の推進が目指されている。しかしながら，日本においては，むしろ特別支援学校・特別支援学級に在籍する児童生徒数が増加傾向にあり，多様な子どもたちがともに学びあえるような通常学校教育の改革が急務の課題である。

〔窪田知子〕

［参］清水貞夫（2012）『インクルーシブ教育への提言―特別支援教育の革新―』クリエイツかもがわ．

交流教育

　障害のある子どもも，障害のない子どもも双方の人間形成，社会適応，学習活動の面において，教育活動をさらに高めるために提起された，統合教育の流れをくむ具体的な教育形態をいう。交流の形態には小・中学校と特別支援学校間の交流，小・中学校に設置された特別支援学級と通常学級間の交流，学校と地域社会の人たちとの交流などがある。また，交流の方法には，一緒に活動するなどの直接的な交流と，手紙，絵画作品を交換するなどの間接的な交流があり，近年はインターネットにより同時双方向の話し合いを行う取り組みがある。

　沿革では，文部省（当時）教育課程審議会答申「盲学校，聾学校及び養護学校の教育課程の改善について」で，1970（昭和45）年特殊教育諸学校小・中学部，1972（昭和47）年高等部に初めて交流教育が提言された。この答申を受けて1971（昭和46）年に告示された特殊教育諸学校小・中学部の学習指導要領では，特別活動の項目で，交流教育に関して「児童または生徒の経験を広め，社会性を養い，好ましい人間性を育てるため，小学校の児童または中学校の生徒と活動をともにする機会を積極的に設けるようにすることが望ましい。」と示された。1979（昭和54）年度には「心身障害児理解推進校」が指定され，小学校や中学校の子どもたちが，障害のある子どもたちに対する正しい理解と認識を図るための指導の在り方に関する研究が進められた。1987（昭和62）年度には「心身障害児交流活動地域推進研究校」が指定され，盲学校，聾学校および養護学校の子どもたちと地域社会の人たちとの交流教育の在り方に関する研究が進められた。1989（平成元）年特殊教育諸学校小・中学部，小・中学校の学習指導要領では，交流教育の意義として，特殊教育諸学校と小・中学校間の交流や地域社会の人たちとの交流が示された。

　2004（平成16）年障害者基本法改正の理念に基づく，障害のある子どもと障害のない子どもとの交流のみならず，可能な限りともに学ぶことができるように配慮する観点から，2005（平成17）年中央教育審議会「特別支援教育を推進するための制度の在り方について」で「交流及び共同学習」の推進が提言され，交流教育と共同学習の内容と工夫が求められ，今日に至っている。

〔荒巻恵子〕

［参］文部省（1995）『交流教育の意義と実際』．

ギフテッドの子どもと教育

「ギフテッド（gifted）」とは，一般的な学習者よりも顕著に高い知的，創造的，芸術的，指導者的（リーダーシップ）能力をもつ子どもをさす。「才能教育（gifted education または gifted and talented education）」は，これらの子どもたちの特性に応じて，現行の通常教育の中で抑制される恐れがある潜在的能力を，最大限に発揮できるように設計された教育プログラムのことである。国や地域，または論者によって実施・提案される方法は異なるが，必ずしも特定の子どもに特殊なカリキュラムを提供するという方法だけではなく，通常教育のカリキュラムを修正し，多様化や個性化するという方法も含まれる。

才能教育は，ごく限られた天才や異才と呼ばれる人のみに特別な教育を提供することや，子どもの特定の分野での競争力を高めるために早期から集中的な教育を行うことと見なされる場合がある。しかし一般的には，才能教育は僅少の子どもに優先的な教育を施すものではなく，広範な学習機会の提供を通じて，多くの子どもたちの潜在能力を引き出すことを目的とするものである。

ギフテッドは，必ずしも障害と関連のある言葉ではないにもかかわらず，ギフテッドを発達障害のある子どもの一部に現れる特徴とみる誤解がある。発達障害があり，同時に高い能力をもつ子どもは2E（Twice Exceptional）と呼ばれることが一般的である。才能教育と2E教育を混同することは，2Eの子どもの複雑なニーズを見過ごすリスクがある。また，障害のある子どもを知的能力に基づいて階層化することで，差別を助長する文化を生み出す恐れがある。

才能教育には，一般的な教育課程の中で才能が埋没してしまう恐れがある子どもたちの潜在的な能力を最大限に引き出すという意義がある。しかし，飛び級やトラッキングなどの方法を用いることによって過剰な競争や能力主義を煽ったり，不公正な資源の配分を正当化したりすることを通して，格差や分離を助長するリスクがあるという批判がある。このようなリスクを回避するためには，あらゆる子どもたちが潜在能力を発揮することができるように，才能教育を一般的な教育を変革するという目的のもとで実施することが求められる。

〔楠見友輔〕

第6節　子どもの発達の困難と教育方法

子どもの発達の困難

　発達（development）の語源は，潜在的なものが徐々に現れることである。この語源を踏まえれば，発達の困難とは，個人もしくは環境が有する制約のために，個人の心身および人格における発達・成長が制限を受けている状態と捉えられる。

　発達の困難の内実を捉える際には，「生物・心理・社会モデル」という枠組みが示唆を与える。このモデルでは，疾患を，遺伝子といった生物学的な面や，感情や行動といった心理学的な面，生活する社会や文化などの社会的な面という三つの側面を区別しつつ，それらの相互作用として理解を試みる枠組みである。例えば，自閉症スペクトラム障害児が，学校に行き渋るという不適応行動を示した際，その背景には，感覚過敏のため教室にいづらいという生物学的側面や，学力不振のため授業に参加したくないといった心理的側面，さらには，年齢主義という学校教育制度が当該児の発達を困難なものとして構築しているという社会的側面として区別・関連させて理解することが可能になる。

　子どもの発達の困難に対する指導として二つの方向性が挙げられる。一つは，顕在化した不適応行動への対症療法的な指導にとどまらず，その行動を規定している発達の困難の具体的な内実を把握したうえで指導する方針である。例えば，不登校を示した児童に対し，登校させることのみに指導を焦点化することなく，不登校を生じさせる発達の困難を探り指導していく方向性が求められる。

　二つは，発達の困難を，発達の飛躍の現れとして捉えて指導する方向性である。L. S. ヴィゴツキーは，子どもの発達は直線的に進むのではなく，「危機的年齢の時期」と「安定的時期」が交代しながら進むと指摘している。例えば，思春期には，自己肯定感が下がることが多くの研究から報告されている。しかし，この事実は，自己を客観的・多面的に把握することができる批判的思考能力が高まったゆえであることも明らかにされている。このような視点は，発達の困難を否定的に見ることだけではなく，肯定的に捉えることができ，指導の新たな展開を見いだすことが可能になる。

〔赤木和重〕

［参］ヴィゴツキー著，柴田義松ほか訳（2002）『新児童心理学講義』新読書社。

発達疎外

　発達疎外は，あるべき発達が十全に成されていない状況と理解されるべきものではない。そこでは，発達およびその行く末の決定に，本人の存在要求および発達要求がどれほど重要視されているかが問われる必要がある。本人の存在要求・発達要求が軽視（もしくは無視）されたまま，（それが量的であれ質的であれ）発達について論じられる状況こそ，発達疎外と定義されるべきものである。結果的に同じ到達点に至ったとしても，その経過に本人の要求が疎外されている状況があるならば，それは発達疎外として問題視されねばならない。

　発達疎外を解消するには，第一に，ある人の発達に関与する人々が，パターナリスティックな権力の偏りに敏感になる必要がある。「善意」や「正しさ」が疎外を生み出すこともある。このことは，発達疎外が年齢に関係なく，成人同士であっても起こりえることを示している。

　しかし，本人とともにある人との関係性が上記のような権力性から仮に脱していたからといって，それがすぐに発達疎外の解消につながるわけではない。発達の環境を構成する社会の文化が問い直されることなく所与の前提として確立されているとき，その人の発達についての議論は，議論している人（びと）に感知されることなく発達疎外を生み出しているかもしれない。なぜなら，発達の基盤を成す当該社会文化が人を疎外するものであるならば，その基盤から生まれた存在要求や発達要求とみえるものも，人を疎外する歪んだものである可能性が高いためである。そうすると，競争主義的風土の中でひたすらテストの点数を上げることに喜びを感じる子が発達疎外の状況にないとは一概にはいえない。所与のジェンダーに気づかず無批判に再生産できてしまった人が発達疎外の状況にあるといえることもまた同様である。よって発達疎外を解消するには，第二に，所与の社会環境を問う学び（アンラーン）が必要である。

　上記2点を出発点として，他者との関わりの中から存在要求や発達要求を吟味する場があり，発達を支える環境が整ってはじめて発達疎外を解消する糸口を得ることができる。

〔上森さくら〕

［参］竹内常一（1984）『教育への構図』ほるぷ出版。山村賢明（1983）『かわいくない子どもたち』広池出版。

子どもの健康をめぐる課題

　子どもを取り巻く環境は多様化・複雑化し，動作発達や運動能力，体力・身体活動の低下，偏った食事や生活習慣の乱れによる肥満傾向や小児生活習慣病，メンタルヘルスの問題，アレルギー疾患の増加，性に関する問題など，子どもの健康，生活，安全面においてさまざまな現代的課題が生じている。また，科学技術の発達により生活全般において利便性が向上し，都市化やモータリゼーション（車社会化）による遊び場空間，遊び仲間・人間関係の減少や希薄化，生活時間の変化など，社会・環境の急速な変化と相互関連して子どもの心身の活力が損なわれやすい状況が生じている。

　文部科学省は毎年度校内の暴力行為やいじめ，出席停止，小・中学校・高等学校の長期欠席（不登校等），高等学校中途退学者等，自殺，教育相談の状況について調査を行っているが（「児童生徒の問題行動・不登校等生徒指導上の諸課題に関する調査」），依然として憂慮すべき事態が継続している。さらに新型コロナウィルス感染症による生活・環境の変化も相まって，子どもや家庭に大きな影響を与えていることが示唆されている。学校の諸問題の背景には，増加傾向にある児童虐待，いじめ，不登校，貧困などの問題も関連していることがある。

　世界保健機関憲章（WHO, 1946）によると「健康とは，完全な肉体的，精神的及び社会的福祉の状態であり，単に疾病又は病弱の存在しないことではない。到達しうる最高基準の健康を享有することは，人種，宗教，政治的信念又は経済的若しくは社会的条件の差別なしに万人の有する基本的権利の一つである。」と定義している。1986年にカナダの首都オタワにて開催された第1回ヘルスプロモーションに関する国際会議にて，世界保健機関によるオタワ憲章が採択された。ヘルスプロモーションとは人々が自らの健康をコントロールし改善可能にするプロセスを指す。身体的，精神的，社会的な健康のための基本的条件と資源とは，平和，住居，教育，食物，収入，安定した生態系，持続可能な資源，社会的正義と公平性であるとされ，ヘルスプロモーション推進のため提言（advocate），能力を引き出す（enable），さまざまな関係部門との調整（mediate）の三つのプロセスを提案している。

〔野口隆子〕

［参］WHO（1946）「世界保健機関憲章」（https://www.who.int/about/governance/constitution）。なお，日本語訳は外務省HPを参照。

食の問題と発達

　よい食べ物は，単にお腹をいっぱいにして栄養を与えるだけでなく，子どもたちに満足感や季節感など，自分を取り巻く世界について深く理解する手助けとなる。気管挿管をして，チューブで栄養を身体に入れていた人が，最初にヨーグルトを口から食べた瞬間が忘れられない。飲み込んだ途端，目の輝きが変わり，「人間」を取り戻していくように見えた。それほどに人間と食の関係はエコロジカルなのだ。

　子どもの食の問題として，「噛まない」「飲み込めない」「偏食」などが課題となっている。幼児の食行動の発達には幼児の食経験が影響を与えているといわれる。食べないから，好きなものだけを用意するならば，好きなものは固定され，偏食となると指摘されるが，しかし，まずは好きなものを安心して食べることを大事にしたい。子どもの食を広げる機会として，給食やキャンプ，家庭科の調理実習などがあり，なにを食べるかだけでなく，誰とどのように食べるかという場の設定が求められよう。「体によいからこれを食べなさい」という強要がますます子どもの食の偏向を固定してしまう。安心できる人間関係の中で，楽しく食べる経験をさせたい。子どもは柔らかいものが好きという大人の側の思い込みも食の舌触りによって好みが異なるから多様な食経験の場を設定したい（瀬尾ら，2023）。

　髪の毛が生えず歩行困難でおむつをした重い摂食障害に陥った女子生徒の思春期指導をしたことがある。食はエコロジカルなので，どこに要因があるかという原因探しをせず，食という形でSOSを発していると捉えた。時に専門医療にゆだねながら，彼女を取り巻く状況（保護者，同世代の友人，地域の援助）を変え，ゆっくり回復を見守った。その生徒は，人間はこんなに食べられるのかと驚くほどの過食も経験しながら，友達と一緒に学び，進学し職を得て社会に出ていった。

　「共に居る」「共に食べる」という場をどう設定するか。それは，おいしさと幸福感を届ける教育の営みの一つと考えてもよいのかもしれない。

〔望月一枝〕

［参］瀬尾知子ら（2023）「幼児期の食嗜好の発達―年齢の違いによるテクスチャーの嗜好性の検討―」『日本食育学会誌』17(1), 3-10頁。

第6節　子どもの発達の困難と教育方法

いじめ

　法令上，いじめは，「児童等に対して，当該児童等が在籍する学校に在籍している等当該児童等と一定の人的関係にある他の児童等が行う心理的又は物理的な影響を与える行為（インターネットを通じて行われるものを含む。）であって，当該行為の対象となった児童等が心身の苦痛を感じているもの」と定義されている（いじめ防止対策推進法）。いじめの本質は，相手に何か別の実質をもつ主体へと変化することを求めない，相手を操作し支配するだけの閉鎖性をもった対他者関係（内閉的アザーリング）と捉えることができる。ただし，いじめという現象は多面的・複層的であるため，一義的に定義してしまうと，個別の問題の本質を見落とす可能性がある点には留意が必要である。

　いじめが深刻な社会問題として認知されるようになったのは1980年代以降であり，特に1986年の東京都中野区の中3男子生徒が自殺に追い込まれた事件が一つの契機とされている。文部科学省（文部省）は，1986年の調査において「いじめ」を定義してから現在までに少なくとも二度「いじめ」の定義を変更している。1994年には，学校がいじめの事実を確認しているという文言を削除し，いじめられた児童生徒の立場から判断することが追記された。2006年には，いじめの様態について，「一方的に」「継続的に」「深刻な」という文言が削除された。2013年のいじめ防止対策推進法以降は，本項冒頭に記したように定義され，いじめの積極的な認知が推進されたことで，認知件数は増加傾向にある。2022年に改訂された生徒指導提要では，いじめ防止対策の方針が示された。

　2000年代以降は，ネットいじめの問題が指摘され始めた。総務省『令和6年版情報通信白書』によると，6～12歳，13～19歳のインターネット利用率は89.1%，98.7%，SNS利用率は43.5%，90.3%である。いじめは，「いじり」や「さらし」等の問題も含んでおり，従来のいじめよりも見えにくいという特徴をもつ。近年のいじめの背景には，子どもたちが息苦しさや生きづらさを抱える中で過剰なつながりを煽られ，承認を求めた結果として生じているものが見られる。このような状況を踏まえて，いじめの予防と解決にのみ焦点化する司法的・応報的対応ではなく，いじめによって壊れた人間関係とコミュニティを修復する「修復的対応」が提起されている。

〔森本和寿〕

〔参〕田渕久美子（2018）「学校は「いじめ」問題にどう取り組んできたか」日本教育方法学会編『教育実践の継承と教育方法学の課題』図書文化。

非行・問題行動

　非行とは，少年法が適用される少年少女の①刑罰法令にふれる行為や，②少年法に定められている虞犯行為をさす。そして，非行のある少年少女は少年法に基づき，家庭裁判所の審判に付することが定められている。

　一方で問題行動とは，一定の社会規範を共有した集団から逸脱していると評価される子どもの行為・行動である。非行が法令によって規定されているのに対して，問題行動はそうではなく，どのような行為・行動が問題行動とされるかは集団によって異なる。例えば，多くの場合，他害行為は問題行動として扱われるが，自傷行為や授業中の立ち歩きなどが問題行動として扱われるかどうかは主に集団の管理者の位置にある大人の判断によって異なったものとなる。

　少年法では「非行少年」と記載される語は，現在，「非行のある少年（少女）」と称することが一般的になっている。「非行」と「少年少女」を切り離すことによって，非行に陥っている状況は一時的なものであり，非行をする人格（資質）が元来備わっているのではないということを示している。実際に，非行や問題行動の背景には虐待，貧困，障害への無理解などが関わっている事例が多いことが明らかにされている。つまり，発達疎外を形成する環境の影響が無視できないということである。

　このことを踏まえると，非行や問題行動へのアプローチには，非行・問題行動のある子どもへの個人（医療）アプローチのみならず，非行・問題行動を誘発する環境の改善をめざす環境アプローチ，当人の主観を尊重する物語アプローチ，集団に共有されている社会的な物語を相対化し新たな物語をつくりだす文化アプローチなど，発達疎外の状況を解消しようとするアプローチが検討される必要がある。いずれのアプローチであっても，教育者や支援者は対象となる子どもの存在要求や発達要求に寄り添いその実現を励ます存在でなければならない。非行・問題行動のある子どもは，その行動に至るまでに周囲の環境に絶望と諦念を抱き，また，自身のその行動から自傷的思いを抱えているためである。

〔上森さくら〕

〔参〕稲沢公一（2017）『援助関係論入門』有斐閣アルマ。竹内常一（2003）『おとなが子どもと出会うとき 子どもが世界を立ちあげるとき』桜井書店。

子どもの自殺

　日本全体の自殺者数は，ピークだった3万人からは減少傾向にある。他方，小中高生の自殺者数は近年増加傾向が続いており，2023（令和5）年の総数は513名（小学生13名，中学生153名，高校生347名）と，過去最高を記録した2022（令和4）年（514名）から微減にとどまっている。令和4年度調査（厚生労働省自殺対策推進室）における小中高生の自殺の原因・動機は，学校問題，健康問題，家庭問題等となっている。学校問題は多い順から，学業不振，進路に関する悩み（入試以外），学友との不和（いじめ以外）等である。こども家庭庁では，①自殺予防に資する教育や普及啓発，②自殺リスクの早期発見・早期対応のための教育相談支援体制の充実（スクールカウンセラーやスクールソーシャルワーカーの配置充実，1人1台端末等を活用した「心の健康観察」の全国の学校での導入促進等），③予防のためのこどもの死亡検証体制整備モデル事業等の取り組みを行っている。

　子どもの自殺予防を考える際に，自殺未遂・自傷行為・希死念慮に目を配る必要がある。青少年の場合，自殺未遂経験者は自殺者の数百倍存在するという調査結果がある（高橋編，2008）。中高生の10人に1人が自傷行為の経験者であり，10代での自傷行為（自己切傷や過剰服薬等）経験者は，未経験者に比べて10年以内に自殺既遂するリスクが数百倍高くなる，という調査結果もある（松本，2014）。自傷行為は援助希求行為であり，自殺をせずに生き延びるための方途であるという理解が重要になる。2022年実施の『日本財団第5回自殺意識調査』では，18-29歳の若者の2人に1人に希死念慮経験があることが明らかにされた。人間関係，いじめ被害，進路不安に加えて，性自認（トランスジェンダー・ノンバイナリー等）や性被害の有無も大きな要因になることが示された。

　子どもの自殺予防では，学校で実施される教育プログラムが重要視されている。教師対象には，自殺理解促進と危機介入の方法。児童生徒対象には，友人の自傷行為に気づいたときの行動方法（ACTプログラム）や，自身の援助希求能力を高めること。保護者対象には，子ども理解や子どもとの関わり方等。子ども本人も含めた周囲のすべての人間が，子どもの自殺予防・防止に取り組む必要がある。

〔大塚　類〕

［参］高橋祥友編（2008）『青少年のための自殺予防マニュアル（新訂増補）』金剛出版。松本俊彦（2014）『自傷・自殺する子どもたち』合同出版。

ひきこもり

　厚生労働省の「ひきこもりの評価・支援に関するガイドライン」によると，「ひきこもり」は，子どもから成人まで広い年齢層にわたって生じる社会現象の一つであり，「様々な要因の結果として，就学や就労，交遊などの社会的参加を避けて，原則的には6ヶ月以上にわたって概ね家庭にとどまり続けている状態（他者と交わらない形での外出をしている場合も含む。）」を指す概念である。

　ひきこもりは，あくまで状態像を表す概念である。つまり，ひきこもりとは，ある人間が，ある状況下で，社会的環境を生きる自らの「実存」を問い続けている状態像である。このような状態像からは，社会を生きる人間の尊厳（dignity）を看取できる。斎藤環が指摘しているように，ひきこもりは，「治療されるべき疾患」でもなければ，「解決されるべき問題」でもない。教育において重要なことは，ひきこもりという状態像を生きている他者のかけがえのない人生そのものに敬意（regard）をもって伴走し，そこから人間の社会環境を根源的に問い直すことである。

　子どもも大人も，自己と環境との「間」に揺蕩いながら，自分という存在そのものを問いつつ探索している。人間は，生活の中で，自己は環境を意のままに統御することはできない。逆に自己は環境にひたすらに従属することもできない。自己と環境との「間」で人間は，その存在を根底からゆさぶられる不安や葛藤を経験することがある。

　例えば，学校教育の中で，子どもたちは，何が達成できたか（doing）を指標として評価されることが多い。一方，子どもたちが，学び合う他者との関係性の中で，そこに「在ること・居ること」（being）を無条件に承認される機会はけっして多くない。「達成」を巡る他者との過剰な競争的環境に曝され，学び合う他者との関係性の中でかけがえのない「存在」として承認される経験が希薄になれば，どのような子どもでも，社会的環境からひきこもることを選択せざるを得ないことがある。その意味で，教育方法学における「ひきこもり」という状態像は，人間が人間らしく育ち合い，学び合う社会環境への問いかけと希求として捉えることもできる。

〔庄井良信〕

［参］石川良子・林恭子・斎藤環（2023）『「ひきこもり」の30年を振り返る』岩波書店。

暴力

　暴力は，人間の生命の根源である尊厳を奪う行為である。

　その最大たるものは戦争であるが，そこにはさまざまな暴力が存在する。一つは空襲などの「直接的な暴力」，「戦争のみが正義」とされそれ以外の意見が攻撃される「心理的な暴力」，そして，ある立場の者にしか決定権のない社会における「構造的な暴力」。ここでは，「意見表明権や表現の権利」が奪われ，ものを言うことも，決定に携わることもできず，そこにいるのにその存在さえないものとされる者も生じる。

　戦争に限らず暴力は「直接的な」「心理的な」「構造的な」暴力すべてを内蔵するものである。そして，そこにないものは，対等や平等，相互性，対話，討論や討議による決定である。ゆえに，「暴力」は，人間の生命の根源である尊厳や主体性，安全を奪っていく。

　学級，学校，地域社会，国，どの単位の社会・集団であっても，暴力は誰かをもの言えぬ弱者の立場（個々人の腕力等は関係ない）に追い込む。誰かが「暴力」によって捨て置かれた瞬間に，その集団は誰かを捨て置くことを許容する世の中となる。ゆえに，「暴力」が許容される集団では，誰しもの「意見表明権や表現の権利」が奪われ，たとえ強者の立場に立つときがあっても，支配でしかない暴力は，誰ひとりとして主体としない。

　「わかり合おう」としてみること，「どんな小さなつぶやきも聴き取ろうとすること」のはじまりは，一見面倒に見え，労力も必要とする。しかし，学級や学校や地域社会や国において，ひとりひとりの「人間の生命の根源である尊厳」が守られ，「私」の意見表明，表現が社会にひらかれたとき，皆にとっての豊かな発想にもとづく決定がなされ，その集団は学ぶことを深め広げることを楽しいと心から思える集団となりえたとき，日々の暮らしは豊かなものとなる。ひとりひとりが穏やかで安全で，大切にされていると感じられるなかで，共に学び，楽しみ，生きていくことが可能な社会をつくるには，ひとりひとりが集まった集団での一人ひとりの参加による決定によりその集団がつくられていくという自治が欠かせない。それが「暴力」ではない生き方を求める人間の尊厳である。

〔福田八重〕

子ども虐待

　「子ども虐待」（児童虐待）とは，保護者がその保護する子どもに対してその心身の成長や人格の形成に深刻かつ重大な影響を及ぼす行為である。このため児童虐待防止法（2000年制定）では，第3条で明確に「何人も，児童に対し，虐待をしてはならない」と規定された。また，子どもの権利条約（児童の権利に関する条約）第19条においても，締約国にはあらゆる形態の虐待から子どもを保護するための適切な立法上・行政上・社会上および教育上の措置をとることが求められている。

　前述の児童虐待防止法第2条では，子どもへの虐待を「身体的虐待」「性的虐待」「ネグレクト」「心理的虐待」の4つに類型している。子どもの身体に外傷を生じたり，負わせるおそれのある暴行が「身体的虐待」であり，子どもにわいせつな行為をすることおよび子どもにわいせつな行為をさせることが「性的虐待」，子どの心身の正常な発達を妨げるような減食・放置等が「ネグレクト」，そして子どもに対する著しい暴言や拒絶的対応などで心的外傷を与えることが「心理的虐待」にあたる。また，保護者以外の同居人による虐待行為を止めない場合や家庭内でのドメスティック・バイオレンスがある場合も，同法での虐待に該当することとなる。このほか，近年では虐待とまではいえないが不適切な子どもへの養育を「マルトリートメント」と呼ぶ場合もある。

　一方，文部科学省『生徒指導提要』（改訂版）では，子ども虐待防止に関して学校に求められる役割を，次の5点に整理している。①虐待の早期発見，②虐待を受けたと思われる子どもの通告，③虐待の予防・防止や虐待を受けた子どもの保護・自立支援について関係機関への協力を行うこと，④虐待防止のための子ども・保護者への啓発，⑤虐待にかかる子ども・保護者等に関する資料や情報の提供を求められた場合，必要な範囲で提供すること。したがって学校教育の場においても，例えば日頃の学級運営や子どもの見守り，保護者対応，生徒指導などの各場面で，虐待防止等の観点からの取り組みが重要である。

〔住友　剛〕

［参］川崎二三彦（2006）『児童虐待』岩波書店。こども家庭庁（2024）『子ども虐待対応の手引き』。文部科学省（2022）『生徒指導提要』（改訂版）。

心的外傷

　心的外傷とは，非日常的でストレスフルな外傷的「出来事」，すなわちトラウマに反応する心的な危機のことである。「トラウマ」は，19世紀末にはピエール・ジャネやジークムント・フロイトらによって研究されていたが，日本においては，1995年の阪神・淡路大震災や地下鉄サリン事件，また2001年の池田小無差別殺傷事件などを経て，出来事の直後のみならず長期にわたって心理的に強い影響が出る，心的外傷後ストレス（PTSD）と合わせて知られるようになった。事故や災害といった一時的な衝撃的出来事だけでなく，いじめやハラスメントといった慢性的な尊厳の否定なども，トラウマになりうる。日本における生涯有病率は1.3%と高い（川上，2010）。

　PTSDは，強いショックを経験した後数か月経っても，不眠，食欲不振などの抑うつ的症状や，フラッシュバック，またつらい記憶を避けるための回避行動や，感覚や感情が麻痺する乖離症状が生じることが多い。フラッシュバックにおいては，外傷的な出来事が，今まさに再び経験されている，という状態に陥る。ここで経験されるのは，「災害」「暴力」といった言語化された概念的記憶ではなく，場合によっては映像や音や匂いも含んだ，当時の生の経験そのものである。直接的な体験であるがゆえに，経験している者は，その体験と距離を取り，その意味を考え捉えなおすことができない。ここに，心的外傷を経験した当事者の苦悩の苛烈さと回復の困難さとがある。

　心理療法や薬物療法などの治療法が知られるが，周囲の者のPTSDに関する理解も重要な手助けとなる。特に初期の治療が重要とされているが，その症状は，一見すると周りの者には理解しにくいこともあるためである。2024年に起きた能登半島地震の後，子どもの「地震ごっこ」遊びに関する報道がなされた。おとなの目からは不謹慎に映りかねないそれらが，地震のトラウマからの回復過程における自然な反応であること，周囲のおとなが受容的に受け止めることで子どもたちは回復していくことが，周知された。

〔遠藤野ゆり〕

[参] 川上憲人（2010）「トラウマティックイベントと心的外傷後ストレス障害のリスク」『平成21年度厚生労働科学研究費補助金（こころの健康科学研究事業）分担研究報告書』17-25頁。

ムカつく・キレる

　1990年代末，「キレる子ども」というワードがマスコミを賑わせた。1980年代ごろから衝動的な少年犯罪が全国的に頻発し始め，日常生活の中で不快感や怒りを感じると瞬時に自制を失い，衝動的な暴力行動に走るといった子どもたちの状況が，「ムカつく」「キレる」現象として大きな社会問題となった。それは今日まで持続している。

　「ムカつく」とは，人が受容できない事態に直面したとき吐き気を催すなどの身体症状に結びつけることがあるということから，嫌な思いをした場合の感情を「ムカつく」という言葉で表現したものである。また，「キレる」とは，「もうこれ以上無理」といったある不快な経験や怒りの感情が，突発的な暴言や暴発行為につながる現象である。「ムカつく」も「キレる」も他者との関係の中で瞬間的に引き起こされる反応で，それは感情レベルでとどまる場合もあれば，暴言・暴発行為というものに至ることもある。斎藤孝は，「キレる」も「ムカつく」も怒りの対象の輪郭が不明瞭で，相手とのコミュニケーションが成立せず，どう対応すべきか見つからない状況にある場合に引き起こされ，それは善悪の基準ではなく，生理的・身体的な感覚において引き起こされるという（斎藤，2000）。時に，その行為は暴走し，重大事件に結びついていく。現代において，こうした事態は反社会的行動の背後に潜む常態ともなっているといえる。

　「ムカつく」「キレる」といった現象の背後には，子どもたちが他者とのコミュニケーションの取り方に大きな問題を抱えているという要因がある。根底には，現代社会の少子化の影響や情報メディアのもたらす仮想現実との接触過多，生活体験・自然体験不足の影響，他者とのコミュニケーション不全の経験，発達の特性などが関わっている。「ムカつく」「キレる」をかかえる子どもたちの反社会的行動や非社会的行動につながる自己表出行動の抑制のためには豊かな生活体験・自然体験などを通して多様な他者との関わりの場を広げ，自己肯定感や安心感，情緒の安定性，自己抑制力，他者への共感性を醸成する取り組みが重要な鍵となる。

〔溝上敦子〕

[参] 斎藤孝（2000）「「ムカつく」と「キレる」のメカニズム」『児童心理（特集 キレない子に育てる）』54(2)，11-17頁。

薬物乱用

　薬物乱用とは，本来の医療目的から逸脱した用途または用法で薬物を大量に摂取する行為を指す。薬物乱用は，薬物依存にまでは至らないとしても，それに近い状態であり，これによって社会生活などに問題が生じる。薬物とは，大麻，覚せい剤，コカイン，向精神薬，シンナーなどの有機溶剤の他，法律上問題がないように目的を偽装した危険ドラッグなどのことである。日本の薬物生涯経験率は国際比較上は低いが，大学生の薬物所持や大麻栽培などが事件化することも多く，また薬物乱用が本人や周囲に与える影響の大きさも問題となっている。特に，依存症にまで至った場合には，薬物療法のような短期で有効な療法がなく，家族らをも巻き込んだ生涯にわたる闘病の覚悟が必要になる。

　薬物乱用のきっかけは，「誘われて」「好奇心・興味」等の他，親友や恋人からの誘いを「関係性を壊したくない」がために断り切れないことがある（松本，2010）。エドワード・カンツィアン（2013）によると，依存症の本質は，快感の追求よりも心理的苦痛の減少・緩和にある。自己肯定感の低さや不安などのコントロールできない苦痛から，薬物は一時的な解放をもたらすだけではない。薬物使用後の不安や不快といった新たな心理的苦痛は，「薬物を再使用すればいつでも緩和されうる」コントロール可能な苦痛であり，依存者はコントロール可能な苦痛の方を選ぶ。

　対人関係や将来への不安といったコントロール不能な苦痛の背景には，あるがままの自分を受けいれられない自己肯定感の低さと，他者や世界に対する基本的信頼感の不足とが考えられる。他者を，また他者にとって自分の価値を信頼できない者は，薬物乱用によって周囲に迷惑をかけることを，避けたい事態として感じることが難しく，誰にも迷惑をかけなければ自由ではないか，といった思いを抱きかねない。したがって，危険性を教える教育や，「周りに迷惑をかける」といった道徳教育だけでは，十分ではない。生きづらさを抱える者への継続的で包括的な関わりこそ，薬物乱用に対する重要な防止策なのである。

〔遠藤野ゆり〕

［参］カンツィアン，E. J. 著，松本俊彦訳（2013）『人はなぜ依存症になるのか―自己治療としてのアディクション―』星和書店（原著，2008 年）。松本俊彦ほか（2010）「全国の精神科医療施設における薬物関連精神疾患の実態調査」（「平成 22 年度厚生労働科学研究費補助金（医薬品・医療機器等レギュラトリーサイエンス総合研究事業）分担研究報告書」）。

貧困・格差

　子どもの発達において困難な状況をつくり出す要因の一つに「貧困」問題とそれによって生ずる「格差」がある。

　子どもの「貧困」問題は，子育て家族の経済的貧困が生み出す。2021 年，日本では相対的貧困の状態にある子どもの割合は 11.5 ％であり，一人親家庭の場合は 44.5 ％であった（厚生労働省『国民生活基礎調査』2023 年）。相対的貧困とはその国の水準の中での大多数の世帯に比べて貧しい状態にあることであり，ほとんどの人が持っているもの（子どもでいえば学習机，清潔な衣服，遊び道具など）が持てず，ほとんどの人ができていること（三度の食事，家族旅行をする，病院に行くなど）ができない状態にあることである。

　家庭の経済的貧困は子どもの生活や発達において子ども本人にはどうしようもない不利をつくり出し，貧困層の子どもとそうではない子どもの間にはさまざまな「格差」が生じる。

　経済的貧困は家族・親子関係を不安定にし，虐待や愛着関係の不全を引き起こすため，子どもたちに発達の格差を生み出す。乳幼児は大人への基本的な信頼感が得られないと，安心して環境や他者に働きかけることができず，認知能力・非認知能力の発達が阻害されるからである。2020，2021 年のコロナ禍によって家庭で過ごす時間が長くなったことが子どもの発達に及ぼした影響に関する調査によって，家庭の経済状況が発達の格差を生み出すことが実証された。能力発達の格差は学校教育では学力格差となる。これは経済的貧困に伴って家庭に学習机がなかったり，学習塾等を利用できなかったり，家族のケアや家事で学習時間がとれないといった家庭や放課後の学習環境の格差によって拡大する。さらに教育費負担や学習・進学への親の期待の低さ，周囲の大人の教育を軽視する価値観等によって，受ける教育や進路の格差も生ずる。このような格差は子どもたちから自己肯定感や自信を奪い，諦めをつくり出し，自分の可能性を信じて挑戦する主体性を奪ってしまう。

　国は「こどもの貧困の解消に向けた対策推進法」の中で，貧困状況にある子どもの家庭への教育・生活の安定，経済的支援策を推進するとしている。教育実践においては，子ども家庭福祉との連携・協働を図る生活指導，宿題・家庭学習に頼らない学校での学力形成，自ら設定した目標を達成する経験を通した自己肯定感・有用感の向上を図る教育方法等が求められる。

〔住野好久〕

ヤングケアラー

「ヤングケアラー」とは，「本来大人が担うと想定されている家事や家族の世話などを日常的に行っていることにより，子ども自身がやりたいことができないなど，子ども自身の権利が守られていないと思われる」18歳未満の子どもを指す（厚生労働省）。ヤングケアラーに該当するのは，子どもが主介護者である場合だけでなく，主介護者の大人を支える場合も含まれる。なお，18歳以上の若者にも影響があり，彼らを若者ケアラーと呼ぶことがある。厚生労働省の2021年と2022年の調査によると，小学6年生6.5％，中学2年生5.7％，高校2年生4.1％，定時制高校2年生相当8.5％，通信制高校生11.0％，大学3年生6.2％が該当するという。

ヤングケアラーの問題は，その年齢の子どもが「当たり前」に過ごすべき時間とさまざまな機会が奪われ，子どもの基本的人権をはじめ，「適切に養育されること，その生活を保障されること，愛され保護されること，その健やかな成長及び発達並びにその自立が図られることとその他の福祉に係る権利」（こども基本法）などが侵害される点にある。さらに，18歳未満の時にそのような状況に置かれていた18歳以上の若者にも問題は存在しており，子どもの貧困問題と同様に，ケアをしている子どもの現在の生活の質や成長・発達に悪影響を及ぼすだけでなく，その後もそれらの不利益が蓄積され，子どもの人生に継続して悪影響を及ぼし続ける点にヤングケアラー問題の深刻さがある。

2023年4月施行のこども基本法のもとで，ヤングケアラーなどの困難な状況にある子ども・家庭に対する支援が進められているが，当事者が周りに助けを求めにくい状況がある。そのため，学校では，当事者だけでなく周囲もヤングケアラーの問題の認識を深め，当事者である子どもが自身の状況を認識し，支援を求めやすい体制を構築する必要がある。ヤングケアラー支援の方向性として，①ヤングケアラーがケアについて安心して話せる相手と場所を作ること，②家庭でヤングケアラーの担う作業や責任を減らしていくこと，③ヤングケアラーについての社会の意識を高めていくこと，が指摘されている（澁谷，2018）。だが，これにとどまらず，ヤングケアラーが生まれてしまう社会の構造的問題（福祉制度のあり方など）を克服していくことも必要になってくるだろう。

〔高橋英児〕

［参］澁谷智子（2018）『ヤングケアラー』中公新書。

外国人児童生徒と教育

1970年代のインドシナ難民の受け入れや中国帰国者の子どもたちの増加を端緒に，1990年代になって外国人児童生徒は徐々に増えるようになり，グローバル化や少子高齢化の日本社会の状況と相まって，2020年代には教育における一つの大きな教育トピックとなっている。

外国人児童生徒とその教育のトピックは全人教育的なものであるため，多岐にわたる。子どもの言語習得，認知発達，言語アセスメント，言語教育，教科学習と言語，学力，共生の学校づくり，社会参加，地域づくり，家族……と，多くのトピックが内包されている。

外国人児童生徒の教育は，いわゆる学校の中のメインストリームの教育や学校経営の中からスポイルされることが多くあった。こうしたことによって，研究という面では教育方法学や教科教育学の研究者らからのアプローチは鈍かった。むしろ日本語教育をはじめとする言語教育や教育社会学の担い手と現場で模索する日本語支援者や教師がつながることで草の根の上に実践と理論が積み重なってきた。また，そうしたことを踏まえながら，近年は文部科学省や文化庁によって施策の整備もなされるようになり，基本的な日本語指導を中心とした受け入れ体制の手続きの提示，上にも挙げたような日本語指導の方法や言語アセスメントの整備，予算の確保，日本語指導者の研修などがなされるようになった。このように，外国人児童生徒の教育を子どもたちの学びとケアの側面から福祉的に捉えていく面が大きく，この方向性から学問的にも実践的にも積み重なった。

しかし一方で，学校全体として外国人児童生徒を包摂したカリキュラムとはどのようにあるべきか，学級担任や教科担当者がどのように包摂した学級づくりや授業を進めて行くのか，さらには公正な教育評価とはどのようなことかというような，カリキュラムとペダゴジーについては十分な議論が立ち上がっているとはいえない。こうしたことは結果的に，教育政策においても外国人児童生徒とその教育が日本語指導の充実に焦点化される一因にもなっているといえる。

〔南浦涼介〕

［参］佐藤郡衛（2019）『多文化社会に生きる子どもの教育―外国人の子ども，海外で学ぶ子どもの現状と課題』明石書店。

第3章

カリキュラム・教育課程

第1節　カリキュラム・教育課程の編成
第2節　人的・物的資源
第3節　カリキュラムと評価・経営

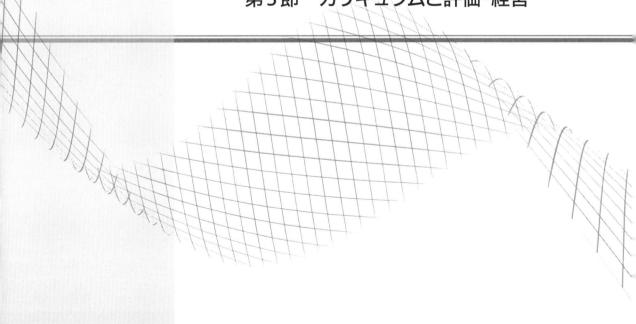

第1節　カリキュラム・教育課程の編成

カリキュラムと教育課程

　カリキュラムは，もともと走路にあたるラテン語を源流とし，転じて人生の来歴も意味していった語である。①学ぶ側に身につけてほしい内容を教える側が教育目的に照らして選択・配列したものの総体に力点がある場合と，②学ぶ側の学習経験の総体に力点がある場合がある。①は教育課程とも訳され，②は1970年代半ば以降に広められた定義といえる。カリキュラムは相（あるいは層，階層，次元）をもつといわれ，次の諸相が絡み合っている構造と見ることができる。

　まず，②のカリキュラムこそ基底であろう。学ぶ側が教えられることで習得し，教える側による目標が達成された部分，さらに評価を受けた部分からなる。だが，教える意図と学んだ経験との間にはしばしばズレが生じ，意図され切れなかったこととして，明示されたカリキュラムの陰に隠れたカリキュラム（またはヒドゥン・カリキュラム，潜在的カリキュラムという。ただし，潜在的教育課程とはいわない）が見いだされる。

　それでも教える側①のカリキュラム計画は軸である。これは，子どもに教え，学校や教師が学んでほしいと願う内容（知識，技能，および態度等）を，文や図表にデザインした計画（プラン，プログラム）をさす。カリキュラム計画それ自体は，全体計画としての学校経営計画（グランドデザイン），年間指導計画等にあたるが，部分的なため指導計画と呼び分けられるような学習指導案等，週案，単元案等も含むことがある。

　こうした計画を実践化した相は，カリキュラム実践と呼べる。どんな計画も，各教師の裁量で異なって実践され，子どもや場の実態に応じて微調整もされる。

　以上の現場による計画編成とその実践化を支えるべく，先立って行政側（国家，各教育委員会）が作成する文書等がカリキュラム基準である。日本では学習指導要領がそれであり，学校教育法，同施行規則等の教育法規や文部科学省令に基づく面があるため，制度化されたカリキュラムとも呼ばれる。

　さらに，教師のカリキュラム経験が，以上の各相に関わって概念化できる。教師の心と体には子どもたちと向き合った経験と省察（実践的な知識が関わる）が蓄積され，キャリア形成がなされることが強調できる。

　以上の諸相をトータルに把握することで，カリキュラム概念は，連続性ある流れの中で，相どうしの段差が把握できるような総合性，全体性を含意できるだろう。

〔金馬国晴〕

［参］金馬国晴編著（2019）『カリキュラム・マネジメントと教育課程』学文社．

教育の目的と目標

　教育の目的と目標は，教育政策の策定・遂行や学校教育の計画・実践等の諸過程において，それらを根底で支える理念と一体のものであるだけに，最も重要な位置を与えられるべきものといえる。

　この目的と目標という両用語は，日本の教育学においては，異なる水準で使い分けられ，目的の方が上位概念として，目標はその下位概念として用いられることが一般的である。したがって，前者の方が相対的に広義で抽象度が高く，後者はより狭義で具体的なねらいを意味し，原理的には，前者に則して後者が規定されることになる。

　日本の公教育の制度的根幹をなす教育基本法でも，そうした概念水準で，第1条に教育の目的が，第2条に教育の目標が示されている。同法には，義務教育の目的（第5条第2項）や学校教育の基本的役割（第6条第2項）も定められている。また，学校教育法には各学校種別の目的が示されている。

　当然ながら，各学校における教育課程の編成・実施においても，教育の目的・目標をできるだけ明確化することが必要不可欠な起点になる。

　資質・能力中心の教育課程への転換を図ろうとする学習指導要領の改訂動向に鑑みると，各学校における教育の目的とは，育成を目指す資質・能力論，つまり，育てようとする子ども・若者像と言い換えることができる。とすれば，教育の目標は，その資質・能力を育成するために必要なより具体的なねらいや指針を意味することになろう。

　さらに，育成を目指す子ども・若者像は，その教育の責任主体が目指す社会像（実現すべき社会観）と相即不離であることも銘記されるべきである。この点は，「よりよい学校教育を通じてよりよい社会を創る」（2017年版学習指導要領），あるいは「DE&I（多様性・公正性・包摂性）」（第4期教育振興基本計画）といった文言が国の教育政策に書き込まれていることからも明らかである。

　しかし，教育の目的や目標に関しても，またそれを支える，あるべき子ども・若者像や社会像に関しても，意見の不一致や葛藤は不可避である。とすれば，これらは単に上意下達的に多様な教育の現場に下されるのではなく，つねに子ども・若者を含む多様な人々の参加に基づく民主的な議論に開かれた暫定解として明確化され，必要に応じて更新が図られていく必要があろう。

〔澤田　稔〕

学校の教育目標

　学習指導要領においては，学校教育全体や各教科等における指導を通して，各学校の教育目標を明確にすることとされている。また総則編の解説では，法律および学習指導要領に定められた目的や目標，教育委員会の規則や方針等を前提としながら，育成を目指す資質・能力が明確で，学校や地域の実態等に即しており，教育的価値が高く継続的な実践や評価が可能であることを求めている。

　学校教育法においては，教育基本法に規定する目的を実現するために達成すべき目標が学校種ごとに示されている。具体的には第21条において，①自主，自律及び協同の精神，規範意識，公正な判断力，②学校内外における自然体験活動，③我が国と郷土の現状と歴史，④家族と家庭の役割，生活に必要な衣，食，住，情報，産業，⑤生活に必要な国語，⑥生活に必要な数量的な関係，⑦生活にかかわる自然現象，⑧健康，安全で幸福な生活，運動，⑨音楽，美術，文芸，⑩職業についての基礎的な知識と技能のように，各教科等に対応した項目が義務教育の目標として定められている。他の学校種についても，普通教育の成果をさらに発展拡充させるとともに，領域や心身の発達に応じた目標となっている。

　「よく考える子，明るくがんばる子，仲良く助け合う子」「豊かな心を持ち，自ら正しく判断し，行動できるたくましい生徒の育成」のように，上記の指針や伝統的な校訓を踏まえて教育目標は設定されることが多い。それとともに，社会に開かれた教育課程の理念を実現するために，グランドデザインを作成する場合がある。そこでは，目指す子ども像や発達を支援するための取り組みと，それを実現するための体制が1枚に図示される。

　また高等学校では，各学校の存在意義や各学校に期待されている社会的役割や学校像を意味するスクール・ミッションを，設置者が立地する市区町村等と連携しながら再定義することが求められている。それとともに，各学校ではスクール・ポリシーを定め公表することが学校教育法施行規則で定められた。具体的には，育成を目指す資質・能力に関する方針，教育課程の編成および実施に関する方針，入学者の受入れに関する方針の三つから成り，これらは学校の特色化と結びついている。

〔樋口直宏〕

［参］校訓等を活かした学校づくり推進会議（2009）「校訓を活かした学校づくりの在り方について（報告書）」。

教育課程の編成

　教育課程とは，教師たちが，子どもたちの発達に必要な文化を選択して組織した全体的な学習経験の計画と実践を意味している。教育課程を計画・実施・評価・改善するという一連の過程を，教育課程の編成という。なお，教育政策においては，「教育課程の編成，実施，評価，改善」という記述も見られる。この場合は，計画に該当する言葉として編成という用語が用いられていることがわかる。しかし，実際の教育課程は，計画・実施・評価・改善のプロセスが複雑に絡まり合いながら編成されるものである。

　学習指導要領の総則においては，「各学校においては，教育基本法及び学校教育法その他の法令並びにこの章以下に示すところに従い，児童／生徒の人間として調和のとれた育成を目指し，児童／生徒の心身の発達の段階や特性及び学校や地域の実態を十分考慮して，適切な教育課程を編成するもの」とされている。また，各学校の教育活動の質の向上を図っていくために，カリキュラム・マネジメントの重要性が強調されている。

　教育課程編成を最初に定式化して捉えたのは，米国の教育学者ラルフ・W・タイラーであった。タイラーは，著書『現代カリキュラム研究の基礎（*Basic Principles of Curriculum and Instruction*）』(University of Chicago Press, 1949＝金子孫市監訳，日本教育経営協会，1989年)において，教育課程編成を，①「学習者についての研究」「現代生活の研究」「教科専門家から得られる示唆」に基づいて目標を設定する，②目標を達成するために必要な教育的経験を明確にする，③これらの教育的経験を効果的に組織する，④目標が達成できているかどうかを評価する，という4つの段階で捉えた（「タイラー原理」）。

　ただし，タイラー原理を妥当なものと認めるかどうかは，その後のカリキュラム研究史において論争の的となっている。例えば，明確に設定された教育目標を実現するものとして教育課程を捉える「工学的アプローチ」は，教育における創造性や即興を阻害するものとして，しばしば批判される。また，社会的な文脈においてさまざまな主体が関わり合いながら生み出している「実践」の営みとして，カリキュラムを捉える主張も見られる。

〔西岡加名恵〕

［参］田中耕治・水原克敏・三石初雄・西岡加名恵（2023）『新しい時代の教育課程（第5版）』有斐閣。西岡加名恵編著（2017）『教育課程』協同出版。

| 第3章 | カリキュラム・教育課程 |

生きる力

　「生きる力」とは，1996年7月中央教育審議会答申「21世紀を展望した我が国の新しい教育の在り方について－子供に『生きる力』と『ゆとり』を－」で初めて示された，これからの子どもたちに必要な学校教育で育むべき力のことをさす。

　答申では，国際化の進展，情報化の進展，科学技術の著しい発展，高齢化の急速な進展などのこれからの「変化の激しい，先行き不透明な，厳しい時代」にあたって，次のような「生きる力」が必要であるとされた。すなわち，「自ら学び，考え，判断・行動し，よりよく問題を解決する資質・能力」（確かな学力），自らを律しつつ，他人とともに強調し，他人を思いやる心や感動する心」（豊かな人間性），「たくましく生きるための健康や体力」（健康や体力）の三つが挙げられ，「こうした資質や能力を，変化の激しいこれからの社会を［生きる力］と称することとし，これらをバランスよくはぐくんでいくことが重要である」とされた。

　こうして1998年版学習指導要領の改訂の基本方針は，①豊かな人間性や社会性，国際社会に生きる日本人としての自覚を育成すること，②自ら学び，自ら考える力を育成すること，③ゆとりのある教育活動を展開する中で，基礎基本の確実な定着を図り，個性を生かす教育を充実すること，④各学校が創意工夫を生かし特色ある教育，特色ある学校づくりを進めること，とされ，「総合的な学習の時間」の創設，各教科の基礎・基本に基づいた教育内容の削減（いわゆる3割削減），完全学校週5日制がなされた。

　この「生きる力」はその後の学習指導要領改訂においても基本的な方針として引き継がれ，2017・2018年版学習指導要領においても，「知・徳・体」のバランスのとれた「生きる力」を育むことがめざされている。さらに2017・2018年版では，そうした力の育成にあたって，「知識及び技能」の習得と「思考力，判断力，表現力等」の育成，「学びに向かう力，人間性等」の涵養という，資質・能力の三つの柱の育成がバランスよく実現できるよう留意すること，とされた。「生きる力」を育むためには，具体的な教育活動をさらに充実させていくことが求められ，こうした三つの柱を意識して指導・学習を進めることの重要性が示された。

〔赤沢真世〕

［参］田中耕治・水原克敏・三石初雄・西岡加名恵（2023）『新しい時代の教育課程（第5版）』有斐閣。

リテラシー

　リテラシーは，一般的には「読み書き能力」や「識字」と訳され，口承文化に対峙される文字を媒介とした文化やその文化に関わる能力を意味する概念である。そもそもリテラシーという言葉は，公教育が制度化，普及していく中で登場し，学校教育において保障されるべき「共通教養」としての意味をもっていたと言われている。

　現在では，「○○リテラシー」という言葉が多く存在するように，各分野における基礎的な知識・技能とその活用能力を意味して用いられてもいる。近年ではOECDによって，知識基盤社会に求められる資質・能力が，コンピテンシーやリテラシーという概念で提起された。

　教育方法学研究では，リテラシーが有する機能的側面，文化的側面，批判的側面に焦点をあてた諸理論に目が向けられてきた。機能的リテラシー（functional literacy）を提起したウイリアム・グレイは，リテラシーを，脱文脈化された技能としてではなく，日常生活の中で生きて働き，人びとが所属する社会での諸活動に参加していくために必要とされる読み書き能力として捉えた。また，文化的リテラシー（cultural literacy）を唱えたエリック・ドナルド・ハーシュは，人びとが読み書きを通して意味を理解できるのは，その読み書き文化の中で暗黙のうちに共有されている文化的な知識内容を背景知識としてもっているからだと考える。それゆえに，国民であれば誰もが共通して身につけるべき知識内容を重要視した。さらに，批判的リテラシー（critical literacy）論の礎を築いたパウロ・フレイレは，文字を学ぶ機会を奪われた被抑圧者の視点からリテラシーについて探究した。フレイレの教育実践は「意識化」の実践として構想され，読み書きを学ぶことは，学習者が自らの生活を対象化し，それを批判的，創造的につくり変えていく生活主体になることと不可分なこととして捉えられた。

　リテラシー概念を巡るこれら諸理論の相剋は，リテラシーが社会へと効果的に適応する能力か，社会を変革する能力かといった論点や，文字を媒介とした既存の文化をポリティカルに問い直すといった論点を浮かび上がらせてきた。

〔黒谷和志〕

［参］佐藤学（2003）「リテラシーの概念とその再定義」日本教育学会編『教育学研究』70(3)，292-301頁。

コンピテンシー

　コンピテンシーは，心理学者の D. C. マクレランドや L. M. スペンサーらによる企業の人事マネジメントの領域での優秀な職員に共通する個人の特徴の研究を端緒として，1990 年代以降，知識，技能，行動特性，パーソナリティ等も含む汎用性のある新しい能力として提案され，人事評価や大学教育等のさまざまな領域でその能力が測定されている。

　コンピテンシーが教育分野で注目されるようになったのは，世界的に新しい能力とその評価法が開発される中で，経済協力開発機構 (OECD) の 1997 年からの DeSeCo (Definition and Selection of Competencies) プロジェクトによって「キー・コンピテンシー」が提案され，生徒の学習到達度調査 (PISA) によってその能力が測定されたことにある。DeSeCo は，コンピテンシーを「知識，スキル，態度および価値観を結集することを通じて，特定の文脈における複雑な要求に適切に対応する能力」とし，「キー・コンピテンシー」の核に「省察」を置き，「異質な集団のなかで相互に関わりあう力」「自律的に行動する力」「道具を相互作用的に用いる力」の 3 領域で示した。この 3 領域は単なる能力の列挙ではなく，ホリスティックなモデルとして，文脈に即して捉える中で相互に影響しあって機能するとされた。その後，OECD による 2030 年の教育の未来像を描くプロジェクト (OECD Future of Education and Skills 2030) や，日本における「OECD 東北スクール」事業を経て，コンピテンシー概念の見直しが行われた。従来は測定できる個人の能力が重視されていたが，個人と社会のウェルビーイングの実現やエージェンシーという新しい概念も取り入れられ，他者との関係や社会の変革を重視するコンピテンシーへと概念を拡張した。

　2000 年代以降，多くの国や地域において，コンピテンシーを重視したカリキュラム改革が行われた。日本でも，2017・18 年の学習指導要領改訂によって，すべての教科で資質・能力を育成するために，「知識・技能」「思考力・判断力・表現力等」「学びに向かう力・人間性等」の三つの柱を重視した教育課程のもとで教育が展開されている。

〔黒田友紀〕

［参］ライチェン，D. S.・サルガニク，L. H. 著，立田慶裕監訳 (2006)『キー・コンピテンシー──国際標準の学力を目指して──』明石書店（原著，2003 年）。

資質・能力

　資質・能力は 2017（平成 29）年告示の学習指導要領のキーワードである。行き先の見えない時代，国際化時代を背景として構想された学力観であり，その内容は ① 基礎的・基本的な知識及び技能，② 課題を解決するために必要な思考力，判断力，表現力等，③ 主体的に学習に取り組む態度，の三つの要素から構成されている。これらの要素は「新学力観」の学習指導要領 (1989 年) 以来，繰り返し提示されてきたが，2017 年の学習指導要領においては資質・能力の観点から，各教科・特別の教科 道徳・総合的な学習（探究）の時間・特別活動などの記述は全面的に書き換えられた。なお，同様の学力観は，学校教育法第 30 条第 2 項にも示されている。

　資質・能力は OECD の開発したキー・コンピテンシー概念に由来する。OECD は教育政策や労働政策を整理し，国際調査に共通する能力の概念を一つにまとめる事業を提案した。「コンピテンシーの定義と選択：その理論的・概念的基礎」（通称 DeSeCo，1999 年）である。この研究から得られた知見がキー・コンピテンシーであり，その内容は，① 自律的に活動する力，② 道具を相互作用的に用いる力，③ 異質な集団で交流する力，の三つの要素から構成されている。資質・能力は OECD のキー・コンピテンシー論を日本的文脈の中に置き換えた概念といえよう。

　資質・能力は包括的な学力観であり，その 3 要素は別々のものではなく，一要素を切り離して単体で教えることはできない。また，標準テストでは測定できない学力を含むため，教育課程設計，授業設計，教育方法，学習評価にも新たな工夫が必要である。例えば，ルーブリックやポートフォリオ等を用いて学びを可視化する方法，これらのツールを用いた対話的な学習評価，学びを深める振り返り活動などが挙げられよう。いずれの場合にも，教師の学習および学習評価に関する鑑識力が求められる。

〔清水禎文〕

［参］水原克敏・髙田文子・遠藤宏美・八木美保子 (2018)『新訂　学習指導要領は国民形成の設計書──その能力観と人間像の歴史的変遷──』東北大学出版会。ライチェン，D. S.・サルガニク，L. H. 著，立田慶裕監訳 (2006)『キー・コンピテンシー──国際標準の学力を目指して──』明石書店（原著，2003 年）。

ウェルビーイング

人々の生活が質的に良好な水準にあることを意味する概念。「well」(良い, 健康, 満足)・「being」(状態) から, 直訳すると,「良好／幸福(な状態)」,「健康(な状態)」,「満足(な状態)」といった趣旨の意味になる。1946年に採択された世界保健機構(WHO)の「憲章」に登場し, それ以降, 理想的な健康や生活の定義の一つとして使用されている。

2010年代に進み, 国際的な動向として, 経済成長を追求する弊害が先進諸国を中心に指摘され始めると, 新たな人間の幸福のあり方を模索する動きが活発となる。それに伴って, この概念が国境を超えて頻繁に使用されるようになり, 心理学や政治学, 経営学や公共政策学など, 人間と社会を研究対象とする学問分野でウェルビーイングのあり方を模索する動きがみられるようになる。日本でも, 2010年代に,「持続可能な開発目標」(SDGs)と並行して注目を集めるようになった。

ただ, 各学問分野で, 当該の概念の定義には, 若干の差異がある。個人を対象としてウェルビーイングを構想する場合もあれば, 集団や団体を前提に構想する場合もある。しかし, 一般的には, WHOの「憲章」にある,「健康とは, 病気ではないとか, 弱っていないということではなく, 肉体的にも, 精神的にも, そして社会的にも, すべてが満たされた状態にあること」(日本WHO協会仮訳)が理想とされる。この概念の特徴は, 良好な健康さを社会的な文脈に関連づけているところにある。人々の健康さは, 単に個人の心身内部で完結するものではなく, 地球環境, 社会的・経済的背景, 人間関係などに左右される。また, ウェルビーイングは, 社会的な文脈に影響されることから, それぞれの国や地域, 民族や階層の文化が尊重される。このように, ウェルビーイングという概念は, 個人化された「幸福」(happiness)ではなく, 心身外部(=社会全般)の環境を「自分事」として評価したときに意味をもつ。

2020年代以降, 日本の教育学分野でも, ウェルビーイングに関する議論が盛んになった。当該の概念は, 経済成長のみを正義とし, 個々人の幸福を画一的な指標に回収していた過去の反省とともに普及した。他方, 教育学分野の場合, テストの点数や成績, 受験学力の向上のみを正義としていた学校教育の過去を相対化するかたちで, この概念が受容されているとみることができるだろう。

〔香川七海〕

[参] 溝上慎一(2023)『学びと成長の講和シリーズ 第5巻 幸福と訳すな! ウェルビーイング論』東信堂.

エージェンシー

エージェンシー(agency)とは, 心理学等の分野において「行為主体(agent)」や「主体性(agency)」として使用されてきた言葉である。近年, 教育の領域でエージェンシーが注目されるようになったのは, 2015年から始まった経済協力開発機構(OECD)の2030年の教育の未来像を描くプロジェクト(OECD Future of Education and Skills 2030)と, その最終報告書である2019年の「OECDラーニング・コンパス(OECD Learning Compass 2030)」において, 不確実で複雑な社会で, 個人と社会のウェルビーイングを実現し未来をよい方向へ変えるために,「エージェンシー」が中核的な概念として位置づけられたことにある。

OECDの「ラーニング・コンパス」において,「エージェンシー」は,「自分の人生や周りの世界に対してよい方向に影響を与える能力や意志を持っていること」であるとして, 自らが働きかけ, 自分で責任をもって判断し選択することを指している。そして, 他者との関係や社会に変革を起こすために目標を設定し, 自分自身が振り返りながら責任ある行動をとる能力としての「生徒のエージェンシー(student agency)」, 生徒の周りの保護者や仲間や教師や家庭やコミュニティが互いにエージェンシーに影響を与えあい, 好ましい環境を作る協働的なエージェンシーとしての「共同エージェンシー(co-agency)」, そして, 個々のエージェント(主体)がコミュニティやグローバル社会のために行動を行うこととしての「集団エージェンシー(collective agency)」の三つが提示されている。「ラーニングコンパス」において, 個人の能力として捉えるコンピテンシー概念の見直しが行われたことと関連して, エージェンシーは他者と関係し協働しながら, 多様な主体との相互作用の中で学びの主体となり, 力を発揮していくこととして示されている。

現在, 日本の学習指導要領においても, 学びに向かう力や態度, 主体的な学びが着目されており, エージェンシーが注目されている。しかし, エージェンシーという言葉の解釈や受容の仕方は多様であり, 教師のエージェンシーなどについても, 今後の研究の展開が注視される。

〔黒田友紀〕

[参] OECD (2019) *OECD Future of education and skills 2030: Conceptual learning framework Concept note: OECD Learning Compass*, OECD. OECD (2019) *OECD Learning Compass 2030 Concept Notes: Student agency 2030*, OECD.

隠れたカリキュラム

　隠れたカリキュラム（潜在的カリキュラムとも呼ばれる）とは，公的に明示されたカリキュラムに対して，意図せずもたらされる教育の効果をいう。学校が教育の内容等を組織したものを教育課程というが，実際の教育の過程は，多層にわたる多様な人間によって繰り広げられる複雑な社会的過程である。制度の枠の中で，さまざまな記号やメッセージが織り交ぜられ，学ぶ側の多様な解釈行為を引き出し，複雑な秩序を生む。

　例えば学校は「平等に教育を受ける権利」を基礎とするが，結果的に「社会経済的な出身階層によって学業達成が異なる」という不平等が再生産される。育った家庭の経済－文化的・人的資本を学習の資源とすることで，子どもの学業達成が底上げされるからだ。

　いわばスタートラインの異なるコースを一斉に走らされる不当な競争である。子どもは学業以外に自己の価値を求め，非行やアニメ，スポーツなどを共通の価値として分化集合し，相互に葛藤し，階層化された生徒集団を形成する。

　これは子どもたちが本来の学びから疎外される過程でもある。進学時の選抜試験や学校評価に利用される試験などに学習評価が利用される。家族や学校関係者はこれらの試験制度に圧迫されて「評価のための学習」へと子どもを駆り立てる。

　「主体的・対話的で深い学び」といわれるオーセンティックな学びは，学びのオーサーシップが子ども自身にあること，つまり，学習の目標である「問い」が子ども自身にあることに鍵がある。しかし，評価の基準となる目標が，試験制度の大きな枠組みによって，いつの間にか「所定のもの」に置き替えられる。政策決定過程を含む重層的な利害関係が複雑に絡み合い，学びの目的（意味）を子ども自身から奪う暴力となる。マクロ－ミクロの多元的多角的視野から「誰のためのカリキュラムなのか」が問われなければならない。

　また，学校には，性別により異なる処遇を与え不平等を再生産するセクシズムの過程が多元的に絡み合っている。生徒自身を含む関係者がステレオタイプ化された男女観に基づいて他者を扱い，そこから逸脱する場合にちょっとした制裁を加えることでも，男子の優勢－女子の従属がもたらされる。

〔米村　まろか〕

[参] アップル，M．W．著，野崎与志子ほか訳（2007）『オフィシャル・ノレッジ批判―保守復権の時代における民主主義教育―』東信堂（原著，2nd Ed.，2000年）。木村涼子（1999）『学校文化とジェンダー』勁草書房。

形式陶冶と実質陶冶

　「形式陶冶（formale Bildung）」とは，人間が形式的な技能や力を自ら伸長させることを意味し，「実質陶冶（materiale Bildung）」とは，知識や文化的な教養など内容習得をすることを表す。この両者が「陶冶」というドイツ語圏特有の概念の意味の双璧を成している。そもそも陶冶とは，自己と世界との間に生じる相互変容を指す。自己（人間）が世界（他者・環境）に向けて働きかけを行うとともに，自己は世界から働きかけを被る。この自発性と受容性，作用と反作用の間で，自己と世界はともに変容を遂げると考えらえている。

　例えば読者は今，本辞典に目を通すことで，単なる機械的な文字列に意味を与え，それを解釈している。重要部分にマーカーを引き，解釈が困難な箇所に疑問符を書き込んでいるかもしれない。自己（読者）が世界（この辞典）に向けて能動的に働きかけることで，目の前の紙の束は辞典に，文字の羅列は文章に，文章は自らの情報ソースに変容していく。それにより読者は，文字の読み方，解釈の方法，マーカーの引き方などを体得する。このように世界に向けて自己が働きかけることで，人は技能や能力といった形式的（方法的）な力を獲得する。これが形式陶冶である。その一方で，読者はこの文章に目を通すことにより，その内容（世界）からさまざまな知識を被っているはずである。実質陶冶とは，こうして世界から自己へと実質的（内容的）な知識が迫り獲得されていくことをさす。陶冶とはこのように，人間の能動的な働きかけによる力の獲得としての形式陶冶と，世界からの受容による知識の習得としての実質陶冶という二重のメカニズムを含意している。

　そのうえで，形式陶冶と実質陶冶は対立概念ではない点に注意すべきである。教育方法学ではしばしば能力と知識が二項対立的に語られがちである。しかし，陶冶の思想において，形式陶冶と実質陶冶は常に一体として生起する。このことを教授学者ヴォルフガング・クラフキは「二面的開示」と呼んだ。もうひとつ留意すべきは，陶冶と教育（Erziehung）は異なるという点である。陶冶は自己が世界との間で絶えず続ける相互変容のプロセスである。対して教育とは，そうした陶冶活動に第三者が割り入る営みを意味する。陶冶は人間が生きている限り終わりがないのに対し，教育は他者が陶冶活動を活発にした瞬間に，その介入の手を引いて終わらなければならない。

〔田中　怜〕

[参] ベンナー，D．著，牛田伸一訳（2014）『一般教育学』協同出版（原著，初版1987年，翻訳底本は第八版）。

カリキュラムの類型

　教育目標や教育観の違いによって，カリキュラムは大きく異なるものになる。こうした違いを区別し，どのようなカリキュラムが望ましいかを論じるために，カリキュラムの類型が整理されてきた。一般的に知られている代表的な区分は，「教科カリキュラム」と「経験カリキュラム」である。前者は，学問体系を背景にもつ「教科」を重視し，並置する伝統的な学校のカリキュラムである。一方後者は，学習者の「経験」や生活を重視するカリキュラムであり，突き詰めればその時々の経験を学習とし，あらかじめの計画を否定する。

　この二種を両極とし，中間に数種類の類型が知られている。「教科カリキュラム」に近いものから順に挙げると，「相関カリキュラム」は，各教科を独立しておきながら，教科内容に関連があれば同時期に教えたり関連づけて教えたりする。相関カリキュラムの一形態として，複数の教科で共通するテーマを掲げて各教科の学習内容を結びつける「クロス・カリキュラム」がある。教科内容の配列にもっと手を加え，類似の内容をより広い観点から統一するのが「融合カリキュラム」である。例えば，生物・地学・物理・化学を融合して一つの教科にした「理科」がこれにあたる。さらに進んで，異質の教科を統一した目的のもとでまとめるカリキュラムは「統合カリキュラム」と呼ばれる。日本では，1940年代に国語と歴史を統合した「国民科」がつくられた例がある。「広域カリキュラム（広領域カリキュラム）」は，多くの細分化した近接教科を，少数の大きな領域にまとめ編成し直すカリキュラムである。最後に，「コア・カリキュラム」は，何らかの領域をカリキュラムの中心（コア）として，それに関連づけて学習を組み立てる。戦後日本で「経験」重視の社会科をコアとして，周辺に国語や算数などを道具教科として配置するカリキュラムが提唱されたコア・カリキュラム運動などが例として挙げられる。

　また，「教科」と「経験」とは異なる観点からの類型もある。工学的アプローチと羅生門的アプローチという区別や，教科，横断的課題，教授学習スタイルという3次元でカリキュラムの特徴を捉えるキュービック・カリキュラムなどである。教育の内容も方法も多様性が増す中，細やかにかつ全体的にカリキュラムを分析し理解する類型の重要性が高まっている。

〔本所　恵〕

[参] 安彦忠彦（2006）『改訂版　教育課程編成論―学校は何を学ぶところか』放送大学出版協会。

スコープとシークエンス

　スコープ（scope）とシークエンス（またはシーケンス）（sequence）は，従来，経験主義教育論に基づく教育課程を編成するための方法原理として用いられてきた。スコープは学習の「領域」や「範囲」と訳され，子どもに与える生活経験内容の「領域」や「範囲」をどのように選択して定めるかという学習内容を決める原理である。シークエンスは「系列」や「配列」と訳され，子どもの身体や精神の発達の系列や流れを捉え，学習内容や教材を子どもの興味や特性を考慮してどのような順序で配列するかという学習内容の「配列」を決めるための原理である。

　スコープとシークエンスは，戦後日本の教育改革で展開されたカリキュラム開発に影響を与えた1930～1940年代米国の経験主義カリキュラムで採用され，普及した。そこでは，子どもの生活経験の「領域」を示すスコープを縦軸，それらの内容を子どもの学年的な発達に即した「配列」の順序を示すシークエンスを横軸とした表を作成することで，教育課程を編成した。例えば，初等学校用ヴァージニア・プラン（1943年）では，スコープを「人格の発達」「生命・財産・天然資源の保護・保全」「物やサービスの生産・分配・消費」「物や人の通信と輸送」「娯楽」「美的欲求・宗教心の表現」の6つの「社会生活の主要機能（major functions of social life）」による分類とした。シークエンスは，「興味の中心（center of interest）」による系列として，「家庭・学校と地域社会の生活」（1・2年），「自然環境及び開拓の進展に対する生活の適応」（3・4年），「発明発見及び機械生産が私たちの生活に及ぼす影響」（5・6年），「共同生活のための社会施設」（7年）を示している。

　今日，資質・能力の育成を目指して教科等横断的な視点から「カリキュラム・マネジメント」の充実が求められている。教科等を横断して子どもたちに必要な資質・能力を育成する際，教師は，どのように学習内容の「領域」を定め，「配列」を行うか。この際，スコープとシークエンスがいかなる役割を果たすか，検討の余地があるだろう。

〔篠﨑正典〕

[参] 木村博一（2006）『日本社会科の成立理念とカリキュラム構造』風間書房。佐藤学（1990）『米国カリキュラム改造史研究―単元学習の創造―』東京大学出版会。

工学的アプローチと羅生門的アプローチ

　工学的アプローチ（接近）と羅生門的アプローチ（接近）は、1974年に文部省がOECD（経済協力開発機構）のCERI（教育研究革新センター）と協力して東京で開催した「カリキュラム開発に関する国際セミナー」第2分科会報告の中でカリキュラム開発の二つのアプローチとして示された。羅生門という名称は黒澤明の映画「羅生門」に由来する。この映画の原作は芥川龍之介の小説『藪の中』である。

　工学的アプローチにおけるカリキュラム開発（計画、実施、評価）の手続きは「一般的目標→特殊目標→『行動的目標』→教材→教授・学習過程→行動的目標に照らした評価」、羅生門的アプローチにおけるカリキュラム開発の手続きは「一般的目標→創造的教授・学習活動→記述→一般的目標に照らした判断評価」というように、対比的に示されている（対比①）（文部省、1975、50頁）。カリキュラム評価をめぐる立場も、目標に準拠した評価（工学）と目標にとらわれない評価（羅生門）というように対比的に描かれている（対比②）。

　しかし、厳密にいえば、この二つの対比的な構図には齟齬がある。羅生門的アプローチは評価の局面において、対比①では「一般的目標に照らした判断評価」を、対比②では「目標にとらわれない評価」を採用するものとされ、対比①と対比②とで一致していない。「羅生門」という呼び名をつけたとされるイリノイ大学のアトキンは、工学的アプローチにおける合理的な手順のモデルが「非常に短期間で達成される目標に焦点をあてがちであった」（文部省、1975、156頁）等の課題を指摘して、あらかじめ設定された目標にとらわれない多様な観察者による評価を提案しているが、授業展開の創造性を提案しているわけではない。報告に描かれている対比は、アトキンのみのものではなくて、第2分科会に参加した日本のメンバーの影響が見られるという（八田、2019、46頁）。

　羅生門的アプローチは、工学的アプローチによるカリキュラム・授業の合理化やシステム化を、柔軟化あるいは解放しようとするような、授業展開における創造性と、評価における認識の相対化・多様化を象徴する視点ではあるが、これらは連関するものの異なる次元の問題として追究する必要がある。

〔樋口裕介〕

〔参〕八田幸恵（2019）「教育評価における共通教育目標・内容設定の方法論を探る―カリキュラム開発の『羅生門的接近』をめぐって―」日本教育方法学会編『教育方法学研究』44、37-48頁。文部省（1975）『カリキュラム開発の課題』。

逆向き設計

　「逆向き設計」論とは、グラント・ウィギンズとジェイ・マクタイが著書『理解をもたらすカリキュラム設計（*Understanding by Design*）』（ASCD、第1版1998年／増補第2版2005年＝西岡加名恵訳、日本標準、2012年）において提唱したカリキュラム設計論である。

　「逆向き設計」論に基づくと、単元指導計画を作成するにあたっては、第一に「求められている結果」（目標）を明確にする。その際、重点目標として、各教科における「本質的な問い」と「永続的理解」を明確にすることが求められる。第二に「承認できる証拠」（評価方法）を決定する。この時、「本質的な問い」「永続的理解」に対応させてパフォーマンス課題を用いる、個々の知識（概念）やスキル（プロセス）の習得を確かめるのには筆記テストや実技テスト等を用いる、というように、目標（「知の構造」）と評価方法の対応関係を意識しておくことが重要である。なお、パフォーマンス課題とは、さまざまな知識やスキルを総合して使いこなすことを求めるような複雑な課題を意味する。第三に、「学習計画と指導」を計画する。そこでは、学習者が見通しをもって学習に取り組み、自己評価を踏まえつつ効果的に改善を図ることが重視されている。

　さらに「逆向き設計」論では、単元指導計画（「ミクロな設計」）と長期的な指導計画（「マクロな設計」）とを往復させながらカリキュラム全体の改善を図ることが提案されている。その際、複数の単元にわたって繰り返し問われるような包括的な「本質的な問い」により、単元間で目標やパフォーマンス課題の系統化を図る発想が採られている。

　通常、指導の後で考えられがちな評価方法を指導の前に決定すること、また最終到達点から遡って今、何をすべきかを考えることを提案していることから、「逆向き」と呼ばれる。ただし、上記の三つの段階はどこから始めてもよく、最終的に目標、評価方法、学習計画と指導が対応していることが重要だとされている。「逆向き設計」論に基づくことにより、教科の学力をバランスよく保障することが期待できる。「逆向き設計」論は、タイラー原理に基づくカリキュラム編成論の現代における一つの到達点だといえよう。

〔西岡加名恵〕

〔参〕奥村好美・西岡加名恵編著（2020）『「逆向き設計」実践ガイドブック』日本標準。西岡加名恵（2016）『教科と総合学習のカリキュラム設計』図書文化。

普通教育と専門教育

広くすべての人を対象として行われる教育は「普通教育」と呼ばれ，一方，特定の職業や進路や内容領域に特化して一部の人々を対象に行われる教育は「専門教育」と呼ばれる。日本の学校では，小学校と中学校では普通教育が行われ，高等学校では高度な普通教育と専門教育の両方が行われる。なお，大学においては，すべての学生に対する教育は一般教育，各分野の教育は専門教育と呼ばれる。

普通教育の内容は，一般的に社会の構成員すべてに共通して必要とされるような，基礎的な知識やスキルを中心に構成される。社会性や市民性の学習も重視される。また，やがて多様な専門分野に分かれて教育を受ける前提として，多様な分野の概要や選択のためのガイダンス等を含むこともある。

これに対して，専門教育では，特定の学問研究や職業分野に関する知識やスキルの育成に焦点がおかれる。産業や社会のニーズを鑑みて構成される内容も多い。日本の高等学校の専門学科をみると，伝統的に，農業，工業，商業などの職業分野と結びついた専門教育が行われてきたが，近年では，理数，情報，国際など大学進学を前提としながら行われる専門教育も増加している。専門教育では，入門としての基礎理論や概説を踏まえて，より発展的な内容や実践的な内容を含むことが多く，学習者が将来のキャリアに向けて準備するのに役立つ。

これらの二種の教育は相互に影響しつつ深まっていく。普通教育は，学習者が専門教育を身につけるための基盤となると同時に，幅広い視野で専門性を見直すことを可能にする。そして専門教育は，普通教育で得た幅広い視野や知識や技能を発展させるために不可欠である。こうした密接な関わりを鑑みれば，まず普通教育を行い，完了してから専門教育に移行するというように単純な段階として捉えることは有益ではない。特に両方を実施する教育機関で，両者をどのように組み合わせるかがカリキュラム編成上の課題になる。この課題に対して，例えば高等専門学校では，両方の教育を並行して行いつつ，はじめは一般教育の割合を高くし，次第に専門教育の割合を増すというようにバランスを変えていく「くさび形カリキュラム」が実施されている。

〔本所　恵〕

児童中心カリキュラム

J. J. ルソーやJ. H. ペスタロッチーを思想的淵源とする児童（子ども）中心主義の見地から，児童の成長や発達，生活や経験を重視して開発されたカリキュラムの総称。特に「進歩主義教育」（米国）や「子どもから（vom Kinde aus）」の教育（ドイツ）のように，19世紀末から20世紀初頭の新教育運動期のカリキュラム改革運動の影響を受けて開発されたカリキュラムをさす。日本の場合，大正デモクラシー期（大正自由教育）だけでなく，第二次世界大戦後のコア・カリキュラム運動期に開発された経験主義的カリキュラムも含めることがある。

児童中心カリキュラムの理念は，「子どもが中心となり，その周りに教育についての装置が組織される」（J. デューイ『学校と社会』1899年）や，「自分が子どものようになることが，教育する第一の条件である」（E. ケイ『児童の世紀』1900年）等の主張に代表される。教師や教科書を中心とした一斉教授に代表される当時の「教師中心カリキュラム（teacher centered curriculum）」に対して，そこに潜む「画一性」や「抑圧性」を批判的に捉えたうえで，オルタナティブなカリキュラムに基づく新たな学校のあり方を提示する視座が，児童中心カリキュラムという立場の共通の基軸であった。

ただし，その内実は多彩である。例えばデューイは，自身が設立・運営に関与したシカゴ大学附属小学校を，「児童」ではなく「仕事（occupation）」を中核としたカリキュラムに基づく「共同体中心」の学校とみなしていた。むしろ，児童中心カリキュラムの特色が顕著だったのは，「児童（child）」の周囲に諸教科を同心円状に配置したF. W. パーカーによる「中心統合法」だった（『教育学講話』）。また，A. S. ニイルが設立したサマーヒル学園のカリキュラムは，児童の「自由」と大人の指導や押しつけを否定した「放任」に近い意味での「児童中心」だった（『恐るべき学校』）。

今日，児童中心カリキュラムの理念自体に異論はないだろう。そのうえで，民主主義（デモクラシー）の理念に基づく権利主体の「こども（児童）」の存在（こども基本法，2023年）が改めて注視されるなか，メゾレベルやマクロレベルの環境（社会・経済・政治的状況・制度や多様なステイクホルダー等）も念頭に置いたカリキュラムや教育方法，学校自体のあり方に対する根本的な再検討が求められている。

〔森　久佳〕

学問中心カリキュラム

　教科の構造と系統に準拠して編成されるカリキュラムのこと。特に各教科の基盤となっている学問の本質を損なうことのないようにしながら、そのつどの科学的最先端を反映した基本的概念と方法を、実際の単元・授業で扱えるように変換・還元し配列することを基本的な特徴とする（教授学的還元）。そのためこの立場に立つカリキュラム編成では、教科の本質、教材研究と範例、発見的学習、概念型カリキュラムなどが授業論の中核を担う。

　1957年のスプートニクショック以降のウッズホール会議（1959年）、ブルーナーの『教育の過程』に学問中心カリキュラムの典型が見出される。他にも学問中心カリキュラムは、古典的には、近代学校教育成立期の19世紀初頭から20世紀前半までに顕著に語られた「世界観」形成・人間形成・学問（Wissenschaft）を関係づけた教育課程の編成原理として、そして今日的には、各教科の見方・考え方論として、時代ごとのバリエーションある表現とともに、教育課程の基本構造として安定的に保たれてきている。

　中等教育の教科は、若干の変更や文化的差異はあれど、基本的に200年近くほとんど形を変えずに保たれてきた（(教科) カノン）。人が世界をどのように理解し、世界とどのように自らを関係づけるのかという、自己－世界間の関係づけの諸様態にこそ学問的営みの本質があるということに、学問カリキュラムの普遍的性格のゆえんを求めることができる。それゆえ学問を基盤とするカリキュラムは、ベイトソンの整理に従えば、知識・技能の習得（学習Ⅰ）にとどまるものではなく、どのように対象を理解するかという方法的学習（学習Ⅱ）に及ばねばならないものである。この二つの次元の学習を方向づけるのが、各専門分野の方法論を構造づけるディシプリンである。

　今日的には、このディシプリンの構造―学問によって規定される世界理解の形式・方法―そのものを問い直し再構築するメタ次元の学習（学習Ⅲ）を、具体的な対象を理解し加工する過程で体験できることが求められている。

〔宮本勇一〕

〔参〕日本教科教育学会編（2020）『教科とその本質』教育出版。

経験主義と系統主義

　日本のカリキュラム編成を下支えする二大潮流として経験主義と系統主義が挙げられる。日本の経験主義の思想的基盤として特に参照されてきたのはジョン・デューイであった。デューイは、各教科によって区分された従来のカリキュラムを批判するとともに、その難点を克服するべく、子どもの社会的活動を、各教科を統合する中心に据え置いた。なお、デューイによれば子どもの生活は科学と相反するものではなく、未分化な科学的側面を内包する。未分化の生活から各ディシプリンへと経験を発展させる、そうした「経験の継続的な再構築」（デューイ「私の教育学的信条」）として教育は捉え直された。上記の理路のもと、デューイは生活を重視するカリキュラムを展開した。

　経験主義は、日本の場合1947年版学習指導要領で全国に展開した。生活を中心とする生活単元学習やコア・カリキュラムなど、戦後初期の限られた条件下で先進的実践がなされたものの、他方で読み・書き・算の学力低下が問題視された。

　経験主義批判の急先鋒となるとともに、学力低下の問題を克服しようとしたのが系統主義であった。系統主義は米国における学問中心カリキュラムの影響を受け、科学の系統性を重視するカリキュラムの編成論として普及していった。

　とりわけ米国で影響力を持ったのはジェローム・ブルーナーであった。「どの教科でも、知的性格をそのままにたもって、発達のどの段階のどの子どもにも効果的に教えることができる」（ブルーナー『教育の過程』）という仮説のもと、発達段階に応じて学問の「構造」を教授することへの道を拓いた。

　国際的な科学技術の開発競争の中で日本もまた、科学の系統性を重視し、教育内容の現代化を進めていった。教育内容の現代化においては学習指導要領のみならず民間教育研究団体も牽引役となり、特に後者は「水道方式」や「仮説実験授業」などの提案を行った。他方、高度化する教育内容に伴って発生した「落ちこぼれ」が問題となり、科学の系統性を中心としたあり方が見直される。

　以上のように、経験主義と系統主義の二つの原理は、生活と科学というカリキュラム編成上の問題を提起する。その意味で、両立場は現在のカリキュラムを問い直す概念ともなりえるだろう。

〔市川和也〕

課程主義と年齢主義

　学校の学年制度や入学制度における課程主義と年齢主義は，学習者や入学志願者の所属学年や入学許可の基準を決定するシステム・制度論である。まず，年齢主義では，年齢に基づいて学年や合否が決定されるが，課程主義では学力や学習状況に基づいて決定されることになる。ただし，実際のシステム・マネジメントでは，学校種に応じて双方が組み合わされ，総合的判断がなされている。

　文部科学省「学習指導要領の趣旨の実現に向けた個別最適な学びと協働的な学びの一体的な充実に関する参考資料」(2021(令和3)年3月，36頁)によれば，課程主義とは「進学・卒業要件として一定の課程の修了を要求する(例：制度としての原級留置)」システムであり，年齢主義とは「進学・卒業要件として一定年限の在学を要する(例：同一年齢の進級・進学)」システムと整理できる。

　まず，課程主義は，一定の期間における個々人の学習の状況や成果を問い，それぞれの学習状況に応じた学習内容を提供するという性格を有する。個人の学習状況に着目するため，個に応じた指導，能力別・異年齢編成に対する寛容さという特徴がある一方で，個別での学習が強調された場合，多様な他者との協働を通した社会性の涵養など集団としての教育のあり方が問われることになる。

　次に，年齢主義は，対象とする集団に対して，ある一定の期間において共通教育を行う性格を有する。このため課程主義のように学習の速度は問われず，ある一定の期間の中で，個々人の成長に必要な時間のかかり方を多様に許容し包含する側面がある。また，学年別の学級編制のあり方や集団での学びを重視する日本の学校教育については，その効果を積極的に評価する声もあるが，過度の同調性や画一性をもたらす危惧も指摘されている。

　すべての児童生徒への基礎・基本の確実な定着への要請が強い義務教育段階においては，進級や卒業の要件としては年齢主義を基本に置きつつも，教育課程主義の長所を活かすシステム構築を目指すべきである。特に，高等学校では履修成果による単位認定制度が採られ，原級留置の運用もなされており，高等学校教育の特質も踏まえて教育課程の全体のあり方を検討していく必要がある。

〔倉本哲男〕

履修主義と修得主義

　現行日本の学校教育には，進学・卒業要件を示す進級原理としての「課程主義と年齢主義」(前項参照)と並んで，所定の教育課程を何をもって履修したとみなすのかを判断する履修原理としての履修主義と修得主義の考え方が，それぞれ取り入れられているといえる。ここで履修主義とは，当該の教育課程の習得のいかんにかかわらず，それを一定年限の間に履修することでもって足りるとするものである。それに対し修得主義は所定の教育課程で期待される目標に照らして一定の学習の成果を上げて単位を修得することが必要とされるものである。したがって，未達成の場合に原級留置もありうる。日本の小・中学校においては，法制度的には「平素の成績を評価して」(学校教育法施行規則)判定されるため，原級留置も可能だが，実際の運用としてはほぼ自動的に進級・卒業となっており履修主義が採られている。それに対し高等学校では，単位制が採用され修得主義の原理に立つものとされている。

　修得主義は，学習成果の何をどこまで対象とし，その度合いをどこまで要請するのか確定する必要がある。基準に届かない場合，特別な補充学習が要請される場合もある。そこにあるどの子も落ちこぼさない学習権保障の理念に留意すべきである。けれども，対象が数値化可能なテストスコアなどの一元的尺度となると，高いスコア獲得という目標の一元化と序列化や過度な競争，学力格差の拡大を招く面もある。また，修得済みの児童生徒から自由にその先に進めばよいとすると，学びの分断や学力格差の拡大が懸念される。

　今日履修主義と修得主義には，ICTとツールの拡大のもと，個々の児童生徒の学習達成のより正確な把握と，データに基づく教師の「個に応じた指導」と生徒の「学習の個別化」の進展をめぐる課題がある。学力達成の個別保障の可能性の拡大と学習の個別化とがセットで修得主義への転換を強調する動向が生じているのである。年齢主義と学年学級制の日本の学校の共同性が，「個別最適な学び」そのものの多面的総合的な深化とどう結びつくのか。学級内や異年齢の児童生徒の表現の多面的総合的交流による知識・技能の獲得の豊穣さを，それを具現化する教師の専門性のあり方と結んで解明することが求められている。

〔富田充保〕

〔参〕続有恒(1969)『教育評価』第一法規。中央教育審議会(2021)「令和の日本型学校教育の構築を目指して～全ての子供たちの可能性を引き出す，個別最適な学びと協働的な学びの実現～(答申)」。

本質主義（エッセンシャリズム）

　学校教育では社会の文化的遺産を尊重し，その存続のために社会構成員には必須の本質（エッセンシャルズ）としての教育内容，読み・書き・計算，歴史，地理，数学，理科，古典などの伝統的教科を，誰にとっても学ぶべき基礎的知識として系統的に教えるべきだと考える立場。またこのことから教師主導型の教育方法が主張される。学校は，社会のための教育か個人のための教育かという原理的に対立する機能を担うが，本質主義は前者の機能に強調点をおく傾向にある。

　哲学的には，理想主義や科学的実在論を基盤としている。理想主義の源流はプラトンのイデア論にあるが，近代では何らかの精神的存在を究極の実在と説くドイツ観念論にもとめることができる。教育の目的は理想的自我に向う自己実現であり，カリキュラムは知情意の調和を図るための科学・芸術・技術の部門から構成すべきだとされる。また科学的実在論では，客観的真理や世界の秩序は，人間の活動や認識とは関わりなく独立して存在すると捉え，実在を表象する科学の秩序や客観性に信頼を置く。このことから，教育の目的は普遍的実在を把握するための知性の涵養におかれ，カリキュラムは科学を中心とする伝統的教科から構成される。ちなみに，本質主義を主唱したウイリアム・C・バグリーは各教科のミニマム・エッセンシャルズ（最低限の必須知識）を科学的に測定し決定しようというカリキュラム改革運動を指導していた。

　教育史においてこの立場が登場するのは，1930年代の米国の経済的社会的に不安定な状況下で，進歩主義の教育実践（児童中心主義や生活経験主義）が基礎学力の低下や規律の欠如など公教育の弱体化を招いたとしてこれを批判し，学問的教科を基礎教科とする共通カリキュラムを主張した1938年の（バグリー，マイケル・J・デミアシュケビッチらの）エッセンシャリスト宣言においてであった。その後，本質主義的な考え方は，経験主義に対する対立思潮として，教育内容の現代科学化，Back to Basics運動，卓越性への教育，コア・ナレッジ・カリキュラム運動，コモン・コア，STEM教育，基礎・基本（日本の「学習指導要領」）などの考え方にみることができる。社会のための教育（特に人材育成）という観点は共通しているものの，教育をめぐる状況は大きく変わりその複雑化に応えて，何がエッセンシャルズを構成するかというその中身の捉え方はさまざまな変貌を見せている。

〔松下晴彦〕

[参] Hirsch Jr., E. D. (1988) *Cultural Literacy*, Vintage.

ミニマムエッセンシャルズ

　学校で児童生徒が習得すべき最小限必要な知識・技能で，20世紀初頭から米国教育界でエッセンシャリストから主張されはじめた。

　ミニマム・エッセンシャルズの論議は基礎・基本をどのように捉えるかをめぐって，次のような論点のもと，展開されてきた。① 3R's（読書算）に限定してよいか，② 理科・社会科等の教科の基礎・基本とは何か，③ 知識・技能に限らず意欲・態度等も含める必要はないか。その中でも，ブルーナーの『教育の過程』（1960年）を一つの契機とする教育内容の現代化運動はその論議に結節点を与えた。そこでは，現代の自然科学の土台をなす一般的知識（法則）を，教師も児童生徒も未知に適用できるように再編する仕事が提示された。それは，日本の民間教育研究団体によって1950年代後半には始められていた。そこでの基礎・基本とは，教師が児童生徒に暗記させる知識ではなく，両者が多くの事象に適用できる一般的知識，すなわち広く未知に転移可能な状態で獲得できる一般的知識をまず意味した。その研究は科学教育研究協議会・仮説実験授業研究会・極地方式研究会等によって進められたが，3R'sも現代の学問とのつながりを見据えつつ機械的ではなく有意味に学習できるように，その内容開発が数学教育協議会を中心に進められた。こうした「民」による業績を引き継いで，教師も児童生徒も理解・活用できる知識として教科の基礎・基本の具体をさらに捉えて，その中で意欲・態度等の育成を見据えていくことが，ミニマム・エッセンシャルズ研究の不可欠な論点となる。

　その仕事が社会認識形成の分野では大きく立ち遅れていることは，水越敏行や池野範男等によって指摘されている。その分野において広く転移可能な基礎的・基本的な知識とはいかなるものか，その具体を，林竹二の授業「開国」や藤岡信勝の授業「産業革命」等を継承して開発していくことが課題である。これを避けずに遂行できれば，知識を使いこなす思考形成と不可分に結びついたところで意欲・態度等の育成の具体的姿形も見えてくると思われる。その課題は研究者にも教師にも，歴史学等を自ら学習して多くの事象に適用可能な一般的知識を抽出する内容研究をまず求める。それは，内容に踏み込まず授業の方法や形態を「研究」する教育界の方法主義の伝統の中では容易な課題では全くない。

〔梶原郁郎〕

[参] Bruner, J. S. (1960) *The Process of Education*, Harvard University Press.

教育内容の精選

　教育内容の精選とは，内容について本質的・基本的な事柄とは何かを問い，知識に重みづけをして，取捨選択をすることである。本質や基本を問うということは，単に内容を選択するだけではなく，内容を構造化することも含意されている。

　教育内容を精選するということは，カリキュラム構成の基本であるため，どの時代においても問われてきたことである。しかしながら，日本において「教育内容の精選」という言葉が盛んに用いられて議論されていた時期は，1950年代後半から1970年代である。これは教育内容の現代化とその問い直しの時期と重なっている。この時期の議論では，各教科の枠の中で議論されることが多かったため「教科内容の精選」という言葉や，教育内容と教材の区分論が十分に共有されていなかったため「教材の精選」という言葉も，「教育内容の精選」と基本的に同義で用いられていた。

　1950年代後半以降の日本では，教育課程の自主編成運動という文脈の中で各民間教育研究団体が実質的な教育内容の精選を議論し実践していた。他方で，アメリカの「構造」や西ドイツの「範例」という概念が参照されつつ理論的な議論も重ねられていた。いずれの概念も，内容を量的に削減するだけではなく，質的に改善していくという志向性，つまり「Less is More」の発想を内に含んでいた。また，総じて，この時期の教育内容の精選の論理や基準は，学問の論理に基づいていたといえる。

　1970年代以後も，社会や文化の変化に伴って，扱うべきだと考えられる内容は増え続けている。そして，教育内容の過剰の問題は，21世紀に入ると，「カリキュラム・オーバーロード」という課題として国際的に広く認識されるようになった。そのため，改めて教育内容の精選の問題に光が当てられている。

　教育内容の精選は，価値観が反映されるポリティカルな行為である。内容を増やすことは比較的容易であっても，減らすことはコンセンサスを得づらい。しかしながら，博学的・要素的な知識観や学力観を克服するためには，教育内容の精選は欠くことができない営みである。

〔若松大輔〕

［参］中井喜代之編（1974）『教育内容の精選―理論と実践―』教育調査研究所。広岡亮蔵（1967）『教材構造入門』明治図書。

習得・活用・探究

　習得・活用・探究とは，学習指導要領で前提とされている学びの過程を表す語である。2008年版学習指導要領の改訂に向けた中央教育審議会での議論および答申の中で登場し，現在に至るまで用いられている。

　これらの語に対して，中央教育審議会によって明確な定義が与えられているわけではないものの，学校教育法第30条第2項に規定されている，いわゆる「学力の三要素」（「知識・技能」「思考力・判断力・表現力等」「主体的に学習に取り組む態度」）に対応したものとして，一般に解されている。すなわち，「基礎的な知識及び技能」を身につけるのが「習得」であり，習得された「基本的な知識及び技能」を用いて「課題を解決する」ことが「活用」および「探究」にあたる。この点において，「活用」と「探究」は重なる部分が大きいが，2008年の中教審答申によれば，基本的には前者は各教科における学習を，後者は総合的な学習・探究の時間における学習を想定している。もっとも，各教科における「探究」の学びや，総合的な学習・探究の時間における「習得」や「活用」の学びの存在が否定されるものではない。

　なお，中央教育審議会で2008年の学習指導要領改訂の答申に委員として携わった安彦忠彦は，「活用」の誕生背景を以下のように明らかにしている。当時の市川伸一委員が「習得型」「探究型」という学習型を示していた。これに対して，「ゆとり教育」の象徴であった総合的な学習の時間が，質の高い探究と程遠いものにしばしばなっていることの批判を懸念していた文部科学省によって，「習得」と「探究」の間に「活用型」学習が両者をつなぐものとして提案された。この提案を委員の多くが好意的に受けとめ，「探究」につなぐのみならず，「習得」にもプラスの影響をもたらす役割をもたせた「活用」が誕生した。

　このように，外在的な事情から派生して生まれた「活用」概念であるが，現行の学習指導要領の中では，地理歴史科の科目名に「探究」がついているほか，高等学校の総合学習が「総合的な探究の時間」と改められるなど，「活用」を超える学びとして「探究」が区別されて用いられるようになっている。

〔植松千喜〕

［参］安彦忠彦（2017）「習得から活用・探究へ」溝上慎一編『高等学校におけるアクティブラーニング　理論編　改訂版』東信堂，56-87頁。

単元

　単元とは，学習者が学習内容や直面する諸問題をめぐって連続的に行う学習活動の「まとまり」である。

　単元という概念の始まりは，19世紀のドイツの教育学者ヘルバルト学派のトゥイスコン・ツィラーに遡る。ツィラーは，学習の系統的教授を重視する立場から，分析→総合→連合→系統→方法という形式的な段階による構造的な授業編成を主張した。

　これに対し，20世紀初頭の米国では，ジョン・デューイが，学習者の問題解決活動のまとまりの視点から，またウィリアム・キルパトリックが，学習者の目的的活動のまとまりの視点から単元のまとまりを捉え，学習者本位の授業編成を主張した。

　授業の具体においては，この二つの原理から，次のようなアプローチが導かれる。一つは，学習者の認識を形成する過程に即して教材のまとまりをつくる「教材単元」であり，もう一つは，学習者の主体的活動によって生み出される経験のまとまりを示す「経験単元」である。

　「教材単元」の構成は，授業者が価値を認め，学習者に身につけさせたいと考える内容から単元を始め，その価値を習得するために適した教材や学習活動を組織的に配置することで，学習者に内容を習得させることを原理とする。そこでは，授業者による指導内容の系統的配置が重要となる。

　「経験単元」においては，教材単元とは逆に，初めに学習者が直面する問題や解決したい課題に遭遇することから単元を立ち上げる。授業者は，学習者の課題に応じる形で学習の活動を組織しつつ，結果的に授業者から見ても教育的に価値のある内容が学ばれるように一連の単元を構成する。

　現代の授業編成においては，教科指導においても学習者の経験と指導内容との関連づけが重視される。また，生活科や総合的な学習の時間などの探究学習においても内容の論理的な連続性を生かした編成が期待される。単元を編成する際には，二つの単元構成の原理を効果的に組み合わせ，学習者の意識に即した学習活動を編成することが求められる。

〔久野弘幸〕

［参］奈須正裕（2016）「授業の設計と実施」『カリキュラムと学習過程』放送大学教育振興会，93-99頁。

教科・科目

　教科（subjectまたはschool subjects）とは，一般的に文化遺産の継承・発展のために知識・技能・認識などを教育の目的・目標や内容に照らして体系的に組織化したものである。かつては「学科」や「教科目」とも呼称されていた。科目とは，その下位区分で，教科をさらに細分化したものである。

　教科は，古代ギリシア・ローマから中世へと伝わった，大学での教養諸学として教授されていた自由七科（seven liberal arts）に由来する。自由七科とは文法学，修辞学，弁証法の三学（trivium）と，算術，幾何学，天文学，音楽の四科（quadrivium）からなる。これらは，支配階級の知的エリートに必要とされた共通教養として位置づけられていた。宗教改革以降，ヨーロッパでは被支配階級のための教科が構想された。その後，学問の系統性，子どもの発達を踏まえて，19世紀後半の近代学校制度の普及とともに，教科の体系化・組織化が進んできたとされる。

　このように，どのような教科・科目が編成されるかは，教育の目的や目標によって大きく異なる。さらに，教科を編成する原理は，人類がこれまで築いてきた文化遺産の継承・発展だけではない。社会現実への対応や新しい社会の創造，あるいは，生活教育や問題解決学習が編成原理にもなりうる。したがって，教科・科目の編成は不変のものではなく，時代や社会状況，文化の発展により変化が生じるものである。

　現在の日本の小学校，中学校，高等学校等では，学習者が学ぶ教科・科目は学校教育法施行規則で定められており，進級や卒業要件にかかわりすべての学習者が必ず履修するものを必修教科・科目に位置づけている。中学校では2008年の法改正まで長年にわたり選択教科の設置が定められていたが，現在は廃止されている。各教科・科目の必修と選択の類別についても，時代や社会的要請により移り変わってきた歴史がある。教育課程全体で俯瞰したとき，教科・科目の必修と選択の類別はその教科の位置づけや教科間の関係を示すことにもなる。

　また，現在の学校教育で教えられている諸教科は，その特性に応じて用具教科（国語科や算数科など）・内容教科（社会科・理科など）・技能教科（技術科や音楽科など）に分類されることがある。

〔田村恵美〕

［参］安彦忠彦（2006）『改訂版　教育課程編成論』放送大学教育振興会。奈須正裕・坂野慎二（2019）『教育課程編成論　新訂版』玉川大学出版部。

各教科等における見方・考え方

「各教科等における見方・考え方」とは，各教科等の学習の中で獲得される思考様式のことといえる。2016年の中教審答申を受けて，2017・2018年版学習指導要領で改めて用いられるようになった概念であり，ここでは「どのような視点で物事を捉え，どのような考え方で思考していくのか」という，物事を捉える視点や考え方と定義されている。

汎用的スキルの育成が重視される中で，学習指導要領において，各教科等で「どのような内容を教えるか」ということだけでなく，各教科等を学ぶことで「何ができるようになるか」を示すことが必要とされた。この中で，汎用的スキル等と教科等に固有の知識・個別スキルの間をつなぐものとして提示された目標概念が見方・考え方である。各教科等の見方・考え方を，教科横断的に働かせるよう工夫することで，各教科等の「深い学び」も実現されていくと想定されている。

見方・考え方として想定されるのは，子どもの学びを長期的スパンで見たときに習得されていてほしい各教科等の本質の部分である。この特質は，近年の見方・考え方の議論が，西岡加名恵が紹介したウィギンズとマクタイの「逆向き設計論」から影響を受けている点によるといえよう。

見方・考え方の発想に立ち，各教科等の教育内容を精査し直すことは，教科等の存立基盤を確認することや新教科の立ち上げの構想につながるとする立場もある。一方で，見方・考え方として，教科教育の本質と汎用的スキル等をつなぐことを重視することは，実際には各教科の本質性を汎用的スキル等に還元されるもののみに規定してしまうとする立場や，産業界の要請を色濃く反映させるように教科カリキュラムの教育内容の再編を迫ってしまうのではないかと懸念する立場もみられる。なお，各教科等の見方・考え方のイメージとして提示されている内容についても，未だ発展途上であると見る立場もある。

〔小柳亜季〕

[参] 日本教育方法学会編 (2017)『学習指導要領の改訂に関する教育方法学的検討―「資質・能力」と「教科の本質」をめぐって―』図書文化。日本教科教育学会編 (2020)『教科とその本質―各教科は何を目指し，どのように構成するのか―』教育出版。

STEM・STEAM教育

Science（科学），Technology（技術），Engineering（工学），Mathematics（数学）の頭文字をとったものがSTEMであり，そこにArts（芸術あるいはリベラルアーツ）を加えたものがSTEAMである。主として理工系の教科を横断的に学び，社会課題の解決に活用するための問題解決的な思考や姿勢・態度の育成を目的とした教育方法，内容，カリキュラムを指す。初等中等教育に限らず，幼児教育，高等教育においても理系的な素養や人材育成の側面から言及される。

教科横断型の教育課程は，古くはデューイの統合型のカリキュラム，日本では大正期の合科学習，戦後初期のコア・カリキュラム，近年の総合的な学習の時間等があるが，理工系を軸にする点が異なる。教育方法としては，実社会の問題に対して探究的に取り組むためにプロジェクト型（Project-based）学習や問題解決（Problem-based）学習が用いられることが多い。

1957年旧ソ連が人類初の人工衛星を打ち上げた「スプートニク・ショック」以降の米国の理数系教育充実の政策がSTEAM教育のルーツである。1989年に全米科学財団がSMETを用語として使用した後，2003年にSTEMに語順が変更された。2006年にヤークマンによりArtsを加えたSTEAMが提案された。Artsには芸術分野の創造性や多面的・拡散的な思考を重視する考え方と，リベラルアーツとして人文社会科学を含む幅広い教科の横断あるいは統合を重視する考え方がある。

日本では2013年に始まったスーパーサイエンスハイスクール（SSH）の他，初等中等教育では小学校のプログラミング教育，総合的な学習（探究）の時間や高等学校の理数探究科を中心にSTEAM教育が行われている。高等教育では2021年に開始された数理・データサイエンス・AI教育プログラム（MDASH）がある。また，経済産業省はSTEAMライブラリーというウェブサイトを開発し，民間企業と連携したSTEAMプログラムの事例を蓄積している。これらの取り組みには，高度な理系人材を育成し，社会のイノベーションを推進する方向性と，理系・文系を問わず広く教養として理工的素養を育てる側面とがあり，相互の両立と接続が課題である。

〔稲垣 忠〕

[参] 胸組虎胤 (2024)『STEAM教育の実験とデザインが生む創造的教師』東京図書出版。

| 第 1 節 | カリキュラム・教育課程の編成 |

学習指導要領

　学習指導要領は，学校が教育課程を編成する際の基準であり，教科書や指導計画の指針となる。学校教育法施行規則において，文部科学大臣が公示するものとされており，小・中・高等学校および特別支援学校ごとに作成される。幼稚園では，幼稚園教育要領と呼ばれる。

　1947（昭和22）年に学習指導要領が作成された際には，試案という位置づけであり，教師が自分で研究する手びきや解説という性格を有していた。しかし，「道徳」が特設された1958（昭和33）年改訂からは，文部省告示とされて法的拘束力をもつようになった。その後は1968（昭和43）年（教育内容の現代化と系統主義），1977（昭和52）年（学校裁量の時間と高校国語Ⅰ，現代社会，理科Ⅰの新設），1989（平成元）年（「関心・意欲・態度」の重視と生活科，地理歴史科の新設），1998（平成10）年（「生きる力」の育成と総合的な学習の時間，情報科の新設），2008（平成20）年（「習得・活用・探究」の促進と外国語活動の新設）のように，約10年ごとに改訂されている。

　2017（平成29）年の改訂においては，これまでなかった前文が追加され，社会に開かれた教育課程の実現が重要とされた。また内容だけでなく，何ができるようになるかという資質・能力（コンピテンシー）の観点から，「知識及び技能」「思考力，判断力，表現力」「学びに向かう力，人間性」への転換が図られた。さらに，どのように学ぶかという観点から，主体的・対話的で深い学び（アクティブ・ラーニング）についても言及された。小学校高学年には外国語科が新設され，高等学校でも理数や公共といった教科目の再編が行われるとともに，プログラミング教育等を通じた情報活用能力の育成が目指された。

　学習指導要領の内容は，いずれの学校においても取り扱わなければならないとされている。その一方で，ゆとり教育が批判された2003（平成15）年の一部改訂では，「はどめ規定」と呼ばれ細かく限定されていた内容が最低基準とされ，発展的な内容を扱ってもよいこととなった。学習指導要領は大綱的基準であり，各学校が特色を生かして創意工夫を重ね，児童生徒や地域の実態に応じて教育活動のさらなる充実を図るための教育課程を編成し，実践することが求められている。

〔樋口直宏〕

［参］水原克敏・髙田文子・遠藤宏美・八木美保子（2018）『新訂 学習指導要領は国民形成の設計書』東北大学出版会。

時間割編成

　日本の学校は，学校教育法施行規則で定められた各教科等の年間標準授業時数をもとに，学級ごとの1週間単位の日課表である時間割を編成する。

　各教科等のそれぞれの授業の1単位時間は，学校教育法施行規則では小学校は45分，中学校と高等学校は50分とすると示されている。学習指導要領においても，それぞれの授業の1単位時間は45分または50分を常例とするとされてきた。しかし1998年版学習指導要領からは常例という文言が削除され，各教科等のそれぞれの授業の1単位時間は，各学校において各教科等の年間授業時数を確保しつつ，児童生徒の発達段階及び教科等や学習活動の特質等を考慮して適切に定めるものとしている。背景には，一定の時間を設定し，そのうえで課題を配分する「タスク・オン・タイム」から，学習活動の内容や方法に応じて時間を決める「タイム・オン・タスク」の考え方（新井，2001）への広がりがある。1970年前後の米国では，学習者の自主性や創造性に注目した教育観の登場に伴い，時間配当を固定せず，教師が授業の内容や方法，学習者の発達段階などに応じて自由に時間割を変更する方法の開発が求められてきた。日本でもモジュール方式（15分や25分といった基本単位を組み合わせて時間割を編成する方法）やブロック方式（90分や100分といった長い時間枠を設定し，その中で教師が時間運用を行う方法），集中方式（一定の期間に集中的にまとまった学習活動を行う方法）等を用いた時間割編成の創意工夫が行われてきた。

　2017・2018年版の学習指導要領では，教師が指導内容や成果の把握を責任をもって行う体制が整備されている場合には，各教科等の特質に応じて行った10〜15分程度の短い時間の学習活動も当該教科等の年間授業時数に含めることができるという項目が追加された。各学校はカリキュラム・マネジメントの中で，児童生徒や学校，地域の実態を踏まえ，質の高い学びの実現および弾力性と恒常性のバランスという観点から時間割編成を行うことが認められている。実践においては，ICTも活用した効率的で質の高い授業を目指す動きや，教員の働き方改革への対応という側面も見られる。

　文部科学省は2024年2月，小中学校の授業時間を見直し，学校の裁量を拡大する方向で検討を始めることを発表した。今後，時間割編成の方法による授業の質の変化等に関する実証的な検討が求められる。

〔有馬実世〕

［参］新井郁男（2001）「『時間割』の発想転換」『ジャーナル教育と時間』10，教育と時間研究会，2-7頁。

ラーニング・エコロジー

　子どものICT活用能力がどのように成長しているかを見る際，学校の中での学習状況を見るだけでは不十分である。なぜなら，子どもたちは学校外でコンピュータやスマートフォンを用いている時間の方が学校での利用時間よりも長い傾向にあるからである。加えて，家庭環境や親子関係・友達関係，コンピュータゲームに触れているか否かなど多様な要素が絡み合っており，そのシステムやネットワークこそが子どもたちの学びの実態である。

　ラーニング・エコロジー（learning ecology）とは，「学習生態系」とも訳され，物理的・仮想的な空間において，学習機会を提供する複合的かつ相互作用的な要素の集合体であると定義づけられる。先に示したICT活用能力の成長の事例はこの見方の事例である。こうした見方は，教育的介入を伝統的な統制・従属変数・独立変数と捉え，教育現象を実験室での再現可能性があると捉える自然科学的な見方に対抗する見方として登場した。

　ラーニング・エコロジーを枠組みとして，学習や発達を捉える際の特徴として，4点がある。第一は，学習環境の多様性である。学習は学校内だけで起こるのではなく，図書館や自宅などの多様な物理的環境，アプリやオンラインコースなどのデジタルツール，保護者・教師・友人といった人的資源，さらにそれらの前提にある社会的背景や信念・風土などの文化的背景などがある。第二は，教育現象を「客観的」な現実の中に存在する環境ではなく，「認知された」現象であると捉えることである。そのため，同じ条件におかれた学習者が同じ学習を行うことはない。第三は，第二の特徴と関連し，人は環境の影響を受ける存在ではなく，自身を発達させるために，自らや環境を変容できる存在としてもみなす点である。学習を個人と環境の相互作用として捉えなおすことが重要である。第四は，学習が環境だけでなく，時間軸としても学校段階を超え，生涯にわたり展開するものとして捉えることである。以上のように，ラーニング・エコロジーを枠組みとして用いることにより，学習や発達を無理に単純化することを避け，複雑なものを複雑に理解することを促すことになる。

〔川口広美〕

[参] ブロンフェンブウナー，U.著，磯貝芳郎ほか訳（1996）『人間発達の生態学』川島書店（原著，1979年）。

第2節　人的・物的資源

チーム学校

　学校が抱える課題の複雑化・多様化に対応するために，「校長のリーダーシップの下，カリキュラム，日々の教育活動，学校の資源が一体的にマネジメントされ，教職員や学校内の多様な人材が，それぞれの専門性を活かして能力を発揮し，子どもたちに必要な資質・能力を確実に身に付けさせることができる学校」（中央教育審議会答申「チームとしての学校のあり方と今後の改善方策について」）のあり方を示す概念。自由民主党の教育再生実行本部が2015年5月に示した第二次提言において提示され，教育再生実行会議，中央教育審議会の諮問・答申と議論された。その後もコミュニティ・スクールの設置や働き方改革等，さまざまな議論の中で言及されている。

　教員と心理や福祉等の専門家とが業務に関して分担または連携・協働することが掲げられており，事務長および事務主任の職務規定の整備をはじめ（学校教育法第37条），医療的ケア看護職員（学校教育法施行規則第65条の2），スクールカウンセラー（同第65条の3），スクールソーシャルワーカー（同第65条の4），情報通信技術支援員（同第65条の5），特別支援教育支援員（同第65条の6），教員業務支援員（同第65条の7），部活動支援員（同第78条の2）等の役職を新設する法整備やスクールロイヤー等の活用が進んでいる。

　教員と各専門家が業務の分担または連携・協働することで多様な観点から児童生徒の指導・ケアを行うことや教員の負担軽減が期待されている。一方で，役割分担や援助方針の違いといった権限と責任の所在を含み込んだ専門家間での葛藤や，連絡調整のための時間がかかることによる多忙化の助長等の懸念事項もある。

　教育方法学としては，チーム学校の理念のもとに行われる多職種連携・協働によって，学校におけるさまざまな場面において，教えることや学ぶこと，ケアといった概念が，どのように再定位されるのかを探究していく必要がある。

〔有井優太〕

［参］石川美智子・松本みゆき編（2023）『「チーム学校」の実際と展望』Next Publishing Authors Press。教育科学研究会・学校部会編（2019）『学校づくりの実践と可能性』績文堂出版。

管理職

　管理職は，さまざまな組織体において，組織構造上の管理という職能を遂行する職位の総称である。目標実現のために協働する組織体の中で，管理職は時代や社会体制にかかわりなく，普遍的に存在してきた歴史をもつ。組織体が単純であれば，管理機能も単純なものになるが，組織体が成長し複雑化するにつれ，組織体そのものに機能分化の要請が強く現れてくる。その分化が実行職能と管理職能の分化である。自ら業務を実行するのではなく，他の者に業務を遂行させることが，管理するものの役割である。管理職は，目標実現のための意思決定を行う職務，共通の目標を実現するために協働的行動を確保するという職務をもつ。

　学校教育では「監督」する職能を有する校長，教頭が管理職の職務を担ってきた。2007（平成19）年の学校教育法の改正で，副校長，主幹教諭，指導教諭の職位が新たに創設された（学校教育法第37条）。2006（平成18）年の教育基本法の改正において，より体系的な教育が組織的に行われなければならないとする規定（第6条2項）が加わったことを受けて，学校における組織運営体制や指導体制の確立を図るために設置された職位である。この改正は，複雑化する現代社会の中で，学校教育にも，より多様な機能分化が求められたためである。副校長は「校長を助け，命を受けて校務をつかさどる」となっており，従来の教頭より広い職務権限をもつ。副校長の新設により教頭の職務権限は「教頭は，校長（及び副校長）を助け，校務を整理し，及び必要に応じ児童の教育をつかさどる」と改められた。中・高にも準用される。主幹教諭の職務権限は，「校長および教頭を助け，命を受けて校務の一部を整理し，並びに児童の教育をつかさどる」となっている。これは教頭と教諭との中間に位置づけられる。主幹教諭や指導教諭が中間管理職としての機能を発揮できるかが今後の課題である。

　なお，大学は目標の異なるさまざまな学部で組織されているため，学部ごとに学部長が置かれ，学部単位での独立性が高い。これを受けて学長の職能は「校務をつかさどり，所属職員を統督する」とされている（学校教育法第92条3項）。他校種で使われている「監督」ではなく，独立性を尊重しつつも，全体を統括する意味が強調された「統督」が用いられている。

〔長島康雄〕

［参］牧昌見編著（1986）『後輩を育てる管理職』ぎょうせい。矢倉一郎（1967）『管理職』帝国地方行政学会。吉本二郎（1976）『学校組織論』第一法規出版。

研究主任

　教育基本法（2006（平成18）年法律第120号）第9条では，「法律に定める学校の教員は，自己の崇高な使命を深く自覚し，絶えず研究と修養に励み，その職責の遂行に努めなければならない。2 前項の教員については，その使命と重要性にかんがみ，その身分は尊重され，待遇の適正が期せられるとともに，養成と研修の充実が図られなければならない。」とある。この教員の研究と研修について，学校で中心的に担うリーダーが，研究主任である。

　しかしながら，教育公務員特例法（2022（令和4）年法律第40号による改正後）第2条2項における「教員」の項には，研究主任という用語は示されていないのである。したがって，各学校・地域によって，研究主任，研修主任，研修担当者等々の呼称により相違があり，法的根拠に基づいて原則的に制度化された正式な名称の役職の主任とはいえない用語といえる。

　研究主任の学校における研究・研修に関する役割は，次の通りである。すなわち，第一は，研究・研修の目標の設定である。これは，学校の教育課題，児童生徒の実態，地域の実状等を検討し，設定するものである。第二は，研究・研修の計画の立案・作成である。これは，研究・研修の目標や主題の明確化，研究・研修の方法の具体化，研究・研修の組織の編成，研究・研修の年間計画の作成等である。第三は，研究・研修の実施である。これは，学習指導案の検討等の事前の研究・研修，研究授業の実施等の事中の研究・研修，公開研究会や授業研究会等の事後の研究・研修の他，日々の日常的な研究・研修，各種の先行研究・研修の情報収集や情報提供，先進研究校の研究発表会への参加や視察等である。第四は，研究・研修の総括と今後の課題の明確化である。これは，研究紀要・集録の作成，1年間の研究・研修の評価や反省会の実施と成果のまとめ，次年度の研究・研修に向けた今後の課題の把握・確認等である。

　現在の研究主任は，学校長の監督を受けながらも，学校の教科・領域等の教育課程，教育方法，教育評価，授業研究の他，研究・研修の課題や主題によってはICT教育，インクルーシブ教育，キャリア教育等々，研究主任自らの研究・研修や研鑽が求められるとともに，学校で主軸となる非常にやり甲斐のある役職ともいえる。

〔佐藤　真〕

［参］稲垣忠彦・佐藤学（1996）『授業研究入門』岩波書店。

教諭・講師（常勤・非常勤）

　教育職員免許法第2条では，「教育職員」とは主幹教諭，指導教諭，教諭，助教諭，養護教諭，養護助教諭，栄養教諭，主幹保育教諭，指導保育教諭，保育教諭，助保育教諭及び講師（以下「教員」という。）をいう，としている。ここには教諭が見られるが，教育職員の略称としては教員であり，法的に定められた語彙の定義としては，教員である。

　また，教育公務員特例法第2条2項では，主幹教諭，指導教諭，教諭，助教諭，養護教諭，養護助教諭，栄養教諭，主幹保育教諭，指導保育教諭，保育教諭，助保育教諭において，教諭が見られる。これに公立学校の教授，准教授，助教，副校長，教頭，講師を含んで，教員とされている。そして，学校教育法施行細則第2条では，「職員」とはとして，主幹教諭，指導教諭，教諭，養護教諭，栄養教諭，学校図書館司書教諭，助教諭，養護助教諭において，学校の「職員」にも教諭が見られる。

　学校教育法第7条では，学校には，校長及び相当数の教員を置かなければならない，とあり，第37条では，小学校には，校長，教頭，教諭，養護教諭及び事務職員を置かなければならない，とある。このことから，教諭は，教員での職位を示す用語といえる。なお，この第37条の11において，教諭は児童の教育をつかさどる，とあることから，教諭の職務としては各校種の児童や生徒の教育に従事するものである。

　講師は，教員免許は有しているが，教員採用試験に合格していない，または試験を受験していない非正規雇用の教員で，一般的には1年契約である。講師は，学校教育法第37条16において，講師は，教諭又は助教諭に準ずる職務に従事する，とされている。

　講師には，常勤講師と非常勤講師がある。常勤講師は，臨時的任用教員ともいわれ，教員免許を有し教員採用試験に合格した正規採用の教員と同様の勤務であり，給与は月給制である。これには，産休補充，育休補充，休職補充，欠員補充等の種類がある。非常勤講師は，基本的には学級担任や部活動担当，また校務分掌などはなく，担当する教科等の時間の授業に専念する勤務であり，給与は時給制である。これには，免許外教科担任の解消，初任者研修後補充等の種類がある。

〔佐藤　真〕

［参］大村はま（1995）『日本の教師に伝えたいこと』筑摩書房。

養護教諭（保健室）

養護教諭は，学校教育法において「児童生徒の養護をつかさどる」と定められており，学校保健における諸活動の中核的な役割が求められ，現代的な健康課題の解決に向けて重要な責務を担う教育職員である。また，学校教育法施行規則において「保健主事は，指導教諭，教諭又は養護教諭をもって，これに充てる」とされ，多くの場合，養護と学校保健の全般を担当し，その職務は多岐にわたる。養護教諭の免許状は，教育職員免許法別表第2に定められる単位を主に養護教諭養成機関において修得することにより授与される。養護教諭の主な職務としては，以下の項目が挙げられる。

① 学校保健情報の把握に関すること
② 保健教育に関すること
③ 救急処置及び救急体制の整備に関すること
④ 健康相談に関すること
⑤ 健康診断に関すること
⑥ 学校環境衛生に関すること
⑦ 学校保健計画及び組織活動の企画，運営への参画及び一般教員が行う保健活動への協力に関すること
⑧ 感染症の予防に関すること
⑨ 保健室の運営に関すること

これらの職務に関して，近年では，生活習慣の乱れや，ストレス，いじめ，性の問題行動，感染症，アレルギーなどの健康課題が多様化・複雑化しており，その対応による職務の拡大と多忙化が指摘されている。こうした状況の中で，養護教諭の複数配置の拡充や学校内外の学校保健関係者との連携の一層の充実，それらの取り組みを柔軟かつ意欲的に取り組んでいくための資質・能力の向上が求められている。

1997（平成9）年の保健体育審議会答申では，「ヘルスプロモーションの理念に基づいた健康教育の推進」が求められた。また，1998（平成10）年の教育職員免許法の改正により，養護教諭の教諭等の兼職発令による教科保健への参画が可能になり，保健教育における養護教諭の果たす役割は一層高まった。このような状況の中で，子どもの心身の健康課題の多様化や養護教諭の役割の拡大に対応した，体系的な現職研修の充実が図られている。加えて，養護教諭養成機関においては，一次予防の観点から，とりわけ行動変容理論に基づいた授業デザイン力を兼ね備えた確かな実践力の育成が期待される。

〔木村美来〕

栄養教諭・栄養士

栄養教諭制度は，2005年，子どもの食生活の乱れを改善し，「食事や栄養を自己管理する能力」「好ましい食習慣」を身につけることを目的に，文部科学省によって開始された。栄養教諭は，学校に一人配置されるか，地区に一人配置される。栄養教諭は，小・中学校の子どもたちの食生活，栄養やアレルギーなどに対する個別的な指導や，学級活動，家庭科，保健体育の教師と連携した授業で食育指導を行う。また，学校の食育計画にも他教科の教師たちとともに参加する。

栄養士は福祉施設や保育園などで働くが，学校で働く栄養士は学校栄養職員である。学校栄養職員（栄養士）の主な役割は，学校給食の献立作成である。学校給食は，1889年，山形で貧困な子どもたちに食を提供し登校を促すために始まったといわれる。現在は学校給食法により，小学校，中学校，中等教育学校前期課程，特別支援学校の小学部・中学部で提供されている。成長期の子どもたちに必要な栄養素をバランスよく組み合わせて，地元の食材を使った献立や行事食を作成し，子どもたちの食べる力を育む。

栄養教諭と学校栄養職員は子どもの食をサポートする存在である。子どもの健やかな育ちには，「食べる」，「遊ぶ」，「寝る」ことが不可欠だ。極端な偏食や給食の食べ方から，その子の「いま」が垣間見える。朝食をとってこない子ども，コーンフレークを計量して「カロリーは大丈夫」という保護者もいる。学校（公教育）では，地元の食材を教材にして，ともに食べることを大事にしたい。友達が食べているから食べてみようとする。評価権のない栄養教諭や栄養士の話を子どもたちは，興味深く聴く。「ともに食べる」ことは，みんなで食べる楽しさを知り，地元の食材や料理など，食の経験の幅を広げ，食文化や味覚を育てる。人が何をどう食べるかは，心身の健康だけでなく世界の政治経済とも関係している。

栄養教諭や学校栄養士と一緒に地域に根差した食と農のネットワークをゆるやかにつくりたい。食べることを通して公教育をどのように豊かにするかが私たちに問われている。

〔望月一枝〕

［参］平賀緑（2024）『食べものから学ぶ現代社会　私たちを動かす資本主義のカラクリ』岩波書店。

ボランティア

　ボランティア（英：volunteer）とは，自らの意思により無償で社会活動等に参加することを指す。その語源はラテン語にあり，十字軍として「神の意思（Voluntas）」に従った志願兵から来ている。「自発性」（自発的な意思によって行われている），「無償性」（営利を目的としない），「公共性」（社会の普遍的利益となる），「先駆性」（積極的に社会を開発していく）という四つの理念によって支えられている。日本では，当初は生涯学習や社会教育の領域でその重要性が指摘されたが，現在は教育や福祉，スポーツ，国際交流，地域振興など，幅広い分野で盛んに活動が行われている。

　学校においては，1995年度『我が国の文教政策』において，当時の文部省（現文部科学省）がボランティア活動の教育的意義を指摘したことを契機に取り組みが進展した。その後，1998・1999年版学習指導要領において，道徳，特別活動，総合的な学習の時間にボランティア活動が取り入れられ，教育活動の一つとして位置づけられた。社会奉仕やボランティアの精神を養うことを主眼として導入されたこともあり，完全に自発的ではない勤労奉仕的な側面が含まれている点に特徴がある。

　児童生徒がボランティアの主体となって行う活動と並んで，地域住民等の学外者が学校の教育活動を支援するボランティア活動も拡大している。教職員では対応が難しい活動に対して，専門的な立場から支援することが可能な人を人材バンクとして登録し，教育活動に合わせてサポートする体制が整備されている。

　教師を目指す大学生が，授業や授業外の活動を補助する学校支援ボランティアや学校インターンシップの取り組みも活発に行われている。子どもの学びを支援するにも人的に難しい学校の思いと，各々が有する専門性を教育に役立てたいという思いをともに生かすことができる取り組みとして成果を挙げている。

　2015年に示された中央教育審議会答申「チームとしての学校の在り方と今後の改善方策について」では，学校を取り巻く複雑化・多様化した課題を解決するためには，教職員のみならず，地域人材や家庭の協力が不可欠であると指摘されている。新しい時代を切り拓いていく子どもを育むためにも，学校教育を学校内に閉じずに，多様な場や人々のつながりを拡張する環境構成が期待される。

〔姫野完治〕

教材・教具

　教材・教具の概念は複雑であるが，教育方法学的見地からすると，「ある教育的状況において，学習者が会得することが望まれる内容（以下，学習内容）を保育や授業等（以下，授業等）の場面において具体化するための材料（教材）とそれを実践化するための道具・環境（教具）」と，それを定義しうる。この定義に従えば，教科書は，法令によって「主たる教材」と定められてはいるが，印刷された冊子であるから，教具のように思える。しかし，教科書に載っている事例等のコンテンツは，教材である。したがって，日本の学校の授業等で用いられている教科書は，「教材・教具」と把握すべきである。このように，実際の授業等では，ある意図に基づいて選択や開発された教材が教具として学習者に提供されることとなる。それゆえ，概念としては両者を分けることもできるが，「教材・教具」と一体的に把握する方が授業等における，その役割を理解・検討しやすい。なお，授業等において学習内容に応じた教材・教具を学習者自身が選択したり開発したりする場合もあり，その材料や道具・環境を「学習材」と称する考え方もある。

　教材・教具には，多様性がある。例えば，教材で考えれば，教科書や民間教育研究団体が作成するテキストのように日本全国で用いられる（可能性がある）ものと，特定の地域・学校の授業等だけで利用されるものと，その適用範囲は多元的である。教具についても，その表象面に着目すれば，言語的，映像的，立体的，仮想的といったレパートリーが認められる。教材・教具には，教科書のように特定の学習内容を強く意識して作成されるものもあれば，NHK学校放送番組（のいくつかのもの）のように複数の教科で利用されることが推奨されているものもある。

　各教科等の教材・教具の種類や開発に関わる枠組みと実際については，日本教育方法学会が編集した『現代教育方法事典』第3章2「教科書と教材・教具の研究」に詳しい。教材・教具の多様性は，授業等における子どもの学習内容との出会いを指導者が構想する営為，すなわち教材研究の重要性を示唆するものである。

〔木原俊行〕

［参］加藤幸次（1987）『学習環境づくりと学習材の開発』明治図書。中内敏夫（1990）『新版　教材と教具の理論』あゆみ出版。

教科書

　今日の日本において，教科書は，授業で用いられる主たる教材と理解されている。

　近代学校制度発足当初，文部省は小学教則（1872年）で当時の啓蒙書等を各教科・年級の標準的な教科書として明示し，また自ら教科書の編集と出版も行っていたが，それらの使用を学校に義務づけてはいなかった（自由採択制）。しかし同省は教学聖旨（1879年）が出された翌年，教科書として使用を禁止する書籍のリストを示すことで採択に対する統制を始め，1881年に開申制（届出制）を導入した。その後，認可制，検定制と改変を重ね，1903年には文部省著作の教科書を全国一律に使用させる国定制がしかれる。そして戦後教育改革期には検定制が再導入されるに至った。

　学校教育法は制定時から，教科書の使用を小中学校に義務づけてきた（後に高等学校にも準用）。とはいえ，教科書の発行に関する臨時措置法第2条によれば，教科書は「小学校，中学校，義務教育学校，高等学校，中等教育学校及びこれらに準ずる学校において，教育課程の構成に応じて組織排列された教科の主たる教材として，教授の用に供せられる児童又は生徒用図書」に過ぎず，教室における独占的・排他的な地位を与えられてはいない。

　検定教科書にはこれまでさまざまな問題点が指摘されてきた。教育方法面では，例えばその価格を低く抑える文部科学省の定価認可基準や，特定の事象等に偏することを認めないなどの検定基準により，そこでの記述は網羅的で具体性に乏しくなりがちなことなどが挙げられる。そのため，特に公立小中学校などで今も広く見られる，教科書が提供する学習活動の完全実施を最重視する授業では，児童生徒の視野を拡張し，思考を深化させる機会を十分に確保できないおそれがある。こうした限界の一方で，教科書は教師用指導書を伴っており，授業を効率的に準備したい教員にとって便利な教材である。教師用指導書の発達は，出版社間の採択をめぐる競争の産物でもある。

　教科書はもちろん授業自体がやがて学習アプリなどのテクノロジーに置き換えられるという未来予測は可能である。だが，日本ほど教科書に頼っていない米国の教育界には，教員がオンラインで自主的に収集する教材の質への懸念から，相対的に信頼性の高い知識を整理して提示する教科書を再評価する声もあがっている。日本の現状は，周回遅れのトップランナーともいえそうである。

〔上杉嘉見〕

地域教材

　日本では，全国のどの地域で教育を受けても，一定の水準の教育を受けられるようにするため，学習指導要領が定められており，各学校はこの大綱的基準を参考に，地域や学校の状況に応じて教育課程を編成している。

　例えば，理科や生活科の学習の中でも，その地域ごとに見られる生き物の種類や植生は異なり，川や土地の状況にも地域差があるため，地域の実情に応じて適切な教材を選定する必要がある。遠足や野外体験教室等を活用し，地域の自然に子どもたちが親しむことができる活動を取り入れることもできるだろう。

　また，社会科の学習においても，児童生徒が系統的，段階的に「社会の広がり」や「自己と社会とのつながり」を理解していけるよう，学習内容を自己や家族，身近な地域といった子どもたちの生活経験とつなげやすい内容から徐々に広げていく「同心円的拡大」の考え方が，かねてより取り入れられてきた。「同心円的拡大」は，ヴァージニア・プラン，カリフォルニア・プランにおいて採用され，修正されながらも日本の小学校の学習にも取り入れられている。現在では，小学校第3学年で「自分たちの市を中心とした地域における地理的環境や人々の生活や諸活動，それらの移り変わり」を学び，第4学年で「自分たちの県を中心とした地域における地理的環境や人々の生活や諸活動，伝統と文化や地域の発展に尽くした先人の働き」を，第5学年で「我が国の国土に生活舞台を広げ，国土の地理的環境とそこで営まれている産業の様子，情報化に伴う産業や国民生活の変化」を取り扱うとしている（2017年版小学校学習指導要領解説社会編）。自分たちの住む地域を学習対象とする第3，第4学年では，多くの場合教科書とは別に市町村ごとあるいは都道府県ごとに作成される副読本などが活用されている。

　地域教材の価値は，そこに生き，働く人々の営みや先人たちの営みに子どもたちが出会い，教科書にはないリアルな学びが，子どもたちから見える世界を広げ，深めてくれることにある。また探究学習などを通し，子どもたちもまた地域に関わり，社会の形成者としての実感を得ることができる。こうした地域学習は，生涯学習の基盤形成につながることといえる。

〔松尾奈美〕

［参］安藤輝次（1993）『同心円拡大論の成立と批判的展開——アメリカ小学校社会科カリキュラム構成原理の研究』風間書房。

展示・展示物

　社会教育とりわけ博物館において展示は主要な機能である。社会教育法（1949年）の精神に基づいて制定された博物館法（1951年）によれば、「歴史、芸術、民俗、産業、自然科学等に関する資料を収集し、保管（育成を含む。以下同じ。）し、展示して教育的配慮の下に一般公衆の利用に供し、その教養、調査研究、レクリエーション等に資するために必要な事業を行い」と第2条で規定されている。博物館では資料を収集し、保管する機能もあるが、博物館が博物館である最大の機能は、資料を展示して一般公衆の利用に供することにある。したがって展示とは、ある一定の意図に基づいて情報の伝達を目的に各種の資料を多くの人々に見てもらう行為である。展示は、一定の目的を実現するために「何をどのように」見せるのかという課題に取り組む教育方法学的な行為である。

　青木豊（2000）によれば、博物館展示の歴史において前田不二三が1904年に『東京人類學會雑誌』に記した「學の展覧会か物の展覧会か」に端を発する「物を見せる」のか「物で見せる」のか、「物を語る」のか「物で語る」のかをめぐる展示の基本理念に関する論点は、「物で見せる」「物をして語らしめる」展示であることが実践の中で確かめられてきている。この論点もまた、教科書「を」教えるのか、教科書「で」教えるのかをめぐる教育方法学の論点や知見と通底する部分がある。この点も、教科書を教えるのか、教科書で教えるのかをめぐる教育方法学の知見と重なる部分がある。

　学校教育における展示については、校舎の入口周辺に学校が獲得した記念のカップや表彰状等が陳列されている空間が想起されるが、そこにも多くの人に見てもらうことへの期待が表れていよう。文化祭等で作品をどのように展示するのかという教育実践的な文脈では、教師だけでなく生徒が展示行為に参加することで、展示の意味や方法さらには展示のための協力関係を学ぶ点に教育的意義が認められる。

　学校における展示の多くは、教室や校舎の壁面に紙媒体等の資料や生徒の作品を貼り出すことが多く、それらは掲示あるいは掲示物と表現される。近年では映像による展示も増えてきており、さらに通学路に掲示されている横断幕や、ホームページで多くの人に見てもらう行為は、広い意味での展示あるいは展示物といえよう。

〔深澤広明〕

［参］青木豊（2000）「展示の概念」加藤有次他編『博物館展示法』雄山閣出版。日本展示学会編（2019）『展示学事典』丸善出版。

教室

　明治から戦前までの教室は、文部省が出した規格により画一的なもの（木造、北側廊下、固定壁、長方形等）であったが、戦後になると鉄筋コンクリート校舎が普及し、昭和50年代の終わりにはオープン教室（壁が可動式で隣の教室や廊下と合わせて使用できる）が現れる。現在では文部科学省から校種ごとの「施設整備指針」が示されているものの、校舎・教室は多様化し、扇形や円形であえて木造にしたものも見られる。長倉靖彦はこれを「あたらしい教室」と呼んでいる（『新版　現代学校教育大事典』2002年）。

　教室には、主に普通教室（長期間固定で特定の学級が生活や複数教科の学習に使用）と特別教室（特定教科用の施設・設備があり複数の学年・学級が交代で使用）がある。学年制・学級制および学級担任制・教科担任制に基づいている点で、教室はClassroomである。一方、教師主導の一斉教授時代の定型化された教室にはTeachingroomが適訳である。時代が下って課題別・学習法別グループ学習などが導入されると、教師も学習者集団も空間も可変性が求められた。現在では学び手主体の探究型学習や「個別最適な学び」「協働的な学び」が推進され、学年区分や固定学級の必要性が低下している。こうした状況の教室はLearningroomと呼ぶべきであろう。

　GIGAスクール開始後のオンライン授業では、物理的な空間としての教室が不要な場合も出てきた。また、知識・情報を求める者と提供する者とがSNSでアドホックに結びつき、仮想空間で学びが成立する時代になった。物理的な「学びの脱学校化」が起き始めている。

　今後のコミュニティー・スクールにおける校舎・教室の整備・運営には、学習者、保護者、教師が主体的に参画すべきである。その際には、奈須正裕が指摘するように（『教育工学事典』2000年）、「学習者の教室環境認知」を重視し、ユニバーサル・デザインを含む「人－環境相互作用」を踏まえること、教室を「教育媒体」と捉えた環境経営をすること、教室環境経営に関する現職研修や養成課程の講座を整備することが求められる。

〔成田雅樹〕

［参］文部科学省（2010）「新たな学校施設づくりのアイディア集～充実した教育活動と豊かな学校生活のために～」（平成22年1月）（https://www.nier.go.jp/shisetsu/pdf/idea.pdf）。

オープン・スペース

　オープン・スペース（open space）とは，学校におけるオープンな学習空間である。しばしば，オープン・スペースをもつ学校をオープン・スクールと呼ぶ。「壁のない学校」といわれることもあるが，その程度はさまざまである。

　日本では1984年に文部省がオープン・スペースに対して補助金の支給を開始したことを受けて，急速にその数が増加した。日本のオープン・スペースには次の三つのパターンがあるといわれている。まず，従来の教室の外に，廊下を広く取るなどして学習活動のできる空間を設定するタイプの「ワーク・スペース型」である。次に，一つの広い開放的スペースを中心として，その周りに教室を配置しているタイプの「学習センター型」である。最後に，理科室，家庭科室，音楽室といった従来から多くの学校に備わっていた特別教室のみならず，国語，英語，算数，社会といったさまざまな教科に特別教室を用意するタイプの「特別教室型」である。

　歴史的には，1960年代にオープン・スペースをもつ学校が英国で盛んに建築され，そこでインフォーマル・エデュケーション（informal education）が実践された。そのアプローチは，1967年のいわゆるプラウデン報告（Plowden Report）によって知られるようになった。これが米国へ紹介され，オープン・エデュケーション（open education）と呼ばれる教育実践が生み出され，1970年代に隆盛を迎えた。オープン・エデュケーションと呼ばれる教育実践は多岐にわたるが，基本的に子ども中心の教育を展開しようとする点に共通性が認められる。日本では，加藤幸次の影響のもと愛知県立東浦町立緒川小学校が1978年にオープン・スペースをもつ学校として改修されて以来，その学習環境を活かしつつ「指導の個別化」や「学習の個性化」を進めてきたことが知られている。

　オープン・スクールは建築的にオープン・スペースを設けるだけでなく，それを活かして「開かれた」教育であるオープン・エデュケーションを実現することで，従来のクローズドな（閉鎖的な）学校教育のあり方を問い直そうとした営みであるといえるだろう。

〔奥村好美〕

［参］加藤幸次（1989）『オープン・スクールの挑戦1　学校を開く―個性ある子どもを育てるために―』ぎょうせい。教職研修総合特集編集部（1993）『オープン・スペース・スクール読本』教育開発研究所。

職員室

　「職員室」とは学校の教職員が執務する空間（部屋）の一つであり，日本では法令によってその設置が定められている。藤原直子（2012）によれば，「『職員室』は明治初期には，休息の場であった。その後，学校規模の拡大や教育システムの変化とともに変容し（中略）事務処理や校務，会議に加えて，情報交換，打ち合わせ，授業準備，教材の作成や保管，生徒の指導，保護者との面談，業者との応接などの執務行為，さらに，食事，喫茶，洗面などの生活にかかわるさまざまな行為」がなされるようになった。教職員が一堂に会す「統合型職員室」，教員集団ごとに分離する「学年職員室」「教科職員室」などの空間形態・運営方式は，その時々の教育理念の反映であるとともに，教職員の行動（執務や協働のあり方）に影響を与えるものとして機能している。

　「職員室」は，空間だけでなく，教職員の間で生成される文化や人間関係を指す場合もある。林孝（2021）は「職員室文化」という概念を提起し，「長年それぞれの学校で価値あるものとして大切にされてきた教育技術や思考・行動様式の総体」と定義している。また，「職員室の変革」や「人間関係の構築」を校内研究のテーマとしている学校が存在することもその一例である（村上・岩瀬，2020）。

　「職員室（文化）」という語は，これまで捨象されてきた日常的な打ち合わせや偶発的なコミュニケーションに光をあてるとともに，教職員の専門性や協働が「空間（という環境）」とのアンサンブルによって成立しているという視点を与えてくれる。ただし，「同僚性」という概念が「教職員の専門性の発達」を重視するのに対し，「職員室（文化）」という語が「勤務校への適応」を志向するものとして機能しかねない点には留意したい。果たして，「勤務校に適応すること」は「教職員の専門性を高めること」なのか，両者の間に生じるジレンマやその調停は教職の専門性発達にとってどのような意義があるのか，といった点は検討が必要な課題である。

〔大島　崇〕

［参］林孝編（2021）『「職員室文化」研究序説』多賀出版。藤原直子（2012）『中学校職員室の学校建築』九州大学出版会。村上聡恵・岩瀬直樹（2020）『「校内研究・研修」で職員室が変わった！』学事出版。

教科準備室，特別教室

　特別教室は，普通教室に対して，主に実験・実習や実技を伴う教育活動を行うため設けられた教室をいう。理科，音楽，美術，技術，家庭，外国語，地理歴史，公民など特定の教科に関するもののほか，視聴覚教室，コンピュータ教室，特別活動室など特定の教科に拠らないものもある。

　教科準備室は，特定の教科・科目の実験・実習等の準備，資料等の作成，教材・教具等の保管などを行うための施設である。

　特別教室は1891 (明治24) 年の「小学校設備準則」において初めて法的に位置づけられた。同規則2度目の改正 (1899年) では唱歌，裁縫等を課している学校で「便宜特別教室ヲ設ケ」ることが規定された。こうした法整備と子どもの自発性や自己活動に根ざした実践を目指した大正新教育を背景として，大正期の小学校には理科，図画，唱歌，手工，裁縫などの特別教室が整備され，準備室の併設も見られるようになった。

　戦後，学校教育法 (1947年) に基づき定められた「高等学校設置基準」(1948年) には「社会科教室及びその標本室」をはじめ，物理や音楽等の教室や準備室を備えることが規定された。2002 (平成14) 年以降に順次制定・改正された各学校種の設置基準では，普通教室，特別教室等からなる教室を備えることが大綱的に示されるに留まる。

　現在，実質的に学校施設の計画・設計上の指針となるのが，文部科学省が策定する「学校施設整備指針」である。2022 (令和4) 年改訂の小学校同指針では，「個別最適な学びと協働的な学びの一体的充実に向け」た学校施設のあり方等を踏まえ，多様な学習内容・形態に柔軟に対応できる学習空間の実現が目指されている。特別教室は，実社会に生きる学びを実現するため，教科等横断的な学びや多目的な活動に対応できることが重要とされる。また1人1台端末の整備により，従来のコンピュータ室や視聴覚教室は個人やグループでの学習が可能な自由度の高い空間とすることが望ましいとされる。こうした特別教室の事例として，東京学芸大学附属竹早小学校の「SUGOI部屋」が挙げられる。同教室は内田洋行，ソニー，NTT東日本の協力により，GIGAスクール時代の教室環境として，壁一面を埋め尽くす巨大なスクリーンが用意されており，海外との交流学習等に活用されている。

〔塚原健太〕

[参] 野中陽一・豊田充崇編著 (2023)『個別最適をつくる教室環境—多様な学びを創り出す「空間」リノベーション—』明治図書。

保健室

　保健室は，学校教育法施行規則によって設置が定められ，学校保健安全法によって「学校には，健康診断，健康相談，保健指導，救急処置その他の保健に関する措置を行うため，保健室を設けるものとする」と示される学校施設である。保健室は，子どもたちの生命を守り心身の発育発達と自立を支える教育的空間であり，養護教諭の存在によって機能する。

　その歴史は明治期に遡る。1897 (明治30) 年に学生生徒身体検査規定が公布されて「検査室」が要望されたり，当時蔓延した感染性眼病トラコーマの処置のために「治療室」が設置されたりした。部屋の名称は「医務室」「養護室」「休養室」などさまざまであったが，大正期，戦前昭和期には「衛生室」，第二次世界大戦後には「保健室」が定着した。1958 (昭和33) 年学校保健法 (現，学校保健安全法) で保健室の設置が法的に明確なものとなった。

　保健室の機能は，社会の変動と子どもたちの心身の健康実態の変化とともに移り変わってきた。それは常に養護教諭が子どもたちの現実から要求を見いだし応答することで形成された。戦後初期は感染症対策や看護活動を主としていた。1970年代，80年代は管理主義教育の中で保健室は「オアシス」「駆け込み寺」と称された。養護教諭は「荒れ」「非行」「問題行動」と向き合い，保健室を子どもたちのケアをする受容的な空間とした。80年代，90年代の「登校拒否」「不登校」からは子どもたちの居場所や教育権を保障しようと「保健室登校」を生み出した。保健室では，子どもたちの思いを受け止め，信頼の糸を紡ぎ，それぞれの課題を乗り越えるための支援をしていった。また養護教諭は保健室を「からだの教室」と呼んで性教育や保健指導に取り組み，救急処置や健康診断を行うだけではなく学習の場としても位置づけた。

　保健室は多機能な教育的空間である。養護教諭が子どもたちを受容し，心を砕き，安心安全の居場所を保障する。そこでは個別具体的に発育発達を支援し，人と人をつなぎ，自立を応援する実践が展開されている。

〔有間梨絵〕

[参] 数見隆生・藤田和也 (2005)『保健室登校で育つ子どもたち—その発達支援のあり方を探る—』農山漁村文化協会。教育科学研究会・藤田和也編著 (2008)『保健室と養護教諭—その存在と役割—』国土社。

学校図書館

　学校図書館法（1953年制定）の第1条に，学校図書館は「学校教育において欠くことのできない基礎的な設備である」と示されている。また，第2条には，学校図書館が「学校の教育課程の展開に寄与するとともに，児童又は生徒の健全な教養を育成することを目的として設けられる学校の設備」であると示されている。

　1997年の学校図書館法改正により，12学級以上の規模の学校では，2003年4月以降司書教諭が必置となった（第5条）。一方，2014年の法改正では，学校司書の配置が努力義務化された（第6条）。

　学校図書館（「図書館又は図書室」）は，学校教育法施行規則（1947年制定）に基づき設置されることとなった（第1条）。また，戦後初期には，旧師範学校附属学校や文部省が指定した実験学校で図書館教育の教育課程編成と実践が模索され，それは全国の学校に拡がった。ここでいう図書館教育とは，読書指導と合わせて，学校図書館の多様なメディアを，教材や教具として教育課程において活かすことを企図したものである。

　また，2016年に文部科学省が定めた「学校図書館ガイドライン」には，学校図書館の中心的な役割として，「読書センター」「学習センター」「情報センター」の3機能が示された。これらの3機能には，児童生徒の読書活動や学習活動だけでなく，教材研究など教員の教育活動を支援する役割をもつことも含まれる。また学校図書館は，主体的・対話的で深い学びを効果的に進める基盤としての役割を担うことから，校長が館長となることが有効であると示された。これらの役割を学校図書館が果たすために，1993（平成5）年より，「学校図書館図書整備等5か年計画」とそれに基づく地方財政措置が講じられている。

　以上のことから，学校図書館は，読書活動に加え，情報活用能力を育成し，探究的な学習において利活用される役割を担う。そのために，その物理的リソース（図書などの多様なメディア）や人的リソース（司書教諭や学校司書）を活用して，児童生徒や教員がともに学び方を学ぶ場として，学校図書館を利活用することが期待される。

〔新居池津子〕

［参］根本彰（2019）『教育改革のための学校図書館』東京大学出版会。

学校園・ビオトープ

　学校園は，校地に作られた植物栽培等のための施設である。狭義には，樹木園，野草園，農園，温室等を指すことが多い。広義には動物の飼育舎を含む場合もある。それらの施設は，自然観察，環境教育，情操教育，学校美化等を目的とし，教科教育や特別活動等において活用される。このような多様な目的や形態は，学校制度の整備とともに，歴史的に形成されてきた。

　学校制度が体系化される20世紀初頭，「学校園ノ施設ニ関スル通牒」（1905年）において学校園は政策上初めて登場する。ヘルバルト派教育学の影響を受けており，主に「自然物ノ観察研究」と「品性ノ陶冶養成」が目的となっていた。そして，これらを総合的に関連づけて「教育ノ効果ヲ円満ナラシメ」る施設として位置づけられた。他にも，本通牒に深く関わった針塚長太郎と棚橋源太郎は，「農業の趣味」の助長，「自然物観察」，「作業を通じた訓育」等を重視した。学校園は相互に絡み合う種々の目的・機能を包摂しながら成立し，そのねらいをめぐる関係のあり方や扱いの比重によって多様な形態が生まれていったのである。

　ビオトープとは，ある環境条件のもとで一つの生態系をなす生物の生活空間を意味する。この語は元来生態学の学術用語であったが，2006年の教育基本法改正時に環境教育関連の規定が入れられると，学校教育の中にビオトープが本格的に導入されるようになる。また，1996年以降実施されている「環境を考慮した学校施設（エコスクール）」の整備・認定事業により，従来の学校園等が，より自然豊かな「生態園」として生物が生息できる空間，つまり学校ビオトープの形態をとるようにもなった。現在では，エコスクールに限らず多くの学校でビオトープが整備され，教科教育等で利用されている。例えば『小学校学習指導要領（平成29年告示）解説　理科編』においては，学習内容の理解を深め，「生物愛護」の態度を養う際にビオトープ等の活用・工夫が提起されている。このように，現在でも学校園にはさまざまな役割が期待されている。だからこそ，その意義と役割について原理的・歴史的に省察し，それを踏まえてよりよい実践につなげることが求められる。

〔後藤みな〕

［参］杉山恵一・赤尾整志監修（1999）『学校ビオトープの展開―その理念と方法論的考察―』信山社サイテック。田中千賀子（2015）『近代日本における学校園の成立と展開』風間書房。

体育館・講堂

　体育館は「屋内運動場」の一つである。文部科学省学校設置基準では「体育館」と呼称するこの施設は，小・中・高等学校・特別支援学校施設整備指針では，屋内運動施設の「屋内運動場」として規定している。「体育館」での規定はない。

　整備指針で屋内運動場と示すように，雨天時の利用を考慮しながら同時に複数の学級が使用できるよう配慮して，教科体育，体育的行事，クラブ活動（小学校），部活動（中・高等学校）等を屋内で行う運動施設である。主室および控室，更衣室，便所，運動器具庫等の付随施設が一体的に設置されている。設置場所は，屋外運動施設（運動場）と連動することを考慮し，運動場に移動しやすく，相互に見渡せる位置に設置されることが多い。

　また，入学式・卒業式等の儀式的行事，学芸会・合唱コンクール等の文化的行事，学校集会・学年集会等の各種集会，学習・研究成果の発表等に体育館は利用される。学校施設整備指針では「より安全・快適に利用できるように備えることが望ましいもの」としてステージや控室等の設置を示しているが，設置を義務づけたものではない。

　なお，津波等災害時に避難所等としての利用を想定し，体育館が上層階に設置される所もある。近年では地域スポーツ環境施設として体育館の開放が積極的に行われ，全国の学校体育館のうち 76.1 %（スポーツ庁 2020（令和2）年度調査）が地域に開放され，利用されている。

　講堂は，一般的には入学式・卒業式等の儀式的行事，学芸会・合唱コンクール等の文化的行事，学校集会・学年集会等の各種集会，学習・研究成果の発表等に使用される。専用講堂を除き，屋内運動場にステージ，控室等を設置した体育館がその役割を果たしている。

　講堂の歴史は古く，明治時代に西洋の教育制度が導入された際，西洋式建築物や施設が学校に導入され，講堂もその一つとして整備された。大正時代に，より近代的な講堂が建設され，講堂は学校行事や教育活動の中心的な場として機能が確立された。現在は，体育館とは別に設備の整った講堂を設置している学校も多い。独立して設置された講堂は，教育活動だけでなく地域のイベントや文化活動にも利用され，地域社会と学校とのつながりを深める施設として機能している。

〔清水克博〕

［参］スポーツ庁（2023）『我が国の体育・スポーツ施設―体育・スポーツ施設の現況調査報告―』。文部科学省（2007）『小学校設置基準』。文部科学省（2007）『中学校設置基準』。

黒板・電子黒板

　黒板は，文字をはじめさまざまな視覚情報（絵・写真・図・グラフなど）を，チョークや掲示物によって「板書」として構成し，教室全体に提示（共有）する道具（アナログの視覚メディア）である。

　電子黒板は，黒板を電子化（デジタル化）したものであるともいえるが，両者の特性の違いは，以下のような授業の思想と方法に深く関与する。

　単に「（教師が）教えたい内容を提示する視覚メディア」として使うだけならば，両者の役割に大差はない。若干の差があるとしたら，「予め仕込んでおいて迅速に提示」できる点では電子黒板の方が効率的であり，授業展開に合わせて変更しやすいのがアナログの黒板である。

　子どもの表現物（文章・絵・図・写真・動画など）を教室全体で共有しながら展開する授業ならば，別名「Interactive White Board」とも呼ばれる電子黒板の双方向性・一覧性・効率性が際立つ。子どもたちのタブレット端末とリンクして，瞬時に多くの情報を共有できるのが ICT のメリットである。

　ただし，現状の電子黒板のサイズだと，「子どもの表現物を視界に残す」などして，「授業の全体像を視覚的に共有する」ような用途には応え難い。発表者や表現内容が変わる度に画面を切り替えなければならないからである。画面をプリントアウト（＝アナログ化）して掲示板や黒板に貼っていくこともできるが，その点でいえば旧来の黒板に優位性がある（ただし，子どもの表現物を画用紙などに転記させる必要があるため，非効率な面も覚悟しなくてはならない）。

　「子どもの発話内容を書きとめる・整理する」ことを企図するならば，（現状では）アナログの黒板が優位であろう。ただし，将来的に AI で話し合いを自動的に視覚化し，論点整理まで実行できるようになれば，優位性が揺らぐ可能性はある。このとき，授業に向き合う「思想」が問われることになる。「正解」への効率的な近道を目指すのか。〈あの子〉の「こだわり」や「つまずき」にも価値を見いだし分かち合うのか。単にデジタルとアナログという違いに収まらない問題が浮き彫りになるだろう。

〔八木秀文〕

［参］大西忠治（1987）『授業つくり上達法』民衆社。深澤広明編（2014）『教育方法技術論』協同出版。

電子掲示板

　コンピュータネットワークを使用して自由に情報を書き込んだり読んだりするものである。「BBS」(Bulletin Board Systemの略)とも呼ばれる。同好者が集まって，テーマ(トピック)に沿ったスレッドを立て，それに対するコメント(レス)を投稿しあって情報交換や議論を行うことができる。

　大半の電子掲示板ではテキストのみのやり取りをするため，ナローバンドの通信環境でも使用することができる。ただし，イラストや写真を載せて，それに対して情報交換をする電子掲示板もあり，その場合は読み込みに時間がかかることがある。電子掲示板は，webサーバ上でプログラムを実行するCGIを用いて，PerlやPHPなどで記述されたスクリプトで実装されたり，JavaScriptで実装されたりする。

　電子掲示板は，個人が開設する小規模なもの，LMS (Learning Management System)の一機能として使用者が限定されるもの，そして一つのウェブサイトの中にいくつものトピックやスレッドがあり，ユーザ数も多い，社会的に影響を与える大規模なものもある。LMSの電子掲示板を除くと，多くの場合，匿名で投稿することができるが，そのために「荒らし」と呼ばれる報復や雰囲気を壊す書き込みが行われたり，「叩き」と呼ばれる荒らしに対抗した過剰な非難行為が行われたりすることがある。その結果，「炎上」と呼ばれる電子掲示板上で行われる喧嘩や誹謗中傷に発展することもある。炎上によって多くの利用者の目にとまったり，ニュースサイトで取り上げられたりするため，炎上や叩きによって，書き込んだ／書き込まれた人や事項は広く社会に知られる。ただし，宣伝効果があるのはごく一部で，炎上や叩きを原因とする心理的な損害をもたらすことがある。

　大規模な電子掲示板に学校裏サイトとしてのスレッドが立ち，人間関係のトラブルあるいはいじめに発展する恐れのある悪口や，「晒し」と呼ばれる個人の秘密や誹謗中傷がそのスレッドに書き込まれることがある(田川，2012)。このような晒しは，電子掲示板では，匿名の投稿ではあるが無関係な利用者の目にも止まっていたが，SNSで行われるようになって，限られたメンバーしか目に触れなくなり，悪質で陰湿な傾向になりつつある。

〔坂本將暢〕

［参］田川隆博(2012)「ネットいじめ言説の特徴 ―新聞記事の内容分析から―」『名古屋文理大学紀要』12, 89-95頁。

第3節　カリキュラムと評価・経営

学校評価

　日本では，戦後まもない1940年代末，米国の影響のもと，新制中学校・高等学校の制度的側面の評価の必要性もあり，研究的・教育行政的に，学校評価が注目された。1950年代にも，学校評価論が再び活発になり，学校においては評価の必要性の認識は広がったが，実践およびそれに対する努力は停滞した（中留，1984）。

　1990年代，規制緩和と地方分権を背景に，ニューパブリックマネジメントの影響を受け，アカウンタビリティが強調されるようになった。米国，英国，ニュージーランド等の学校評価制度の研究知見も発表され，学校評価の研究が盛んになった。2002年には小学校設置基準等において，各学校による自己評価の実施とその結果の公表が努力義務とされ，2006年には「義務教育諸学校における学校評価ガイドライン」が策定された。2007年，学校教育法と学校教育法施行規則の改正により，自己評価・学校関係者評価の実施・公表，評価結果の設置者への報告に関する規定が新たに設けられ，法制化に至った。学校教育法第42条には，学校評価の目的として，各学校の教育活動および経営活動の組織的・継続的な改善，説明責任の遂行および学校・家庭・地域の連携協力による学校づくりの推進，設置者等による各学校への支援や条件整備等の改善措置による教育の質の保証・向上が挙げられている。2016年には「学校評価ガイドライン」に改訂された。この間，木岡一明や大脇康弘，加藤崇英といった研究者が教育行政や学校とともに学校評価の開発的研究を行った。

　2017・2018年版学習指導要領では，「各学校が行う学校評価については（中略）カリキュラム・マネジメントと関連付けながら実施するよう留意する」こととされた。

　現在，学校評価の定着段階に至り，学校評価研究は，理論研究だけでなく，実証研究，実践開発研究，比較研究など多岐にわたり展開されている。実践上の課題は，目標と評価指標・項目との整合性の担保，教職員の内発性や協働性，学校評価の自己目的化や形式化，学校評価と連動した設置者による支援などが指摘されている。

〔田村知子〕

［参］中留武昭（1984）『戦後学校経営の軌跡と課題』教育開発研究所。福本みちよ編著（2013）『学校評価システムの展開に関する実証的研究』玉川大学出版部。

カリキュラム評価

　広義には，意図的・計画的な営みである学校のカリキュラム（教育課程）の全般に対する価値判断を指す。狭義には，カリキュラムに設定された目標（教育目標）の実現の度合いによって，当該カリキュラムの成否を判断する行為を指す。一般的には，カリキュラムの計画・実施・評価・改善のプロセスを一体のものとして考えるため，カリキュラム評価の目的は，当該カリキュラムを改善することであるといえる。

　カリキュラム評価の理論的な出発点は，R. W. タイラーの教育評価論にあるといわれる。タイラーは，いわゆるタイラー原理の中で，生徒の学習到達度の差を測る「測定」や「テスト」ではなく，教育目標を規準としたカリキュラムの実施状況を把握し，カリキュラムや授業の改善に結びつける評価（evaluation）の重要性を指摘した。

　日本では，第二次世界大戦終戦直後の学習指導要領においては，「教育課程の評価」の重要性が強調されていたが，1958年の「告示」化以降，各学校がカリキュラムを評価，改善するという風潮は全国的に弱まっていったとされる。しかし，1990年代以降の教育課程に関する規制緩和（地方分権化）の方針や，2010年代以降のカリキュラム・マネジメントの提唱によって，各学校がカリキュラム評価を実施する必要性が再び強調されるようになっている。

　カリキュラム評価の対象は，カリキュラムそのものの捉え方によって変わる。①カリキュラムの実施としての授業実践やその結果としての生徒の学習成果の次元（達成された attained カリキュラム）では，学力（学習）や授業の状況などが評価の対象となる（学習評価，授業評価）。②各教室等で授業として実施される前の計画の次元（実施された implemented カリキュラム）では，各学校が編成する各教科等の目標や内容，教員の指導力，学年や学校の組織や文化や環境の状況などが評価の対象となる（学校評価，教員評価）。③国家規模での学校教育に関する制度，内容，環境の次元（意図された intended カリキュラム）では，カリキュラムに関する諸法規，学習指導要領，教科書などが評価の対象となる（教育課程実施評価，学力学習状況評価）。

〔赤沢早人〕

［参］田中耕治（2008）『教育評価』岩波書店。

カリキュラム・マネジメント

「カリキュラム・マネジメント」は、2017・2018年版学習指導要領の理念を実現するための鍵概念として、学習指導要領に初めて明記された。「総則」には、「各学校においては、生徒や学校、地域の実態を適切に把握し、教育の目的や目標の実現に必要な教育の内容等を教科横断的な視点で組み立てていくこと、教育課程の実施状況を評価してその改善を図っていくこと、教育課程の実施に必要な人的又は物的な体制を確保するとともにその改善を図っていくことなどを通して、教育課程に基づき組織的かつ計画的に学校の教育活動の質の向上を図っていくこと」と定義されている。

研究的には、教育方法学と教育経営学の結節点に位置づけられる。「学校に基礎を置くカリキュラム開発」が注目された1970年代より、教育行政主導の教育課程「管理」や教育課程「行政」観を乗り越える概念として、「教育課程経営」研究が現れた。その知見を基盤とし、「総合的な学習の時間」が新設された1998・1999年版学習指導要領前後より、あえてカタカナで「カリキュラムマネジメント」（学術的には「・」のない表記が多い）の概念を用いた研究が展開された。その特徴は、カリキュラムに能動性や課題解決性を見いだし、その開発とマネジメントを学校の経営戦略の中核に位置づける点にあり、教育内容の配列および修正・再編成を作業として行う教育課程「編成」観の克服が意図された。教育課程基準の裁量を生かし、各学校が自校の児童生徒の教育課題解決のために策定した教育目標のよりよい達成をめざし、哲学的・理論的検討も含め、教育内容・方法とその条件整備を自律的に開発するカリキュラム開発観に立つ。個業に陥りがちな教育実践を、カリキュラムを媒介として学校の組織的営為に位置づける理論でもある。目標・内容・方法・評価系列の「連関性」と条件整備系列の「協働性」がその「基軸」と論じられる（中留、2021他）など、「つながり」はそのキーワードである。

2003年の中央教育審議会答申以降、教育行政の文書にもその概念が取り上げられ、教科等横断的な学びや「主体的・対話的で深い学び」を実現する営みとして政策的に推進されるに至っている。

〔田村知子〕

[参] 田村知子（2022）『カリキュラムマネジメントの理論と実践』日本標準。中留武昭編著（2021）『総合的な学習の時間—カリキュラムマネジメントの創造—』日本教育綜合研究所。

指導と評価の一体化

学校の教師による日々の指導は、無計画に行われることは決してなく、学校ごとに編成される教育課程と、教師によって作成されるより具体的な指導計画に基づいて計画的に行われている。だが、いくら綿密に編成・作成された教育課程や指導計画であっても、ひとたびの編成・作成をもってそれで完成ということはなく、指導の過程において実施される評価をとおして振り返られ、絶えず改善されることが前提となっている。

このように、「（計画的な）指導」と「（改善のための）評価」との間には循環があり、この循環構造のことを「指導と評価の一体化」、または、Plan（計画）、Do（実践）、Check（評価）、Action（改善）の各プロセスの頭文字をとって、PDCAサイクルという。学校や教師には、この循環を意識的に機能させ、実践を完成形としてではなく、未完成のものとして絶えず問い直し改善しようとする姿勢が求められる。

循環の性質によって、「指導と評価の一体化」には次の二つの種類がある。一つは、評価を直後の指導改善に生かすための「指導と評価の一体化」である。もう一つは、「子どもに育てたい資質・能力」等に基づいて設定した学校の重点目標の実現に向けた教育課程の実施状況を評価してその改善を図っていくカリキュラム・マネジメントの一環としての「指導と評価の一体化」である。このように、「指導と評価の一体化」には、個々の教師の指導改善という視点だけでなく、例えば、導入した教科横断的な学習の効果を検証するなど、学校の教育課程全体で取り組む資質・能力の育成の状況・成果を検証し改善するという視点が含まれている。

また、「指導と評価の一体化」には、評価を教える側の改善に生かすという上述した側面の他に、評価を学ぶ側の改善に生かすという側面もある。評価を子どもの学習改善につなげるためには、学習評価は単元末や学期末などになされる総括的な評価のみではなく、指導の過程において、評価結果をこまめに子どもに還元したり、評価結果を伝えると同時に学習の改善点や改善方法について子どもとともに確認したりする等の形成的な評価の工夫が一層重要となる。

〔北川剛司〕

[参] 田村知子（2016）「マネジメントサイクルによるスパイラルアップ—評価・改善・計画・実施を確実につなごう—」田村知子・村川雅弘・吉冨芳正・西岡加名恵編『カリキュラムマネジメントハンドブック』ぎょうせい。ハッティ、J．クラーク、S．著、原田信之監訳（2023）『教育の効果—フィードバック編—』法律文化社（原著、2019年）。

学力調査

　日本語で学力調査という場合，そこには目的の大きく異なる二つの調査が含まれている。一つは，個々人の調査時点の能力や課題を明らかにし，学習や指導に活かすための調査である。例えば単元の終わりに行う確認テストはその一例である。もう一つは，国あるいは国際的な学力実態を把握し，教育政策の課題や集団の学力差を捉える大規模学力調査（Large-scale assessment）がある。これには，PISAやTIMSSのような国際学力調査が該当する。

　いずれも広義には「学力調査」と呼びうるが，目的や望ましいあり方はそれぞれ異なっている。学習に活かすには，一人ひとりの学力実態をできるだけ正確に把握し，素早く結果をフィードバックしなければならない。その際，個々人の社会的属性（エスニシティやジェンダー，家庭環境など）の情報は必ずしも必要ではない。他方で大規模学力調査の場合，個々人の正確な学力を把握したり結果を個人にフィードバックする必要はなく，平均や分散といった集団レベルの統計量が適切に推計できればよい。加えて，集団間の学力差に関連すると考えられる社会的属性はもとより，教員・学校の特徴に関する情報も，可能なかぎり収集することが求められる。

　異なる二つの目的を，一つの調査の中で両立するのは難しい。両立の難しさを示す典型的な例が，文部科学省が悉皆で毎年度実施している全国学力・学習状況調査である。この調査は複数の目的を一つの調査で達成しようとした結果，いずれも中途半端になったうえ，自治体間・学校間の正答率競争など，さまざまな弊害を生じさせている。何のために学力を調べるのか，目的に応じた設計が求められる。

　その際に重要なことは，関係者のリテラシーである。近年はICTの発展に伴い，Computer-based Testingなど，テスト技術の発展が著しい。現代の学力調査のあり方を論じるには，学力論や評価論はもちろんだが，項目反応理論を始めとする教育測定論，標本抽出や母集団の推定を行う社会調査，コンピュータやネットワークに関する情報工学など，さまざまな分野の知見を総合的に考慮する必要がある。学力調査を受検する側ではなく，むしろ調査を設計する側の見識が問われる時代になっているということもできるだろう。

〔川口俊明〕

［参］川口俊明（2020）『全国学力テストはなぜ失敗したのか』岩波書店．

校内研修

　学校の教員は，教育職員免許法第9条，地方公務員法第37条，教育公務員特例法第22条に基づき，研修を受けることが義務づけられている。校内研修は，通常は校内の全教職員を対象とし，学校教育目標の達成に向けた課題等を共通テーマとして年間計画に位置づけて実施される。日本における校内研修は，教員個人の教育技術向上だけでなく，学校全体としての教育理念や方針を共有し，組織としての一体感を強化する重要な手段にもなっており，これにより教育の質を担保しつつ地域や学校の特色を活かした教育の実践を可能にしている面がある。

　校内研修の中核に位置づく授業研究は，明治初期に普及し始め，明治20年代以降はその目的や内容・方法が定型化され，授業における教師の自律的判断，選択を閉ざす装置になっていた。その閉塞的状況を打破する試みが明治後期から大正期に盛んに実践され，その当時の教育理念は現代の教育改革の方向性にも大きな影響をもたらしている。その後，教育方法学研究としての授業研究が確立されたとされる1960年代前半以降は，各学校の授業協議会（研究授業の検討会）の実践が蓄積され，教員同士が特定の「研究授業」を見合い，協働的に授業力を鍛え合う教員文化が成立するに至った。これらの優れた実践は，Lesson Studyとして国際的にも注目されている。

　ただし，学校内外の教育環境の激変に対応することなく前例踏襲型の校内研修にとどまっていたり，教育委員会等の指定課題に形式的に対処することが目的化されたりする研修実態も散見される。本来の目的に即して教員の多様なニーズに合わせた研修のあり方を再考することが求められよう。

　今後ますます学校のデジタルインフラも進化し，オンラインの研修コンテンツやクラウドでの共同編集を活用する技術も一般化するであろう。それらを積極的に活用すると同時に，研修に参加する教員の当事者意識を高めることも重要になる。そのために，①教員の年齢やキャリアや立場等にかかわらず，自由に意見が言える雰囲気を醸成して職場の心理的安全性を高めること，②研修の成果を事後の実践にどう応用したかの情報を教員間で相互評価すること，③校内研修を校外の教育関係者や保護者等にできるだけオープンにし，公共的・民主的な学びの場に拡張していくことが求められる。これらにより参加者のWell-Beingも高まることが期待される。

〔伏木久始〕

研究指定校・研究開発学校

　研究指定校は，ジョン・デューイのシカゴ実験学校に代表されるように，歴史的には「実験学校」の名称で新しい教育方法を開発し検証する目的で各地の国立大学附属学校が中心になってその役割を果たしてきた。

　研究指定校とは国および教育委員会が指定した学校が教育方法等の研究開発を行うことを意図しているが，その実態は授業のモデル校であり，力量の高い教師がモデル的な授業を実施し，地域の授業力を向上させることが意図されている。研究指定の期間は2〜3年が多く，指定期間中毎年あるいは指定期間の最後に学校を公開する場合が多い。

　研究指定校は基本的に学習指導要領を中心とする国の基準に従う必要がある。1976年より，学習指導要領の枠を離れて教育課程の研究開発を行う「研究開発学校」制度が誕生した。その後2008年より研究開発校とは別に学校または地域の実態に照らし，その特色を生かした特別の教育課程を編成することを認める「教育課程特例校」，2022年より教科等ごとの授業時数の配分の変更による特別の教育課程を編成して教育を実施することができる「授業時数特例校」が制度化されている。

　研究開発学校等は学習指導要領の枠を超えた教育課程の編成を可能とする一方，そのような教育課程の編成能力（カリキュラム・マネジメント）を学校に求める。したがって研究指定校の実績を積んだうえで研究開発学校となる場合が多い。研究指定校も研究開発学校もモデル校としての位置づけを併せ持っているが，モデル校から通常の学校の授業改善につながりにくいという理由から，研究指定校や研究開発学校以外の学校改革戦略を採用する学校や教育委員会もある。研究指定校となることで予算が獲得でき，助言者の派遣を受けやすくなって校内研究の活性化につながると考える校長は多いし，多くの実践報告で研究指定校になることが学校改革の契機になったと記述されている。一方で研究指定校となることで技術的実践に偏り，校内の組織文化が悪化したために研究指定校となることをやめた学校もある。

〔千々布敏弥〕

[参] 金港堂編（1991）『全国附属小学校の新研究』大空社。デューイ，J.著，宮原誠一訳（1957）『学校と社会』岩波書店（原著，1899年）。文部科学省「研究開発学校制度」（https://curriculumdb.mext.go.jp/bc/kk/）。

教育課程特例校

　教育課程特例校とは，各学校または当該学校が設置されている地域の実態に照らし，より効果的な教育を実施するため，当該学校または当該地域の特色を生かした特別の教育課程を編成して教育を実施する必要等が認められる場合に，学校教育法施行規則第55条の2等に基づいて，特別の教育課程を編成して教育を実施することができる学校を指す（文部科学省「教育課程特例校制度実施要項」2021（令和3）年7月30日改正）。これは，2003年度に構造改革特別区域研究開発学校制度として開始され，その後，手続きの簡素化等を行って2008年度より進められてきた教育課程特例校制度によるものである。国立・公立・私立の小学校，中学校，義務教育学校，高等学校，中等教育学校，特別支援学校が対象であり，2024（令和6）年4月時点では1,845校（管理機関数225件）が指定を受けて，独自の教科等の新設，既存教科を英語で実施するイマージョン教育，学校段階間の連携による教育等の取り組みを進めている（文部科学省「教育課程特例校制度概要」）。

　教育課程特例校の指定を受けるには，希望する学校の管理機関が文部科学省に申請書を提出し，審査を経て認められる必要がある。その際，学習指導要領等で全児童生徒に履修させるべきとされる内容事項の適切な取り扱いや総授業時数の確保，保護者の経済的負担への配慮その他の義務教育における機会均等の観点からの適切な配慮等，所定の要件を満たすことが求められる。また，各学校や管理機関には，関係者への説明や実施状況等に関する情報の公表等が求められる。

　教育課程特例校は，学習指導要領等の教育課程の基準によらない特別の教育課程の編成と実施を可能にする特例を活用するものである。こうした特例には「研究開発学校」や「スーパーサイエンスハイスクール」等もあるが，教育課程特例校に関しては，市区町村単位での統一的な取り組みが行われる例も多いことが指摘できる。また，教育課程特例校をめぐっては，教育委員会や各学校の独自性が発揮される程度，教員の裁量や自律性への影響，学校や教員の創意工夫を支援するための条件整備のあり方，公教育の多様化を認める範囲や基準等についての検討も求められる。

〔木村　裕〕

[参] 大桃敏行・押田貴久編著（2014）『教育現場に革新をもたらす自治体発カリキュラム改革』学事出版。文部科学省「教育課程特例校制度概要」（https://curriculumdb.mext.go.jp/bc/files/uploads/教育課程特例校制度概要（R6.4）.pdf）。文部科学省「教育課程特例校とは」（https://curriculumdb.mext.go.jp/bc/tr/）。

第4章

学力の形成と授業の研究

第1節　授業の目的と学力の形成
第2節　授業設計の原理
第3節　授業展開の方法
第4節　授業と集団
第5節　授業の分析と評価

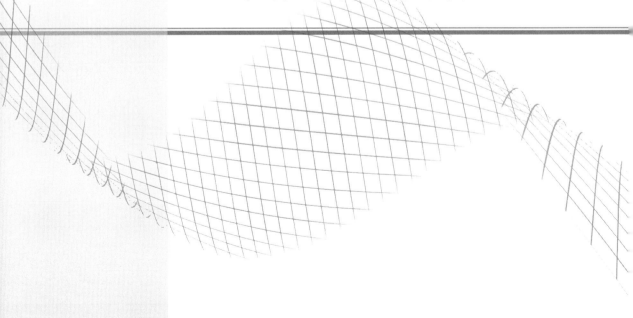

第1節　授業の目的と学力の形成

教育目標

　単元や授業における教育目標を考えることは，単元における一連の授業，またそこでの個々の授業で，子どもたちにどのような学力を形成するのかという問いに取り組むことを求める。教育を目的意識的な営みであると捉えれば，単元や授業を構想する際に教育目標は欠かすことができない。学校の教育目標，教育課程，その教科・領域の特質や構造，教師の願いや子どもたちの実態等を踏まえつつ，単元や授業の教育目標は設定される。

　かつては教育目標と教材とは未分化であったが，いわゆる戦後初期の「新教育」に対する批判の中で「教科内容」と「教材」との区別が自覚された。ただし，教育目標は内容だけで構成されるわけではない。ラルフ・タイラーは，目標の内容的側面と行動的側面をかけ合わせることで，教育目標を表現することを提案している。こうしたタイラーの考え方は，ベンジャミン・ブルームらの教育目標の分類学の研究に引き継がれている。これらの研究では，観察可能で断片的な行動（目標の細分化）にとどまらない，高次の学力を射程に入れた教育目標が，本来意識されていた。

　教育目標を設定するにあたっては，それが単元や授業での教育活動や教育評価の指針となるとともに，それにより子どもたちの学力保障や学習権保障につながる教育実践を実現しうるようにすることが課題となる。よりよい教育目標を設定するにあたっては，目標の「精選」や「明確化」が求められる。「精選」する際には，学力の質や教育内容の構造を念頭に置いて，特に子どもたちが学ぶ価値のある中核となる目標に絞り込むことが重要である。「明確化」するにあたっては，目標を類型化したり細分化したりするのみならず，高次の学力を含めて目指すに値する目標を，学習後の最終的な子どもの姿を意識しながら具体化することが大切である。ただし，事前に設定した教育目標は必ずしも固定的に捉える必要はない。教育評価で把握された子どもたちのつまずきや学習実態等に照らして検討され，時に修正されることで，教育目標自体が鍛えられていくといえる。

〔奥村好美〕

[参] 石井英真（2020）『授業づくりの深め方─「よい授業」をデザインするための5つのツボ─』ミネルヴァ書房。

学力の構造

　「学力」ということばが，現在のように学校教育の理論・実践研究の中で目的意識的に使用されるのは，戦後のことである。「学力」をめぐっては，「学力とは何か」（定義），「その学力を構成する要素と関係構造，能力の性質はどのようなものか」（学力モデル）という点からさまざまな議論や時に論争が展開してきた。

　学力モデルをめぐっては，知識や技能といった認知的要素に加え，態度や価値といった情意的要素を入れるかどうか，それらを層，段階，並行など，どのような関係で構造化するかをめぐって立場が分かれる。

　例えば，1960年代初頭に学力モデルを提示した廣岡亮蔵は，戦後の経験主義と科学主義の双方の問題点を踏まえ，態度層を中核としてその周りに知識層を配置した二層構造で学力構造を捉え，高い科学的な学力と生きた発展的な学力を志向するモデルを提起した。廣岡の学力モデルに対しては，学習者の知識形成のつまずきを態度に求める「態度主義」に陥るとの批判がなされた。こうした態度主義を回避するため，中内敏夫は，学習者が文化内容に裏づけされた教育内容を習得し，それを生き方や思考力などの人格価値にまで高めた状態を「習熟」とする学力モデルを提起した。また，1970年代中頃から京都で展開する到達度評価運動に見られるように，B. S. ブルームの教育目標の分類学に依拠して，認知的要素と情意的要素との対応関係を描き，両者の統一体としての学力モデルを描く研究も存在する。

　以上のような学力の構造をめぐる議論は，同時に教育目標と学力評価，さらにそれらをつなぐ教育課程や授業の構造の研究も連動して推進してきた。1990年代に展開する「学び論」の中では，こうした目標と評価，教育課程，各教科内容や授業を構造化する研究そのものを問い直す動きも生まれた。しかし，2000年代以降，グローバル化の動きからダイレクトに学校に要請されるコンピテンシー形成の要請の中で，公教育において固有に育成すべき学力とはいかなる構造をもつものかを解明することが改めて問われている。

〔竹川慎哉〕

[参] 田中耕治（2010）『教育評価』岩波書店。中内敏夫（1971）『学力と評価の理論』国土社。

目標の種類

　授業に関する目標は，子どもに習得させたい内容や育てたい能力を年間・教科レベルで示した年間・教科目標や，単元・授業レベルで示した単元・授業目標など，学習活動の期間や領域に応じて設定される。これらの目標の種類としては，その質の違いから，大きくは到達目標と方向目標という区分が用いられ，一般的には，それぞれ次のように整理される。

　到達目標とは，「二次関数のグラフが書ける」，「江戸時代の産業構造がわかる」といったように，子どもたちが習得しなければならない内容と能力が具体的に示されたものである。一方で，方向目標とは，「自然の巧みに関心をもつ」，「自ら解決する態度を養う」といったように，習得すべき内容と能力は具体的には示されず，望ましい方向のみが示されたものである。到達目標が，「知識・技能」や「思考力・判断力・表現力等」など認知的・技能的要素を基底とし，ある程度は到達度を点検・判断できるのに対して，「主体的に学習に取り組む態度」など情意的要素を基底とする方向目標は，基本的には追求し続ける対象であり，個人内での比較や他者との比較を通じて，望ましい方向性への変容の有無や程度を確認することになる。

　ただし，板倉聖宣が教育目標を到達目標と方向目標に区分して以降，その区分のあり方や，対応する評価方法，教育責任の所在などは論者によって異なり，論争的であり続けている。

　例えば，中内敏夫は，到達目標と方向目標の質の違いから，「到達目標－到達度評価」，「方向目標－相対評価」という図式を提示した。中内は，学校や教師の教育責任が不問に付される相対評価を批判し，すべての子どもの学力保障を実現するために，到達目標に基づく到達度評価を土台とする教育課程編成や授業づくりを主張した。

　また，梶田叡一は，到達目標が行動目標として扱われると，子どもの学習が観察可能な行動の変容として限定的に規定される点や，要素主義的で累積的な学習観では高次の能力の獲得が困難になる点を問題視し，到達目標を達成目標，向上目標，体験目標に区分した。達成目標と向上目標が上述の到達目標と方向目標にそれぞれ概ね対応する。一方で，体験目標は，何らかの変容を直接的にはねらわずに，感動や発見など特定の体験の生起自体をねらいとしており，梶田の到達目標には情意的要素が含まれる点に特徴がある。

〔本宮裕示郎〕

基礎学力

　基礎学力とは学力のうちの基礎的な部分を指す。ただし，学力も基礎学力もこれまで多様に捉えられてきた。一義的に決めることは困難である。

　第一に，学力の捉えが多様である。学力を学校において育まれるものに限定するとしても，社会への準備として汎用的な能力の育成が学校に求められる今日，学校において育まれるべきものとそうでないものとの境界線が曖昧である。

　学力を，測定・数値化されうる力に限定するか，測定できないものも含めて措定するかでも異なる。前者は認識の能力に限定して，後者は情意面も含めて学力を捉えてきた（勝田－広岡論争）。情意面を含む学力の測定・数値化の努力も積み重ねられてきた今，測定可能範囲について幅広く一致した見解を生み出すことも困難である。

　第二に，基礎とは何にとっての基礎か，という点でも多様である。戦後の論争において基礎学力は，すべての学習の基礎としての3R's（読み書き算），教科ごとの基礎的な教育内容，国民の共通教養としての義務教育段階までの教育内容（ミニマム・エッセンシャルズ），多層的な学力構造の（基礎的な）一部分などとして多様に捉えられてきた（田中，2004，37頁）。狭義の基礎学力とされる3R'sについても，教科の学習や認識の手段・道具として捉えるのか，認識それ自体と捉えながら教科の認識を総合する役割を果たすものと捉えるのかでも異なる。

　基礎というものにどのような位置づけ・機能を措定するにせよ，何を基礎とするのかは時代によっても異なる。ICT活用が当たり前になりつつある今日，例えば「書く」とは手書きなのかタイピングなのかというように，情報活用能力との関係でも検討する必要がある。認知能力ではなくて非認知能力の重要性を示唆する立場もある。どちらを基礎とするのが妥当だろうか。誰が何を基礎とするのかについて，その権力性の問題も検討する必要がある。

　学力や基礎学力の内実や構造，その課題を確認することは時代ごとに必要であるが，それが各々の立場性や「見かた」の押しつけにならぬためには，カリキュラム，教育実践，子どもの学びの構想とともに検討すべきである。

〔樋口裕介〕

［参］柴田義松（2003）『「読書算」はなぜ基礎学力か』明治図書。田中耕治（2004）『学力と評価の"今"を読みとく　学力保障のための評価論入門』日本標準。山内乾史・原清治編著（2010）『論集　日本の学力問題　上巻　学力論の変遷』日本図書センター。

基礎・基本

　基礎・基本とは何かをめぐってはさまざまな見解が林立している。とりわけ、何の基礎・基本なのかについての意見は論者によって異なる。

　第一に、各教科の内容における基礎的・基本的な事柄を指す。例えば、1977年の学習指導要領の改訂にあたっては、1960年代の「教育内容の現代化」によって増大・高度化した教科内容を削減するという観点から、教科ごとに内容の「再配分や精選」、「集約化」を行う中で、「基礎的・基本的事項」は何かが模索された。2017年版学習指導要領においても「基礎的・基本的な知識及び技能を確実に習得」するという文言が使われている。

　ただし、基礎・基本は、内容の量的な削減だけでなく、教科の構造や系統性を見直すという質的な精選を重視する場合もあることに着目する必要がある。そもそも、米国の現代化運動の中で、J. S. ブルーナーは、やみくもに教育内容を増やしたり高度化したりするのではなく、科学の基本的な概念や原理など「学問の構造」に基づく体系を確立していくことを重視していたという点を忘れてはならない。

　第二に、学び方の基礎・基本に光をあてる場合もある。そこでは、問題解決の思考・判断力など「学ぶ力」の基礎として、「問うこと」を教えるとともに、問題を見つけだし探究する方法の獲得に光があてられる（柴田義松『学び方の基礎・基本と総合的学習』明治図書出版、1998年）。

　つまり、基礎・基本といえば、必ずしも教科内容の反復徹底練習による定着を意味するのではない。むしろ、問いを立てるという学び方を学ぶという点では、教科学習よりも、探究的な学習活動を重視する「総合的な学習の時間」こそ基礎・基本であるという主張を展開する論者もいる。

　第三に、生涯にわたる学習を視野に入れたときの基礎・基本として、学校教育のあらゆる内容を位置づける見解もある。この場合、抽象的シンボルの活用、社会的認識と公正の倫理、科学的探究の経験など、学校教育全体を通して培われるものが、人生における基礎的な共通教養とされる（佐藤学『カリキュラムの批評』世織書房、1996年）。

　教育実践の中で、子どもたちにとっての基礎・基本とは何かを常に問い続けることが重要である。

〔樋口とみ子〕

問題解決能力

　問題解決能力とは、生活や学習の当事者が直面する問題の解決に向けた一連の過程において活用が求められる諸能力を指す。この能力は、問題解決の過程の各局面において、当事者自らの関心や経験に基づく思索と活動を通して獲得された知識、および活用された技能の総体を意味する。

　問題解決の過程を教育方法の一原理とする理論的基盤は、ジョン・デューイの反省的思考並びに反省的活動の観念に見いだされる。デューイは、①困難・当惑への直面、②知的整理による問題点の明確化、③問題解決のための仮説設定、④仮説の推論作用、⑤仮説の検証という5つの段階からなる思考の過程を、学習者による現実的問題の認識および解決に向けた実践の過程へと置き換えた。教育内容の伝達を中心とした本質主義的な教育、学習主体の不在が指摘された伝統的な教師中心の教育に対し、学習者が必要に即して獲得した知識と技法を、自らの問題解決の手段として活用する能力の形成に重点を置いた教育論であった。この進歩主義的な教育論は、日本において、戦前期における大正自由教育や第二次大戦後の経験主義教育として広がりをみせた。当時は、問題解決の過程に現れる各局面とそのつながりが、解決に向けた探究を推し進める手順や方法からなる学習の過程として定型化される傾向にあった。一方、この過程に即して用いられる諸能力そのものは画一的に規定しうるものではなく、その活用に向けた組み合わせもまた同様である。そのため、問題解決能力は、これを必要とする主体と環境、教育内容の構造や学問の系統と強く結びつく各局面において規定されるとともに、教育の目的や諸学問領域の特徴に基づいた多様な現れを示すこととなった。

　現代社会は「先行きが不透明で、将来の予測が困難な状態（VUCA）」にあり、これからの社会の担い手には「問題発見・解決能力」、すなわち解決を目指さなければならない新たな問題を自ら見いだし、見通しをもって取り組む能力が求められる。この能力は、問題解決のモデルを用い、解決の過程で得られる知識や技能を横断的・縦断的に活用する実践を踏まえた経験の上に成り立つ。問題解決に向けて発揮される諸能力をめぐる新たな議論は、問題解決の各局面と諸能力との対応関係だけでなく、問題発見を導くモデルそのもののあり方の探究に向けた思索の蓄積により可能となる。

〔佐藤　公〕

［参］デューイ，J.著，植田清次訳（1976）『思考の方法』春秋社（原著，1910年）。

暗黙知

　暗黙知とは，マイケル・ポランニー（ポラニー）により提唱された知の概念である (Polanyi, 1966)。ポランニーはハンガリーのユダヤ人家庭に産まれた。もともとは合成化学を専門とする著名な科学者であり，後に科学哲学者としても名を馳せる人物である。彼は自らの科学的研究生活の中で，創造的発見の背後には自らも言葉では表すことの難しい知のメカニズムが確かに存在していることを指摘した。すなわち，人の創造的発見や探究活動には潜在的な知としての「暗黙知」が存在することを唱えた。

　暗黙知は言語化可能であり普遍的な知である「理論的知識」や「形式知」との対比で捉えられ，以下のような特質を有している。一つは個人に属する「個人的知識」であること，二つめは個々のセンス（感覚）に依拠する「身体化された知」であること，三つめは言語化が困難なために他者への伝達が難しい「言語化しえない知」であること，四つめは人の「創造性」や創発の源泉である，という点である。暗黙知の発見は言語化やマニュアル化し難い知の存在やその不思議を顕在化することになり，ポランニーがいうように，知識の個人性（personality）の重要性をより明確化した。近接する概念として「実践的知識」（Practical knowledge）がある。

　このように暗黙知は西洋哲学の系譜とは異なるため，その解釈には幅がある。時折，暗黙知の「言語化しえない」点が強調され，マニュアル化が難しい職人技などの説明概念とされるが，その際には注意が必要である。暗黙知本来の意味は人の創造的活動に深く関わり，さらにいえば生命の絶えざる更新のメカニズムを説明しようとした概念であることを忘れてはならない。例えば学習者が理論的，普遍的な知識を習得した後，その人自身の生活現実や個人的経験を通じて，その知が個人化し，身体化する場面がある。まさに知が「その人のものとなる」際に，暗黙知への変容がある。他にも，探究学習や研究活動において「問う意義のある問題」を発見する際も暗黙知の発現する場面例といえる。暗黙知をいかに獲得するのか，それは共有できるのか等の課題は残されており今後も十分検討されるべきである。

〔綬利真奈美〕

[参] Polanyi, Michael (1966) *The Tacit Dimension*, Routledge & Kegan Paul.

非認知能力

　非認知能力という用語は，「認知能力」との対比で用いられ，「非」をつけることによって「それら以外の」という表現になっている。ここでの「認知能力」とは，種々の知能検査や学力検査によって測定され数値化されうる能力と言い換えることができる。では「それら以外の」と位置づけられるのはどのようなものか。例えば小塩真司（2021）では，非認知能力あるいはそれに類するものとして，誠実性，グリット，自己制御・自己コントロール，好奇心，批判的思考，楽観性，時間的展望，情動知能，感情調整，共感性，自尊感情など，15の心理特性が取り上げられている。

　高い認知能力を持っていることが，将来の社会的な成功に結びつくと予測されるという見方に対し，1970年代以降，認知能力以外の要因が社会的成功につながる可能性が示唆され，そのような心理特性や態度についての研究がなされた。その後，経済学者のヘックマンが，幼児期における「教育的介入」が学力や潜在能力（非認知能力）を育み，将来の学歴や収入にプラスの影響を及ぼすことを指摘した。2015年のOECDによるレポートでは，「社会情動的スキル」という用語で非認知能力が定義づけられ，認知的スキルと社会情動的スキルの両方を育むことが，個人のウェルビーイングと社会進歩につながることを枠組みとして示した。日本においては，2017年版学習指導要領において，学力の三つの柱の一つに「学びに向かう力・人間性等」が示され，教育課程における非認知能力の重要性が位置づけられた形だ。

　こうした心理的特性を，認知能力と同様，数値化して評価しうる，訓練可能なスキルとして扱う動きもあり，これらを育む教育方法についての研究も今後想定される。ただ，非認知能力は認知能力と関連づけられて機能するものであり，個々の子どもの非認知能力を個別的に把握しながら，教育実践を通じてその発揮を支援するような取り組みが重要になってくるだろう。また，非認知能力として示される心理特性は，学校教育に限らず幼児教育において，さらには生涯を通じた学習にも影響を及ぼす要因と捉えられている。そうした長い視点での教育方法を探究していくことも必要となろう。

〔細川和仁〕

[参] 小塩真司編（2021）『非認知能力―概念・測定と教育の可能性―』北大路書房。

第2節　授業設計の原理

授業

　学校教育の文脈において授業は，各学校が編成する教育課程の具体的な実践形態であり，教育行政的には授業「時数」として管理されるものである。教育課程の具体化という意味で授業は，一定の教育内容を，教師の教え（teaching）と生徒の学び（learning）を通して習得させようとする意図的で計画的な教育的営みである。この営みは，教える行為（action）と学ぶ行為（action）の相互行為（interaction：相互作用）として展開するので，授業は教授＝学習過程として捉えられ，どちらか一方に偏する教授中心あるいは学習中心の授業把握ではなく，それらの相互行為＝相互作用のあり方が理論的にも実践的にも追究されてきた。

　授業の構造は，教師と生徒，そして生徒が習得すべき教育内容を具現化した教材という三つの構成要素の相互作用として説明されてきた。言うまでもなく，授業の構成要素は，教師，生徒，教材だけではない。目標や内容，組織形態や評価方法等，授業を説明する要素は多様で複合的である。しかし，授業を対象とする伝統的な学問であるドイツ語圏に由来する教授学（Didaktik）において，授業は，教師，生徒，教材で構成される「教授学の三角形（didaktische Dreiecke）」として説明され，日本においても「授業の三角形モデル」として普及し，よく知られている。

　この三角形モデルは，教師，生徒，教材という三つの要素でどのような三角形を描くかでさまざまなタイプがある。伝統的な教授学が提示した三角形は，底辺の左側に生徒，右側に教材を置き，頂点に教師を配置する。この配置は，生徒が教材に取り組む学習を，頂点に位置づく教師が「上から」指導するという制御系としての「学習指導」を表現したものである。しかし，頂点に教材をおくことで，底辺の両側に位置する生徒と教師が「横並び」の対等な関係で教材をめぐって対話するのが授業であることを説明する三角形を描くこともできる。さらに，「新しい学力観」で「指導から支援へ」が強調された時代なら，生徒が教材に取り組む学習を教師が「下から」支援することを表現する逆三角形を描いて説明することも可能である。

　授業をどのような教授学的な構成物として説明するかは，常に授業観を反映したものになる。授業研究の歴史が示すように，学問的立場や研究アプローチの違いにより，授業の捉え方が変わることに留意する必要がある。

〔深澤広明〕

［参］馬場四郎編（1965）『授業の探究』東洋館出版社。吉本均（1992）『授業観の変革―まなざしと語りと問いかけを―』明治図書。

学習指導案

　学習指導案とは一般的に授業における指導すべき内容，あるいは授業形態や授業の順序について記述し，授業全体を一定の形式にまとめたものである。また，学習指導案の形式は一つではなく，目的や役割に応じて多様な形式がある。

　一般的な学習指導案の形式は，各教科等における授業全体の構想が記述されている。授業構想の具体的な内容としては，まず対象授業に対する児童（生徒）の実態を記述する児童（生徒）観，実施する教材の意義や価値について記述する単元観，指導の工夫等について記述する指導観を挙げることが一般的である。次に，単元の目標や指導計画，実施する授業案（本時案），加えて学習評価計画を記述する。そのことで授業全体，あるいは1単位時間の指導計画をまとめて示すことができる。特に，実施する授業案（本時案）は，児童（生徒）の学習活動と教師の留意事項等を授業の順序に沿って明記することで目標に到達するプロセスが示される。そのため，授業実施後には児童（生徒）の学習活動や発言の事実と学習指導案の関係が検討されることとなるのである。その意味において学習指導案は，実施する授業の仮説としての意味を併せもつこととなる。

　学習指導案の役割として挙げられるのがプランである。プランでは達成されるべき目標を設定し，その目標を達成するために遂行すべき行為を順序よく並べる。教師は示された行為を順序よく指導し，学習者は提示された行為を遂行する。それらを通して，目標は達成されると考えられるのである。例えば，社会科授業において「幕藩体制について理解すること」という目標が設定されたとする。すると，幕藩体制に関わる政治制度（参勤交代や武家諸法度など）が理解を達成するための下位レベルの知識として示される。さらには，それらの知識を習得させるにはどのような授業形態が望ましいのかが決定されるのである。このような内容を学習指導案に記述することによって，プランとしての役割が付与されるのである。

〔田本正一〕

［参］佐長健司（2019）『社会科教育の脱中心化―越境的アプローチによる学校教育研究―』大学図書出版。森分孝治（1978）『社会科授業構成の理論と方法』明治図書。

教材研究

　学校教育法第34条等によれば，教材とは，文部科学大臣の検定を経た教科用図書または文部科学省が著作の名義を有する教科用図書にあたる。また，児童生徒の教育の充実を図るために必要がある場合や，有益適切なものは教育課程において，教科用図書に代えた教材を使用することができる。

　そのうえで，教材研究とは，長岡文雄（1983）によれば，「『教材を教える』というより『教材で教える』，つまり『教材とめぐり会わせ，その子に，自らの体制をたて直させ，考えを発展させる』のである」と述べている。

　つまり，教材の使い方，教え方といった授業における取扱いは，子どもたちの実態やクラスの状況，教える側である教師の経験や考え方によって異なってくるため，教材を子どもたちのために対応，変化させる必要がある。まず，教材内容を吟味し，学習者が最も適した時期に学ぶことができるように指導計画を立てる必要がある。そのうえで，指導計画に照らし合わせながら，教材の提示，指示，発問，板書計画などというように，授業における学習者の様子を思い浮かべながら，指導の詳細および，教材の取り扱いについて考えていく必要がある。

　そのため，長岡（1983）が，「教材研究は，常に，学習者の子どもの目になって行われなければならない。『子どもを通しての教材研究』をしてこそ『教材になせるかどうか』が決まる」と述べているように，教材研究においては，「子ども理解」や「生徒理解」といった学習者研究が欠かせない。

　また，学校教育法にあるように，教科用図書に代えて副読本や新たな教材を開発して授業に用いる場合がある。社会科に限らず，どの教科でも，地域や子どもたちの身近な人やものを対象に，学びに向かうための教材を学習指導要領や教科書内容に照らし合わせながら作り出すことがある。そのため，教材研究には，教材を吟味にし，変容させる研究とともに，教材を新たに生み出す「教材開発」の側面ももつといえるだろう。

〔長瀬拓也〕

〔参〕石井英真（2020）『授業づくりの深め方「よい授業」をデザインするための5つのツボ』ミネルヴァ書房。長岡文雄（1983）『若い社会科の先生に』黎明書房。

座席表

　座席表は，教室の子どもの座席の配置を一枚の図に表し，そこに学級の個々の子どもに関する教師の捉えや願い，子どもの問題関心や考え，指導の際の留意点など，必要な情報を簡潔に記入するものである。

　授業参観のための資料として座席表を活用する場合は，本時までの個々の子どもの考えや，教師の子どもの捉えと手立てなどが記入されているとよい。子どもの実態や教師の願いを踏まえた授業の参観・検討につながる。座席表を自身の指導の手がかりとして使用する場合は，必要な情報をごく簡略にしるして使用する。白紙座席表を用いて，授業の観察メモを記述する場合もある。授業後に見直すことで，自分の指導の特徴や課題を知ることにもつながる。また複数の座席表を重ねてみることで，学習の展開過程や個々の子どもの考えの変容を探ることができる。

　静岡市立安東小学校は，カルテと座席表を活用して「ひとりひとりを生かす授業」の研究に取り組んだ学校である。カルテと座席表は相互に関連し，例えば，カルテを用いて一人ひとりの子どもについて把握したことを一枚の座席表に表すことで，個々の子どもの姿がより明確に捉えられたり，子ども相互の関わりが見えたりする。逆に，座席表にメモされた1時間の子どもの学習の姿は，個々の子どもの貴重な情報となり，カルテによるその子理解に役立つものとなる。

　安東小学校は，上記の授業研究の過程で「位置づけた子」「全体のけしき」「座席表授業案」など特色ある方法を開発し活用してきた。そのうち座席表授業案とは，座席表と本時の授業案を組み合わせたものである。これには，本時の学級全体の目標に加えて，位置づけた子への目標が記述される。また座席表の部分には，位置づけた子をはじめ個々の子どもへの願いや手立てを記入する。中央部分には，本時の展開案が記載される。この部分も，子どもたちの問いや考えをもとに記述され，予想される流れの他に複線も記述される。座席表授業案は，集団による授業の場で一人ひとりを生かし，子どもの考えに寄り添った授業をしたいという願いに基づく座席表の展開である。

〔杉本憲子〕

〔参〕上田薫・静岡市立安東小学校（1999）『つねに君らしくあれ　安東小発　個を見つめる授業』明治図書。星野恵美子（1995）『カルテ・座席表で子どもが見えてくる』明治図書。

個別化と共同化

　個別化と共同化の概念は，指導法としての学習集団の教育的機能をどのように考えるかの問題である。
　歴史的には，学習の共同化については，日本では明治期，一斉教授を中心に学校教育において始まり，その後の大正新教育期のドルトン・プランの移入，戦後新教育期は，民主的実践人育成のための話し合い活動の重視によって，集団における個の教育的機能の役割が考えられるようになった。
　理論的には，学習の共同化については，17世紀のコメニウスの一斉教授の理論や，ベルとランカスターのモニトリアル・システム（助教法）があり，易から難の平等な内容を全員に効率性の原理に基づき伝達するのにすぐれた方法である反面，個人差に適切に対応できず，教師主導であるため，学習者の学習も受動的になりがちである点から，その後，個別化への対応が求められることになった。学習の個別化については，パーカーストのドルトン・プランやスキナーのプログラム学習に見られる集団を解体した個別学習の方法がある。個別学習では，個人差に対応し，きめ細かな指導ができる反面，社会性の育成に課題が指摘された。これらの課題を克服するために，学習の共同化である一斉教授を維持したまま指導上の個別化を一部図る方法として，ティーム・ティーチング（T・T）や学級をいくつかのグループに分けて学習を行うグループ学習，討議法がある。グループ学習では，多様な考え方によって思考が深まり，協力して学習できる反面，グループ構成，課題設定，児童生徒の負担の平等化等の指導上の工夫が必要となっている。
　今日の多様性の時代の児童生徒の学びには，「個別最適な学び」と「協働的な学び」を一体的に充実していくことが求められ，「個別最適な学び」のためには，「指導の個別化」と「学習の個性化」の両者のバランスが必要とされている。
　教育の目的概念である個性化は，よりよき個人を育成し，児童生徒の個性を正確に把握し，それを歪めずに伸ばすことである。児童生徒一人ひとりにおける学習の確実な成立を目指し，学習の効率化を行う個別化はあくまで教育方法の一つの概念である。このことから，個性を活かす実際の授業場面では，個別化と共同化の両者の特質を組み合わせた柔軟な指導が行われている。

〔木村範子〕

教授行為

　教授行為とは，授業において実際に子どもと向き合う場面での教師の子どもに対する働きかけとその組み合わせと捉えることができ，具体的には発問，指示，説明などの教師の発話や，板書，教具の提示，子どもの話し合いの組織などに及ぶ多様な行為である（藤岡，1989）。藤岡（1989）は授業づくりにおける4つの次元として，①教育内容（何を教えるか），②教材（どういう素材を使うか），③教授行為（子どもにどのように働きかけるか），④学習者（それによって子どもの状態はどうなるか）で区別し，授業において教材研究を具体化するものを教授行為として位置づけている。
　一方，教授行為を広く捉える見方もある。平山満義によれば，教授行為とは簡潔にいえば「教えること（teaching）」であり，「ある人が他の人に対して学習目標の達成を意図して組織的に働きかける行動」（平山，2009）と定義づけている。教授行為が行われる場は多様であり，学校等の教育機関だけではなく，家庭における親から子への伝達や地域の祭り，習俗の伝承，社会教育や社会人の職能研修に至るまで，程度および範囲を際限なく細分化することができる。
　「教授行為（teaching）」の語源は古く，元来，「teaching」と「learning」は同じ意味で使用されていたという。「learn」はアングロ・サクソン語の「lore」を語源とし「teach」と「learn」の両方を意味していた。一方，「teach」の由来である古典英語の「tea-can」は教えるという意味だけではなく，サンスクリットの「dic」をルーツとする語源「teik」が意味している「show（見せる）」というニュアンスが含まれていた。さらに，「teach」は記号やサイン（token）によって誰かに何かを見せること，それらを使って事物や事象についての反応を喚起することを意味していた。これらのことから，「teaching」は古くは人にやり方を見せる，ある教材内容を提供するという意味も有していたと同時に，技術・技量を伝授するという意味も含まれていたことがわかる。

〔清水良彦〕

［参］平山満義（2009）「教授行為の語源および教師効果研究の課題」筑波大学人間系教育学域教育方法学研究室『教育方法学研究』16，45-62頁。藤岡信勝（1989）『授業づくりの発想』日本書籍。

授業の山場

　「授業の山場」とは，授業で授業者が設計した授業の目標達成に対して，授業者と学習者が最大限に集中する学習過程の頂上でもある重要な場面のことである。

　授業者の授業づくりの観点から，1時間の授業を「導入－展開－終末」という一般的な区分と考慮すると，「授業の山場」は，「展開」の頂点に位置すると考えることができる。授業者の用意周到な準備を踏まえ，「導入」で学習者にとっての興味や関心を喚起し，自分事として学んでいきたいという主体的な学習課題に転化していくことが課題である。これらを踏まえて，「展開」では，学習者の理解したこと，疑問および感じたことがICT等を必要に応じて駆使しながら，学習者相互に交流され，授業者の「中心発問」「主発問」等の働きかけを受けて，時には，拮抗や対立および衝突を起こしながら，学習課題が追究され，深化していく中で「授業の山場」が出現し，学習課題のまとめと今後の学習課題を提示する「終末」に向かっていくのである。

　したがって，「授業の山場」は，学習者の活発な意見や活動が交流，交差するということが重要と考えてしまう若手教師および教職課程履修生がいるかもしれないが，授業の展開によっては，授業に参加している学習者一人ひとりが，集中して，学習課題に多面的・多角的に考えている場面が「授業の山場」そのものになることも少なくない。このような一見学習者の発言や行動が静止した場面で，経験の少ない教師は，「補助発問」やペアワーク等のグループワークで授業を動かそうとすることは「授業の目標」を達成する観点から，授業者が学習者全体を把握して，「待つ」ということが求められることも重要である。

　さらに，授業者がどれだけ準備をして，学習者の学習過程を想定しても，実際の授業過程では，教師の想定や予想を超えた学習者の発想，意見，疑問等が出てくるのが授業の潜在的な特徴の一つである。このような授業者の意図と実際の学習者の意見，行動が「ズレる」ことを授業者が大切にすることで，「授業の山場」は，学習者のその後の学習課題の進展に大きく寄与することも多い。

〔平山　勉〕

〔参〕櫻井眞治（2022）「「授業の山場」についての一考察—「教師の出」に焦点を当てて—」『東京学芸大学次世代教育研究センター紀要』3, 25-33頁。

足場かけ

　足場かけ（scaffolding）は，学習者に課題の解決方法のモデルを示したり，課題に関与する特徴に目を向けるように強調したりすることで，独力ではできなかったことについてできるように援助する過程とされる。また，徐々に自分一人でもできるように，次第にその援助を少しずつ減らしていく（足場はずし，fading）過程もここに付随する。

　授業設計として足場かけを考える場合，例えば，学習者が問題に取り組む前に，手掛かりとなる方法や考え方を教師が提示するなどが挙げられる。また，学習者が困難に直面している際に手掛かりとなる点を強調したりして，学習者自身が考えていけるように援助することも挙げられる。授業や単元が進み，そうした支援がなくても学習者自身で取り組めるようになっていけば，徐々に足場ははずされていく。

　一方，上記は学習における認知的な側面に対する足場かけである。これに対し，近年では学級の目標を達成するために学習者のポジティブな情動経験を支援する教師による情動的な足場かけの重要性も指摘されている。関連して，芦田祐佳（2023）は，情動発達が著しい小学校低学年を担当する教師には，学習文脈や学級全体を視野に入れて児童の情動へ対応する資質・能力が必要とされると指摘している。

　教師による足場かけだけではなく，学習者による足場かけも存在する。例えば，ある子のわからなさを学級全体で議論している際に，別の子が手掛かりとなる視点を与え，その子が考えるのを支援したり，ペアやグループの中でつまづいている子に対して周りの子が答えを教えるのではなく考え方のモデルを示したり，注目するところを指摘してあげることで，その子自身が解決できるように促し，見守るといった姿である。その意味ではペアやグループで話し合う時間を授業に取り入れることは，こうした学習者同士の足場かけが生じることを期待した授業設計ともいえる。

〔一柳智紀〕

〔参〕芦田祐佳（2023）『低学年児童の情動に対する教師の支援—教師の目からみた支援過程の検討—』風間書房。

| 第4章 | 学力の形成と授業の研究 |

主体的・対話的で深い学び

　2017年版の学習指導要領改訂では,「何を学ぶか」だけではなく,「何ができるようになるか」という観点から子どもたちに身につけてほしい資質・能力が示された。それは,「知識・技能」「思考力・判断力・表現力等」「学びに向かう力・人間性等」の三つの柱として整理されている。これらの資質・能力を育むための授業改善の視点として,主体的・対話的で深い学び(いわゆるアクティブ・ラーニング)が提示された。この視点に立って授業改善することで,「学校教育における質の高い学びを実現し,学習者が能動的(アクティブ)に学び続けるようにすること」が求められている。

　では,主体的・対話的で深い学びとは,どのような学びを指しているのだろうか。2017年版学習指導要領の解説資料「主体的・対話的で深い学びの実現(「アクティブ・ラーニング」の視点からの授業改善)について」を見ると,以下のように説明されている。「主体的な学び」は,「学ぶことに興味や関心を持ち,自己のキャリア形成の方向性と関連付けながら,見通しを持って粘り強く取り組み,自己の学習活動を振り返って次につなげる」学びであるとされている。次に,「対話的な学び」については,「子供同士の協働,教職員や地域の人との対話,先哲の考え方を手掛かりに考えること等を通じ,自己の考えを広げ深める」学び,そして,「深い学び」は,「習得・活用・探究という学びの過程の中で,各教科等の特質に応じた『見方・考え方』を働かせながら,知識を相互に関連付けてより深く理解したり,情報を精査して考えを形成したり,問題を見いだして解決策を考えたり,思いや考えを基に創造したりすることに向かう」学びとして説明されている。このように,一連の学びの過程において,学習者が能動的に学べるような学習活動を展開するだけではなく,その学習活動の質を高めることが求められている。そのために,各教科,領域の特性を踏まえ,どのような学習活動を,どのタイミングで,どのくらいの時間を費やす活動として位置づけるのか,どのような教材や学習課題を準備するのか,そして,その学習活動によって身につけた資質能力をどう評価するのか,子どもたちの実態と照らし合わせながら進めていく必要があるだろう。

〔森　枝美〕

[参] 石井英真(2020)『授業づくりの深め方』ミネルヴァ書房。田中耕治・水原克敏・三石初雄・西岡加名恵(2023)『新しい時代の教育課程　第5版』有斐閣。

第3節　授業展開の方法

学習形態

　学習形態とは，歴史的には課題解決学習や系統学習などの授業の様式に対して使われたこともあるが，一般的には一斉授業・小集団学習・個別学習の三つの学習の形態を指す。小集団学習とペア学習を区別して四つの形態とする場合もある。ペア学習は，さらに，対面で向かい合う関係と，横並びで支え合う関係とに区別される場合がある。

　机の配列としては，島型や田の字型，T字型と呼ばれる小集団学習や，スクール形式やテスト隊形，コの字型と呼ばれる一斉授業もある。小学校低学年などでは，黒板に向かって縦に並んだ列を「1号車」「2号車」のように呼称することもある。

　小集団の編成は，学級をいくつの小集団に分割するかという等分除方式と，学び合いに最適な人数ごとに小集団を作る包含除方式がある。前者は，6班程度の編成で「どの班が最も協力しているか」等の班競争や班指名を用いた指導に適している。一方，後者は，3〜4人程度の小集団内で個人の学びの質を高めることに主眼が置かれている。

　班学習やグループ学習という用語が使われる場合には，それらの成立経緯や授業構想に応じて，小集団学習（collective learning），協力学習（cooperative learning），協同学習（collaborative learning）という名称で区分されることもある。

　このように学習形態は，単に机の配列にとどまらず，その授業が何を重視しているかという教育思想を日常的に学習者に伝える教育の装置でもある。

　学習形態の交互転換とは，一斉授業と小集団学習と個別学習とを適宜組み合わせて授業展開を構成することをいう。ただし，1960年代には，この用語が，指導と被指導の交互転換や，一人でわかる主体的認識過程と皆で学び合う集団過程との交互転換という文脈で用いられていたこともある。

　学習形態の交互転換の決定権はこれまで教師が独占してきた。しかし，一斉授業の中でも，子どもたちが非公式に振り返ったり立ち上がったりすることで機能としての小集団学習を実現している場面や，自らの学びに没頭集中することで個別学習を現出させる場面も見られる。さらに，「班にしてほしい」という学習要求を子どもが出す授業もある。個別最適な学びや協働的な学びが喧伝される中でも，子どもと教師による学習形態の交互転換の共同行使への移行を課題としたい。

〔宮原順寛〕

一斉授業

　一斉授業とは，授業者が一定の学習者集団に対して同じ内容を同時に指導する授業形態を意味する。一斉授業は，近代公教育の成立と発展を支えてきた伝統的な授業形態であり，主には学級を基本組織とする学級教授として展開されてきた。

　一斉授業には多数の批判が向けられてきた。その多くは，一斉授業を「いかに効率的に知識を伝達するか」という公教育成立期の課題に対する帰結と捉え，子どもの個性を尊重しない画一的な授業形態であるとする。とりわけ，近年では「個別最適な学び」の提唱とも共鳴する形で，一斉授業は，子ども側に存在する学びのペースや学び方，学ぶ領域の多様性を軽視した授業形態であるとされる。

　従来の学校教育に批判されるべき授業の現実があったことは事実であろう。しかし，それらの問題は一斉授業という授業形態よりもむしろ，それを画一的にしてしまう教授技術や集団の問題として捉えるべきである。例えば，「話し合いの時間は5分」と授業者が提示し，5分後にはいかなる状況であっても話し合いを中断するという教授行為・判断は一斉授業の画一性の問題ではない。

　さらに，授業者による画一的な教え込みのみでは，一斉授業は「成立」しない。一斉授業の中でグループ学習や個別学習を展開することで，子どもの多様な発達を保障しようとしてきたのである。それゆえに，一斉授業の所産には，「できない」子の「わからなさ」が「できる」子どもの「できない」部分を明らかにし，ともに探究が始まるといった授業展開や，「隣の人がわかっていないからもう一度教えて欲しい」と自分や仲間の不利益に抵抗し，学習権を要求するといった実践の事実が存在する。一斉授業を問い直すならば，それを支えた教授技術のあり方も含めて再考されなければならない。

　そのためにも，一斉授業の思想的源流に立ち返ることが必要となろう。「あらゆる人に，あらゆる事柄を教授する」というコメニウスの理念に一斉授業の原点を見るならば，出自や貧富，性差，学力差で子どもを選別することなく，また将来の職業や現在の興味に応じて教育内容を選別するのでもなく，人間として必要な「あらゆる事柄」が「あらゆる人」に普遍的に教えられることの重要性が，授業形態としての一斉授業を通して今日に継承されなければならない。

〔安藤和久〕

個別最適な学び

　「個別最適な学び」は、2021年の中央教育審議会答申において示された用語で、児童・生徒が興味や能力に応じて自らに最適な学習内容や方法等を自己調整して学習を展開していくことである。

　もともとは「個別最適化」と呼ばれ、AI等を用いて児童生徒の理解度を把握し、次に学ぶに相応しい課題を提示する機能を中心に議論されてきた。しかしそれでは児童生徒の主体性が見えないので、AIが提示した課題をどのように学習していくのかを児童生徒が自己調整していく方向が示された。そして自己調整が難しい場合には教師がサポートする。

　上記答申は、「個別最適な学び」を学習者の視点から「指導の個別化」と「学習の個性化」に整理した。「指導の個別化」は児童生徒一人ひとりの特性や学習進度、学習到達度等に応じ、指導方法・教材や学習時間等の柔軟な提供・設定を行うこと等を指す。「学習の個性化」は教師が児童生徒一人ひとりに応じた学習活動や学習課題に取り組む機会を提供することで、児童・生徒自身によって学習が最適になるように調整すること等を意味する。

　加えて多様な意見を共有しつつ合意形成を図る活動等を行う「協働的な学び」も必要であり、授業づくりに当たっては、「個別最適な学び」と「協働的な学び」を組み合わせて実現する「個別最適な学び」と「協働的な学び」の一体的な充実を目指す方向性が示された。

　「個別最適な学び」の課題は次の通りである。①自己調整する能力は非常に高次の思考力であり、一部の児童生徒しか自己調整できないという懸念、②児童生徒が「自分で考えなくても自分にとって最適な学びをAIが提供してくれる」と安易に考えてしまう懸念、③試行錯誤を通じて多面的・多角的に思考して学習内容についてより深い理解にたどり着くよりも、結論のみを性急に求める効率重視の風潮に拍車をかけ学力が平板なものになるという懸念等である。

　2024年の時点ではイメージが先行している用語であり、今後、多様な実践での積み重ねが必要である。

〔徳岡慶一〕

［参］奈須正裕・伏木久始編著（2023）『「個別最適な学び」と「協働的な学び」の一体的な充実を目指して』北大路書房。

協働的な学び

　主に学校教育において、学習者が、他の学習者をはじめとする多様な他者とグループ（規模の大小は問わない）を組み、そのグループの中で、あるいは他のグループとの間で言語的・非言語的なやりとりを交わしながら、そこで得られる肯定的な相互作用を自分たちの学習に生かそうとする学習形態をいう。それにより、学習過程および学習成果の質が高まるとともに、あらゆる他者を尊重し、他者とともにさまざまな難題に取り組もうとする態度が育まれることが期待されている。なお、グループ学習（小集団学習）と同一視されることもしばしばあるが、それは必ずしも正しくない。一斉学習や学校外の人々との学びも協働的な学びに含まれる場合があり、また、グループを組んでも協働的な学びが実現するとは限らないからである。

　協働的な学びの理論は、主に米国において、協同学習（cooperative learning）と協調学習（collaborative learning）の二つのアプローチで研究されてきた。前者は、主に社会心理学の知見に基づくもので、仲間と力を合わせて課題に取り組むこと自体に重点を置き、いかにそれを実現していくかを追究するアプローチである。一方後者は、プラグマティズムやヴィゴツキー理論、学習科学などの知見に基づき、仲間と力を合わせることよりもむしろ、参加者がもつさまざまな視点から対話を重ねる中で、お互いの考えやグループの成果物の質を高めていくことに重点を置くアプローチである。ただし、これらはいずれもさまざまな立場やモデルを内包する概念であり、いま述べたことはあくまでも傾向に過ぎない。日本では、これらのアプローチと、バズ学習や集団学習（collective learning）といった独自の学習形態が絡み合って展開してきている。

　協働的な学びは、学校教育において学習が孤立化しがちな状況の中で、学びの共同性を取り戻すための手立てとして要請される。いわゆる「令和の日本型学校教育」でも、個別最適な学びが孤立した学びに陥らないよう、協働的な学びが求められ、両者の一体的充実が実践的課題とされている。グループを組めば協働的な学びになるという技術主義・活動主義や、個々の意見の開陳に終始するような儀礼的な話し合いに陥るのではなく、それぞれの個性を認め合い、学習者が自らの持ち味を生かして協働するとともに、協働する中で得た多彩な考えを個々の内に取り入れ、学びを深めていくことが重要である。

〔福嶋祐貴〕

［参］福嶋祐貴（2021）『米国における協働的な学習の理論的・実践的系譜』東信堂。

複式授業

「公立義務教育諸学校の学級編制及び教職員定数の標準に関する法律」には、児童生徒の数が著しく少ないなどの場合、数学年の児童または生徒を一学級に編制することができると定められている。このように編制された学級が「複式学級」であり、複式学級において一人の教師が異なる学年を同時に指導する授業を「複式授業」という。複式授業の指導形態は、学級を学年ごとに分けて行う「学年別指導」と、複数学年で同じ教材を用いるが指導目標を異にして行う「同単元指導」とに類別される。

学年別指導は、異教科指導と同教科指導に分けられ、さらに同教科でも異教材による指導と類似教材による指導とに分けられる。いずれも、教師が一方の学年に直接的に学習指導を行う「直接指導」の過程と、直接指導ができない他の学年に対して行う「間接指導」の過程とを学年ごとに交互に配置する。一単位時間の授業の間、両学年で直接指導が重複することを避けるため、学年別に学習過程をずらして組み合わせることを「ずらし」といい、直接指導を行うために一方の学年から他方の学年へと移動する教師の動きを「わたり」という。こうした学年別の指導計画の作成や、児童生徒の座席や黒板の配置といった学習環境の整備、教師の立ち位置の工夫など単式学級の授業に比べ配慮が必要となる。

間接指導の間、児童生徒が自主的に学習を進められるよう、教師には児童生徒への適切で明確な指示や課題解決意識の喚起が求められる。また、教師の指導のもとで作成した学習進行計画に従い、児童生徒による「ガイド」が学習をリードしながら学習を進める「ガイド学習」を行い、間接指導の効率化を図ることもある。

同単元指導は、異学年合同で共通の教材等を用いて指導するため、学年別指導に比べて効率的な授業準備が可能である。また、授業中に異学年の児童生徒間での交流や協働を図り、学習内容や人間関係の深化が期待できる。一方、2か年で必要な学習を網羅できるよう計画的な指導内容の構成や、教科の系統性や順次性、既習事項の把握や児童生徒の発達段階等への配慮が欠かせない。

〔遠藤宏美〕

[参] 北海道教育大学へき地・小規模校教育研究センター (2024)『へき地・複式・小規模校教育の手引—学習指導の新たな展開— 改訂版』。

講義法

教師が教室の学習者集団に一斉に知識を伝授する教育方法。中世ヨーロッパの大学の授業に起源をもつとされる(佐藤、2017)伝統的な教授法であるが、現在は、教科書やレジュメなどを主教材にして黒板・白板やICT機器のツールを駆使し、音声言語・文字言語・ボディランゲージはもとより動画・静止画などの多様な伝達手段を使い分けて実施される。体系的、全体的な多くの知識を効率的、経済的に教授できる特長がある一方で、教室の風景は、教師が一方的に説明し学習者が黙って見聞きし書き取るトップダウンの体を成すことから、個々の学習者は受動的になり集団に埋もれて参加意識が弱まってしまうこともありうる。

このような講義法を実施する場合、文化の継承と創造という教育の本来的な営みの中で講義法が果たす役割を認識しておかなければならない。すなわち、無から有は生まれないというように、講義法で習得した内容知・方法知(ギルバート・ライル『心の概念』)の知識がボトムとなって活用・探究の学びの過程でボトムアップされていくことを視野に入れ、教授すべきであろう。

これを踏まえれば、教師側は、講義法の学びが最終的に目指すゴールを明示したうえで、知識の概念構造、論証の構造、事象の因果関係、理論と事例、未解明事項などの思考特性が伝わるように講義内容を整えておく必要がある。学習者側は、能動的に講義に向かうための聴く技能・反省的態度が求められる。正確に聴き取る(要点を捉える。各要点を関係づける)、クリティカルに聴く(用語の定義を知る。引用の情報源を確かめる。根拠・論拠・結論を聞き分け評価する。事項から推測する)、事象を想像して聴く、自らの理解の実状を反省し課題をもつなど、教師はこれらの能力の育成も含み入れ講義するのが望ましい。

従来、大学には授業形態上の分類科目に「講義」科目がある。当該科目では文字通り講義法による教授が主流であるが、各回の授業目標や学習者の実態に応じて、講義中に質疑応答や小討議を取り入れたり、講義後に小レポートや小テストを実施し次回授業で結果をフィードバックしたりするなど、他の教授法も抱き合わせることで、知識の定着と理解の深化が期待できるだろう。

〔酒井雅子〕

[参] 佐藤浩章編著 (2017)『講義法—大学の教授法2—』玉川大学出版部。

問答法

「問い」とそれへの「応答」によりなされる学習形態である。「問い」が教師から学習者に向けてなされ（発問），それに学習者が応答するのが学校の授業における古典的な形態であるが，現在では学習者間での「問い」（質問）と「応答」も含め，授業が人と人とのコミュニケーションに基づいてなされるという側面に価値を置いた相互学習の形態としても理解されている。

問答法はソクラテスの哲学的問答法（ディアレクティケ。対話法ともいう）に起源をもち，吟味や論駁（エレンコス）により対話を重ねて相手を揺さぶることで無知を自覚させることを目的としていた。そこでの「問い」は一問一答で完結するような「閉じた」性格のものではなく，「開いたままにする」性格であり，知の開放性の態度に基づいていたとされる（古東，1998）。

その後，中世ヨーロッパではキリスト教普及を目的とした宗教教育の方法として「教義問答書」が登場し，それが問答法として近代学校の授業方法に転用される。そこでの問答法とは教師による「正答」の確認方法であり，テキスト通りに教師が問い，学習者はテキストを暗記し正答で応じることが強要された。西洋に遅れた日本の近代学校の教授方法として，受容時の誤解も含みつつ，この形式化した問答法が広がる（豊田，1988）。

学習者の授業の理解の状態を確認する方法として，現代でも問答法は授業の形態として残り続けてはいるものの，ソクラテス的問答法の積極的な再解釈（例えば昨今の認知行動療法では医師やカウンセラーがクライエントの言葉を引き出すためにソクラテス的問答を技法として支持している）により，授業における人間間のコミュニケーションの一つの有り様としても理解されるようになっている。

なお，ソクラテス的問答法に学ぶ際，「問い」が「開かれていた」性格を有していたことへの着目は重要である。教師の「問い」は学習者から正答を引き出すためにのみ用いるのではなく，一つの「問い」がさらなる「問い」を産み，学習への動機を促し続けるために用いること。そして学習者間においても相手を打ち負かしたり験したりする目的ではなく，相手にさらなる気づきや疑問を促すことにこそ意味があることの自覚が必要であり，学習者間で対話的な問いかけが可能になるための指導が求められる。

〔冨士原紀絵〕

［参］古東哲明（1998）『現代思想としてのギリシア哲学』講談社。豊田久亀（1988）『明治期発問論の研究—授業成立の原点を探る—』ミネルヴァ書房。

討議法

1946年に文部省が公開した教師向けの手引書である「新教育指針」の「第二部 新教育の方法」にて，討議法（Discussion Method）が章を一つとって解説された。学習指導としての討議法は，「ある問題について，各自が平等の立場で，自由に意見をのべあひながら，たがひにひはんし検討することによつて，正しい結論をみちびきださうとする方法」と定義されている。討議法の精神は討議法の時間だけではなく，「教育のあらゆる機会」に活かすものともされており，新しい学校カリキュラムに通底する教育方法として討議法は位置づけられた。「討議法は民主的な性格をつくるにもつとも適した学習の方法であるが，それは討議法そのものが，もつとも民主的な方法であるから」という記述からもわかるように，戦後の日本の教育が育てようとした民主主義の精神に，討議法の精神は結びつけられたのである。政治の世界では討議デモクラシーという概念が研究をされており，両者を結びつけるのは教育の独自の発想ではない。

「新教育指針」において直接言及されていないものの，上述の討議法の定義は科学的な議論の方法にも通ずるものがある。戦後の日本の教育が科学的な見方・考え方を重要視してきたことと，討議法の精神を受け継ぐような実践が行われたことは無関係ではないだろう。その例として，板倉聖宣の仮説実験授業や加藤公明の歴史討論授業などが挙げられる。そして，彼らは著書の中で民主主義についても言及している。

討議法の精神は戦後の教育に受け継がれていったものの，討議という言葉自体は教育の世界で広く普及はしなかった。そうした教育実践の歴史において，民主主義という理念を踏まえつつ，「討議」という言葉を意識的に用いたのは，大西忠治であろう。彼は学級集団における方法として，「班・核・討議つくり」を提唱した。討議つくりは「集団の力」を自覚させることを目的とした指導である。ちなみに大西は，「決議」を行うものを「討議」とし，「決議」を行わない「討論」という言葉を授業について言及する際は使っている。

〔徳永俊太〕

［参］大西忠治（1991）『大西忠治「教育技術」著作集 第8巻—討議・討論の指導技術—』明治図書。

ドリル・練習

　技能や能力を向上させるための反復練習による学習。また，その学習のために用いる教材のこと。

　これまで「ドリル（drill）」の原義は17世紀初頭であり「穴をあけること。その工具」から転じて現在の語義となったとされていたが，ほぼ同時期に，「（軍隊における）教練」「反復練習」の語義が確認されており，drill & practice（ドリル練習）という言葉が存在していた。日本における「ドリル」の教育的文脈における初出は，高橋忠次郎・依田直伊編『女子体操及遊戯法，音楽応用』（山海堂，1900〔明治33〕年5月）においてである。後に，森貞『あん・いんぐりつしゅ・さうんど・どりる』（盛文堂，1925年3月）が英語練習帳として登場し，練習帳「ドリル」が子どもたちの間で用いられるようになる。「ドリル」の教育辞典（事典）における立項は，齋藤道太郎編『新教育事典』（平凡社，1949年）で確認できる。その後，教育文化研究会編『ひとりでできる一年のドリル（教科書準拠1学期用）』（教育文化研究会，1950年）をはじめとした検定教科書に準拠したドリルが登場し，現在に至る。周知のように知識の記憶や計算等の技能の習得において，練習・ドリルに取り組むことは，特に初等教育現場においては重視されている。練習の価値について，E.L.ソーンダイクは，刺激に対する反応は，他の条件が同一である限りにおいて，その反応が状況と結合された回数に比例して強く結合すると主張した（練習の法則）。ただし，単なる反復練習は学習の成立の十分な条件にならず，練習の法則は，効果の法則の条件下においてはじめて有効となるとした。刺激と反応の機械的な反復だけでは両者は結合できないが，学習者の動機づけにより心的飽和状態になることを防ぐことで，反復練習は行動の円滑化という「質的変容」，作業迅速化と正確性向上という「量的変容」をもたらすとした。また，吉田甫はドリル学習の効果を上げるには4つの要素が満たされることが必要とした。①問題が易から難に科学的に配列すること，②子どもの能力を正確に把握すること，③適切にフィードバックすること，④能力レベルを考慮した問題の与え方をすること。ドリル練習を効果的にするためには，動機づけを含む，さまざまな条件整備が必要である。

〔深谷圭助〕

〔参〕齋藤道太郎編（1949）『新教育事典』平凡社。吉田甫（2003）『学力低下をどう克服するか―子どもの目線から考える―』新曜社。

問題解決型の学習

　問題解決型の学習とは，学習者自らが発見した問題を追究して解決する一連の学習過程を通し，問題発見力，追究力，問題解決力等の育成を目指す学習である。

　戦後日本では，代表的な学習理論として問題解決学習が注目されてきた。問題解決学習は，戦後教育改革で誕生した社会科を中心に，子どもの主体性を無視して知識の注入に偏る戦前期の教育が抱える課題の克服を目指して実施された。この時期は，米国の新教育の影響を受け，全教科で生活単元学習が行われ，児童生徒が生活の中で直面する問題の解決が重視された。特に社会科では，子どもたちが日常生活で直面する問題，地域や日本社会が抱える問題等の解決を目指す学習が社会科の初志をつらぬく会や日本生活教育連盟等の民間教育団体等と結びついて全国各地で展開された。算数・数学科や理科でも数理や理法を含む生活問題について，解決思考の筋道に沿って探究する学習が盛んに行われた。しかし，1950年代後半には，基礎学力低下問題を受けて系統学習が強調されていった。

　社会科では，その後も民間教育団体を中心に問題解決による学習が展開されたが，他教科における「問題解決の過程」を踏まえた学習への本格的な再評価は，1980年代以降である。算数・数学科では，1980年代に全米数学教師協議会（NCTM）の勧告で「問題解決」が強調されると，数学的問題解決の研究が進展する。理科でも，1980年代以降の子ども自らが自然認識を構築していく姿を評価しようとする構成主義の考え方への注目により，問題解決の過程を通して科学技術的思考力や処理能力，科学の手法の育成が注目された。

　2017年版学習指導要領では，次のような各教科等の見方・考え方を働かせた「問題解決的な学習」により，児童生徒の資質・能力の育成が目指される。社会科は，社会的事象の意味，意義，特色，相互の関連の考察，社会に見られる課題の解決に向けて構想する学習。算数・数学科は，事象を数理的に捉え，数学の問題を見いだし，自立的，協働的な解決を目指す問題発見・解決の過程を位置づけた学習。理科は，自然の事物や現象に働きかけ，問題を見いだし，科学的に問題を解決する活動や新たな問題を発見する学習。

　これまでの問題解決による学習の経験から学びつつ，今日を生きる子どもたちの成長のために問題解決型の学習をいかに展開していくかが教師に求められている。

〔篠﨑正典〕

〔参〕唐木清志編（2023）『社会科の「問題解決的な学習」とは何か』東洋館出版社。

プロジェクト型の学習

現在, プロジェクトに基づく学習 (Project Based Learning)(以下, PBL) が日本だけでなく世界中の国々で重要な教育方法として, 再び, 脚光を浴びている。プロジェクトという用語が教育的な文脈で使用された起源は, 16世紀の西ヨーロッパにある。そして, 18世紀後半, それは, 米国に移入され精錬されていく。20世紀に入ると, さまざまなプロジェクトが開発され実践されていった。

周知の通り, 1918年にコロンビア大学のW. H. キルパトリックが「プロジェクト・メソッド」という小論を公表するが, それ以前に「プロジェクト」が開発され研究されていたのである。しかし, その当時の進歩主義教育者たちは, 彼のプロジェクト・メソッドを子供中心の学校改革の真髄として歓迎し, それは瞬く間に全米的な潮流となった。

キルパトリックは, プロジェクトを社会的な環境における専心的な目的的活動と定義し, カリキュラム開発のための一つの完全な理論を目指した。カリキュラムは一連のプロジェクトから構成され, 題材としてのプロジェクトの目的は, アイディアと計画の具体的表現, 美的経験を楽しむこと, 問題解決, 特定の知識と技能の習得に関することの四つに類型化された。そして, 彼は, プロジェクトが, 実践においては目的の設定, 計画の立案, 実行, 判断の四段階で展開されることが望ましいと述べた。

その後, プロジェクト・メソッドは受容されたり批判されたりしながら, 教科内容の体系化への理論的対応と真の意味での実践可能性等を中心に論争となり続けてきたが, 1980年代以降, プロジェクト・メソッドの理論研究と実践研究が, 米国を中心に積極的に推進されている。例えば, 幼児期を対象に開発されたプロジェクト・アプローチや社会構成主義に立つ認知理論をもとにしたPBL等がある。バック教育研究所 (BIE) によるPBLWorksでは, 学習目標を「鍵となる知識」,「理解」,「成功するためのスキル」に設定し, プロジェクトのデザインに不可欠な7つの要素,「挑戦的な問題や疑問」,「持続的な探究」,「真正性」,「生徒の声と選択」,「リフレクション」,「批評と改訂」,「成果の公表」を理想的なモデルとしている。

〔中野真志〕

[参] 佐藤隆之 (2004)『キルパトリック教育思想の研究』風間書房.

発問

発問 (Questioning, Hatsumon, Lehrerfrage) とは, 授業において教師によってなされる問いかけとしての教授行為であるとともに, 学習者が探究する問いを導き出す機能でもある。答えを知らない者が問う「質問」との対比から, 答えを知っている教師が答えを知らない子どもに問う教授行為を「発問」として定義し, 発問という教授行為のもつ教育的意義やその課題が探究されてきた。他方で, 直接的に問いかけの形をとらない教授行為や学習を促すきっかけや働きかけが, 結果的に探究を促す発問の機能を有することも指摘されてきた。

学習指導案や指導書などの授業展開の方法を具体化していく際に, 主要発問や補助発問とそのための指示や説明といった教授行為を配列するためには, 行為としての発問を構想することが重要である。斎藤喜博の「出口論争」に端を発する「ゆさぶり発問」や, 吉本均の発問論における三つの発問の分類 (類比発問・限定発問・否定発問) の提起によって, 授業展開における行為としての発問の意義は教員養成の段階から重視されてきている。こうした教授行為としての発問は, 日本の授業研究 (Japanese Jugyou Kenkyuu) がレッスン・スタディ (Lesson Study) として注目される国際的な潮流の中で, 授業展開の成否を方向づける重要な役割として注目されてきている。すなわち, 新しい学習課題に対して, 一定の解法を提示した後, 練習問題によってその習熟に取り組む授業時間ではなく, つまずきと応答による山場としかけのある授業づくりのポイントとして「発問」のあり方が注目されたのである。

他方で, 教師による問いかけという行為を伴わない場合においても, そのねらいとしての真理・真実の追究や思考し問答する集団過程が生起する場合もある。洋の東西を問わず, いまや多くの教科書には多様な「学習課題 (Learning Task, Lernaufgabe)」が配置され, その問いの水準や種類が分類して示されている場合もある。授業において行為としての発問がなされない場合においても, 単元レベルでの問いや学習者が自ら設定した学習の課題に即して, 発問が機能する場合がある。また, 教室の発話や何らかの行為が問いかけの形をとっていなくとも, その発信の受取手である学習者にとっては何らかの問いが生起することもある。授業において行為としてなされる発問と, 発問の機能を有する働きかけや学習行為をいかに評価し, 次の授業につなげるかが課題である。

〔吉田成章〕

指示

　教師が子どもの行動を促したり，思考活動の方法を具体化したりするための言語的手段をいう。

　授業場面における指示にはおよそ二つの種類がある。一つは，一般的な指示と同様に行動を示すものである。作業指示や行動指示と呼ばれるもので，授業の活動を進めたり子どもの集中を促したりするために行われる。この指示を出す際は，「一指示一行動」や「一時に一事」の言葉があるように，短い一文の指示で一つの行動を伝える必要がある。もう一つは，学習の見通しを示すものである。条件や型を示すことで子どもたちに活動の見通しをもたせる。例えば，数を示す（「三つ見つけましょう。」），思考の範囲を限定する（「20字以内でまとめなさい。」），時間を示す（「時間は5分間です。」）のようなものがある。

　また，指示自体が教育的な指導内容を含む場合には，直接指導したいことを言うよりも，結果としてねらう行動が引き起こされる指示を出す方が，子どもの変容につながることが多い。これは「AさせたいならBと言え」の言葉のように，直接「A：させたいこと」を言うのではなく，子どもが何をすればいいのか，何に気をつければいいのかといったことをわかる「B：教師による意図的な言葉」の重要さを意味する。例えば前転がりを行う場合，「体を丸めなさい」よりも「おへそを見なさい」の方が，子どもたちは体を丸めることができる。このことから指示を考える際も，他の指導言と同様に教材理解や子ども理解が必要である。

　このように指示を成立させるためには，その内容を吟味し，子どもたちに正しく伝えられるように簡潔明瞭にする必要がある。その一方で，指示待ちではなく，自ら行動していく態度を育てることも考えなければならない。そのため，「一指示一行動」から「多指示行動」へと移行するような指導の見通しも必要となる。例えば，複数の指示の場合はメモを取る習慣をつけさせたり，最小限の指示にとどめることで自分たちに必要なことを考えることを促したりする。よって，指示は教師と子どもの成長とともに，その内容や方法も高まっていくものといえる。

〔椿井大輔〕

［参］岩下修（1989）『AさせたいならBと言え』明治図書。大西忠治（1988）『発問上達法』民衆社。

説明

　子どもにとって未知の内容について，教師が子どもの既知を手がかりにしながらその内容を明らかにする言語的手段をいう。

　授業において説明が果たす役割には以下の二つがある。

　一つが説明それ自体を目的とし，説明によって子どもに新しい知識・技能を身につけさせる役割である。この説明を子どもが「わかった」と思うのは，イメージができたときである。そのため，イメージをもたせるための具体例が重要となる。具体例には，子どもの学校生活や日常の生活経験を想起させる事例，子どもたちが想像できるような同質の因果関係をもつ事例（これをすればこうなるだろう），一見異なるものに見えるものが同じ構造をもっているという事例がある。子どもの経験や説明することの抽象度で具体例が変わる。

　もう一つが，新しい知識・技能を身につけさせる際の前提をつくる役割である。学習内容を共有するためや，授業における前提の共通理解をするための説明である。授業における問題提示や方法提示の場面では，「発問」や「指示」の前提として説明がなされることで，思考することを焦点化したり，取り組み方を具体化したりする。説明の多い授業は一方的な教え込みのイメージをもたれやすいが，適切な説明は学習者主体の授業を展開するうえで重要となる。

　説明の方法には，言語のみで行う方法と言語と視覚的なものを組み合わせる方法がある。言葉のみで行う方法には，例示（例：「裸子植物というのは，例えば銀杏のような植物のことです。」），比喩（例：「将軍というのは，会社でいえば社長のようなものです。」），言葉の置き換え（例：「乗法というのは掛け算のことです。」），描写（例：「〜（自分がその状況にいるような表現）のことがあったら，皆さんならどうする。」）などがある。視覚的なものを組み合わせる方法には，具体物の提示（例：実物や現象をその場で見せたり，写真や映像で見せたりする。），実演（例：動作や作用，状態や感情をモデルとして見せる。），図示（例：黒板，画面，スクリーン上に絵や表などを示す。）などがある。どちらの方法も，子どもにイメージをもたせることは共通している。

〔椿井大輔〕

［参］堀裕嗣（2012）『一斉授業10の原理・100の原則』学事出版。

助言

　助言とは第一に，教師から児童生徒に対する言葉かけ，第二に児童生徒間同士による言葉かけ，の二種類に大別できる。

　第一の教師から児童生徒に対する言葉かけとは，教師の現状認識や判断に基づき，児童生徒を望ましい状況に変えさせようとする意図の基に行われる発話行為を指す。児童生徒の態度変容や技能向上を目指すために遂行される。一般的には，経験や知識が受け手よりも勝っていると考えられる場合に行われる。学校教育においては，対象とする経験や知識が豊富なのは児童生徒よりも教師である，との前提がある。無論，児童生徒のほうが教師よりも経験や知識が豊富な場合もあろう。しかしながら，助言を行使する側（教師）と受け手側（児童生徒）における社会上の人間関係において，児童生徒よりも教師のほうが上の立場にある。すなわち，助言は教師から児童生徒に対して行われることによって成立する行為である，と解釈できる。

　第二の児童生徒間同士による言葉かけとは，児童生徒同士が互いに，より学習を深めるために行われる相互による発話行為を指す。授業においては，助言は必ずしも教師から児童生徒に対して遂行される行為に限らない。ペアやグループ学習といった協同学習の場面においては，社会上の人間関係が同質である児童生徒間同士で遂行される場合がある。無論，授業においては，児童生徒間同士による言葉かけの場面を仕掛けるのは教師の役割である。クラスメートとともに成長し合い，児童生徒同士が思いやりの心をもって，相互に認め合う授業づくりを行うことが肝要である。

　以上二点が助言の定義と役割である。助言の役割は，社会構成主義に基づく学習観とも関連する。社会構成主義を提唱したレフ・ヴィゴツキーによる発達の最近接領域に関する理論では，自力では達成できないことが，他者との対話によって自力で達成できるようになる，と論じられる。

　助言が発話行為である以上，教師と児童生徒間および児童生徒間同士において対話が誘発されるのは自然であろう。助言という発話行為によって，多くの場合，児童生徒は自力で達成できうる領域を拡げることができる。

〔赤塚祐哉〕

板書

　授業において主に教師が黒板やホワイトボードに文字や図を書くこと，または書かれた成果物のことである。

　板書は授業の成否に重要な役割を果たす。板書の基本的な機能は，教育内容を視覚情報として明示し，学習の展開を記録していくことである。また，単に情報を保存し子どもに書き写させるだけでなく，構造的に構成していくことで，知識を体系的に整理して伝えることができる。板書を活用することで，教師は子どもに主体的な思考を促すことができる。学習の目標，問題や課題，説明や助言等を順序立てて書いていくことで，子どもは学習課題を明確に認識し，安心感をもって取り組める。さらに，板書には子どもの思考が集団内で共有されることを支援し，協同的・構成的な学習の成立を助ける機能がある。教師が子どもの意見や疑問を書き留める，または子ども自身が板書する活動を設けることで，子どもたちは互いの関心や意見を知り，それらを手がかりにしながら議論することができる。

　板書がその機能を十分に発揮するために，教師には技術と力量が求められる。文字の大きさや色分け，配置，要点を絞った記述への工夫が求められることはいうまでもない。書く速度やタイミング，順序など，板書を構成するプロセスも，場面場面の学習活動に適したものになるよう判断しなければならない。また，手書き以外にも，さまざまな資料を黒板に掲示・投影する等の方法を駆使することで，効果的に学習を支援することができる。とりわけ今日においては，ICTとの併用や複合的活用を常に選択肢として考慮することが求められる。

　以上の内容を，予定外の展開をも考慮したうえで綿密に計画する「板書計画」は，授業づくりの重要な構成要素である。

　近年の動向として，板書は，授業内容を一面で示す情報提示機能や，知識の伝達にとどまらない協同的・構成的な学習を支える役割への着目から，高度な教育技術として"Bansho"，"Boardwork"，"Board writing"の名で世界に紹介されている。外からの対象化を通して，実践知の共有・継承・高度化が促されることが期待される。

〔丹下悠史〕

ディベート

　特定の問題について，立場の異なる個人あるいはチームが，それぞれの主張を展開したり相手の主張に反論したりする議論の形式。基本的に，特定の命題（論題）を肯定する側と否定する側の二つの立場で議論がなされ，第三者である審判員あるいは聴衆が勝敗を決する。学習者の論理的思考力，表現力，批判的思考力等を養う教育活動として取り組まれるディベートは，特にアカデミック（教育）ディベートと呼ばれる。

　ディベートの起源は古代ギリシャの集会等に遡ると考えられるが，教育における本格的な取り組みは19世紀以降の大学での授業やディベートクラブでのもの以降と考えられている。日本においても明治期から西洋式のディベートが紹介され，第二世界大戦後には大学生のディベート大会等が盛んに行われるようになった。また，1990年ごろからは，初等中等教育においてディベート教育が取り入れられることが多くなっている。

　ディベートの主な方式には，証拠資料に基づいて具体的な政策提案の採否を論じるポリシーディベートと，試合の直前にテーマが示され即興的に行われるパーラメンタリーディベートがある。

　ディベートの試合は，自らの主張を説明する立論，立論に対して質問を行う質疑，相手の主張を批判する反駁といった部分によって構成されることが一般的である。例えば，肯定側立論6分，否定側質疑3分，否定側立論6分，肯定側質疑3分，否定側第一反駁4分，肯定側第一反駁4分，否定側第二反駁4分，肯定側第二反駁4分のように，大会ごとに形式が定められる。

　日本の初等中等教育においては，国語，社会科，地理歴史科，公民科，英語，道徳，総合的な学習の時間等でディベートが扱われることがある。具体的には，中学校や高校の国語では，話し合いの例としてディベートが扱われることがあり，中学校の社会科や高校の地理歴史科・公民科では，具体的な社会課題を深めるための手法としてディベートが扱われる例が見られる。他方，指導する教員のディベートに関する知識やスキルの不足，ディベートの準備や試合に必要な時間確保の困難，各教科等のカリキュラムへの位置づけ，人前で話すことが困難な児童生徒への対応等の課題が指摘されている。

〔藤川大祐〕

[参] 師岡淳也・菅家知洋・久保健治（2011）「近代日本における討論の史的研究に関する予備的考察」『ことば・文化・コミュニケーション：立教大学異文化コミュニケーション学部紀要』3, 25-41頁。

教育的タクト

　カナダの教育学者ヴァン＝マーネンは教育的タクトを「どうすればよいか分からないときに，どうすればよいかを知っていること」と定義している（van Manen, 2015）。教室において，あるいは教師が子どもと対峙している場には，人と人とが向き合う，真正な時間が流れており，その瞬間瞬間が子どもの未来の育ちにとってクリティカルな意味をもちうるといえる。こういった場において教師は，たとえ心理的にせよ，その場をいったん離れて，何がその子にとって最善なのか，教師としてどのような行為（何もせずに見守るということも含めて）が成しうるのか，その子の行く末といまの現状をじっくりと考量し判断する猶予はない。このような場において，それでも，その時点で最善だと思われる方向に向けて判断し，行為する教師を「タクト豊かな教師（tactful teacher）」と彼は名づけている。

　ラテン語の tactus（触れる，感ずる）に語源をもつこのタクトという語は，音楽用語として用いられてきたが，この概念を教育学の分野で最初に用いたのはペスタロッチーだとされている。その影響を強く受けた J. F. ヘルバルトによって，『最初の教育学講義』（1802年）において教育学の理論と実践を仲介するものとして取り上げられ，さらに後に「教育的行為における素早い判断と決断」として定式化された。その後，ケルシェンシュタイナーやマカレンコ，ムートら多くの主にドイツ教育学の研究者によって教育学における重要性とその養成の可能性が議論されてきた。日本でも，高久清吉や篠原助市，前田博，近年では，鈴木晶子や徳永正直らによって教育的タクトについての探究がなされている。

　タクトの養成については，これまで多くの議論がなされ，ヴァン＝マーネンも，「実践の省察を繰り返すこと」によってタクトが養成されるとする。実践の省察が鍵となるのは確かだといえるが，教師のうちに身体化された実践の知として教育的タクトを捉えるとすれば，省察によっていかにその養成が可能となるのかはいまだ研究途上だといえる。

〔村井尚子〕

[参] van Manen, Max（2015）*Pedagogical Tact: Knowing What to Do When You Don't Know What to Do*, Routlege.

ノート指導

　ノートは児童生徒の学びの足跡として，また，自らの学びを深めるためのツールとして教育活動には欠かせない存在といえる。そのため，ICT教育が普及された今日でさえ，子どもたちの机上からノートが消えることはない。なぜなら電源を入れ，検索しないと見ることのできない電子データではなく，自らの学びと紐づけされた，即時利用が可能な存在だからだ。そして，義務教育を終了した後もさらなる学習・研究や仕事に臨む際に，自らのノートという自分資料とノートをとる行為は不可欠なのである。では，なぜノートをとることが重要なのであろうか。ノートを記す行為は次のような多様な意味をもつ。

1. 学習した内容を記録し，次の学習につなげる。
2. 学習した内容を構造化し，自らの学びを内面化する。
3. 学習時の気づきや考えを記述することで，自らの学びの変容を明確にする。
4. ノートを記述することにより，文字を正しく，分かりやすく書く力に加え，思考力・判断力，表現力を育成する。
5. 学びの振り返りを瞬時に可能とする。
6. 授業内で，子どもの学びの実態を授業者が見取ることを可能とする。

　しかしながら，多くの児童生徒は，ノートをとることは，板書を書き写すことと理解し，なかには綺麗に板書を写した作品としてのノートを製作することが学ぶことだと勘違いしている者も多い。それは，初等教育段階での適切なノート指導が行われなかったり，穴埋め式のワークシートを多用したことが要因といえる。
　では，どのようなノート指導が初等中等教育において必要なのか，次に5つの方策を示す。

1. 子どものノートを考慮した板書構成にする。
2. 児童生徒に即した多様なノート形式を示し，定期的に級友とノート共有を行う。
3. ノートには気づきや感想，考えの挿入を促す。
4. ノートのできばえを認め，改善点を示す。
5. 保護者会や個人面談でノートを活用する。

〔栗原幸正〕

［参］日本国語教育学会監修（2015）『ノート指導―子どもの自己学習力を育てる―』東洋館出版社。

ゆさぶり

　学習の質を高めるために，子ども自身が自分の考えを見直すよう促す，教師の働きかけである。実践に根ざした論を示した斎藤喜博は，「ゆさぶり」を，「日常的なものをしりぞけ，はぎとることによって，はじめて日常的なものの底にある本質的なものを引き出し，人間の持っている本質を引き出す」ために不可欠とした。教師が「より明確で鮮明な考えなり表現なりを指示する」「他の事実をつきつけ契機を与える」ことで，子どもに対し，粗雑な思いつきを軽率に発言することや借りものの知識をふりまわすことを否定する。あいまいで不確かなものを明確で鮮明な考え方や表現へと導く。子どもも教師も教材の本質に迫る授業が創られる。
　一例として，八木重吉「虫」の詩の冒頭の行「虫が鳴いている。」の子どもの朗読が挙げられている。大きな声で人に呼びかけるように音読した際，「虫が鳴いていることに驚いて，人に知らせようとした」と受け止める一方で，イメージを豊かにするための「ゆさぶり」が求められる。「溜息のようにつぶやくように云った」「虫の声にハッとして，自分自身の心に問いかけるように云った」「早口に云った」「ゆっくりと間をおいて，自分の思いを吐き出すように静かに云った」など多様な読み方がある。虫の鳴き方について「泣いている虫が一匹なのか」「たくさんの虫が一せいに鳴いているのか」，また「強く鳴いているのか」「にぎやかに鳴いているのか」「しみ入るように鳴いているのか」も問題となる。教師がさまざまな解釈と豊かなイメージをもつことにより，子どもが教材の質へと至る。
　教師が「ゆさぶり」を行えるためには，まず，教材に対しての「自分の考え」をもつ必要がある。そのうえでさらに，子どもたちの発言，考え，行動を「選択」し「限定」していく力が求められる。「何を追求すべきか」がはっきりすると，教室に集中が生まれる。単純に明確に生きて発展していく問題を創り出すには，「子どもの発言なり教材の本質なり教師のねがいなりの全体が見えており，そのなかでどれを取り上げ，どれを捨て去るのかの判断がとっさにできる力」が教師に不可欠となる。追求の価値のある問題を選び抜ける斎藤の鋭く確かな眼力は，教師としての授業の創造とともに，歌人としての短歌制作の経験によっても培われた。

〔吉村敏之〕

［参］斎藤喜博（1976）『授業の可能性』一莖書房。

指名

　指名とは，授業において教師が子どもやグループを名指しで選び，発言を求めることである。授業のコミュニケーションの場として，「教師の発問 – 児童の挙手 – 教師の指名」という一連のやりとりが挙げられる。教師による指名は，学級の子どもたちが授業に参加し発言する機会がつくられたり，子どもが教師に指名されることによって，授業に対する動機づけが高まったりする。一方，挙手している子どもに対して多く指名するなどの偏りが生じ，結果的に発言する子どもが固定化してしまうこともある。指名は授業を展開していくための重要な教授行動の一つといえる。

　指名の基本形は，子どもたちに挙手をさせて，指名することである。学習者の理解度や意欲を確認することのできる方法であるが，よく発言する子は数名に限定されがちで，わからない子やわかっていても挙手しない子は発言しないという課題がある。したがって，授業中の指名の方法は，学習のねらいや発問によって使い分ける必要がある。例えば，発言した子どもが次の発言者を指名するという方法がある。その際，一度も指名されない子どもを生み出さないためのルールを決めたり，教師が後で意味づけや修正を行ったりする必要がある。また，子ども一人ひとりを指名するのではなく，グループ単位で指名していくという方法もある。グループの話し合いを重視したいときや，グループ内で補い合いながら発言させたいときなどに用いる。自信のない子どもも自身の考えを発言するときよりずっと発言しやすくなることもある。

　一方で，指名なしで自由に発言させる方法もある。向山洋一は「指名なし発表」や「指名なし音読」として実践を提案している。例えば，ノートに考えや予想を書かせた後，自由に前に出てきて発表してもらい，一人が終わったら次が行くという方法や「発表してから席に戻りましょう」といった指示で指名なし発表を授業の中に取り入れた。また，指名されていない子どもの発話から展開される授業の可能性も示唆されている（横山，2023）。

　指名の方法は，学習集団の質やどのような発問にするかによって大きく変わってくる。教師は，日常的に行っている自身の指名行動に自覚的になり，絶えず追究していくことが求められる。

〔山内絵美理〕

［参］向山洋一（2003）『発問一つで始まる「指名なし討論」』明治図書出版。横山愛（2023）「指名されていない児童から広がる一斉授業の対話―対話構造と内容の変化に関する分析―」『質的心理学研究』22(1)，45-61頁。

反転授業

　反転授業（flipped learning）は，授業内と授業外の役割を「反転」させ，通常は授業内で行われる説明型の講義や基本的な学習を，ビデオ視聴等を用いた事前学習として授業前に課し，教室ではディスカッション等を中心に能動的な学習を行う形態を指す（土佐，2014）。教師主導の伝統的な授業スタイルとは異なり，学習者が主体的に学習内容を事前に吸収し，授業ではその知識を使った深い議論やグループワークに取り組む点が特徴である（澁川，2021）。

　反転授業の登場は2000年代に入ってからである。2007年に，コロラド州の高校化学教員であるバーグマンとサムズが，生徒に授業前のビデオ視聴を義務づけ，授業時間を生徒主導の学習活動に充てるというモデルを導入し注目を集めた。この手法は，その後 Flipped Learning Network の設立などを通じて，教育現場で注目された（土佐，2014）。

　反転授業の普及は，近年の情報通信技術（ICT）の進展と関連している。インターネットの普及と高速化，教育用のデジタルコンテンツの充実，そしてタブレット等の携帯情報端末の普及は，家庭での学習資料のアクセスを格段に容易にした。

　長所として，①授業時間を活発な学習活動に充てることができる，②予習を通じて個々のペースで基礎知識を獲得できるため，学習への不安が減少する，③教員が学習者一人ひとりに対する指導時間を増やすことができる，などがある（土佐，2014）。

　一方で短所としては，①学習者の授業外学習時間の確保や学習環境が整わない生徒への対応，②事前学習をしてこなかった学習者や学習内容を理解できなかった学習者への対応，③教師の側で教材の整備とその時間が必要となること，などがある（土佐，2014）。

　とりわけ，事前学習が受動的な伝達学習となる懸念があり，学習設計が綿密になされることや，事前学習資料における教師による丁寧な解説の必要性も指摘されている（澁川，2021）。

〔髙橋亜希子〕

［参］澁川幸加（2021）「ブレンド型授業との比較・従来授業における予習との比較を通した反転授業の特徴と定義の検討」『日本教育工学会論文誌』44(4)，561-574頁。土佐幸子（2014）「反転授業の長所と短所を探る―「反転」ではなく「事前」授業を―」『大学の物理教育』20(2)，61-65頁。

ワークショップ

　ワークショップ（workshop）とは，ファシリテーターが提案する特定のテーマや目的に沿って，参加者同士が対話や協働を通じて学び合う活動手法のことを指す。

　ワークショップは，学校，公民館，カフェ，公園等，さまざまな場で展開される。街づくり，ものづくり，環境教育，美術や演劇の表現等，テーマに応じたカスタマイズが可能なことから，実践的なスキルの伝達や知識の共有，意見交換，参加型学習の推進等の手段として採用され，学校教育，生涯学習，職員研修等の多様な文脈で応用されている。

　学習の主体がワークショップに参加している全員であることから，ワークショップで生まれる新しい知識とはすでに確定したものではなく，参加者全員で創り上げる共同の成果である。参加者によって学びの中身や充足感が大きく変わるということは，事前に学びの全体像を完全に設計することができないことを意味しており，自由に意味が生成される開放的な学びの場であることがワークショップの特徴である。

　学校教育におけるワークショップは，子ども（時には保護者も含む）が体験的な学びへ参加する機会を提供できることから，多くの事例が存在する。例えば，生活科や総合的な学習の時間にワークショップの学びを取り入れた実践や，桂直美（2010）による，生徒の芸術表現の力を育てる授業方法としての「ワークショップ授業モデル」の提唱が挙げられる。

　他にも，特定の領域の専門性を有する研究者が，公開講座や地域コミュニティにおけるアウトリーチ活動としてワークショップを開講することもある。

　日本で展開されているワークショップの中には，指導者中心的に進行する30分程度の体験活動に対しても「ワークショップ」の冠がついていることや，1日8時間の参加を3日間にわたって依頼するワークショップも存在する。汎用性が高く定着した「ワークショップ」の語は，使用する側の文脈で広範な解釈がなされているのが現状である。

〔仲条幸一〕

［参］桂直美（2010）「「ワークショップ授業モデル」による表現の授業構成：「鑑識眼と批評」による授業パラダイムの転換」日本教育方法学会編『教育方法学研究』35, 59-70頁。森玲奈（2024）『ワークショップデザインにおける熟達と実践者の育成　第2版』ひつじ書房。

演劇的手法

　役になってふるまい架空の世界をつくりだす。その際にどのようにその世界をつくるかを考えたり，その世界を役の状態で経験したりする。それを学習に活用するのが演劇的手法である。

　戦後初期，学校劇運動が興隆し，国語科や社会科の学習指導要領（試案）や教科書に，戯曲教材や歴史上の出来事の劇化などの活動が多く掲載された。1950年代中頃にはすでに冨田博之が，行事などでの劇の上演だけでなく教科学習や生活指導に演劇を活かそうとする試みを，「演劇的教育方法」と呼んでいた。その後，学校劇運動の退潮とともに演劇的手法の議論も下火になる。それでも取り組みとしては，1980年代における，山本典人による歴史の「劇化」，鳥山敏子による「なってみる」授業など，特徴的な実践が生み出され続けてきた。

　2000年代以降，演劇的手法は新たな展開を迎える。一つには，英国など英語圏のドラマ教育の紹介である。来日した講師によるワークショップやドラマ教育の入門書・翻訳書の刊行が相次いだ（デイヴィッド・ブース『ストーリードラマ』，渡部淳・獲得型教育研究会編『学びを変えるドラマの手法』，小林由利子ら『ドラマ教育入門』など）。ドラマ教育は，プロセス重視，即興の多用，体系的な技法の存在などの点でインパクトを与えた。もう一つには，「コミュニケーション」との結びつきと演劇人の関与である。「コンテクストの摺りあわせ」に注目する劇作家の平田オリザが「コミュニケーション教育」を提唱，また，演劇人による学校現場でのワークショップを支援する文化庁の「児童生徒のコミュニケーション能力の育成に資する芸術表現体験」事業は2010年度から始められた。

　演じることは，先に頭の中で考えておいた解釈と表現方法を声や体を使って外に示すという，理解から表現への一方通行の営みではない。動くことで気づきが生まれ，それが次のふるまいにつながる，表現と理解の相互循環の営みである。演劇的手法への関心は，2010年代以降のアクティブラーニング熱の中で，演劇を愛好する教師にとどまらず，学習形態の一つとして注目する一般層にも拡大している。これは同時に，演じることの感覚を自身がもたないまま子どもを動かす手段としてこの手法が用いられる危惧も招いている。

〔渡辺貴裕〕

［参］鴻上尚史（2021）『演劇入門』集英社。渡辺貴裕・藤原由香里（2020）『なってみる学び』時事通信社。

ジグソー法

　ジグソー法は，1978年にエリオット・アロンソンらによって考案された協同を目的とする学習法である。この学習法は，ジグソーグループとエキスパートグループの2種類のグループを作り，ジグソーグループのメンバーがそれぞれ資料の異なる部分をエキスパートグループで精読し，それをジグソーグループで総合することで各自の学習を進めるものである。アロンソンらによる学習法は，後に，ロバート・エドワード・スレイヴィンによって，ジグソーグループにおいて個人が資料をすべて読む点，個人の成績評価をグループ評価に反映させる点が変更された（ジグソーⅡ）。さらに，ロバート・スタールによって最後の個別テストの前に振り返りが追加され（ジグソーⅢ），ドワイト・ホリデイによって授業冒頭の導入とエキスパートグループ，ジグソーグループそれぞれの活動後にテストが追加され（ジグソーⅣ）徐々に発展していった（友野，2016）。

　資料の精読・理解の活動を超えて，ジグソー法は認知科学・学習科学の分野で，テーマ学習のような形で発展した。日本でも，三宅なほみによって，協調学習の方法として，単純ジグソー法，構造化ジグソー法，ダイナミック・ジグソー法などの形式が考案された。近年では，東京大学CoREFによって，知識構成と理解深化に特化させようとする知識構成型ジグソー法の研究が進められている。

　ジグソー法の効果として，学業成績や学習内容理解の向上，学校・他者とのつながり，自尊心や自己効力感の増加などの効果が認められつつも，その効果は授業者の経験に左右されること，クラスサイズや時間に関する課題が指摘されている。

　ジグソー法について，『教育方法学研究』での直接的言及は多いとはいえないが，その中には，スレイヴィンの協同学習論を検討することを通して，補完的に用いられるジグソー法などの協同学習を，授業や学校活動を根本から改革していく学校全体を貫く理念として捉え直すことを試みている研究も存在する。教育方法学研究において，上記の課題への対応のためには，新たな活用方法の開発のみならず，ジグソー法を含む協同学習のあり方の再検討もまた求められうる。

〔平岡秀美〕

[参] アロンソン，E.・パトノー，S.著，昭和女子大学教育研究会訳 (2016)『ジグソー法ってなに？—みんなが協同する授業—』丸善プラネット（原著，2011年）。友野清文 (2016)『ジグソー法を考える—協同・共感・責任への学び—』丸善プラネット。

宿題

　宿題は，学校教育において，教師が授業時間外に児童生徒に課す自己学習の課題をさす。課す課さないについては教師の裁量にまかされている。

　宿題のねらいは，次のところにある。① 子どもにとっては学習の復習・強化（定着）であり，教師にとっては授業内容の理解度の確認である。② 学んだことを活かす力を育み，理解度を深める。③ 定期的に取り組むことで，計画力や家庭での学習習慣をつける。④ 自分の得意・不得意を把握し，自学自習の力をつける。⑤ 保護者は我が子の学習内容の理解力を把握することができる。

　内容は，次のようなものである。① 学習中の内容に関する復習問題（反復練習や次につながる既習事項の復習等）。② 習熟度に応じた宿題群から自己選択ができるもの。③ 本人が重点的に取り組むべきものとして選んだ課題。④ 自らが体験・学習・調査・研究・実験したものをまとめるレポート形式のもの。⑤ 自由度をもたせた家庭自由学習（「学習メニュー例一覧表」などの活用も）。⑥ グループワーク，新聞形式でのまとめ，情報端末（タブレットPC）を活用してのパワーポイントや動画によるまとめなど。

　タブレットPC内の教師の説明（動画）を宿題として自宅学習し，レスポンス送信を通して理解を深め，教室の場での意見交換につなぐ反転学習なども考えられる。

　宿題のデメリットは，次の通りである。① 大量・一律に課すことが多く，多すぎて難しすぎる。② 自分で取り組みたい勉強や興味を追究する時間が減る。③ 宿題が単なる作業となり，学習の楽しさや深さを見失ってしまう。④ 保護者の過度な介入により，子どもが自主的に学ぼうとする力や問題解決力，知的好奇心などを削いでしまう恐れがある。

　国際的には宿題を禁止している国もある。フランスでは，記述を伴う宿題を禁止している。家庭環境の不平等から発生する「学びの遅れ」を生まないためである。学習は学校で責任をもち，教師の指導のもとに行うべきであるとする。中国では，「義務教育段階での児童生徒への宿題・学習塾禁止令」がある。子どもの負担（睡眠不足，体調不良）の抑制をめざし，宿題の量を大幅に制限し，民間の学習塾通いによる子どもの学習負担を軽減する二重削減政策をとっている。

〔池野正晴〕

自由進度学習

「自由進度学習」とは、一人ひとりの子どもに応じた学習指導を模索する教師たちが生み出した授業スタイルであり、教師主導の一斉授業ではなく、学びの主導権を子どもに委ね、子どもが自分のペースで自分なりの方法を選択して取り組む学習の総称である。その実践は、1単元を基本とするものから、1単位時間の中での自由進度と称するものまで多様であり、「マイプラン学習」「マイタイム」などとさまざまなネーミングがある。その中でも、1980年代のオープン教育を先導した愛知県東浦町立緒川小学校が開発した「週間プログラムによる学習」が再評価され、「単元内自由進度学習」として全国の学校で展開されるようになった。緒川小の週間プログラムによる学習が「一定の制御形態のもとに自学を進める複数教科同時進行の単元内自由進度によるティームティーチング」(緒川小、1983)と説明されていたように、単に自分のペースで自習するものではなく、複数の教科・単元の学習内容を自分なりに見通しをもって計画し、自己選択・自己調整を重ねて進めることに主眼が置かれている。ここでの教師の役割は子ども個々の学び方・つまずき方を順にアセスメントしつつ、必要に応じて助言を与えるもので、正解を教えたり学習方法を指示したりする指導は極力控えるため、自由進度学習を経験した子どもたちは自己肯定感・有用感を高める傾向にある。

歴史的には大正自由教育における子ども中心主義の実践にその源流があるが、近年自由進度学習が注目されるようになった要因は、不登校の子どもの増加問題に対する学習権保障の文脈に加え、コロナ禍の学校休業期間に自ら学べない子どもが多かった実態を謙虚に受け止めた教師たちが、"教えて""そろえる"授業から、子どもが主体的に自己調整する学習経験を必要とすることを理解した点などにある。また、国際的にも「Universal Design for Learning」という思想が普及し、子どもがうまく学べないのは子どもの側に問題があるのではなく、カリキュラムや学習環境の側に問題があると捉える教育観が共有されるようになり、多様性への理解や基本的人権としての学習権の十全な保障が教育現場の課題として議論されるようになったことが背景にある。

〔伏木久始〕

［参］緒川小学校(1983)『個性化教育へのアプローチ』明治図書.

机間指導

授業中、個別学習ないしはグループ学習の際、教師が机の間を通って子どもを見て回り、それぞれの学習状況を把握したり、必要に応じて個別に指導・助言を行ったりすること。

元来は「机間巡視」と呼ばれ、子どもが学習や試験に真剣に取り組んでいるかを点検したり、不正を働いていないかを見張ったりするために、机の間を歩いて回ることを指していた。その主たる目的は子どもの管理や監視であったが、1980年代に入ると、管理活動から指導活動として見直されるようになった。この背景には、「個別指導」や「学習の個別化・個性化」の声の高まりがある。画一的な教育に偏りがちな一斉指導においても、個に応じた指導が可能になる有効な手段として、期待が寄せられたのである。呼称も「机間巡視」に代わり「机間指導」の言葉が一部の研究者や実践家の間で用いられるようになり、次第に普及した。

机間指導は、教師が子どもに歩み寄って行う情報収集であり、その機能は3点に整理できる。第一に、子どもの学習上のつまずきを発見し、個別の指導や支援が可能になる。一人ひとりの子どもとの物理的距離を縮め、個の学習状況を確認することで、その子に応じた助言や支援をすばやく行うことができる。第二に、個々の意見や考えを受け止め、子ども同士の関わり合いを促すことができる。ノート等の記述をもとにした個別の声かけが、その子なりの考えを明確化させたり、そのよさを認めたりすることに作用する。子どもの意欲や自信を喚起し、他の子どもとの関わりを励ますことにつながると期待できる。第三に、全体的な状況や傾向を把握することで、子どもの実態に基づいた授業計画の再考が可能になる。一斉指導で取り上げる話題や課題を設定し直したり、指名の順番の見通しを立てたりするなど、机間指導をその後の授業展開の活性化に役立てることができる。その際、座席表などを活用して学びの様子を記録し、次時以降の展開に接続させることも有効である。

机間指導の機能は、教師の優れた教授技術がなければ成立しない。教師には、子どもの実態から学び、自身の授業改善と力量形成に活かしていこうとする不断の研究的態度が求められる。

〔埜嵜志保〕

第4節　授業と集団

学習集団

　学習集団は，「学習のために編成された集団」として「編成」の原理から説明されることが多い。例えば，習熟度別指導において学級を「習熟度別」の学習集団に編成する，総合的な学習の時間に「テーマ別」の学習集団を編成する，学級経営において生活集団（生活班）とは異なる原理で学習集団（学習班）を編成する，等々，学習集団は多様な原理で編成されるからである。

　編成された学習集団が「学びに向かう集団」として，どのように機能しているのか，構成員一人ひとりの学習を促進しているのか，それとも疎外しているのかが，構成員相互の人間関係のあり方や学習集団の質的発展において問い直される。教育実践における学習集団は，構成員全員が主体的で協同的な学びを実現できるように，「編成された集団」をどのように「学びに向かう集団」として形成していけばよいのかという「形成」の方法や過程について語られることになる。

　学習集団は，1960年代後半から1970年代にかけて全国授業研究協議会の研究大会のテーマとなった。大会の会場にもなった学校の著書に，岩手県盛岡市立杜陵小学校の『認識を高める授業—学習集団の組織化』(1964年)，広島県東城町立森小学校の『集団思考の態度づくり』(1966年)，静岡大学附属島田中学校の『主体性の追究—授業の分析から総合への10年—』(1970年) がある。ここでの議論を通して，学習集団は，制度的に学習のために編成されている「学級を学習集団に」高めること，あるいは「学習疎外の状況」におかれている子どもたちの学習権の保障と自覚によって「子ども主体の授業に」していくことを，「学習集団づくり」として理論的にも実践的にも追究することで，授業の「形態」ではなく，授業改善の「理念」として普及していくことになる。

　国際的に「学習権宣言」(1985年) や「子どもの権利条約」(1989年)，「サラマンカ宣言」(1994年) 等で誰一人取りこぼすことのない「万人のための教育（Education for All）」が求められる時代に，改めて「学習権の保障と自覚」の理念のもと「全員参加」の授業づくりを追究する「学習集団の思想と実践」が評価されねばならない。

〔深澤広明〕

［参］全国授業研究協議会編 (1970)『学習集団の思想と実践〔別冊　授業研究〕』明治図書。吉本均 (1995)『思考し問答する学習集団—訓育的教授の理論— 増補版』明治図書。

学級経営

　「学級経営」という用語は教師の誰もが日常的に使用するにもかかわらず，その明確な規定は難しい。それは，「学級経営」が機能概念と領域概念の両者を含みもつ概念として用いられていることに由来している。学級経営とは何かについてはさまざまな検討が行われてきたが，代表的なものとしては，以下の三つに整理できる。

① 学級における学習指導と生活指導を統一的に展開させる実践的な営みであり，広く教師による学級指導（学級教育）の総体と捉えるもの。
② 学級における教授活動と対比されるものとしての経営活動であり，事務的な業務を含む基盤経営や，環境全般を整えていく環境経営など，教授活動のための条件整備と捉えるもの。
③ 経営活動であるが，教授活動のための条件整備にとどまるものではなく，児童生徒の市民性や社会性，自治力や協働的な問題解決力を育む領域的な側面ももちうるものと捉えるもの。

　①に依拠した場合，学級担任として行うあらゆる活動が含まれることとなり，学級経営と表現することの独自性が薄れてしまうが，現場教師は学級経営を部分的に見たり何かと切り離したりして実践しているという感覚はないであろう。それよりも狭義の②に依拠した場合，それはあくまで教育活動の効果をあげるための下敷きとしての「機能」であり，独立した「領域」ではない。しかし，③に依拠すれば，「学級経営は，特別活動を要として計画され，特別活動の目標に示された資質・能力を育成することにより，さらなる深化が図られる」（文部科学省『小学校学習指導要領（平成29年告示）解説 特別活動編』）とあるように，領域としての意味を帯びてくる。これらのいずれかが正解であると規定できるものではなく，すべての性質を含みもつ概念として，文脈に応じて意味が規定されながら用いられているのが現状といえよう。

　そのような広い概念であるからこそ，それに関わる多様で豊かな実践が生まれて共有できる半面，研究では，その都度どのような側面に焦点化して議論をしているか，その共通理解ができているかに自覚的であることが要求される用語である。

〔大村龍太郎〕

［参］下村哲夫 (1982)『学級・学年の経営（教育学大全集第14巻）』第一法規。田中耕治編 (2022)『学級経営の理論と方法』ミネルヴァ書房。

学級目標

　学級目標とは，学級集団の育成や風土の醸成を目的として，学級が目指そうとする姿や目標を言葉でわかりやすく示したものである。1年間を通して共有される言葉として，簡潔さや明確さを備えたスローガンの役割を持ち，一般的に4月の学級びらきから5月初旬までに設定される。また，学級としていつでも意識することができるように教室の目立つ場所に掲示されることが多い。学級目標の意識と共有は，日常的な授業や学校生活だけでなく，学校行事等のさまざまな場面において教師と生徒児童で行われ，学級への帰属意識を高め，集団の一員としての自覚を促すことへつながる。1年間を通じて児童生徒は成長や変容をしていくため，教師が適宜，学級目標と児童生徒の姿を結びつけて価値づけていくことが求められる。このことは学級目標の形骸化を防ぐためにも重要な過程となる。

　学級目標の設定においては，「どんな学級にしたいか」や「どんな自分になりたいか」といった児童生徒が理想とする姿と教師が目指す学級づくりへの思いを重ね合わせ，学級集団の一員として納得できる言葉の作成や選択が重要となる。言葉の作成や選択では，学級として目指す姿に合致した言葉とするために，学級の独自性を活かした造語に加え，「あいうえお作文」や「四字熟語」等を活用する場合も多く見られる。学級目標の設定のうえで，最も重要となるのは児童生徒の納得感である。基本的に発達段階に応じて，教師の関与は異なり，学年が上がるに従って，児童生徒へ委ねる割合が多くなる。教師は授業びらきの際に自分の学級に対する思いを伝えつつ，児童生徒の自己決定や合意形成を支援していくことが求められる。児童生徒が自分たちで決めた目標であるという自覚を持てることが，1年間の行動原理としての位置づけへとつながる。

　また，学校目標や学年目標との関連を意識することも必要である。学級単体ではなく学校や学年の中の1学級として何を目指すのかということも学級目標を設定する際の一つの要素となる。

　さらに，学級目標はできないことを反省するという検証が求められるのではなく，児童生徒一人ひとりや学級集団がどのように成長・変容したのかに眼差しが向けられることが重要である。

〔藤井佑介〕

班（小集団）

　班とは集団編成の形態をさす。学級指導においていくつかのグループを編成して，生活指導や学習指導における教育的道具として用いることが多い。また，学年を超えた縦割り班が編成されることもある。

　学級内には，教師が好むと好まざるとにかかわらず，インフォーマルな人間関係や仲間集団は存在している。それらはしばしば序列的な実態をもって隠然と存続し続けている。そうだとすれば，このような序列的な「群れ」を，いちはやく民主的にかかわり合う「集団」へとつくりかえていくことが求められる。班をつくって子どもたちを指導しようとするのは，何もないところに班や小集団という特別の形態をつくることではない。そうではなくて，すでに存在しているグループがしばしば非民主的で不合理なものだから，それをあらためて，望ましい民主的な人間関係につくりかえていこうということである。

　だから，班づくりとは，班という「かたち」をつくることではない。班を編成して班長を決めて終わるということでもない。班づくりとは，教師が班を単位に評価し続けるということである。このことは，班内の個人と個人との正しい，民主的なかかわり合いの仕方を評価するということである。そして，評価基準をたえず高め続けていくことである。当初は「学級開き」とともに班は編成されることが多い。そこには，教師に対面しているものと，まだ対面していないものとの分裂がみられる。そのような時に例えば，体面している班に肯定的な評価を入れるのである。授業では，全員が挙手する班としない班との分裂がみられることがある。その時に挙手の多い班に，評価を入れながら班指名をするのである。あるいは，班内での話し合いを全員参加で上手に行っている班とそうでない班との分裂が生ずることがある。その時に，すぐれた取り組みをしている班に対して，具体的な事実を取り上げながら班評価を入れていくのである。こうした班への評価により，わからないことがあれば率先して「わからない」と要求し，わからないのに黙っている子がいると，「もう少し班で話し合わせて下さい」と発言するようなやる気の主体＝学習主体が育ってくる。教師からの命令・号令ではなく，個と個がかかわり合う関係＝自己指導力を育てていくところに，班づくりの目的がある。

〔三橋謙一郎〕

［参］日本教育方法学会編（2009）『日本の授業研究―Lesson study in japan―授業研究の方法と形態（下巻）』学文社。

班長（学習リーダー）

　班とは学級の自治の基礎集団としての性格と第一次集団としての居場所の性格を併せ持っている。この班にあって班長は「個人と集団、集団と集団の間に信頼を回復させていく回路を如何に作り出す」かという役割を担っている（全生研常任委員会編『子ども集団づくり入門』明治図書、2005年）。そのリーダーシップとは「① 個人的力量、② 批判的な意識と自主的行動の選択（やる気と自覚）、③ 公的なリーダーとしての役割行動からなる。これらの中でもっとも重要な要素は ① より ② である」（全生研常任委員会編『新版学級集団づくり入門・小学校編』明治図書、1990年）。それは班長は子どもの側に立ち子ども集団の要求を実現する先頭に立つことでその指導力を発揮できるからである。

　子どもたちが日常の生活をしていくうえで班は必要だが、学習や授業などの場面でも子どもたちは集団を必要とする。それを学習班という。学習班は班をそのまま使う場合と班より少ない人数でつくることもある。班が楽しい生活を作り出すことを目標にしているのに対して、学習班は学習や授業に対して子どもたちが主体的に参加することを目標としている。そのため ① 学習内容についてわからないことは質問する。② 班員の意見を班の中で交流し、それらの意見を学級全体に出してしていく援助をする。③ 出された班員の意見を支持するなどの点で学習リーダーは指導力を発揮する。具体的には「もう一度説明してください」「字を大きく書いてください」「班で考える時間をください」などと班員の要求を先取りして教師に要望や要求を出して班員の学習参加を助けるのである。

　最近の学校スタンダード化の中で、班替え方法・時期を学年内で統一することなどにより学級独自の取り組みができなくなる中で、班長や学習リーダーが形式的なものになっていることが危惧される。その一つの現れとして「班替え」という言葉は子どもたちの中では使われず「席替え」という言葉が一般的になっている。それは一緒に生活していく仲間を変えるのではなく、ただ隣に座る人が変わるという子どもや教師の意識を表しているといえる。このように班の位置づけが変わると、当然その班を母体にして選出される班長や学習リーダーの持っている指導力や性質にも影響を与えることになる。

〔植田一夫〕

合意形成

　合意形成とは、集団の成員が互いの意見の違いを前提に、意見をすり合わせ、一致点を探ることである。その意味で、合意形成とは対話的行為である。

　合意形成は、教科外・教科双方の実践において取り組まれてきた。1960年代以降、生活指導実践においては、集団の発展に即した系統化・体系化を志向する流れの中で、大西忠治らが提起した「班・核・討議づくり」の3側面からの「学級集団づくり」が、全国生活指導研究協議会（全生研）を中心に取り組まれた。そこでの「討議づくり」とは、「集団が、その成員のひとりひとりに集団のさまざまなちからを自覚させ、それを表現する能力、それを遂行する方法・スタイルを身につけさせること」と規定された（全生研常任委員会『学習集団づくり入門　第二版』明治図書、1971年）。討議に基づく合意形成によって、自治の基礎的集団としての学級を民主的な集団へと育てることが意図されていた。しかし、その合意を取りつける主導権の中心が措定されている集団像であった。

　1990年代に入り、市場原理に基づく社会へと変貌し、子ども同士の排除や排他的な関係が生まれるなか、集団づくりにおいては参加民主主義に基づいた集団像へと転換が図られてきた。そうした集団づくりにおける合意形成は、子ども相互の権利や差異の承認、「弱さ」から始まる対話と討議によって特徴づけられる。

　授業づくりおいても、子どもの権利条約や「学び論」を背景に、意見表明権や参加権に立脚した「授業の中の自治」が追究されるようになる。そうした中で、学習内容の選択、学習課題・学習方法の共同決定など、授業における合意形成が重視されてきた。

　学級集団づくり、授業づくりともに、合意形成においては、何について、誰と誰が合意するかが問われることになる。その意味で、合意形成について教え、学ぶということは、コミュニケーションの技法に回収されるものではない。対話による自己－他者関係の変容、権力関係の編み直しを含むものとして理解する必要がある。

〔竹川慎哉〕

［参］竹内常一（1994）『学校の条件』青木書店。吉田和子（1997）『フェミニズム教育実践の創造―〈家族〉への自由―』青木書店。

集団思考

　授業研究において，集団思考は全国授業研究協議会の時代以前から活発に展開されてきたテーマの一つである。授業の中で，ある問題に対し，子どもたちがそれぞれ固有の考えや意見を表明し，聞き合ったり話し合ったりすることを通して，より高く深いレベルでのわかり方を目指す過程などとして，集団思考という言葉は用いられてきた。すなわち，集団思考は授業における学習形態の一つ，および，思考の一つの形式にとどまるものではない。

　その過程は，さまざまな考えを出させて一つの考えにまとめる，対立・分化から統一への過程として描かれることが多かった。しかし，その過程が，例えば教師の示した一つの意見や正解に即座に同意することであったならば，集団思考をする意義はない。自身の意見や考えをもたせる，その意見や考えを伝える，他者の意見を聞く，共有した意見や考えを比べ価値づける。例えばこれらそれぞれの段階において集団思考を成立させるためには教師の指導性が必要となるのであって，教育方法学における集団思考研究では，よりよい集団づくりや課題づくりなど，さまざまなアプローチとともに，そこで求められる教師の指導性とはどのようなものかが追究されてきた。

　今日，集団思考という語が使われる頻度は少なくなっている。しかしながら授業における対話や協働的な学びといった表現とともにこのような過程を含んだ授業は，もはや一般的になっている。が，その際，教室の中に他者の意見を受け止められない関係性しか成立していなかったり，そこで示される発問が一つの考えしか出せないようなものであったりすれば，表面的な話し合い活動にとどまってしまう。そのようなときに，教室の中の人間関係の問題と，発問の質の問題とを二元的に考えるのではなく，集団の側面と思考の側面とを弁証法的に捉えようとした点で，集団思考研究の成果にはなお学ばねばならない。とりわけ，「個別最適な学びと協働的な学びの一体的な充実」が目指されている現在，その重要性は増している。

〔髙木　啓〕

[参] 砂沢喜代次編（1971）『講座・授業と集団思考（全5巻）』明治図書。深澤広明・吉田成章編（2016-2023）『学習集団研究の現在』（Vol.1～4），溪水社。藤原幸斗（2007）「戦後日本の授業研究史における集団思考概念の検討」『琉球大学教育学部紀要』51, 21-31頁。

学習規律

　学習規律は，授業に対する子どもたちの主体的な参加の行為形態を指すものである。学習規律の指導においては，子どもたちが共同で教科内容を習得する関係を築くことが目指されてきた。

　ところで，戦後の教育実践において学習規律をめぐる議論の際に参照されるのが，ソビエトの教育者のA. S. マカレンコである。マカレンコが提起したのは，「規律」と「きまり」の区別である。すなわち，規律は教育の結果であり，きまりという外的な枠組みを通して，その枠組みを子どもたちが守ったり修正したりしながら，きまりが子どもたちに内面化され自覚的規律が形成されるというのである。こうしたマカレンコの論に影響を受けながら，学習規律の研究や実践が積み上げられ，学習のきまりの定式化から一定の学習体制をつくりだすことが学習規律として理解されてきた。

　したがって，教師が規範意識の徹底を謳い「毅然とした態度」で子どもの行動を取り締まることは，規律ときまりを混同し，主体的な参加を促すことにはならない。そうではなく，子どもたちが授業の内容や目的，状況に応じて，合意形成してきまりをつくったり，不必要なきまりがあるときには改廃したりすることで，子どもの主体的な参加の行為形態を結果としてつくりだすことが学習規律の指導の前提となる。それゆえ教師の指導としては，授業におけるきまりについての合意形成の場を組織すること，そして，授業への主体的で共同的な参加へつながるきまりを守っている子どもの姿を肯定的に評価することが重要となる。

　ただし近年，全国学力・学習状況調査の実施に伴い，「授業スタンダード」が自治体から作成され，きまりを学校全体で統一する動きもあり，そうしたきまりに適応できない子どもが学校から排除される危険があることも指摘されている。インクルーシブ教育の理念が，子どものニーズに応じて学校を変革することを提起しているように，学習規律の指導の際には，子どものニーズに応じてきまりを改廃したり，特別なきまりを設定したりしつつ，学校・学級の常識を問い直していくことが求められており，今後，さらなる学習規律の指導に関する実践研究が望まれる。

〔早川知宏〕

[参] 吉本均編（1984）『学習主体形成と評価活動（講座・授業成立の技術と思想2）』明治図書。

全員参加

　全員参加とは，授業において一部の子どもだけでなく，すべての子どもが学習に参加し，自分の意見や疑問を安心して表明できる学級の雰囲気のもと，子ども一人ひとりを学習の主体にする取り組みのことである。

　学習集団による授業研究運動では，1960年代に，全員発言，全員参加を授業研究の柱にして実践してきた広島県北部教師を中心に，同和教育実践の立場からすべての子どもたちの進路保障，学力保障をかかげた実践が学校や市町村単位で行われ，全国授業研究協議会研究大会が開かれるなど全国に広まった。

　授業中に「わからない」と言ってはいけないと思っていたり，「まちがってはいけない」と思っていたりするような状態では，子どもたちは学習の主体になっているとはいえない。子どもの意識を変え，わからないことを「わからない」と質問できた子どもに対して，教師が指導的評価活動を丁寧に行うことで安心して授業に参加することができるようになる。「わからない」というストップ発言や「考える時間をください」という要求発言ができる授業では，だんだんと子どもたちの意見が多様に出されるようになることから，出された意見を相互作用として組織することが重要である。子どもにとって安心して自分の意見を聞いてもらえるという環境のもと，「あの子の意見も聞いてみたい」と「あの子」という相手意識をもつことができるようになる。このように，子どもたちの関係性を育もうとする教師の意識が重要である。

　問答しあう集団思考が成立する授業にするためには，教師の豊かな教材解釈と，姿なき子どもとの対話を繰り返して子どもの反応を想定する必要がある。学習内容の本質に向かって子どもに思考を促す発問づくりや場の設定を行い，子ども一人ひとりが参加できる場を保障する。この際，参加できる場の保障とは，授業や発問のレベル自体を下げるということではないことに留意したい。誰もが単純に答えやすいということではなく，誰もが考えやすいということでなければならない。全員参加を保障するためには，一問一答形式ではない，多様な考えが出されて相互作用が生まれる発問づくり，学習内容の本質に迫る授業づくりが望まれる。

〔玉城明子〕

[参] 広島大学教育方法学研究室 深澤広明・吉田成章編 (2016)『学習集団研究の現在 vol.1　いま求められる授業づくり』溪水社。吉本均 (1995)『発問と集団思考の理論　第二版』明治図書。

学習者の主体性

　学校はカリキュラムの実現を使命としている。また，この目的達成に資する領域は学級における授業である。学校の教育主体である教師は，しかしながら，学習者の主体性を，以下の三つのレベルで確立しない限り職務の目的を達成できない。

　まず，教科内容に対する学習者の主体性を確立する必要がある。戦後「新教育」実践において学習の原動力として追求された子どもの興味・関心の惹起は，教育の現代化においても授業実践の課題となった。例えば，水道方式（数学教育協議会）では，認識発達に即した内容配列と生活世界を抽象する教具の開発を通して，知識・技能の習得に対する「やる気」と認識・構えの深化・発展に支えられた成就感の醸成が目指された。

　第二に，学習者相互のコミュニケーション過程における主体性が重要となる。生活綴方教育で尊重された子ども相互の生活経験の交流は，授業の話し合い場面にも影響を与えた。東井義雄の集団思考実践では，一人の「つまずき」発言は，単に正される対象ではなく，早くわかった・できた他者の内容をゆさぶる契機としても位置づけられた。その後，論点整理等の発言形式や部分的な小集団活動導入等の技術開発が進み，授業の対話は創造の場として参加者に捉えられるようになった。

　最後に，授業の構成・決定の主体として学習者を捉える必要性を指摘したい。授業研究による教師教育が普及するにつれ，上述の教科内容解釈・教材開発とコミュニケーションの活用を統合した学習指導案は授業のイメージを事前につくるアイテムとしてみなされるようになってくる。例えば，学習集団実践をけん引した吉本均の提唱する「一枚の指導案」では，教授行為への応答を事前イメージするため，学習者は過程を決定する主体となる。他方，単元レベルでは，グループごとに独自な発想に基づく「缶コーヒー」調査を通して，日本の工業の実態に迫る実践も存在する。

　学校の外側にも膨大な量の情報が蓄積され，誰もがそれにアクセスする可能性が広がる今日，学習者は教師とともに授業を改善する主体として捉えていかなければならない。

〔尾島　卓〕

[参] 鈴木和夫 (2005)『子どもとつくる対話の授業』山吹書店。

習熟度別学習（指導）

　習熟度別学習とは，学習内容の習熟の程度に応じた学習のことであるが，通常，習熟度に応じて編成された集団における学習のことを指す。このような習熟度別に学習者の集団を編成して，各集団に適した学習内容・方法を工夫し指導することを，習熟度別指導という。この習熟度別指導という呼称および導入・実施が小・中学校に急速に広がったのは，2001（平成13）年以降である。

　習熟度別指導の形態はさまざまである。つまり，習熟度別にする教科（全教科か一部の教科か）や，時期（年間を通してか単元ごとか）や，基準（成績か学習者の希望か）等に関する多様な考え方に基づいて実施されている。ただし，典型的には，算数・数学と英語という教科で，授業進度と練習問題・応用問題の比重によって区分された「基礎コース」「標準コース」「発展コース」のような3コースあるいは2コースで実施されることが多い。

　習熟度別指導の必要性が説かれる背景には，学級内の学力差が大きく個々人にきめ細やかな指導が困難であるということや，学習者は同質集団で学ぶ方が各人にとっての教育効果が高いという認識がある。換言すれば，習熟度別指導は，あらゆる学力層の学習者たちにとって効率的に学力向上を図ることができると期待されているのである。

　しかし，習熟度別指導に対してはすでにさまざまな課題も指摘されている。第一に，学力格差を是正するどころか拡大してしまう恐れがあるということである。なぜならば，学習する内容を易しいものから難しいものへと段階的に配列し，その進度で集団が区分されているからである。第二に，異質性を制約して同質性が高い集団内で学ぶため，生起する学びの経験を狭めてしまうことである。第三に，上位と下位というグルーピングによって歪んだ優越感と劣等感を助長することである。

　このように依然として習熟度別指導に関しては評価が定まっていない。言説においては批判的な論調がやや強いものの，実践現場では肯定的に受け入れられている場合も少なくない。概念の精緻化も含め，今後の慎重な検討が期待される。

〔若松大輔〕

[参] 佐藤学（2004）『習熟度別指導の何が問題か』岩波書店。梅原利夫・小寺隆幸編（2005）『習熟度別授業で学力は育つか』明石書店。

異年齢集団

　異年齢集団とは，異なる年齢層から成る構成員が相互に影響を及ぼしつつ共同で活動や学習を展開する集団のことであり，家族，学校教育，保育，スポーツ等において機能してきた。学校教育では，縦割り班（学級やグループ），ペア学年，児童会・生徒会，クラブ・部活動等の形態がとられてきた。

　かつて家庭や地域で自然に形成された異年齢集団は，社会性の基礎となる多様な関わり合いの場を提供してきた。しかし，近隣の人間関係の希薄化や少子化の影響で，地域の異年齢の遊び仲間集団が崩壊したり，家庭でもきょうだいの数が少なくなったりして，そうした集団は衰退していった。

　こうした状況に対して，学校現場では，縦割り班をはじめとする異年齢集団を編成し，児童会・生徒会活動，学校行事等の特別活動を中心に交流活動に取り組んできた。これらの活動を通じて，上学年はリーダーとしての意識や自己有用感をもったり，下学年は上学年を補佐して憧れの気持ちをもつことで成長や学習への意識を高めたりできるとされる。学校と教師の役割や視点として，交流活動をリードする上学年が主体的に企画・準備ができる時間を確保する，学校の教育課程に位置づけて継続性を図る，交流活動によって子どもの育つ道筋や仕組みの共通理解に努める，世話を受ける側から世話をする側への役割推移を子どもが経験できるようにすること等が指摘されている。

　異年齢集団の学習指導要領上の位置づけについては，2008（平成20）年の改訂で特別活動の活動内容とその取扱いに「異年齢集団による交流」が明記された。2017（平成29）年の改訂で「幼児，高齢者，障害のある人々などとの交流や対話，障害のある幼児児童生徒との交流及び共同学習」が併記され，異年齢とともに，学校内外の多様な他者との交流が示された。

　小中一貫教育における異学年（異年齢）交流についても取り上げておきたい。近年，小中一貫教育が制度化され（9年間の義務教育の目的・目標の法定，義務教育学校の創設），その導入が広がっている。制度化以前から小中一貫教育を実施してきた学校の多くで，学校行事や学級活動を中心に異学年交流が実施されてきた。今後，総合的な学習の時間，小中一貫教育の独自教科，各教科においても，異学年の交流活動や共同学習，学習支援がどう展開されていくか注目される。

〔石川英志〕

[参] 国立教育政策研究所生徒指導センター（2011）「子どもの社会性が育つ「異年齢の交流活動」」。

少人数授業

　少人数授業とは，通常の学級成員を基礎とした授業での学習者構成を調整し，少ない人数規模で実施される授業のことである。

　少人数授業は，臨時教育審議会（1984-1987年）における「個性重視の原則」以来の「個に応じた指導」の充実という文脈に位置し，児童生徒へのより一層の「きめ細かな指導」を行うことを目的として実施される。総合的な学習の時間や基本五教科で取り入れられることが多い。近年では，学校教育法施行規則第140条および141条に基づき，障害のある児童生徒の障害に応じた特別の教育課程を編成し，授業を行うことができる「通級指導」が拡大するなど，「個に応じた指導」として多様な形態の少人数授業が実施されている。

　教育社会学者の水野考の議論を援用すると，少人数授業の編成方法について，一つの学級を複数の集団に分割して少人数授業を実施する学級分割型と，異なる学級集団のメンバーを混成して少人数授業を実施する学級解体型があり，編成原理として，等質集団編成，習熟度別編成，テーマ別・課題別編成があるといえる（水野，2014）。少人数授業の実施には教員確保が重要であり，短期的には加配措置，長期的には教職員定数改善を通してその実現が目指されている。

　ただし，少人数授業を実施すれば，ただちに「きめ細かな指導」が成立するわけではないことには注意が必要である。通常，授業とは，学級における生活集団と学習集団の相互作用のもとで実施される。少人数授業を実施する場合には，学級は一時的に分割・解体されるため，多かれ少なかれ，生活集団と学習集団の分離が生じる。そのため，少人数授業の実施による「きめ細かな指導」を検討するうえでは，学級における生活集団と学習集団の統一と分離の問題を視野に収めておくことが求められる。近年，ICTを活用して「個別最適な学び」と「協働的な学び」を一体的に充実することが要請される際の学習集団のあり方や，異年齢構成の生活集団の意義が検討される中で，少人数授業がもつ教育方法学的な意味合いは変わりつつあるといえる。

〔原田拓馬〕

［参］水野考（2014）「児童生徒からみたティーム・ティーチングと少人数学習」山崎博敏編『学級規模と指導方法の社会学―実態と教育効果―』東信堂，113-126頁。

専科制と教科担任制

　専科制とは，特定の教科（例えば，音楽，家庭，理科，外国語など）の指導を，学級担任に代わる当該教科専門の教員（専科教員）が担当する教育体制であり，主に学級担任制を基本とする小学校で採用されている。一方，教科担任制とは，特定の教科に限定せず，原則，すべての教科の指導を，当該教科の専門性をもつ各教員が担当する教育体制であり，主に中学校や高等学校で採用されている。

　専科制および教科担任制を採用する意義として，各教員の専門性を活かした授業が可能になることや，複数の教員による多面的な子ども理解が可能になること，授業準備における負担軽減につながることなどが挙げられてきた。それに対して，懸念点として，複数の教員が子どもへの指導を担当することにより，ほとんどすべての教科指導や生徒指導を学級担任が受けもつ学級担任制と比べ，教科間の関連が不十分になることや，学級づくり・生徒指導の機会が不足する可能性が指摘されてきた。こうした懸念点を克服するためには，教員間の緊密な連携が重要となる。

　近年の日本の政策的な動向に目を向けると，いわゆる「令和の日本型学校教育」答申（2021年）において，小学校高学年における教科担任制の推進が掲げられている（2024年4月時点では，小学校中学年への導入も検討されている）。同答申では，小学校高学年に教科担任制を導入することの効果として，① 授業の質の向上，② 多面的な児童理解，③ 教師の負担軽減という従来指摘されてきた事項に加えて，④ 小・中学校間の円滑な接続という事項が新たに提示されている。ただし，本答申で使用される教科担任制という言葉は，専科制をはじめ，学級担任間の授業交換や中学校から小学校への教員派遣，ティーム・ティーチングなどの多様な形態を含んでおり，従来よりも包括的な概念となっていることに留意する必要がある。

　教科担任制を円滑に運営していくためには，そのリソースとなるヒト・モノ・カネをどのように整備するかが課題となる。教育方法学としては，主として，授業の質の向上という観点から，教科に関する高い専門性を持った教員を養成するための基盤となる知見の創出や，教員間の緊密な連携による優れた実践事例のモデル化といった研究を通して，ヒトの整備に対する貢献をすることが可能である。その一方で，行政主導の改革を後押しするだけでなく，学校現場の「声」を手がかりとしながら，批判的な吟味を行う役割を担うこともできる。

〔茂見　剛〕

| 第4章 | 学力の形成と授業の研究 |

ティーム・ティーチング

　ティーム・ティーチングにはさまざまな定義があるが，広く捉えれば，児童生徒の個を生かすために教師同士の組織的な協力のもと，学習集団の規模を弾力的に編成したり，学級の補助に入ったりするという，教授組織改善の一つといえる。用語としては，2013-2016（平成25-28）年度の全国学力・学習状況調査の質問項目において「ティーム・ティーチング」という言葉が特に説明なく流通していた状況ではあるが，過去には教育経営の視点，学習集団の弾力的な編成の視点，2人以上で行う授業の視点などさまざまなレベルで定義づけられてきた。

　歴史的には，第二次世界大戦後の米国における教育改革の気運のなか，1957（昭和32）年にハーバード大学とフランクリン・スクールの協働で始めたプロジェクトが起源といわれている。その後に米国で急速に広まった背景として，教員不足の中で新しい職階制の導入による優秀な教員の確保という課題や教育テクノロジーの発展があった。

　日本においては，1963（昭和38）年に千葉県館山市の北条小学校で実践が取り組まれ，1964年に下村哲夫によりティーム・ティーチングの概念が紹介された。それにより，徐々に試行的な取り組みが広がっていくものの，日本では，一人の教師が多くの児童生徒を受けもつことへの課題意識から，学級担任制や教科担任制を前提として指導上の問題を補う方法の一つとして捉えられた点が，米国と異なっている。

　ティーム・ティーチングが日本で広く普及したのは，個性重視の教育を志向した1989（平成元）年版の学習指導要領上に「教師間の協力的な指導」が「指導体制の工夫」として位置づけられて以降である。そして，第6次，第7次教職員配置改善計画の中で，学級編成の見直しはしない一方で加配定数の拡充が進むなか，ティーム・ティーチングの導入とその研究が広まった。以降の学習指導要領でも個に応じた指導のための方策として明記されていたが，2017（平成29）年版では，「教師間の協力による指導体制の確保」と文言が変更され，学校の組織的な取り組みがより強調されるようになっている。

〔坂本篤史〕

[参] 新井郁男・天笠茂編（1999）『学習の総合化をめざすティーム・ティーチング事典』教育出版。

第5節　授業の分析と評価

授業研究

1885（明治18）年前後から、「授業品評会」、「授業批評会」、「実地授業批評会」等という名称で実施されていた。戦後の授業研究は、学校を母体として教師や研究者が協働して授業を改善する営みを意味する。1999（平成11）年以降欧米・アジアなど諸国でLesson Studyとして展開されている。

1883（明治16）年、東京師範学校、千葉師範学校、福島師範学校で同僚の授業参観と批評会が実施され、1884年、下諏訪学校で授業批評会が開催された。明治20年代後半に高等師範学校の批評基準が改定され、各地で批評会が開催されるようになる。1918（大正18）年に全国組織「理科教育研究会」が発足した。

戦後、オコン、ザンコフの影響を受け、再び授業研究が始まる。全国授業研究協議会をはじめ、北大、東大、名大、広大、阪大などの大学で授業研究の実践と研究がなされた。また、島小学校（斎藤喜博）など多くの学校や教育科学研究会（1951年発足）、社会科の初志をつらぬく会（1958年発足）、水道方式（遠山啓）、仮説実験授業（板倉聖宣）、教育技術の法則化運動（向山洋一）などの民間教育団体で授業研究が実践された。1960・70年代は科学的実証的研究（砂沢喜代次、佐伯正一）、80年代は技術の改善の研究（柴田義松）、1990年代は臨床的研究（稲垣忠彦）として授業研究は定義・性格づけされてきた。佐藤学は、授業の科学化と授業技術の合理化を志向した授業研究を批判し、社会・政治・文化等の複合的な実現（あるいは喪失）過程、高次の省察と判断と選択を要求される意思決定の過程、教育学研究者にとっては総合研究の場として再概念化した。

授業研究は、教育心理学、教育工学などの多領域、各教科でも研究対象であり、多くの研究成果がある。2000年代、エスノグラフィなど質的研究方法と世界授業研究学会（WALS）の発足（2007年）等の影響を受け、教師の力量形成、談話分析、視線分析、外国の授業研究との文化比較研究など多様な授業研究が展開されている。諸外国では、Lesson Study研究（米国）、アクション・リサーチによる研究（英国）、活動理論による研究（シンガポール、スウェーデンなど）が展開されている。日本における授業研究の独自性の究明と世界への発信・連携、および授業研究の実践と研究におけるAIの活用が今後の課題である。

〔的場正美〕

［参］日本教育方法学会（2009）『日本の授業研究』（上巻・下巻）、学文社。

Lesson Study

授業研究は、日本では明治時代に始まったとされる。国際学力調査における結果から日本の授業改善に着目した *The Teaching Gap*（by Stigler, J. W. & Hiebert, J., The Free Press）が1999年に公刊されて以降、授業研究は、Lesson Studyとして注目され、世界に与えた影響は極めて大きかった。世界授業研究学会（WALS）は、設立からおよそ20年が経過し、その研究対象は、観察ノート・映像・逐語記録による比較授業分析にも広がっている。

授業実践はさまざまな要因が複雑に機能し合う複合的な現象である。教師が変わると授業そのものが変わると思われがちであるが、むしろ授業が変わる過程で教師も変わるというのが実相ではないかと思われる。Lesson Studyは、授業者の能力ではなく、授業のフェノメノン（現象）を取り上げ、実践者と研究者とが共同研究を基盤とし、授業において生起した事実を語ることが重要になっている。

Lesson Studyがもたらしたことは、「事実」に基づいて授業実践の現象をともに語り合う民主的な場に着目する。その場に参加する人々は経験（年数）や専門分野、立場（行政・管理職・研究者他）などが異なり、授業実践の「事実」を基に自分の解釈が生まれ、お互いに共有する。それにより、異なるレンズで「事実」を凝視することが可能になり、授業者は、このような語り合いの場に参加することで自ら気づきを得て授業実践を把握し、研究者・管理職とともに改善に向けた意欲が生まれる。

研究者は、国境を越えた授業研究者たちとの共同研究の機会をもつことで、研究の質を向上させることが可能となる。研究者の考察、すなわち「ティーチングのロジック」をめぐる議論は、実践者とともに「事実」を民主的に語り合う場に参加することで発展する。つまり、異なるレンズを通して行われる授業研究は、文化的で複合的な現象である授業を理解するうえで、実践者にとっても、また研究者にとっても重要な助けとなる。「安心して参加・学習できる雰囲気が保証された検討会の場はどのようにして生まれるのか」、これが現代（デジタル・AI教育）の日本および世界における共通の学術的課題である。

〔サルカール アラニ モハメッド レザ〕

［参］Stigler, J. W. & Hiebert, J. (1999) *The teaching gap: Best ideas from the world's teachers for improving in the classroom*, The Free Press.

カンファレンス

　カンファレンスは，授業研究会において，授業をライブまたはビデオ録画で見たのち，参加者同士が実践の事実に基づいて，その授業に対する意見や判断を交流することで，授業を見る目を相互に広げ深める営みである。もともとは稲垣忠彦が1984（昭和59）年8月に刊行した『戦後教育を考える』（岩波書店）の最終章で，学校現場における授業の臨床研究の方法として「授業カンファレンス」を提案したことに基づく。

　「カンファレンス」という用語は，医療現場で行われている症例検討会＝カンファレンスに由来する。医療現場でのカンファレンスでは，病院に勤める医者を含む多様な立場の医療従事者が対等な立場で臨床の事例について資料を持ち寄り，相互の判断を交流して検討する。稲垣は，カンファレンスを医療従事者が専門的な力量を高めるとともに基礎医学と臨床とのつながりをつくる場と捉えた。そして，明治以来の学校内外での授業研究等や，ビデオカメラの普及にも支えられて「授業カンファレンス」を構想，実践した。

　稲垣が提唱した「授業カンファレンス」では，さらに，同じ教材を用いて二人の教師がそれぞれに自分の案で独自に授業を行い，その比較を通して，それぞれの授業の特質や問題点を検討することも行ってきた。この比較は，優劣を評定することではなく，教師の個性や経験が反映されたものとして捉え，それぞれの価値や本質的な問題を検討することで，授業に対する理解や知見を広げ深めるために行うものである。

　授業カンファレンスの参加者には，実践者としての教師のみならず，教育学や心理学等の研究者，教科内容の専門家なども含まれ，その成果がシリーズ『授業』（岩波書店）にまとめられている。

　このようなカンファレンスは，教師の専門性開発の方法としてのみならず，学校現場と大学の協働による実践と研究（理論）の結合や，授業研究の制度化の歴史に対する教師の自律性の形成など，歴史的社会的文脈の中で提唱されたことに留意したい。

〔坂本篤史〕

〔参〕稲垣忠彦（1995）『授業研究の歩み―1960-1995年―』評論社。稲垣忠彦・佐藤学（1998）『授業研究入門』岩波書店。

ストップモーション方式

　ストップモーション方式は藤岡信勝らを中心にした教育運動（「授業づくりネットワーク」）の中から生まれた授業研究法である。普及を目的に藤岡信勝著『ストップモーション方式による授業研究の方法』が出版されたのは1991（平成3）年である。

　ストップモーション方式による授業検討会の進め方は授業を記録したビデオを再生して見る際に参加者の「ストップ！」という声によってビデオ走行を一時停止し，個々の場面における教師の教授行為などについてディスカッションする方法である。主な論点は「授業者はなぜこの発問をしたのか」（授業者に意図を聞く），「その発問は適切であったか」（参加者みんなで議論する），「（それに対する）子どもの発言の真意は？」（授業者・参加者それぞれに解釈する），「授業者も参観者も見落としていた貴重な事実の関連があったのではないか」（みんなで仮説推論をする）などである。

　この方式の最大のメリットは議論が授業の事実に即して行えることにある。人間の記憶には限界があり，授業は秒単位で進行する出来事である。授業初心者には授業細部を記憶することが難しい。ベテランであれば自分の読み筋に即した記憶はできるが，そのベテランにしても記憶に限界がある。しかしビデオを再生しながら途中巻き戻しながら検討をすると，この弱点を克服できる。例えば，大学院生が授業を見て学ぶ際にも映像を確かめながらだと，授業の事実で議論ができる。

　授業ビデオを一時停止して議論を行う方法は，アメリカの教育研究の中で「刺激再生法」と呼ばれて，1980年前後から使われていた。しかし学術研究としてではなく，教師教育における授業研究法として導入されたのはこのストップモーション方式が初めてである。この方式の開発・普及の時期は日本の1980年代後半から始まる教授行為を中心とした授業研究の隆盛期と重なっている。

　授業ビデオを一時停止して授業の議論をするという単純さ（特徴）は授業検討法に多くの刺激を与えた。この方式の提唱直後から「解説者（コメンテーター）のあるものとないもの」「大人数でやるものと少人数でやるもの」「まったく一人だけでやるもの」「教師の行動を評価するのではなく教師や子どもの思考に焦点をあてるもの」などさまざまなバリエーションを生み続けている。

〔上條晴夫〕

談話分析

　談話分析は,「談話」を対象とした研究である。談話とは,文よりもさらに大きな言語の単位である。実際に使用される言語表現で,なんらかのまとまりのある意味を伝える言語行動の断片である。話しことばも書きことばも含まれる。

　談話分析には,大きく二つの立場がある。一つには,談話の構造情報を対象とし,談話を構成する文や語の構造に着目する構造論的研究である。二つには,対人場面における言語使用を対象とし,人間生活においてなんらかの役割や機能を果たす行為としての談話に着目する機能論的研究である。

　談話分析は,実際に使われたことばを記録し,その中に見いだされる傾向や規範を帰納的に分析する。マイケル・スタッブズは,談話分析のアプローチとして,① 文字化された会話データを克明に分析し,形式上の構成とパターンを明らかにする「会話分析」,② 教室などのある特定の社会生活の場面における特定の言語事象を研究し,その背景にある言語機能やそれを支配する規範に着目する「民族誌的分析」,③ 言語学において従来の統語論や意味論では説明しがたい言語の側面に着目する研究,を挙げる。

　学校における授業の分析や評価に向けた談話分析は教室談話分析と呼ばれる。話しことばが主たる分析対象であり,書きことばは発話生成の文脈として位置づけられることが多い。「教室談話」とは,「談話」の定義に従えば,教育実践の現場である「教室」において現実に使用されている文脈化された話しことばによる相互作用である。発話が生成された授業進行や課題解決過程の文脈,活動の形態,学習者集団としての学級の文化や関係性までを視野に入れて,「今−ここ」で生成される言語的相互作用によって成立する授業のありようを明らかにする。教室談話分析は,スタッブズによる分類の ① と ② に加えて発話内容から子どもにおける認識の形成や教師による授業デザインの意図や教材解釈を捉えようとする。教室における授業の質的研究として位置づけられる。C. B. キャズデンは,教室における言語の機能として,① 命題情報の伝達,② 社会的関係の構築と維持,③ 発話者のアイデンティティや態度の表明,を挙げている。教室談話分析は,これらを探究することを通して,学習の社会文化性,学校教育制度のもとでの学習と発達,教室における社会的関係や政治性,授業という営為の対話の特質,などを明らかにしている。

〔藤江康彦〕

授業記録

　授業記録は,子ども・教材・教師の三項関係の相互作用によって生まれる授業での出来事,そのいきさつ等を記録したものである。観察者が授業中に子どもや教師の発言・行動,教室環境等を速記したものや,授業者もしくは観察者らが録画(音)データの文字起こしを行ったものなど,いくつかの種類がある。盛り込まれる内容も記録者の授業観の違いや授業記録の用途によって多様で,発話者名や発話内容,時間など客観的記述が中心になることもあれば,授業者／観察者による主観的な見え方や意味づけが付記され,記述内容に強調と省略が施されたりすることもある。

　学校現場で授業記録が作成・活用されてきた歴史をたどると,1950年代には教師による一人称の語りを綴った授業記録が公刊され始めた。1960年代には斎藤喜博が校長を務めた島小方式による授業記録が注目を集めた。さらに記録媒体の発展・普及に伴い,発話行為を中心としたT-C型授業記録(T:教師／C:子ども)やビデオによる授業記録を用いる授業研究が浸透していった。

　授業記録には,教師が自身の授業を実践的・批判的に省察したり,観察者らと協働して授業分析や検討を行ったりする際に,具体的な子どもの学びの事実や教師の言動を捉える重要な役目がある。一方,授業記録を作成するプロセス自体も,記録者や観察者に新たな気づきや問いをもたらす。授業観察時や実践の渦中で見逃したり自覚的でなかったりした子どもの発言や沈黙,身体表現などに立ち止まり,それらが意味することを問い直していく中で,子どもや教材,教師に対する見方がゆさぶられるなど,いわば教師にとっての自己内対話の場にもなる。

　記録媒体の精度がどれほど上がっても,授業に生起する出来事のすべてを記録することは不可能である。そもそも授業記録は,とること自体が目的ではなく,実践の省察や改善につないでこそ意味がある。授業をどう記録するのか,その前提として自分には子どもの学び,教材,教師がどう見えているのか,記録の作り手自身の授業や学びに対する見方そのものへの批判的吟味が求められる。同時に,読み手もまた授業記録からの豊かな学び方を創造し,追究していく必要がある。

〔吉永紀子〕

［参］木村優・岸野麻衣編(2019)『授業研究―実践を変え,理論を革新する―』新曜社.

発問分析

　発問およびその構成，系列，発問を起点に展開する相互作用を分析する授業研究の方法である。発問は教師の行動の中でも，目標に向けて子どもの思考を導く，子どもの主体的な追究の契機になるといった重要な機能をもつ。そのため，多様な立場・方法論に基づく発問の分析が行われてきた。

　第一に，学習指導論の一環としての発問の類型化がある。授業計画において，「予想される発問」を含めた発問づくりは主要な過程の一つだが，発問づくりの導きとなる類型論がさまざまに提案されている。宮坂義彦は斎藤喜博が指導した島小学校の実践の検討から，「課題発問」（＝教材に対する子どもの考えを多様に引き出す発問）と「否定発問」（＝引き出した反応から，新しい対立や問題をつくり目標に向かうための発問）を授業の展開にとって主要な発問であるとした（『教授学研究1』）。吉本均は子どもたちの討議を通した思考の発展を促す発問として「限定（しぼる）発問」「関連（広げる）発問」「否定（ゆさぶる）発問」の三種類を提示した（『訓育的教授の理論』）。

　第二に，カテゴリー分析を用いた，授業におけるコミュニケーションの解明がある。1960～70年代には，行動科学に基づき授業のコミュニケーション過程を定式的・定量的に分析する方法が盛んに開発された。この方法は，教師と子どもの行動を単位時間ごとにコード化し，授業展開をカテゴリーの系列として表す。代表的なものに，フランダースによる「相互作用分析」やホウ・ダンカンによる"OSIA (Observational System for Instructional Analysis)"がある。これらの方法は発問のみに着目したものではないが，「ベテラン教師と教育実習生の発問・応答に関する教授方略の違い」等，授業展開の特徴を抽象し可視化することで，教師教育に応用されてきた。1980～90年代にはエスノメソドロジーの方法から，すなわち教室のコミュニケーションを固有の社会的実践と捉え，暗黙裡に遵守されている規範や慣行の記述が試みられた。メーハンは教師による発問等の「導入」，子どもの「応答」，それに対する教師の「評価」の連なりを授業のコミュニケーションの基本構造であるとした。伝統的な授業においては教師が発問を起点にコミュニケーションの主導権を握っていることの指摘といえる。

〔丹下悠史〕

誤答分析

　誤答分析とは，学力調査やテストなどを通して，学習状況を把握・評価をするために，特に誤答に着目して行う分析を指す。誤答の要因を特定することで学習上の課題を明らかにし，指導改善・授業改善につなげることを目的とすることが多い。従来のテストでは，正答した項目から学習者の学習の程度を判断するのに対し，誤答分析では学習の状況を把握するだけでなく，誤答の原因を明らかにし，指導改善や「つまずき」のような仔細なレベルでの学習改善に活かされる。

　例えば，学力調査などで用いられる評価項目は，調査範囲に含まれる単元や領域での学習事項に関する理解や習得の程度を測定している。各項目の正誤分布から，任意の学習集団における該当する学習内容の理解・習得状況を把握し，学習事項に固有の指導改善につなげることができる。また，個別の選択式問題での誤答となる解答分布や割合，記述式問題などの記述内容から，思考過程を類推することでより仔細な学習状況を把握できる。

　誤答分析には，無解答率や正誤の分布・頻度から理解の程度を把握するための定量的アプローチだけでなく，自由記述型の問題に対する解答内容を分析し，解法の選択や解決プロセスを捉える定性的なアプローチがある。より仔細に誤答要因を捉えることができ，「どのように理解しているのか」「どのような方略を適用することができるのか」など，発達的観点からも捉えることができる（藤村, 2004）。そのため，指導改善・学習改善により具体的な方策や改善の示唆を与えるものとなる。

　誤答に至るには，複数の要因が考えられる。テストなどの問題は，解答に必要な学習事項を想定して評価しようとしているが，必ずしも理解の不十分さだけが誤答の要因ではない。例えば，時間不足や問題形式への不慣れといった周辺的な要因もあれば，出題された問題文を理解することができない，問題そのものを誤解しているといったことも考えられる。そのため，学習者の誤答そのものだけでなく，調査や項目の形式，評価との適合度などの構造，および学習者の文脈と合わせた総合的な分析が必要といえる。

〔河野麻沙美〕

〔参〕藤村宣之（2004）「児童の数学的思考に関する日中比較研究」『教育心理学研究』52(4), 370-381頁。

カルテ（みとり）

　個が生きる授業のためには，一人ひとりの子どもを理解することが求められる。発言やつぶやき，活動の様子やその変容等，子どもの姿を多面的にみとり，その子理解を深めるには，子どもを捉える自身の見方を問い直す教師の姿勢が重要である。カルテは，教師の子ども理解・人間理解を深めるための方法である。カルテとは，教師が子どもについて自分の予測とくい違うものを発見したとき，それを簡潔にしるしたメモである。一時間の授業や特定の教科の中の姿だけでなく，多様な場面や角度から子どもを捉える。時間をおいていくつかのメモができたら，つなぎ合わせて統一のための解釈を行うことで，教師のその子理解は新たにされる。

　カルテのデータは，その子の数多くの姿の中から教師に着目され記録されたことがらである。そのため，教師のもっている見方や枠組みを把握する手がかりにもなる。カルテとは時間と空間を生かした人間把握の方法であり，こうした積み重ねによって，教師の人間理解を深めることをねらいとするものである。カルテの形式は自由であり，各々が使いやすいように工夫することが重視される。

　静岡市立安東小学校は，上田薫が指導者として40年以上関わり，「ひとりひとりを生かす授業」を求めて授業研究に取り組んだ学校である。カルテは，この研究において開発されたものであり，カルテと座席表の活用は，安東小学校における授業研究の根幹である（具体的な取り組みについては，［参］に記載したものをはじめ，上田・安東小による著書を参照されたい）。

　カルテは，すぐに授業や指導に生かせるテクニックではなく，教師自身の見方を変化・成長させるところに重点がある。カルテの方法の特質は，その契機としての「驚き」を重視する点にある。「やっぱり」「またか」の蓄積とは異なり，「おやっ」という驚きは，それ以前のその子理解に基づく自分の予測がひっくり返され，更新されることを意味する。上田は，「『おやっと思う』ということが勝負なのだ。（略）きびしく豊かな予測がなくては驚くこともできまい。」（上田・安東小，1970, 17頁）と述べている。子ども理解が独善的なものに陥らないためにも，驚きとそれを介した追究の質が問われる。

〔杉本憲子〕

［参］上田薫・静岡市立安東小学校（1970）『ひとりひとりを生かす授業―カルテと座席表―』明治図書。上田薫（1994）『上田薫著作集4　絶対からの自由』黎明書房。

思考過程の分析

　思考は，得られた情報を既有知識や経験と関係づける働きであり，概念，判断，推理，意思決定，問題解決をもたらす作用である。授業においては，教師と子どもと教材の相互作用的な関係の中で，子どもの思考が生成される。つまり，子どもは教材の追究を通して，事柄と事柄を関係づけたり，具体的事象から法則性や普遍性を発見したり，新たな問いを生み出したりして，思考を成立させるのである。

　思考は人間の内的な動きであるから，その過程を明らかにするためには，外的な動きを手がかりにする必要がある。例えば，課題を遂行した場面を省察的に語らせるインタビュー調査や，課題の遂行と同時にその時々の考えの発声を求める思考発話などでは，子ども自身に思考過程を表現させ，その発話プロトコルを対象に分析を行う。これらは，分析者が直接に介入して，子どもの思考過程を顕在化させようとするアプローチである。一方，授業の画像や映像や逐語記録を基礎資料として，リアルな授業場面での子どもの思考過程を探るアプローチもある。この立場では，授業を現象として捉え，授業内の発言の構成や関連，教具の操作の様子，ノートの記述内容などを対象に分析を行う。観察可能な事実やその変化を可視化し，授業を構成する諸要因との関係から，それらに潜在する意味を考察する。このアプローチは，すでに実施された授業を分析するため，分析者の介入が子どもの思考過程に影響を与えることはない。ただし，分析者の恣意的な解釈・分析に陥らないよう，記録と分析の手続きを明示し，反省的な視点と慎重な態度をもって分析を進めることが求められる。

　ところで，授業は子どものみならず教師の思考が生成される場でもある。教師は，授業の計画を綿密に立てながらも，その時々の子どもの反応や状況を見取り，柔軟に計画を変更しつつ，実際の授業を紡いでいく。授業での教師の思考は，そのような即興的で直観的な判断と意思決定を含むものであり，その過程に教師の専門知が働いている。授業のビデオ映像や教師の視線の記録などを用いた分析により，教授行動の背後にある教師の暗黙的な思考の解明とその蓄積が目指されている。

〔埜嵜志保〕

［参］的場正美・柴田好章編（2013）『授業研究と授業の創造』溪水社。

集団過程の分析

　授業は認識過程であると同時に集団過程として捉えることができる。これは授業研究において，子どもの認識過程や教師の教授過程のみでなく，学習集団としての主体的かつ協働的な学習スタイルの構築に対する分析枠組みとして重要な視点となる。このような枠組みについて議論されたのは1967（昭和42）年秋に行われた「全国授業研究協議会」の第4回全国大会であった。それまで認識過程や教授過程の検討に比重を置いていた授業研究が，同じ教材を扱った授業においても学級集団によって違いがあることに着目することで，「授業における集団過程」として捉えられるようになっていった。

　「授業における集団過程」とは，授業における集団化の過程であり，学級づくりと結びつけて学習集団を形成していく過程を指す。陶冶過程と訓育過程とが，授業が展開される学級のすべての子どもたちにおいて組織され，集団化されていくことが集団過程の重要な条件となる。その際，「集団思考」が個と集団とを媒介する重要な動因となり，「認識過程」と「集団過程」を相互不離なものとして結合させる力となる。これらは「学習の集団化」や「学習集団の形成」といった集団による学びが目的化されたものや教科外での「集団づくり」に依拠・終始してはならず，二つの過程が互いに要請せざるを得ない必然性を授業を通じて明らかにすることの重要性を意味している。集団における授業過程の成果として「生産性」と「凝集性」があることを認識したうえで，それを規定する社会的要因である集団規範や学級風土にも目を向ける必要がある。そのため，授業の集団過程の分析は短期間での検討ではなく，1学期や1年間等の長期間において追究されなければならない。

　ICT活用による学習形態や人とのつながりの多様化（集団の捉えの変化）が起きている中で，学級は学校における子どもの全生活の中心的単位であり，授業においてはさまざまな個性の集団がそれぞれに折り合いをつけながら自己認識を深め，民主化を実現していることの有意義さを再認識しなければならない。そのような意味でも，授業における集団過程の分析は授業研究において重視されなければならないものといえる。

〔藤井佑介〕

[参] 砂沢喜代次編（1964）『授業における集団過程』明治図書.

学習の評価

　「学習の評価」，すなわち学習についての評価は，歴史的には教育評価研究の一分野として探究されてきた。周知のように教育評価研究の分野では，マイケル・スクリヴァンやベンジャミン・サミュエル・ブルームの教育評価理論に基づき多種多様な目的をもつ教育評価活動を「診断的評価」と「形成的評価」，そして「総括的評価」という三つの機能に大別してきた。

　欧米の教育評価研究の分野では，近年，これら三つの教育評価の機能を見直し，発展させ，精緻化する動きが生まれてきている。例えば，英国では，学習評価や学習改善という観点から教育評価を見直し，「学習のための評価（Assessment for Learning）」と「学習の評価（Assessment of Learning）」という考え方が，2000年前後から提唱され，教育評価研究を進展させている。また，こうした動きの中で「評価」を指す用語も，従来の「Evaluation」に加え，近年は「Assessment」も用いられるようになってきており，「Evaluation」は教育活動の効果についての評価，「Assessment」は学習活動の評価を指す用語として使い分けられることも多くなってきている。

　「学習のための評価」と「学習の評価」の違いは，評価活動の目的にある。「学習の評価」は学習の成果や到達度合いを公平に客観的に評価することを目的とするのに対し，「学習のための評価」は学習改善を支援することを目的とする。こうした目的の違いは，評価活動における子どもの位置づけにも反映される。「学習の評価」では，子どもは評価を受ける側と位置づけられ，評価活動そのものを担う主体と位置づけられることはない。これに対して「学習のための評価」では，学習改善を行うのは子どもであるため，子どもも教師とともに評価活動に関わることになる。例えば，子どもへのフィードバックは子どもに理解でき，学習を改善する手がかりが示されることが肝要となるため，フィードバックは教師から子どもへの一方的な情報提供ではなく，対話をベースとしたコミュニケーションと捉えられる。近年，こうした「学習のための評価」の考えをさらに深め，自己評価能力やメタ認知能力を育成するための学習の場として評価活動を捉え直す「学習としての評価（Assessment as Learning）」という新しい学習評価の考え方も登場している。

〔二宮衆一〕

学力評価

　日本では，これまで読・書・算を重視する基礎学力や国民的教養のミニマム・エッセンシャルズ，あるいは，生活力として学力論や能力測定論，指導要録における評価の立場など，さまざまな視座から，学力とは何か，学力評価とは何かについて論じられてきた。明確な定義が困難とされている学力をあえて端的に表すと，学校教育を通して身につけた能力のことを指すだろう。また，学力評価とは，子どもたちがその能力をどの程度身につけているのかを把握し，それらの情報を教育の質の保証や改善に生かすために行うものである。

　一方，近年，資質・能力（competencies）という言葉が流行し，それをベースにしたカリキュラム改革が世界中にブームを引き起こしている。日本においても，2017・2018年改訂の学習指導要領では学力に取って代わる勢いを見せており，資質・能力の三つの柱に即して教育計画や指導案を練ることは学校や教師にとって日常的になってきている。しかしながら，資質・能力をそのまま学力の同義語として捉えることは安易すぎる。なぜなら，資質・能力の三つの柱のうち，「学びに向かう人間性等」は学習者の内面に踏み込んだ方向目標であり，可視化すべき学力とは異質的なものである。現に2019年改訂の指導要録では評価の観点として「学びに向かう人間性等」は「主体的に学習に取り組む態度」に書き換えられている。さらに，態度主義に陥らないためにも，この項目の評価は常に学習すべき知識・内容とそれに引き出される思考力・判断力・表現力とセットになって実施することが重要である。

　学力評価は，評価者やその時の学力観が反映されやすく，学校教育を通して育成すべき資質・能力のうち，教育内容と密接な関係をもつ認知的スキルや情意特性を対象として把握することに意義がある。それだけではなく，国際学力調査で測られるような実社会に役立つ問題解決力などの汎用的スキルの育成にも繋がっている。さらに近年になると，学力評価の方法や手段のデジタル化が進むにつれ，人工知能をうまく活用して課題の質を高めていくことがますます求められるようになるだろう。

〔鄭　谷心〕

［参］田中耕治（2008）『教育評価』岩波書店。

アセスメント

　アセスメントは，指導に生かす情報を提供するために，子どもの学習についての資料を収集する過程だとされる。加えて，やる気のない子どもにやる気を出させたり，学習意欲を復活させたりすることもでき，学力を測定するだけでなく，学力を向上させる役割もある。

　アセスメントは，子どもの発達可能性を捉えるという文脈でも使われてきた。ルリアは，ヴィゴツキーの「発達の最近接領域」の概念について述べる際に，子どもの知的活動を捉えるという意味で"assess"という表現を用いた。ルリアは，子どもの独力のパフォーマンスと，大人の助けによって達成されたものとを比較するという文脈で，アセスメントという言葉を使った（Luria, 1961）。

　また，ルリアの相互作用的アセスメントからも着想を得たフォイヤーシュタインは，慣習的な心理測定が子どもの環境や文化の影響を排除していることを批判し，学習によって変容されうる子どもの可能性を明らかにするものとして「ダイナミック・アセスメント」を提起した（Feuerstein, 1979）。

　ルリアもフォイヤーシュタインも，顕在化していない可能性を表現する際に"potential"を当てている。すなわち，すでに明らかになっている能力ではなく，大人の支援や学習によって子どもが変容する可能性を明らかにしようとする中で，アセスメントという言葉を用いている。

　アセスメントには，子どもが一人でできることだけを見て子どもの発達を捉えるのではなく，子どもは学習によって変容し，発達していくものであるという思想がある。その発達可能性を明らかにし，発達を促す支援や，学習意欲を高める方法を探ることも，授業研究の一つである。

〔谷口知美〕

［参］Feuerstein, R. (1979) *The Dynamic Assessment of Retarded Performers*, University Park Press. Luria, A. R. (1961) *The Role of Speech in the Regulation of Normal and Abnormal Behavior*, Liveright Publishing Corporation. ヴィゴツキー著，柴田義松訳（2001）『新訳版・思考と言語』新読書社（原著，1934年）。

絶対評価と相対評価

　他者との比較によらず，目標の実現状況によって実態を把握することを「絶対評価」と呼ぶのに対し，他者との比較から，集団内での相対的な位置によって実態を把握することを「相対評価」と呼ぶ。

　ただし，この区別は極めて抽象的なもので，両者にどのような評価方法を位置づけるかは論者によって異なる。

　例えば心理学では，目標の達成度を示す目標基準（criterion standard）に基づいて行う「目標に準拠した評価」を「絶対評価」と呼び，集団の代表値からの距離を示す集団基準（norm standard）に基づいて行う「集団に準拠した評価」を「相対評価」と呼ぶことが多い。これは2000年頃の教育行政でも見られ，各教科の評定に目標に準拠した評価が全面的に採用された2001（平成13）年指導要録改訂時にも「目標に準拠した評価（いわゆる絶対評価）」という表記がなされ，その後「集団に準拠した評価（いわゆる相対評価）」という表記も見られるようになっている。

　その一方で，教育学の中には，目標に準拠した評価に「絶対評価」という言葉をあてず，評価者の頭の中に暗黙裏に存在する内的な基準に基づいて評価を行う「認定評価」を指して「絶対評価」という言葉を用いる論者も多い。認定評価では，評価者が絶対者となり，評価者の絶対性を規準に内的基準満足度によって評価を行うからである。

　戦前の学籍簿や戦後の指導要録の変遷をたどると，目標に準拠した評価やその源流ともなる到達度評価のみならず，認定評価や個人内評価を示すものとしても「絶対評価」という言葉が使われていた。このような状況の中で「絶対評価」という言葉を用いると，どの意味でこの言葉を使っているのかが曖昧になり，議論がかみ合わなくなる。そこで，認定評価に対してのみ「絶対評価」を用いて，他は「個人内評価」「到達度評価」「目標に準拠した評価」と明記して明確に区別する，あるいは，そもそも「絶対評価」という言葉を用いない教育学者も増えている。2010（平成22）年以降，文部科学省の学習評価や指導要録に関わる文書においても「絶対評価」という言葉は使われなくなっている。

〔遠藤貴広〕

［参］田中耕治（2008）『教育評価』岩波書店。

目標に準拠した評価

　教育目標を規準にして行う子どもたちの学力の評価のこと。集団に準拠した評価である相対評価と対峙的にも用いられる。欧米では規準準拠評価（criterion-referenced assessment）という用語が使われる。

　特に日本の学校教育においては，学習指導要領に示される目標を規準に行われる評価のこともさす。教育課程審議会「児童生徒の学習と教育課程の実施状況の評価の在り方について（答申）」（2000（平成12）年12月4日）で初めて方針が提示され，2001（平成13）年の指導要録改訂以降，集団に準拠した評価に代わって用いられている。具体的には，小学校・中学校・高等学校および特別支援学校の指導要録において，各教科の児童生徒の学習状況を分析的に捉える観点別学習状況の評価および総括的に捉える評定の両方を，目標に準拠した評価によって行うことが求められている。歴史的に見れば，この2001（平成13）年の指導要録における目標に準拠した評価への変更は，戦後長く続いてきた評価観の大きな転換点となった。

　集団に準拠した評価では，学級や学校という特定の集団の中での位置関係は明らかにされるものの，一人ひとりの児童生徒に確かな学力をつけたかどうかを必ずしも保障することができないという課題があった。これに対し，目標に準拠した評価は，指導に先駆けて教育目標・規準（基準）を明らかにして，その目標に到達できたかを教師が点検できるようにし，できていなければ教師に改善を促すことによって，児童生徒一人ひとりの学習内容の確実な定着を図る点での意義が認められる。

　一方で，目標に準拠した評価は，教師が中心になって成果のみを追い求める恐れがあることも指摘される。また，日本の教育現場で実践を行っていくにあたっては，具体的な目標や評価規準を誰がどのように設定・調整すればよいか，いつどのような評価方法を用いればよいか，観点別評価と評定を互いにどのように関連づけるか，評定を入学者選抜に用いる際に学校や教員によって生じうるばらつきにどのように対応するか，など多くの向き合うべき課題も生じている。

〔次橋秀樹〕

［参］西岡加名恵・石井英真・田中耕治編著（2022）『新しい教育評価入門　増補版』有斐閣。

ゴールフリー評価

　ゴールフリー評価（Goal-free evaluation：GFE）とは，カリキュラム評価やプログラム評価のアプローチとして活用され，評価者が事前に決定された目標を参照せずに観察，測定し評価することである。そのため，目標に基づく評価（Goal-based evaluation：GBE）と比較すると煩わしさが少なく，教育プログラムの途中での目標の変更により適応でき，副次的な作用の発見に優れる。GFEには2種類ある。一つ目は評価者が特別な予防的措置を講じて，明示された目標を意図的に回避するタイプである。目標に基づく評価を回避するために目標スクリーニング担当者（goal-screeners）を雇用することもある。二つ目は，目標に否定的な評価者が単に目標を無視して評価するタイプである。

　1970年代にM. J. スクリヴンによってGFEの概念が示された（Scriven, 1980）。GFEは教育活動の意図に影響されず，使途的な活動も無意図的な活動も含めて，実際の活動の結果，効果，影響を観察できることが利点である。目標ベースの評価の補足的手法として活用できる。GFEは，教育活動の予期しなかった影響を特定する場面で役立つ。教師が教育活動で意図しなかったプラスの作用とマイナスの作用を特定できる。GFEは学校のカリキュラムであらかじめ決められた目標に基づくものではないため，カリキュラムを開発し，維持し，修正する場面で効果が期待できる。各教科等，生徒指導，キャリア教育，人権教育など，さまざまな教育活動の全体計画や年間指導計画を振り返り，新年度に改めて作成する場面などで，GFEによって特定された意図しなかったプラスの作用とマイナスの作用が効果をもたらす。

　GFEはあらゆる教育プログラムの評価に適するものとはいえない。目標の達成度にのみ関心がある場合には，GFEは活用に向かない。また，GBEとGFEは独立した評価アプローチであるため，両者の結果は一致するとは限らない。さらに，GFEでは，評価者に評価対象についての十分な知識や評価能力が要求される。一方で，児童生徒の個別最適な学びの実現においては，ゴールフリー評価は有効な手法である。評価の目的が事前に設定されたものではないため柔軟性があり，多角的な評価を実現でき，学習過程でのフィードバックができるためである。

〔林　尚示〕

〔参〕Scriven, M. (1980) *Evaluation thesaurus*, 2nd ed., Edgepress.

到達度評価

　「到達度評価」という言葉が日本の教育現場に広がった時期は，1975（昭和50）年に当時の京都府教育委員会が『到達度評価への改善を進めるために―研究討議のための資料―』を出したことに代表される。相対評価と対比する用語として，それまで「絶対評価」という言葉が用いられてきた。「到達度評価」という言葉が使われ始めた理由は，教育における相対評価の利用を批判し，かつ教師の主観的な評価にもなりかねない「絶対評価」への批判を克服して，教科内容研究を踏まえて「何を子どもにわかるように教えるのか」という到達目標を明らかにして，それに基づいて評価が行われるべきであるという考え方を示すことにあった。中内敏夫が，学習指導要領や指導要録等の中で，「〜への関心」「〜する態度」「〜的な考え方」等の表現で，「一種の方向」として示されている教育目標を「方向目標」と名づけ，「〜の知識」「〜の概念」「〜の法則・原理」「〜の方法」等の表現で，「到達点を実体的に示せる」と考えた教育目標を「到達目標」と名づけたことが理論的基盤となっている。

　1970年代から80年代にかけて到達度評価の実践に取り組んでいた教師たちの実践では，民間教育研究団体の成果を生かした教材づくり・「わかる」授業づくりに基づいて，教科内容の項目に即した（自作）テストの解答状況や記述式課題への子どもの表現を通して，教師の解釈・判断によってその子の「到達」「未到達」の状況が把握され，形成的評価に基づく回復指導や補充指導，総括的評価が行われていた。また「到達」した後の子どもの「学力の発展性」については「習熟」段階の学習として，長文のレポートや「論文」に基づいて指導と評価が行われていた。ただし，「学力の到達点を実体的に示す」ことや「学力の発展性・習熟段階の指導と評価基準を設定する」ことを，教育評価論としての信頼性・妥当性等を担保して明らかにしていくことは重要な課題であった。

　1990年代以降その課題に応えるものとして，海外での「真正の評価」論や「スタンダード準拠評価とルーブリック（評価指標）の開発」の研究成果が紹介・摂取され，日本での教育目標・評価研究への応用・展開が行われてきた。

〔鋒山泰弘〕

〔参〕田中耕治（2008）『教育評価』岩波書店。

主体的に学習に取り組む態度の評価

子どもの学習への興味や積極性，学んだ知識を活用しようとする態度など，いわゆる情意面を評価するもの。2019（平成31）年の指導要録改訂において，従来の「関心・意欲・態度」の観点が「主体的に学習に取り組む態度」に変更された。態度の中身としては，学習に粘り強く取り組もうとする側面や，自らの学習を調整しようとする側面が示された。

態度の評価に関して，学力における態度の位置づけが論点となってきた。戦後，広岡亮蔵が示した学力の構造では，知識（技術）層と態度層が区別され，態度に裏づけられた知識であるときに，生きた発展的な学力になるとされた。しかし，この学力モデルに対して，教育内容の習得と切り離された心構えが一面的に重視されたり，授業が豊かに展開されない原因を教材ではなく授業に取り組む子どもの姿勢の問題だとしたりする，態度主義の思考に陥る点が批判された。こうした問題点を踏まえて，その後，教科内容が子どもに十分にこなされた習熟段階を態度と捉えるモデル（段階説）や，認識形成と情意形成が並行して進んでいくというモデル（並行説）が提案された。

また，態度の評価の方法と，態度を評定や成績の観点とすることの是非が問われてきた。1991（平成3）年の指導要録改訂では，子どもの主体性を重視する新学力観を反映して，当時の4観点の中で「関心・意欲・態度」が最も重視された。その際に，挙手の回数など，教育内容の習得とは関連性の低い行動や，一人ひとりの子どもの性格を態度として成績に入れる事態が広まった。評価方法や評価基準を明確化しづらい態度を重視することが，教師の評価疲れや，日々の行動を監視されているという生徒の抑圧感など，双方にとっての不安と不満を生み出していった。

これらの歴史を顧みて，現在では，「知識・技能」や「思考・判断・表現」の観点と切り離さず，教科内容の学習と関連した態度の評価が強調されている。加えて，①授業への興味・関心（入口の情意）と，学習を通して培われる思考の習慣などの態度（出口の情意）を区別すること，②指導・学習の改善に使うもの（評価）と，成績に残すもの（評定）を区別すること，③1時間の授業ごとではなく，学期や学年という長期的な視点で態度の育成を捉えることが重要とされている。

〔徳島祐彌〕

思考力・判断力・表現力の評価

思考力・判断力・表現力は，児童生徒が身につけて発揮するものとして捉えられているが，これらの力そのものを視認することはできない。そこで，これらの発揮を求める課題などに取り組んで，その成果や成果に至るまでの過程の様子を可視化する。そして，可視化された成果や過程をもとに思考力・判断力・表現力を発揮したか，身につけているかを推論する。

思考力・判断力・表現力は，問題の特定，情報の収集や整理，結論の導出，価値の創造などに取り組む中で発揮される。こうした取り組みの最終的な成果は多様である一方で，成果はその過程のすべてを反映しているとは限らない。最終的な成果だけ検討すると，過程の中で身についたり発揮されたりした力を見落としてしまうことがある。そのため思考力・判断力・表現力の評価においては，最終的な成果とその過程の両方に着目する。また，ある領域や文脈において発揮された思考力・判断力・表現力が，他の領域や文脈でも同様に発揮できるのかどうかにも着目する。

思考力・判断力・表現力の評価は，児童生徒の記述，発話，実技などを対象に行われる。評価の方法には，パフォーマンス評価や実技テストの実施，授業内での生徒の活動の観察，ポートフォリオの活用などがある。各教科等の活動に応じて評価の方法は工夫され，育成を目指す思考力・判断力・表現力を明確にして，授業を通してこれらがどの程度発揮され身についているかを評価する。また，明確にした力以外の思考力・判断力・表現力が，授業の中で発揮されたり身につけていたりしているかどうかも確認する。思考力・判断力・表現力の評価は，単元などのまとまりごとに行ったりこれらの力を体系的，階層的に整理したうえで長期的な視点で行ったりする。どのような評価方法であれ，これらが発揮されたり身についたりしたことが把握できる段階で評価する。

授業の中で児童生徒は，各教科等の知識・技能を活用しながら思考力・判断力・表現力を発揮している。また，各教科等の活動の中で課題の解決などに取り組むときには，児童生徒は自ら目標を立てて学習の自己調整を行いながら，これらの力を発揮したり身につけたりすることを目指している。したがって，思考力・判断力・表現力の評価には知識・技能や主体的に取り組む態度の視点が含まれ，これらとの関連を意識して評価の方法を決定する。

〔古賀竣也〕

知識・技能の評価

2017（平成29）年版の学習指導要領において各教科等の目標と内容が，「知識及び技能」「思考力，判断力，表現力」「学びに向かう力，人間性等」の資質・能力の三つの柱で再整理されたことを踏まえ，指導要録での観点別学習状況の評価も，「知識・技能」「思考・判断・表現」「主体的に学習に取り組む態度」の3観点に改められ，観点ごとの評価の表示は，3段階（「十分満足できる」「おおむね満足できる」「努力を要する」）とされた。知識・技能の評価は，各教科等の学習過程で，児童生徒が既有の知識・技能と関連づけて活用する中で，どのくらい知識や重要な概念を理解し，技能を習得しているかを評価するものである。

知識・技能の習得は，質的変化として三つのレベルで捉えられる。知識の習得では，個別の事実的な事項を知って記憶し再生できるレベルから，既有知識を相互につなげ構造化して本質的な概念を理解するレベル，さらにそれらを社会のさまざまな場面で活用できるレベルへの変化である。また，技能の習得でも，基本的な技術や技法，表現方法等が手順や段階を追って身に付いて再現できるレベルから，個別の経験や他の技能と関連づけて類似の状況に対応できるレベル，さらに多様に変化する状況や課題に応じて主体的に応用できる習熟したレベルへの変化である。

知識・技能の評価方法としては，まずペーパーテストが挙げられるが，年号や出来事，用語などの事実的な知識の習得を問う問題と知識の概念的な理解を問う問題とのバランスに配慮することが大切である。これらの方法は，主に知識・技能を再生できるレベルや概念を理解するレベルを評価するために有効といえる。また，知識・技能を深く理解し，状況に応じて活用できるレベルかを評価するためには，学習した内容の説明を児童生徒に文章等で記述させたり，観察や実験等を行わせたり，式やグラフ，演技，演奏，作品等で表現させるなど，各教科等の学習内容の特質に応じて，実際に知識・技能を用いる場面を学習過程に適切に取り入れる工夫が必要である。知識・技能が資質・能力としてどのレベルに到達しているのかについて，多様に評価することが重要である。

〔石﨑和宏〕

［参］石井英真（2023）『中学校・高等学校 授業が変わる 学習評価深化論』図書文化社。中央教育審議会（2019）「児童生徒の学習評価の在り方について（報告）」。

鑑識眼

鑑識眼（connoisseurship）とは，「目利き」を表すフランス語（connoisseur）に基づき，複雑で微妙な質を知覚しきめ細かな識別や鑑賞ができる技術を指す。それはワインのソムリエの例に見られるように，十分な経験を背景として個の知覚や認識により繊細に判断できる個人に属する力であるとされ，物的対象やパフォーマンスや事象など，さまざまな領域に関わっている。個人の主観を排せずとも対象存在の入念な検討による価値判断を行うことで普遍性／客観性を求めるものである。

この概念を教育実践の評価に適用して，「教育的鑑識眼」（educational connoisseurship）を提唱したのがE. W. アイスナー（『教育的想像力』1979他）である。芸術作品の鑑賞においてと同様に，教師の教育実践という一回性の個性的な事象であり外的基準によって価値を測り難いものについて，経験に裏打ちされた目利きであればその意味を読み取ることができ，批評の言語を駆使して授業の意味と価値に光を当てることができるのである。今日支配的となった基準による測定としての評価（以下，評定）は，手続きの客観性や共通の標準に基づく比較や数値化を志向し，個人の感覚や主観を排する。これに対して鑑識眼による評価は，経験の中で培われる「規準」に基づき，個の主観を排することなく，個の経験をくぐり抜けることによってのみ到達可能な深い意味を追究するので，新たな事象にも創発的に向き合うことができ，既定の標準に基づく評定の限界を超えるものとなる。

基準に照らした測定（measurement）としての評価は実は価値判断そのものではないとデューイは指摘する。価値判断としての評価は個人の経験や傾性を踏まえつつ客観的な対象／事象について複数の視線を集めることで，価値を見出す共同の判断となる（『経験としての芸術』1934年）。とすれば，教育的鑑識眼も，単にエキスパートが評価をする文脈に留めることなく，むしろ価値判断の一つの様態として誰もが獲得していくものとみるべきであろう。さらに，鑑識眼が熟達者から他者へ伝達されていく過程は，記述や指示によってではなく，「ただ例示によってのみ分かち伝えることができる」（ポランニー『個人的知識』1958年）とされる。こうして鑑識眼の獲得とその育成は，学習者の成長の内実を構成するものとなる。

〔桂　直美〕

フィードバック

「フィードバック (feedback)」とは、もともと、通信と制御の学際的科学として提唱されたサイバネティックスの中心概念で、あるシステムにおいて出力の情報を何らかの形で入力側に戻すことであり、「帰還」と訳されることもあった。これを人の行動に当てはめて、効果的な行動を実現するために、自分の行動がもたらした結果をデータとして取り込み、次のより適切な行動のために活用することを「フィードバック」と呼ぶようになっている。

日本の教育方法学では、例えばベンジャミン・ブルームらが提唱した「マスタリー・ラーニング」（完全習得学習）の理論が紹介される中で、形成的評価の役割を明確にするためにフィードバックが強調されるようになった。マスタリー・ラーニングにおいては、教育目標が明確化・系統化され、教師はその目標に向かって子どもにさまざまな働きかけを計画し、実行する。その過程で、教師は子どもたちがどの程度理解しているのかを評価し、その評価情報を、教師の指導と子どもたちの学習活動の改善・修正のためにフィードバックすることが目指されていた。

その後、「学習のための評価」として特徴づけられる形成的アセスメントの理論と実践が進展する中で、フィードバックは「課題に関する現状の理解と目標とされる理解の程度との間の隔たり（ギャップ）を埋め合わせるために提供される情報」という意味で教育研究に位置づけられるようになっている。それは、指導者から学習者に提供される一方向的なものではなく、学習者からも提供されるもので、指導者がどのような情報を提供したかよりも、提供された情報を学習者がどのように受け取っているか、学習者が受け取った情報を自身の学習活動の改善にどう生かしているのかのほうに研究の焦点が移行しつつある。同じ情報が提供されても、状況によって学習者が受け取るものは異なるからである。そこで2000年代以降、フィードバックが位置づく活動・実践の社会文化的側面に目を向けた検討・整理も盛んに行われるようになっている。

〔遠藤貴広〕

［参］ハッティ, J.・クラーク, S. 著, 原田信之監訳 (2023)『教育の効果—フィードバック編—』法律文化社（原著, 2019年）.

パフォーマンス評価

パフォーマンス評価 (performance assessment) とは、さまざまな現実的な状況を模した文脈の中で、知識やスキルを使いこなせる能力を評価するためのものである。つまり、知っている (knowing) より学んだ知識をどのように活用する (doing) のかに重点が置かれている。

パフォーマンス課題では、子どもの実生活や未来の世界を模した「オーセンティックな課題」が多い。このような課題に対するパフォーマンス評価においては、子どもの作品や実演を教師が直接観察し、オープンエンドの質問 (Open-ended questions) を用いて学びの改善を導き出す必要がある。例えば、「この課題を解決するために、別の方法がありますか」「この活動からどんな新しい問いが得られましたか」など、子どものメタ認知を「刺激（課題の素材）(stimulus)」し、どのように学んでいるのかについて常に考えるきっかけを与えることが望まれる。なお、このプロセスの中で教師と子どもが、あるいは子ども同士が協調してゴールを設定し新たに分かったことを活用したり、より高いレベルに挑戦するように促したりしていくことが大切なのである。その際に、教師が子どもの学びや改善をより専門的に観察・診断するためにルーブリックを用いることが多くある。ルーブリックは、望まれる学力のスタンダードに照らして子どもが到達するであろうパフォーマンスの記述語（特徴や徴候）と尺度で構成されており、子ども自身が自分の到達度はどの程度で、今後どのようにして自分のパフォーマンスを向上させていけばいいのかを評価する助けになる。したがって、ルーブリック作りにおいては、教師が一方的に評価基準を提示するより、子どもと教師がともに理解できる言葉を使ったり、子ども同士のコンセンサス（仲間による評価）を図るための場面を設定したりすることなども求められる。

パフォーマンス評価に取り組むための唯一の正しい方法や指針は、ほとんど存在しない。子どもの話し言葉による表現・理解能力 (oracy)、高次の思考能力、複雑なパフォーマンススキルを向上させていくための足場 (scaffolding) としての役割を教師が認識し、専門的に取り組んでいくことが重要である。

〔趙 卿我〕

ポートフォリオ評価

　学習や授業におけるポートフォリオとは，学習者の各種記録や制作物，教師の指導と評価の記録などを系統的かつ持続的に蓄積した収集物をいう。それを基にして，学習者の学習および教師の指導状況を把握し改善などに活用することをポートフォリオ評価という。その特徴は以下の三点にある。一つめは，学習者が評価に関わりその結果を学習に生かしていくという学習と評価の一体化。二つめは，学習者が行う自己評価の導入。三つめは，学習や指導過程における評価結果を以後の指導に生かす指導と評価の一体化。

　ポートフォリオ評価は，学習者の既有の知識や考え，資質・能力が学習や授業により変容することを重視する構成主義の考えに基づく学習論の影響を受けている。そのことが学習者の自己評価能力の育成と生きて働く学力の形成につながっていく。また，この評価は，明確な目標と系統的な内容をもつ教科の学習や指導と異なり，学習者が自らの課題に応じて学習過程で得た情報を適宜取捨選択し再構成する過程を重視する総合的な学習の時間などに用いられる。

　この評価は，学習および指導と評価の一体化により学習と授業の改善を図ることができる。また，学習過程の適切な情報の収集と活用，改善，学習者と教師の対話を中心とした検討会により自己評価やメタ認知の能力を育成することができる。さらに，これまで重視されてこなかった手法により学習者の実態を明らかにするので，評価論分野のみならず学習論，授業論の研究にも貢献している。

　ポートフォリオ評価は，学習者の何をどのような観点で評価するのかという規準，その規準についてどのくらい達成できているかを示す基準となるルーブリックの開発やその扱いをどうするのかが課題である。これは，学習の質や学力の実態を示す指標となるので，学習者の自己評価および学習や指導と評価の一体化とともに重要な研究課題となっている。近年，ポートフォリオ評価の短所を克服するために，学習や授業で得られた学習履歴および自己評価による必要最小限の情報を最大限に活用する一枚の用紙を用いたOPPA (One Page Portfolio Assessment) 論という方法が提案されてきている。

〔堀　哲夫〕

[参] 田中耕治 (2008)『教育評価』岩波書店。

評価の規準と基準

　各教科等の評価を行う場合，児童生徒の学校での学習状況を，複数の観点からそれぞれ観点ごとに分析的に捉えて評価する「観点別学習状況の評価」と各教科の学習状況を総括的に評価する「評定」が学習指導要領に定める目標に準拠した評価とするものとされている。その観点別学習状況の評価を的確に行うために，学習指導要領に示された目標の実現の状況を判断するよりどころとして示されたものが，「評価の規準（＝criterion）」である。児童生徒の学習が，望ましい状況であるのか，課題が認められる状況なのかを明らかにするため，観点ごとに評価規準を定める必要がある。つまり，「評価の規準」とは，何をどのような観点で評価するのかということである。一方，「評価の基準（＝standard）」とは，それぞれの評価規準に対して，どの程度できたのかという到達度合いを段階的に示したものである。具体的には，例えば，「90点以上を合格とする」などのように達成度の水準を具体的に数量的に評価する場合や，学習活動を評価する指標であるルーブリックのように，達成度を文章で段階的に設定し，それに基づいて質の違いとして評価する場合がある。

　「評価規準」が設定されるに至った経緯としては，文部省「小学校教育課程一般指導資料」(1993（平成5）年9月) では，「児童生徒の学習を評価する際，知識・理解の評価が中心になりがちであり，単に数量的な評価に陥りがちであった」として，「学習指導要領が目指す学力観に立つ教育と指導要録における評価とは一体のものであるとの考え方に立ち，新しい学力観に立って子供たちが自ら獲得し身に付けた資質や能力の質的な面，すなわち，学習指導要領の目標に基づく幅のある資質や能力の育成の実現状況の評価を目指すという意味で設定された」と示されている。

　なお，用語の読みについては，「評価の規準」，「評価の基準」の両者とも，「ヒョウカノキジュン」と読むことができることから，混乱を避けるため，教育の分野では一般に，前者を「ノリジュン」，後者を「モトジュン」と読むことで区別している。

〔胡田裕教〕

[参] 鈴木秀幸 (2021)『これだけはおさえたい学習評価入門―「深い学び」をどう評価するか―』図書文化。西岡加名恵・石井英真・田中耕治編 (2022)『新しい教育評価入門―人を育てる評価のために― 増補版』有斐閣。

ルーブリック

ルーブリックとは，評価基準（スタンダード）と評価規準（クライテリア）が言語で表現されたマトリクスである。評価基準とは，パフォーマンスがどの程度優れているか，その水準やレベルを指す。評価規準とは，パフォーマンスを評価する際に用いられる側面，観点，枠組みを指す。一般に，ルーブリックは数レベル程度のスタンダードと，各レベルの特徴を叙述した記述語で構成される。

優れた達成のあり方が多様に存在する課題への応答（パフォーマンス）は，単純に正・誤で評価できず，そのレベルは素朴なものから洗練されたものまでグラデーションとして現れる。ルーブリックは，このような複雑なパフォーマンスに対する評価で用いられる採点装置の一種であり，目指すべきパフォーマンスを表現するものでもある。

総括的評価においてルーブリックは採点装置として機能する一方，形成的評価においては学習を促進し改善していくツールとして利用される。

ルーブリックは恣意的で独善的な判断に陥りがちな人間の質的判断を統制し，間主観性や比較可能性を高めることを企図する。また，ルーブリックは評価基準・規準を可視化する，すなわち優れた教師らの鑑識眼（質的判断の能力が高度に発達したもの）を外化することで，鑑識眼の万人への共有を志向する。

ルーブリックの記述語が意味することを適切に解釈するためには，パフォーマンスの事例群（アンカー作品）の付加を必要とする。例えば，「非常に優れた論理性」という記述語は二つの抽象性を含み，それ自体では「非常に優れたとは，どの程度のパフォーマンスを意味するか」「論理性とは，具体的にどのようなパフォーマンスを意味するか」を一意的に解釈することができない。

ルーブリックは常に不完全な表現であるために，必要に応じて問い直されなければならない。ルーブリックが適切に機能しなくなった場合，教師らの鑑識眼に照らし合わせてそれを再構成する必要がある。

ルーブリックには，分析的ルーブリック（観点別に記述語が構成されるもの）と全体的ルーブリック（観点を分けずに記述語が構成されるもの），特定課題ルーブリック（特定の課題のみに適用されるもの）と一般的ルーブリック（あるジャンルの課題で幅広く適用されるもの）など，さまざまな形態があり，用途に応じて構成される。

〔石田智敬〕

指導要録

指導要録は学校教育法施行規則第24条に規定されるように，教育評価に関する公的な表示制度形態である。その内容と機能として，「児童生徒の学籍ならびに指導の過程および結果の要約を記録し，指導および外部に対する証明等のために役立つ簡明な原簿」とされ，事実上，通知表と内申書の原簿とみなされ，戦後日本の教育評価のあり方を規定してきた。現在までに改訂されてきた指導要録はおよそ四期に区分できる。

- 第一期　1948年版指導要録―戦前の「考査」への反省と「指導機能」重視
- 第二期　1955年版指導要録，1961年版指導要録，1971年版指導要録―「相対評価」の強化と矛盾の激化
- 第三期　1980年版指導要録，1991年版指導要録―矛盾の「解消」としての「観点別学習状況」の登場
- 第四期　2001年版指導要録，2010年版指導要録，2019年版指導要録―「目標に準拠した評価」の全面採用，「目標に準拠した評価」と「個人内評価」

この改訂史の中でも，わけても大きな転換点となったのは，第四期の2001（平成13）年の改訂であった。その核心は，およそ50年間続いた「相対評価」を取りやめ，総合評定においても，「目標に準拠した評価」を採用し，「目標に準拠した評価」と「個人内評価」で教育評価観を確立することになったことである。その理由として，「相対評価」は集団での位置づけを示すものであり，目標の実現度や児童生徒の良い点や可能性を見ることができないと指摘され，さらにはクラス・サイズが小さくなる中では，「相対評価」はうまく機能しなくなっていると説明されている。

「目標に準拠した評価」に基づく指導要録においては，分析評定である「観点別評価」において，「観点」をいかに設定して構造化するのかが問われている。とりわけ，観点「主体的に学習に取り組む態度」をいかに評価するのかが争点となっている。さらには，分析評定である「観点別評価」をいかに総合評定するのかも論点となっている。

いずれにせよ，学習改善と指導改善をめざす指導要録になるために，さらなる改善が求められている。

〔田中耕治〕

［参］石井英真・西岡加名恵・田中耕治編著（2019）『新指導要録改訂のポイント』日本標準．

通知表

　子どもの学力や生活の様子を学校が保護者に伝える連絡簿。「学校教育法施行規則」で作成が義務付けられた「指導要録」や「出席簿」とは異なり、学校の判断で作られ、その名称もさまざまである。

　通知表の起源は1891（明治24）年の「小学校教則大綱ノ件説明」にあるとされ、1903（明治36）年には東京高等師範学校附属小学校が、「美」「良」「可」「稍可」「不可」で評価した成績の連絡と家庭からの通信を毎月やり取りする「通知表」の様式を全国に公開している（教育学術研究会『教育学術界臨時増刊』1903年）。

　戦後は、文部省が学校に「児童指導要録」（「小学校学籍簿」（1948年）から翌年名称変更）の作成を義務づけた後、「児童の両親にも、評価の結果は面接・通信票等の方法によって、連絡され、指導に協力が求められなければならない」（文部省『小学校における学習の指導と評価 上』1950年）としたこともあり、通知表は、家庭とともに指導と評価の一体化を目指す連絡簿として作成されていく。

　現在の一般的な通知表は、学習の評価や行動の記録、教師の所見、保護者からの通信欄等で構成され、学期末に家庭に届けられる。そのうち、学習の評価は、「学習指導要領」の改訂を受け改編される「指導要録」の評価方法に準じて行われてきた。

　戦後教育改革以降1980年代までは、通知表でも集団に準拠した相対評価が用いられたが、この間、学級を単位とした小集団への正規分布の理論の適用や、それに基づく子どもの序列化への批判が少なくなかった。その一方で、高度経済成長期を中心とする受験競争を背景に、学校や家庭が子どもの「学力」の位置を可視化する相対評価の機能を受容してきたことも事実である。そのため、当初期待された通知表の教育的役割が十分に果たされてきたとは言い難い。

　その後、知識重視の「詰め込み教育」への反省や1990年代の「新学力観」への転換を経て、通知表における学力の評価は目標に準拠した絶対評価へと変化し今日に至っている。また、「総合的な学習の時間」や「特別の教科 道徳」が設置されるに伴い、記号で表すことになじまないこれらの評価は教師が文章で記述することになった。ただし、文章による評価は、その観点や規準の適正性という問題とともに、教師の負担増加という今日的な問題をはらんでいる。

〔松本和寿〕

［参］田中耕治（2002）『指導要録の改訂と学力問題』三学出版。

個人内評価

　「個人内評価」は、子ども個人を規準として、その子どもを継続的・全体的に評価しようとする評価法であり、教師を絶対的な規準とする戦前の「絶対評価」とは全く異なる評価の立場である。この評価を行うことで、子どものよい点や進歩の状況を積極的に評価することができる。

　また、「個人内評価」は、学習面のみならず、行動面や性格面についても対象となる評価法である。「特別の教科 道徳」の評価において、記述式による「個人内評価」を行うのはこの一例といえる。

　「個人内評価」は、次の二つにわけることができる。一つは、「1学期に比べて、理科の学習に対する意欲が高まった」など、子どもの過去と現在の学習状況を比較し、その子どもの進歩の状況を継続的に評価する縦断的個人内評価である。もう一つは、「国語は苦手だが、算数は得意である」など、子どもが有する複数の側面や特性を比較することで、その子の長所・短所、得意・不得意を全体的に評価する横断的個人内評価である。

　このような「個人内評価」は、学校生活における個に応じた指導を実現するうえで、欠かすことのできない重要なデータを提供しうる。「個人内評価」は、子どもの個性や全体的な成長を把握することができるため、子ども一人ひとりの成長を支援するための手立てを考えるうえで有効な評価法であるといえる。また、教師のみならず、学習者である子ども自身が自らの学習について「個人内評価」を行うことも有意義である。普段の学習において、自らの学習を適切に自己評価できる子どもを育成したいものである。

　もちろん「個人内評価」が絶対的にすぐれた唯一の評価法であるわけではなく、課題も指摘できる。この一つとして、評価者である教師の見方の「ゆがみ」をどれだけ排除できるかという課題がある。この課題を克服するためには、学年、あるいは教科ごとの教師間で繰り返し協議するなど、柔軟かつ総合的に評価しようとする評価者の努力が求められる。また、「個人内評価」以外の評価法を併用する取り組みなども有効である。これらの工夫を取り入れることで、評価の妥当性や信頼性を高めることにつなげることが重要である。

〔板橋雅則〕

［参］木村裕・古田薫（2022）『教育課程論・教育評価論』ミネルヴァ書房。

自己評価

　自己評価とは，自らの活動・学習を振り返り，これを踏まえて活動・学習を改善したり，次の目標を見定めたりすることである。一般的に，自己評価の主体は学習者である。他方，教師は，学習者の自己評価を踏まえ自身の実践を反省し，改善する手がかりを得ることができる。このような性質を有する自己評価は，選抜や成績づけを目的とする総括的評価（評定）とは異なる営みである。

　自己評価を行う教育的意義として，まず，自己評価能力の育成，特に，自らの学習の状況を正確に捉えるメタ認知能力の育成が挙げられる。学習者のメタ認知能力を培うことを目的に，学習者に具体的な学習内容を表現した学習履歴を記録させ，認知面での自己の変容を捉えさせる自己評価実践が行われてきた。ただし，メタ認知能力を育成する手段は自己評価に限定されない。例えば，目標と評価規準・基準を学習者に理解させ，それに照らして自らの学習の状況を正確に捉える力を育む取り組みとして，ルーブリックや作品例の提示などによるフィードフォワードや，学習者同士での相互評価が挙げられる。自らの学習の状況を正確に捉えるメタ認知能力は，学習者が目標に対する現在の到達点を認識し，目標に向けて学習を改善するために欠かせない力だとされている。

　自己評価の教育的意義は他にもある。それは，教師から提供された目標や評価規準・基準，学習者自ら選んだ目標を問い直す契機としての意義である。例えば，学習者自身が問いを立て探究する過程において，ポートフォリオの編集や，教師と学習者が対話しながら探究の過程を振り返るポートフォリオ検討会を通して，学習者が潜在的にもつ課題意識や自分にとっての重要な問いが浮かび上がり，次に行うべき活動の見通しが立つ。自分なりの評価規準を明確にして自己評価することを学習者に求めることで，「がんばった」「たのしかった」といった漠然とした無意識的な評価規準ではなく，自分の生き方との関連から評価規準を定めたり，学んだ知識や方法の意義を価値づけたりするような自己評価が促される。自己評価は，学習者が目標づくりにも参画することで，学習者が他者や社会との関わりから自己のアイデンティティを形成する営みでもある。

〔鎌田祥輝〕

［参］安彦忠彦（1987）『自己評価』図書文化。西岡加名恵（2003）『教科と総合に活かすポートフォリオ評価法』図書文化。

相互評価

　相互評価とは，学習者が他の学習者の学習やその成果について評価し，学習の促進や改善を促すことである。基本的に形成的アセスメントの一環として実践される。

　1990年代に生まれてきた形成的アセスメントという考え方においては，カリキュラムの目標と現下の達成状況のギャップを教師だけでなく学習者も確認し，学習者自身がそのギャップを埋めるよう行為することが目指される。したがって，単に目標への達成／未達成に関する情報ではなく，学習者にとって利用しやすくかつ目指すべき達成レベルにたどりつくための具体策を教えてくれるようなフィードバック情報が必要となる。そこで形成的アセスメントでは，目標とその達成レベル（ルーブリック）を教師と学習者が共有し，それに照らして現在の学習やその成果を学習者が相互に評価したり自己評価したりすることが重視される。このような背景から，相互評価が注目され実践されるようになってきた。

　現在実践されている相互評価の課題としては，単に教師が行う評価を学習者たちに代行させているに過ぎない例があるという点や，学習者相互に信頼関係が育っていないためにその実行が学習者によって忌避されるという点，そして学習者が行う評価が妥当性に乏しいという点が挙げられる。

　これらの課題を克服し学習者を評価主体としていくためには，評価課題が知的好奇心を刺激し没頭を生み出すようなものであることや学習者のニーズを反映したようなものであること，また目標とその達成レベル（ルーブリック）の策定に学習者自身が参加することが必要である。学習者の評価観を転換させ，成長のマインドセットを持たせることも重要であろう。

　さらには，学習者が目指すべき質を理解し，それと比較して自身や他者の成果の質について適切な判断を下せるようになるために，熟達者と初心者の間で評価経験を共有するという形での相互評価を実施することも必要となる。

〔八田幸恵〕

［参］安藤輝次（2019）「形成的アセスメントからみたペア学習」關西大學文學會編『関西大学文学論集』68(4)，49-74頁。石田智敬（2020）「ロイス・サドラーによる形成的アセスメント論の検討」日本教育方法学会編『教育方法学研究』46，1-12頁。

形成的評価

　形成的評価とは、ブルームらの提唱する完全習得学習の考えを背景にして、授業過程の途中で学習者の達成状況を教師と学習者にフィードバックするために用いられる評価活動のことをいう。

　形成的評価においては、各単元において達成されなければならない授業目標を洗い出し、目標の階層関係を形成テストに反映させていくことになる。形成的テストを授業過程の節目で実施することにより、学習者には評価項目にどのくらい到達できているかどうかが、構造的に把握できる。他方教師の側は、学習者に対する治療的指導のための処方箋を準備することができる。こうして教授・学習活動を調整するための評価情報がもたらされることになる。

　しかしながら欧米では、英国の教育評価研究者ポール・ブラックとディラン・ウイリアムにより、1990（平成2）年頃から従来の形成的評価論を再考し、新たな理論的発展を希求する動きが出現してきた。彼らは形成的評価を「学習のための評価」と呼び変え、形成的評価の新たな理論的発展を探求し始めた。形成的評価は指導改善や学習改善のために評価を行うという目的を指し示すラベルであっても、その目的を果たすための理論的な枠組みを欠く状態にあり、それを「ブラック・ボックス」と表現し、問題提起をした。

　1990年代以降この課題に取り組んできたのは、英国の教育評価研究者 W. ハーレンと C. ギッブス等である。彼らは学習を行うのは、学習者本人であり、学習者こそが学習の最終的な責任を持たねばならないと述べている。「学習のための評価」として形成的評価を位置づける理由は、①フィードバックに関すること、②学習者のメタ認知能力の育成に関することが起因している。①では、「点数」「記号」や「正否」など学習の到達度合いをフィードバックするのではなく、到達度合いと設定された目標との差違を示すと同時に、そのギャップを埋めるために必要とされる具体的な学習活動を示すこと、学習者が理解でき、自らの学習を進める足場を見いだせるように提供されなければならないことが挙げられる。②では、学習の主体は学習者であり、それゆえ、学習者自身が学習を振り返ったり、学習の目標を定めたりできる力こそが学習を成功させる鍵となる点が取り上げられる。このような捉え方は近年注目されており、形成的評価論を再構築する際の重要な柱とされている。

〔三橋謙一郎〕

妥当性と信頼性

　妥当性（validity）と信頼性（reliability）は、調査研究において指標や尺度の適切さや調査結果の確かさを捉える重要な概念であり、授業分析・授業評価等においても重要である。

　指標や尺度の妥当性とは、測定したい内容を的確に測定できている程度を示す概念である。この概念の定義は時代とともに変遷しており、これまで複数に分類して捉えられていた時期があったものの、現在は統合された一つの概念として考えられることが一般的である。授業分析と評価の妥当性を高めるためには、測定値について、理論的、実証的な根拠を持った解釈を示し、捉えたい内容を適切に捉えられていることが求められる。

　また、妥当性には、調査結果の妥当性という、調査の知見の適切さの程度を示す概念もある。これには、外的妥当性と内的妥当性がある。外的妥当性は結果が一般的な状況においてどの程度あてはまるのかということを捉える概念であり、事例的な授業の分析や評価の結果が、どれくらい多くの授業の分析と評価にもあてはまるのかということを検討するにあたって有効である。それに対し、内的妥当性は、実験状況下において想定された因果関係がどの程度確認できるのかを問題にするものであり、授業中のある出来事や行為とその後の現象との関係性の強さを示す。

　他方、信頼性は、同じ手続きを行えば同様の結果が得られる程度を示す、測定結果の安定性の概念である。具体的には、作成した指標をもとに複数の授業を分析したり、評価したりした場合、一貫した結果がどの程度得られるのかということを捉えるときに用いられる。その指標の信頼性の検証にはいくつもの統計的手法がある。

　優れた授業分析や評価をするためには、妥当性と信頼性がともに高い指標を作成することが目標となる。

　以上の妥当性と信頼性の観点は、心理学分野で発展してきたため、量的調査に関わるものとして精緻化されてきたが、質的調査においても重視されるべき観点である。

〔川村　光〕

［参］佐藤郁哉（2015）『社会調査の考え方』（上・下）、東京大学出版会。

| 第4章 | 学力の形成と授業の研究 |

公正性と実行可能性

　評価が，学校間接続等の選抜の文脈にあったり，進級等の判断材料になったりするなどハイステイクスな意味合いを帯びるとき，「公平性」や「透明性」が強調されがちである。「公平性」概念を内包させるだけでなく，結果的妥当性を確保し，社会上の不平等を解消するところまで視野に含んだ概念が「公正性」である。

　評価の方法について検討する際，ジェンダー，人種・国籍・母語，障がいの有無，経済的な階層などによる人々の間にある差異に十分な配慮を行うことが重要である。とりわけ，2021（令和3）年の障害者差別解消法の改正で，授業実践における合理的配慮と同様に，教育評価場面においても「公正性」を確保するための合理的配慮を行うことが義務化されたといえる。ただし，配慮要請があれば，評価方法の変更や調整を検討はするものの，合格基準を下げるなどの公平性を損うような評価基準の変更を行わないのが基本である。根拠資料に基づき，配慮要請者と建設的な対話を通して，試験時間を延長したり，選択式の解答を許可したり，イヤーマフの使用を許可したりするなど個別に対応することで，他の学生と公平な条件で評価を受けることが可能になる。

　また，このような具体的な評価場面・機会での「公正性」を追求することにとどまらず，評価行為そのものが社会階層の分断や格差の拡大，差別の助長などを生じさせていないかという自己批判性も常にもちあわせておくことが大切だろう。

　他方，評価方法を検討するにあたっては，「実行可能性」についても十分考慮する必要がある。例えば「筆記試験」による評価を想定した場合，実施頻度や規模，子どもの置かれている状況との整合性などは実行可能性におおいにかかわるものである。日常の授業実践や他の業務と並行せねばならぬという条件下で，物理的に時間を費やすことになる採点業務が嵩むことは望ましくないし，全国学力・学習状況調査の実施においてもしばしば議論されたように，長時間，子どもたちを受験環境下におくことの精神的・身体的負担も考慮されねばならない。ICT技術の進歩等で多様な評価方法の実行可能性が広がってはいるが，効率性の向上が教育評価の実質的意義を毀損していないかという注意も必要である。

〔藤本和久〕

第5章

情報通信技術(ICT)の教育

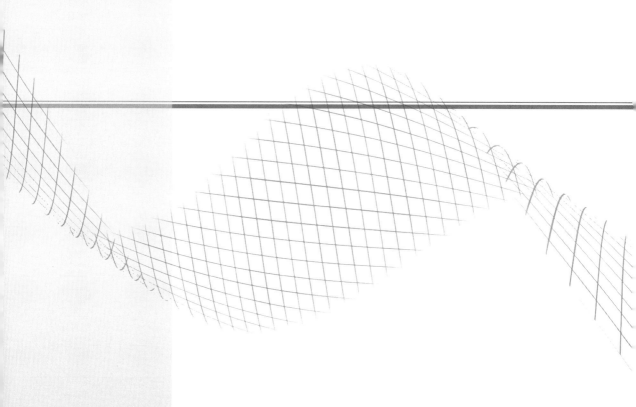

第5章　情報通信技術（ICT）の教育

教育工学

　全米を中心に教育工学をその出発点からリードしてきた教育的コミュニケーションと技術に関する協会（the Association for Educational Communications and Technology）の定義によれば、「教育工学は、適切な技術的な見方考え方により、教育の過程や教育の資源を作り出し、それを用い、管理運営しながら、学習活動を促進したり、学習のパフォーマンスを改善したりする研究、倫理に即した実践」とされている。

　1900年代初頭の教育映画（Educational Film）やティーチングマシンの開発と運用、1950年代からのプログラム教授（Programmed Instruction）に見られるように、教育工学の出発点においては、人に効果的に何かを教えるための道具の開発とその運用を中心に研究が進められてきた。その後は、コンピュータ等の技術を用いた教育活動やその学習活動を支援する環境の開発など、物理的な技術と教授理論と学習理論の関係に幅広く着目した体系的な研究と実践的知見を追求してきた。

　教育工学のアプローチの特徴としては、科学的知見に基づく教授学習と関わる道具の開発や実践研究を通じた教育事象のプロセスの視覚化、モデル化をはかり、その知見の体系化を検討する点にある。

　2000年代中頃より、Education（教育）とTechnology（技術）を組み合わせた造語である「EdTech」が注目を浴びている。それはデジタル技術を活用して教育分野に従来にない変革を起こすことを目指している。実践や言葉が似ているため教育工学（Educational Technology）は、「EdTech」と同じものと捉えられることがある。しかし坂元（2000）が述べているように「教育工学は、教育改善のための理論、方法、環境設定に関する研究開発を行い、実践に貢献する学際的な分野であり、教育の効果あるいは効率を高めるための様々な工夫を具体的に実現し、成果を上げる技術を開発し、体系化する学である」（142頁）。

〔小柳和喜雄〕

［参］Definition and Terminology Committee of the Association for Educational Communications and Technology (2008) Definition, Al Januszewski and Michael Molenda (ed.), *Educational Technology: A Definition with Commentary*, Routledge, pp.1-14. 坂元昂（2000）「教育工学」日本教育工学会編『教育工学事典』実教出版，142-145頁。

情報教育

　日本における情報教育は、臨時教育審議会（1984（昭和59）年9月〜1987（昭和62）年8月）第二次答申において、「情報及び情報手段を主体的に選択し活用していくための個人の基礎的な資質（情報活用能力）」が、読み、書き、算盤（そろばん）に並ぶ基礎・基本に位置づけられたことに端を発している。その後、中央教育審議会答申等において、情報教育の重要性は繰り返し指摘され、特定の教科によらず、さまざまな学習機会において情報および情報手段を活用して問題解決することと、教科内容として、中学校技術・家庭科の技術分野や高等学校の普通教科「情報」を必修化する等、二つの側面で充実が図られてきた。2017（平成29）年からの学習指導要領においては、「情報活用能力」が言語能力等と同様に「学習の基盤となる資質・能力」と位置づけられ、小学校において、ICTの基本的な操作を習得するための学習活動およびプログラミング教育を各教科の特質に応じて計画的に実施することとされた。なお、学習指導要領の改訂に伴って、「情報教育に関する手引」（1990（平成2）年7月）、「新・情報教育に関する手引」（2002（平成14）年6月）、「教育の情報化に関する手引」（2009（平成21）年3月、2019（令和元）年12月、追補版2020（令和2）年6月）が刊行され、情報教育の詳細や教育の情報化の全体像について解説されている。さらに「学校教育の情報化の推進に関する法律」（2019（令和元）年法律第47号）が施行され、第二条において、「学校教育の情報化」の一つとして、各教科等の指導、学校事務における情報通信技術の活用と並び、情報教育は「情報及び情報手段（電子計算機、情報通信ネットワークその他の情報処理又は情報の流通のための手段をいう。）を主体的に選択し、及びこれを活用する能力の育成を図るための教育」と改めて定義された。同時にGIGAスクール構想による1人1台の児童生徒端末の整備が進められ、情報教育の本来の趣旨である、学習者が「情報及び情報手段を主体的に選択、活用する」ための環境が実現し、学習基盤として位置づけられた。生成AIを始め、情報技術は飛躍的に進歩しており、学習者が主体的に選択、活用するためには、活用のためのスキルに加え、それらの仕組みの理解や情報の真偽を判断する力、情報モラル等を培う情報教育の充実は不可欠である。

〔野中陽一〕

［参］堀田龍也（2016）「初等中等教育における情報教育」日本教育工学会編『日本教育工学会論文誌』40(3)，131-142頁。

視聴覚教育

　視聴覚教育は，教育効果や学習成果を引き出すために視覚や聴覚に訴えるメディアを用いる教育方法の総称である。視聴覚教育の淵源にあたるものが，世界初の絵入り教科書として知られるコメニウスの『世界図絵』である。それは，視覚によるイメージによって言葉の知識をより望ましく獲得できるものと考案されたものである。

　日本において，戦前から掛図，地図，映画，幻灯，ラジオ等の視聴覚メディアが学校現場で用いられていたが，視聴覚教育として確立していくのは第二次世界大戦後である。連合国軍最高司令官総司令部（GHQ）は，民主主義の啓蒙を図るため，映写機と米国の文化や生活等を収録した映画を日本政府に貸与し，全国に配布して上映させた。これにより，視聴覚教育が組織的に推進されたのである。また，放送教育は，視聴覚教育において重要な役割を果たしてきた。第二次世界大戦後，小学生や中・高校生を対象とするラジオ番組がスタートし，テレビ放送の開始後には，小学校・中学校向けのテレビ学校放送もスタートした。1959年には教育放送専門局としてNHK教育テレビジョン局，その後民間の日本教育テレビが開局したことで，学校向けの放送番組が本格的に動き始めたのである。

　視聴覚教育は，1950年代より映像理論，認識論，記号論，行動科学，コミュニケーション論等に基づく多様な研究が進められてきたが，いずれも「何を」「どのように」視聴するかという方向性であったといえる。

　1980年代頃からは「教育メディア」という表現が登場してきたが，それは視聴覚教育という用語では十分説明できなくなってきたからである。コンピュータが普及する中で，「マルチメディア」へと移行したこと，児童生徒も情報を発信・伝達する存在として捉え直しがされるようになったことが挙げられる。

　スマートフォンやタブレット等が普及する中で，メディアをいかに活用するかに焦点が絞られることが多くなっているが，改めてこれまでの視聴覚教育の視点からアプリケーションやコンテンツ等についてそれらの意味や認識論について検討していくことも必要だろう。

〔深見俊崇〕

〔参〕西本三十二（1965）『視聴覚教育50講』日本放送協会.

遠隔教育

　遠隔教育は教師と学習者が物理的に時空をともにしない教育活動と定義される。AIを活用したe-Learningの台頭に代表されるように，技術革新が加速度を増した今日，遠隔教育の定義自体が学術的な関心を集めているものの，その研究や実践の基本的関心は，いかにして時空のギャップを克服するかにある。そのため，通信手段（技術）は，遠隔教育の動向を俯瞰するうえで注目に値する。

　世界における遠隔教育の歴史を大別すれば，手紙や小包などの郵便物を用いた通信による教育期（1830年代～），ラジオやテレビといった放送による教育期（1920年代～），インターネットや衛星通信等の利用が徐々に進展したコンピュータネットワークによる教育期（1980年代～）に区分される。

　これらの通信手段（技術）を用いた遠隔教育は，各々，時を経た現在も続けられている。また，アフターコロナの今日，メールや学習管理システム等を用いた資料の配布，動画配信，インタラクティブな活動の提供などを組み合わせた遠隔教育プログラムが開発，実践されている。さらに，ハイフレックス方式やハイブリット方式など，その実践形態も多様化していることから，現在は遠隔教育のベストミックス期に差し掛かっていると考えられる。

　学術的には，日本における遠隔教育に関する研究の萌芽期は1980年代である。以降，教育工学の研究分野を中心として，遠隔教育に用いるツールやシステムの開発や評価，遠隔教育と直接対面教育における差異などを含めた学習効果の検証など，研究の蓄積が多角的に進められてきた。今や日本においても，遠隔教育を巡り，産学官の連携を含めた学際的な研究領域が形成されている。

　高等学校における遠隔教育の推進や「学びの多様化学校」等，直接対面教育を礎とする日本の学校教育は，変革期にある。また，生涯学習社会の実現が標榜される今日において，フォーマル教育だけでなく，ノンフォーマル教育やインフォーマル教育において進展してきた歴史を有する遠隔教育は，ますます注目を集めている。

〔廣瀬真琴〕

〔参〕Kentnor, H. E. (2015) Distance Education and the Evolution of Online Learning in the United States. *Curriculum and Teaching Dialogue*, 17, 21-34.

放送教育

「放送教育」の概念は，時代によって，その内容が変化している。また，国や地域によって，その重点が異なることもある。

かつて放送教育は，ラジオやテレビによって放送される番組（以下，放送番組）を利用して保育や授業を行うことを意味した。また，その一部は，教材である放送番組が教師の役割も果たしていた。例えば，放送番組に登場する進行役がそれを視聴する学習者に問いかけをする，学習活動のモデルを提示する等は，教師が教室で行う教授行為を代行するものであった。換言すれば，教師が不在であっても学習活動が成立するよう放送番組は構成されていた。発展途上国などで教師が不足している場合，あるいはその専門的力量が必ずしも高くないケースでは，そのような営みが放送教育を意味した。それは今日でも，例えば放送大学等の遠隔教育の営みにおいてある程度確認される。

しかし，日本の初等中等学校における放送教育においては，必ずしも上述したことが重んじられていたわけではない。少なからずの教室において，教師は，その指導の充実を図るために，NHK放送番組を活用してきた。それは，NHKのスタッフが，幼稚園教育要領や学習指導要領を踏まえながら，その内容を広げたり深めたりする場面や展開を意識して放送番組を制作してきたからである。そして，それに呼応して教師たちは，放送番組視聴後の発問を工夫したり，子どもに放送番組以外の教材を提供したりして，放送番組視聴に基づく，発展的な保育や授業を創造してきたからである。それらの歴史は，宇治橋（2019）に詳しい。

さらに，今日，放送教育は，少なくとも日本においては，情報通信技術の発展に影響され，その様態を変えている。ネットワークを通じて，学校や家庭等で，ユーザーが，「放送局」等が制作したコンテンツをポータルサイトから入手し，必要に応じて活用する形式がその主流となっている（木原，2015）。

〔木原俊行〕

[参] 宇治橋裕之（2019）「教育テレビ60年 学校放送番組の変遷」『年報2019 第63集』NHK放送文化研究所。木原俊行（2015）「学校におけるデジタルメディア利用の変遷」日本放送協会放送文化研究所編『放送メディア研究12』丸善出版。

Society 5.0

Society 5.0は，2016年1月22日に閣議決定された第5期科学技術基本計画において，日本が目指すべき新たな社会のモデルとして提起されたものである。このSociety 5.0という表現には，狩猟社会（Society 1.0），農耕社会（Society 2.0），工業社会（Society 3.0），情報社会（Society 4.0）に続く新たな社会を科学技術イノベーションが切り拓いていくという意味が込められている。Society 5.0とは，具体的には，ICTを最大限に活用し，サイバー空間とフィジカル空間とを融合させることで，「あらゆる人が質の高いサービスを受けられ，年齢，性別，地域，言語といった様々な違いを乗り越え，活き活きと快適に暮らすことのできる社会」（第5期科学技術基本計画）を創造していくことである。例えば，スマート農業で農作業の自動化や省力化を実現したり，医療・介護現場においてロボットを導入したりすることが挙げられる。

2021年3月26日に閣議決定された「第6期科学技術・イノベーション基本計画」では，Society 5.0を具体化させる方針が打ち出された。それは，災害，サイバーテロ，環境問題といった諸問題の解決を目指した「国民の安全と安心を確保する持続可能で強靱な社会への変革」と精神面を含めた質的な豊かさを保障し，社会と主体的に関わり続けることができる「一人ひとりの多様な幸せ（well-being）が実現できる社会」の実現である。科学技術・イノベーションが前面に打ち出されつつも，「人間中心の社会」が強調されている点は特筆すべきであろう。

Society 5.0の実現にあたって，「一人ひとりの多様な幸せ」を保障することが教育に求められる。まず，GIGAスクール構想において示された「多様な子供たちを誰一人取り残すことなく，公正に個別最適化され，資質・能力が一層確実に育成できる教育環境を実現」（GIGAスクール構想の実現へ）することである。現在，「多様な子供たちを誰一人取り残すことなく，公正に」という一文が抜けた形で「個別最適な学び」の議論が進みつつある。Society 5.0の理念を実現するためにも，それを外すことはできないだろう。それを前提として，「一人ひとりの国民，世界の市民を意思決定の舞台の中心人物」（第6期科学技術・イノベーション基本計画）と押し上げるようなシティズンシップの育成や，既存の枠組みを乗り越えるために自ら課題を見出し，問題解決に取り組む探究的な学習を児童生徒一人ひとりに保障していくことが求められるのである。

〔深見俊崇〕

教育 DX

DX（デジタルトランスフォーメーション）とは，2004年に情報学研究者のエリック・ストルターマンと大学院博士課程のアナ・クルーン・フォースによって執筆された論文において初めて提唱された用語であるとされる。トランスフォーメーションを「X」と表記しているのは，「交差する」とか「反対側へ行く」という意味の「トランス」が形を成す（フォーメーション）ことを文字の形としてあらわしたもの（X）であるという考え方がある。

DX の意味自体には，デジタル技術によって私たちの生活や働き方が根底から大きく変化していく，デジタル技術が私たちの生活や働き方に革新をもたらす，といったものがある。DX は概念的なものであり，具体的にどのようなデジタル技術が私たちの生活や働き方に影響して変化をもたらすのかは文脈を個別に考える必要がある。

よって「教育 DX」を語る際には，教育業界において DX にどのようなものがあるのかを考える必要がある。例えば「GIGA スクール構想」やデジタル教科書の導入，ビッグデータの授業活用，などといったものが例に挙げられる。

ただし，従来行っていた業務や授業に単にデジタル技術を導入するだけでは「DX」とは呼ぶことができず，「ICT 化」に留まる。教育工学者の堀田龍也は，DX は段階的に移行して実現していくものであるとし，第一段階として「情報のデータ化」，第二段階として「業務の ICT 化」，そして最終段階として「デジタルによる価値創造」があるとする。

「デジタルによる価値創造」が最終段階であることを考慮すると，例えば上述した「デジタル教科書の導入」という「教育 DX」の場合，単にデジタル教科書を紙の教科書に代えて授業をするということではなく，デジタル教科書の使用とビッグデータの活用などを結びつけることによって，従来のアナログ教材の授業だけではなしえなかった子どもたちの新たな能力を引き出す，ということが期待されるのである。

他方，アナログ教材やアナログ環境がデジタルに劣っているというわけではない。アナログ技術とデジタル技術の併用により，それぞれのメリットを活かした効果的な教育活動を実施することが求められている。

〔森本洋介〕

［参］堀田龍也（2021）「初等中等教育のデジタルトランスフォーメーションの動向と課題」日本教育工学会編『日本教育工学会論文誌』45(3), 261-271 頁。

GIGA スクール構想

2019 年に始まった児童生徒 1 人 1 台端末と高速大容量の通信ネットワークのすべての教室への整備を基盤とした文部科学省の施策。多様な子どもたち一人ひとりの最適な学びと，これまでの教育実践と ICT のベストミックスを図ることにより授業改善に資することが目指された。GIGA とは Global and Innovation Gateway for All の略。

2020 年度以降順次実施されている 2017 年版学習指導要領では，学習活動において積極的に ICT を活用することが想定されていた。これを見据え学習者用コンピュータを 3 クラスに 1 クラス分程度整備することなどを内容とする「教育の ICT 化に向けた環境整備 5 か年計画（2018〜2022 年度）」が策定された。

OECD の生徒の学習到達度調査（PISA2018）で日本の学校の授業におけるデジタル機器の使用時間が加盟国で最下位という結果もあり，計画を加速する必要が認識され，2019 年 12 月に消費増税後の経済対策の補正予算で，文部科学省の他に総務省と経済産業省も加わりスタートした。2023 年度までに児童生徒全員分の端末を整備するとしていたが，2020 年 4 月の補正予算でコロナ禍による小中学校の臨時休校等に対応するため，措置済の小 5，6，中 1 に加え，残りの中 2，3，小 1〜4 に端末整備の前倒しが行われ「1 人 1 台端末」が早期に実現することとなった。

クラウドサービスの利用が前提の学習者用端末として 1 台上限 45,000 円，標準仕様として，3 種類の OS（Microsoft Windows, Google Chrome OS, iPadOS）や必要機能性能が示された。各自治体が各学校での活用を想定して仕様書を作成することとされた。

以下のような課題が指摘されている。予算措置の対象外であった高等学校における端末の整備の地域差。一斉使用時のネット接続の不具合。学校間，自治体間，教師間の端末の活用状況の格差。端末の適切な更新と保守，教育コンテンツの継続的な更新に必要な予算措置。教員の研修の充実。サイバーセキュリティの強化やデータプライバシーの保護・学習データの活用。

佐藤学は，現在のデジタル教科書やコンテンツに「思考と表現，学ぶ道具」としての視点の欠如，海外巨大教育企業の独占，教師の研修の ICT 教育への偏重を懸念している。

〔後藤明史〕

［参］佐藤学（2021）『第四次産業革命と教育の未来 ポストコロナ時代の ICT 教育』岩波書店。

EdTech

　EdTech（エドテック）は，EducationとTechnologyを組み合わせた造語である。クラウド，センシング，AI等の情報技術を基盤とした教育サービスの総称として用いられる。ここでの教育（Education）は学校教育，幼児教育，生涯学習，教師教育，企業の人材育成など多岐にわたる。従来の教育制度，内容，方法，環境を前提に，それらの効率・効果の改善を目的としたテクノロジー活用だけでなく，情報技術の特徴をいかした革新的な学びや学習環境の創出を志向する点において，教育における「ICT活用」と区別される場合がある。MOOC（大規模公開オンライン講座）や，AIを用いて出題や支援を個別最適化するドリル教材等がEdTechの一例である。

　FinTech（金融とテクノロジー），AgriTech（農業とテクノロジー）等，さまざまな産業・社会領域における技術変革の総称としてX-Tech（クロステックあるいはエックステック）が2010年代初頭に広まった。EdTechはそれ以前からEducational Technologyの略語として用いられてきたが，X-Techが社会に認知される中でX-Techの一分野に位置づけられるようになった。X-Tech普及の背景には，スマートフォンやクラウドの普及により，大手IT企業でなくとも，新たなサービスを立ち上げられるため，新興企業が参入しやすくなったことが背景にある。

　日本では2018年に経済産業省が『「未来の教室」とEdTech研究会』を開催した。主に学校教育段階における未来の人材育成を念頭にテクノロジーを基盤とする教育改革に向けて，EdTech企業関係者，教員，学習塾やフリースクールの関係者，研究者らが議論に参画した。2019年の同研究会第二次提言では，学びのSTEAM化，学びの自立化・個別最適化の実現が打ち出され，その後のGIGAスクール構想の推進や，中央教育審議会答申『「令和の日本型学校教育」の構築を目指して』につながった。

　EdTechは固有の教育理念や方法論をもつものではなく，情報技術の進展によりその実像も変化する。テクノロジーから教育の姿を発想し直す柔軟さに学びつつ，その導入においては学習理論，教育方法の系統との接合性や学習者への心理・身体的な作用，教育制度への社会的影響の精査が求められる。

〔稲垣　忠〕

［参］佐藤昌宏（2018）『EdTechが変える教育の未来』インプレス．

著作権教育

　著作権教育とは著作権に関する知識や理解を深め，著作物を適切に利用する態度を育むための教育である。

　著作権は知的財産権の一種であり，文学，芸術，映画等の創作物に関して，創作者に与えられる権利のことである。日本においては，著作権法によって著作権の取り扱いが定められている。著作権の保護は，創作者の利益を保護し，文化の発展を促進することを目的になされると考えられている。日本では，文化庁が著作権に関する取り組みを推進しており，著作権教育の教材の公開等も行っている。

　日本の初等中等教育においては，著作権教育は，国語，図画工作・美術，技術・家庭，情報等の教科と関連しており，教育課程を通して扱われる情報教育，特に情報モラル教育の中で扱われることが多い。近年，情報技術の進展により，音楽，漫画，映像等の著作物が無断で複製されてインターネットで公開され，創作者等に深刻な被害を与える事例が多く発生している。他方で，「フリー素材」や音楽の二次利用が可能なサイト等，個別の許諾の必要なく著作物が利用できる場面も広がっている。こうした状況を踏まえ，他者による著作物を無断で利用してはならないこと，利用する場合には原則として許諾を得る必要があること，例外的に許諾を得ずに利用できる場合があること等を児童生徒が学ぶことが求められるようになっている。具体的には，小学校では他人の著作物を尊重する態度を養うことが，中学校や高等学校では著作権に関する基本的なルールの理解を中心に扱うことが多く見られる。

　著作権教育の推進にあたっては，教育課程上の位置づけの明確化，教材の充実，著作権に関する教員の理解促進等が課題となっている。特に，著作権をめぐる状況が目まぐるしく変化していることから，最新の内容を反映した教材の開発や，最新の内容での教員研修の充実が課題となっている。また，著作権教育ではともすると不適切な著作物利用の防止に主眼が置かれがちであるが，サイト等による利用ルールの違いの理解，利用許諾を得る具体的な方法，適切な引用のあり方，自らが著作権侵害をされた場合の対応方法等，著作物を適切に利用するための理解をいかに進めるかも課題である。また，生成AIの利用が進む中で，訓練データの著作権の扱いや生成物の著作権帰属等も課題となることが考えられる。

〔藤川大祐〕

情報モラル教育

　SNS（ソーシャル・ネットワーキング・サービス）の普及により，誰でも手軽に情報発信が可能になっており，インターネット上にはさまざまな情報が存在している。『令和5年版　情報通信白書』においても，アテンション・エコノミーの広まりやフェイクニュースの拡散のような情報爆発の状況が分析されている。児童生徒が被害者にも加害者にもならないよう，情報の発信者としても受信者としても正しい判断と行動ができるための情報モラル教育が重要である。

　2017・2018年版学習指導要領の総則では，「言語能力，情報活用能力（情報モラルを含む。），問題発見・解決能力等の学習の基盤となる資質・能力を育成していくことができるよう，各教科等の特質を生かし，教科等横断的な視点から教育課程の編成を図る」としている。また，同解説「特別の教科　道徳編」では，情報モラル教育は「学校の教育活動全体で取り組むべきものであるが，道徳科においても同様に，情報モラルに関する指導を充実する必要がある」としている。

　「教員のICT活用指導力チェックリスト」においても，2007年「教員のICT活用指導力の基準（チェックリスト）」では「D情報モラルなどを指導する能力」とされていたが，2018年度「学校における教育の情報化の実態等に関する調査」からは「D情報活用の基盤となる知識や態度について指導する能力」に再構成された。

　文部科学省では，「情報モラル教育ポータルサイト」を開設して，さまざまな教材や授業実践・活用事例を集約している。また，総務省では，インターネット上で発生しているトラブル事例を各世代別に紹介している。このような教材の活用や「e-ネットキャラバン」の講座開催により，学校・家庭・地域が連携しながら情報モラル教育を推進していくことが求められている。

〔谷塚光典〕

［参］総務省「上手にネットと付き合おう！〜安心・安全なインターネット利用ガイド〜」（https://www.soumu.go.jp/se_the_internet_wisely/）。文部科学省「情報モラル教育ポータルサイト」（https://www.mext.go.jp/zyoukatsu/moral/）。

デジタルシチズンシップ教育

　デジタルシチズンシップとは，デジタルテクノロジーの利用を通じて，社会に積極的に関与し，参加する能力のことである。「デジタルテクノロジーの利用」とは，コンテンツの作成や情報公開，SNS等を通じた他者との交流，オンラインコンテンツ等を利用した学習や探究活動，ゲームの開発等，あらゆるタイプのデジタル関連の活動を通じた表現や活動を指す。

　また，デジタルシチズンシップは幅広いデジタルに関連した能力に加え，オンラインにおける消費者意識，オンライン情報とその情報源の批判的評価，インターネットのプライバシーとセキュリティの問題に関する知識等も含む。そのため，他者の尊重，共感，民主主義や人権の尊重など，デジタルに限定しない一般的な市民としての能力も内包されている。

　デジタルシチズンシップは1990年代初期に米国で誕生し，米国の教室で多くのデジタルテクノロジーが導入されるようになっていくのにつれて存在が認識されていった。初期のデジタルシチズンシップは，それらテクノロジーを使えるようになることと，いかにテクノロジーを使いこなせるかといったことに焦点が置かれていた。2010年代になると情報モラルと融合した考え方で認識されるようになった。

　情報モラル教育は，ネットの長時間利用やSNSへの書込み等，インターネットの安全な利用について教えるが，どちらかと言えばインターネットの使用を抑制するものであった。一方でデジタルシチズンシップ教育は，法律・権利の知識を得て，自律的なデジタルの利活用を通じて様々な相手とコミュニケーションし，多様な社会活動に参画し，倫理的行動のスキルを育成することで，よりよいデジタル社会の形成に寄与する市民を育むことを目標とする。

　このようにデジタルシチズンシップ教育は，主にデジタルテクノロジーの使い方や利活用についての能力を育むものとして考え出されたが，その後情報モラル教育の内容と融合し，デジタルテクノロジーやオンライン情報について積極的かつ安全に活用して「デジタル社会に生きる市民」を育成する教育として認識されている。

〔森本洋介〕

メディア・リテラシー

　メディア・リテラシーの意味は，端的には「メディアの特性を理解したうえでそれらを評価し使用する能力」だが，リテラシーの語義に従えば「メディアが伝える情報や価値観を批判的に読み解き，メディアで効果的に表現する能力」となる。

　この語が学校教育の領域で用いられるようになったのは 20 世紀後期のことだが，メディアが扱う情報等に注意して接する必要性は，それより半世紀ほど遡るマスメディアの発展期に，すでに英米の知識人により指摘されていた。彼らの懸念は，とりわけ新聞等の広告メディアに掲載される誇張表現を伴う商業宣伝に向けられ，英国の文学者は低俗な文化として，米国の消費者教育関係者は不誠実なビジネスとして，学校でそれに注意を促すよう訴えた。メディア・リテラシーの原型は，人々の精神や言語文化ないし財産・健康に悪影響を及ぼすおそれがあるか否かという観点から，メディア表現の形式・技法の質を識別する能力として理解された。

　20 世紀中頃，言語や文学の教員がポピュラーカルチャーを教材として教室に持ち込むようになると，当初の問題意識は，映像の表現技法などに注目して良質な作品を見分ける能力を育てる教育方法の開発へと展開した。こうした過程は特に英国に見られたが，1970 年代にロラン・バルトやルイ・アルチュセールなどの思想家の著作が英語で読まれるようになると，さらに変化が訪れる。すなわち，ポピュラーカルチャーにおけるさまざまな表象がもつ意味や，情報のみならず価値観を伝えるメディアの機能に意識が向かうようになり，冒頭の「読み解き能力」の理解が形成されるに至った。他方，「表現能力」への関心は後発だったが，それは 1980 年代以降のカナダ・オンタリオ州などにおいて，メディア表象を教える英語科カリキュラムに位置づけられていった。

　メディアは営利企業が所有する場合が多く，それが伝える情報や価値観を多角的に分析することを奨励する言説の基盤には，報道や文化に見られる商業主義への批判がある。その一方で，メディア・リテラシーの考え方は，メディアの特性やそれに由来する問題に対する認識を現代社会を生きる人々に必須の素養と訴えることによって，情報・娯楽産業の利益を擁護する意味合いを含みもつことにも注意が必要である。

〔上杉嘉見〕

デジタル・ディバイド

　デジタル・ディバイドは，コンピュータやインターネットなど，デジタル化された情報を扱う ICT（情報通信技術）を利用することができる人とできない人との間に存在する「情報格差」のことである。ICT を利用できない人は，得られたはずの情報を得ることができず，「日常生活に関わるさまざまなサービスを受ける機会」「所得を得る機会」「学習・教育の機会」などを損失するといった不利益を被る場合がある。社会的孤立や不平等による不満が，争いや混乱を生じさせることもある。

　デジタル・ディバイドは，「情報通信機器を利用できる環境にあるかどうか」「使う能力があるかどうか」「使うことに意義を感じているかどうか」など，多面的な要因から生じる。また，使う能力といっても単に操作できる段階から，送り手の意図を踏まえ情報を読み解いたり，受け手を想定して表現・発信したりできる段階，問題解決に活かすことができる段階などのようにレベルがある。

　デジタル・ディバイドを解消するには，誰もが利用できるデジタル機器の環境を整備するだけでなく，それを使いこなす能力や対話を通じて制度などのあり方を民主的に組み換える能力も必要となる。そのため，教育が重要な役割を果たすと考えられている。とりわけ，学校教育では，2017・2018 年版学習指導要領において「学習の基盤となる資質・能力」のひとつとして明記された「情報活用能力（情報モラルを含む。）」は，その能力となりうる。また，学習指導要領には明記されていないが，メディアの意味と特性を理解したうえで，情報を読み解いたり，表現・発信したり，メディアのあり方を提案できるだけのメディア・リテラシーもそのことに関連する能力だといえる。

　教育現場においても，国際間，地域間，教員間，学習者間などにデジタル・ディバイドは存在する。ある教育方法が有効かを検討する際，学校や家庭学習における ICT 環境や学習者の能力の差が結果に影響を及ぼすことを考慮する必要がある。また，デジタル・ディバイドを解消するための教育方法のあり方について検討することも重要な研究課題となりうる。こうしたことから，教育方法学の研究領域においてもデジタル・ディバイドの存在を考慮して研究を進めることが重要だと考えられる。

〔中橋　雄〕

情報活用能力

　情報活用能力の捉え方は，時代とともに変遷している。ここでは，主に文部科学省「教育の情報化に関する手引―追補版―（2021（令和2）年6月）」に基づいて説明する。情報活用能力は，「世の中の様々な事象を情報とその結び付きとして捉え，情報及び情報技術を適切かつ効果的に活用して，問題を発見・解決したり自分の考えを形成したりしていくために必要な資質・能力」のことである。具体的には，「学習活動において必要に応じてコンピュータ等の情報手段を適切に用いて情報を得たり，情報を整理・比較したり，得られた情報を分かりやすく発信・伝達したり，必要に応じて保存・共有したりといったことができる力であり，さらに，このような学習活動を遂行する上で必要となる情報手段の基本的な操作の習得や，プログラミング的思考，情報モラル等に関する資質・能力等も含むもの」というように多様な要素で構成されている。

　情報活用能力に関する議論は，臨時教育審議会（1984（昭和59）.9～1987（昭和62）.8）における議論にはじまり，検討が重ねられ，2006（平成18）年8月の段階では「情報教育の3観点8要素」に再整理された。『情報活用の実践力』という観点には，「課題や目的に応じた情報手段の適切な活用」「必要な情報の主体的な収集・判断・表現・処理・創造・受け手の状況などを踏まえた発信・伝達」という要素が含まれる。『情報の科学的な理解』という観点には，「情報活用の基礎となる情報手段の特性の理解」「情報を適切に扱ったり，自らの情報活用を評価・改善するための基礎的な理論や方法の理解」という要素が含まれる。『情報社会に参画する態度』という観点には，「社会生活の中で情報や情報技術が果たしている役割や及ぼしている影響の理解」「情報のモラルの必要性や情報に対する責任」「望ましい情報社会の創造に参画しようとする態度」という要素が含まれる。

　その後，2017・2018（平成29・30）年版学習指導要領では，言語能力，問題発見・解決能力と並んで育成すべき「学習の基盤となる資質・能力」として「情報活用能力（情報モラルを含む。）」という言葉が明記された。教科・領域を横断して情報教育を行うカリキュラム・マネジメントが必要とされている。こうした捉え方は，状況に応じて今後も再整理されると考えられるため，経緯を踏まえてそのあり方を捉え直し，教育方法に関する研究を行う必要がある。

〔中橋　雄〕

情報科

　情報科とは，高等学校の教育課程に位置する教科である。

　初めて情報科が設定されたのは2003年であり普通教科（現共通教科）および専門教科が設定され，普通教科は情報活用の実践力を中心に学ぶ「情報A」，情報の科学的な理解を中心に学ぶ「情報B」，情報社会に参画する態度を中心に学ぶ「情報C」の3科目であった。当時，学校単位で3科目から選択必修であったが，ほとんどの学校が「情報A」を選択し，「情報B」「情報C」はそれぞれ1割程度であった。

　2013年度から実施された2009年版学習指導要領において，共通教科情報科は，「社会と情報」と「情報の科学」の2科目に再編され，「情報A」に相当する科目がなくなり，「情報B」を「情報の科学」に，「情報C」を「社会と情報」に発展させた位置づけであった。ここでも学校の選択は，「社会と情報」が大半を占め，「情報の科学」は2割程度の履修であった。このことは，情報活用能力のうち，情報活用の実践力および情報社会に参画する態度に関する教育は進んだが情報の科学的な理解が進まず，三つの観点のバランスが取れなくなった。

　2022年度実施の2018年版学習指導要領では，従来の概念を変え，共通教科と専門学科における教科を置き，共通教科では必履修科目として「情報Ⅰ」，選択科目として「情報Ⅱ」をおいた。「情報Ⅰ」は「問題の発見・解決に向けて，事象を情報とその結び付きの視点から捉え，情報技術を適切かつ効果的に活用する力を育む科目」としており，(1)情報社会の問題解決，(2)コミュニケーションと情報デザイン，(3)コンピュータとプログラミング，(4)情報通信ネットワークとデータの活用の4項目からなる。「情報Ⅱ」は「情報Ⅰ」において培った基礎の上に，問題の発見・解決に向けて情報システムや多様なデータを適切かつ効果的に活用する力やコンテンツを創造する力を育む選択科目として設置し，(5)として探究も設定している。

　「情報Ⅰ」は2025年度大学入学共通テストの出題科目にもなり，総合的に情報活用能力を育む重要な役割を担っている。

〔神月紀輔〕

［参］文部科学省（2018）『高等学校学習指導要領（平成30年告示）解説 情報編』。

第 5 章　情報通信技術（ICT）の教育

授業における ICT の活用

　2011～2013年度に実施された文部科学省「学びのイノベーション事業」では，ICT（Information and Communication Technology：情報通信技術）を活用した学習場面を，教員が教材を提示する一斉指導による学びである一斉学習，子どもたち一人ひとりの能力や特性に応じた学びである個別学習，子どもたち同士が教えあい学び合う協働的な学びである協働学習の三つに類型化して，各学習場面のICT活用のポイントを次のようにまとめている。

A　一斉学習：挿絵や写真等を拡大・縮小，画面への書き込み等を活用して分かりやすく説明することにより，子供たちの興味・関心を高めることが可能となる。

B　個別学習：デジタル教材などの活用により，自らの疑問について深く調べることや，自分に合った進度で学習することが容易となる。また，一人一人の学習履歴を把握することにより，個々の理解や関心の程度に応じた学びを構築することが可能となる。

C　協働学習：タブレットPCや電子黒板等を活用し，教室内の授業や他地域・海外の学校との交流学習において子供同士による意見交換，発表などお互いを高めあう学びを通じて，思考力，判断力，表現力などを育成することが可能となる。

　そして，導入→展開→まとめという一つの授業の流れに注目し，効果的にICTを取り入れている実証校の学習場面や実践事例を紹介している。
　「GIGAスクール構想」下では，1人1台端末や家庭でもつながる通信環境が整備されることにより，多様な子どもたちを誰一人取り残すことなく公正に個別最適化された学習が実現されつつある。文部科学省では，「StuDX Style」で1人1台端末の活用事例を紹介したり，学校DX戦略アドバイザー事業により教育現場のDX推進のためのアドバイザーを派遣したりしている。

〔谷塚光典〕

［参］文部科学省「学びのイノベーション事業実証研究報告書」（https://www.mext.go.jp/a_menu/shotou/zyouhou/detail/1408183.htm）。文部科学省「StuDX Style」（https://www.mext.go.jp/studxstyle/）。

教員のICT活用指導力チェックリスト

　政府のIT新改革戦略（2006年）に基づき，教員のICT活用指導力の基準の具体化を図り，到達目標を明確にするために「教員のICT活用指導力の基準の具体化・明確化に関する検討会」によって検討され，2007年に策定された基準である。リストは小学校版，中学校・高等学校版と2種類が策定され，その後，政府の方針，電子黒板やタブレット端末等の機器の整備状況等のICT環境の変化，学習指導要領の改訂に対応し，2018年に改訂版が策定されている。
　リストは当初5分野18項目で構成されたが，改訂で4分野16項目に整理された。改訂後のチェックリストは以下の分野で構成されている。

A：教材研究・指導の準備・評価・校務などにICTを活用する能力
B：授業中にICTを活用して指導する能力
C：児童生徒のICT活用を指導する能力
D：情報活用の基盤となる知識や態度について指導する能力

　Aは教育効果を上げるための利用場面の計画，情報収集，発信のためのインターネット（以下ネット）活用，教材作成や校務処理のためのソフト活用，評価のための活用を指導する能力である。
　Bは児童生徒の学習意欲喚起・学習活動での活用，表現での活用，知識技能の理解・習熟での活用，グループで話し合い考えをまとめたり，協働して構成活動に取り組む際に効果的に利用する能力である。
　Cは児童生徒のコンピュータ（以下PC）等の基本的な操作技能，PCやネット利用による情報の収集・吟味・選択，ソフトウェアの活用による整理・表現，共有やコミュニケーションでのPCやソフトウェア活用を指導する能力を挙げている。
　Dは情報社会への参画にあたり自他の権利を尊重しルール・マナーを守って情報収集・発信ができる，ネットを利用する際に反社会的な行為・違法行為を回避して健康に利用できる，情報セキュリティーの基本的な知識を身につけPCとネットを安全に利用できる，PCやネット利用の便利さに気づいてその仕組みに関心を持ち活用しようとするような指導をする能力である。
　この基準は，「学校における教育の情報化の実態に関する調査」に利用され，教員の自己評価ではICT活用指導力は向上しているとされている。

〔鎌田和宏〕

TPACK

　TPACK (Technological Pedagogical Content Knowledge) とは，テクノロジと関連する教育的内容知識であり，効果的なテクノロジを活用するために教員にとって必要な知識を指す (Mishra & Koehler, 2006)。TPACK はショーマンが提唱した PCK (Pedagogical Content Knowledge) が元となっており，プニアミシュラ，マシューケラーが，2006 年に提唱した。

　TPACK は，教育方法に関する知識 (PK：Pedagogical Knowledge)，教育内容に関する知識 (CK：Content Knowledge)，そして，テクノロジーに関する知識 (TK：Technological Knowledge) の三つの知識がお互いに重なった知識である。TPACK の説明をするにあたり，まず，PK，CK，TK がそれぞれ二つ重なった知識について説明する。PK と CK の重なりは教育的内容知識 (PCK：Pedagogical Content Knowledge)，PK と TK の重なりはテクノロジーと教育方法に関する知識 (TPK：Technological Pedagogical Knowledge)，CK と TK の重なりはテクノロジーと教育内容に関する知識 (TCK：Technological Content Knowledge) と呼ばれている。TPK とはテクノロジーを教育方法にどのように活用するのかという知識である。つまり，ICT の活用により，対話支援や学習状況を可視化するなど，ICT を教育方法としてどのように活用するのかという知識である。TCK はテクノロジーを教科内容の中でどのように活用するのかという知識である。つまり，ICT による物理現象のシミュレーションや，データの分析による社会現象の解明など，ICT を教科でどのように活用するのかという知識である。

　上記 PCK，TPK，TCK の重なりが TPACK である。冒頭で述べたように，特定の教科におけるテクノロジーを活用した教育実践に関する知識を指す。学びを効果的なものにするために，テクノロジーの活用は不可欠である。日本の学校現場では TPACK の認知度は低く，学会等での言及も 2010 年代に入ってからも少数に留まっている (小柳, 2016)。しかし，教員養成や現職研修のデザインにおいて参考になる概念である。

〔脇本健弘〕

[参] Mishra, P. & Koehler, M. (2006) Technological pedagogical content knowledge: A framework for teacher knowledge, The Teachers College Record, 108(6), 1017-1054. 小柳和喜雄 (2016)「教員養成及び現職研修における「技術と関わる教育的内容知識 (TPACK)」の育成プログラムに関する予備的研究」『教育メディア研究』23(1), 15-31 頁。

校務の情報化

　校務の情報化は，成績，出欠，学籍等の校務情報の ICT 化によって，教員の負担軽減と作業の効率化および，教育活動の質の改善を実現することを目的としてきた。

　1980 年代から，成績処理や保健管理等の専用ソフトウェア，2000 年以降，校務支援システム，統合型校務支援システムが活用されるようになった。

　その後，GIGA スクール構想による 1 人 1 台端末と高速ネットワークの一体的整備やクラウド活用の実現に伴い，学習者の端末利用によって生成される学習系データと校務系データを連携することによって，学校経営・学習指導・教育政策の高度化を図ることが目指されている。これらに加え，行政データも含む教育データの利活用に向けた検討が進められ (「教育データ利活用ロードマップ」2022 年 1 月，デジタル庁他)，児童生徒が，自身の学んだ内容や学習状況のデータをもとに自らの学びを考えることや，保護者が児童生徒の学校での学びや生活に関するデータをもとに，より適切な家庭学習などの支援をすること，教育委員会 (学校設置者) が，各学校や当該自治体全体の状況に関するデータをもとに，業務の効率化や具体的な施策改善，学校への必要な支援等を検討することなどが目指されている。

　「紙ベースの校務を単にデジタルに置き換える (Digitization) のではなく，クラウド環境を活用した業務フロー自体の見直しや外部連携の促進 (Digitalization)，データ連携による新たな学習指導・学校経営の高度化 (Digital transformation) の方向性」(「GIGA スクール構想の下での校務 DX について」2023 年 3 月，文部科学省) という校務 DX の考え方が示され，校務情報のみを対象としていた校務の情報化という概念は大幅に拡張されたと考えられる。当初の目的である負担軽減と効率化については，働き方改革の観点から，汎用のクラウドツールの積極的な活用が目指され，負担軽減の実現と同時に，コミュニケーションの迅速化や活性化を図り，校務支援システムのクラウド化と教職員用端末の 1 台化を組み合わせることで，ロケーションフリーで校務系・学習系システムへ接続可能な環境を実現することが目指されている。

　今後の課題として，教育データの規格を揃える標準化，各種データのダッシュボード機能による統合的な可視化，学校の業務に関する主要なシステムをクラウド化することにより，大規模災害等が起きた場合にも業務の継続性を確保すること等が挙げられる。

〔野中陽一〕

AIドリル

　AIドリルとは，AI（Artificial Intelligence）を搭載することで，個々の子どもに最適化された学習を提供しようとする適応学習（Adaptive Learning）の機能をもたせたドリル教材をさす。デジタルドリルの中には，いわゆる「非AI型」と呼ばれるものもあるが，AIドリルはビッグデータを用いて，個々の子どもの理解度，特性，学習履歴等に応じて次なる課題に導くといった機能を有している点に特徴があり，その点で，1970年代以降，研究・開発がなされた「知的CAI」と区別しうる。

　AIドリルの教育現場への普及の背景としては，「GIGAスクール構想」（文部科学省，2019年）を契機として「1人1台端末」環境が整備されたこと，「『令和の日本型学校教育』の構築を目指して（答申）」（中央教育審議会，2021年）として，ICTを活用した「個別最適な学び」の実現が提言されたことを挙げることができる。加えて，経済産業省も2018年から1人1台端末と「Ed-Tech（エドテック）」を活用した「未来の教室」実証事業を展開しており，そこでも「学びの自立化・個別最適化」が目指されている。

　AIドリルは，小学校，中学校，高等学校等における朝学習，授業，放課後等の補充学習，家庭学習のほか，専門学校や大学においても入学前教育や初年次教育等の一環として導入されている。

　AIドリルにはさまざまな機能が搭載されている。学習者の解答に対する自動採点機能や即時フィードバック機能，解答や誤答の内容から次なる問題の難易度を調整したり，理解度に応じて復習すべき問題へと誘導したりする機能のほか，学習者がヒントを得たり，解説動画へアクセスすることも可能である。また，学習意欲の持続・向上を意図したゲーミフィケーション機能を有するものも存在する。教師は個々の子どもあるいはクラスの学習履歴（学習時間，回答数，正答率等）を把握できるほか，問題の取捨選択等のカスタマイズも可能となっている。

　こうしたAIドリルの導入により，効率的な知識の習得のみならず，STEAM教育や探究的な学習にも有効活用することが期待される。その一方で，AIドリルのみでは個々の子どものつまずきに対するきめ細やかなフォローが不十分であり，教師が個々の学習状況を丁寧に把握し，適切な支援を行う必要性も指摘されている。

〔島田　希〕

デジタル教科書

　デジタル教科書は，「学習者用デジタル教科書」と「指導者用デジタル教科書」に大別される。学習者用デジタル教科書は，「教科用図書の内容を文部科学大臣の定めるところにより記録した電磁的記録（電子的方式，磁気的方式その他人の知覚によっては認識することができない方式で作られる記録であって，電子計算機による情報処理の用に供されるものをいう。）である教材」（学校教育法第34条第2項）および「教科用図書の発行者がその発行する教科用図書の内容の全部（電磁的記録に記録することに伴って変更が必要となる内容を除く。）をそのまま記録した電磁的記録である教材」（学校教育法施行規則第56条の5）をさす。いわゆる，「紙の教科書」と同一の内容を記録した電磁的記録である教材が学習者用デジタル教科書であり，児童生徒が学習者用コンピュータを用いて使用するものである（文部科学省「学習者用デジタル教科書の効果的な活用の在り方等に関するガイドライン」）。なお，そこに含まれる動画，音声，アニメーション等は，「学習者用デジタル教材（補助教材）」として位置づけられている。

　一方，指導者用デジタル教科書とは，教科書の内容に加えて，動画，音声，アニメーション等が含まれる教材であり，教師が大型提示装置において補助教材として提示して使用することが想定されている。

　学習者用デジタル教科書の使用は，2018（平成30）年に学校教育法第34条の一部改正等によってその制度化がはかられた。学習者用デジタル教科書は「紙の教科書」とは異なり学校における使用が義務づけられているわけではないが，児童生徒の「主体的・対話的で深い学び」を充実させるべくその普及が期待されている。なお，「紙の教科書」と同一の内容であることから教科書検定が改めて行われることはない。

　学習者用デジタル教科書を使用することによって「拡大」「書き込み」「保存」「機械音声読み上げ」「背景・文字色の変更・反転」「ルビ」などの機能が可能となり，特別な配慮を要する児童生徒にとっても教科書のアクセシビリティの高まりが実現する（文部科学省「学習者用デジタル教科書実践事例集　2021年追補版」）。今後，一斉学習や個別学習等の学習形態に応じた活用方法の開発・蓄積が期待される。

〔島田　希〕

デジタルコンテンツ

　デジタル形式で存在する情報のことである。コンピュータや電子機器といった電子メディアでダウンロードまたは配布できる情報であり，インターネット上に公開提供される情報すべてであるともいえる。テクノロジーの進歩に伴い，その定義や種類は常に進化している。近年，映像によるデジタルコンテンツは経済市場において大きな影響を及ぼしている。また，AIによるコンテンツ生成ツールは，現在最も注目されるデジタルコンテンツ生成の技術である。

　以下は，デジタルコンテンツの一般的な種類の例である。

テキスト：文書，電子メール，ソーシャルメディアの投稿，記事，電子書籍など。
画像：写真，イラスト，デジタル絵画など，あらゆる種類の視覚データ。
音声：音楽，ポッドキャスト，オーディオブックなど，あらゆる種類の録音データ。
動画：映画，テレビ番組，オンライン動画など，あらゆる種類の動画データ。
ソフトウェア：コンピュータやデバイスにインストールできるプログラムやアプリケーション。
ゲーム：ビデオゲーム，モバイルゲームなど，あらゆる種類のインタラクティブなデジタルエンターテインメント。

　他にも多くの種類のデジタルコンテンツがある。
　教育用に開発された教育デジタルコンテンツの主なものには，NHK for Schoolで配信される映像コンテンツ，国会図書館が管理するデジタル書籍，Japan Searchに納められているデジタル素材，STEAMライブラリーのデジタル動画などがある。ほかにも全国自治体の教育委員会が管理する教育デジタルコンテンツがある。デジタル庁ではAI技術を活用した教育デジタルコンテンツのメタ検索システムを開発し，教育デジタルコンテンツを統合する整備計画を進めている。
　教育デジタルコンテンツには，他にもデジタル教科書やデジタル教材がある。2021年学校教育法第34条第2項に規定する教材の使用について定める件が一部改正され，学習者用デジタル教科書の学校教育での使用が明文化された。デジタル教科書は他に指導者用がある。

〔荒巻恵子〕

［参］「NHK for School」(https://www.nhk.or.jp/school/)。「国立国会図書館サーチ」(https://ndlsearch.ndl.go.jp/)。「Japan Search」(https://jpsearch.go.jp/)。「STEAMライブラリー」(https://www.steam-library.go.jp/)。

データサイエンス

　データサイエンスは，データから知見を引き出す科学である。統計学を土台としている。「データサイエンス」という日本語が一般に広まり始めたのは2015年頃からで，英語のdata scienceは2011年頃から使用頻度が上昇し始める。データサイエンスは言葉としては新しいが，その内実は，母体である統計学の誕生とともに存在した。近代統計学の拡充期に，フローレンス・ナイチンゲールがクリミア戦争従軍後に著した英国陸軍に関する報告書(1859年)は，見事なデータサイエンスの実例である。
　データサイエンスが統計学と不可分である以上，そのデータは数値である。諸事象は工夫次第で数値化できるため，データサイエンスは学際的であり，現実の諸状況を把握・予測する実践的学術である。政策，農漁業，ビジネス，医療福祉，スポーツ，教育など，分野を問わない。
　データサイエンスはサイエンス（科学）である以上，仮説を前提とし，反証可能性に開かれている。つまり仮説は，いかなるエビデンスで支持されようと，反駁可能な仮説にとどまる。エビデンスはまた，あるかないかの二者択一ではなく，多いか少ないか，強いか弱いかのグラデーションをもつ。データサイエンスには異なる位相があり，特定の事象のエビデンスを検証する一次研究，その事象に関する複数の一次研究を総合評価する二次研究（メタ分析），複数のメタ分析を包括的に分析する三次研究（統合メタ分析）がある。
　一次研究としてのデータサイエンスの過程は，①問題の定義，②データ収集，③データ前処理，④データ分析，⑤分析結果の解釈・評価・可視化からなる。これらすべての過程に，人間的熟慮や判断が介入する。問題の定義からしてすでに，哲学的・人間学的である。例えば，国語の学力をどう定義し，それを測定する問題項目群をどう作題するかは，人間の経験や熟慮や仮説に依存する。測定された数値を評価するにも，人間的判断に依拠した基準値が問題になる。
　教育方法学のデータサイエンスとしては，ジョン・ハッティの「可視化された学習」が世界的に注目されている。ハッティは，統合メタ分析により，さまざまな教授法や学習法が児童生徒に与える影響を，「効果量」で可視化し，比較可能にしている。

〔田端健人〕

［参］ハッティ, J. 著，原田信之訳者代表(2017)『学習に何が最も効果的か—メタ分析による学習の可視化：教師編—』あいり出版（原著，2012年）。

教育データ利活用

　教育データには，教育に係る統計や学力調査などのデータ，指導要録や出席状況や健康診断などの校務に関するデータ，スタディ・ログと呼ばれるアクセスログや回答の履歴や正答率などの学習に関するデータがある。これまで，紙媒体で管理されたり，独自のフォーマットで分散して管理されたりしていた。e-learningという言葉が誕生した2000年ころに，教育データを各LMS（学習管理システム）で相互運用するための標準規格としてSCORM（Sharable Content Object Reference Model）が，米国で策定された。これに準拠することで，教材構造や学習履歴の相互運用ができ，コスト削減や利便性向上を実現できる。

　しかし，デジタル化が教育界に十分に浸透しておらず，紙の取り扱いが残っていたり，学校間あるいは自治体間のデータの共有が行われていなかったりして，教育委員会や学校の負担が大きいという問題があった。この状況を踏まえて，2020年頃から，教育DXとしてデジタイゼーション（デジタル化），デジタライゼーション（デジタル化されたデータの利活用），そしてデジタルトランスフォーメーション（新たな価値の創出）が進められている。さらに，2022年1月にデジタル庁，総務省，文部科学省，経済産業省によって「教育データ利活用ロードマップ」が策定された。その中心的な取り組みは，標準化，基盤ツールの整備，教育データの分析と利活用である。

　標準化では，主体情報（児童生徒情報，教職員情報，学校情報，学校設置者情報），内容情報（学習分野，教育的な特徴，権利に関する情報など），そして活動情報（生活活動，学習活動，指導活動）が管理される。基盤ツールの整備では，学習履歴や校務支援システムの入り口となる学習eポータルや，問題の出題と採点処理のシステムであるMEXCBTが整備される。そして，教育データの分析と利活用では，児童生徒，教員，保護者，民間教育機関，行政機関・研究機関に向けて，それぞれに最適な情報を呈示する。例えば，児童生徒には興味関心のある内容を呈示したり，それに関する専門家との接続を提案したりする。

　教育データは，個人のデリケートな情報を含むため，ルールやポリシーの策定だけでなく，セキュアな環境で利用する必要がある。

〔坂本將暢〕

教育情報セキュリティ

　学校が保有する児童生徒の個人情報，学習データは，適切に活用すると同時に，窃取，漏えい，改ざん，消失の脅威から守ることも求められる。教職員だけでなく児童生徒も各自の情報端末を利用するという教育現場ならではの特徴を考慮して教育委員会や学校がその対策や方針を定めたものを教育情報セキュリティポリシーという。

　学校内部，外部の者，児童生徒のいたずらによる情報の窃取，改ざん，教職員の過失による情報の漏えい，紛失の事例が相次いでいる。GIGAスクール構想に基づく児童生徒の1人1台端末など学校のICT環境整備が急速に進んだことを背景として，セキュリティ対策は高度化し，ますます重要度を増している。

　学校が保有する情報資産は，その重要性を機密性，完全性（改ざん防止と正確さの保持），可用性（利用可能状態の保持）の三つの観点から影響度を評価しIからIVの4段階で重要性分類を行い，必要に応じて取扱制限を定める必要がある。同時に教育現場での活用実態を踏まえ，成績や児童生徒の指導記録等の校務系情報，学校ホームページなどの校務外部接続系情報（公開系情報），児童生徒が授業等で活用するワークシートや作品などの学習系情報に分類できる。

　これらの教育情報のセキュリティ対策としては，組織の中での役割や責任を定めたうえで，情報機器の運用に関する物理的セキュリティ対策，教職員等の遵守事項や研修・訓練やインシデントの連絡体制の整備による人的セキュリティ，機器のアクセス制御やネットワークの適切な設定，コンピュータウイルス等への対策を定めた技術的セキュリティ対策が必要である。こうした対策はSaaS型パブリッククラウドサービスを利用するために外部委託を行う場合も同様である。学校教育においては児童生徒も守るべき情報資産に触れることから，情報リテラシー教育を促す必要がある。

　文部科学省は2017年に教育情報セキュリティポリシーに関するガイドラインを示し，施策や技術の進展に対応して2024年までに3回の改訂を行い，教育委員会にその策定を求めいている。2023年時点で学校教育独自の教育情報セキュリティポリシーを定めている割合は50％程度，35％は地域の地方公共団体の情報セキュリティポリシーを準用し，残り15％は準用も情報セキュリティポリシーの策定にも至っていない。

〔後藤明史〕

［参］文部科学省（2024）「教育情報セキュリティポリシーに関するガイドライン」。

教育 CIO

　教育 CIO（Chief Information Officer）とは，自治体における教育の情報化の総括責任者を指している。文部科学省の「教育の情報化に関する手引」では，教育 CIO が担うべき機能として「学校の ICT 化について統括的な責任をもち，ビジョンを構築し実行すること」であるとしている。その具体的な役割として，同手引きでは，教育の情報化ビジョン，推進体制の整備，情報化による授業改善と情報教育の充実，学校の ICT 環境の整備，校務の情報化，リスクマネジメント，情報公開・広報・公聴，人材育成・活用，ICT 支援員，評価を挙げている。教育 CIO を誰が担うのかは，教育長や情報の担当課長，もしくは外部人材の登用など，自治体によってさまざまである。

　教育 CIO の研究は，日本では 2000 年代後半から行われてきた。前迫孝憲（2008）は，すでに導入が進む米国と日本を比較すると，日本は遅れているものの，組織として成果を挙げている自治体もあり，教育の情報化が進む中で，日本版教育 CIO を進めることの重要性を指摘している。教育 CIO に関する研究として，日本では，さまざまな調査が行われてきた。例えば，中尾教子と堀田龍也（2009）は，教育の情報化が進んでいる自治体において，教育 CIO やその補佐官に相当する中心的な役割を担ってきた人材の業務と対象を明らかにしている。分析の結果，中心的人材の担当業務は，教員への周知・普及や授業支援，ICT 環境の計画策定・整備，セキュリティポリシーの策定・運用，保護者・学校管理職への啓発など 10 項目であった。その対象は教育委員会から企業，学校管理職，教員や児童生徒，保護者など 13 種類とさまざまであった。

　これからの学びにおいて ICT の活用はなくてはならないものである。その導入や活用，運用にあたっては，自治体の教育 CIO を中心に計画的に進め，現場を支援していく必要があるといえる。

〔脇本健弘〕

［参］中尾教子・堀田龍也（2009）「教育の情報化の先進事例における中心人材の業務の分類」『日本教育工学会論文誌』33（Suppl.），197-200頁。前迫孝憲（2008）「日本版教育 CIO への期待」『教育システム情報学会誌』25(4)，359-360頁。文部科学省（2020）「教育の情報化に関する手引（追補版）」。

ICT 支援員

　ICT 支援員とは，学校における ICT にかかる体制の整備・運営において，教員をサポートする役割を担う専門職員である。ICT にかかる体制の整備・運営には，専門的な知識やスキル等を要する業務が新たに生じる。また，日進月歩の ICT に関する知識やスキルは短期間のうちに更新し続けることが求められる。これらを，学校の現教職員だけで担うことには限界があり，ICT 支援員のような専門職員の追加配置が喫緊の課題となっている。

　ICT 支援員には教員免許状のような公定の資格や必須の資格はないが，ICT 支援員業務に必要な技能を習得していることを証明する目的で，民間の認定試験等による技能認定の仕組みが存在する。ICT 支援員は教員免許状を要件としないため，子どもの指導に直接関連する業務を担うことはできない。代わりに，授業準備や，子どもが学ぶための環境づくり，および教員の研修といった形で，指導における教員の ICT 活用を間接的に支援・促進するのがその主な役割である。

　ICT 支援員の具体的な業務には，①機器・ソフトウェアの設定，操作のサポートや説明，②機器等の簡単なメンテナンス，③機器・ソフトウェアや情報モラルに関する教材等の紹介と活用の助言，④デジタル教材の作成等の支援，⑤教員を対象とした ICT 活用に関する研修の実施，などがある。

　公立学校の場合は，ICT 支援員の配置は各自治体の教育委員会に委ねられている。その導入形態としては，教育委員会による直接雇用と事業者への業務委託がある。文部科学省による「教育の ICT 化に向けた環境整備」の 5 か年計画（2018〜2022 年度）では，ICT 支援員を 4 校に 1 人配置することが目標水準として示されたが，文部科学省「ICT 支援員の配置促進に関する調査研究」（2021 年 3 月）において，ICT 支援員の配置は目標の半数以下の学校にとどまることや，予算や求める人材の確保が困難であるという理由で ICT 支援員の導入が進んでいないことが報告されている。授業や職務等での ICT のさらなる活用が期待されることや，トラブル時には急な対応を要することもある ICT の性質に鑑みれば，ICT 支援員の一層の拡充は欠かせない。そのためには，人員確保の側面からだけでなく，支援員に依頼する業務の明確化や支援員育成の側面についても検討が求められる。

〔北川剛司〕

LMS (Learning Management System)

　LMS (Learning Management System) は学習管理システムと呼ばれ，オンライン教材を用いた学習活動を管理・マネジメントするためのプラットフォームである。利用によって各組織が効率的に教育コンテンツを提供，実施，評価できるようになる。

　システム管理者が全体の運営や設定を行うため，各教育者は担当コース（授業）の管理や学習者への指導に集中することができ，コース内容に応じた柔軟かつ効果的な教育環境が提供可能となる。

　LMSの機能は，管理と学習の二つに分けることができる。

　管理機能は以下の通りである。
・ユーザー管理：学習者や講師のアカウントを作成・管理する。登録承認，役割，アクセス権限の設定などを含む。
・全体的なレポートと分析：全コースやユーザーの進捗，成績，活動データを集約し，分析が可能である。教育プログラム全体の効果を評価し，必要に応じて改善策を講じることができる。
・システム設定とカスタマイズ：LMSの外観や動作をカスタマイズし，組織や特定のニーズに合わせて調整できる。セキュリティ設定やデータバックアップの設定もできる。

　学習機能は以下の通りである。
・コンテンツのアップロードと管理：講義資料や活動の指示などの教材，ビデオ，クイズ，課題などの学習コンテンツをアップロードし，管理する。
・学習活動の進捗管理と評価：学習者の進捗状況を追跡し，必要に応じてフィードバックや評価を行うことができる。レポート課題の提出や小テスト・クイズの成績確認などが含まれる。
・コミュニケーションツールの活用：ディスカッションボード，チャット，フォーラムなどを使用して，学習者と講師，学習者同士のコミュニケーションが可能である。利用ツールや方法によりグループ間交流や個別支援などの使い分けができる。

　テクノロジーの発展によってLMSが提供できる学習経験が向上し，利便性向上が期待できる。例えば，ビッグデータを用いた学習者分析，AIを活用したテストの自動採点や支援などで教育者の負担軽減などが考えらえる。一方，セキュリティやプライバシーなどの検討がより重要となるだろう。

〔根本淳子〕

WWW会議システム

　WEB会議システム，オンライン会議システムとも呼ばれる。インターネット環境を通じて遠隔拠点にいる相手と会議ができるコミュニケーションツールのことを指す。

　先行して存在したリモート会議の種類であるテレビ会議システムは音声のみの会議システムとは異なり画面に参加者の顔を映し出して行うものだったため，カメラやマイクのほかモニターやプロジェクタ，専用回線であるイントラネットなどが必要であった。しかし，WWW会議システムは，インターネット回線と端末，カメラ，マイクを用意すれば使用できる。そのため，カメラやマイクがパソコンやスマートフォン端末に内蔵されていれば利用できる点で，シンプルな環境で参加できるところに利点がある。テレビ会議同様に音声と映像でやりとりをするのに加えて画面共有機能などがあり，資料などをリアルタイムで共有できることが特徴である。他にもチャット機能やリアクションボタン，ホワイトボード機能などの便利な機能が搭載されているシステムもある。

　これらを導入することにより，人と接触せずに音声や映像を共有できるため，ビジネスや教育に多く利用されてきた。とりわけ2020年以降，新型コロナウイルスの影響で対面によるコミュニケーション活動が停滞したこともあり，このような会議システムが爆発的に普及した。教育業界においては，WWW会議システムによって感染症蔓延時にも活動を継続することができ，また海外を含めた遠隔地との交流を安価かつ容易にしたことで可能性の広がる結果となった。WWW会議システムはテレビ会議システムでの活用シーンのほかに，大規模なプレゼンテーションや教育，トレーニングなどの場面にも適している。

　一方で相互の通信状況に左右される，参加者の雰囲気や表情をつかみにくい，会議の相手や人数によって不向きなケースもあるなど，デメリットも指摘されつつある。これらの教訓を踏まえ，今後は対面・非対面混合のハイブリッドな教育環境が目指されると考えられる。

〔森　玲奈〕

SNS (Social Networking Service)

　SNS (Social Networking Service) は，デジタルプラットフォームを通じてユーザーがコミュニケーションや情報共有を行うサービスである。写真，動画，音声，テキストなどのコンテンツを通じて社会の多様な人々と関係を構築し，つながりを得られる点が特徴である。教育においても，効果的な活用によって成果が期待できる。一方，マナーやリスク回避の指導，そのマネジメントなども検討して活用することが重要となる。
　教育におけるSNSの活用は以下の通りである。
・学習ツールとしての活用：教育・学習目標に関する学習内容の理解支援に限らず，より広範囲に，さまざまな支援を行うことができる。
　　1) フォーマルな授業：学生同士のコミュニケーションや情報共有促進を意図して，授業内でのディスカッションやプロジェクト進捗報告などの活用が考えられる。
　　2) 非公式なコミュニティ：学生同士が自発的に作成したSNSグループなどを活用し，交流や学外での学習や情報共有に役立てることが考えられる。
・情報モラル・セキュリティ教育の導入：SNSは児童生徒にとっても身近な存在であるため，家庭・学校両者での指導は重要である。情報モラルの啓発やセキュリティ意識の向上を目指した基本知識や実践的な学習活動などの実施が必要となる。
・保護者や外部とのコミュニケーションツールとしての活用：学校や教育機関が保護者や外部とつながる手段にもなるため，学校の情報発信やイベント告知などにも利用できる。
　教育におけるSNS利用の課題は以下の通りである。
・情報の正確性・信頼性：偽情報やフェイクニュース拡散への対応として，学習者に情報源の確認や，信頼性のある情報選別ができるスキルを身につけさせる必要がある。
・セキュリティ：アカウントの不正アクセスやプライバシー侵害を防ぐために，適切なセキュリティ対策を教育する必要が求められる。
・プライバシー：プライバシー設定の適切な使い方や個人情報の公開に注意する指導の必要がある。
・トラブル対策：いじめやハラスメントなどトラブルが発生した際の対処法や相談先を知らせる必要がある。

〔根本淳子〕

ラーニングコモンズ

　ラーニングコモンズとは，学修者主体の学習空間として運営される滞在型学習支援施設であり，多くは図書館に併設され，情報技術による支援や協同学習の支援などが施されている。河西由美子 (2010) は，ラーニングコモンズの特徴を3点にまとめている。① 図書館メディアを活用した自律的な学習の支援，② 情報リテラシー教育とアカデミック・スキルズの育成，③ 協同的な学びの促進，である。
　山内祐平 (2011) によれば，ラーニングコモンズは米国の大学図書館を中心に発展したものであり，想定されている学習支援も日米で差があるとのことである。山内は米国の大学図書館における学習支援史を俯瞰し，ラーニングコモンズの前身として情報リテラシー教育を学ぶ場としてのインフォメーションコモンズを挙げ，その展開が北米を中心に多くの大学でなされたこと，それらが1990年代の急速な情報通信技術の発達と関係していることを指摘している。当時のインフォメーションコモンズは学生が利用できる大規模なコンピューター施設であった (山内，2011)。その後，2000年代中盤から普及するようになったのがラーニングコモンズである。山内は，「インフォメーションコモンズにおける学習支援の対象が情報リテラシーに限定されているのに対し，ラーニングコモンズでは大学全体にわたる多様な学習をサポートしようとしている」，「(ラーニングコモンズは) 多様な学習をサポートするために，大学の他の部局と連携し，ユーザーのニーズに応じた学習サービスを提供しようとしている」と述べている (山内，2011，479頁)。
　日本のラーニングコモンズは独自の進化を遂げており，米国のものとは異なる部分がある。日本ではラーニングコモンズ運営者同士のコミュニティも存在しており，学習支援の知見が共有されてきている。今後，紙媒体の書籍の減少と急速な電子化が予想されるなか，空いたスペースが協同学習の場となる可能性もあり，今後の動向に注目する必要がある。

〔森　玲奈〕

[参] 河西由美子 (2010)「自律と共同の学びを支える図書館」山内祐平編著『学びの空間が大学を変える』ボイックス。山内祐平 (2011)「ラーニングコモンズと学習支援」『情報の科学と技術』61(12)，478-482頁。

第6章

教科と領域の教育方法学

第1節　教科と教育方法学
第2節　領域・テーマと教育方法学

第1節　教科と教育方法学

国語科の教科論

　まず，国語科の目標と内容について見ておきたい。国語科の目標はことばの力を育てることにある。学習指導要領では従来，大きく理解領域，表現領域，言語事項に分けて指導内容を設定してきた。現行の学習指導要領（2017・2018年）では，「資質・能力」の育成を目指す「主体的・対話的で深い学び」の実現という立場から，国語科（小・中学校）では，「言葉による見方・考え方を働かせ，言語活動を通して，国語で正確に理解し適切に表現する資質・能力」を育成するために，次のような内容を指導することになっている。

〔知識及び技能〕
　言葉の特徴や使い方，話や文章に含まれている情報の扱い方，我が国の言語文化に関する事項
〔思考力，判断力，表現力等〕
　A 話すこと・聞くこと　B 書くこと　C 読むこと

　次に，国語科教育の課題について，3点にわたって述べていきたい。
　第一は，教科内容の明確化と系統化である。
　国語科は他教科と比べて，教科内容——教科で教えるべき科学的な概念・原理・用語・技術——が曖昧になりがちだった。文学の授業は，どの学年でも同じような学習課題（場面の様子を想像する，人物の心情を理解する，感想を話し合う……）が繰り返されていた。一つの作品を読解することが中心で，文学の原理・方法をふまえた読み方は十分に教えられてこなかった。説明文・論説文の授業は，段落に分けて要旨をまとめるというパターンが多かった。下手をすると，教材文の題材（自然・社会）に関する知識が学習内容になり，理科だか社会科だかわからないような授業になることがあった。そのため，漢字や文法などを除けば「確かなもの」として何を学んだか，どういう国語の力が身についたかという点が不明確であり，児童生徒にとって達成感・上達感に欠けていた。「国語ぎらい」が多いのもそこに一因がある。
　このように国語科の教科内容が曖昧だったのは，国語科が数学や理科のように教科内容の基盤となる科学の体系が十分に確立していないことに根本的な原因がある。また，それと関連して，「教材を教える」と「教材で教える」が十分に区別されていなかったことにも原因がある。先述の通り，文学の授業では，その教材の内容を理解するという学習が中心だった。「教材を教える」という立場である。「ごんぎつね」の授業で「文学の読み方」を教えるという発想は希薄だった。「教材で教える」ということは文学への冒涜だという見方もあった。ここには教科内容と教材が混同されてきたという問題がある。学習指導要領は改訂のたびに改善されてきているとはいえ，現場レベルでは今でも教科内容の曖昧さという問題を抱え込んでいる。
　第二は，学びの必然性に基づいた言語活動と言語技術の指導である。
　国語科の教科内容は，単なる知識にとどまらず，実生活に活用できる言語技術にもっと着目すべきである。それは言語生活を適切かつ効果的に営むための技術である。文章表現の原理をふまえた「読み方・書き方」，音声言語表現の原理をふまえた「話し方・聞き方」といってもよい。
　ただし，言語技術教育は形式的な訓練に陥りがちである。そうならないためには，学習者の学びの履歴や文脈を踏まえつつ，適切な言語活動を通して言語技術の有用性を実感させるような授業が望まれる。大村はまの実践などは参考になるだろう。昨今，学習指導要領において言語活動が重視されているが，言語能力の育成という本来の趣旨を生かすには，「活動ありき」ではなく，その活動を通していかなる言語技術を身につけるのかということを明確に意識して指導する必要がある。
　第三は，教科書信仰からの脱却と自主的な教材づくりである。
　国語科の場合，教材＝教科書という考え方が根強く存在する。しかし，全国共通の検定教科書だけでは学習者の興味・関心や意欲を引き出すことは難しい。もちろん教科書は最も重要な教材であるが，それ以外にも教材になりうる素材は身のまわりに多くある。広告・宣伝のコピーも「説得的な表現の方法」あるいは「クリティカルな見方・考え方」を教えるために使えば，国語科の教材となる。ゲームやクイズも漢字やコミュニケーション・スキルなどのさまざまな学習に活用できる。授業力のある教師は，教科書教材の導入・補充・発展として，学習者の実態も踏まえて自主的に教材を構成・開発してきた。こうして，魅力的な教材と言語活動を通して楽しく学びながら教科内容を確実に身につけさせたい。

〔鶴田清司〕

〔参〕柴田義松・阿部昇・鶴田清司編（2023）『あたらしい国語科指導法 七訂版』学文社。田中耕治・鶴田清司・橋本美保・藤村宣之（2024）『新しい時代の教育方法 三訂版』有斐閣。

国語科の教育方法

　国語科の教育方法の研究・解明は，明治期以来，十分な成果を上げられないまま今日に至っている。国語科教育の世界では，1900年の「國語」成立以来，体系的系統的に教科内容を研究・解明していく姿勢が極めて弱い。子どもに身につけさせる言語能力の具体の軽視である。それゆえにそれを子どもに身につけさせていくための方法論も，曖昧なままに放置されてきた。また，一定の教育方法を確立させていくことを，「型はめ」などと批判し忌避する風潮があることも背景にある。

　ただし，そういう中でも国語科の教育方法について，いくつか注目すべき研究・提案があった。

　読むことの指導については例えば以下がある。

　1930年代に石山脩平が，①通讀段階，②精讀段階，③味讀段階，④批評段階─を提案した。これは戦前・戦後と大きな影響を与えた。

　戦後1960年代に多くの教育方法が示される。

　輿水実は，「基本的指導過程」を提案する。①教材を調べる，②文意を想定，③各段落・各部分を精査する，④文意を確認，⑤教材に出てきた技能・文型等の練習，⑥学習をまとめ評価─といった過程である。

　宮崎典雄たち教育科学研究会は，石山脩平の指導過程を批判的に検討し，①第一段階　形象の知覚の段階（形象の情緒的知覚）（範読・絵と感情への置きかえ），②第二段階　形象の理解の段階（形象の本質的・一般的理解）（作品のすじ，主題，思想の論理的な追究），③第三段階　表現読みの段階（味読）論理的な理解にささえられた情緒的な知覚─を提案した。

　西郷竹彦たち文芸教育研究協議会は，①だんどり（導入），②とおしよみ（展開）（ひとりよみ・よみきかせ・はじめの感想・たしかめよみ（共体験）），③まとめよみ（主題化・典型化），④まとめ（整理）（おわりの感想・つづけよみ・くらべよみ）─を提案した。

　林進治たち児童言語研究会は，読み手の興味を失わせるとしてそれまでの多読法を批判した。そして①ひとり読み（書きこみ・書き出し），②話し合い・討論（発表とそれへの感想・意見出し・次の部分の予想・表現よみ）を提案した。

　大村はまたちが提案した「単元学習」が1970年代に再び見直される。子どもの経験・興味・関心を重視するものである。特に決まった指導過程はないが，課題を子どもが解決するという授業は，アクティブ・ラーニングと重なる要素がある。

　1980年代に大西忠治が新たに三読法の指導過程を提案した。文学作品では①構造読み，②形象読み，③主題読み，説明的文章では①構造読み，②要約読み，③要旨読み─という過程を示した。その後，大西・阿部昇たちが「読み」の授業研究会を結成し研究を進めた。阿部は大西の三読法を批判的に検討し，文学作品では①構造よみ，②形象よみ，③吟味よみ（1996年），説明的文章では①構造よみ，②論理よみ，③吟味よみ（2001年）─という過程を示した。

　阿部の吟味よみは作品・文章を評価的・批判的に読むことを核とするものだが，作品・文章を評価的・批判的に読むことを重視する教育方法の提案は増えつつある。井上尚美が言語論理教育（1977年），森田信義が評価よみ（1989年）などを提案しているが，阿部や吉川芳則（2021年）などは，それらを批判的に検討しつつ提案を展開している。

　書くことの指導では，1980年代に次の提案があった。

　日本作文の会は，①展開的過去形表現形体の文章表現の指導，②具体的総合的説明形表現形体の文章表現の指導，③子どもが題材・テーマを捉え表現方法を工夫する段階の指導など五段階の指導過程を提案した。

　青木幹勇は，「第三の書く」を提唱した。「書写─習字」が第一の書く，「作文」が第二の書くで，第三の書くはその次に位置づく。「読むために書く」ことを重視し視写，書き込み，書き足し，書き広げ，書き替え，寸評，図式化等を設定した。

　1980～1990年代には大西道雄・吉永幸司の短作文の指導，上條晴夫の「見たこと作文」の指導，大内善一の「コピー作文」「双方向型作文学習」などがある。

　話すこと・聞くことの指導については1990年代に高橋俊三が，①話し合うことへの関心意欲の喚起，②話し合い活動の事例提示と検討，③話し合う準備，④話し合い，⑤整理，⑥評価の過程を提案した。高橋は，群読についても「学び合い」「響き合い」「聞き合い」を重視した過程を提案した。

　同じ1990年代には岡本明人，喜岡淳治などが，ディベートについての指導過程を提案している。

　国語科の教育方法の研究・解明は以前より進んでいるが，まだ途上の段階である。それぞれの教育方法について，研究会相互・研究者相互・実践家相互の検討を含めた創造的な研究・解明が求められる。その際にその教育方法によってどういう言語能力を身につけさせるかという教科内容の検討を行うことが必要である。

〔阿部　昇〕

［参］柴田義松・阿部昇・鶴田清司編著（2023）『あたらしい国語科指導法　七訂版』学文社。

社会科の教科論

　社会科は子どもの社会認識を通じて民主主義社会における市民の資質（公民的資質）を育てることを目的とする教科である。民主主義社会は構成員が主体的に社会の形成に参画することによって成り立つため，個々の構成員の資質が重要な課題となる。また参政権が認められている民主主義社会では，情報を正しく理解し，選挙を通じて賢い意思決定を行うことのできる有権者（主権者）の資質が必要となる。このような市民の資質を公民的資質（Citizenship）または市民的資質と呼ぶ。

　米国の社会科教育研究団体である全米社会科協議会（NCSS）は，2010年版全国社会科カリキュラム基準において，社会科を次のように定義する。「社会科の主な目的は，相互依存的な世界における文化的に多様な民主主義社会の市民として，若者が公共の利益のために情報に基づく合理的な意思決定を行うよう支援することである」(National Council for the Social Studies, 2010)。

　日本の社会科は戦後教育が開始された1947年に，それまでの修身，歴史，地理などの社会系諸教科を総合する広領域教科として出発した。日本側による終戦直後の公民科設置構想（公民教育刷新委員会答申，1945年12月）をもとに，GHQが示したアメリカ社会科（Social Studies）の諸プランの影響を受けて成立した。

　社会科は小学校・中学校・高等学校の12年間にわたる教科として発足したが，1989年学習指導要領改訂時に小学校1・2学年の「社会」「理科」が廃止され，代わりに「生活」が設置された。また高等学校「社会」は「地理歴史」「公民」の2教科に分割された。この教科構成はその後も引き継がれ，現在の社会科は小学校3学年から中学校3学年までの7年間の教科となっている。社会科と小学校「生活」，高等学校「地理歴史」「公民」を総称して社会系教科と呼ぶ。中学校「社会」は1958年学習指導要領から3分野制となり，1969年学習指導要領以降は〔地理的分野〕〔歴史的分野〕〔公民的分野〕の3分野から構成されている。

　社会科発足時（1947年）の学習指導要領社会科編（Ⅰ）では「今度新しく設けられた社会科の任務は，青少年に社会生活を理解させ，その進展に力を致す態度や能力を養成することである。」と記されている。ここには「社会生活の理解」（社会認識）と「その進展に力を致す態度や能力」（公民的資質）の二つの目標が含まれている。

　1948年の小学校社会科学習指導要領補説は社会科の主要目標を「できるだけりっぱな公民的資質を発展させることであります。」として，具体的に以下の3点としている。「児童たちが，(1) 自分たちの住んでいる世界に正しく適応できるように，(2) その世界の中で望ましい人間関係を実現していけるように，(3) 自分たちの属する共同社会を進歩向上させ，文化の発展に寄与することができるように，児童たちにその住んでいる世界を理解させることであります」。ここで社会認識は公民的資質を育てる手段として位置づけられている。

　現在の学習指導要領（2017年，小・中学校）において，社会科の教科目標に含まれる公民的資質は「平和で民主的な国家及び社会の形成者に必要な公民としての資質・能力の基礎」と記されている。これは教育基本法第1条（教育の目的）の「平和で民主的な国家及び社会の形成者として必要な資質」と共通する表現である。また，教育基本法第14条（政治教育）第1項には「良識ある公民として必要な政治的教養は，教育上尊重されなければならない。」とあり，主権者に必要な政治的教養を育てる教育の必要性がうたわれている。

　社会科の内容において，スコープの構成原理として社会機能主義が，シークエンスの構成原理として経験領域拡大主義（同心円的拡大主義）が初期の社会科では使われていた。現在の学習指導要領ではシークエンスの経験領域拡大主義は小学校社会科に引き継がれているが，スコープの構成原理は明確には示されていない。

　全米社会科協議会（NCSS）の全国カリキュラム基準（2010年）は，社会科のテーマとして以下の10個の視点を挙げている。「1. 文化，2. 時間，継続性，変化，3. 人々，場所，環境，4. 個人の発達とアイデンティティ，5. 個人，集団，組織，6. 権力，権威，統治，7. 生産，流通，消費，8. 科学，技術と社会，9. グローバルなつながり，10. 公民の理念と実践」。日本の社会系教科の内容にもこれらのテーマの多くが含まれている。

　小学校学習指導要領解説・社会編（2017年）では小・中学校社会科における内容の枠組みとして「地理的環境と人々の生活」「現代社会の仕組みや働きと人々の生活」「歴史と人々の生活」の三つが示され，対象としてそれぞれ〔地域，日本，世界〕〔経済・産業，政治，国際関係〕〔地域，日本，世界〕が示されている。内容的には，主権者教育，防災教育，領土・領域などが強化され，新たに持続可能性の視点が盛り込まれている。

〔松本　康〕

[参] National Council for the Social Studies (2010) "National Curriculum Standards for Social Studies: A Framework for Teaching, Learning and Assessment". 文部科学省（2017）『小学校学習指導要領（平成29年告示）解説　社会編』。

社会科の教育方法

社会科の性格について，2004年の『現代教育方法事典』は，「社会認識の形成を通して市民的資質の育成を目指す教科」と説明していた。当時は，社会科授業をめぐる議論の中で，「社会認識の形成」と「市民的資質の育成」の関係が問われていた。両者のいずれを重視するかによって，授業のあり方が異なったからである。しかし，いずれにしても，この二つをつなぐ「通して」という言葉に象徴されるように，社会をどのように認識させるかが，育成すべき市民のあり方を決定していた。しかし，21世紀以降，社会科授業をめぐる議論は，育成すべき市民的資質のあり方を論点に展開されるようになり，どのような市民を育成すべきかによって，多様な社会科授業構成が提案されている。

社会認識の形成か，市民的資質の育成かという議論がなされていた頃，社会認識形成の論理を「理解」に求めるか，「説明」に求めるかによって社会科授業構成が異なっていた。これらの原理は，教育現場に広く浸透し，今でも，小学校社会科は理解に，中学校社会科や高等学校社会系教科は概ね説明を原理として構成されている。理解を原理とする社会科は，社会的事象は人々の行為の結果と捉える。そのため，社会的事象がなぜ生じたかは，それに関わった人々の思いや動機によって明らかになる。思いや動機を捉えるために，その人物をとりまく状況をできるだけ詳しくリアルに把握し，人物の気持ちに共感することが求められる。そのため，理解を原理とする社会科では，学習者である子どもが自分で現場に行って調べたり直接人に会って話をしたりする直接体験が重視される。また，小学校社会科が人物中心の学習となっているのは，このように理解を原理としているからである。このような社会科は，取り上げた人物を尊敬し，その人物同様に社会に貢献しようとする態度を育てることができる一方で，その人物の視点からしか社会を捉えることができず，結果として子どもの社会認識を閉ざすといわれている。

一方，説明を原理とする社会科は，社会的事象がなぜ生じたかを，事象同士の因果関係から捉えようとする。そのため，授業は，導入部で設定された「なぜ～となったのか（が生じたのか）」という問いの答えを，子どもが探究（求）する過程として構成される。説明を原理とする社会科では，「なぜ」に対する答えを見つけるだけではなく，その探究（求）の過程が重視される。理想的には，「なぜ」という問いに対して子どもが仮説を設定し，その仮説を検証する過程として授業を構成する。なぜなら，仮説を設定する段階で子どもは既有の見方考え方（理論的知識）を働かせ，検証の段階で見方考え方を事実（個別的知識）に照らして吟味しながら成長させることができるからである。このように，説明を原理とする社会科は知識を理論的なものと個別的なものに大別する点に特徴がある。ただし，事象を網羅的に教えるべきと考えられている中学校社会科や高等学校社会系教科の授業では，この探究（求）のプロセスが省略され，個別的知識の習得を目指す学習に留まることが多い。

21世紀の市民的資質のあり方に焦点をあてた社会科授業論は，市民社会論に基づくものと，民主主義論に基づくものに大別される。市民社会論に基づく社会科は，社会を形成する市民の育成を究極的な目標とし，授業では今の社会のあり方を問い直し，子どもたち自身で新たに社会を作り出すことが目指される。そして，社会で起きている論争問題の解決に関わる意思決定を学習者に求めている。その決定の妥当性を，個々人の合理的な判断に期待するのか，民主的な議論のプロセスに求めるのか，あるいは共同体へ市民として参加することを通して保証するのかによって授業が異なっていた。一方，民主主義論に基づくものは，市民社会論の社会科の意思決定のあり方に異を唱える形で登場する。この立場は，多様性の尊重を前提とする民主主義社会の原理を，社会科授業にいかに反映させるかということを重視している。市民社会論に基づく社会科が代議制を前提としているのに対して，こちらは市民による直接政治を志向するラディカルデモクラシー論に基づき，既存の社会への異議申し立てを原理とする社会科などが提案されている。そして，問題解決や合意が容易でないことを前提に漸進的に社会を形成することをさす。

これら今世紀の社会科授業をめぐる議論は，授業における学習者の活動，主に議論の方法を論点に展開してきた。ただ，その効果を証明するデータは乏しい。今後は，論争問題の議論を通して学習者がどのように社会認識を形成しているかを実証的に解明する研究が求められる。

〔桑原敏典〕

〔参〕池野範男（2003）「市民社会科の構想」社会認識教育学会編『社会科教育のニュー・パースペクティブ―変革と提案―』明治図書，44-53頁。森分孝治（1978）『社会科授業構成の理論と方法』明治図書。渡部竜也（2019）『主権者教育論―学校カリキュラム・学力・教師―』春風社。

地理歴史科の教科論

　社会科の定義では，米国のバー，バース，シャーミスらの三つの類型論が知られる。

　彼らは社会科の「三つの伝統」を「公民性伝達教育としての社会科」「社会科学教育としての社会科」「反省的探究教育としての社会科」に分類した。同論考は必ずしも地理歴史科の定義を示したものではないが，地理歴史科に準用し，教科のあり方・目標をめぐる規範的な立場の分類を行うことは可能である。本稿ではこの方法を採用して地理歴史科の教科論を分類するとともに，最新の研究・実践動向もこの分類に定位し直すことで，定義を試みる。

　教科論の第一は，公民性伝達教育の地理歴史科である。子どもの意思決定を支える価値を無意識のうちに内在化させることを目的とする。地理歴史教育の場合，実質的には「地誌」や「通史」として具体化されるカリキュラム—地理や歴史のマスターナラティブの構造—にその価値が投影されることになる。例えば，歴史であれば，私たちの国は自由や統合を求めて進歩してきた，外国の文化や制度を導入しながら平和を追求してきた。地理であれば，地域の自然を活かして産業を興してきた，交通インフラの整備を通して地域間の一体化が実現されてきた。このような国家のナラティブがカリキュラムの基盤に埋めこまれている。授業は，このような歴史観や地理観に基づいて選択された事実とその解釈を暗唱させたり，ジグソー法的に構成させたりして展開されることになる。なお，学習指導要領の地理歴史科，特に歴史のカリキュラムは通史のカリキュラムを放棄していないので，基本的にはこの教科論を踏襲していると考えられる。

　教科論の第二は，社会科学教育としての地理歴史科である。子どもの意思決定の基盤となる社会認識の枠組みを獲得させることを目的とする。地理歴史教育の場合，大きくは地理学や歴史学という個別学問の探究方法を習得させるカリキュラムと，社会諸科学の理論を探究させるカリキュラムに大別できる。前者であれば，環境や空間（地理学），変化・因果や意義（歴史学）を捉える視点や方法が強調されるし，後者であれば，自由や平等，公正や効率，労働や権力，正義，ジェンダーなどの実質的な概念が社会を捉える枠組みとして提示される。授業は，これらの概念そのものを習得させたり，これらの概念を活用して他所や過去の社会の仕組みやそこで顕著に見出される社会問題の原因を分析させたりして展開されることになる。なお，「歴史（学）する（Doing History）」を重視する実践や，「見方・考え方」を働かせることを目指したカリキュラムは，基本的にはこの教科論を基盤にしていると考えられる。

　教科論の第三は反省的探究教育としての地理歴史科である。子どもの自立的で共同的な意思決定を支援することを目的とする。カリキュラムは，子どもや社会が直面する論争的ないしは倫理的な課題を取り上げることを原則とする。例えば，地理であれば，環境問題や防災等の課題，迷惑施設の立地，地域の領有・呼称等に関する論点争点に焦点化する。歴史であれば，人権規定や憲法の解釈，国家の犯罪等に関する歴史的責任や過去の記憶のあり方に関する論点争点が強調されやすい。授業では，これらの課題に関して利害を有する世界の諸地域，あるいは過去の諸時代の人々の主張を読解させたり，主張の対立を批評させたり，調停の可能性や解決の方法を探究させたりして展開されることになる。なお，必ずしも日本の公教育の教育課程に浸透しているわけではないが，本類型が扱おうとする教育内容は，メディアを含む公共社会で議論されている地理や歴史の話題と親和性が高い。逆にいうと，公共社会で現に議論されている話題をカリキュラム化するべきという教科論に立っている。

　本稿で定義した教科論は，教科のあり方に関する便宜的な分類に過ぎない。導出された三つの教科論は，相互背反の思想体系というよりは，地理歴史科を構成している思想群である。実際には国家や一人ひとりの教師が，これらの教科論を意識的・無意識的に参照し，複合的なカリキュラムを構築し実践していることは言うまでもない。

〔草原和博〕

〔参〕Barr, R. D., Barth, J. L., Shermis, S. S.（1977）*Defining the Social Studies,*（*Bullitin*）, National Council for the Social Studies, 51. 社会認識教育学会編（2012）『新社会科教育学ハンドブック』明治図書。堀田論（2017）「1970-90年代のNCSSによる社会科の定義とカリキュラムの探求—歴史と社会科学の位置付けをめぐって—」全国社会科教育学会『社会科教育論叢』50。

地理歴史科の教育方法

今日，予測困難で不確実，複雑で曖昧な時代を生き抜く子どものために，教育課程や教科・科目の授業について，内容（コンテンツ）ベースから資質・能力（コンピテンシー）ベースへの改革の方向性が強調されている。コンピテンシーの中身については，多様な議論があるが，その一つとして国立教育政策研究所が提案した「21世紀型資質・能力の構造」が参考になる。それは，「思考力」（深く考える）を中核とし，それを支える「基礎力」（道具や身体を使う）と，思考力の使い方を方向づける「実践力」（未来の社会を創る）の三層構造で捉えるものである（『資質・能力　理論編』2016年）。

それは，地理歴史科教育の目標になるとともに，内容や方法を組み立てる手段になる考え方であるといえよう。2018（平成30）年改訂の高等学校学習指導要領において，コンピテンシー・ベースの地理歴史科教育の創出を最も体現していると思われる共通必履修科目「歴史総合」と「地理総合」を事例に，変革された内容と方法について見ていこう。

「歴史総合」の内容構成を大項目で示せば，A「歴史の扉」，B「近代化と私たち」，C「国際秩序の変化や大衆化と私たち」，D「グローバル化と私たち」から成る。その特色の第1は，近現代の社会の歴史的変動過程を捉えるための枠組みとして「近代化」（18世紀後半～現在），「大衆化」（19世紀後半～現在），「グローバル化」（20世紀後半～現在）が用いられ，これら三つの転換を経て形成されてきた現代社会の諸課題を，生徒が，現在を生き未来社会を創る「私たち」の問題として考察していくように構成されていること。第2は，時代の特質を概念で理解・説明できるように内容が構造的に構成されていること。例えば，Bでは，「近代化」を説明するために，下位概念として「工業化」「世界市場」「政治変革」「国民国家」「立憲体制」「帝国主義」などが選択，配置されている。近現代の歴史的変動過程を捉える大概念に，その説明に必要な下位概念および事例となる歴史事象を結びつけ学習内容の構造化が図られている。第三は，現代的な諸課題の形成過程の考察とその解決に向けた構想・提案・議論を単元の学習の中で実質化していること。具体的には，B・C・Dの各中項目の最後に近現代の歴史と現代的な諸課題との関わりを考察するとともに，課題解決に向けた構想・提案を議論する単元を組み込んでいる（例えばBであれば「(4) 近代化と現代的な諸課題」）。生徒が，現代的な諸課題の起源や来歴を考察するために，「自由と制限」「平等と格差」「開発と保全」「統合と分化」「対立と協調」といった概念的な枠組みを提示し，思考ツールとしての機能を持たせている。

「地理総合」の内容構成を大項目で示せば，A「地図や地図情報システムで捉える現代世界」，B「国際理解と国際協力」，C「持続可能な地域づくりと私たち」から成る。その特色の第一は，持続可能な社会づくりのための教育（ESD）という視点が，大項目の内容を選択・構成する軸になっていること。第二は，現代的な諸課題の地理的考察や課題解決に向けて行動をしていくために，地図やGISなど地理的技能の習得・活用が内容化されていること。第三は，現代社会の諸課題を，国際社会・日本社会・私たちの地域社会の重層的な関係に位置づけ地理的（空間的）に考察する構成になっていること。グローバル社会における文化的多様性や環境，資源・エネルギー，人口・食料問題等の地球的な諸課題について理解を深め，それをもとに防災等日本や生活地域の課題を発見し，その解決について議論し提案する学習展開に即した内容構成が取られている。

学習過程は，生徒が，主題と学習問題（問い）を設定し，歴史的・地理的事象の関係や意味・意義・特色を考察したり，論争問題に対応する解決策を判断・選択したりするように組み立てる。こうした学習過程を生徒のアクティブ・ラーニング（AL）として実質化するためには，方法としての言語活動が重要となる。授業における言語活動は，次のような手順で展開していくことが考えられよう。①事象の記述，②事象の関係の説明，③事象の意味・意義や特色の解釈，④社会的課題に対する解決策の判断・選択，⑤事象についての解釈や課題の解決策の論述，⑥生徒の解釈や判断・選択した結果についての議論。①から⑥に向かう生徒の言語活動は，知識・技能と思考・判断の深まり（深い学習）の過程に対応していると見ることができる。

一方，地理歴史科では，「主題と問い―学習過程（思考・判断・表現）―学習内容（概念的知識や能力）」の授業展開において，教師による教授と生徒の主体的な学習のバランスをどう考えるのかが課題となってくる。単元におけるALの実質化のためには，学校や生徒の実態に即して，例えば「講義を通して基礎的・基本的知識を理解するパート」→「講義・演習を通して表現（説明や議論）の技法を理解するパート」→「生徒主体のALのパート」→「学習内容をまとめ説明するパート」というように単元各パートの役割や意義を明確にしていく手だてが必要となろう。

〔梅津正美〕

公民科の教科論

「公民科」という教科は，1989（平成元）年の学習指導要領の改訂に伴い，戦後1947年以降続いてきた高等学校社会科が新たに「地理歴史科」「公民科」として再編された結果，成立した教科である。1989年の成立時から「現代社会」「倫理」「政治・経済」の三つの科目によって編成されており，「現代社会」または「倫理」「政治・経済」の選択必修として位置づけられていた。ただし，2017年の学習指導要領改訂に伴い，「現代社会」が廃止になり，新たに必履修科目としての「公共」と選択科目の「倫理」「政治・経済」として設置されることになった。

「公民科」という教科は，「地理歴史科」と比べると，教科内容が変動しやすい教科といわれる。「地理学」「歴史学」といった学問基盤がある「地理歴史科」に対して，「公民科」は公民についてのみ学ぶ教科とはいえない。「公民」＝社会・共同体の中で生きる人（人々）として生きていくために必要な資質や能力，を育成する教科が公民科なのである。

人が民主的な社会で生きてゆくうえで何が必要なのかに正解はない。例えば，近代学校教育制度の成立時は，「国民」として国家の枠で生きる人として知識やスキル・態度を育成することが求められてきたが，グローバル化が進む最近の動向においては，国家に閉ざされない共同体（地域・国家・世界）の「市民」としての資質も求められている。さらに「国民」「市民」の中身が具体的に何を示すかも明確ではない。

加えて，難しいのが，「公民科」のみが公民的資質を育成する科目ではない，という点である。教育基本法で，教育の目的を示した第1条は，「教育は，人格の完成を目指し，平和で民主的な国家及び社会の形成者として必要な資質を備えた心身ともに健康な国民の育成を期して行われなければならない。」とされる。この「平和で民主的な国家及び社会の形成者」が，まさに「公民科」で育成すべき公民的資質に相当する。即ち，教育全体の目標と公民科という一教科の目標が共通するということを示す。

こうした状況が公民科という教科に何をもたらすか。それは「公民科で育成すべき公民的資質とは何か」という命題を考える際に，公民科だけで考えることはできず，常に他でどのような公民的資質の育成が行われているかを考える必要があるということである。社会教育では，学校教育の他教科・科目，教科外活動では，どのような公民的資質が育成されているのかという問いへの答えを踏まえながら，公民科の特性や特徴が決まるという相対主義的な性質を有している。

ただし，「公民科」が成立して30年が経過したことで，教科特性も歴史的に構築されてきている。その特性として，例えば，① 知識のみ・スキルのみではなく，知識・スキル・態度を総合的に育成することを重視すること（目標の全体性），② 子どもや社会が直面している現代的な課題を取り扱うこと（課題の現代性），③ 子ども自身が主体的な活動を通して，自分自身で現代社会を理解し，現代を生きる人間としてのあり方・生き方を考えること（学習の主体性），④ 学問・社会問題・子どものバランスをとること（内容の総合性），などが挙げられる。これらは，例えば，過去を取り扱う歴史や，学校内や家庭内での民主主義教育を重視する家庭科や特別活動との対比の中で培われてきた緩やかな教科アイデンティティであるといえる。

上記のような相対主義の性質を有する教科アイデンティティを，時間的・空間的に限定のある教科にどのように具現化してゆくか，という問いを考える際には，学習対象となる社会について，何をどのような視点から取り上げ・どのように配列するかが重要になる。

そのため公民科においては，これまで例えば，① 将来の市民として必要な国家・社会の理念や制度や機構についての全体的な把握を促す，② 市民として行動するために必要な社会的課題の解決や参画を学ぶ，③ 社会を理解するために必要な学問的・理論的枠組みを学ぶ，④ 社会問題の論争点を学ぶ，といった多様なカリキュラム論が提示され，教育課程が編成されてきた。これらは，カリキュラムの帰結として，育成される市民像という理念としては対立している。しかし，現実の教育実践においては，力点の違いや変動はありながらも，こうした多様なカリキュラム論を調整・折衷しながら成立・発展してきた。このように，民主的な市民のあり方を考え，その性質を変え続けてきた教科が公民科であるといえる。

〔川口広美〕

［参］社会認識教育学会編（2020）『中学校社会科教育・高等学校公民科教育』学術図書出版.

公民科の教育方法

　公民科を含む社会科は，戦後教育改革の理念に基づき，民主的な社会を担う市民を知識・態度の両面において育成することをめざして成立した教科である。そのため，1950年頃までの「初期社会科」と呼ばれる時期においては，子どもの生活に根差した課題を取り上げ，その課題の解決に自ら取り組む過程を学習として組織する問題解決学習が数多く生み出されてきた。そこでは，生活上の課題の背景にある社会構造が抱える問題についての理解や，その問題を解決しようとする態度を統合的に育てることがめざされた。

　しかしながらその後の変遷をみれば，限られた教育実践を除いて，社会科は社会科学的な認識を形成することへとその役割を限定してきた。なぜならば，態度という子どもの内面を恣意的に操作することは，教師による政治的教化へとつながりかねない閉ざされた学習を許容しうるものとして捉えられたからである。その結果，およそ1970年代から1990年頃にかけては，社会事象に関する社会科学的な説明ができる「小さな社会科学者」の育成をめざす立場が大きく拡がりをみせることとなる。

　その一方で，1989年に改訂された学習指導要領において「新しい学力観」が提唱されたことを契機として，社会科学的な認識に留まらず，市民として求められる資質をより直接的に育成しようとする学習の提案が盛んとなった。例えば，社会問題を構造的に理解させるだけではなく，その問題を解決する方策を提案したり，その方策を個人や集団で意思決定ないしは合意形成したりする活動を組織した学習などが挙げられる。また，教室の中で可能な限り意思決定当事者の視点に立った活動を実現するために，ロールプレイやシミュレーション，ゲーミングの方法をとった教材開発も多く行われた。

　特に，地理的ないし歴史的分野の学習を土台として現在の社会の仕組みについて学ぶ公民科においては，現代社会の問題点やよりよいあり方を探求し議論させる活動は積極的に受容された。これらは1990年代半ば以降数多く提案され，社会科学的な認識形成を重視してきた従来の社会科学習の動向を大きく相対化する結果となった。

　こうした意思決定や合意形成など，何らかの形で子どもに政治的実践へと取り組ませる学習は，2015年公職選挙法の改正によっていわゆる「18歳選挙権」が認められた今日において，より盛り上がりをみせている。その今日的動向の特質は，政治的に脱色されてきた学校の授業に本物の「政治」を持ち込む「再政治化」をめざす点にある。本項では論者ごとによって異なる「政治」の定義を整理することはかなわないが，少なくとも「再政治化」という観点からすれば，授業内で行われる意思決定についても，いかなる内容であれば合理的と判断しうるかについて客観的に検討する分析者としての立場ではなく，その意思決定の当事者として子どもが政治的な主体性を発揮する活動の組織がめざされる。

　こうした流れに基づいて，今日においては特に，子どもに実際に政治的な実践へと取り組ませることを意図した学習が多く提案されている。そのうちの一つとして，例えば外国人労働者問題や持続可能なエネルギー政策など，現代社会が直面する喫緊の社会問題を扱ったうえで，その当否についての議論を組織する社会的論争問題学習が挙げられる。この学習は，単に社会的な論争問題の論点を理解させるだけではなく，その論争問題について他者と議論し互いに影響を及ぼし合う市民的空間を教室内に創出することをめざす。そのためそこでは，子ども同士が自分自身の立場で社会問題について議論する民主的な討論の場へと教室を組み替えることが求められる。

　そのほか，子どもの取り組む活動の結果を授業の中だけにとどまらず，現実社会へと接続させることによって，子どもを市民として社会に参加させることをめざすものもある。そこでは活動の「真正性」を鍵として，組織される政治的実践が子どもの現実社会での生活に対して影響をもつことが必要とされている。

　このように，特に公民科においては，より直接的に子どもを市民として育てることに焦点があてられてきた。なお，今日にあっても上に述べてきた潮流に沿わない学習の必要性を主張するものもみられる。例えば，社会科学的な認識の形成に重きを置き，そうした知見に依拠して現今の社会構造の非合理性に気づかせることの必要性を指摘する諸議論もみられる。ただしここにおいても，その非合理性への気づきこそが目の前の社会をよりよくしようと働きかける態度を生み出すと考えられるように，特に公民科の教育方法を構想するうえでは，市民としての知識と態度の両面の育ちを見据えることが求められている。

〔馬場大樹〕

算数・数学科の教科論

歴史的観点から算数・数学科の目的と内容を概観する。

算数と数学はかつて異なる教育目的をもっていた。算数は近世まで計算術に実用的な知識を加えた領域であり、社会生活と日常生活における実用性を目的として学ばれた。他方数学は、プラトンの『国家』で統治者を養成する最後の科目（弁証法、相手の議論の前提を覆す方法）の前に置かれた伝統から、19世紀終わりまで人文学の一科目としてエリート層に学ばれた。カリキュラムの中心はユークリッド『原論』の様式に沿った幾何にあり、定理の順番の変更やグラフ用紙を用いた実験的方法の導入は認められなかった。教育目的は、科学や技術における実用性ではなく、知識を忘れた後も普遍的能力が持続するという形式陶冶説によって正当化された。形式陶冶説は20世紀初頭に実験心理学によって退けられるが、数学の実用的価値のみを重視する主張も、数学科の存在意義を否定する反知性主義に結びつくと批判されて今日に至る。

現在算数と数学の教育目的は本質的に同じになっており、いずれも実用的な知識技能の提供を含みつつ、根拠を明らかにして論理的に語るレトリックの能力の育成、現象のモデル化や数学的関係の発見を通した幅広い問題解決能力の育成、数学の視点を通した現代社会の深い理解等による十全な社会参加の保障に広がっている。

教育目的の違いに対応して、算数と数学では内容面でも大きな違いがあった。以下、算数・数学の順で教育内容とその論点をみておこう。

1903年に導入された国定教科書において、小学校の算数（算術）の内容は、大半が整数・小数・分数の四則と単位の換算にあてられ、図形の扱いは面積等の量的側面に限られた。その後、メートル法の採用によって度量衡の比重が下がり、図形の性質、統計的内容、関数的扱い、場合の数等が加わって今日に至っている。

算数の最大の論点は数学との境界である。算数は、1890年代後半にフランス流の定義が批判され、負の数と文字を含まない英国流の定義で定められた。その後文字は、未知数だけでなく変数の意味も含めて広く算数に導入されるなど、算数は数学に接近している。小学校への教科担任制の導入はこの動きを加速する可能性がある。ただし算数には、数学科にはあまり取り入れられていない作品作りなどの活動がある。数学への算数の接近がもつ光と影を慎重に見極める必要がある。

その他の論点としては、小数と分数の順番（1890年代）、珠算や暗算の比重（1880年代と1930年代）、占領下の水準の引き下げ（学習指導要領1948年改訂）とその後の分数乗除と九九の扱い、集合の導入（数学教育現代化運動）、近年のゆとり路線のもとでの台形の面積の公式の扱いなどがある。

算数とは異なり、数学では個々の内容が成立した歴史的背景がカリキュラム編成に強く影響してきた。今日の中等学校の数学は、古代ギリシャでほぼ完成された初等幾何学に、アラビア世界に生まれた代数学、ルネ・デカルトによる解析幾何学、アイザック・ニュートンとゴットフリート・ライプニッツによって大きな展開を遂げた解析学、ブレーズ・パスカルとピエール・ド・フェルマーに由来する確率論等が加わって構成されている。内容に関する論点は二つある。

一つは、中等学校の数学を統合する理念である。19世紀後半には、エリート中等教育機関における幾何（古代ギリシャ文化）と代数（アラビア文化）の分離や、論証の重視（普通教育）と問題解決の重視（実業教育）の対立が論題となった。20世紀に入ると、微積分を統合の理念とし、幾何と代数を融合する数学教育改造運動（ペリー運動）が起こった（日本では1931年と1942年の教授要目で制度化された）。さらに1960年代の数学教育現代化運動では、人文社会科学を含む幅広い応用が期待された線型代数が中等学校の数学を統合する理念に加わった。しかしその後、統合の理念は不透明となり、高校数学の一部に単元の選択制が導入された日本ではその傾向が助長された。現代を生きる子どもはなぜ数学を学ぶ必要があるのか。中等学校の数学が統合される過程で喪失した教育内容の歴史性を復元しつつこの問題を考えることが求められている。

もう一つは、カリキュラムの性差である。1902年、1903年の中学校と高等女学校の教授要目では、中学校が三角比に至る現在のほぼ高校の数学Ⅰ・数学Aまでの水準とされたのに対し、高等女学校は「算術を主とす」と定められることで、カリキュラムの性差が固定化した。その後、カリキュラムの性差は、1942年の要目で高等女学校にも微積分が導入されるなど大幅に縮小し、戦後表面的にはなくなった。しかし、国際比較調査において日本は数学の得点に性差があることが知られており、性差を生む隠れたカリキュラムの存在は否定できない。数学が子どもにどのように経験されているのかを考える重要な問題提起と考えるべきだろう。

〔佐藤英二〕

［参］佐藤英二（2006）『近代日本の数学教育』東京大学出版会。

算数・数学科の教育方法

　日本の数学教育の主流は，伝統的に有用性よりも論理性を重視し，形式から演繹的に導く方法を基本としてきた。それに対し遠山啓らの数学教育協議会は，水道方式という計算体系とともに量に基づく数学教育を創造し，さらに銀林浩は，数学的モデル化による問題解決と，人間行動に基づく演算規則の構成を提起した。それは1980年代以降，世界の数学教育界で，数学を現実世界の文脈で考えモデル化を軸にすることや，数学的知識は対話を通して各自が構成するという社会的構成主義の考えが広がったことに通じる動きだった。2016年に中教審も「事象を数理的に捉え，数学の問題を見いだし，自立的，協働的に解決し，解決過程を振り返って概念を形成したり体系化したりする過程を学習過程に反映させる」とし，翌年告示された学習指導要領は数学教育の目標に「数学的活動を通して資質・能力を育む」と明記した。

　その学習過程を中学の例で具体的に示そう。教室に太さが異なる2種の線香を持ち込み，火をつける。燃えつきる時刻を予想するには何を調べるか話し合い，測定し，式・表・グラフにして分析する。「無風なら燃える速さは一定」という仮説が出され，包含除や比例など既有の数学を用いて燃えつきる時刻を求める。この数学的問題解決を実際の結果と照合し評価する。その後の振り返りで，二種の線香の燃え方の違いから「変化の割合」概念を抽出し，一定であれば変化を一次式で表せることから一次関数概念を構成する。次時以降，数学の世界で一次関数の性質を論理的に調べていく。

　この数学的活動を通して子どもたちは，帰納，仮説設定，単純化，数学化，計算，演繹，評価などの力を伸ばし，新たな数学の内容を獲得し，数学が現実の問題解決に有効だという信念も育む。

　演算方法も与えるのではなく，操作から子ども自身が導くことができる。小学校では，具体物操作―半具体物操作―頭の中のイメージ操作と進む中で，その様式化として計算方法を子ども自身が見出している。この半具体物やイメージが現実と数学的概念をつなぐシェーマ（図式・概念構成図）で，既存の知識を統合し新たな知識を獲得する際の心的な道具である。数のシェーマとしては，10進構造を表現し，その後小数・分数へ拡張できるタイルが優れている。一次・二次方程式の解法，因数分解，微分・積分などの演算も，具体的な操作から始め，天秤図，面積図，文字タイル，v-tとs-tグラフ，水槽図，ブラックボックス等をシェーマとして活用すれば学習者自身が構成しうる。

　学問としての数学は抽象的な概念や形式から演繹される知識の体系である。それを系統的に教え込めば効率的だが，知識は記憶すべき外的なものにとどまり，容易に剥落する。数学を学習者自身のものとするためには，多少時間がかかっても，現実や数学の事象に向き合い，仲間や教師と対話しながら探究し発見する経験を通して，自らの知識の枠組みを再構成する過程が大切なのである。

　教師の仕事は，学ばせたい概念や方法を見出すための適切な教材・教具とシェーマを考えること，子どもの考えを聴きとり適切に助言すること，授業を設計すること，授業の前提としてどの子も発言できる信頼感に満ちた教室を創ることである。

　授業の設計の際に，獲得させたい数学的内容（コンテンツ）と資質・能力（コンピテンシー）の両方を押さえたい。デンマークでは，主要な数学的コンピテンシーを〈数学的思考・数学的問題の提示と解決・モデル化・数学的推論・数学的実体の表現・数学的記号と形式の操作・数学的コミュニケーション・ITを含む道具の活用〉の8つとし，それと数学的内容を組み合わせて授業を設計することが教育要領で示され，学校で実践されている。日本でも参考にしたい（[参] 参照）。

　しかし今，共同を基礎とした「主体的・対話的な深い学び」と齟齬をきたしかねない動きも始まっている。2021年に中教審は，AIを活用した「指導の個別化」と個々の関心に応じた「学びの個性化」の両者を合わせた「個別最適な学び」を提起した。前者は数学教育を定型的な問題解決能力の習熟へ逆行させかねない。習熟も，AIが出す問題を解くという受け身ではなく，相互に問題を出しあう，数学を使うゲームを行うなどの能動的活動を通して，理解を深めつつなされるべきである。後者は，共通テーマによる共同の学びに，個々の関心に基づく個性的学びをどのように組み込むのかが問われる。教育方法学の大きな課題である。

〔小寺隆幸〕

[参] 小寺隆幸編著（2018）『主体的・対話的に深く学ぶ算数・数学教育』ミネルヴァ書房（デンマークの教育要領も収録）。小寺隆幸・清水美憲（2007）『世界をひらく数学的リテラシー』明石書店。銀林浩（1982）『人間行動からみた数学』明治図書。銀林浩監修（1984）『算数・数学教育の最前線』明治図書。

理科の教科論

　理科は1886年の「第一次小学校令」で博物・物理などといった自然科学の学科が統合されて誕生した。その背景には，歴史的不況による公教育の縮減と，殖産興業と富国強兵政策を進める中で，諸科学の大意を教える科学教育から実業教育の基盤へと転換する方針があったことが指摘されている（伊藤, 2006）。

　当時の理科は生活，特に職業生活との関連で語られた。実際，理科の内容は書籍に偏重した，もしくは過度に高尚なものとなるのではなく，「理科ノ概略，殊ニ衣食住生業ニ関スル事柄」（文部省, 1885）と規定され，小学校段階では，果物や穀物など人生に最も切実なものや，地震や氷，磁石など日常生活で目撃しうるものが扱われた（伊藤, 2006）。これらの自然の内容が技術教育，ひいては実業教育の基礎となるものとされた。このように理科は社会経済の状況，特に資本主義などの影響を受けながら自然科学の内容を教授する科目から実用の学へと歪められて成立し，その後もさまざまな影響で教科の性格の変更を余儀なくされてきた。

　第二次世界大戦後はGHQの新教育指針のもと，生活問題の解決を軸とした理科が展開した。そこでは，旧来の知識の習得を軸とした受け身型の授業を脱し，実験・観察を軸とした主体的な問題解決型の学習を通して科学的・合理的な精神や自然を愛する心情，能力を獲得させることが目指された。

　他方で，国際的な冷戦構造の中，スプートニク・ショックを前後して，教育内容の立ち遅れや科学技術人材の育成が急務の課題として自覚され，上述の教育が批判されるとともに，学問を基盤とした理科教育が強調された。科学教育研究協議会の真船和夫（1962）は「理科は自然科学を教える教科である」と主張し，教科内容や教材の精選と再編成を行った。他方で，新たな教育方法として諸外国の科学教育の理論や実験装置が日本に持ち込まれ，1968年改訂の学習指導要領では探究の方法としての科学の方法が提起され，内容を軽視した探究の方法の教授を推奨する立場も見られた。

　このように学問を軸とする教育に対して，公害問題の深刻化，反科学運動やベトナム戦争などを背景に，理科で純粋に自然科学を追究することが問い直されるようになる。この中で，理科で科学技術と社会の関係を問う授業（STSアプローチに基づく教育）などが展開されるようになる。2000年から始まったOECDのPISA調査も，直接問うのではなく，それを自然科学の知識や概念を念頭に起きつつ，社会との関わりの中で与えられた情報を解釈し，考察や意思決定をする能力を問うている。

　この流れのなか，理科で科学の本質を扱うことも提案された一方，その中身が国内外で議論の俎上へと挙げられた。具体的には，科学知識社会学の影響を受け，科学の社会的構成性を強調する立場に対し，科学の客観性・普遍性を否定し，文化一般に解消したこと，科学者が批判するとともに，そのあり方に警鐘を鳴らしていた。その中で，歴史学や人類学の視点から分析する科学論の立場と実際の科学者との間での対立のもと，どのような科学観に依拠するのかが鋭く問われた。

　近年では，「科学・技術・工学・数学（Science, Technology, Engineering & Mathematics: STEM）」の知識や実践を国家や社会の基礎構造に織り込むことが科学教育の文化的な責務であるという考えが国際的に強調された。その中では，各学問の知識や技能を統合するような創造的・協働的で探究的な学びが推進された。

　日本では2019年に教育再生実行会議が初等中等教育段階においてSTEAM教育の推進を提言し，経済産業省が「未来の教室」構想で取り上げた。ここでは，国際競争力を高める人材に加え，STEAMリテラシーを有する市民の育成も重視された。

　欧米のSTEM教育の推進は自然科学に特化した科学教育について教科横断を含む内容の刷新を含意していた。同時にSTEM・STEAM教育では各教科・領域の固有性が強調されるものであることも指摘されていた。だが，現実には教育内容の固有性などの側面は形骸化し，ルール・メイキングを含めた思考過程や探究の過程を強調する流れが生まれるなど自然科学の側面が後退する動きもある（石井, 2023）。日本の理科はその誕生から社会・経済の影響を多分に受けつつも，その基礎には自然科学の内容や方法が置かれ，社会や他の学問などとの立ち位置や内容の比重をめぐり相克してきた。資質・能力の強調やSTEM/STEAM教育の導入に伴って，改めて自然科学と理科の立ち位置やその性格が問われてきている。

〔大貫　守〕

［参］石井英真（2023）「日本型STEMリテラシーを育む評価のあり方」磯崎哲夫編『日本型STEM教育のための理論と実践』学校図書, 50-69頁。伊藤稔明（2006）「新教科"理科"誕生と実業教育思想」『理科教育学研究』46(2), 1-9頁。真船和夫（1962）『理科教授論』明治図書。文部省（1885）『小学校ノ学科及其程度』。

理科の教育方法

　理科の主たる教育内容は，自然科学の研究成果である概念や法則などから構成されている。自然科学の諸分野は発展・前進しており，それに合わせて理科の教育内容が現代化されることになる。

　1950年代後半から60年代にかけて，「教育内容の現代化運動」が世界各国で起こった。冷戦下の軍拡競争の影響もあって，さまざまな自然科学教育の教育課程開発プロジェクトが展開され，「教育と科学の結合」を問う運動として注目された。科学史の研究成果を教育内容として積極的に取り入れた教育課程も開発された。

　1970年代には，自然科学や技術によって引き起こされた負の側面（核兵器，公害，乱開発など）が社会問題となり，自然科学や技術が生活に与える影響，科学者の研究活動と社会的責任，市民の役割と行動など，現在では科学の社会学と呼ばれる分野の成果も，教育内容として検討されるようになった。科学・技術・社会の教育（STS教育）は一例である。

　近年，数学教育や技術教育と理科を統合する試みとして，STEM教育，STEAM教育が提唱されている。また，分子生物学，地球環境科学，量子物理学などの先端科学の知見を小中高の理科教育にどこまで取り入れるかも検討されている。

　理科の授業では実験と観察が重要な位置を占めている。そのため，実験機器と薬品などの一式，動植物や岩石などの標本，学校近隣の林や池，露頭といった観察対象など，さまざまな具体物自体を理科の教材と呼ぶことがある。これらは狭義の教材である。広義の教材は，教育内容である自然科学の概念や法則を習得するために授業で必要となる材料であり，教育内容を過不足なく伝えることができる媒体であること，子どもが授業で実際に取り組める具体性があることが要求される。狭義の教材は，教師がそれらを授業で適切に使用することで広義の教材となる。

　探究的活動が重視される理科では，子どもが各自で実験を行うことが推奨されるため，ストローやペットボトルといった安価な日用品を利用した教材が多数考案されてきた。また，パーソナルコンピュータ（PC）やタブレットといったICT機器の普及に合わせて，各種センサーを利用して計測したデータをPCで解析し，その結果を視覚化して教室で共有する授業や，コンピュータグラフィックスや拡張現実を活用して抽象概念や対象の内部構造を可視化する教材，仮想現実内の実験室でさまざまに条件を変えた仮想の実験を高速で行うなど，多様な教材が登場している。

　科学者が新しい科学知識を獲得する研究の過程を反映した活動（探究的活動）を理科授業の中で子どもが実践し，それによって科学的認識を形成し，科学に関連する諸能力の育成を促すという教授法の考え方は古くからある。探究的活動を行う学習を広く捉えて，探究学習（Inquiry Learning）に分類することは多い。

　発見学習（Discovery Learning）では，探究的活動によって，子どもが科学的探究の方法，実験・観察の技術を身につけることで，主体的に科学的認識を形成する（科学知識を発見する）。そして，新たな課題を自ら設定し（発見し），その解決に取り組んでいく。また，生活上の実際的問題や現実社会の複雑な課題が設定され，子どもが主体的に実験・観察の計画を立案し解決していく問題解決学習やプロジェクト学習も広い意味の探究学習に含まれる。

　これらの教授法に対しては，子どもの発見や計画立案といった主体的行為を強調し過ぎると，意味のある学習（科学的認識の形成）が妨げられるという批判がある。また，通常の授業や教科書とは異なるコンテキストで応用課題が設定され，子どもが主に既習の科学知識を使って取り組むことで，さらに理解を深めていくような学習を探究的活動と呼ぶこともある。

　仮説実験授業を提唱した板倉聖宣は，「授業書」を使った授業で，子どもの自発性と教師の指導性との基本的な矛盾を全面的に捉えることができると考えた。仮説実験授業では，周到に配列した一連の問題群から作成された独自の教材「授業書」を使い，問題の提示→子どもの予想→討論→再度の予想→実験による予想の検証という過程を繰り返して，予想を仮説に高め，目標とする科学知識を理解する授業が展開される。子どもが予想をもつことで理科の実験が目的意識的な行為となり，討論によって授業は社会的認識形成の場となる。板倉は，「授業書」が目標とする科学知識を子どもが使いこなせているかを絶対評価し，態度や探究心については大切であるからこそ評価してはいけないとの考えも述べている。

〔大野栄三〕

［参］板倉聖宣（1988）「仮説実験授業の形成と理論」『仮説実験授業の研究論と組織論』仮説社，166-182頁。大野栄三（2014）「自然科学と教育―理科―」『日本教育方法学会編『教育方法学研究ハンドブック』学文社，252-257頁。小川正賢（1992）「第1章探究学習論」『理科教育学講座第5巻 理科の学習論（下）』東洋館出版。

| 第6章 | 教科と領域の教育方法学 |

生活科の教科論

　生活科は，1989（平成元）年改訂の小学校学習指導要領において登場してきた科目である。その誕生は，従来あった低学年理科・社会科の廃止とともに誕生したため，当初それらを専門とする教員・研究者等からは厳しい批判があった。その根拠は，「具体的な活動や体験を通して」という生活科の学び方が，「新しい学力観」を象徴する「教えから学びへ」「指導から支援へ」という二項対立的なスローガンと相まって捉えられたからであるとともに，「活動あって学びなし」と言われても仕方のない実践事例も見られたからである。

　しかし，低学年の特性を踏まえて生活科が構想されたことは極めて重要である。民間の教員・研究者らで組織された中央教育課程検討委員会は，1976（昭和51）年に『教育課程改革試案』を公表した。その中では，小学1-3年生を「第一階梯」と表現し，その発達特性を「仕事，遊び，学習などの境界がはっきりせず未分化である」としたうえで，「これから分化を発展させていく」と特徴づけていた。中央教育審議会および文部科学省も，当時社会問題になっていた「早期教育」による弊害も踏まえて，子どもの発達と学習のあり方を再認識せざるを得なくなり，設置に踏み切った。

　そこで改めて確認しておくべきことは，生活科は低学年児童の発達特性を踏まえた科目であるということである。教育課程を検討する際に，ともするとありがちな上からの教育課題で各学年の教育を構想するのではなく，子どもの発達特性を踏まえて構想すべきであることを，生活科の存在は問い続けているといえるのではないだろうか。

　生活科では，その低学年児童に「自立し生活を豊かにしていくための資質・能力を育成する」ことを目指している。発足当初の位置づけでは「自立への基礎を養う」とされていた。しかし，2017（平成29）年に改訂された小学校学習指導要領では，「幼児期の終わりまでに育ってほしい姿」を幼稚園教育要領等に位置づけたことも踏まえて，自立心等幼児期の教育を通して育まれてきた力を活かし，低学年児童を「生活を豊かに」していける存在として育んでいくことを目指すようにした。

　「幼保小接続」が重視されるなか，とりわけ1年生1学期に内容（1）「学校生活」や，（6）「遊び」を位置づけたり，その後さまざまな身近な題材に対して「関わり」「捉え」「考え」「表現」したりすることで，「幼児期における遊びを通した総合的な学びから他教科等における学習に円滑に移行」する要の役割を果たしているともいえる。

　生活科は教科である以上，「何を学ぶのか」を明確にする必要がある。「具体的な活動や体験を通して」という学び方を活かしながら，生活科は「自分自身，身近な人々，社会及び自然の特徴やよさ，それらの関わり等に気付く」ことに学ぶ目標を置いている。幼児期は自己中心的な発想で物事を捉えようとする。しかし，心身の成長とともに認識も発達していくことで，学童期になると，自分自身が他者（もう一人の自分，身近な人々，社会，自然等）との関わりの中で育ち，その他者とのよりよい関係の中で自分自身がより育つことを自覚できるようになっていくとともに，自分自身や取り巻く他者がよりよくなるように意図的に働きかけられるようにもなっていく。その発達要求に合わせて，自分が日々暮らす家庭・学校・地域の存在を深く認識できるように学ぶ。それが生活科の学習内容となる。また，このことを明確にすることで，「活動あって学びなし」を克服し，真に生活科で目指す姿の育成につなげていくことができる。

　生活科は教科教育科目である。そのため，教科書が存在する。しかし，生活科においては「教科書で学ぶ」学び方が相応しいとはいえない。「具体的な活動や体験を通して」という学び方を重視することが生活科の特質だからである。この学び方は，やがて子ども主体の学び方である「探究」の力を形成していく。そのため，生活科における教科書は参考図書の位置づけが相応しい。近年の生活科の教科書には，学びの展開のヒント，図鑑的役割の動植物の写真，自然・季節の楽しみ方等が豊かに掲載されている。また，クラス児童の特性に合った取り組み方が選択できるように，多様なまとめ方や発表の仕方も紹介されている。参考図書の扱いでよいものの，活用次第では学習活動が広がり深まる。

　しかし，その生活科がパターン化してしまっている状況が見られる。よって，この状況を克服する必要がある。そのためには，教室内や校内にある条件の中での学びに終始せず，「校外での活動を積極的に取り入れる」，すなわち学校区である「地域」に着目し，その中にある価値ある学びにつながる他者（この場合は身近な人々，社会，自然等）を見いだし，いかに深く出合わせる学習活動が展開できるかが大きな鍵となる。

〔鎌倉　博〕

［参］鎌倉博・船越勝編著（2018）『生活科教育』ミネルヴァ書房．

生活科の教育方法

　生活科は，子どもが思いや願いをもち，身近な環境（ひと・もの・こと）に関わる中で，自己の実現を図る教科である。子どもが豊かな暮らしを送り，よりよい社会を創っていくことを目指す。

　学習過程では，遊び，育てる，作る，探検する等の活動や体験が中心となり，子どもが外界の環境と相互作用を経験する。子どもがからだ全身で五感を用いながら学習を展開する。また，絵や地図を描いたり，文章を書いたり，劇等の身体で演じる表現の機会をもつ。子ども自身が，活動や体験の中で，感じたことや考えたことを自覚し，物事や自己への気付きを広げ，深める。子どもが自分との関わりで対象を捉え，その子なりの理解を大切にする。

　また，子どもの身近な環境の中から教育内容につながる教材（学習材）を開発する。教科書に掲載されている事例（アサガオやドングリ，商店街等）を知ることは主たる目的ではない。

　生活科では，活動や体験における子どもの認識は感情と一体的に絡まりあったものと捉えられており，客観的な認識と区別するために，気付きという。気付きとは，子どもが内面に「何らかの事実，関係，疑問，感情，感覚などを生起させ，子ども自身がそれを意識し自覚すること」と定義されている（朝倉，2008）。五感を伴った原体験が，子どもの気付きを生み出す。

　子どもは，単元の学習過程を通して，人々の思いや願い，物の意味，事象の原因や背景といった環境の本質を楽しみながら追究する。子どもがじっくりと対象や自分に向き合うこと，没頭し遊び込むことが学習の根幹となる。子どもにとって活動や体験は手段ではない。こうした子ども自身と環境との主体的な関わりの中で，自己の成長や可能性をも見い出していく。

　学習指導では，子どもが活動や体験の中で体得した無自覚な状態の気付きを自覚することを促し，それらを関連づけ，他の物事を考えるときの視点へと高める。また，個人内の気付きにとどめずに集団で共有された気付きに広げていく。こうした学習過程は，子ども一人では難しく，他の子どもや教師等の他者と協働的に行う。例えば，子ども同士の話し合いの活動を取り入れる。

　遊んだり，育てたり，作ったり探検したりといった活動は，小学校生活科だけでなく，幼児期の教育でも行われるが，生活科では自覚的な学びを目指すことが相違である。そのため，伝え合いや振り返りが行われる。子どもが活動に目的意識をもつために，異年齢や地域の人々との交流も有用である。また，思考ツールを活用して，活動や体験における気付きの分類・整理を図ることもある。子どもが，自己の思いや願いを膨らませ続けながら，主体的に学習を展開する。

　生活科では，子どもが思いや願いをもって，それを実現していく学習過程が重視される。つまり，単元学習の発想をもつ。子どもの身近な環境にありながらも，興味・関心を向けていない対象を学習に取り入れることも行われる。

　教師は，子どもが思いや願いをもち，主体的に活動をしたくなるように単元構成や学習指導を行う。他教科等や地域行事，季節といった子どもの学習や生活の文脈と関連づける。それゆえ低学年の2年間を見通し単元を構想する。学校や教室の学習環境を整えることも不可欠である。例えば，子どもの学習過程や成果を掲示したり，学習活動と関連した図鑑や絵本を学級文庫に配架したりすることも間接的な学習指導である。また，個人やペア，グループ，学級集団等の学習形態を使い分ける。生活科は，小学校の教科教育でありながら，幼小接続期として，環境を通した教育の側面を有している。

　教師は，子どもとともに単元を展開していく際には，子どもが対象をどのように感じ，考えるのかを想定する。とりわけ，子どもの思いや願いと教師の意図を調整することが重要である。教師が遊び心をもって，子どもとともに柔軟な単元展開や学習指導を行う。

　学習評価にあたっては，子どもの学習過程や成果を肯定的・共感的に捉え，その子にとっての活動の意味や背景を理解する。また，授業の一場面のみに注目するのではなく，単元や年間を通して，子どもの変容を長期的に捉えていくことが，単元構想や学習指導の改善にもつながる。

〔渡邉　巧〕

［参］朝倉淳（2008）『子どもの気付きを拡大・深化させる生活科の授業原理』風間書房。朝倉淳・永田忠道編著（2019）『新しい生活科教育の創造』学術図書出版社。田村学編著（2024）『実践・小学校生活科指導法』学文社。中野重人（1992）『新訂　生活科教育の理論と方法』東洋館出版社。

音楽科の教科論

　現行の学習指導要領では初等教育および前期中等教育に位置づく音楽科、後期中等教育に位置づく芸術科音楽または音楽科は、音や音楽を学習経験の対象とした教科である。音楽科の学習活動は、表現領域として既存の楽曲を演奏する歌唱分野や器楽分野、新しい音楽をつくったり既存の楽曲をアレンジしたりする音楽づくり（初等）または音楽創作（中等）分野、既存の音楽を聴いて味わう鑑賞領域に区分される。音楽科は、以上の活動に取り組む子どもの内面（興味・思考・イメージ・感情など）を充実発展させることを通して学力育成を図り、生涯にわたる人間らしさの形成に寄与する役割を担う。このような役割を踏まえて音楽科を論じる場合には、第一に音楽に関する哲学の理論、第二に授業を実践する教師が計画する教科内容と教育方法の理論、第三に子どもの内面発達の理論の三つが必要となる。これら三つの枠組みを統合的に捉え理論化しようとしたものに「生成の原理」による音楽科カリキュラムの考え方（日本学校音楽教育実践学会）があり、この考え方は現行の学習指導要領音楽科の内容に大きな影響を与えている。

　ジョン・デューイの芸術経験論に依拠した「生成の原理」によれば、人は環境との相互作用を通して外的世界に音や音楽を生成し、音や音楽の生成と相関して音や音楽を質的に感受することにより内的世界が生成され人間的成長がもたらされる。この立場から、子どもが学ぶ（経験する）対象が教科内容として組織化される。「生成の原理」に基づく音楽科の教科内容は、音楽の形式的側面、内容的側面、文化的側面、技能的側面の4側面から捉えられ、教科内容の観点から表現領域の各分野や鑑賞領域の学習目標にふさわしい教材が選ばれる。そこで、小学校表現領域音楽づくり分野を例に、子どもはどのような力を発揮して教科内容を学ぶのか、学びを支えるうえで何が重要なのか説明する。

　子どもが夢中で空き箱を叩く。そのうちに、手で叩くと「バンバン」、鉛筆で叩くと「トトトントン」と鳴る音に興味をもち、叩く道具や叩き方による音色の違いやリズムの面白さに気づく。「タヌキが嬉しそうにトトトントンと太鼓を鳴らしている」という子どもの発言から、その子どもは形式的側面（音色・リズム）を知覚すると同時に内容的側面（嬉しそうな感じ）を想像的に感受していること、音楽的思考の働きによって形式的側面の知覚と内容的側面の感受が関連づけられていることが推察できる。さらに、子どもたちはさまざまな奏法を試しながら音色やリズムを組み合わせ、「動物達の楽しい遠足」というイメージを実現しようと協力して音楽づくりを進める。この過程でも音楽的思考が働き、子どもは発想や構想の力を発揮し協働で表現の仕方を創意工夫する。このような子どもの音楽表現の背景には、太鼓の音楽が人のコミュニケーションや娯楽の手段として機能してきたという文化的側面がある。子どもが奏法を試しながら表現の仕方を創意工夫しているとき、音楽創作の技能が発揮される（技能的側面）。以上に説明した子どもたちによる協働的な音楽づくりの過程で、外に生み出される音楽表現と内面の動きが相関し、音や音楽に対する興味、知覚・感受を核とした発想や構想による音楽的思考、音楽表現に関する知識や技能、協働的な問題解決力などが発揮され、個々の子どもの内面は不断に再構成され充実発展する。このような子どもの学びを支えガイドするのが、興味や音楽的思考を触発するための演奏などによる演示、音楽的思考を促進するための発問など、教師による働きかけである。また、対象世界（音や音楽）との出会いと対話や他者との出会いと対話を生み出す学習環境も学びの質を左右する。例えば、子ども同士が音や音楽を介在し関わり合って学ぶことのできる教室空間や座席形態、音や音楽との相互作用や子ども同士の相互作用を保証する時間の確保、オーセンティックな学習の文脈に組み込むことのできる学習材（音を生む素材や音や音楽）の選択、協働的な学びを生み音楽的思考を促進する道具（ワークシート・ICT機器など）について教師が熟慮することが重要である。さらに、個々の子どもの内面の成長は、個人差はあるものの幼児期・学童期・思春期・青年期といった発達段階の影響を受けている。そこで、発達の理論を踏まえて音楽科授業における子どもの学習経験と教師による指導の過程を考慮し実践することも重要となる。

　「生成の原理」による音楽科の教科論には、教師が授ける音楽的な知識や表現技能の習得を重視してきた旧来の音楽科を、興味・音楽的思考・協働性を軸とした生涯にわたる人間らしさの形成に寄与する教科に刷新する可能性がある。一方で、興味・音楽的思考・協働性の育ちに関する学習評価をどのように具体的に実践するのか、音楽科としての教科固有性を保ちつつ教科横断的な視点から音楽科の学びをどのようにリデザインしていくか、ということが課題となっている。

〔横山真理〕

［参］日本学校音楽教育実践学会編（2017）『学校音楽の理論と実践をつなぐ　音楽教育実践学事典』音楽之友社．

音楽科の教育方法

音楽科の教育方法について，その歴史的概略，教科内容と指導内容，学習のまとまりという3点から整理する。

音楽科は，明治期の唱歌教育から始まり，戦前の徳育のための音楽教育，戦後の西洋音楽文化の理解および技術習得を基盤とした学習指導要領の成立から現在に至るまで，各時代の要請に応じて欧米のさまざまな音楽教育の内容や方法を取り入れてきた。2006（平成18）年教育基本法改正では，日本の伝統文化教育の重要性が説かれ，国際社会を生き抜く人材を育成するべく，音楽科はその役割を果たす教科として位置づけられた。その後，教科書では郷土の音楽を含む日本の伝統音楽の扱いが増える等，教材化や授業研究等が進められつつある。現在は主に西洋音楽や日本の伝統音楽による系統的なカリキュラムにおいて演奏の技能を中心に，表現および鑑賞を通して情操教育を実現する教育方法が求められ，教育現場での実践が行われている。

過去の学習指導要領音楽編に影響を与えた音楽教育の思想や教育方法には，音楽教育による人間形成を論じたマーセルの教育思想，ダルクローズのリトミック，コダーイのわらべうた教育，オルフの即興演奏による創造性重視の教育，ペインターらの創造的音楽づくり，シェーファーのサウンドスケープ，リーマーの音楽構造の聴取と分析を中心とした音楽概念の学習等がある。

教材研究において，楽曲等の教材から指導内容（授業レベルの教科内容）をどのように見いだし設定するか，それは授業構成を決定づける要素となる。諸外国の教科内容をみると，① 音楽の構成要素や構造，② 音楽の文脈，背景，歴史，③ 思考，イメージ，フィーリング，④ 技能が扱われている。

日本では，1989（平成元）年学習指導要領改訂において，「新しい学力観」として児童生徒が自ら学ぶ意欲や思考力・判断力・表現力等の重視が提起された。この学力観のパラダイム転換に伴い，授業観も学習者主体への転換が求められるようになった。音楽科ではこの流れにおいて，2008・2009（平成20・21）年告示学習指導要領・音楽編では，小学校，中学校，高等学校にて一貫して指導すべき内容としての〔共通事項〕が設定されるに至っている。これはリズム，音色，旋律等の音楽を形づくっている要素の知覚とそれらの働きが生み出す曲想・雰囲気等の感受とを関連づけて認識形成をはかるものになっているといえる。音楽科では表現および鑑賞の活動において，リズム，音色，旋律等の音楽を形づくっている要素を指導内容とし，それらを知覚・感受し，知覚・感受したことをもとに学習者自らが思考していく教育方法の開発が進んでいる。その例として生成の原理による音楽教育，意味生成を原理とする音楽科の授業構成論，芸術的構成活動としての生活経験による教育の方法等がある。

そして授業構成において，音楽科の学習のまとまりの捉え方には題材と単元がある。音楽科では，1958（昭和33）年学習指導要領改訂以降，学習のまとまりを題材として捉えてきた。題材は，1980（昭和55）年刊行小学校音楽指導資料によると，「学習指導のための目標・内容を組織づけた指導の単位」との定義が読み取れる。一方，近年みられる音楽科の単元では，教科単元や経験単元とは異なる「学習経験単元」（小島律子『音楽科授業の理論と実践』）がある。学習経験単元は，ジョン・デューイのいう経験の再構成から導出された単元構成である。定義によれば，題材は指導者側からみた指導のためのまとまりであり，学習経験単元は学習者側にとっての経験のまとまりであるところに相違があり，授業構成の相違ともなる。

題材構成には「楽曲による題材構成」と「主題による題材構成」があり，後者の主題には，音楽的なまとまりのものと生活経験的なまとまりのものとがある。現在は「主題による題材構成」が主となりつつあり，多くは複数の教材を選択・組織し，指導過程が構成されるものとなっている。評価規準は，題材を構成する楽曲や活動等の教材で用いられる，音楽を形づくっている要素に関わる〔共通事項〕を中心として包括的に設定される。

学習経験単元における単元構成では，学習者の経験と教科内容とを統合するよう，基本的に一つの教材に関する表現活動または鑑賞活動が構成される。その際，学習者の思考の軸となる指導内容が〔共通事項〕から設定され，その指導内容を軸として評価規準が設定される。

〔鉄口真理子〕

［参］西園芳信（2023）『質の認識としての音楽科カリキュラム』風間書房。

図画工作科の教科論

　図画工作科の教科目標は，表現および鑑賞の活動を通して達成される。すなわち，子どもが「造形遊びをする」「絵や立体・工作に表す」「鑑賞する」といった活動に取り組むことを通して，「知識・技能」「思考力・判断力・表現力等」「学びに向かう力，人間性等」の資質・能力を育成することが目指される。

　その際，図画工作科ならではの視点や思考の枠組みである「造形的な見方・考え方」を働かせること，すなわち「感性や想像力を働かせ，対象や事象を，形や色などの造形的な視点で捉え，自分のイメージをもちながら意味や価値をつくりだすこと」が必要である。子どもが知性とともに感性を働かせ，思いをふくらませたり想像の世界を楽しんだりしながら，一人ひとりが形や色などの感じを自分なりに捉えることで，意味や価値をつくりだすことにつながってゆく。この「造形的な見方・考え方」は，図画工作科の学習が，活動や作品の製作のみならず，子ども一人ひとりが自分にとっての意味や価値をつくりだすという創造性の育成を目指していることを指し示している。

　教科としての「図画工作」は，戦前の「図画科」と「工作科（手工科）」，戦中の「芸能科図画」と「芸能科工作」が，戦後の学習指導要領（Course of Study）において合併する形で成立した。戦中の芸能科図画，芸能科工作においては，その目的が「芸能科ハ国民ニ須要ナル芸術技能ヲ修練セシメ情操ヲ醸化シ国民生活ノ充実ニ資セシムルヲ以ッテ要旨トス」と示されていたことからもわかるように，子どもの情感的な側面を扱いながらも当時の国家体制の強化に加担していた。一方，戦後の図画工作科においては，戦時体制に共鳴していたそれまでの教科観を省察し，子どもならではの造形表現のありよう，つまりは現実を客体化して捉えようとする大人とは異なる子どもの見方や考え方に教育的な価値を見出そうとする子ども観が位置づくことになる。それは，1952（昭和32）年に設立された創造美育協会が，それまでの抑圧された子どもの情感を解放し自由に表現させるべきとする創造美育運動を展開することによって提起され，上述したような現在の教科目標が掲げられるに至っている。

　したがって，図画工作科の指導における教師の役割には，授業を計画し実践することと同等に，子どもをよりよく知ること，すなわち子どもの感情，思考，行動などを理解することが求められる。では，その授業はどのようなものか。一般的に授業とは，教育の目的を実現するために，教師が教材・方法・環境を用意する技術過程である。しかしながら，図画工作科の授業においては，教師から子どもへ働きかけるという側面だけでなく，子ども自身が教材・方法・環境に働きかけるという表現および鑑賞の活動には必須の前提である能動性が求められる。このことは，「教材」のことを，図画工作科の授業においては「題材」と呼んでいることからも納得できる。「教材」とは，教育目的を達成するために，子どもの学習に供する素材である。一方，「題材」の一般的な意味とは「芸術作品などの制作の対象として取り上げ，その主題となる材料（subject matter）」である。これら二つの語における主語は誰か考えてみよう。すると，「教材」では「教師」であるのに対して，「題材」では「表現者」すなわち「子ども」である。つまり，図画工作科の「教材」としての「題材」とは，教育目的を達成しようとする教師の意図と，表現主題を探究しようとする子どもの意図（思い）とが重ね合ったところに成立するのである。ここにおいて，図画工作科においては，他教科にも増して，子どもが表現することについての理解に基づく授業づくりが求められることになる。

　図画工作科は，子どもを対象にした調査において，常に「好きな教科」の上位に位置づく一方で，「役に立つ教科」としては順位を大きく下げる傾向にある。しかしこのことは，単に図画工作科の学習が子どもの生活と遊離していることを意味しているのではない。ハーバート・リードが教育の目的には「その人自身になるようにする」という面と「その人自身でないものになるようにする」という相容れない可能性があると述べたように，学校での学びが即実生活に「役立つ」ものであるべきなのか，という子どもからの異議申し立てが表明されていると捉えることもできる。さらに，社会が大きな変革期を迎える現代において，学校教育のあり方が根本的に問い直され，特に学びにおける創造性が重視される中においては，図画工作科がこれまで大切にしてきた創造性が，「今」という現実にフィードバックされるだけでなく，「未来」へと創造的にフィードフォワードされることも求められよう。

〔大泉義一〕

［参］神林恒道，ふじえみつる（2018）『美術教育ハンドブック』三元社。美術教育学叢書企画編集委員会（2018）『美術教育学の現在から』学術研究出版。リード，H.著，宮脇理・岩崎清・直江俊雄訳（2001）『芸術による教育』フィルムアート社（原著，初版1943年，本訳書底本は 3rd Ed., 1956年）。

図画工作科の教育方法

　図画工作科の目標は、2017（平成29）年版学習指導要領において「表現及び鑑賞の活動を通して、造形的な見方・考え方を働かせ、生活や社会の中の形や色などと豊かに関わる資質・能力」を育成することと示され、資質・能力の3観点からの目標では、創造性が一層強調されて、創造的に発想・構想し、表現する造形活動ができるようにする指導が目指されている。

　図画工作科の内容は、「表現」と「鑑賞」の2領域、および「共通事項」で構成され、造形遊びをする活動、絵や立体、工作に表す活動、鑑賞する活動を通して指導する。その指導において目あてとする児童の学ぶ姿は、発達的特徴を踏まえ、低学年では、素材や対象を全身で感じそれらと一体となって活動し、具体的な活動を通して思考し、既成概念にとらわれずに発想を次々と展開し、つくりながら考え、結果にこだわらずにさまざまな方法を試みる姿である。また、中学年の児童では、対象と距離を置いて考え、そこからの気づきを活用して活動し、手の働きの巧みさを増し、扱える材料や用具の範囲を広げ、周りとの関わりも活発になる姿である。そして、高学年の児童では、情報を活用して多様な視点から考え、直接体験していないことや友人の心情などに思いを巡らせることができ、物事を集団や社会との関係などから振り返り、捉えたりすることができる姿である。

　図画工作科での「造形的な見方・考え方」は、児童の学びの深まりを促す指導において鍵となるものであり、児童が学習において「造形的な見方・考え方」を自在に働かせることができるようにする指導が、教師の専門性として求められる。「造形的な見方・考え方」は、「感性や想像力を働かせ、対象や事象を、形や色などの造形的な視点で捉え、自分のイメージを持ちながら意味や価値をつくりだすこと」（中央教育審議会答申、2016年）と説明されている。学校教育において感性の働きへの重視は、芸術教科に共通する特徴であり、「知性と感性の両方を働かせて対象や事象を捉え（中略）、知性だけでは捉えられないことを、身体を通して、知性と感性を融合させながら捉えていくことが、他教科以上に芸術系教科・科目が担っている学びである」（同上）という役割への理解が大切である。また、「個別性の重視による多様性の包容、多様な価値を認める柔軟な発想や他者との協働、自己表現とともに自己を形成していくこと、自分の感情のメタ認知なども含まれており、そこにも、芸術系教科・科目を学ぶ意義や必要性がある」（同上）ことを指導計画作成や評価の際などに確認しておきたい。従来から図画工作科の指導では、非認知的能力の育成に向けた役割が大きいと捉えられてきたが、「造形的な見方・考え方」の視点を踏まえて、認知的能力と非認知的能力を含めた包括的な活用能力としてのコンピテンシー育成の視点から指導方法の工夫と改善を行うことが重要である。

　新しい時代に対応する能力としてのコンピテンシーを育成するためには、知識やスキルなどの認知的側面と、直観や創造、感情などの非認知的側面との包括的な相互作用が重要であり、それは図画工作科での児童の深い学びを促す指導においても同様である。また、困難と思える課題を柔軟に解決していく力が一層求められる現代社会において、図画工作科の指導を通して既成概念にとらわれない柔軟な思考を促し、コンピテンシーとなり得る力を育むことの意義は大きい。

　コンピテンシーの育成において注目したいのが、図画工作科での指導においてメタ認知を積極的に促すことである。図画工作科の学習でのメタ認知は、児童が自らの表現や鑑賞の活動を振り返りながら、そこでの学びを深めるための自己調整を行うプロセスとなる。そのプロセスを経ることによって知識やスキル、経験の再構築を促し、それらをその後の活動での「造形的な見方・考え方」に生かすことが期待される。そして、児童が「造形的な見方・考え方」を主体的に働かせるようにするうえでも、図画工作科におけるアクティブ・ラーニング（主体的・対話的で深い学び）の視点からの授業改善は欠かせない。図画工作科の指導ではすでに多くの教師が児童の主体的な活動を重視した実践を試みているが、表現や鑑賞の学習活動での主体的な探究や話し合い、発表などで、さまざまな価値や問題を複眼的に思考するように促す指導の重要性は今後も増すと考えられる。視覚文化に限らず環境や歴史、社会規範などのさまざまな観点や価値とつなげて多様な見方と考え方から対話を促す造形活動の指導は、教科横断的な汎用的スキルの形成に貢献する挑戦的な試みともいえる。図画工作科の教育方法として、児童の柔軟な思考力を育成するための具体的方策を教師自身がいかに柔軟に思考し続けるかが、常に問われている課題である。

〔石﨑和宏〕

［参］石﨑和宏・直江俊雄（2018）『初等図画工作科教育』ミネルヴァ書房。文部科学省（2017）『小学校学習指導要領（平成29年告示）解説　図画工作編』。

美術科の教科論

美術教育の原型は、元来彫刻や建築、絵画、工芸品など個々の職能を身につける徒弟制の中で生まれたもので、16世紀頃より専門教育として体系化されていく。ただし、絵画や彫刻、工芸や建築などの諸分野が「美術」というジャンルに統合されるのは19世紀になってからのことである。現代の学校を中心とした美術教育は、F.チゼックによる児童絵画の発見から始まる。その後、H.リードによって「芸術家教育」と区別された「芸術を通した教育」が提唱され、体系立った芸術による人格教育として価値づけられていく。

日本では、学制発布以来手本を写す臨画が主流であった図画教育に対して、大正期の画家山本鼎による、児童に自由表現させる自由画教育運動が今日の美術教育の基礎を作ったということができる。

学習指導要領の変遷を概観してみよう。

1947（昭和22）年学習指導要領図画工作編（試案）は小・中学校合本となっており、「図画」と「工作」が一体化した図画工作教育の必要性を、表現力・生活技術の養成、実用品・芸術作品の理解・鑑賞力の育成とし、題材には戦後の生活主義が反映されていた。

1958（昭和33）年改訂では系統主義的傾向が強まり、工作から彫塑が分化し、図案はデザインへと代わった。また、中学校では図画工作科が「美術科」と「技術科」とに分離したため美術の週当たりの授業時間数は「2・2・2」から「2・1・1」と減少した。

1968（昭和43）年小学校学習指導要領「図画工作」は、心象表現領域と適応表現領域、また平面表現と立体表現に分け絵画・彫塑・デザイン・工作（中学校は工芸）そして鑑賞の5領域に分けられた。

1977（昭和52）年改訂では小学校に、すべての表現活動の基礎として「造形的な遊び」が1・2年に登場した。

1989（平成元）年改訂は、個性重視のもとに「創造力・考える力・表現力」を培う教科としての位置づけが強調される。中学校「美術」ではアニメーションやコンピュータ・グラフィック等の現代的な内容も大きく扱われ、2・3年生の内容が一体として扱われるようになった。

1998（平成10）年改訂においては「生きる力」を育むために、領域間でも有機的にあるいは合領域的に進めることが望ましいとされた。中学校では、完全週5日制を前提にして「1年生45時間、2年生35時間、3年生35時間」と大幅に縮減された。2008（平成20）年改訂においては、確かな学力を身につけさせるために、小学校においては話し合いなどの言語活動が重視され、中学校では基礎的な事項が〔共通事項〕として示された。

2017・2018（平成29・30）年では、予測困難な時代に子どもたち一人ひとりが未来の作り手となるよう「主体的・対話的で深い学び」が掲げられ、「造形的な見方・考え方」を働かせ教科の本質に迫る学習が求められるようになった。

日本では、1950年代以降活発化した民間教育研究団体の影響も少なくない。太田耕士らの版画表現を重視する教育版画運動、久保貞次郎・北川民次らによる子どもたちの個性の解放を訴えた創造美育運動、箕田源二郎らの生活認識を重視する「新しい絵（画）の会」、子どもの発達保障を中心課題とする「美術教育を進める会」、デザイン教育を重視する「造形教育センター」などで、これらの主張が美術の授業を活気づけてきた。

1980年代後半「美術教育の危機」が叫ばれ始め、その深刻さは増している。図工・美術の時数減に加え、1990年代の市町村合併、その後の少子化に伴う学校数減で美術教師の採用が減り、小学校はおろか、中規模の中学校にも美術教師の配置が困難となっている。現在では、免許外の教師による指導や美術教師の複数校掛け持ちは珍しくない。美術教育の理念や体系化が進んでも、肝心の美術教育の担い手不在が大きな脅威となっている。

一方で、2010年代後半から学校教育全体へのICTの導入が活発となり、これが2023年に画像生成AIが普及すると、指示語であるプロンプトを入力するだけで静止画・動画・3Dデータなどの作品が自動的に生成できるようになり、職能教育も含めた美術教育の存在意義を根底から揺るがす事態に直面している。

OECD教育研究革新センター『アートの教育学―革新型社会を拓く学びの技』（*Art for art's sake?*）によると、芸術教育の存在意義は万人が認めるところであるが、何がどのように役に立っているのか、そのエビデンスが皆無である点が問題だとしている。美術教育の必要性を訴えると同時に、児童生徒の成長を明らかにするエビデンスを社会に示す必要があるだろう。

〔三浦浩喜〕

[参] OECD教育研究革新センター編著、篠原康正・篠原真子・袰岩晶訳（2016）『アートの教育学―革新型社会を拓く学びの技―』明石書店（原著、2013年）。

美術科の教育方法

　美術科の教育方法は，図画教育として描画技術を養うことを重視した方法から始まった。次第に芸術活動とつながる個性・創造性・美的情操等と結びついた教育論が導入され，教育方法の中心は「技術」から「表現」への移行を見せた。この二つの傾向が常に交流を続けながら発展し，今日の美術科の教育方法を形成している。

　日本の普通教育における美術教育は，1872（明治5）年の，学制領布に始まる。上等小学校の中に「幾何罫画大意」が教科の一つとして置かれた。同年の小学教則の公布において，学制で罫画大意としたものを罫画と改め，指導内容を示した。知識や技術について易から難へ順を追って教える方法が中心であり，技術的教科として性格づけられていた。鉛筆を用いての西洋画法教授の時期から毛筆を用いての日本画法教授の時期，さらに子どもへの教育として成立する教育的図画期などの発展段階があったものの，大正中頃までは模倣を原則とする教育方法がとられた。

　1920（大正9）年，「新図画教育会」が図画教育を中心として一般技能教育，芸術教育を研究するのが目的であるとして発足し，同時期に山本鼎は，模倣を中心とする教育方法を不自由とし，自由画教育運動を展開した。時代背景にはヨハン・ハインリヒ・ペスタロッチ，フリードリヒ・ヴィルヘルム・アウグスト・フレーベル，マリア・モンテッソーリなどの児童中心主義の教育観が広く紹介されていたことや，色彩表現に適したクレヨンの学校現場への普及などが挙げられる。大正時代を機に，模倣を原則とした方法から創造を原則とする方法に変化する必要性が高まった。被教育者である子どもたちの自由と個性の尊重を前提にして，教育方法は「教授」から「学習指導」へと転換していくのである。

　1947（昭和22）年「教育基本法」「学校教育法」が公布され，小・中・高等学校ともに「図画工作科」が誕生し，学校教育の基準として学習指導要領が公示された。

　1958（昭和33）年の学習指導要領において小学校で図画工作科，中学校での美術科，高等学校では芸術科の選択肢に美術が位置づけられた。

　1969（昭和44）年に公示された中学校美術科の内容はそれまでの表現と鑑賞の2領域から，絵画・彫塑・デザイン・工芸・鑑賞の5つに改定され，次年度に公示された高等学校でも絵画・彫塑・デザイン・鑑賞の4つとなった。この時期の芸術のジャンルを反映した系統的なカリキュラムは，造形表現の技法・技能に関わる教育方法の発展を促したといえる。

　1977（昭和52）年には従来の造形表現とは異なる意味生成の過程を教育方法とする「造形的な遊び（造形遊び）」が登場した。背景にはインスタレーションや環境芸術など場所や時間の中で存在する現代芸術の潮流が影響している。したがって完成した作品を基に評価する従来の評価方法では困難があるとし，学習活動の観点別評価や，指導と評価の一体化について検討されていたことは興味深い。

　1989（昭和64）年には鑑賞の充実が図られ，生涯学習の視点が加えられた。背景には米国の教育運動であるDBAE（Discipline-Based Art Education），アメリア・アレナスの対話による鑑賞方法の実践の影響がある。対話による鑑賞方法のVTS（Visual Thinking Strategies）という方法論において，ファシリテーターという役割を教師に与えた。

　1999（平成11）年から「総合的な学習の時間」が始まり，学校週5日制，学社連携の流れを受け，社会教育機関としての美術館や博物館が着目され美術科教育との連携が進んだ。

　2017（平成29）年には変化の激しい世界を見据えて「社会に開かれた教育課程」が目指された。新時代に対応した教育の在り方として教科横断的な学びの推進による資質・能力の育成やSTEAM（Science, Technology, Engineering, Art, Mathematics）教育が注目されている。AI（Artificial Intelligence）の活用も拡がるなか，人間の創造性を中心に置き「技術」と「表現」を交流させてきた美術科の教育方法の担う役割は，より大きくなっていくといえよう。

〔望月未希〕

［参］鈴木淳子（2021）『美術科教育の理論と指導法』日本文教出版。橋本泰幸（1994）『日本の美術教育』明治図書。宮脇理監修（2007）『美術科教育の基礎知識』建帛社。

家庭科の教科論

1872（明治5）年，明治政府は，学制を発布し近代学校制度が発足した。1873年当時の就学率は男子39.9％，女子15.1％。この女子の就学率を上げるため，初等教育に家事・裁縫教育を採り入れ，家事・裁縫教育が近代国家，近代学校，近代家族をつなぐこととなった。

第二次世界大戦後，家庭科は，「民主的な家庭建設のための教科」（1947年学習指導要領試案）としてスタートする。小学校5年6年の家庭科は男女共学必修であったが，中学校は1958年に技術・家庭科と変わり，男子向き，女子向きとなり，「男は仕事，女は家庭」という高度経済成長を支える性別役割分業を教育として果たした。高校は1960年から女子のみ「原則として必修」とされ，1970年には，「家庭一般」の女子のみ完全必修（4単位）となった。

しかし，1974年には「家庭科の男女共修を進める会」が市川房江らによって発足，1975年から「国連女性の10年」により1979年女子差別撤廃条約が採択される。この条約を日本が批准するに当たって，①国籍法，②労働，③教育の分野が問題となった。教育分野の問題とは，高校の家庭科で女子のみ必修の教育課程である。国内外の議論の末，1989年告示の学習指導要領で「男女共学必修」4単位となり，1994年から「家庭一般」として実施された。1999年には，2単位の「家庭基礎」が設けられ，2単位を選択する高校が増加した。少子高齢化が進む日本の課題，バーチャルに傾く子どもの世界の変容を考えるとき，公教育における家庭科では，乳幼児から高齢者など地域の多様な人々とかかわり，手を使って働きかける教育ができるので，その重要性は増すと考える。

家政学は「家庭生活を中心にした人間生活における人と環境との相互作用について，人的・物的両面から，自然，社会，人文の諸科学を基盤として研究し生活の向上と共に人類の福祉に貢献する実践的総合科学である」と定義される（日本家政学会編，1984，32頁）。家政学を背景学問とした家庭科は，生活の向上と人類の福祉に貢献する公共的な知識を育む枠組みをもっている。

教育課程は，小学校5年生から，中学生，高校生まで，自分は何を誰と食べ，何を着て，どこに住み，どのように家族や地域や社会の人々とともに生きるのかを学ぶ。人間の誕生から死まで，どのような暮らしをするのか考えあう。命を養う「食」，命を環境から守る「衣服と住居」「子どもや高齢者」「消費と環境」「家族と福祉」である。家庭で学べるのに，なぜ，学校で学ぶのか。それは育った家庭や家族の価値観の影響が大きく，幅を広げることが難しいからだ。学校という場（公教育）で体験的・実践的に同世代と学びあうことが価値観の幅を広げる役割を果たす。「自分の人生を他者と共によりよく生きるために」必要だと考えるからだ。

2022年，ようやく，国連はIPCCAR6 (Intergovernmental Panel on Climate Change Sixth Assessment Report) において，人間の活動が地球に大きな影響を与えていると明示した。持続可能なライフスタイル，スローフード，エシカルファッションなど，私たちの生活における生産と消費過程を学び，地球をケアすることは喫緊の課題である。

ケアとは，活動と実践であるから，人間を対象にもする。中学生がふれあい体験で幼児にどのように関われるのか，思案しながら働きかける。対象とする人も場も異なるので，正解はないが，必要なスキルや知識も磨いていく。モノやヒトやコトに，「ケアの倫理」で耳を澄まし，相手の応答を感じながら働きかけていく。家庭科が対象としてきた生活は主に親密圏で営まれ，公私二元論で，家族・家庭の責任であるとされてきた。子どもの貧困，子育て中の親の時間貧困，孤独・孤立，ヤングケアラー，高齢者介護など社会課題が山積している。5人に1人が，ひとりで死んでいく時代である。個人を含む家族・家庭を尊重するならば，「生命のケアの場」を地域社会や国家の政治や社会福祉制度が支えることが必須となる。

家庭科におけるシティズンシップ教育は，自分の人生や生活を，地域や社会や政治とのつながりで探究する。親密圏と公共圏の再編によって「ともにケアする」場をつくっていく。ともにケアすることは，子どもの身の丈で総合する家庭科教育となり，次の世代と次の社会が育っていく。

〔望月一枝〕

［参］日本家政学会編（1984）『家政学将来構想特別委員会報告書』光生館。望月一枝（2020）「SDGs時代における『自分と社会を変える』家庭科教育の可能性と意義―『生活』を親密圏と公共圏の再編と捉えることを通して―」『日本家政学会誌』71(6)，424-431頁。

家庭科の教育方法

　家庭科は，小学校5・6年生の「家庭」と中学校「技術・家庭」の「家庭分野」（「家族・家庭生活」「衣食住の生活」「消費生活・環境」）高等学校の普通教育に関する教科「家庭」（「家庭基礎2単位」と「家庭総合4単位」の2科目より1科目を必修）と専門学科として開設される教科「家庭」（「生活産業基礎」など21科目から構成）からなる（2017・2018年版学習指導要領）。

　普通教育としての家庭科は，戦前の家事・裁縫科を否定し，戦後に誕生した。家事・裁縫科は，「家族国家観に基づく良妻賢母の育成」のために家事や裁縫の訓練を通して「不徳の涵養」を目的としたからである。戦後新設された家庭科は，「民主的家庭建設」のための教科として位置づけられ，実生活の問題を解決する学習が重視されたが，今日からみると限界を有していた。

　第一に，「民主的家庭」とは，性別役割分業・異性愛主義で成り立つ近代家族であった。それゆえ，高度経済成長前の1950年代末に中等家庭科は主婦養成の女子用教科として位置づけられ，1989年に男女共修になるまで教育におけるセクシズムの象徴として批判された。

　第二に，実生活の問題解決が家庭の自助努力による実用的改善にとどまる傾向にあった。主婦養成の家庭科では，生活の近代化・合理化のために主婦に必要な調理や裁縫の科学的知識と技能を習得し，それを用いた生活改善が求められた。ホームプロジェクトや学校家庭クラブで取り組まれた手法は，計画（Plan）→実行（Do）→反省（Check or See）→改善（Action）であった。この手法は，モノを対象にした生活改善のように比較的短時間で評価する狭い範囲の課題には使用可能だが，長期的見通しが必要な事柄や育児や家族関係に関する事柄，食品添加物や農薬の安全性など企業や行政が絡む課題では根本的な解決に至らない。それは，学習指導要領が描く家族・衣食住の生活の基礎的理解と技能の習得により，家庭生活の「正しいあり方」を理解させ，家族の一員として営ませようとする教育の限界でもある。

　他方で，家庭科の対象の独自性を「生命と生活の再生産」に関わる家庭の営みとそのしくみとし，以下の学習過程が構想されてきた。それは，①技能の伝承と原理の感性的認識（やり方を知る），②自然科学的な認識（なぜそのようにするのかを知る），③生活の現実認識（現状はどうなっているかを把握する），④現実の社会科学的認識（なぜそうなっているかがわかる），⑤政治的自覚（主権者としての自覚を持ち，これからどうしたらよいかがわかる）である（家庭科教育研究者連盟編，1988）。そして，子どもの学習要求をくみ上げた「作りたいものをつくる」や生活現実の知りたいことを調べる，子どもが具体から分析する「食品の仲間分け」，味噌づくりや糸紡ぎ・布づくりなど消費社会化により見えにくくなった「生産・流通・消費・廃棄」の過程と課題を発見し検討する，地域の課題の解決策を発信し地域づくりに参加するなどの実践が生み出されてきた。

　家庭科の目標は，何を食べ，何を着て，どこに住み，誰とどのような生活をしたいのか，持続可能な方向で自他の権利が保障されるように，意思決定できる判断主体（＝生活者）の育成にある。そして，家庭生活を中心とした人間の生活における人間と環境の相互作用について，人的・物的両面から自然・社会・人文の諸科学を駆使して総合的に検討し（日本家政学会編『家政学将来構想』1984年），「生活課題を主体的に解決する」必要がある。2018年版高等学校学習指導要領では，家庭科の内容は「人の一生と家族・家庭及び福祉」「衣食住の生活の科学と文化」「持続可能な消費生活・環境」「ホームプロジェクトと学校家庭クラブ活動」からなるが，それらを現代的課題との関係で捉え直し批判的に検討する力（リテラシー）が必要になる。また，2017・18年版には教育方法が明記され，「主体的・対話的で深い学び」や「協力・協働，健康・快適・安全，生活文化の継承・創造，持続可能な社会の構築」の視点で捉える必要，ＰＤＣＡサイクルにより目標に向けて自ら学習を調整することが求められた。家庭科の歴史を振り返ると，生活を捉える視点や目標自体が吟味される必要がある。2018年版では金融教育や投資が加えられたが，そのことを授業で検討する必要がある。それゆえ，家庭科では，生活技術を駆使してモノをつくることや生活の現状と課題を調査することを通して子どもたちが疑問を耕し，対話・討論を重ね自分の見解をつくり発信する。その過程で生活技術と対話・討論や調査のスキルを獲得し，家族や生活に関する言説を吟味してきた。家族や生活をリアルに多面的に，子どもの側から批判的に問えるからである。マイノリティの視点で検討する時，新たな生活が創造できる。

　近年，格差の拡大と貧困，ジェンダー不平等，消費社会化・デジタル化，地球規模の環境悪化と急激な気候変動などを前に，例えば家事の社会化自体を問う社会システムに踏み込んだ学びの構想が求められている。

〔山田　綾〕

［参］家庭科教育研究者連盟編（1988）『家教連20年のあゆみ』ドメス出版。高校家庭科教科書検討会編（2023）『求められる家庭科の変革』ドメス出版。

技術科の教科論

　技術科は，中学校技術・家庭科技術分野の略称である。ここでは，技術科の教科論について，教科の存立基盤，技術教育の概念，教育内容（スコープ）の構成，シークエンスの構成，特質からその概略を整理する。

　学校教育法第21条は「義務教育として行われる普通教育は，教育基本法第五条第二項に規定する目的を実現するため，次に掲げる目標を達成するよう行われるものとする」として，10項目よりなる目標が規定されている。このうち，第4項は「家族と家庭の役割，生活に必要な衣，食，住，情報，産業その他の事項について基礎的な理解と技能を養うこと」とあり，この第4項が教育法規からみた技術科の存立基盤であると解釈できる。

　日本産業技術教育学会の『次世代の学びを創造する新しい技術教育の枠組み』（以下，新しい技術教育の枠組）によると，技術教育とは，「技術に関わる資質・能力を育成することを目的に，技術の体系に即した内容知，方法知をスコープに，学習者の発達段階及び，問題発見・解決プロセスを含む学習過程をシークエンスとする教育」と定義されている。技術科は普通教育として行われる技術教育であるが，その目的となる「技術に関わる資質・能力」に注目すると，この資質・能力は，学力の3要素から整理された技術科の三つの目標として，2017（平成29）年版中学校学習指導要領に提示されている。その基底にあるのは技術リテラシーである。技術リテラシーとは「技術に関する科学（工学，農学等のエンジニアリングサイエンス），及び技術と社会，環境，経済等との関わりを理解し，主体的に生活や社会の問題を発見し技術によって解決する資質・能力であり，持続的に発展可能な社会の構築に向けた技術イノベーションと技術ガバナンスに参画する資質・能力」である。これは，技術科の見方・考え方である「生活や社会における事象を，技術との関わりの視点で捉え，社会からの要求，安全性，環境負荷や経済性などに着目して技術を最適化すること」にも端的に反映されている。

　次に教育内容（スコープ）の構成に注目したい。『新しい技術教育の枠組』は，①俯瞰的な技術の捉え（共通項），②様々な分野別の技術の理解（各論），③技術と技術を結び付ける力（システム化の考え方と方法），④技術と他分野（生活や社会）を結び付ける力の4つの枠組から整理している。さらに②の各論については，社会を構成する技術を大別した「材料と加工の記述」「生物育成の技術」「エネルギー変換の技術」「情報の技術」から構成されるとしている。これらは，教育課程の規準である中学校学習指導要領と同様の構成である。

　一方，シークエンスは「学習者の発達段階及び，問題発見・解決プロセスを含む学習過程」として提示される。『新しい技術教育の枠組』は，社会で展開されている生産・開発・発明などの技術的解決のプロセスとの同型性を重視する立場から，発達段階に即した問題発見・解決のプロセスをモデル化している。中学校では「問題の発見」「課題設定」「シーズの探究」「計画・構想・設計（Design）」「製作・制作・育成（Build）」「試験・評価（Test）」からなるプロセスを通して，エンジニアリングデザインプロセスを中心においたプロジェクトの展開とその反復を通して，技術的な問題解決能力の涵養が目指されることになる。一方『中学校学習指導要領（平成29年告示）解説　技術・家庭編』には「既存の技術の理解」「課題の設定」「技術に関する科学的な理解に基づいた設計・計画」「課題解決に向けた製作・制作・育成」「成果の評価」「次の問題の解決の視点」から成る学習過程が示されており，Design → Build → Test は共通している。

　最後にバジル・バーンスティンの「教育コード」理論からみた特質を述べる。バーンスティンは，〈教育〉（pedagogy）を収集コード（強い分類，強い枠づけ）に特徴づけられるパフォーマンス・モデルと統合コード（弱い分類，弱い枠づけ）に基づくコンペタンス・モデルで大別する一方，前者については，個別学モード，領域学モード，一般スキルモードの三つの変異体が存在することを指摘している。技術科は教育内容の構成上，その背景に農学や工学等の技術に関する科学が存在していることから，典型的な「領域学モード」に基づく教科といえる。

〔伊藤大輔〕

［参］河野義顕・大谷良光・田中喜美編著（1999）『技術科の授業を創る―学力への挑戦―』学文社．佐々木亨・近藤義美・田中喜美編著（1994）『技術科教育法』学文社．日本産業技術教育学会・技術教育分科会（2018）『技術科教育概論』九州大学出版会．日本産業技術教育学会（2021）『次世代の学びを創造する新しい技術教育の枠組み』（https://www.jste.jp/main/data/New_Fw2021.pdf）．

技術科の教育方法

　歴史上，広義の技術教育は中世の徒弟制度に見て取ることができ，一般的に徒弟制度は中世のギルドにより始まったものであると考えられている（アダム・スミス「国富論」）。中世の徒弟制度は，公的な監督のもとに置かれ，親方から徒弟に職能を伝える教育方法と並行し，読・書・算の教授を含めた人間教育も同時に行われていた。一方，システム化された中世の徒弟制度における教育方法を，親方から徒弟に教授される「模倣」「閉じた教育方法」と定義するならば，古代ギリシャ・ローマ・エジプト時代における親から実子または養子に対する職能の教授も，広い意味での徒弟制度における教育方法として解釈することができる。

　学校制度が構築されつつあるなか，18世紀半ばより始まった産業革命（第一次産業革命）は工場制機械工業の導入による産業の変革および社会構造の変革をもたらした。これにより技術教育の方法は，学校という場を通した一対多形式の「開かれた技術教育の方法」が考案されるに至る。その代表的な教育方法として，1868年当時のモスクワ帝国技術学校のテラ・ボスやソヴェトキンらによって創案された「オペレーション法」（ロシア法）がある。この教育方法は，従来の徒弟制度における伝統的な模倣による教育方法を捨て，機械工等の生産活動を分析してオペレーション（要素作業）を抽出し，これらオペレーションが順次累加されるよう，易から難へ練習課題を論理的・系統的に配列してそれぞれ練習，習得できるようにしたものである。オペレーション法は要素作業の技能習熟に適する方法である一方，現実の製作工程全体を習得できるようにすることが困難であるという短所があった。このため，オペレーションまたは複合したオペレーションを製作品の製作過程に適用していく「オペレーション＝対象法」や「オペレーション＝複合法」が考案されていく。両者は重きを置く部分に違いがあるものの，製作過程の途上にはめ込むという点において同一と見なすことができる。

　オペレーション法が，技能習得を中心とした狭義の技術者養成に適した教育方法であるのに対して，経済的見地を離れて初等教育の一つとしてオットー・サロモンらによって創案された技術教育の方法が「スロイド手工」である。また，この教育は，製作過程を分解して教授する点はオペレーション法と同様である一方，多種のスロイド（手仕事・ものづくり）を木材加工の一種類に統一して普及を図ったところに大きな違いがある。

　20世紀になると米国において工作教育，農業教育を中心として，デューイやキルパトリックらが創案・発展させた「プロジェクト法（プロジェクト・メソッド）」が理論化される。プロジェクト法は，学習者の日常生活と同様の仕組みで学習が推進できるように組織される。一般的な学習過程は，①学習者が自分の日常生活の中から抱く「ねがい」を「心の鍵」として「解決すべき問題」を設定する，②設定した問題を解決するために追究すべきことを「学習課題」と設定し，解決に向けた計画を立案する，③課題を解決するための計画を実行する，④実行によって得られた結果を評価し，次なるステップを検討するという4段階で構成される。

　1958（昭和33）年告示中学校学習指導要領において新設された技術・家庭科の技術系列（現行同学習指導要領では「技術系列」のことを「技術分野」という）が，現在日本における唯一の「技術科教育」であり，これらにエキスパートの教育を含めたものを「技術教育」という。「技術科教育の方法」のスタンダートは，プロジェクト法である。この方法が採用される大きな理由は，全国民に共通かつ一般的，基礎・基本的な教育を提供するという普通教育の理念を具現化しやすいことにある。

　最新の技術科教育学では，プロジェクト法を基盤としながら新しい時代の教育方法「エンジニアリングデザインプロセス」（日本産業技術教育学会）を提唱している。その教育方法は，認識科学（あるべきものの科学）の知見と手法を適用しつつ，①学習者の日常生活のみならず実社会の問題から技術に係る問題に着目し，製作品を開発するためにユーザーのウォンツから社会科学的なニーズを探究する（ニーズ探究ループ），②実験，プロトタイピング，シミュレーションなどを通して実験科学的なシーズを探究する（シーズ探究ループ），③構想・設計から計画的なプロジェクト・マネジメントに基づくPDCA（Plan-Do-Check-Action）型の問題解決，その途上にて都度必要となる対応をSTPD（See-Think-Plan-Do）型の問題解決として実践的・体験的に探究する（最適な人為的成果物の創造ループ）という3段階で構成される。なお，①のニーズ探究ループと②のシーズ探究ループは互いに行き来して実施され，その次に③の創造ループに至り，次なる技術的なプロジェクトへ進むという螺旋型の教育方法である。

〔宮川洋一〕

〔参〕日本産業技術教育学会（2021）『次世代の学びを創造する新しい技術教育の枠組み』。細谷俊夫（1978）『技術教育概論』東京大学出版会。

保健・体育科の教科論

日本の学習指導要領（2017年・2018年告示）では，保健・体育科に関わる教科は，小学校では「体育」，中学校では「保健体育」，高等学校では各学科に共通する教科は「保健体育」，主として専門学科において開設される教科は「体育」と表記されている。

また，これらの教科の枠組みの中で小学校では，「運動領域」と「保健領域」が設定されている。中学校では，「体育分野」と「保健分野」が設定されている。高等学校の「保健体育」は科目「体育」と「保健」が，「体育」では科目「スポーツ概論」「スポーツⅠ」「スポーツⅡ」「スポーツⅢ」「スポーツⅣ」「スポーツⅤ」「スポーツⅥ」「スポーツ総合演習」が設定されている。

このように日本では，保健と体育が制度上，密接に関連づけられている。しかし，その関係の可能性は多様である。

少なくとも，①体育と保健が一つの教科として設定される場合，②体育と保健が互いに独立した別教科として設定される場合，③体育と保健が各々別の教科と組み合わされ各々独立した教科として存在する場合が想定される。同様に，保健に関しても独立した教科，体育との合科並びに理科や社会，家庭科等への組み込みが想定できる。同じく体育に関しても，家庭科や健康教育，歴史や経済，道徳等との組み合わせが想定可能である。これらに対応し，体育の授業を担当する教員も①クラス担任，②複数教科を担当する教員，③体育のみを担当する教員の3タイプが存在する。

他方で，体育と保健の関係は，各々の教科に対する社会的要請等に基づき変化する。

体育の歴史を振り返れば，①身体の教育，②スポーツを通しての教育，③スポーツに関する教育並びに，④スポーツの中の教育という教科観が存在していた。加えて，日本の学習指導要領においては生涯にわたる豊かなスポーツライフの実現，スポーツの継承に必要な資質能力の保証という観点から，発達の段階が3段階で設定されているように，学校段階によっても教科の重点的な教科内容には違いが出てくる。その結果，教科の枠組みや名称にも違いが生み出される。例えばドイツにおいては州により小学校低学年の教科の名称に運動が用いられているケースである。

なお，①運動の技能の向上，②体力，③社会性の発達，④価値観と態度並びに⑤知識と理解は，体育の5大目標であると指摘されてきた。他方で，近年のフィジカルリテラシーをめぐる議論は，体育で育む資質・能力が①技能と体力，②情意，③社会性並びに④認識の4領域を包括することを強調している。この提案は現在ではUNESCOによる包摂的で良質の体育の提案にも反映されている。

加えて，近年では，体育においてフィジカルリテラシーが，保健においてヘルスリテラシーが期待する成果として示されているように，教科で育成する資質・能力を生涯にわたり期待する成果として明示する提案もみられる。

包括的で良質の体育をめぐる提案は，1980年代以降の世界的な体育の危機をめぐり展開されるようになる。その結果，21世紀初頭のヨーロッパには，スポーツ教育，健康教育，運動教育，従来の体育の踏襲という4つのタイプがみられた。また，スポーツの価値をめぐる論議は，スポーツと環境，スポーツと平和，価値等，スポーツをテーマとした教科横断型カリキュラムの開発を促進している。

これらの事実は，保健・体育科の教科論が，期待する学習成果や異なる教科内容を論拠にして展開されてきたことを示している。その教科内容設定の論拠は，体育でいえば，①人間（身体や子ども），②文化（スポーツ），③社会的要請（レジャー社会，肥満），④学校教育並びに，⑤科学（スポーツ科学）に要約できる。しかし，社会的課題や学校教育が担うべき課題と切り離して体育や保健という教科の目標や内容が設定されているわけではない。さらに，授業を実施する制度的条件や授業の実際は，制度設計にも影響を与えている。その意味では，保健・体育科の教科論は，それが置かれている歴史的，社会的，制度的，文化的に文脈の中で常に構成され続けているといえる。

〔岡出美則〕

[参] Casey, A. and Kirk, D. (2020) *Models-based Practice in Physical Education* (*Routledge Studies in Physical Education and Youth Sport*), Taylor and Francis. UNESCO (2014) World-wide Survey of school Physical Education Final Report 2013. 岡出美則 (2021)『ドイツスポーツ科の形成過程』明和出版. 経済協力開発機構 (OECD) 編著, 日本体育科教育学会監訳 (2023)『保健体育教育の未来をつくる』明石書店 (原著, 2019年)。

保健・体育科の教育方法

体育科・保健体育科は，心と体を一体として捉え，生涯にわたる心身の健康の保持増進と豊かなスポーツライフの実現を目標とした教科である。豊かなスポーツライフの実現に向けて，「する・見る・支える・知る」という多様な運動・スポーツとの関わり方や楽しみ方を学ぶことが目指されている。学校卒業後も生涯にわたって運動に親しもうとする資質能力を育成するためには，運動に対する愛好的態度を育む必要がある。運動を好きになるには，運動することの楽しさや喜びを感得することが重要であるが，楽しさや喜びといった情意的目標はそれ自体を目指すことでは達成できない。すなわち，運動の楽しさや喜びとは，運動技術や認識，社会的行動といった具体的な教科内容を学習した結果として達成されるものである。いわゆる「高田四原則」と呼ばれる，「動く楽しさ」「集う楽しさ」「解る楽しさ」「伸びる楽しさ」を児童生徒が味わえるような授業づくりが求められる。

運動の行い方がわかり，運動技能を高めることを目標とする知識・技能の学習について，環境が変化せず技能発揮の再現性が高い器械運動や陸上運動（陸上競技），水泳運動（水泳）などのクローズドスキルの学習では，目標とする動きや自他の動きを相互に観察する学習を組織し，課題を見つけ，その解決に向けて学び合う学習過程を創造したい。そのために教師は「限定する発問」をして観察視点を絞り込んだり，「関連させる発問」をして既習内容と関連づけたりと指導方法を工夫する。動きを撮影して視聴するなどICT機器を活用することもできる。一般的な技術ポイントを形式知として理解するだけでなく，自他の運動感覚を言語化しながら身体知を耕していくためにも，教師の発問は重要である。他方，ボール運動（球技）や表現運動（ダンス），武道など環境が絶えず変化し予測が困難な状況で技能を発揮するオープンスキルの学習では，基礎的な動きを習得することに加え，ルールを合意したり，互いの動き方やタイミングを確認したり振り返ったりする学習過程の創造が目指される。他者や集団を必要とし，ともに楽しみ競い合うような学習経験を通して，社会的態度の育成も目標となる。すべての児童生徒が参加でき，共通の学習課題を追究できるよう，教師にはスポーツの文化的特性（本質的なおもしろさ）の分析や，児童生徒の興味関心，運動技能や認識の程度といった学習レディネスの分析を踏まえた教材づくりが求められる。

1989年改訂の学習指導要領では「個に応じた指導」が目指され，目標の設定や課題の選択，活動の決定を児童生徒自身に行わせ，一人ひとりが自己のペースを保ちながら運動の特性に触れる「めあて学習」が全国的に展開された。しかしその後，児童生徒の自発性を尊重するあまり学習する内容がきわめて曖昧になってしまうことや，系統的な学習がなされていない，基礎的な運動感覚が育成されていない，能力の低い子どもの学習成果が低くなる等の問題が指摘された。学習意欲や運動技能の異なる児童生徒を前に，どのような学習集団を組織するかは重要な課題である。

スポーツは世界共通の人類の文化であり，体育・スポーツの実践はすべての人にとって基本的権利である。体育科・保健体育科においても，体力や技能の程度，性別や障害の有無にかかわらず，ともに運動やスポーツを楽しむ「共生」の視点に立った授業づくりが求められている。運動領域では，目標の合意形成や違いを活かした技術認識の交流，ルールづくりの学習や楽しさや喜びといった感情の共有，互いの成長を確認し合ったりそこに至るまでの学習過程を振り返ったりする活動を通して，「共生」の意味や価値に迫ることができる。また，体育理論の学習においても，スポーツの意義や価値について，運動領域での実践と関連づけながら知識として学習することができる。

保健領域（分野・科目）もまた，生涯にわたる心身の健康や豊かなスポーツライフの土台として重要である。身近な題材を取り上げたり，資料や発問を工夫したりして，児童生徒が健康課題を自分事として捉えられるようにしたい。児童生徒の生活的概念を出発点にしながら，授業を通してそれらを科学的概念へと転換し，学んだ知識を生活に活かせるよう学習過程を工夫することが求められる。知識だけでなく，不安や悩み（ストレス）への対処や応急手当など技能を身につけ実践できるようになることも目指されている。健康や安全に関するポスターを作成して校内に掲示したり，家で家族と議論したりするなど，学んだことを他者に伝える活動も有意義であろう。

〔加登本仁〕

〔参〕小林一久（1985）『体育の授業づくり論』明治図書。高橋健夫編著（1994）『体育の授業を創る』大修館書店。三木四郎（2005）『新しい体育授業の運動学』明和出版。ユネスコ（2015）「体育・身体活動・スポーツに関する国際憲章」（https://www.mext.go.jp/unesco/009/1386494.htm）。

外国語科の教科論

2017年から2019年にかけての学習指導要領の改訂で，特別支援学校を含め，小学校から高等学校に至るまで「コミュニケーションを図る（素地となる／基礎となる）資質・能力」の育成が目標に掲げられたが，目標に「コミュニケーション」が含まれるようになったのは1989年の改訂以降である。1947年の『学習指導要領 英語編（試案）』以降，1989年より前の学習指導要領の目標にも，日教組教研の「外国語教育の4目的」(1970/2001) にも「コミュニケーション」という言葉はない（前者の冒頭に示されていた目標は「英語で考える習慣を作ること」である）。

もっとも1947年版学習指導要領でも，英語を学ぶということが「言語材料を覚えること」ではなく，「聴き方にも，話し方にも，読み方にも，書き方にも注意しながら英語を生きたことばとして学ぶ」ことだという考えはすでに示されていた。当時の授業の方法に強く影響を与えていたのはH. E. パーマーに由来するOral Methodである。その後，構造主義言語学・行動主義に基づくAudio-lingual Method (Oral Approachとも呼ばれた) の影響を受けた1958年，1960年改訂版が「内容」の冒頭に語彙・文法項目を掲げ，いわゆるパターン・プラクティスを広く普及させることとなり，1969年，1970年改訂版では，（「学習活動」ではなく）「言語活動」が前面に出され，言語材料はそれを行うためのものであることが改めて強調された。もちろん現実が改訂の方向性にすぐ対応したとは限らず，授業の方法としては前の時代の影響が長く残ったり入試における英語の取り扱いが絡んだりして，それがまた後の実践や学習指導要領改訂の議論に影響を与えた側面もある。

上記の1989年改訂時にはJETプログラムが発足し，1998年改訂では中学校の目標の学年指定が外され，言語活動の取り扱いにおいて「言語の使用場面と働き」が例示されるとともに，コミュニケーションに「実践的」という言葉が冠された。「コミュニケーションを図る資質・能力（の育成）」を修飾し，授業の方法を少なからず規定するに至っている「外国語によるコミュニケーションにおける見方・考え方を働かせ，外国語による聞くこと，読むこと，話すこと，書くことの言語活動（及びこれらを結び付けた統合的な言語活動）を通して」という記述の背景にはこうした漸次的な変化の累積がある。国際的・社会的に各言語，特に英語が占める位置に影響されつつも，英語と諸外国語をどう捉え，外国語を通じた「コミュニケーション」をどう展開できるかが問われ続けている。

外国語を教えるということは，その言語（体系）を教えるということであり，思考のためであれ伝達のためであれ，対象世界・他者との対話という意味で，その言語を通じたコミュニケーションの経験機会を提供しその方法を学ぶということである。と同時に，その言語を使用する自他の文化を理解することも含まれる。その教育内容構成論は，国語科教育の内容・構造と同様に，言語体系の教育と言語活動の教育の関係性をどう捉え，どういう教育課程として具体化するかという問題に集約される（『教育方法学研究ハンドブック』，第Ⅳ部教科・領域の教育方法学研究「外国語科・英語教育」の項を参照）。第二言語習得・英語教育研究においては両者を一元論的に把握する立場のほうが主流といえるが，これまでの実践の蓄積を，言語的知識の明示的形成ないしは言語的諸能力の総体的運用という視点から分析し，教育内容構成の知見や課題を汲み出す余地は十分ある。国語教育・日本語教育との連携や，言語を通じた連帯・解放の側面を中心的な目的とした教育内容構成論の展開もこれからさらに重要となろう。

言語が学習の対象であると同時に学習の手段でもあり，それを通じたコミュニケーションが学習の手段であると同時に，コミュニケーション（行為）が学習の対象でもあるという点，そしてそれを支える知識と技能の関係に教科固有の面白さと課題があり，その目的・内容・方法に関する議論の多くに個体能力主義と卓越主義（パーフェクショニズム）が潜む。外国語教育・学習は，実践や研究の評価を「母語話者」や検定・資格試験などの他律的な基準に依存しがちであり，そのこと自体，国際的に外国語・英語教育の主要な論点の一つとなっている。教育方法学的研究にとっても，学習の成果・進捗をどう測り，学習者にいつどのように伝えるべきなのかということは各学校段階での主要な問題であり，より一般的には，英語の相対化も含めた言語（学習）観の自己形成の問題につながっている。授業で行う活動を，その形態の影響も含めて，「言語活動」たらしめるものは何かということや，外国語科の単元構成の固有性・一般性，そこにおける「練習」や予習・復習の役割，テクノロジー活用の可能性と限界など，理論的・実践的に取り組むべき課題は多い。

〔亘理陽一〕

[参] 江利川春雄 (2018)『日本の外国語教育政策史』ひつじ書房。亘理陽一 (2014)「外国語科・英語教育」日本教育方法学会編『教育方法学研究ハンドブック』学文社，240-245頁。

外国語科の教育方法

　外国語の教育においては，特に英語の分野で19世紀から多様な方法（method）が論じられ実践されており，現在実践されている外国語教育はそれらから大なり小なり影響を受けてきている。

　Grammar-translation methodは外国語を学ぶことが世界で大衆化し始めた19世紀初頭に登場した。学習者は文法事項ごとに与えられた例文を母語に直し，母語から目標言語へと直すことを通じて目標言語を学ぶ。このmethodには，文章を扱わない・話し言葉への言及がない・正確さが要求される・生徒は演繹的に言語を学ぶ，という特徴がある。これに対して19世紀末に登場したのがThe direct methodである。学習者の母語を排除して目標言語のみが使用され，生徒はその言語に晒されることで帰納的に言語を学ぶことが期待される。この方法の背景には，目標言語の教師として多くのnative speakerが世界中へ移動し始めたという事情があった。

　Audiolingual methodはthe direct methodが1920～30年代に行動主義の影響を受けて変化していったものである。生徒は教師の後に続いて目標言語の型（単文）を音読し，さらに反復練習することによって目標言語への習慣的反応（habit）を生み出そうとするもので，正確さが追求される。会話のなされる場を「郵便局で」など具体的に示すものをOral-situational approachと呼ぶ。これらの方法はthe PPP procedure（教師によるpresentation→教師の音読に生徒が従うpractice→モデル文を参考にした生徒自身による英文のproduction）と親和性が高い。三段階を取るものにはESAと呼ぶものもある。Engage（まず生徒を学習にやる気にさせる）→Study（目標言語を学習する）→Activate（生徒がそれを使って意味のある言語活動を行う）という手順である。

　1980年代，文法をベースとして言語を教えるこれらの伝統的な方法（traditional teaching）への批判としてCommunicative language teaching（CLT）が登場した。CLTは具体的なmethodを指すのではなく，言語が本来持っている「何かを伝えあう」という本質に重点を置き，「言語がどのように形成されているか（文法・語彙）」から「その言語が何のためにどのように使われるのか」へと重点を移動させる考え方である。ここでは従来のwritten grammar（書き言葉の文法）に対するのと同様にspoken function（話し言葉の機能）に対して関心が向けられ，場面に応じて何をどのように表現するべきかに重点が置かれる。ロールプレイやシミュレーション活動等現実味のある言語活動と親和性が高い。一方，学習を学習者中心に構築し教師の介入を極力排除するDogme ELTという考え方も登場した。

　Task-based learning（TBL）は，CLTの考え方を教室の中で現実化したものである。「ゲームをする」「問題を解決する」等具体的なtaskを遂行するためには「目標言語をどのように使えばよいのか」を学習者が考え実践することを狙う。これの発展形として，一定期間にわたるプロジェクトを目標言語で行うProject-based learningがある。

　目標言語の使用をある特定の内容理解（学校教育では数学や理科などの教科）を目的とするものがContent-based language teaching（CBLT）である。Immersion programとも呼ばれる。これの発展形であるContent and Language Integrated Learning（CLIL）は内容理解と言語習得の両方を目指して構成されるもので，内容に応じてあらかじめ目標言語を整理して生徒に学習させる。

　「言語は伝統的文法と語彙によってではなく多くの単語で組み立てられた『意味のまとまり（chunk）』で成り立っている」という見解に基づき『意味のまとまり』を教えることで目標言語を習得させる考え方がthe lexical approachである。例えば，willを教えたい場合はwillそのものを説明するのではなくてI'll give you a ring. I'll be back in time.等の文の口頭練習を通じて文構造と時制が習得されると期待されている。

　教育にはカリキュラム開発の方法や評価方法，教師の指導性等が大きくかかわりをもっている。実際に授業をする際には，いずれかの方法を学習者に当てはめるのではなく，現実の学習者の状態に応じて多様な方法を組み合わせて効果的に活用することが求められている。外国語学習への意欲を増し不安感を減じるために，学習者の母語の使用も必要に応じて柔軟に考慮される必要がある。

〔田中容子〕

［参］Harmer, Jeremy (2015) *The Practice of English language Teaching FIFTH EDITION*, PEARSON. Richards, J. C. & Renandya, W. A. (2002) *Methodology In Language Teaching*, Cambridge University Press.

道徳の教科論

　教科としての道徳に言及する場合，名目上，あるいは形式上教科に位置づけられていることと，学問上，教科の実質を備えていることとは区別して議論さなければならない。

　まず，名目上・形式上の教科としての位置づけについて日本の近代以降の変遷，および諸外国の教科「道徳」に関して概観する。

　日本で道徳が教科となったのは1872（明治5）年「学制」制定時の「修身」に遡る。1880年，それまで一教科に過ぎなかった修身は「改正教育令」において筆頭教科となり，特別の教科として位置づけられた。1890（明治23）年「教育勅語」発布以降，修身科は教育勅語の旨趣に基づくものとされ，天皇制国家主義を支え，国民を戦争に動員する中核的な科目としての役割を果たした。

　その反省から敗戦後の1945年に修身は廃止された。その後しばらく，道徳は社会科や生活指導を中心に，全教科全教育活動を通して行われ，道徳の教科や時間は設けられなかった。しかし，修身科の復活が度々試みられ，1958年には教科ではないが領域として特設「道徳の時間」が設定された。

　その後長らくこの状態が続くが，教育再生実行会議による道徳教科化の提言を契機に，2015年の学習指導要領に「特別の教科　道徳」が位置づけられ，2018年（小学校），2019年（中学校）から実施されている。教科では教科書が作成され，教科書検定が行われ，成績が評価されるが，道徳は，この形式があるから教科なのではなく，教科になったからこの形式をとっている。

　海外での道徳に関連する教科のあり方は多様である。中国や韓国などアジア圏では，日本と同様，教科と定めて必修化し，徳目を教える場合が多い。欧州ではイギリスの「市民科」，フランスの「市民・道徳科」等，道徳をシティズンシップ教育として行う国や，ドイツのように「宗教科」，あるいはその代替教科として「倫理・哲学科」が置かれる国などがある。米国は州によっては性格（品性）教育を必修化しているが，教科の位置づけではない。宗教国家の多くは，道徳教育を「宗教科」で行い，宗教的な戒律などを教えている。

　他方，学問上でいう教科とは，対応する学問分野を持ち，その内容が，その学問分野の基本的概念，原理，法則などから構成されているものを指す。この意味で，道徳が教科として成立するためには，背景となる学問分野が必要である。その第一候補は，道徳哲学・倫理学である。道徳哲学・倫理学は，善悪の根拠を追究し，規範の根拠を問い，複数の規範間の関係を問う学問である。さらに，宗教学，法学，政治学，社会学，心理学等も関連学問分野の射程に入れることができる。

　倫理学では，例えば「なぜ平等でなければならないのか」「平等とはどのような状態か」「平等は本当に必要か」等を，根拠を挙げて議論・思考し，相互の認識の違いを確認したり，理解を共有したりする。ある規範について各自の経験や意見を議論していく「子ども哲学（Philosophy for Children=P4C）」の実践は，倫理学に則した方法といえよう。また，倫理学が複数の規範の関係を問題にすることを考えれば，常に一授業一徳目に限定する教科「道徳」の授業のあり方も科学的とは言い難い。

　ところで，道徳規範はその時々の社会や文化と無関係に存在するわけではない。例えば，階級社会では階級ごとに異なる道徳が要求され，宗教国家においては宗教的戒律が要求され，民主主義社会においては，民主主義社会の形成に資する道徳が要求され，それぞれの社会が意図的・無意図的に再生産されていく。社会学や政治学の視座から見ると，道徳は支配・統治の手段でもある。それゆえ，社会学・政治学等の学問を基盤とするなら，道徳（教育）の政治的・社会的な機能も教科「道徳」の学習対象になりうる。

　道徳が学問上の教科と呼べるかどうかの第一の試金石は，教科内容（規範・徳目等）が恣意的にではなく，関連学問の基礎概念等から適切に取捨選択されているかにある。第二の試金石は，その教科内容が批判に開かれているかである。徳目は科学的概念とは異なり，特定の解釈と一対一対応しているわけではない。特定の解釈を伝達することは統治であって，教育＝学習とはいえない。民主主義社会を担うための道徳を育てるとされるシティズンシップ教育においてもホスト社会に馴化する内容であれば同様の問題を抱え込む。グローバル化し，移民・難民の流入等によって信仰と民主主義が対立構図になりがちな現代，Diversity, Equity and Inclusion（DE&I）を原理に据えつつ，開かれた道徳教育を構築していくことが求められている。

〔藤井啓之〕

道徳の教育方法

学制（1872（明治5）年）により日本の学校制度が始動した当初，道徳関連教科「修身口授（ぎょうぎのさとし）」の授業方法としては，「民家童蒙教草等ヲ以テ教師口ツカラ縷々之ヲ説諭ス」（小学教則，1872年9月），すなわち，教師が教科書教材を詳述するというものが例示されていた。さらに，「教学聖旨」（1879（明治12）年）では，教育内容としての「仁義忠孝」を学習者の「脳髄ニ感覚」させるために，「古今ノ忠臣義士，孝子節婦」について，「先ツ此画像ヲオシ其行事ノ概略ヲ説諭」するという手順が示されていた。

一方，こうした教科教育としての道徳授業のほかに，「小学生徒心得」（1873（明治6）年）で起床から下校に至るまでの行動規範が提示され，学制末期には，「日課表」で日々の行動・態度を点数化して成績に加味するという方式が広がっていく。

すなわち，具体的な教育内容や点数による評価の有無といった点を捨象すれば，第二次世界大戦後，1958（昭和33）年版学習指導要領以降の，小・中学校の「道徳の時間」での，「文章教材を用いた授業」と「学校教育全体を通じた教育」とで道徳教育を行うという枠組みや，「人物教材の多用」という特徴は，学制以降ほぼ一貫して存在していた。

一方で，こうした枠組みの実効性への疑念や批判もまた，古くから存在していた。例えば戦前にあっても，教育内容の偏りや，教材の子どもの生活実態からの乖離がしばしば批判されてきた。さらに教育方法のレベルでも，「道徳上の善は嫌な事から出発して到達するものでない。……だから諸君が子供を訓練して行かうといふならば，好きなことは何んでもやつても宜いといふことを許」すべきだとの主張（千葉命吉「一切衝動皆満足論」1921（大正10）年）まで存在した。

戦後の「道徳の時間」期にあっても，教材文を学習者が劇化する（あるいは教師が紙人形劇などで提示する），TVの教育番組を活用するなどの工夫が行われる一方，「貧困な事実的素材しか含まれていない教材文を用いて，学習指導要領に規定された，（多くの場合）単一の内容項目に帰着させる」道徳授業はさまざまに批判されてきた（例えば，宇佐美，1974）。

一方，そうした道徳授業への対案としては，L. コールバーグの道徳性発達理論に基づいた「モラルジレンマ資料」（両立し難い二つの道徳的価値間の葛藤を扱った資料）を用いた授業，自作資料を活用し，単一の内容項目への帰着に拘らない授業（例えば，深澤，2004）などが提案されてきた。

2015（平成27）年の学習指導要領一部改正により，「道徳の時間」が「特別の教科　道徳」に改編された。その際，「考える道徳」，「議論する道徳」が標榜されたことに伴い，「『特別の教科　道徳』の指導方法・評価等について（報告）」（道徳教育の評価等の在り方に関する専門家会議，2016（平成28）年）の別紙資料では，従来の道徳授業にみられた「登場人物の心情理解のみの授業」と「主題やねらいの設定が不十分な単なる生活経験の話合い」に代わり，「質の高い多様な指導方法」として，「読み物教材の登場人物への自我関与が中心の学習」，「問題解決的な学習」，「道徳的行為に関する体験的な学習」が例示された。

さらに，2018（平成30）年版高等学校学習指導要領で新設された，高校での道徳教育の「中核的な指導場面」である科目「公共」では，「思考実験など概念的な枠組みを用いて考察する活動」が例示されている。

これらのうち，「体験的な学習」については，アサーショントレーニングなど，対人的な葛藤場面でのスキルの学習などの活用が考えられる。また「思考実験」については，道徳についての固定観念をゆさぶるなどの効果が期待できよう。

とはいえ，小・中学校では，内容項目の社会情勢とのズレ，質の低い教科書教材の残存（伝記的事実が不正確な人物教材など）といった課題も存在する（山崎，2022参照）。「問題解決的な学習」が機能し，批判的なそれも含む「自我関与」が授業で展開するためには，こうした課題の解決も併せて進められることが不可欠である。

教科書教材を用いた「問題解決的な学習」を例にとると，教材文の末尾などに提示されている「問題」は，「解決」の必要性が学習者にとって感じられないことも多い。例えば小学校高学年の定番教材「手品師」（正直，誠実）での，「約束を（そのまま）守るかどうか」についての問いは回避して，終末部分の，約束を守った手品師の心情を考えさせる類の「問題」は典型である。そうではなく，主人公の行為についての，批判も含む評価，代替案の提案を行うこと，その際の判断基準として，（教材文でフィーチャーされていないものも含めた）関係者への短期的・長期的影響を幅広く考えることなどが必要である。

〔山崎雄介〕

［参］宇佐美寛（1974）『「道徳」授業批判』明治図書。深澤久（2004）『道徳授業原論』日本標準。山崎雄介（2022）「道徳科教科書についての教材研究の提案」『群馬大学教育実践研究』39，217-225頁。

職業に関する教科の教科論・教育方法

　2011年1月の中央教育審議会答申「今後の学校におけるキャリア教育・職業教育の在り方について」では，職業教育を「一定又は特定の職業に従事するために必要な知識，技能，能力や態度を育てる教育」と定義し，キャリア教育との区別を明確化している。職業教育は主に後期中等教育にあたる高等学校の専門学科を中心に展開されている。

　高等学校には「普通科」「専門学科」「総合学科」の三つの学科が設置されている。職業に関する教科（専門教科）は主に「専門学科」「総合学科」において履修機会が保障されている。しかし，両学科の教育課程には次のような違いがある。例えば「農業科」，「商業科」といった専門学科は，高等学校の卒業に必要な74単位のうち，専門教科・科目を25単位以上履修することになっている。そのため，1年次から職業の各分野に関する体系的・系統的な教育課程が編成され，各学科の特色を生かした職業知識・技術を身につけることができる。一方，総合学科は普通教育と専門教育を選択履修する学科であり，入学後に原則履修科目である「産業社会と人間」において，職業や進路について学び，そのうえで1年次後期または2年次から各自の選択科目を履修していくのが一般的である。

　高等学校学習指導要領では，職業に関する教科として下記の8教科・186科目を設置している。

教科	科目数	科目（一部抜粋）
農業	30	農業と環境，農業経営，食品化学，森林科学，生物活用
工業	59	工業技術基礎，実習，機械設計，自動車工学，製図，工業化学
商業	20	マーケティング，観光ビジネス，簿記，原価計算，プログラミング
水産	22	水産海洋基礎，漁業，船用機関，海洋生物，小型船舶，水産流通
家庭	21*	消費生活，保育基礎，服飾文化，住生活デザイン，フードデザイン
看護	13	基礎看護，人体の構造と機能，成人看護，老年看護，小児看護
情報	12*	情報テクノロジー，データベース，情報セキュリティ，情報デザイン
福祉	9	社会福祉基礎，生活支援技術，介護福祉基礎，介護総合演習

※「家庭」，「情報」は共通教科を除く専門科目のみ

　職業に関するすべての教科の目標には，①関連する技術を身につけること，②課題を創造的に解決する力を養うこと，③各分野の発展に主体的かつ協働的に取り組む態度を養うことが明記されている。各教科・科目においては，目標の実現を目指して地域や産業界と連携した実践的・体験的な学習活動を通して，職業人として必要な資質・能力の育成を図っている。具体的には，学科独自の取り組みとして，農業科のプロジェクト研究による探究学習の深化，工業科のジュニアマイスター顕彰制度の活用やものづくりコンテストへの参加による職業技術の高度化，商業科の地元企業と連携した商品開発による実務能力の育成などの教育実践がある。これは一例であり，全国各地の専門高校（職業学科）では，地域資源を生かした特色ある職業教育を実践している。また，職業教育の質を確保するため，危険物取扱者，測量士，電気工事士，基本情報技術者，税理士，准看護師，介護福祉士などの職業資格の取得も推進している。

　教育政策上の職業教育は，産業教育振興法第2条で「中学校，高等学校，大学又は高等専門学校が生徒又は学生に対して，農業，工業，商業，水産業その他の産業に従事するために必要な知識，技能及び態度を習得させる目的をもって行う教育」と規定されている。中学校では，戦後の教育改革により教科「職業科」が設置されていた。しかし，教育の現代化の影響により1958年から「技術・家庭科」となり，学習内容も技術分野では生産技術を，家庭分野では生活技術を学ぶものとなっていった。そのため，職業に関する直接的な知識・技術を指導する教科は，主に専門高校が担うようになった。

　2023（令和5）年5月時点における高等学校の生徒数は，2,909,703人であり，そのうちの17.1％にあたる497,739人が専門高校等の職業学科で学んでいる。40.7％であった1970（昭和45）年以降，減少が続いている。卒業後の進路をみると，大学等への進学率は1970年の7.2％から，2023年には25.2％に増加した。一方，就職率は1970年には85.5％であったが，2023年には46.7％にまで減少した。

　こうした現状から，専門高校（職業学科）は，大学等への接続教育も視野に入れた学習内容への移行や就業構造の変化や職業技術の高度化への対応など，多くの課題を抱えている。しかし，依然として若者の早期離職など「学校から社会・職業への移行」が円滑に行われていないとの指摘も多いなか，職業知識と技術に関する学習や職業観，勤労観の醸成を通して，生徒一人ひとりの社会的・職業的自立を支援するという重要な役割を担っている。

〔髙林直人〕

第2節　領域・テーマと教育方法学

SDGsとESD

　ESDは，Education for Sustainable Developmentを訳したものである。この正式原語について，EとSDをつなぐ前置詞"for"の重要性について確認してほしい（岩本，2020，3頁）。教育実践には「教育を通して子どもたちにどんな力を獲得してほしいか」といった「ねらい」を定める。"for"には，目的や方向性を指し示す〈～のため〉〈～に向けての〉といった意味をもつため，"for"に続く概念が教育のねらいと直結する。すなわち「SD：持続可能な開発（発展）を実現することをめざすE：教育」ということが本質にある。

　SDとEの関係性，ESDの根拠は，「持続可能な開発」がキーワードになった1992年の地球サミットに求めることができる（田中，2008，22頁）。その行動計画である「アジェンダ21」では，第36章で「教育，意識啓発及び訓練の推進」が扱われており，その第3節で「教育は持続可能な開発を推進し，環境と開発の問題に対処する市民の能力を高めるうえで不可欠である」と述べられている。さらにその後段では「教育はまた，持続可能な開発にそった環境及び倫理上の意識，価値と態度，そして技法と行動様式を達成するために不可欠である」とも記されている。

　こうした源流を受けて，現在では，例えば文部科学省のウェブサイトにおいて，ESDには環境・文化多様性・国際理解・平和・人権・ジェンダー平等・福祉・持続可能な生産と消費等，各教育内容の外延の中心に，環境，経済，社会の統合的な発展をめざす「知識・価値・行動等」が基本的な考え方にあることが図示され，かつ「現代社会の問題を自らの問題として主体的に捉え，人類が将来の世代にわたり恵み豊かな生活を確保できるよう，身近なところから取り組む（think globally, act locally）ことで，問題の解決につながる新たな価値観や行動等の変容をもたらし，持続可能な社会を実現していくことを目指して行う学習・教育活動」である，と説明されている。さらに念押しとして，「ESDは，持続可能な社会の創り手を育む教育」である，と記述されていることを確認されたい。

　一方で，SDGsには，1960年代以降に顕在化した南北格差や貧困問題，1970年代以降の環境問題の顕在化を受けて，これら地球規模の諸問題の解決をめざした国際的な議論を系譜として有し，2015年9月25日に国連総会で採択された「我々の世界を変革する：持続可能な開発のための2030アジェンダ」の開発目標として示されたものであり，17の目標（ゴール）と169の課題（ターゲット）で構成されている（山西，2021，193頁）。

　国連広報センターでは，SDGsは「すべての人々にとってよりよい，より持続可能な未来を築くための青写真です。貧困や不平等，気候変動，環境劣化，繁栄，平和と公正など，私たちが直面するグローバルな諸課題の解決を目指します。SDGsの目標は相互に関連しています。誰一人置き去りにしないために，2030年までに各目標・ターゲットを達成することが重要です。」と説明されている。

　SDGsの視点からのESD実践は，SDやSDGsの理念を確認したうえで，どのような教育方法をとるべきか，広い視野と柔軟な発想力が実践者に求められる。また，そのESD実践は，こうした実際の地域・社会・世界（ローカル～グローバル）の課題解決に寄与する教育方法が重要となる。各目標や課題解決をめざし，教育を通して，人が成長し，地域や社会に変化が起こり，世界が持続可能性に向けて変革（transformation）する，という大きな教育ビジョンを有している。

　本節の各領域・テーマ学習を，持続可能な社会の担い手を育む教育へ，具体的な行動の試行錯誤を伴う，横断的・総合的・統合的・探究的な学習活動として実践されることが期待されている。すなわち，学習の成果を通して，個人が成長するだけでなく，その個人がこれからの持続可能な地域や社会の担い手として成長すること，個人が変わり，地域が変わり，社会が変わり，世界が変わる，という教育の可能性を信じて実践する重要な社会的役割を有しているのではないか。

〔岩本　泰〕

［参］岩本泰（2020）「SDGs・ESDと総合的な学習／探究の時間」小玉敏也・金馬国晴・岩本泰編著『総合的な学習／探究の時間―持続可能な未来の創造と探究―』学文社，316頁。国連広報センター「SDGs（エス・ディー・ジーズ）とは？」(https://www.unic.or.jp/news_press/features_backgrounders/31737/)。田中治彦（2008）「これからの開発教育と「持続可能な開発のための教育」」山西優二・上條直美・近藤牧子編『地域から描くこれからの開発教育』新評論。文部科学省「持続可能な開発のための教育」(https://www.mext.go.jp/unesco/004/1339970.htm)。山西優二（2021）「SDGsと開発教育」岩本泰・小野行雄・風巻浩・山西優二編著『SDGs時代の学びづくり―地域から世界とつながる開発教育―』明石書店。

国際理解教育

　国際理解教育（Education for International Understanding）は，第二次世界大戦後，「人の心の中に平和のとりでを築く」という理念を実現するために，ユネスコが主導して世界に普及した教育である。ユネスコの考える国際理解教育の理念や原則が体系的に整理されたのが，1974年第18回ユネスコ総会で採択された「国際理解，国際協力及び国際平和のための教育並びに人権及び基本的自由についての教育に関する勧告」である。そこでは，国際理解，国際協力，国際平和，人権，基本的自由に関する教育は，不可分の一体をなすものとされた。また，学校教育のみを対象とするのではなく，「すべての段階及び形態の教育」において実践されるべきものとして提言されている。なお，この勧告は，2023年ユネスコ第42回総会において，「平和と人権，国際理解，国際協力，基本的自由，グローバル・シティズンシップ，持続可能な開発のための教育に関する勧告」として，半世紀ぶりに改定されている。新勧告で提言されたさまざまな新しい視点は，今後，日本の学校教育や教員研修等においても，重要な指針となっていくであろう。

　日本における国際理解教育の歴史は古い。1950年代には，勝田守一をはじめとする教育学者が国際理解教育に関する論考を発表し，1953年にユネスコによって開始されたユネスコ協同学校事業（現在のユネスコ・スクール）にも当初から参加するなど，世界に先駆けて，理論，実践の両アプローチからの取り組みが展開していた。1980年代になると，教育の国際化への対応として，中央教育審議会答申等でも，国際理解教育の充実が繰り返し提言されるようになるが，海外・帰国児童生徒の教育や英語教育の充実など，教育現場が直面する現実的課題に対応した領域での進展があったものの，学校教育において広く国際理解教育が定着するには至らなかった。国際理解教育の研究においては，1980年代以降，主に欧米に端を発するグローバル教育，ワールド・スタディーズ，開発教育，多文化教育などが日本にも紹介され，研究と実践が蓄積されていったことで，これらの諸教育も包含する，より広義の国際理解教育が構想されていくことになる。

　1998年の学習指導要領において新設された「総合的な学習の時間」において取り組む課題として「国際理解」が例示されたことを契機として，再び国際理解教育に関心が集まり，現在では，ESDやSDGs等も射程に入れながら実践が展開している。

　国際理解教育の目標や学習内容については，日本国際理解教育学会による整理が参考となる。そこでは，「知識・理解」目標として，文化的多様性，相互依存，安全・平和・共生の3点を，「技能（思考・判断・表現）目標」として，コミュニケーション能力，問題解決能力の2点を，「態度（関心・意欲）目標」として，人間としての尊厳，寛容・共感，参加・協力の3点をあげ，全体の目標構造が整理されている。また，学習領域と主な内容を，A多文化社会（文化理解，文化交流，多文化共生），Bグローバル社会（相互依存，情報化），C地球的課題（人権，環境，平和，開発），D未来への選択（歴史認識，市民意識，社会参加）の4領域に整理している。具体的には，多様な内容と方法が想定されるが，学校の一部で実践するものではなく，すべての学校，教科・領域，教員がそれぞれに実践可能な国際理解教育のあり方を模索することが大切である。また，他者，他文化，他国民等について認識する「他者理解」にとどまることなく，自分自身に自覚的となり，自分の言動のもとになる立場や観点を自覚し，他者にも言明する「自己言及性」にも目を配った「他者理解と自己言及の往還」による国際理解を進めることが肝要である（井上，2003）。マイクロアグレッションやアンコンシャス・バイアスへの気づきと自己変容を繰り返し，教育における差別と包摂をめぐる問題などにも目を配りながら，国際理解教育を通した社会正義の実現を目指す実践を構想したい。

　グローバル化する学校において，国際理解教育が担う役割は大きい。しかし，教員の養成・研修において，国際理解教育が本格的に扱われることは少なく，国際理解教育は，英語教育，海外留学，外国理解であるとの誤解が学校現場では未だに根強くある。学習者が地球的な課題を自分ごととして捉える探究的な学び，その学びを支えるファシリテーターとしての教師像など，国際理解教育の実践から学ぶことは多い。また，多忙な学校に新規の実践を付加するのではなく，国際理解教育の理念や方法を学校や授業を支える共有のビジョンとしながら，既存のさまざまな教育実践を，国際理解教育の視点からつなぎ，再構成し，マネジメントしていく発想での取り組みが期待される。

〔森田真樹〕

［参］井上星児（2003）「グローバルな〈危機社会〉のもとで，国際理解教育はいかにして可能か」日本グローバル教育学会『グローバル教育』5, 2-20頁。日本国際理解教育学会編（2015）『国際理解教育ハンドブック』明石書店。日本国際理解教育学会編（2021）『国際理解教育を問い直す』明石書店。

平和教育

　平和教育とは，人間の生命の尊厳の思想に基づいて，人間の生命を否定する一切の力（戦争・紛争をはじめさまざまな人間的抑圧など）に反対し，平和を築く民主的主権者を育てる教育のことである。

　平和教育では，「暴力」と対置させる形で「平和」が構造的に捉えられてきた。ノルウェーの平和学者ヨハン・ガルトゥングは，「暴力・平和・平和研究」（1969年）において，ある人のもつ潜在的実現可能性の発揮を阻害するあらゆる力を「暴力」とし，暴力を戦闘行為に代表される物理的・身体的暴力である「直接的暴力」と，社会の制度や体制そのものが生み出している人間的抑圧（階級・民族・人種・身分・性の差別，貧困，人権抑圧など）を意味する「構造的暴力」とに区分した。その後，ガルトゥングは，「文化的暴力」（1990年）において，直接的暴力と構造的暴力を正当化するために利用される文化の諸側面（宗教とイデオロギー，芸術と言語，経験科学と形式科学など）としての「文化的暴力」を提起した。そして，これらの暴力の不在ないし低減された状態を「消極的平和」とし，さらに，これらの暴力が非暴力的かつ創造的に転換され「直接的平和」「構造的平和」「文化的平和」が実現された状態を「積極的平和」とした。

　ガルトゥングの理論の影響を受け，日本の平和教育は，その内容や方法を発展させてきた。まず，内容については，戦後日本の平和教育の出発点となった戦争や紛争など直接的暴力に関する教育にとどまらず，環境問題，南北問題，人権問題をはじめ，持続可能な開発目標（SDGs）に関する教育などの構造的暴力に関する教育，さらに，これらの諸問題を正当化する文化や人々の意識などを考える教育まで，扱う内容の範囲を拡大させてきている。また，こうした世界・社会の次元にとどまらず，いじめ，暴力，差別・排除など日常生活の中にある問題を手がかりに子どもにとっての「平和」を考える取り組みも広がっている。

　次に方法については，「子どもに平和を教える」から，「子どもとともに平和を考える」そして「子どもとともに平和を実現する」共同探究的な学びへと方法を発展させてきており，平和形成の主体として子どもを捉え，「積極的平和」を追求する学びが広がってきている。例えば，「学び－調べ－表現する」活動を重視した各地の高校生による平和ゼミナール活動のように，教室・学校－家庭－地域－社会－世界の現在・未来の平和の問題に子どもたちが意見を表明し，平和を構築していく過程に関与・参加する活動が蓄積されてきている。

　日本の平和教育は，このように平和学の議論に学びながら，広がりと深まりのある実践をこれまで展開してきた。そして，学校での平和教育については，「直接的平和教育」と「間接的平和教育」の二つの面から構造的に捉えられてきた。前者は，先に挙げた直接的暴力，構造的暴力，文化的暴力に関わる具体的な諸問題を意図的・計画的に取り上げて考えさせたり，それらに関連した行動を促したりする教育である。後者は，人権意識や仲間意識を育てたり，豊かな人間的情操を育んだり，民主的な人間関係をつくったりするなど，直接的平和教育の土壌を創り上げる教育である。そして，学校での平和教育は，この両者を密接に関連させながら行うことが重要であると捉えられてきた。

　平和教育の構造をこのように捉えた場合，平和教育は単に特定の領域で行われる教育に限定されるのではなく，教育の原理として教育の全体を貫いて行われるものとして捉えられる。したがって，教科教育と教科外教育（あるいは生活指導）は平和教育の視点から再検討され，密接に結びつけられる必要がある。一人ひとりの子どもの生活現実・生活実感に根ざしながら，子どもたちが平和な世界の具体的なイメージを育み，平和を実現させていくことへの意志と見通し（現実を実際に切り拓いていく時間的展望）を獲得し，平和の形成者として平和的な生き方を構築していこうとするように彼らを励ますものとならなければならない。そのためには，自分たちが生きている世界社会について考え，それらに働きかけていく参加にひらかれた「学び」と自分たちの要求に基づいて，夢や希望，理想を実現していく「自治」とを学校教育の中に確立し，民主主義に根ざし人間的自立を励ます教育を追求していくことが必要である。

　このような教育の原理としての平和教育の追求には，学校・教室空間の平和の再構築が今後の重要な課題となる。権利行使主体として子どもを尊重し，子どもの学校参加・地域参加・社会参加を保障するだけでなく，教師の実践的な自由を保障する空間の創出が不可欠となろう。

〔高橋英児〕

[参] ガルトゥング, J.著, 藤田明史編訳（2019）『ガルトゥング平和学の基礎』法律文化社。広島平和教育研究所編（1981）『平和教育実践事典』労働旬報社。

環境教育

環境教育（Environmental Education）とは，環境問題の解決を目指す教育であり，持続可能な社会の構築に向けて，学校教育や社会教育の場において，児童生徒をはじめ広く市民を対象に，環境と環境の保全についての理解を深め，環境問題を解決するための取り組みに積極的に参加する資質・能力を育む教育をいう。

環境教育は，環境破壊や地球温暖化等の環境問題の深刻化・多様化を背景に，環境革命の時代といわれる1970年代に誕生した。国際的な取り組みの契機となったのは，「かけがえのない地球」をスローガンに開催された1972年の国連人間環境会議である。環境教育は人類の環境問題への開眼とされるこの会議において，各国が連帯して取り組む教育課題に位置づけられ，以後今日まで半世紀にわたってUNESCOとUNEP（国連環境計画）の先導のもと，各国が集う国際会議の場を通して実施の方向性や枠組みを協議する形で推進されてきた。

草創期となる1970年代には，ベオグラード会議（1975年）にて，環境教育の目的は「環境とそれに関連する諸問題に気づき，関心を持つとともに，現在の問題解決と新しい問題の未然防止に向けて，個人及び集団で活動するための知識，技能，態度，意欲，実行力を身に付けた人々を世界中で育成すること」（「ベオグラード憲章」）が明確化された。また，続く環境教育政府間会議（1977年）で採択された「トビリシ勧告」では，環境教育はすべての人々を対象に，学校教育に限らず生涯学習として展開し，学習者が環境を全体的・総合的に捉えることができるように学際的アプローチを重視すること。その際，環境問題が複雑に絡み合っていることを踏まえ，批判的思考や問題解決の過程を重視すること。年齢に応じた形で環境に対する感性・知識・問題解決技能・価値観を育むこと，とりわけ幼少期の段階では身近な地域の環境への感性の育成を重視すること。実践活動や直接体験を重視し，環境のために（for）環境の中で（in）環境について（about）環境から（from）学ぶことができるように多様な学習環境・学習方法を用いること。歴史的な視点から現在・未来へ，また自分たちの住む地域から他の地域・国々・世界の環境に目を向けること。学習者が役割を担い，意思決定に参加すること等，その後各国における環境教育の取り組みの礎となる環境教育の基本的な考え方と方法原理が示された。

一方，1980年の世界環境保全戦略における「持続可能な開発（Sustainable Development）」の提唱を機に環境教育は転換期に入り，従来の環境教育から環境・経済・社会的公正の視点を踏まえた「持続可能な開発のための教育（Education for Sustainable Development，通称ESD）」への転換が新たな課題となった。それは持続可能な社会の構築という視点から環境教育を捉え直すということであり，まさに「Think Globally, Act Locally（地球規模で考え，地域で行動する）」の言葉を体現するように，日々の生活の基盤である身近な自然・社会環境から地球規模での問題までを広く視野に入れ，過去と現在，そして未来における人と自然，人と人，人と社会・経済・文化のつながりやかかわりを探究し，よりよい生き方や社会のあり方を考え，主体的に行動できる持続可能な社会の創り手を育むということである。

では，持続可能な社会に向けて環境教育を通して育みたい資質・能力とは何か。次世代への環境教育の土台となる学校での環境教育の指針を示した国立教育政策研究所『環境教育指導資料（幼稚園・小学校編）』（2014年）および『同（中学校編）』（2017年）は，環境教育のねらいを，1. 環境に対する豊かな感受性と探究心，2. 環境に関する見方・考え方および思考力や判断力，3. 環境に働き掛ける実践力の育成としたうえで，育みたい資質・能力を，① 環境を感受する能力，② 環境に興味・関心を持ち，自ら関わろうとする態度，③ 問題を捉え，その解決の構想を立てる能力，④ データや事実・調査結果を整理し，解釈する能力，⑤ 批判的に考え・改善する能力，⑥ 公正に判断しようとする態度，⑦ 合意を形成しようとする態度，⑧ 情報を発信しようとする態度，⑨ 自ら進んで環境の保護・保全に参画しようとする態度としている。また，これらの資質・能力を育むうえでは，環境に関する見方・考え方を導く，① 資源の循環，② 自然や生命の尊重，③ 生態系の保存，④ 異文化の理解，⑤ 共生社会の実現，⑥ 資源の有限性，⑦ エネルギーの利用，⑧ 生活様式の見直しの8つの「環境を捉える視点」が特に重要とされている。このように，環境教育の主題は多面的かつ総合的であり，実践に向けては，各学校が上記のねらいや児童生徒の興味・関心，地域の実態を踏まえ，各教科，道徳，総合的な学習の時間および特別活動の特性を生かした教科横断的・総合的な学習の教育課程を編成することが課題となる。

環境教育の教育方法の要，その学習活動の根幹は，身近な環境における体験活動と探究活動であるが，今後はこれらの方法に加え，実社会や実生活におけるさまざまな環境への取り組みへの参画，多様な主体との対話・連携・協働を通した学びの充実が強く求められている。

〔若林身歌〕

［参］日本環境教育学会編（2012）『環境教育』教育出版．

人権教育

人権教育 (human rights education) とは、人権について教えることだけではなく、世界中に人権が確立され、人権侵害がなくなり、人権文化が世界に満ちることをめざして行われるあらゆる教育的活動である。

「人権教育・研修に関する国連宣言」(2011年) によれば、人権教育は、「(a) 人権に関する教育：人権に関する規範と原則、それらを支える価値観、およびそれらを保護するためのメカニズムに関する知識と理解の提供、(b) 人権を通じた教育：教育者と学習者の両方の権利を尊重した形での学習と指導、(c) 人権をめざす教育：人が自分の権利を享受・行使し、他者の権利を尊重・支持する力を育むこと」(第2条) の三つによって構成される。また、「教育を受ける権利」の保障、すなわち人権としての教育はその前提である (前文など)。

日本では、「人権教育及び人権啓発の推進に関する法律」(2000年) において、人権教育は「人権尊重の精神の涵養を目的とする教育活動」と定義されているが、先の国連宣言と比べ日本の法律的定義はかなり狭いことがわかる。文部科学省では、人権の個別的課題として、女性、子ども、高齢者、障害者、同和問題、アイヌの人々、外国人、HIV感染者・ハンセン病患者等、刑を終えて出所した人、犯罪被害者等、インターネットによる人権侵害等を、今日の人権問題としており、おもに国民の間で起こっている差別問題を人権課題としていることがわかる。人権保障の問題は、基本的には政府の課題であり、政府による弾圧や抑圧を捉えなければ十分とはいえない。

2010年代になって、日本でも個別人権課題に関する法律が次々と制定されるようになった。制定されたおもな法律を挙げると、次のようになる。

- 2013年　障害者差別解消法 (2016年施行)
- 2016年　ヘイトスピーチ対策法
　　　　　部落差別解消推進法
- 2019年　日本語教育推進法
　　　　　アイヌ民族支援法
　　　　　ハンセン病元患者家族補償法
- 2022年　困難女性支援法
　　　　　性的指向・ジェンダーアイデンティティ理解増進法
- 2023年　こども基本法

これらの法律では、多くの場合、教育についても位置づけられており、それぞれの課題に関する人権教育の取り組みが改めて学校に求められている。

これらを踏まえ、主として学校教育での人権教育は、教育内容をはじめ、教育方法、教育環境、教育目標 (行動力) などをカバーする必要がある。

戦後、日本での人権教育の主導的な役割を果たしてきたのは、被差別の立場の子どもたちの長欠・不就学の解消、学習権・学力・進路の保障、部落差別の解消をめざした同和教育である。1950年代以降、生活綴り方、集団主義教育、同和教育読本、全同教 (全国同和教育研究協議会) の四認識 (言語認識・自然認識・社会認識・芸術認識) を枠組みとしたカリキュラム構築、地域学習でのフィールドワークや当事者からの聞き取り学習などの教育実践が行われてきた。そうした学習スタイルは、教師からの知識注入型ではないアクティブ・ラーニングをめざしてきたが、特に、1990年代以降は、開発教育・民衆教育・反差別教育など、国際的な人権教育の理念と方法を取り入れた「参加型学習」が盛んに行われるようになった。

参加型学習は、一方的で受け身的な知識注入や伝達ではなく、学習者が体験・参加、学習者相互の学び合いから主体的に学ぶ学習方法であり、人権問題に積極的に興味・関心を持ち、自分自身の問題として捉え、解決のための技能・態度・行動を身につける効果的な学習方法である。こうした方法は、日本が提出し人権教育とも関連の深い「国連持続可能な開発のための教育 (ESD) の10年」でも推奨され、「知識の伝達にとどまらず体験、体感を重視して、探究や実践を重視する参加型アプローチとすること」「参加体験型の学習方法や合意形成の手法を活用することが効果的」「教育や学習の現場では、学ぶ側の意見を取り込みつつ、進めることが大切」(「我が国における「国連持続可能な開発のための教育の10年」実施計画」2006年) とされ、参加・協力・体験が重視されている。

こうした流れのなか、2000年代以降の現代的人権教育では、SDGsなども内容とし、参加型学習を方法として、人権の理念を大切にした総合的な学習が、「人権総合学習」として取り組まれている。

〔佐久間敦史〕

［参］文部科学省 (2008)「人権教育の指導方法等の在り方について (第三次とりまとめ)」。

福祉教育

　日本の福祉教育は，1950年代の共同募金会の活動，子供民生委員制度，副読本作成，社会事業教育実施校制度などを嚆矢としている。1977年から約30年間続いた「学童・生徒のボランティア活動普及事業」は全国の学校に福祉教育を広めた。1995年1月の阪神・淡路大震災はボランティアへの関心を格段に高めた。2000年以降の社会福祉基礎構造改革における地域福祉の推進，社会奉仕体験活動の促進，総合的な学習の時間の導入等を経て，福祉教育は学校・家庭・民間・地域のさまざまな関係者によって担われるようになった。まちづくり，防災・減災，見守り，居場所，差別解消などの課題が共有され，学校を含めた複数の組織が協働することで，新たな意義が発見されつつある。

　戦後復興から高度経済成長を経て少子高齢化を迎えた日本社会は，成熟の中に経済的格差や文化の多様性を抱え込むに至った。国民の福祉観も変化した。旧来からの「弱い立場の人を助けること（welfare）」を包含しつつ，「誰もがどのような状況にあってもよりよく生きること（well-being）」を求めるようになった。「ふだんのくらしのしあわせ」とも称されるように，福祉は日常生活に必要不可欠な社会機能となった。そして，基本的人権の尊重とノーマライゼーションが具現化する共生社会をめざして，子どもと大人の間にある溝や，多様な背景を持った人々の間にある狭間を埋めるべく諸施策が講じられつつある。

　福祉の行政サービスに限らず，自助・互助・共助・公助の営みが同時に施行され，それらが循環・相克・開発される渦中に福祉教育は織り込まれている。福祉教育の目標は，日本国憲法になぞらえれば，第25条の「生存権保障」と第13条の「幸福追求権」を具現化するための，第12条でいう「自由及び権利を利用しつつ保持する不断の努力」だといえる。誰もがよりよく生きるための福祉サービスとは，福祉教育を通じて人々のエンパワメントを引き出し，自分事の鑑識眼を育み，活動と参加によって絶えず見直されるものである。

　福祉教育は，学校を中心とした福祉教育，地域を基盤とした福祉教育，社会福祉専門教育という三つの領域において実践されている。学校を中心とした福祉教育には，幼稚園や保育園での福祉絵本や世代間交流，小中高校での国語，社会，公民，家庭，保健体育等の教科の単元，総合的な学習（探究）の時間，道徳，特別活動での展開例がある。高校には専門教科「福祉」があり，介護福祉士養成校や総合学科など科目設置校での実践がある。地域を基盤とした福祉教育には，社会福祉協議会，福祉施設，民生・児童委員，NPO等の関係者と障害のある当事者を含めたボランティアとの協同実践例がある。社会福祉専門教育には，福祉系大学・短大・専門学校での社会福祉士や保育士，「福祉」教員等の専門職養成を通じたサービスラーニングの実践例がある。それぞれの領域における担い手が連携しながら，福祉問題に対する子ども・青年・住民の興味・関心を高め，行動の変容を目指している。

　福祉教育では，知識・技術，資質や態度を育成する際の教育方法が成否を左右する。例えば，リーダーが突出せず誰もが学びの主人公になれる風土，コミュニケーションが豊かに行われる環境，自己肯定感が高まる評価方法など，公正と平等を体現する教育方法の導入によって学習の成果が定着しやすくなる点に留意したい。当事者との交流体験，地域住民とのサービスラーニング，学ぶ意味を実感できるクロスカリキュラム，多様性を尊重するユニバーサルデザイン等，共生の技法が組み込まれることで望ましい成果を期待できる。

　貧困な福祉観の克服が課題である。「○○○はかわいそうだ」という偏見を強め，要支援者を一方的な支援対象と認識させてしまうのが貧困な福祉観である。目標から逸脱する結果を生じさせた実践事例として，既存プログラムに依存したマンネリズム，疑似体験から生じた高齢者や障害者への負の感情，マイノリティへの合理的配慮に対する拒絶意識，優生思想への同調などが挙げられる。短時間で知識定着や態度変容を図ったり，異論を排除して予定調和の結論に収束させたりすると問題が生じやすい。学習者のニーズに即したプログラムへと改良し，学習プロセスで生じた負の感情を否定せず，当事者と継続的に交流し探究するなどして，受援力や当事者性を高めることが効果的である。

　カリキュラム・マネジメントも課題である。福祉教育や○○教育を並列に置くのではなく，SDGsの包括目標17項目を基軸に据えた構造的なカリキュラムが望ましい。学びを通じて，自分や地域の強みと課題を理解し伝えられる／自らの役割を見つける／異なる年齢や立場の人と協力する「ちから」を体得させたい。教師も学習者となり，子どもや当事者とともに学びあい，当事者性を獲得できる内容・方法の開発と研修が求められる。

〔田村真広〕

［参］日本福祉教育・ボランティア学習学会30周年記念出版編集委員会編（2024）『拡がる！ふくしの学び［実践編］』『究める！福祉教育・ボランティア学習の課題［研究編］』大学図書出版．

開発教育

　開発教育（Development education）とは，文化的多様性を前提に，よい開発とは何かを考え，より公正な地球社会と多文化共生社会をめざして自ら参加していくための知識，技能，態度を養う教育学習活動である。開発という概念には，自然開発や技術開発，国家や地域社会の社会経済的な開発だけではなく，人間の成長や発展の意味が内包されており，教育の役割は大きい。

　開発教育は1960年代に南北問題や貧困等の開発問題が顕在化したことを背景に，その問題の理解と解決をめざして展開されるようになった。1960年代後半の欧米，とりわけ英国の国際協力団体（NGO）等が中心となって誕生し，1970年代にはユニセフ・ユネスコなどの国連機関でも取り上げられ，日本では1980年代に本格的に導入された。すでに約60年にもなる開発教育の歴史を振り返ると，その具体的目標は各時代の状況，そして国際協力の理念・実践の変化を反映させて発展しており，4期に大別できる。

　第1期は，途上国の人々の窮状を先進国の人々に知らせ，それらの国々に対する援助の必要性を訴えかけることを主眼とする教育である。当時の国際協力は，経済開発に遅れている開発途上国が少しでも先進国に近づけるためのお金やモノの援助であり，その寄付金を集める一環としての教育活動であった。開発途上国の貧困，非識字の実情や問題等を感情に訴えかけ，学習者が共感理解する方法がとられた。

　第2期は，南北問題や開発問題の様相と原因を歴史的構造的に捉え，問題解決に向けての相互連帯・協力への関心や態度を養う教育である。開発途上国の貧困は欧米の植民地政策による強制的な搾取構造が原因である。そのため，問題は先進国側にしばしば責任があるという認識に立ち，他人事ではなく自分たちの責任を含めて，その構造の問題性やどうあるべきかを考える方法が行われるようになった。

　第3期は，途上国の人々の生活・文化の多様性への理解と尊重を養う教育である。途上国の人々の多様な生活や文化への理解が不十分な中で途上国が抱える問題のみを取り上げることは，その国々や人々に対してのマイナスイメージのみを学習者に与えて強化しかねないため，異文化理解が開発教育の基礎となった。

　第4期は，社会開発や人間開発を主眼に，公正な地球社会，多文化共生の社会をめざして参加する態度形成を重視する教育である。今日の国際協力は，現地の地域住民のニーズや意向を尊重し，住民自身が開発の意思決定プロセスに参加する参加型開発が主流となっている。そのため開発教育の方法でも学習者が主体的に問題提起し参加する方法が広まってきた。先進国から開発途上国への垂直的・一方向的な図式ではなく，先進国と開発途上国を水平的・双方向的な関係性であるとし，ともに地球全体の開発のあり方を考え，活動していくグローバル市民育成の教育になっている。

　さらに近年では，持続可能な開発を主眼に，ESD（持続可能な開発のための教育）やSDGs（持続可能な開発目標）の教育も広がっている。地球環境，食料問題，移民，平和など，先進国だけでは解決できない地球的課題の理解や解決に向けた能力や態度の形成を目指した参加型の教材や学習法が開発され，普及しつつある。具体的には，第三世界へのスタディツアー，写真を読み解くフォトランゲージ，貿易ゲームやペーパーバックゲームなどのゲームシミュレーション，議論が促されるランキング（順位づけ）やタイムライン作成，開発の合意形成をするロールプレイなどである。

　このように開発教育は，途上国理解，開発問題の構造認識と批判的思考，多様性理解，主体的な社会参加，そして地球的問題解決へと，国際協力の理念・実践の変化と呼応して目標を変化させてきた。しかしながら，田中治彦（2008）も指摘している通り，開発教育も国際協力も大きく変化してきたにもかかわらず，日本の学校やマスコミなどでは慈善型援助のバイアス，すなわち国際援助＝発展途上国の貧しい人にお金やモノを届けること，という認識がまだまだ多い。この型の援助は50年以上前からさまざまな批判を受けてきた陳腐なものであり，それを学校教育，NGO活動，社会教育で再生産することは避けなければならない。さらに，学校教育では内容が重複する社会系科目が開発教育を担うことが多く，学校教員の広く知るところとはなっていない。

　今後は，教員が養成・研修を通して学校教育におけるグローバル・シティズンシップ育成の重要性を理解し，以下の開発教育の目標を達成する方法が求められる。

・国際協力の理念・実践の歴史的変化の認識
・ポストコロニアリズムによる構造批判
・途上国への思い込みを解放する想像力
・国家の枠を超えた地球市民という立場性
・子ども自らも開発問題の責任がある自覚
・主体的な社会参加の態度と実践力

〔守谷富士彦〕

［参］田中治彦（2008）『国際協力と開発教育』明石書店。前林清和（2010）『開発教育実践学』昭和堂。

異文化理解教育

　異文化理解教育とは，異なる文化的背景の人々が共生していくために，互いの文化について理解し，受容し尊重する資質・能力を育成することをめざす教育を意味する。これには，異文化を学習テーマとして取り上げ，文化間の共通性や相違性などの理解をつうじて多様性尊重の態度を育成することに焦点をあてた教育と，異なる文化的背景の人々と関係を構築したり，異文化に対処したりする力を育てることに焦点をあてた教育の二つが含まれる。

　前者は，1974年のユネスコ総会で採択された「国際理解，国際協力及び国際平和のための教育並びに人権及び基本的自由についての教育に関する勧告」で示された「国際教育」の流れをくむ。同勧告では，加盟国における教育政策の主要な指導原則の一つとして，「すべての民族並びにその文化，文明，価値及び生活様式（国内の民族文化および他国民の文化を含む。）に対する理解と尊重」を掲げている。

　従来，日本ではもっぱら前者の異文化理解教育が強調されてきた。ただし，多文化社会における文化集団の指標として民族，人種，宗教，さらにセクシュアリティ等が認知されるようになっている現在でも，日本において異文化理解教育は，「他国民の文化」理解教育と同一視され，他国の食（food），祝祭事（festival），衣装（fashion）の3Fを中心とした異文化の鑑賞にとどまりがちである。そこには，民族と国家の混同があるだけでなく，文化を本質主義的に捉えるという危険性がある。さらに，個人にとっては「あたりまえ」の行動のとり方，価値観など，より可視性の低い文化の側面を見落とす可能性がある。

　グローバル化が急速に進む現在，日本国内はもとより，グローバル社会における異文化集団間の相互理解，ひいては共生を目指すうえでは，より多様な文化集団に焦点をあて，マジョリティ／マイノリティといった権力関係，偏見や差別・排除等の諸問題についての学習と，多文化社会での自己の行動のとり方についての学習者自身の省察を含めた異文化理解教育が求められている。

　一方，後者の異文化理解教育は，こうしたグローバル化の進む社会的背景の中で主張されるようになってきたものである。グローバル化の急速な進展に伴い，異なる文化的背景の人々の接触の機会，相互依存の必要性はこれまで以上に増し，異文化集団間における関係性の構築や，偏見による衝突や対立の回避，グローバル課題への協働の取り組みの必要性が認識されるようになった。さらに人権意識の高まりも相まって，異文化集団間の格差の是正も主張されるようになっている。こうした背景の中で求められるようになったのが，異なる文化的背景の人々との関係構築のための感性，態度，スキルを育成したり，異文化をめぐる課題を発見し解決に向けた行動をとるなど異文化に対処する力を育てたりする教育である。

　後者の異文化理解教育の例として，ヒューマンライブラリー，「異己」理解・共生授業プロジェクトの実践を挙げることができる。ヒューマンライブラリーは，デンマークに起源をもち，世界100か国で行われている。日本でも2008年より大学，市民団体等によって開催されている。難民，同性愛者，障害者，依存症や難病の患者等，偏見を受けやすい人が「生きた本」として「読者」である学習者と対話する。学習者は「本」との個別具体的な体験をつうじて，自身の偏見やステレオタイプを適宜修正したり，それらにとらわれずに関係を形成したりする感性，態度，スキルを学ぶ。

　一方，「異己」理解・共生授業プロジェクトの実践は，日本国際理解教育学会が2014年より日本，中国，韓国の研究者・実践者との協働で進めている。「異己」とは中国の歴史書籍から着想を得た概念で，「異なる自分」を意味する。自身の利害の絡むある場面での価値判断のあり方をめぐって，校内の学年・学級等の集団内で自身と価値観の異なる者，さらに他国の児童生徒で価値観の異なる者と違和感についての対話を行い，共生へのプロセスを創出することを目指す。

　こうした多様な他者との関係構築のための感性，態度，スキルを育成したり，異文化に対処する力を育成したりするための教育は，今後もいっそう開発されることが望まれる。

〔金井香里〕

〔参〕釜田聡（2023）「「異己」との共創をめざして」森茂岳雄監修『国際理解教育と多文化教育のまなざし』明石書店，192-205頁。坪井健（2021）『ヒューマンライブラリーへの招待』明石書店。ユネスコ（1974）「国際理解，国際協力及び国際平和のための教育並びに人権及び基本的自由についての教育に関する勧告（仮訳）」（https://www.mext.go.jp/unesco/009/004/013.pdf）。

安全・防災教育

　安全教育とは，学校保健，学校給食とともに構成される学校健康教育の一つの領域である。また安全教育は，生活安全，交通安全，災害安全（防災と同義）として位置づけられている。生活安全とは，学校・家庭において日常生活で起こる事件・事故をいい，誘拐，傷害などの犯罪被害防止も含まれる。交通安全とは，さまざまな交通場面における危険と安全，事故防止が含まれる。災害安全とは，地震・津波災害，火山災害，風水（雪）災害等の自然災害，火災，原子力災害も含まれる。安全教育は，児童生徒等が自らの行動や外部環境に存在するさまざまな危機を制御して自ら行動したり，他の人や社会の安全のために貢献したりできるようにすることを目指している（文部科学省，2019）。

　1965年以降，交通事故の急増を背景に交通安全指導の推進が図られた。1995年の阪神・淡路大震災を契機に学校施設の防災対策，防災教育の推進が図られる。2001年の大阪教育大学附属池田小学校事件以降，学校防犯対策の強化が図られ，学校では危機管理マニュアルの作成，防犯訓練，設備整備などが進められた。2011年，東日本大震災では，人間が作り上げてきた防潮堤も津波避難タワーも未曾有の災害には太刀打ちできなかった。その中で「釜石の奇跡」といわれた釜石の子どもたちの行動は世界が注目した。奇跡とは，釜石の子どもたちの防災教育を受けてきた日々の実践の成果であった。私たちは，常に「想定外の事が起きる」ということを意識するとともに，安全・防災教育や訓練などが欠かせないことを改めて実感することになった。安全・防災教育を通して，事件・事故に至る背景，災害をもたらす自然現象をすべての人々が理解し，常にそれに備えておけるようにしていくことが重要である。

　義務教育において安全・防災という教科はない。2017（平成29）年告示，小学校，中学校学習指導要領解説・総則編には「安全に関する指導は，教科等横断的な視点で学校における教育活動全体を通じて実施していかねばならない。」とある。さらに付録6には「防災を含む安全に関する教育」について各教育等の内容のうち主要なものを抜粋した表が掲載されている。安全・防災教育を実践するには「①学習する」，「②想定する」，「③訓練する」の三つの構造がある。「学習する」とは，事故や災害について理解する場面である。教科や，総合的な学習の時間などを用いて，感覚に訴え，体で実感し，頭脳でしっかり理解する場面である。「想定する」とは，学んだことを生かして，実際にどのようなことが起こるのかを想定してみる場面である。「訓練する」とは，学校や地域，広域で行う安全に関する訓練および災害に対する避難訓練のことであり，実際に事故・事件や災害が起きた場合に的確に判断して行動していく場面である。また，事故・事件や災害が起こってから避難した後も考えておく必要がある。例えば，災害が起き，数日または数週間避難所生活になった場合を想定し，三つの構造の防災教育を展開していく必要がある。

　児童生徒を取り巻く環境が急速に変化している。2020年代では，新型コロナウイルス感染症の蔓延，他国からのミサイル等による脅威，スマートフォンによる児童生徒を標的とした危機事象などの危機事象対応が加わった。今後，想定されなかった新たな危機事象の出現などにも応じていく必要がある。

　2011年に発生した東日本大震災は，学校防災に大きな衝撃と影響を与えている。石巻市立大川小学校では教職員・児童合わせて84名が犠牲となった。2019年10月最高裁では，この原因となる自然状況は予測できたという学校側に厳しい判決が下された。学校安全，危機管理等に対する課題が多方面にわたり，学校全体の安全・危機管理体制が不可欠となる。しかし，多様な教育課題が山積し対応に追われる中で，教職員の学校安全・危機管理等に関する意識は高いとはいえない。また，安全・防災に関する指導ができる教員が少ないことや安全・防災に関わる教材・教具が不足し指導法も確立していない。そのため，地域，学校によって，安全・防災に関する取り組みの量，質に差がある。さらに，教員養成機関での安全・防災に関する取り組みや指導できる教員の養成も十分とはいえない状況にある。現状は，安全・防災教育を学校だけで取り組むには限界がある。先進的に取り組む自治体（例えば，高知県黒潮町，岩手県釜石市）では，自治体防災関係部署や，気象台，消防，警察等の防災関係諸機関，大学や専門機関等が，教育委員会を仲立ちに学校における安全・防災教育を支えている。学校での安全・防災教育の講師等の派遣，研修機会の充実，さらに地域に根差した安全・防災教材の開発やその指導法の提供などが進められている。

〔境　智洋〕

〔参〕文部科学省（2019）「学校安全資料『生きる力』をはぐくむ学校での安全教育」。文部科学省（2017）『小学校学習指導要領（平成29年告示）解説　総則編』。

ジェンダー・性の教育

　2015年に国連サミットで採択された「持続可能な開発のための2030アジェンダ（2030アジェンダ）」では、目標5として「ジェンダー平等を達成し、すべての女性及び女の子の能力強化を行う」ことが掲げられた。ここでは人身売買や性的搾取、早期結婚、強制結婚、女性器切除などといった暴力を問題視し、女性および女の子へのあらゆる差別の撤廃とエンパワメントをめざしている。ただし、「持続可能な開発目標」（SDGs）では「誰一人取り残さない」と謳っているものの、性の多様性やインターセクショナリティの観点が不十分である。障がいのある女性や少数民族の女性などと合わせて、取り残されかねない女性や女の子を可視化し支援することが重要である。

　一方、学校教育では性別による進学先の不均衡など、未だに「隠れたカリキュラム」として、ジェンダー不平等や性の多様性への不可視化が起きている。特に性の多様性については、例えば2017年版小学校学習指導要領解説・体育編では、「思春期には、初経、精通、変声、発毛が起こり、また、異性への関心も芽生えることについて理解できるようにする」という、異性愛主義に則った記載が認められる。近年では性の多様性に言及する教科書教材が増加してきているものの、ジェンダー不平等や異性愛主義、性別二元主義などの課題が学校教育で解消されたわけではない。教室にいる子どもにも大人にも、依然としてジェンダーバイアスが見られるのが現状である。あるいは、教室において「いない」ことにされている「性的マイノリティ」とされる子どもも大人も存在する。SDGsに鑑みても、これらは喫緊の課題である。

　こうした諸問題と関わる性の教育は、結婚までは性交せず、結婚後は配偶者以外とは性交しないという、純潔教育として日本では始められた。その後、1972年には財団法人日本性教育協会が設立され、「性科学」という考え方が示された。また、このころに純潔教育という呼称も性教育と変更されていった。1980年代後半にはHIVをめぐる問題から、性感染症防止のため性教育の重要性が強調され、1989年の学習指導要領改訂では、小学5年生の理科で人間の身体が学習内容に据えられた。また、はじめて保健の教科書（小学5・6年生用）が作成されている。1992年は「性教育元年」といわれ、性的自立や性的権利を重視する立場から、性教育が盛んに行われた。1999年には文部省が『学校における性教育の考え方、進め方』を刊行し、自己の性に対する認識の確立や自尊感情の形成、異性への理解と尊重、固定的性役割と性差別、性情報や性被害・加害、性感染症などが指導内容として挙げられた。

　しかし、2000年の学習指導要領改訂で高等学校家庭科から性教育に関する文言が削除された。2003年には、東京都立七生養護学校（現在は七生特別支援学校）での性教育実践に対する東京都による不当介入があり、2018年には東京都の公立中学校での性教育実践が都議会で問題視されるなど、性教育バッシングが起こり性教育は低調のまま今日に至っている。なお、「性教育を行うと、子どもは性行動に積極的になる」という誤った認識から、学習指導要領では、性行為や受精に至る過程、妊娠の経過は扱わないという「はどめ規定」が現在でも設けられている。

　以上のような日本の現状は、国際的にも立ち遅れている。UNESCO等が2020年に作成した、セクシュアリティ教育の国際指針『国際セクシュアリティ教育ガイダンス（改訂版）』では、「セクシュアリティの認知的、感情的、身体的、社会的諸側面についての、カリキュラムをベースにした教育と学習のプロセス」として包括的性教育が具体化されており、健康とウェルビーイング、尊厳を実現すること、尊重された社会的、性的関係を育てることなどをエンパワメントしうる知識やスキル、態度や価値観を子どもや若者に育成することを目的としている。また、包括的性教育の基盤には多様性、人権、ジェンダー平等が掲げられており、「人間関係」「価値観、人権、文化、セクシュアリティ」「ジェンダーの理解」「暴力と安全保障」「健康とウェルビーイング（幸福）のためのスキル」「人間のからだの発達」「セクシュアリティと性的行動」「性と生殖に関する健康」という8つの基本構想で目標と内容が構成されている。ジェンダー平等と女性のエンパワメントを達成するためにも、性の多様性を包摂し子どもの尊厳を守るためにも、今後『国際セクシュアリティ教育ガイダンス』を参考に、日本における包括的性教育をいっそう具体化することが求められる。

〔永田麻詠〕

［参］堀川修平（2023）『「日本に性教育はなかった」と言う前に―ブームとバッシングのあいだで考える―』柏書房。ユネスコ編、浅井春夫・艮香織・田代美江子・福田和子・渡辺大輔訳（2020）『国際セクシュアリティ教育ガイダンス―科学的根拠に基づいたアプローチ―　改訂版』明石書店。

食に関する教育

　食に関する教育は，味覚が確定する初等教育において特に有効である。その有効性については，次の3点が発達する時期であるということが，挙げられるであろう。「人間として生きることへの理解」，「社会における協働性を育むための道徳心の生長」，「環境による味覚の発達の促進」である。

　「食べる」という行為は，動物であれば生きていくために必要な行為である。人間は，食べて生きる動物の本性を捨てることはできない。その自然的欲望を根源にしながらも，弱肉強食の生存競争にならない社会を築くためには，どのように「食べる」ことをしたらよいのであろうか。「食べる」ことをする社会への理解が必要になるのではないだろうか。自然の欲望のままに「食べる」のでは，人間ではなく動物である。（野村, 1932, 15頁）すなわち，人間として生きることにおける「食べる」ことは，自らの社会への理解をもつことにつながる。それでは社会で協働して「食べる」ためには，何が必要であろうか。それは「愛する」ことである。「食べる」ことと「愛する」ことが，アンチノミーにならず，両立するところに「人間として生きること」がある。その両立において，「協働」が重要である。「協働して食べる」ためには，協働するための知恵と協働の生活を創ることが必要であり，そこに教育が求められる。食に関する教育は，そのような「人間として生きる」ことに直接的に結びつく，協働性を育むことである。

　それでは味覚はどのように成長するのか。味覚は環境で作られる。生まれたときから両親の影響を受け，その後始まる仲間との生活の影響を受ける。食事は，宗教や文化の反映であり，生活である。すなわち，社会における味覚は，多くの宗教や文化をもつ人間社会において，多様性があるのは必然であろう。「食べる」ことを協働で行う社会は，多様性を認める社会でなければ成り立たないのである。

　このように，食に関する教育は，動物としての「食べる」自然的欲求を基盤に，人間として協働するための理性と，協働生活の創造ができる道徳性，他者との違いを認めて多様性に対する配慮ができる姿勢を育むものとして，考えられることが求められる。

　地域社会に関わる食の実践は，子どもたちの舌を地域の味覚にし，その社会で生きる自分を自覚させる効果がある。子どもが成長して地域を離れても，家庭や地域の味は帰属社会を彷彿させ，それにより心の安定を得られることが期待されるであろう。例えば，地域の伝統野菜を総合的な学習の時間や生活科，理科，家庭科などで扱うことは，地域の味を覚えるだけでなく，植物・生物の観察や，風土・歴史を学ぶことにもつながる。また，地域で伝統野菜を守る取り組みをしている市民，農家，それを使って商品を作る商業者，役所の担当者など，全く違う業種の大人たちの協働性から，地域社会における人間の生き方について学ぶことにもなる（冨澤美千子『子どもたちの創造力を育む総合的な学習の時間』）。

　カリフォルニア州バークレー郊外にあるマーチンルーサーキングJr.ハイスクールは，アリス・ウォータースがプロジェクトを立ち上げて，学校とともにスクールガーデンを作ることにより，荒廃した中学校を立て直し，「持続可能な生き方のための教育」を実現したことで知られている（センター・フォー・エコリテラシー『食育菜園』）。スクールガーデンをカリキュラムの一部にすることは，生命の網や自然界のサイクルやエネルギーの流れを，体験的に理解することができる取り組みの草分け的活動となった。このプロジェクトは，荒廃し暴力的な状況の生徒たちが，協働することにより，互いの違いを認め，多様性を尊重する姿勢を学ぶこととなった活動の一例といえるであろう。

　「食べること」は自然生活であり，それを社会生活で行うためには，協働で行う智恵，すなわち道徳性が必要になる。そのように，食に関する教育は，道徳性を育む教育そのものである。しかし，各々が真剣に「食べること」に向かわなければ，そのようにはならない。学校教育では，教師主導で体験型教育を行うことが多く，そのようであっては子どもたちが自ら，お互いに協働することにつながらないであろう。子どもたちの自発性を尊重した授業展開でなければ，有効な学習を創ることはできない。また，このような教育は，教師が食に関する教育の意義を理解し，創造することによるため，一律な方法論を確立することは難しい。

〔冨澤美千子〕

[参] 冨澤美千子（2021）『野村芳兵衛の教育思想——往相・還相の「生命信順」と「仲間作り」』春風社．野村芳兵衛（1932）『生活訓練と道徳教育』厚生閣書店．

心の教育

「心の教育」という言葉が一般に使われるようになったのは、1997（平成9）年8月の文部大臣の諮問「幼児期からの心の教育の在り方について」が出されてからである。直接的な背景としては少年による凶悪犯罪が相次いで発生したことがあったが、社会・家庭の状況の変化などの影響も懸念されており、幼少期からの心の教育が喫緊の課題と考えられていた。

この諮問を受け、翌年の1998（平成10）年6月に、中央教育審議会答申『『新しい時代を拓く心を育てるために』――次世代を失う心を育てる危機――』が出された。この中で、「生きる力」を身につけ、新しい時代を切り拓く積極的な心を育てることが求められているが、「生きる力」の核となるのが「正義感・倫理観、思いやりの心などの豊かな人間性」とされた。答申によれば、この「豊かな人間性」とは、「①美しいものや自然に感動する心などの柔らかな感性」「②正義感や公正さを重んじる心」「③生命を大切にし、人権を尊重する心などの基本的な倫理観」「④他人を思いやる心や社会貢献の精神」「⑤自立心、自己抑制力、責任感」「⑥他者との共生や異質なものへの寛容」などの感性や心であるとされている。

この答申では、学校教育における心の教育推進の提案の前に、家庭教育の見直しや地域社会の貢献が提案されている。家庭教育に関しては、「夫婦間で一致協力して子育てをしよう」「過干渉はやめよう」など、具体的に踏み込んだ提言がなされている。地域社会の貢献に関しても、自然体験活動の振興や地域行事・職業に関する体験の推進のほか、子どもの心に影響を与える有害情報への対策など、具体的な提案がなされている。

学校教育に関しては、幼稚園・保育所の役割の見直しや、小学校以降の学校教育の役割の見直しが提案されている。それらは道徳教育に限られたものではなく、体験活動や自然体験の重視、人の話を聞く姿勢や自分の考えを論理的に表現する能力の育成、学校カウンセリングの充実など、多岐にわたっている。しかし、中心的な役割を果たすと考えられたのが道徳教育、特に、当時、領域として位置づけられていた「道徳の時間」である。

その具体的な取り組みとして、文部科学省は、道徳の副教材として、2002（平成14）年に「心のノート」を全国の小・中学校に無償配布した。そのため、「心の教育」を「心のノート」を使って行う「道徳の時間」に注目が集まった。「心のノート」は、当時「道徳の時間」で使用されていた読み物資料のみが掲載された副読本とは異なり、イラストや写真、詩や短い文章などとともに、児童生徒自身が自分自身を振り返ったり、自分の思いを書き込んだりすることができるようになっていた。また、「心のノート」のみで授業を行うことは推奨されておらず、事前・事後指導や指導過程の中で補助的に活用することが想定されていた。

100名あまりの学識経験者や小中学校教員が協力し作成された「心のノート」であったが、その評価については議論が分かれた。

肯定的な意見としては、書き込み式の「心のノート」の活用により、従来型の道徳授業よりも児童生徒が主体的に学習に取り組むようになると考えられた。また、「心のノート」では児童生徒自身の考えが記録されていくことになり、学びや成長の履歴として、家庭との連携でも活用されることが期待された。

否定的な意見としては、「心のノート」の内容が誘導的であること、自分の心に向き合い「本当の私を探す」という自分探しを煽るような部分などが問題点として指摘されていた。また、文部科学省が制作して配布したことから、事実上の国定教科書であるとの批判なども出されている。

否定的な意見の根底にあるのは、「心」という私的領域に国家が干渉すべきではないとする考え方や、心理主義的な傾向に対する批判である。一方で、文部大臣の諮問や中教審答申でも指摘されたように、さまざまな社会状況の変化の影響を受けている子どもの心の育ちへの危機感と、子どもの心を守り、より一層意識的に教育していかなければならないという課題意識もあった。それは学校における道徳教育、特に「道徳の時間」だけに課せられたものではなかったが、「心の教育のための心のノート」といった言葉のイメージによって、この課題への対応が学校における道徳教育に限定されたものだと矮小化して捉えられることにつながったようにも思われる。

そもそもこの答申では「心」の概念規定がなく、「豊かな人間性」を先述したさまざまな「感性や心」としており、育てるべき「心」がかなり幅広く捉えられている。そのため、「心の教育」をどう進めるかといった議論が曖昧になり、つながりの深そうな道徳教育に収斂してしまったように思われる。「心」をどう捉え、何をどこまで教育の対象とするのか、「心」をどのように教育すべきかについては、もっと丁寧な議論が必要である。

〔椋木香子〕

［参］貝塚茂樹（2020）『新時代の道徳教育―「考え、議論する」ための15章―』ミネルヴァ書房。

いのちと死の教育

　いのちと死の教育については，学校教育でどのように扱うのかということが大きな課題となってきた。このテーマは脳死，臓器移植，尊厳死など生命倫理に関わる諸課題は教育だけではなく，社会問題としても提起されてきた。とりわけ昨今は，虐待死，自殺，災害死など広い範囲で，命への尊厳の認識を高めていくことが教育において問われている。今，「いのちと死の教育」で問われるのは，「生」と「死」を別個のものとして捉えるのではなく，生活からの学びにおいて，「生」と「死」が「いのち」としてつながるテーマであると捉えることが重要である。また「いのち」には，戦争，他者と自己の尊厳，交通安全指導，避難訓練も同様に含まれることも考えなければならない。

　哲学者のアルフォンス・デーケンは『生と死の教育』(2001年)において，「死への準備教育」を提起した。重要なことは「死の準備教育」ではなく，「『死への』準備教育」であって，有限であるいのちを「よりよく生きるため」，最期まで意識的に生きるための教育であるということである。よりよく生きるにあたって，他者とのつながりも重視されていることも重要な提起である。現在では，生と死を相互関係として捉える学問である「死生学」は，宗教学，哲学，社会学，福祉学，医学，看護学，文学，芸術学など幅広い領域に関わっている。

　「いのちの教育者」として，『村を育てる学力』(1957年)で知られる東井義雄は，兵庫県但馬地区の公立学校教員であるとともに，浄土真宗の僧侶でもあった。東井が「いのち」の思想に触れる契機には，「子どもから気づかされる」という数々の教育実践でのエピソードがある。その一つが「のどびこ(口蓋垂)事件」である。子どもから「のどびこ」の役割について質問され，東井が即座に十分に答えられなかったため調べていたところ，その役割の意義を知って「うちのめされた」という。それは，それまで意識していなかった口蓋垂の役割によって，「生きているつもりの私が，生かされていた私であったのかと思うと，頭が上がらなかった」といういのちへの「めざめ」である。このように東井は教育実践から「めざまされる」ことが多く，子ども主体の教育の中で，子どもたち，保護者，地域，学校が一体となった教育活動(地域も参加する学校文集『土生が丘』の活動など)を展開した。東井の教育実践は，働くことと学ぶこと，生きることと死ぬことが相互関係にあり，他者と等しい立場で学び合い，互いのいのちを尊重し合うものであった。

　金沢市の小学校教師であった金森俊朗は『性の授業　死の授業』(1996年)で，性(生)と死を授業で展開してきた。金森実践における「性」とは，「生活者」としての観点から「性」をも包括した「生」である。小学校3年生の「性の授業」では出産を控えたクラスメイトのお母さんをゲストとして教室に迎えた。子どもたちは自分の出産時のことも家族に聞き，出産にまつわる母親の大変さ，喜び，悲しみに気付き「自分事」として，そのお母さんを労わったことが実践記録に示されている。「死の授業」では，末期ガン患者の女性をゲストに迎え，その女性が意欲的に生きる姿を目の当たりにし，ホスピス(末期患者のケアシステム)の意義についても子どもたちは重要な提言を受けた。金森は，日常の教育実践においても，子ども，学校，保護者，地域，専門家の人々というつながりの中で，誰もが生活者としての主体者意識をもって実践を展開していた。だからこそ，「性」(生)や「死」というテーマを深めていくにあたっても，子どもたちは「自分事」として，意識化していくことが可能になったといえる。

　デーケンの提言，東井実践と金森実践に共通しているのは，子どもたちの生活経験，学びが豊かなものになるように，子どもたち，学校，保護者，地域が差異と平等の併存の立場で一体となって，人々が他者とつながり，主体的に生きようとする意識である。

　今日の学校教育において求められる「いのちと死の教育」とは，他者を通して，つながりを実感し，安心して学べる環境において，子どもたちが生活者として主体的に生と死の相互関係性に気づき，学ぶことである。そうした学びは，学校だけでは完結せず，地域において活動している一般の人々はもちろん，医療，福祉，哲学，宗教等のさまざまな専門家たちと学校，子どもたちが並列な関係性の中で，互いの「いのち」が結びつく教育が求められている。

〔北島信子〕

[参] デーケン，A. (2001)『生と死の教育』岩波書店。金森俊朗・村井淳志(1996)『性の授業　死の授業』教育史料出版会。東井義雄(1957)『村を育てる学力』明治図書。東井義雄(1992)『東井義雄「いのち」の教え』佼成出版社。

読書に関する教育

　人は読書することによって著者と対話し，自己と対話し，これまでの生活経験で出会ったひと・もの・こととの記憶と対話する。読書に関する教育では，学習者を「自立した読者」にすることや，読書による人間性の陶冶がめざされている。また，読書行為をなにか他の活動のための「手段」と見なす考え方もあるが，読書に関する教育では，読書行為がもつ固有の意味や「目的」こそが重要であると考えられている。

　一方，2000年頃には子どもの読書離れが指摘されており，2000年を「子ども読書年」として制定してから，子どもと読書に関する取り組みが続けられてきている。2010年は「国民読書年」とされ，教育における読書活動の充実がめざされてきた。しかし，特に小学生を中心に読書量は増加傾向にあるが，校種が上がるにつれて読書する子どもは減少する向きがあること，本は読まれているが雑誌は読まれていないといったことも明らかになってきている。

　こうしたなか，2017年版学習指導要領において，読書は国語科の「知識及び技能」，なかでも「我が国の言語文化に関する事項」に位置づけられることとなった。小学校学習指導要領国語編では，「自ら進んで読書をし，読書を通して人生を豊かにしようとする態度を養うために，国語科の学習が読書活動に結び付くよう発達の段階に応じて系統的に指導すること」が求められており，小学校低学年では「読書に親しみ，いろいろな本があることを知ること」，中学年では「幅広く読書に親しみ，読書が，必要な知識や情報を得ることに役立つことに気付くこと」，高学年では「日常的に読書に親しみ，読書が，自分の考えを広げることに役立つことに気付くこと」がめざされている。なお，中学校国語科では，「読書が，知識や情報を得たり，自分の考えを広げたりすることに役立つことを理解すること」（第1学年），「本や文章などには，様々な立場や考え方が書かれていることを知り，自分の考えを広げたり深めたりする読書に生かすこと」（第2学年），「自分の生き方や社会との関わり方を支える読書の意義と効用について理解すること」（第3学年）がそれぞれ求められている。

　その際，学校教育では，本来自由に楽しむためのものである読書に対して，あえて読書時間を設定し，本に親しませるという「自由読書」や，課題を解決するために主体的に読書を行う「情報読書」などが読書に関する教育として行われている。さらに，学習指導要領の内容や児童生徒の発達段階に鑑み，小学校低学年では読書に関する教育として，読み聞かせや紙芝居などを楽しむことを通して，読書になじんでいくことがめざされている。また，中学年では図鑑や事典などにもふれさせる中で，読書範囲を拡げていくことが読書に関する教育として取り組まれている。さらに高学年では，読書を通じて自分自身のものの見方や考え方を深化・拡充させること，中学校では人生などについて考えることといったような，思想や価値観にふみこむようなテーマで読書に関する指導が行われている。

　なお，読書に関する教育は国語科が中心となりながらも，総合的な学習の時間における学校図書館の活用や，朝読書の時間など，すべての教科，あるいはすべての教育課程で取り組まれるべきものである。

　また，読書行為は個人的活動であるとされがちであるが，学校教育においては，他者とのかかわりのなかで読書活動を捉えようとする動きも見られる。読み聞かせや読みあい，読書へのアニマシオンといったようなものから，ブックトークやビブリオバトル，リテラチャー・サークルなどといった活動まで，他者とともに読書を行うことにより，子ども一人ひとりの読解力の向上や人間性の陶冶，あるいは「自立した読者」の育成のみならず，読書に関する教育を通じて，人間関係の構築や共同体づくりなどもめざされている。

　読書に関する教育における今後の課題としては，デジタル読書を含みこんだ形で，読書活動がどのような展開を見せていくのかという点が挙げられる。GIGAスクール構想が推進されている中で，デジタル読書に関する研究は緒に就いたばかりである。また，調べ学習においてICTを駆使しながら情報を比較し，必要な情報を探索するようなことも今後ますます求められる。ICT活用とあわせて，読書に関する教育は今後どうあるべきか，さらなる調査や研究，実践提案が必要である。

〔永田麻詠〕

［参］立田慶裕編著（2023）『読書教育のすすめ―学校図書館と人間形成―』学文社。日本国語教育学会編（2017）『読書―目的に応じて読む―』東洋館出版社。山元隆春編（2015）『読書教育を学ぶ人のために』教育思想社。

総合的学習の教育

「総合的学習」について，1998年の学習指導要領改定によって制度化された「総合的な学習の時間」を中心に取り上げたい。

「総合的な学習の時間」の登場は，歴史的に見ても，「各学校において定める目標及び内容」を設定したことが画期的であった。このことは，児童生徒・学校・地域の実態に応じて，「スクール・ベースド（学校を基盤にしたもの）」による年間指導計画の作成や単元開発を促した。その結果，学習の順序や各教科・行事等との関連性などを踏まえることや，校内研究推進体制の整備，外部との連携の構築などが求められた。「総合的な学習の時間」の登場により，地域独自の年間指導計画や単元が開発され，挑戦的な実践も多く現れた。

2017年に改訂された小・中学校の「総合的な学習の時間」および，2018年に名称変更された高等学校の「総合的な探究の時間」の学習指導要領では，学習指導の基本的な考え方として次の3点が共通に示された。「児童（生徒）の主体性の重視」，「適切な指導の在り方」，「具体的で発展的な教材」といった児童生徒が学習の主体となるいわゆるアクティブ・ラーニングの視点である。このように「総合的な学習の時間」では，学習者自らが気付きをもてるように指導方法や教材を工夫したり，学習者自身で問題解決できるように援助や助言をしたりすることが重視される。したがって，「総合的な学習の時間」に取り組む教師は，既存の知識を教え込むスタイルから，児童生徒の学習活動への支援を行うファシリテーターへと変化することが求められる。

また，2017・2018年の学習指導要領の改訂では，「総合的な学習の時間」における「探究学習」について定義されたことも特徴的であった。「探究」とは，「日常生活や社会に生起する複雑な問題について，その本質を探って見極めようとする学習のことであり，問題解決的な活動が発展的に繰り返されていく一連の学習活動のことである」とされ，その学習過程は，「① 課題の設定」，「② 情報の収集」，「③ 整理・分析」，「④ まとめ・表現」というプロセスとして示された。そして，その実現のためには，「主体的・対話的で深い学び」の視点による授業改善を重視することや「他者と協働して主体的に取り組む学習活動にすること」も重要だとされた。すなわち，「総合的な学習の時間」は，「探究」の学習過程や，「主体的・対話的で深い学び」，「協働的な学び」などの視点とセットで考えていく必要がある。

さらに，2017・2018年の学習指導要領の改訂では，カリキュラム・マネジメントの視点も強く求められた。カリキュラム・マネジメントとは，既存のカリキュラムを維持・継続させる側面と，改善・改革していく側面とがある。この視点に基づけば，「総合的な学習の時間」を進める教師の役割は，カリキュラム・ユーザーとしてだけではなく，主体的にカリキュラム運営に関わっていくカリキュラム・デザイナー，カリキュラム・デベロッパーとして捉えることが可能となる。

最新の「総合的な学習の時間」の実践においては，参加型学習・プロジェクト型学習・サービスラーニングといった学習理論に基づく取り組みもなされている。参加型学習は，数名からなるグループをつくり，その中で一つの課題を協働的に解決する学習である。プロジェクト型学習（PBL：Project-Base Learning）は，問題解決のプロセスを通じて，問題解決力や論理的思考力など，多くの能力を身につけることができる学習である。サービス・ラーニング（Service-Learning）は，社会貢献活動（サービス）を通して市民性（シティズンシップ）を身につける学習のことである。実践の中では，思考ツールやマインドマップ，ジグソー法，ワールド・カフェなどの方法も活用されている。「総合的な学習の時間」の実践において，どのような学習スタイルで，いかなる方法を用いるのか，児童生徒の実態に応じながら適切に取捨選択して取り組んでいく必要がある。

しかし，「総合的な学習の時間」において，どのように評価を行うかは，重要な課題となる。実際には，「ポートフォリオ評価」や「パフォーマンス評価」などの評価方法が用いられている。その際に重要となるのが振り返り（リフレクション）である。「活動あって学びなし」という状態に陥らないために，教師は，有効な学習評価のあり方について理解を深めねばならない。

以上のように，「総合的な学習の時間」は，教師に対して児童生徒・学校・地域の実態を把握する力と，高度な教育方法の習得・活用を迫るものである。そうしたときに，優れた先駆的な実践に学び，校内研修や授業研究を通じて，教師の力量形成を図ることが必要となる。このような実践的・研究的課題に対して，教育方法学研究の知見に学ぶことが不可欠である。

〔白井克尚〕

［参］日本生活科・総合的学習教育学会編（2020）『生活科・総合的学習事典』渓水社．若林身歌・田中耕治（2017）「総合学習の変遷―教科の枠組みを超えた学習の追究とカリキュラムの創造―」田中耕治編著『戦後日本教育方法論史（下）』ミネルヴァ書房．

第7章

生活指導・生徒指導・道徳教育と特別活動・学校文化

第1節　生活指導・生徒指導・道徳教育
第2節　特別活動・学校文化

第1節　生活指導・生徒指導・道徳教育

生活指導

　生活指導とは，教師と子ども，子どもと子どもが，共同でよりよい生活を創り出すとともに，そのことを通して，とももに自らの生き方を問い直していく教育的・政治的な営みのことをいう。

　この生活指導という言葉は，峰地光重が『文化中心綴方新教授法』(1922年) で使い始めたものである。こうして誕生した生活指導は，戦後当初は，米国のガイダンス理論が導入されたが，1951年の無着成恭編『山びこ学校』の出版が契機となり，生活綴方の復興が謳われ，1955年の小西健二郎著『学級革命』などに代表される仲間づくりの実践が数多く発表されるようになった。宮坂哲文は，このような仲間づくりの実践の過程を，「1　学級のなかに，何でもいえる情緒的許容の雰囲気をつくること。2　生活を綴る営みをとおしてひとりひとりの子どもの真実を発現させること。3　ひとりの問題を皆の問題にすることによる仲間意識の確立」と定式化した。

　それに対して，大西忠治は，仲間づくりの実践の情緒主義を批判し，民主的な集団を通しての個人の自立を追求する新しい集団づくりの実践を提起した。それは，よりあい的な班の段階，前期の班の段階，後期の班の段階という集団の発展段階論と，班づくり，核づくり，討議づくりという三つの側面からなるとした。こうした大西の提起した集団づくりの理論と実践は，後に，全生研常任委員会編『学級集団づくり入門　第二版』(1971年) として，構造表をもとに体系化されることになる。

　1980年代の後半に入って，竹内常一は，「生活と学習の民主的な共同化」をキー・コンセプトにした生活指導の問い直しを追求するようになる。この作業は，全生研常任委員会編『新版　学級集団づくり入門　小学校編』(1990年)，同『新版　学級集団づくり入門　中学校編』(1991年) に結実する。

　このように共同化により生活指導を把握するようになると，生活指導は学校教育に限定された概念ではなくなり，医療・看護・保健・心理相談・社会福祉・司法福祉・矯正教育・市民運動などでも用いられる概念になり，こうした研究動向を受けて，生活指導をめぐる多様な分野による学際的な学会として，1983年に，日本生活指導学会が結成され，活発な研究活動を行っている。

〔船越　勝〕

［参］竹内常一 (1995)『竹内常一教育のしごと』(全5巻)，青木書店。

学級

　学級とは，一般的には学校での授業のために編成された，一定程度の持続性をもつ子どもの集団であり，学校の基本的な組織単位であると理解される。ただし，その一義的な定義は困難である。なぜなら，一口に学級といっても，その編成の仕方は多様であるからである。近代学校において最も一般的な学級は，同年齢の子どもを集めた「年齢別学年制学級」であるが，それ以外にも，異年齢の子どもで編成される「異年齢学級」(イエナプランなど)，教科毎に異なる子ども集団を編成する「教科学級」，子どもの能力や習熟度に応じて編成される「能力別学級」「習熟度別学級」などが存在する。さらに，母親学級や社会教育学級のように，学校以外の場で学級が編成されることもあり，必ずしも学校に限ったものとは言えない。

　仮に，学校における年齢別学年制学級に限定したとしても，その教育的意味に注目してみると，学級の機能的定義は困難となる。学級は，授業のために編成された「学習集団」であるとともに，子どもが他者とともに生きることを学ぶための「生活集団」としての性格も併せ持っている。1970年代に展開された春田－吉本論争に代表されるように，学習集団と生活集団との関係性をどのように捉えるのかについては教育方法学の重要な研究課題となっている。また，学級はその歴史的起源からすると，教育内容を段階的に区分するための組織であった (グレイドとしての学級)。教育方法学では，子ども集団としての学級についての研究が蓄積されてきた一方で，教育課程編成単位としての学級の意義や役割についてもさらなる研究の蓄積が求められる。

　教育方法学にとっての学級は，J. A. コメニウスによる「あらゆる人にあらゆることを全面的に (omnes, omnia, omnino)」という思想とともに，子どもたちを生まれや能力で差別することなく等しく発達を保障するという公教育の理念を体現するものとして重視されてきた。しかし他方で，その抑圧性や画一性は常に批判の対象でもあった。教育のデジタル化が個別化や個性化された学習を呼び込む現在において，いかなる学級を編成し，そこでの授業や生活指導をどのように構想していくのかが強く問われている。

〔熊井将太〕

［参］熊井将太 (2017)『学級の教授学説史―近代における学級教授の成立と展開』渓水社。

学級づくり

「学級づくり」という言葉は，学級を単位に民主的な人間関係を育み，子どもの自立と連帯を育む生活指導実践（1950年代）を起源としている。

この源流には，戦前の生活綴方運動・生活教育運動の系譜にある戦後の「仲間づくり」の生活指導実践がある。宮坂哲文は「学級のなかに何でもいえる情緒的許容の雰囲気をつくること／生活を綴る営みをとおして一人一人の子どもの真実を発見させること／ひとりの問題を皆の問題にすることによる仲間意識の確立」と定式化している。

大西忠治は，「仲間づくり」の情緒主義を批判し，民主的な自治集団を通して個人の自立を追求する新しい集団づくりの実践を提起した。それは，班・核・討議づくりの3側面と，よりあい的班の段階・前期班の段階・後期班の段階という集団の発展段階からなり，後に全生研常任委員会編『学級集団づくり入門　第二版』（1971年）として体系化された。

その後も「学級集団づくり」は，城丸章夫の「交わり」概念（1970年代）や竹内常一の「生活と学習の民主的共同化」（1980年代），「ケアと自治」（2000年代）などのキー概念によって問い直され続けているが，学級を単位とした民主主義のあり方や民主的人格の形成が常に中心テーマである。

一方で，教育行政の文脈でも「学級づくり」という用語が散見されるようになったが，必ずしも民主的な学級を意味しない。例えば不登校対策として，授業規律が確立された魅力ある「学級づくり」と表現される場合，教師の統治に基づく静穏で従順な学級という意味に近い。

今世紀に入り，子どもの人権をめぐる状況は一層重要になりつつ複雑化してもいる。国籍，人種，ジェンダー，障がい，貧困など，互いの多様性を承認し合える社会集団たり得るか否か，私たちの社会全体が問われている。そのとき人権は「権力者によって与えられるもの」と見るか「互いに支え合う権利主体として行使するもの」と見るか。その思想性によって「学級づくり」の様相は全く異なる。「学級づくり」は，学級を単位とした民主主義のあり方を教室から（子どもの視点から）問い直し，未来の社会づくりへとひらかれた教育実践であることを確かめる必要があろう。

〔八木秀文〕

［参］竹内常一・折出健二編著（2015）『生活指導とは何か』高文研。

集団づくり

集団づくりとは，子どもの人格的自立は，その子どもが所属する集団そのものが自治的集団として発展することを通してのみ可能になるという教育的認識に基づき，その子どもをめぐる関係性（教師・大人と子ども，子どもと子ども）の発展と編み直しを追求する教育的・政治的営みである。

ここでいう集団づくりの実践は，戦後の教育実践史を見てみると，広義では，生活綴方に基づく仲間づくりや学級づくりの実践を含めることもあるが，狭義では，集団のちからに着目した全国生活指導研究協議会（全生研）が学級集団づくりとして展開した実践を主に意味している。全生研は，1959年に結成され，常任委員会による入門と銘打った著作によって，その時々の集団づくりの基本的なコンセプトが示されてきた。集団づくりの思想と技術を体系的に明らかにしたと評価されている『学級集団づくり入門　第二版』（1971年）では，民主的な集団を単一の目的，組織と機関，規律という三つの要素から規定している。また，大西忠治の規定を引用しながら，次のようにも規定している。すなわち，「(1) 目的がある。目的に向かっての一致した集団行動がつねに問題になる。(2) リーダーがある。そこには常に命令と服従が行われる。(3) 集団成員間に矛盾がある。だからたえず討議とその結果の相互規制が行われる」のである。この二つの規定はもちろん対応している。

それに対して，『新版 学級集団づくり入門　小学校編』（1990年），『同　中学校編』（1991年）ではどうか。たとえば，新版小学校編では，第一に，集団には「統一的な目的があり，その目的の実現のための統一的な行動がある」，第二に，「集団における自己指導」，第三に，「集団と個人の関係がある」という三つの側面から規定している。

また，第二版や新版は，主導権（ヘゲモニー）の所在を視点にして，よりあい的段階，前期的段階，後期的段階という三つの段階と班づくり，核づくり，討議づくり（新版では，討議づくり，リーダーづくり，班づくり）という三つの側面によって集団づくりのすじみちを構想しているが，『子ども集団づくり入門』（2005年）では，三つの側面の指摘はあるが，集団づくりのすじみちの規定を行っていない。このように，集団づくりをどう捉えるかは，今も大きな論争課題なのだ。

〔船越　勝〕

［参］船越勝ほか編（2002）『共同グループを育てる』クリエイツかもがわ。

| 第7章 | 生活指導・生徒指導・道徳教育と特別活動・学校文化 |

管理と指導

　日本では学校でも職場でも管理と指導が混同され，指導が管理の意味で用いられることが多いが，教育方法学の文脈では，管理と指導は教師が子どもたちに働きかけていく際の二つの異なるスタイルである。管理は相手からの拒否を想定しない働きかけであり，命令，指示，点検，評価という形態をとる。指導は相手からの拒否を想定し，指導者が立てた計画やその目的・意図，求められている行動の必要性に対する相手の納得・同意を引き出そうとする働きかけであり，説明，説得，助言，賞賛，叱責という形態をとる。指導が成立するために必要なのは，子どもたちの要求を引き出し，その正当性を意識化させ，その実現の見通しを示したり，一緒に探っていくことである。

　こうした区別は教育界に限ったことではない。城丸章夫の研究によると，旧日本陸軍においては，上級将校が下級将校に対して理解・納得できるように働きかけることを指導，下士官が兵士に理解できなくても行動を徹底することを命令と区別していた。医療界においても医者の精神保健衛生士に対する指示と指導の違いは，拘束性の有無だと考えられている。子どもの権利条約もまた指示（direction）と指導（guidance）を区別している。指導すべきことを管理で置き換えることを管理主義という。

　管理はその強制力と拘束力ゆえに嫌悪される傾向があるが，強制力と拘束力が直ちに不当という訳ではない。「すれ違う時には挨拶しろ」「罰走グラウンド1周」という命令や指示はその根拠に乏しく，指導者の私的な権力を発現させているにすぎず，不当な強制や拘束である。

　校則やルールは命令や指示の公的な根拠になりうるが，その内容が人権侵害に当たる場合や，内容の決定や変更に際しての子どもたちの参加手続きが明確化されていない場合は，正当とは言い難い。これらも管理主義である。

　見方を変えれば，管理が成立するためにも，管理の内容と方法の正当性が子どもに理解されなければならない，すなわち指導の力が必要だということである。その正当性が子どもたちに理解された管理は，子どもたちが安心して学校生活を送り，教師の指導が成立するための土台になるものである。

〔山本敏郎〕

生徒指導

　『生徒指導提要』（改訂版，2022年）において生徒指導は次のように定義されている。

　　児童生徒が，社会の中で自分らしく生きることができる存在へと，自発的・主体的に成長や発達する過程を支える教育活動のことである。なお，生徒指導上の課題に対応するために，必要に応じて指導や援助を行う。

　すなわち生徒指導は「社会性の育成」「社会に受け入れられる自己実現」を柱として児童生徒の自発的かつ主体的な成長・発達の過程を支援する働きかけ総体を指す概念である。その目的は「児童生徒一人一人の個性の発見とよさや可能性の伸長と社会的資質・能力の発達を支えると同時に，自己の幸福追求と社会に受け入れられる自己実現を支えること（同）」とされている。

　とはいうものの，実際の学校現場において生徒指導に求められる機能は，校則などの決まりを守らせることや非行問題行動の対処・防止などに主眼がおかれている。その役割を担う生徒指導主任は今なお，ほとんどの学校において毅然とした「厳しい」指導ができる教師となっていることからも，管理的な側面として機能し，「ゼロ・トレランス」を強化することも多い。それらは消極的な生徒指導というべきものであり，所与の秩序に順応し，権利主体ではなく客体としての人格形成につながる危うさを持っている。また現在においては不登校の増加や特別なニーズをもつ子どもへの対応などについては，一方的な管理的生徒指導では立ち行かなくなっている。これからの生徒指導は，子どもたちの集団活動を組織しながら，自分と異なる他者との関わりを充実させ，自己と他者を発見していく中で自己肯定感を育むものにシフトしなければならないだろう。例えば，校則を子どもたちの参画によって改正していくような取り組みである。全生研（全国生活指導研究協議会）が提起してきた学級集団づくりなども積極的な生徒指導のスタイルとして，検討されるべきであろう。そもそも指導とは大人（教師）が子どもたちに一方的に言うことを聞かせ，従わせるものではない。当事者である子どもたちにとって指導は拒否し選択する権利があり，何が自分たちにとって最善のものであるかを考える文脈と平等な関係性の中で成立するものではないだろうか。

〔渡辺雅之〕

生徒指導提要

「生徒指導」という言葉はガイダンス理論や心理相談と関わりの深いものとして使用されてきた。教育行政においてこの言葉の使用上の区切りとなるのは，少年非行のピークと前後する，生徒指導研究推進校を設置，生徒指導主任を配置した1964年である。またそれ以降，起源としてはより古い「生活指導」ではなく「生徒指導」を公式に使うようになった。

生徒指導にかんする文献としては，1965年の『生徒指導の手引き』，1981年の改訂版『生徒指導の手引き』，そして2010年の『生徒指導提要』，2022年の改訂版『生徒指導提要』が続く。

いずれにおいても生徒指導は「機能」として捉えられる。それは，学習指導と並ぶ教育活動の機能であり，なおかつ各教科並びに道徳や特別活動，さらには教育課程外の部活動も含む学校教育活動全体を通して行われるものとされた。学習指導と「並ぶ」とされ，なおかつ教育活動全体の機能とされたことで曖昧さを孕むものとなった。生徒指導を「教育」と置き換えても通じるほどである。

2010年の『生徒指導提要』は，『手引き』と同様，学習指導要領のような法的根拠はない。とはいえ，教育・子どもに関わる法令や関係諸機関との連携に言及しているため，法制度の観点から一定の意義が認められる。

改訂版についていえば，2010年以降，教育・子どもに関する法制度の変化が著しく，子どもを取り巻く諸問題にどのような法制度が関係しているかを整理した点は大きい。重要法令として，「こども基本法」「いじめ防止対策推進法」「教育機会確保法」「障害者差別解消法」などがある。また，「子どもの権利条約」への言及は大幅に増加した（旧版は1箇所）。この点で，改訂版は，関係法令への言及と解説が編み込まれた点で，「法規範の解釈ガイドライン」という性格をもつことになった。

しかし，改訂版では，問題・トラブルを「どうすれば起きないようになるのか」という視点で未然防止・予防することが繰り返し強調されており，このことは例えば「問題行動」というかたちで生きづらさを表出させている子どもたちに対する抑圧となる可能性を孕み，子どもたちの苦悩をどう聞き取っていくのか（意見表明権の保障）という点で，整合性に課題がある。

〔中村（新井）清二〕

ガイダンス

今日の日本の「教育」の中で，ガイダンスという用語は主に二つの場面で見られる。一つは，「新入生ガイダンス」など，年度初めの学生への履修の仕方や生活のあり方などを説明・指導する場面で用いられている。もう一つは，学習指導要領においてである。学級経営の充実を求める中で，集団場面でのガイダンスと，個別対応としてのカウンセリングの双方により，生徒の発達への支援の重要性を指摘している。

米国におけるガイダンス研究を歴史的に捉えるならば，20世紀初頭に，フランク・パーソンズがボストンに職業相談所を開設した時に始まったといわれている。米国の社会的・経済的状況の変化に対応するための職業指導として始まり，ガイダンス運動として展開していくことになった。子ども中心主義的な新教育運動と相まって，またその後の経済恐慌による，失業者対策や非行防止といった社会適応のためのガイダンスとして展開された。

第二次世界大戦後，日本にガイダンスがカリキュラムとともに導入されることになった。当初はアーサー・エドウィン・トラックスラーやアーサー・ジュリアス・ジョーンズの著書の翻訳が試みられ，また，新しく導入されたホームルーム時間のあり方として研究が進められた。ガイダンスの考え方は，民主主義教育の基調であることが強調され，その理論と方法を日本の実情にあうようなかたちにすることを目指し研究・導入が進められたといえよう。なお当初，ガイダンスの訳語として指導や生活指導ということばがあてられたが，1965年には文部省によって，生徒指導という用語として捉えられることになった。指導内容は多岐にわたっているが，適応的な指導であるとの批判も見られた。

現在，日本は厳しい挑戦の時代を迎え，予測困難な時代になっているといわれている。かつてジョーンズが重視していた「自己指導」すなわち個人が「生活の危機的場面において，賢明な選択，適応，解釈」をなし，未来を切り開いていくことのできる資質・能力を育むことが重要となろう。対話重視の今日の教育において，子どもたちの関わり合い，学び合いの中で，こうした資質・能力を育んでいくための教育実践概念として，改めてガイダンス概念を捉え直していくことが重要である。

〔山岸知幸〕

［参］坂本昇一（1977）『ガイダンスの哲学的前提に関する研究』風間書房。

カウンセリング

　カウンセリングとは一般に，医師やカウンセラーが，対話や会話を通して，来談者（クライエント）の悩みや適応上の問題に対して専門的な見地から心理的な援助を行うことである。カウンセリングでは，来談者自身が自らの悩みを主体的に解決できるよう導くことが目指される。そのため，カウンセラーは来談者との間に信頼関係を築き（ラポールの形成），来談者の発言を共感的に受けとめ（受容的態度），話に丁寧に耳を傾け（傾聴），来談者自身の新たな気づきや自己理解を支えていくことが重要である。このような来談者中心のアプローチは，20世紀中頃，カール・ロジャーズによって提唱された。

　学校教育現場では，学習面だけでなく，対人面や進路面などにおいて不安や悩みを抱える児童生徒が少なくないことから，生徒指導において，カウンセリングという観点から，「児童生徒一人一人の生活や人間関係などに関する悩みや迷いなどを受け止め，自己の可能性や適性についての自覚を深めるように働きかけたり，適切な情報を提供したりしながら，児童生徒が自らの意思と責任で選択，決定することができるようにするための相談・助言等」を行うことの重要性が指摘されている（『生徒指導提要』改訂版，2022年）。

　近年，いじめの重大事態や自ら命を絶つ児童生徒数の増加傾向が続いており，中央審議会答申（2021年）ならびに『生徒指導提要』（2022年）において，児童生徒の個別最適な学びの実現に向けて，児童生徒のよい点や可能性を伸ばし，これまで以上に児童生徒の成長やつまずき，悩み等の理解に努め，個々の興味・関心・意欲等を踏まえてきめ細かく支援することが大切であると指摘されている中で，生徒指導の中にカウンセリングを位置づけることは，児童生徒が自発的・主体的に自らを成長・発達させていくことを尊重し，その過程を学校や教員たちが支えていくという発達支持的な視点での生徒指導のあり方を追究しようとするものであるといえる。学校でのカウンセリングはスクール・カウンセラー（SC）らが担うことが多いが，教師自身もカウンセリング・マインドをもち，児童生徒と向き合うことが求められていくだろう。

〔窪田知子〕

［参］中央教育審議会（2021）「「令和の日本型学校教育」の構築を目指して～全ての子供たちの可能性を引き出す，個別最適な学びと，協働的な学びの実現～（答申）」（令和3年1月26日）。文部科学省（2022）『生徒指導提要』（改訂版）。

子ども理解

　子ども理解とは，一般的には教育的指導・支援を行うために必要な情報として子どもの実態や子どもをめぐる状況を把握し，理解することである。なお，文部科学省の『幼稚園指導要領』（2017年）では幼児理解，小学校から高等学校までを対象とする『生徒指導提要』（改訂版，2022年）では児童生徒理解という用語が使われている。一方，子ども理解という用語は保育・幼児教育において従来から慣例的に使われてきている。また，前述の二つの用法を包摂して，乳幼児から青少年までを幅広く捉えて子ども理解とみなす捉え方が広く使用されている。

　子ども理解にあたっては，子どもの年齢による発達段階など，一般的な視点で捉えようとする面と，特定の子どもの発達状況や個性，行動の特性などについて個別的な視点で捉えようとする面がある。個々の子どもに合った教育的指導・支援を考えるためには，これら両方の視点からそれぞれの子どもについて理解することが求められる。

　また，子ども個人を理解するとともに，その子どもが実際に活動をしている生活環境や社会環境についても捉えていく必要がある。個々の子どもが抱えている問題は，たいていの場合，その個人のみに原因があるのではなく，家庭や学校，地域や社会の関係の中で起こっているものだからである。子ども当人の理解並びに子どもがおかれた環境についての理解をふまえ，子どもへの教育的指導・支援を行うとともに，子どものおかれた環境要因への働きかけが求められる。

　教育的指導・支援により資するような子ども理解のためには，子どもに関わる者によるチーム的対応が求められる。学校であれば，複数の教師がさまざまな場面で当該生徒について多くの情報を得ているであろう。また，教師の多様な専門性や持ち前から，生徒についての専門的な捉えや多様な捉えがなされていることが考えられる。近年，発達障害の子どもたちに対する理解が求められるようになり，外部の専門家などとの連携も重視されてきている。また，子どもの生活環境の理解について，学校内の対応だけでは限界がある場合，児童相談所などの外部機関との連携が求められることもある。変化の激しい昨今，子どもが抱える問題も複雑で複合的なものになっている。複数の者や立場からの多面的で・総合的な子ども理解が求められる。

〔吉村功太郎〕

受容と要求

「受容」は，C. R. ロジャーズが提唱したクライエント中心療法における主要概念の一つであり，クライエントとの関係構築に必要とされるカウンセラーの態度として，対人援助職に携わる専門家に認知されている。ロジャーズは，受容と同義とされる「無条件の肯定的関心」についての記述の中で，受容について，クライアントが体験し表現するあらゆる側面を，カウンセラーの枠組みで否定や肯定をせず，何らの条件もなく一貫して温かく受け容れ，傾聴し，かけがえのない一人の人としてありのままのその人を大切にする態度であると説明する。人は他者からの受容を求める欲求をもっており，他者から受容されたという経験によって，自己を受容できるようになり，内面的な変化へと動き出すという。

こうした受容についての誤解に，何でも相手の言うとおりにする，なるということがある。一人の人としてありのままの存在を大切にすることと，すべてに同調したり放任したりすることは異なる。この前者の意味での学校教育における受容のあり方が，子どもの育ちを支える教師たちの生活指導実践から，「要求」との関連で報告されている。①学校で表出する子どもの問題行動を，その子個人の生得的な問題だけに還元するのではなく，成長に必要な，他者とのかかわりも含めた環境が保障されてこなかったゆえに，その環境を求めるその子なりの要求として受け容れる。②自身の行動の背後にあるこうした要求が受け容れられていくと，やがて，子どもの中に隠れていた，本当はこうありたい，乗り越えたいと願っている「もう一人の自分」が，その子の潜在的な要求として姿を現してくる。③教師は，子どもの中に現れたこの「もう一人の自分」と連帯しつつ，乗り越える困難から時に逃げ出そうとする子どもの葛藤や抵抗を受容し，対峙しながら，自ら乗り越えていく子どもの過程に伴走し続けることが重要だという。教師たちの実践から見えてくる「受容と要求」は，成長するために必要なさまざまな質の子どもの要求に繊細に耳を傾けながら受容し，傍らで支えることといえる。

〔増田美奈〕

［参］ロジャーズ，C. R. 著，保坂亨ほか訳 (2005)『ロジャーズ主要著作集2 クライエント中心療法』岩崎学術出版社（原著，1951年）。竹内常一ほか編著 (2015)『生活指導とは何か』高文研。

スクール・カウンセラー

日本におけるスクール・カウンセラー（＝SC）の正式な制度化は，1995（平成7）年度の文部省（現文部科学省）の「スクールカウンセラー活用調査研究委託事業」に始まる。当時の学校では，いじめ，不登校など，当面する課題への対応が急務であり，学校の申請によりカウンセリングの専門家が学校現場に派遣され，基本的には単回派遣で2時間程度の相談時間が行われるようになった。これを機に，学校現場に教員以外の人間が入り，学校の当面する課題に協働的に対処するシステム化が図られたのである。その後，スクールカウンセラー制度は，2001（平成13）年度には活用事業補助となり，SCは徐々に学校に定着し，少なくとも週に一日は学校に常駐する状況となっていく。また，2011（平成23）年の東日本大震災後に，「スクールカウンセラー緊急支援派遣制度」ができ，被災地に全国からSCが派遣されるようになった。さらに2013（平成25）年に「いじめ防止対策推進法」が制定され，いじめ防止にかかわる「心理・福祉の専門職」としての重要な任務を担うことになる。今日，心のケアの専門職としてより高い専門性が求められる中で，SCには新たな資格規定が更新され，公認心理士や学校現場で実際に活躍する「教師カウンセラー」，文科省認定の資格認定機関が認定する「臨床心理士」，精神科医，大学等の専門職にある者などが資格要件とされている。

SCの仕事は，学校生活において子どもの抱える問題状況や危機的な状況の解決を援助し，その成長を促すことが目指される。主な仕事内容を概観すると，①まず，個別相談。それは児童生徒本人や保護者等の悩みや気持ち等を受容しながら改善を図る仕事，いわゆる直接的なカウンセリングである。②コンサルテーション。それは児童・援助に当たる教員や支援者等への指導・助言である。③開発予防的心理教育プログラムの実施。いわゆる予防的な対応で，研修や支援組織づくり等を通して支援プログラムを構築するような仕事である。また，④支援システム構築。それは学校外の専門機関や地域組織等をつなぎ協働体制を構築していく仕事である。

今後，SCには，多様な仕事を包括的に機能化・有効化させていくことが大きく期待されている。

〔溝上敦子〕

［参］友久久雄編著 (2016)『学校カウンセリング入門 第3版』ミネルヴァ書房。

スクールソーシャルワーカー

　スクールソーシャルワーカー（SSW）は，小・中学校，高校，特別支援学校，教育委員会などで，児童生徒が生活の中で抱えているさまざまな困難・問題を子どもの側に立って解決するためのサポートを行う専門職で，教育の分野や社会福祉に関する専門的な知識・技能を有する者である。概ね社会福祉士，精神保健福祉士，公認心理士，臨床心理士などの資格保有者が担う。

　児童生徒が抱える困難・問題には，不登校，いじめ，暴力行為，貧困（ヤングケアラー），児童虐待などがある。これらの困難・問題の背景・原因には家庭や周囲の問題などが複雑に絡み合っていることから，その背景・原因を，子ども本人の発達状況や行動特性にあると考えるのではなく，家庭や周囲の環境に着目して支援を行う。さまざまな環境や要因を見極め，家庭や学校，医療機関，児童相談所，福祉事務所，警察などの関係機関などと連携をとりながら問題解決に導く必要がある。

　具体的には，問題を抱える児童生徒が置かれた環境に働きかけることであり，家庭や友人関係，学校，関係機関，地域等に対して行われる。当該の児童・生徒の相談に乗ることもある。

　関係機関とのネットワークづくりや学校内におけるチーム体制づくりが肝要である。チーム体制づくりでは，校内でのケース会議に参加しての助言やソーシャルワークへのサポート，社会福祉の専門的視点に基づく具体的支援に向けてのコンサルテーションなどがある。また，保護者・教職員等に対しての支援・相談活動や情報提供も重要である。この活動は，児童・生徒・家庭の側に立ったものであり，教職員と保護者との間の橋渡しや教職員・保護者への課題解決のために活用できる社会的資源に関する情報提供を意味する。さらに，支援スキルの力量向上に働きかけるための，教職員等への研修活動をも担う。

　ソーシャルワークは，概ね以下のような過程を踏む。① インテーク：相談受付や問題把握，② アセスメント：情報収集，問題や課題の整理，見立て，③ プランニング：問題や課題に応じた支援計画の立案，④ プランの実行：関係者で分担して取り組む，⑤ モニタリング：支援状況の確認，支援の見直し，⑥ 終結：問題の解消，他機関への移管，卒業などによる支援の終了。

〔池野正晴〕

進路指導

　進路指導（career guidance）は学校教育の一領域であり，戦前戦後は職業指導（vocational guidance）と呼ばれていた。1950年代中学校卒業者の半数が就職するなか，職業指導は「職業科」「職業・家庭科」に位置づけて指導されていた。

　1957年中央教育審議会答申「科学技術の教育の振興方策について」は，進学率の上昇により職業知識の付与や就職あっ旋から生徒が主体的に進路選択を行う取り組みに指導の重点が移行してきた状況を踏まえ，「生徒の進路の多様性に留意して，その志望と能力に応ずる指導がなされることが必要である」との方針を示し，職業指導は進路指導に呼称変更された。1958年中学校学習指導要領改訂で，「職業・家庭科」が廃止され，「技術・家庭科」が新設された。進路指導は，教科の外にある特別教育活動（現在の特別活動）の学級活動の中に位置づけられ，高等学校ではホームルーム活動の中で行うことになった。進路指導は「生徒の個人資料，進路情報，啓発的経験および相談を通じて，生徒みずから，将来の進路の選択，計画をし，就職または進学して，さらにその後の生活によりよく適応し，進歩する能力を伸長するように，教師が組織的，継続的に援助する過程である」（文部省『進路指導の手引き－中学校学級担任編』1961年）と定義され，今日まで継続している。

　1999年中央教育審議会答申「初等中等教育と高等教育との接続の改善について」は，学校教育と職業生活との接続の改善を図るために小学校段階から発達の段階に応じてキャリア教育（career education）を実施することを提言した。ここからキャリア教育推進施策が展開し，職業体験活動の実施率が高まった。2006年教育基本法改正，2007年学校教育法改正によって小学校から体系的にキャリア教育を実践する法的根拠が整った。2011年中央教育審議会答申「今後の学校におけるキャリア教育・職業教育の在り方」で，キャリア教育は「一人一人の社会的・職業的自立に向け，必要な基盤となる能力や態度を育てることを通して，キャリア発達を促す教育」と定義された。

　2017・2018年学習指導要領改訂で小中高の総則にキャリア教育が明示された。教育課程全体を通して社会的・職業的自立に必要な資質・能力の育成を図る取り組みの推進が求められている。

〔水野正朗〕

校則

　校則は、各学校で児童生徒が守るべきとされる学校生活の規則である。法令によって制定されているわけではなく、一定の教育目的を達成するためにそれぞれの学校や地域の実態に合わせて定められる。明治時代における「小学生徒心得」が原点とされ、現在でも「生徒心得」と「校則」の境界線は曖昧である。校則は、あくまで特定の共同生活のルールでありながらも、その存在は一般化された生活上の心構えの習得という伝統的な教育の価値に深く根ざしており、学校の営みの意味を規定してきたものの一つである。

　校則が社会的に問題視されることがしばしばある。1970年代、個人－社会関係や子ども－大人関係における規範意識が変化すると、特に中等段階で、従来の生徒管理を維持するために校則をより厳密にして管理教育のよりどころにしようとする学校が増えた。その中で作られた過剰に多く細かい校則は、次第に問題視されるようになっていった。校則は、学校教育の複雑さに応じず、その目的を固定化、形式化させる可能性がある。近年では、児童生徒の人権や多様性の容認といった社会通念から違和感が指摘される校則は、それが達成しようとしている教育目的を含めて見直す必要があるという考えが広まりつつある。

　校則の改定は学校長の権限ではあるが、児童・生徒自身が校則を見直す活動も重要になる。現代の社会を生きる児童・生徒の成長を支援するという観点から見ると、自分たちの生活を規定するものについて自分たちの意見を述べられるようになることが肝要だからである。校則を自分たちで見直すことは、みんなのことをみんなで決めようという民主主義の身近な例といえる。とはいえ、校則の見直しを実際に進めることは簡単ではない。児童・生徒間だけでなく、教師間、保護者間にもそれぞれ違った考えがある。校則によって規定されてきた学びの場のあり方について問い直すことは、関係者の日常的実践の前提をひっくり返すことにもなる。校則と学校の教育目的について、立場の違いによる認識や主張の違いを前提にしつつ、できるだけ多くの関係者とともに考えることに丁寧に取り組んでいくことが求められる。そのような経験を通して、児童・生徒の民主主義を実践する力を育てることが期待される。

〔福井　駿〕

［参］大津尚志（2021）『校則を考える』晃洋書房。苫野一徳監修（2022）『校則が変わる、生徒たちが変わる、学校が変わる』学事出版。

懲戒

　学校教育法第11条は、「校長及び教員は、教育上必要があると認めるときは、文部科学大臣の定めるところにより、児童、生徒及び学生に懲戒を加えることができる」と規定する。

　児童生徒に対する懲戒は、学校教育上の措置という特殊性から一般の懲戒とは異なり二つの性格を有する。秩序維持としての側面と教育目的という側面である。この二つの側面を踏まえ、懲戒の内容を分類すると、①「事実行為としての懲戒」として、叱責や訓戒、起立、罰当番といった学校生活における日常の「戒め」、②「法的効果を伴う懲戒」として、退学・停学・訓告がある。①は校長だけでなく一般教員も行うことが可能であるが、②は校長の専決事項である。

　2022（令和4）年に改訂された『生徒指導提要』では、「懲戒の実施にあたっては、学校における教育目的を達成するために、教育的配慮の下に行われなければならない」、「指導後においても、児童生徒を一人にせず、心身の状況の変化に注意を払う」、「保護者等の理解と協力」などが規定され、従来よりも詳細な記述となっている。これは、問題となってきた「不適切な指導」や、懲戒を争う訴訟や損害賠償請求を未然に予防する意味でも、懲戒を行う際の基準の明確化だけでなく、「チーム学校」として組織的に指導の方向性や役割分担を検討して望む必要があることを示している。また、一般の懲戒と異なり、対象となる児童生徒およびその保護者にも十分な理解を得ることが教育的効果を高めることにもつながると同時に、教育は保護者等との連携が重要であることを再確認するものである。

　民法には、親は「監護及び教育に必要な範囲でその子を懲戒することができる」として、親が子を懲戒する「懲戒権」が定められていた（民法第822条）。これが、児童虐待を正当化する根拠となっていたが、2022（令和4）年の改正で同規定は削除され、親権者は、子の人格を尊重するとともに、子の年齢及び発達の程度に配慮しなければならず、かつ、体罰等の、子の心身の健全な発達に有害な影響を及ぼす言動をしてはならないものとする（第821条）との改正がなされた。

〔菊地　洋〕

［参］文部科学省（2022）『生徒指導提要』（改訂版）。

| 第7章 | 生活指導・生徒指導・道徳教育と特別活動・学校文化 |

体罰

　「体罰」は，子どもに身体的苦痛を与えることを伴う懲戒権の行使であり，日本では学校教育法第11条によって明確に禁止している。また，子どもの権利条約（児童の権利に関する条約）第28条2項では，懲戒権の行使を含む学校の規律が「子どもの人間としての尊厳に適合する方法」および同条約に従って運用されることを各締約国に求めている。したがって，単に体罰に相当する行為を教職員が認識してこれを用いないだけでなく，学校における懲戒権の行使そのもののあり方を，子どもの権利条約の趣旨などに照らして繰り返し点検し，課題があれば是正していく必要がある。

　文部科学省『生徒指導提要』では，体罰による指導では子どもに正常な倫理観を養うことはできず，むしろ力による解決への志向を助長することになりかねないと述べている。ただし教職員が子どもからの暴力行為の防衛のためにやむを得ず行った行為は，体罰に該当しないともいう。そのうえで各学校や教育行政当局に対して，日頃からの体罰の未然防止および課題のある子どもへ組織的対応の徹底と，学校現場での体罰発生時の事実関係の確認，教育行政当局への報告などを求めている。

　一方，近年では教育行政当局が「体罰」に加えて「不適切な指導」を例示し，両方を防止するよう各学校，そして教職員に求めている動きもある。先述『生徒指導提要』では「大声で怒鳴る，ものを叩く・投げる等の威圧的・感情的な言動」「子どもの言い分を聞かず，事実確認が不十分なまま思い込みで指導する」「ことさらに子どもの面前で叱責するなど子どもの尊厳やプライバシーを損なう指導をする」等の「不適切な指導」を例示し，このような指導が学校生活全体において許されないと述べる。このように「不適切な指導」を体罰に加えて防止するに至った背景には，いわゆる「指導死」の事例のように，教職員の体罰や「不適切な指導」が何らかのかたちで強く影響したと考えられる子どもの自死（自殺）が各地で発生していることが挙げられる。

〔住友　剛〕

［参］大貫隆志編著（2013）『「指導死」』高文研。日本弁護士連合会（2006）『子どもの権利ガイドブック』明石書店。文部科学省（2022）『生徒指導提要』（改訂版）。

スクール・ロイヤー

　「学校や教育委員会などに対して，学校で発生する問題への法的なアドバイスをする弁護士」と理解されることが多いが，明確な定義は存在していない。

　日本弁護士連合会（日弁連）が2018年に発表した『『スクールロイヤー』の整備を求める意見書』では，「学校で発生する様々な問題について，子どもの最善の利益を念頭に置きつつ，教育や福祉等の視点を取り入れながら，法的観点から継続的に学校に助言を行う弁護士」と表現するように，保護者や学校の代理人ではなく，子どもの最善の利益を実現するための存在とされていた。しかし，2024年に発表した「教育行政に係る法務相談体制の普及に向けた意見書」では，文部科学省の「教育行政に係る法務相談体制構築に向けた手引き（第2版）」に呼応するかたちで，「（学校への）助言・アドバイザー業務」または「代理・保護者との面談への同席等の業務」を担う「専ら教育行政に関与する弁護士」と定義することで，学校の代理人としての側面が濃くなる。

　神内聡（2020）によると，①委任または業務委託契約に基づくものと，②雇用契約または公務員任用に基づくものとの二つに分類できるという。①については，相談者が弁護士の事務所で相談を受ける「事務所相談型」（校長が直接弁護士に相談する「直接相談型」と教育委員会を介して相談する「間接相談型」）と，弁護士が学校を直接訪問して相談に応じる場合がある「学校訪問型」。②については，学校設置者の職員として弁護士が雇用・任用される「職員型」と，弁護士資格を持った教師が学校に採用され，法律相談などを担当する「職員型」に分類できる。日本の場合，「事務所相談型」でかつ「間接相談型」が圧倒的に多い。

　日本では，学校の代理人として，学校への助言を行う存在というイメージが強くなりがちである。「子どもの最善の利益」を守る・考える存在として，児童・生徒と保護者，そして教職員が気軽に相談できる環境をつくることが重要である。

〔菊地　洋〕

［参］神内聡（2020）『学校弁護士—スクールロイヤーが見た教育現場—』KADOKAWA。

参加

　教育における「参加」という用語は，その主体として，親，地域住民，児童生徒などがあり，参加の内容として，教育活動への参加，学校管理・運営への参加など，多様な意味をもつ。「参加」とは，国連「子どもの権利条約」の理念と内容を踏まえると，子どもの利益に関わる学校内外の問題の決定に際して，大人とともに子ども自身が参加（参画）することであるといえる。特に，「子どもの権利条約」の基本原則は「子どもの最善の利益」（第3条）であり，子どもに関わる問題に子どもが自ら意見表明し，参加（参画）するプロセスが，すなわち，子どもの最善の利益を実現することになる。意見表明権（第12条）と，子どもの権利としての参加の保障は，子どもを権利行使主体として基礎づけるための要件である。

　子どもの参加研究に関して，1990年代からロジャー・ハートの「参加階梯論（参加のはしご）」やドイツやフランスなど国内外の子どもの参加を保障する制度と実践が大きな影響を与えてきた。それらを踏まえた子どもの参加の成立条件は次の通りである。第一に，子どもの参加の前提条件として，子どもへの「情報提供」が必要であること。第二に，子どもが自由に意見表明できる場を保障すること。第三に，参加を，子どもは意見を表明できるが最終決定権は大人のみが有する「関与」のレベルから，最終決定も含めて大人と子どもが対等な立場で共同決定する「決定（参画）」レベルへと高めること。第四に，子どもの参画を認める大人（教師）の意識変革が必要であること。

　今日では，校則制定や制服選択など，学校生活面における子どもの参画が実践的に進んでおり，児童会・生徒会活動や学級づくりにおいても子どもの自治的能力の形成と関わらせて，教師や保護者・地域住民も含めた大人との共同決定に基づく子どもの参画が進展しつつある。また，学習場面においても，学習課題の設定，学習目標・学習内容・学習方法・学習評価への子どもの参画が進展しつつある。特に，子どもの権利条約の理念を反映した「こども基本法」（2023（令和5）年施行）は，子どもの参画を促進する契機になりうる（第3条）。

　今後の課題は，子どもの社会参画を見通しつつ，子どもの権利行使能力を形成する教育方法論をより精緻化し実践化することである。

〔田代高章〕

［参］ハート，R. A. 著，木下勇・田中治彦・南博文監修，IPA日本支部訳（2000）『子どもの参画』萌文社（原著，1997年）。

自治

　「地方自治は民主主義の学校」（J. ブライス）という言葉にあるように，自治は地方自治，住民自治などおもに民主的な社会構築のキーワードとして使われてきた。人々が社会の主体として，自らの自由と平等を保障するために社会に参画していくことをその本質とする。集団が協同し民主的性格を保障する制度であり，集団に所属する成員が組織的活動の民主的な統制をあらわす概念でもある。しかし，自治は所与のものとしてそこにあるのではなく，民主主義を現実のものとする機能全般をさすものでもある。

　では教育空間における自治とはなんだろうか。子どもたちが，自分たちのことは自分たちで決めることができ，全員が集団の利益に供する物事を決定する主体である状態をさす。具体的には教室内外におけるさまざまな問題を子どもたち自身の手で解決したり，よりよく過ごすための諸要求を実現できることである。例えば，「○○をしたい」「○○を止めて欲しい」という要求を学級（生徒会）などで話し合いによって実現していくようなイメージである。行事の企画・運営を子どもたちが担っていくことや，近年では子どもたちの意見によって校則の改正などが進んでいるのも自治活動の一つといえるだろう。

　子どもたちは，これら自治を育む活動を通して，社会の主人公としての自覚と力量を獲得していく。とするならば，教育活動と自治は不可分のものであり，民主的人格形成に寄与するものとして，さまざまな場面で追求されるべきである。それは「人格の完成を目指し，平和で民主的な国家及び社会の形成者として必要な資質を備えた心身ともに健康な国民の育成を期して行われなければならない」（教育基本法第1条）とする教育の目的そのものであるともいえる。しかし，教室の自治は自然に生起するものではない。共通する問題をめぐって自由に討論する「場」を準備し，生活をつくりかえたいという諸要求を，みんなで考え合う共同行動を日常の中に作り上げる必要がある。そのために，教育に携わるものは，たえず子どもの声を拾い，それを意見表明権として取り上げ，子ども自らが発議できる力を養う指導が求められている。民主主義がそうであるように自治を育てることもまた未完のプロジェクトなのである。

〔渡辺雅之〕

［参］全生研常任委員会編（1990）『新版 学級集団づくり入門 小学校編』明治図書出版。ビースタ，G. 著，上野正道・藤井佳世・中村（新井）清二訳（2014）『民主主義を学習する』勁草書房（原著，2011年）。

日記指導

　直接には，学級の担任教師が，子どもに，その日の生活を思い返して自由にありのままを文に書き綴ることを日常的に働きかけ，一人ひとりの日記を読んでことば（いわゆる「赤ペン」）を書き添えて子どもに返してゆく教育的な営み。差し出された日記に，教師がその子に「話しかける」ように，共感と励ましの赤ペンを綴って返し，それを読んだ子どもが教師からの受容と肯定の感覚，表現の喜びを感じてゆく相互交流がおこるとき，そこに教師への信頼と安心の関係が深まる。その赤ペンを家庭で保護者が読むことがあれば，教師と保護者の信頼関係と結びつきが強まる契機となる。

　日記は散文や詩などと並ぶ表現形態の一つであるが，「日記指導」は，特に作文教育，生活綴方実践の立場から，国語科の文章指導に収まらない，特有の意味合いを持った言葉として使われてきた。

　青森の生活綴方教師・橋本誠一は，「日記をなぜ書かせるのか」について，「日常，子どもたちのものの見方，とらえ方を耕し」，現実を正しく見る力を育て，「感動の場面をとらえる力，それを心に温めておくことのできる力，思い起こして書き綴る力」をつけ，「ねうちあるものに目を向けさせ，ねうちのある生き方をさせる」ためと記している。

　綴方教師たちは，学級の人間的な関係を創り上げていくために，子どもの日記を本人と親の了解を得て学級通信や学級文集などに載せ，それを読み合い，感想や見解の交流を行う働きかけを通して，子ども同士（親を含め）の人間理解と結びつきを強くする実践を重ねてきた。津田八洲男は，日記を読みあいつながりあう実践を，子どもと教師の「縦の糸」と，子ども同士の関係の「横の糸」を太く強くする学級づくりの営みと表現している。

　教師はその子の日記を読むことによって，その子の日々の暮らしぶりや心持ち，ものの捉え方や喜怒哀楽の実感などを窺い知ることができる。そこには，時に新たな発見や驚き，喜びや嬉しさもある。日記からその子を，その生活を捉えようとする行為は，学級担任としてその子への見方を深め広げ，質して（正して）ゆく，「子ども理解」への教師の自己変革の作業でもある。

〔土屋直人〕

［参］津田八洲男（1996）『人間らしく育てたい 実践綴方教育―日記・詩・散文―』新読書社。橋本誠一（1979）『日記指導と生活綴方』新評論。

放課後の遊びと学び

　日本の子どもたちの放課後の生活は，1970年代から1980年代にかけて大きく様変わりした。高速道路や新幹線の整備，宅地開発など，全国各地で進められた1970年代以降の土地・地域開発は，子どもたちの遊び場を空き地や道路・路地から整備された公園や商業施設へと移しかえていった。また，学校での「落ちこぼれ」問題や受験競争の激化などを契機に，放課後には習い事や塾通いが急速に増え，子どもたちは遊ぶ時間を失っていった。

　こうした子どもたちの放課後生活の変化を象徴的に表す言葉が「三間（時間・空間・仲間）の喪失」であった。1990年代に入ると，国も子どもたちの放課後生活に関心を寄せるようになり，矢継ぎ早に放課後支援施策が打ち出されることになる。特に1997（平成9）年の児童福祉法の改正によって戦後初期に誕生した学童保育が「放課後児童健全育成事業」という名前で国の支援事業とされたことは，子どもたちの放課後生活に大きな影響を与えた。全国学童保育連絡協議会によると，1998（平成10）年には33万人だった入所児童数は，2023（令和5）年の時点で140万人にのぼっており，低学年の子どもの3～4人に1人は学童保育を利用している。今や，学童保育は日本の子どもたちの放課後生活と成長・発達の場として欠かせない存在となっている。

　現在では，学童保育に加え，放課後子ども教室や児童館，さらにはNPO等によって担われる子どもの居場所づくりなど，さまざまな放課後支援が行われている。放課後生活における子どもの遊びや学びの目的は，学校での学習を補完すること，子どもの権利としての遊びや文化活動を保障すること，日常では味わえない「自然体験」や「生活体験」を提供すること，あるいはさまざまな活動を通して非認知能力や情操を育てることなど，多岐にわたる。

　そうした中で放課後の遊びと学びの捉え方は大きく二つに分岐してきている。学校カリキュラムのようにプログラム化された活動を子どもたちに提供すること，すなわち「放課後の学校化」を進めようとする考え方と，学校の教育活動とは異なる放課後生活の固有の学びを追究する考え方である。前者は学力や資質・能力の育成を掲げる体験・活動プログラムの中に，後者は半世紀以上の歴史をもつ学童保育の「生活づくり」実践の中に，その姿を見てとることができる。

〔二宮衆一〕

読書指導

　かつて，読書とは場において語り伝えられるものであった。明治期の幕開けは共同体的で非個性的であった音読を，個人的で個性的な黙読へと変えた（前田愛『近代読者の成立』岩波現代文庫，2001 年）。読書は個人の黙読においてその精神に作用するという通念がここに誕生した。また，読書の対象たる文学においても言文一致体によって人物の「内面」が発見された。読書を「自己を読む」ことと捉えた大正新教育の代表的教師芦田恵之助において，教育の対象としての「子ども」の発見と「内面」の発見とが結びつき，子どもが自由に内面を発露する読書指導がその思想的基盤を得た。しかし，「近代読者」の形成は同時に「読書国民」の形成でもあった（永嶺重敏『読書国民の誕生』講談社学術文庫，2023 年）。自由民権運動が政府に取り締まられる過程で読書は「政治」から「教育」へとその場を移し，最終的に大政翼賛運動では読書が「内面」への介入である「国民思想指導」と位置づけられた（新藤雄介『読書装置と知のメディア史』人文書院，2024 年）。
　「子ども」と「内面」の結合に対し，戦前から「子ども」と「生活」の結合を志向していた滑川道夫は，戦後に生活指導の一環としての読書指導を強調した。経験主義の隆盛とも呼応し，図書館利用を教育課程において有機的に位置づける流れも生まれた。しかし，1958 年の系統主義に基づく学習指導要領では，国語科における「読解指導」が強調されて「読書指導」を授業外へと追いやる傾向が生まれ，その後も引き継がれた。
　2001（平成 13）年，「子どもの読書活動の推進に関する法律」が制定された。その第二次計画（2008 年）では，PISA での読解力の低順位を受けて「読書活動」が学力向上との関係で捉えられている。読解力の教科横断的な育成という 2008 年版学習指導要領以降の流れを踏まえれば，「読解」が教科の枠を越える可能性は示されつつも，その流れにおいて「読書」と「生活」とは豊かに結びつきうるのだろうか。一つのテーマを設定して本を紹介するブックトークや，参加者がそれぞれ一冊の本を紹介し，討論ののち一番読みたい本を投票によって決めるビブリオバトルなどの読書指導の方法は，読書における「声」や「場」を復権させ，「政治」を「教育」に呼び込む可能性を秘めている。「内面」に作用しない読書「活動」へと陥らないためにも，読書「指導」や読書「教育」の意義がいま問われている。

〔樋口太郎〕

[参] 汐﨑順子編（2023）『子どもの読書を考える事典』朝倉書店。

学級文集

　学級文集は，子どもたちが学校や家庭での出来事を書いた文章や，教師が発行した学級通信等を学級ごとに文集としてまとめたものである。年 1 回発行されるものや，学期や月に 1 回発行されるものがある。学校単位で編まれる場合は，学校文集と呼ばれる。
　学級文集は，言文一致体の登場と学校への謄写版印刷機の普及によって，子どもの自己表現，生活表現の編集が可能になったことで，1910 年代に誕生したとされている。最も早い時期の学級文集として，峰地光重『綴方成績 高等科』（1914 年），『芽生』（1918 年）や小砂丘忠義『山の唄』（1919 年）等がある。1926 年に雑誌『綴方教育』が，1929 年に雑誌『綴方生活』が創刊され，文集の特集号が組まれる等，学級文集を論じる媒体や文化的土壌が用意された。学級文集の発行が盛んになり始めるのは 1928 年，1929 年頃であり，その最盛期は 1934 年，1935 年であるとされている。1937 年以降は後退期に入るが，戦後には再び積極的に取り組まれた。歴史に鑑みると，学級文集は，生活綴方教師たちが実践のまとめとして作成したものである。学級文集は，思い出づくりとして，あるいは学級の記録として作成され，そこには 1 年間の学級の発展過程が表現された。学級文集づくりは，子ども同士や子どもと教師の共同作業として，教師の自己省察として，学校・保護者・地域をつなぐものとして，さらには学級の新たな歴史づくりとしての役割を担ってきた。
　学校の最終学年に思い出づくりとしての学級文集を作成する実践は，現在も継承されている。総合的な学習の時間の成果をまとめたものや，子どもの声を拾いながら教師が年度を通して継続的に発行した学級通信をまとめて学級文集とする場合もある。ただし，歴史に鑑みると，学級文集は必ずしも年度末や最終学年の最後にまとめるものに限定されるわけではなく，日々の実践の中で子どもが生活作文を書いてまとめることもまた学級文集づくりである。生活経験と学習を結びつけるレリバンス形成の観点から見ると，学級文集（あるいはその土台となる日記指導や生活作文）は生活表現指導の充実を図る鍵といえる。一方，近年，学級文集への取り組みは地域によって差があり，総じて見ると学級文集を編む実践が減ってきているといわれている。「文集は夜つくられる」といわれるように，熱心な文集づくりが教職の無境界性や実践的持続可能性の問題に直面する点は現代的な課題である。

〔森本和寿〕

[参] 日本作文の会編（1993-1994）『戦前戦後日本の学級文集』（全 20 冊）大空社。

学級通信

　学級通信とは，主に学級担任を務める教師がその学級の子どもたちや保護者に対して発行する文書を指す。内容の一例として学級の方針や行事の周知，子どもたちの活動状況の報告，その他学級に関する連絡事項や情報共有等が挙げられる。このように学級通信は，主に子どもたちの作品で構成される文集と比べると，教師から子どもや保護者への情報伝達を担う傾向がある。

　しかしながら学級通信と学級文集は明確に区別されるものではない。その原点はいずれも戦前の生活綴方実践に求められる。学級通信は，単なる情報伝達の手段ではなく教師たち・子どもたち・保護者たちをつなぎ合わせるという役割を歴史的に担ってきたのである。

　今日も，内容を連絡事項や情報共有に限定せず，子どもたちの作品や教師から子ども・保護者へのメッセージを掲載する学級通信は積極的に発行されている。子どもたちの活動する姿を写真に撮影し掲載する学級通信も多い。学級づくり（学級経営）を重視する教師は，情報伝達よりもむしろ子どもや保護者との相互理解，関係構築を期待して，学級通信を発行している。

　さらに学級通信は，個々のつながりを築くだけでなく，学級の文化を創造するという意義も有している。教師が子どもの素敵な一面や学級の魅力的な側面を捉えこれを学級通信に掲載すると，子どもたちの間に新たな学級像が共有される。また子どもたちの作品や取り組みの様子を学級通信に掲載すると，「学校教育」において「教員」が「児童生徒」に伝達する「文化」とは異なる豊かな文化が子どもたちに共有される。このような学級通信に励まされ，子どもたちは新しい学級の文化を自分たちの手で創造していく。

　こうした深い意義を有する学級通信は，子どもたちを信頼し子どもたちから学ぼうとする教師の姿勢に裏打ちされている。また，子どもたちの豊かな発達に対する責任を保護者と分かち合おうとする教育観を具現化するものでもある。学級通信は教師から一方的に提示されるものではない。教師がその眼で子どもたちの姿や学級の取り組みを捉え，学級通信に掲載し，これに対する子どもや保護者の反応を確かめることで，相互応答的な教育実践が展開していくのである。

〔星川佳加〕

［参］碓井岑夫（1992）「教育的メッセージとしての学級通信」教育科学研究会『教育』556号，国土社，6-14頁。太郎良信（1992）「学級通信の歴史―その素描―」教育科学研究会『教育』556号，国土社，15-24頁。

道徳教育

　簡潔に言えば，道徳性を養い発達させるための教育活動の総称であるが，道徳性もその前提となる道徳も，そしてそれらに向き合う道徳教育も，単純に捉えることはできない。

　第一に，道徳を主に正と善に関する規範の総体と仮に定義できても，それは法（権利と義務），規則（ルール），慣習，習俗，マナー，倫理など，その成立過程，適用の対象と方法，正当化根拠あるいは価値の異なる多様な事象を含み込んでいる。これらの道徳は，私達が私人であると同時に市民・公民であり国民であり，そして地球の一員であるという生活のあり方に基づき，複雑に関連し合いながら日々少しずつ変容している。

　第二に，こうした道徳の実現や改善に資する人格的特性を道徳性と捉えるとしても，この道徳性もまた，多角的にみる必要がある。道徳性は，徳としての道徳的価値ですべて説明できるわけではない。道徳それ自体や道徳原理に関する認知，共感や罪悪感などの感情，個人や集団のアイデンティティとも関わる価値・信念の体系，道徳的問題状況における判断，具体的行為に影響する生活態度や習慣など，様々な要素で構成されている。もちろん，個人の発達や性格，家庭や地域社会における社会化も考慮する必要があるだろう。

　第三に，道徳と道徳性それぞれに固有の特徴から，道徳教育は単一の方法や作用に委ねることはできない。主に幼少期におけるしつけ，愛着や尊敬に基づく感化，率先垂範，言語的／非言語的教示，体験や共感に基づく理解，討議，内省，実生活における問題解決（個人の選択と意思決定から社会参画まで），あるいは潜在的カリキュラム（hidden curriculum）等々，これらを状況や発達の段階をふまえて複合的に活用することが求められるだろう。ただし，人間の主体性や自律性がテクノロジーに翻弄される世界的な状況をみるに，道徳的価値を軸にして全面主義と特設主義を両立させただけの道徳教育では，道徳と道徳性の両方に対して不十分かもしれない。自他の中に不可避にある非理性を認識した上で，それをも使いこなして他者とともに自由と平等，平和と幸福を追求する種々の活動が，道徳性を含む人間それ自体に関する近年の研究の進展をふまえた道徳教育として，今日改めて要請されていると言えるだろう。

〔小林将太〕

価値の教育

　価値の教育というと，日本では道徳教育において道徳的価値が強調されることから，道徳的価値に焦点をあてがちではないだろうか。しかし，価値を道徳的価値に読み替えたとしても，その教育は道徳的価値に専念するわけにはいかない。なぜならば，道徳的価値が人格的価値あるいは徳である限り，道徳的価値だけでは他の諸価値の実現や創造，尊重は保証されないからである。

　例えば，勤勉が個人の自己実現と社会の維持発展の両方において不可欠な道徳的価値であることは否定しえないだろう。しかし，この勤勉が不当な低賃金や長時間勤務，過大な要求など受忍すべきでない環境の下で発揮される時，それによって生み出された成果物に欠陥や問題がある場合はもちろん，成果物それ自体が文化，経済，あるいは学術などの面において優れている＝価値を認められる場合にも，生産や創造までのその一連の過程を含めて価値があるとみなしてよいだろうか。この疑問は，「受忍すべきでない」と書いたように，道徳的価値以外の価値の認識があるから生じるのである。道徳的価値だけでは，（上記の例で言えば，過酷な環境を強いた側も含めた）個人の卓越性の称揚に終始しかねない。

　だからこそと言うべきか，諸外国における価値の教育では道徳的価値や徳を列挙するだけではなく，それらの上位に位置づく共通の価値や基本的価値といったものを構造的に示すことが散見されるのだが，日本の学校教育においてはこのような構造的な価値認識の必要性がいまだ真に自覚されていないようにみえる。ただし，その原因は必ずしも道徳教育のみに求めるべきではないだろう。例えば，教科等横断的な学習が近年推進されていることは，各教科の教育がその内容のもつ価値を実感，認識させることにしばしば留まり，各教科に固有の仕方でより広範に価値の問題に取り組む方法に課題があったことを暗示してはいないだろうか。ここで，個別の価値を貫きそれらに意味を付与するより基本的な価値を追求すべきであるという藤田昌士の主張は，道徳性を養うことを目標とする道徳教育に限らず，価値の教育を教育活動全体を通じて行う上でも，今なお多くの示唆に富むように思われる。

〔小林将太〕

[参] 藤田昌士・奥平康照監修，教育科学研究会「道徳と教育」部会編（2019）『道徳教育の批判と創造―社会転換期を拓く―』エイデル研究所。

徳目主義

　白川静『常用字解』によれば，徳という漢字は，「彳」と「省」と「心」を組み合わせたものであり，人間がもともともっている内面的な力が他に及んでいくことを表している。徳とは人間が備えもつ心性を意味しており，人間の望ましい資質であるといえる。

　この徳が一連のリストとして示されることを「徳目」というが，例えば，キリスト教においては「信仰・希望・愛」，儒教においては「仁・義・礼・智・信」が該当する。米国のW. ベネットは1993年に *The Book of Virtue*（邦題『魔法の糸』）を著し，「自己規律」「責任感」「友情」といった全部で10の徳とそれにまつわる物語をまとめた。ベネットは徳目を示して子どもたちに徳について理解させることで，正しい行動ができるようになるとする。このように徳を子どもたちに教授する立場は「徳目主義」と呼ばれている。この立場に立つと，道徳教育の目的はいかにして徳目を子どもたちに教えていくかということになる。上田薫や村井実が指摘したように，戦前の修身科はまさに徳目主義であった。

　しかし，徳を普遍的で静的なものと捉えて，徳に盲従することは避けなければならない。なぜならば，第一に徳を知っているからといって徳に基づいた行為をするわけではないことがすでに1920年代にはハーツホーンとメイによって明らかにされているからである（Hartshorne & May, 1928）。なぜその徳が大事にされなければならないのかという道徳判断も考慮されるべきである。第二に，徳目，とりわけその解釈は，文化や宗教，地域等によって相対的にならざるを得ない点が挙げられる。

　徳を身につけていくことは，人類が長い歴史の中で他者とともに協同して生きていくために編み出してきた叡智の一つであるとともに，常に徳のダイナミズムを意識して，徳のあり方やその内実を他者とともに「対話」によって検討し続けなければならない。他者とともによりよく生きるために徳が必要とされるのであり，徳ありきで人生を送るわけではない。

〔荒木寿友〕

[参] Hartshorne, H. & May, M. A. (1928) *Studies in the Nature of Character*, Macmillan.

市民性教育

　市民性教育は，シティズンシップ教育と同義に用いられる。社会を構成する主体としての市民（citizen）に必要な資質である市民性（citizen-ship）を育成する教育である。

　市民性とは何か，二つの側面から説明できる。一つは，国家における法的地位としての市民権，権利・義務関係を強調する見方である。もう一つは市民的資質であり，共同体の一員としての帰属意識や民主主義への参加，行動のあり方を問う見方である。今日の市民性教育は二つ目の見方に重点が移行しているが，その市民性の内実は，国家の政治システムや歴史によって多様である。グローバル化や新自由主義による福祉国家の再編に伴い，国家や地域における社会と個人との関係が変貌する中で，望ましい市民の資質を捉え直す必要が生じ，自ら積極的に行動すべきとするアクティブ・シティズンシップが強調された。こうした背景のもと，1990年代以降，各国で市民性教育のカリキュラム検討と実施が行われている。

　日本では，2006（平成18）年経済産業省が『シティズンシップ教育宣言』を発表した。東京都品川区は，2006（平成18）年の小中一貫教育開始とともに「市民科」を開設した。これは「道徳」「特別活動」「総合的な学習の時間」を統合したもので，市民としての資質・能力を育てることを目標としている。お茶の水女子大学附小の「市民」は，2007（平成19）年から2008（平成20）年にかけて文部科学省研究開発課題として実践され，「公共性」を育むことを目標とした。また2018年告示の高等学校学習指導要領においては，グローバル化する国際社会に生きる国家および社会の形成者としての資質・能力を育てることを目的として，公民科に「公共」が新設，必修化された。

　今日の市民性教育の実践のあり方について，ガート・ビースタが重要な指摘を行っている。市民性に関する学習と教育の「社会化」と「主体化」を区別することである。多くの市民性教育・政策は既存の社会的・政治的秩序への適応を強調し「社会化」をめざす。それに対し，すでに民主主義に到達していると満足するのではなく，学習者が「民主的に存在し行動する機会を創造することに焦点をあてる」，「主体化」を重視すべきであるという指摘である〔ビースタ，2014〕。

〔田渕久美子〕

［参］ビースタ，G. 著，上野正道・藤井佳世・中村（新井）清二訳（2014）『民主主義を学習する』勁草書房。（原著，2011年）。

主権者教育

　「主権者教育」は，国民主権の原理を前提に，広義と狭義二つのレベルで理解することができる。広義には，「主権者教育＝シティズンシップ（市民性）教育」として捉える立場がある。B. クリックによれば，シティズンシップ教育は政治社会（民主主義社会）の変革に参画する「能動的な市民」の育成を目的とする教育であり，具体的には，子どもに，① 社会的道徳的な責任，② 地域社会への関与，③ 政治的リテラシーを育成するための教育である。狭義には，「主権者教育＝有権者教育」と捉える立場がある。有権者は選挙を通じて民意を表現し政治参加していることから，有権者教育は，政治参加意識と，政府や候補者の政策を分析し，争点を評価・判断し投票する能力を育むことが中心的なねらいとなる。

　2017（平成29）年改訂の学習指導要領では，主権者教育の一層の充実が謳われ教育内容に反映されることになった。その背景には，2015（平成27）年に「18歳選挙権」を実現する公職選挙法等の改正が行われたことがある。これに先立つ総務省の『「常時啓発事業のあり方等研究会」最終報告書』（2011年）では，クリックの議論も参照しつつ，主権者として必要な中核的な資質・能力は，① 社会参加と，② 政治的リテラシー（政治的判断力や批判力）であるとした。政治的リテラシーは，政治や選挙の理念，仕組みを知識として理解しているだけでなく，政治的・社会的に対立する問題（論争問題）を取り上げ，その背景や要因・構造等に関する深い理解を基盤に，解決策（政策）を他者の考えも十分にふまえ自ら選択・判断する能力であり，さらに問題解決にむけて行動する力であると理解できよう。

　主権者教育が政治的リテラシーの育成を目標とする時，教師が，教育基本法第14条第2項と関わる「政治教育における政治的中立性」を授業レベルでどのように解釈し配慮していくのかが課題となろう。大切なことは，「政治的中立性」は，「論争問題（政策）を扱わないこと」ではなく，「論争問題（政策）に対する子どもの多面的な・多角的な考察と協働的な対話を通じた主体的判断を保障すること」と捉える授業観をもつこと。また，「学校・学級は子どもにとって民主主義を経験する場」と捉える学校・学級観をもつことである。

〔梅津正美〕

［参］クリック，B. 著，関口正司監訳（2011）『シティズンシップ教育論』法政大学出版局。（原著，2000年）

第2節　特別活動・学校文化

特別活動

　特別活動という領域が長く教育課程に位置を占めてきた意義をどのように考えるべきか。「現実社会に順応するだけが教育」という無力な教育観から脱却しなければ、児童会やクラブ活動など自発的な活動も意味をなさず、「学習指導要領に示唆されてあるからしかたなくやるというような魂の抜けた形式的なもの」になると指摘したのは、1952（昭和27）年の文部省著作『教科以外の活動の計画と指導』（牧書店）であった。子どもの生活活動のうちには、教科の学習以外に「種々な生活実践そのもの」があり、そこに「教科として組織しがたい活動」が成り立つとみたことが特別活動の一つの源である。

　一方、戦後間もなく中等学校では生徒が自発的に自治会やクラブ活動を組織する動きが始まり、これを「後の特別教育活動の本質に一致するものをもっていた」とみる回想もある。（飯山芳郎「戦後における特別教育活動の検討」宮坂哲文編『中学校特別教育活動の新教育課程』国土社、1958年）

　今日、主権者教育の重要性が語られるが、「特別教育活動の重点は市民的能力Citizenshipにある」といち早く提起されたのも、カリキュラムのあり方が模索されていたこの時期のことであった。（宮坂『特別教育活動』明治図書、1950年）

　中学校では1949（昭和24）年に自由研究を廃して特別教育活動を実施することになり、小学校も1951（昭和26）年学習指導要領で教科以外の活動の時間を設けるが、以後1978（昭和53）年改訂で高校も特別活動となって小中高校の統一を見るまで、領域名称（特別教育活動、学校行事等）と内容（学級会活動、学級指導、生徒活動ほか）は変遷を重ねた。中高校クラブ活動のように特別活動の内容としては廃止されたものもあるが、児童会・生徒会・学級活動、学校給食、各学校行事等々、活動内容は広範囲に及ぶ。各教科・道徳科及び総合的な学習との関連や統合も求められるなど外延が広がり、目標・内容・時数配当の精選が必要だ。特別活動の可能性を生かすためにも、①集団を基盤として自発的・自治的な日々の活動を児童生徒が構想できるよう支援する。②学校生活の時間・空間を活用して協議や協同の経験を積み上げ、集団を組織・運営する能力と意欲を育てる。③教科外活動の特性に即した教師集団の指導性を高め実践評価を蓄積する。以上の本来の過程を大事にしたいものである。

〔河原尚武〕

自由研究

　児童生徒が自らの興味関心、能力、個性等に応じて学習目標、内容、方法等を決定し、教科等の固定的枠組に囚われない自由な学びの展開を可能とする学習活動である。成城学園の「特別研究」等大正期の新教育運動に起源を見ることができるが、正式に制度化されたのは1931（昭和6）年の改正「中学校令施行規則」、1947（昭和22）年の『学習指導要領一般編（試案）』においてである。

　経験主義に基づく『学習指導要領一般編（試案）』では、社会科、家庭科とともに新教科として設定されたが、次のように述べられている。「児童の個性によっては、その活動が次の活動を生んで、一定の学習時間では、その活動の要求を満足させることができないようになる場合が出て来るだろう」、「児童の個性の赴くところに従って、それを伸ばして行くことに、この時間を用いて行きたいのである」。自由研究の活動内容は、(1) 個人の興味と能力に応じた教科の発展としての自由な学習、(2) クラブ組織による活動、(3) 当番の仕事や学級委員としての仕事によって構成されたが、(1) を基盤として (2)、(3) が成立すると考えられていた。しかし、「個人の興味と能力に応じた自由な学習は、各教科の学習指導法の進歩とともにかなりにまで各教科の学習の時間内にその目的を果すことができるようになった」との理由で1951（昭和26）年に廃止され、(2) (3) を基に教科以外の活動が新設された。中学校では1949（昭和24）年に廃止され、選択教科（その他の教科）と特別教育活動に再編された。

　馬場四郎編『カリキュラム辞典』（1952年）には、自由研究の効果として、「①学習を最も児童生徒に興味あらしめ生活に密接ならしめる。②児童生徒の個性を見出し、個性を伸ばすことが期待される。③みずから問題を発見し学習し、みずから解決する能力の養成が期待される。④学習の継続と発展という望ましい教育がよく生かされる。」の4点を挙げている。また、「自由研究は、基礎的な教科の学習とお互いに補い合って実施される」（宮本敏行『新学科の導き方（社会科・家庭科・自由研究）』1947年）とあるように、教科学習と教科外活動の相互環流による児童生徒の主体的、協働的、創造的な学びを可能にするという意味で、固定的な教科・領域の枠組によって編成されている現在の教育課程の在り方を再検討する契機となると考えられる。

〔安井一郎〕

学級（ホームルーム）活動

　学級・学校における生活をよりよくするために，役割を分担して協力する実践を含む一連の課題解決活動に取り組むことと，学級での話し合いを生かして自己の課題（心身の健康増進や安全行動，食習慣の形成を含む）の解決ならびに意思決定を図ることをいう。学校における生活に関しては，学校全体で活動するというよりは，学校全体で取り組む実践活動を見据えつつ，学校生活の向上に向けた提案や取り組みを学級として提案することに重きが置かれる。学習指導要領では，1989年の改訂の際に学級会活動と学級活動とが統合されて以来，特別活動の内容領域の一つとして位置づけられており，義務教育段階では学級活動，高等学校ではホームルーム活動（1989年改訂時に改称された）と呼ばれる。2017年版学習指導要領では，「学級や学校における生活づくりへの参画」「日常の生活や学習への適応と自己の成長及び健康安全」「一人一人のキャリア形成と自己実現」の三つがその内容とされており，それぞれ学級活動(1)，学級活動(2)，学級活動(3)と呼ばれる。

　学級を主な活動の場とする学級活動，とりわけ学級活動(1)は，そのまま学級経営実践の場となる。さらに，一人ひとりの学習適応や自己の成長，興味・関心の追求，キャリア形成を進めることが個性を尊重する児童生徒理解につながり，所属感や連帯感を高めることがその学級の目標達成につながるものと考えれば，学級活動のすべてを学級経営のための活動と見なすことができる。

　学級・ホームルームという集団で活動する以上，その活動が個を抑圧することがあってはならず，それぞれの児童生徒が自主的・実践的かつ自発的・自治的に参画し，お互いの個性を尊重しそれを発揮させることが活動の前提となる。また，生活づくりのための課題解決活動であることから，集団や社会の形成者としての見方・考え方をとることも必要である。したがって，一部の児童生徒が排斥されたり，教師や一部の児童生徒の意向のみが反映されたり，単なる馴れ合いのお楽しみ会に終始したり，ましてや各教科等の延長・補充に代えたりすることは，学級活動としてはふさわしくない（もちろん，こうした実態が学級集団づくりの実践的契機になることはありうるが）。発達段階も考慮しながら，お互いを尊重しあえる居場所としての学級・学校を，児童生徒が当事者としてよりよくしていけるような自治的活動を実現していきたい。

〔福嶋祐貴〕

［参］白松賢（2017）『学級経営の教科書』東洋館出版社．

クラブ活動

　クラブ活動は，1947（昭和22）年版の学習指導要領での「自由研究」の運用方法として示されていたが，学習指導要領が定める教育課程にクラブ活動が明確に位置づけられたのは，1951（昭和26）年版の学習指導要領からである。小学校は「教科以外の活動の時間」として，中学校は1949（昭和24）年に「自由研究」から名称を変更した「特別教育活動」に位置づけられた。

　クラブ活動の基本的な性格は，個性の伸長をめざし，児童生徒の興味・関心・必要等から同好の者が集まって，教師の指導の下に自発的に学習を進めることであった。特徴的なことは1951（昭和26）年版の学習指導要領の小学校におけるクラブ活動が「学級を単位としての活動」から位置づけられており，子どもの興味・関心を学級単位から捉え，低学年での活動も期待していたことにある。1958（昭和33）年版以降の学習指導要領からは「学級を単位とするクラブ活動」の表記は消え，「中学年以上の同好の児童が組織し，共通の興味・関心を追求する活動」となったが，1960年代の後半（例えば，鈴木孝雄『学級文化活動と集団づくり』明治図書，1967年）から現在に至るまで，日本生活教育連盟や全国生活指導研究協議会等，また，他の小・中学校の教育実践に「学級（内）クラブ（活動）」は存在している。

　小・中学校では，1947（昭和22）年版の学習指導要領以降に，高校では「新制高等学校の教科課程に関する件」（1947年）以降に，「自由研究」に始まるクラブ活動は「特別活動」（現在に至るまでの名称変更はあった）領域に位置づけられてきた。しかし，1998（平成10）年版の学習指導要領によって，中学校，高校から必修のクラブ活動は廃止され，その後は小学校でも新教科等の設置によって年間授業時数におけるクラブ活動の時間は減少傾向にある。こうした現状でも，小学校学習指導要領では，学級活動，児童会活動およびクラブ活動の指導について，「教師の適切な指導の下に，児童の自発的，自治的な活動が効果的に展開されるようにすること」を求めており，これは「自由研究」でのクラブ活動以来，受け継がれている指導であり，担任の裁量で，当番や係活動以外に学級内クラブ活動等の自発的，自治的な活動につながる組織をつくることが可能となっている。

〔白尾裕志〕

［参］河原尚武（2017）「価値観の形成と自立・協同のための教育課程」西岡加名恵編『教職教養講座 第4巻 教育課程』協同出版．

部活動

　部活動は「生徒の自主的，自発的な参加により行われる」活動であり，「スポーツや文化，科学等に親しませ，学習意欲の向上や責任感，連帯感の涵養等，学校教育が目指す資質・能力の育成に資するもの」(文部科学省，2017，126頁)とされている。

　歴史的に，部活動の位置づけは学習指導要領（教育課程）との関係で規定されてきた。

　現在の部活動の端緒は，中学校が1947年の『学習指導要領（試案）』で登場した「自由研究」，高等学校が1951年改訂時に登場した「特別教育活動」である（西島編著，2006，12-16頁）。

　学習指導要領との関連では，1968年（小学校），1969年（中学校），1970年（高等学校）の改訂で必修のクラブ活動が設置され，選択制のクラブと二分された（西島編著，2006，14頁）。戦後の「部活動」はこの選択制のクラブが源流だと考えてよいだろう。

　1989年の中学校学習指導要領改訂で，部活動への参加をもってクラブ活動の履修に替えられる「部活代替措置」が認められ，学習指導要領で部活動に触れられることとなった（西島編著，2006，14頁）。そして，1998年（中学校），1999年（高等学校）の改訂でクラブ活動は廃止される。これによって部活動は教育課程から切り離された（中澤，2017，118頁）。

　1980年代以降，加盟校や参加者の増加により，肥大化した部活動は，指導者や活動自体の外部化が模索されてきた（中澤，2014，121頁）。一方で，部活動には「体力や技能の向上を図る目的以外にも，異年齢との交流の中で，生徒同士や生徒と教師等との好ましい人間関係の構築を図り，学習意欲の向上や自己肯定感，責任感，連帯感の涵養に資するなど（略）教育的意義を有してきた」（スポーツ庁，2022，2頁）側面もある。そのために，部活動は学校で行われてきたと捉えることもできる。

　現在，議論されている部活動の地域移行も，教育課程との関係や教育的意義の両方を踏まえてその実施を検討する必要がある。

〔栗山靖弘〕

[参] スポーツ庁（2022）「学校部活動及び新たな地域クラブ活動の在り方に関する総合的ガイドライン」。中澤篤史（2014）『運動部活動の戦後と現在―なぜスポーツは学校教育に結び付けられるのか―』青弓社。中澤篤史（2017）『そろそろ，部活のこれからを話しませんか―未来のための部活講義―』大月書店。西島央編著（2006）『部活動―その現状とこれからのあり方―』学事出版。文部科学省（2017）『中学校学習指導要領（平成29年告示）解説　総則編』。

児童（生徒）会活動

　児童（生徒）会は全児童生徒で組織した異年齢集団であり，児童（生徒）会活動は充実した学校生活をめざす自発的・自治的な取り組みである。児童（生徒）会役員だけでなく，全児童生徒を学校づくりの担い手として位置づけ，異年齢の児童生徒同士で，計画を立てたり，役割を分担したり，協力し合いながら，学校生活を充実・発展させ，学校文化を築いていくことがめざされる。卒業後の地域社会における自治的な活動につながる活動として位置づけられる。

　児童（生徒）会という名称は，文部省とGHQの指導のもと，戦後に用いられはじめた用語であるが，その起源は戦前の校友会にまで遡ることができる。校友会では，生徒と教職員が会員となり，部活動や学校行事を運営したり，学校によっては，生徒の代表として意思決定に参与したりするなど，生徒自治の萌芽と取れる活動が行われた。しかしながら，学校の決定事項の連絡調整に利用される場合もあり，十分に自治の機能を果たしていたとは言い難い側面ももつ。さらに戦後には，高校紛争などの影響を受け，児童生徒のもつ権利の範囲をめぐって議論が交わされた。現在は，あくまで学校長の管理下のもと，学校内の物事に対して，児童生徒に任せ与えられた責任および権利の範囲内においての活動が行われている。ボランティア活動への参加など，学校外への取り組みも含まれているものの，それは自治とは異なる社会参加のあり方を示しているものと考えられる。

　各学級や委員会の代表者が集まり組織される代表委員会においては，間接民主制の手法を用いて合意形成が行われる。児童生徒の自発性・自治性を育むためには，代表者らが，いかにリーダーシップを発揮し，少数派の意見を尊重しながら児童生徒集団をまとめ，協力して学校の諸問題の解決に取り組むか，規律性や同質性だけを求め，集団主義的になるのではなく，異質な他者といかに折り合いをつけながら，民主的に共同体を形成していくのかが問われる。さらには，児童（生徒）会の活動範囲，具体的には学校外での活動として，類似した目的意識をもつ組織と連携することを認めるのか，児童生徒の意志決定をどの程度学校経営に反映させるのか，どのような方針のもとで指導にあたるのか，検討が必要である。

〔山本はるか〕

[参] 宮坂哲文（1959）『特別活動―その歴史と理論―』明治図書。

学校行事

　学校行事は，儀式的行事，文化的行事，健康安全・体育的行事，遠足（小学校）／旅行（中学校・高校）・集団宿泊的行事，勤労生産・奉仕的行事からなっており，学校行事を通した集団での協力，体験的な活動を通して，集団への所属感や連帯感を深め，公共の精神を養いながら特別活動の資質・能力の育成を目指すものとなっている。

　学校行事について文部省は，1958（昭和33）年版学習指導要領が成立するまで，教育課程上の位置づけをしなかった。1958年版学習指導要領から「教科」，「道徳，特別教育活動および学校行事等」に分けられたが，学校行事等は特別教育活動とは別領域とされた。理由は，1958年版学習指導要領における学校行事等の目標において，「学校が計画し実施する教育活動」となっており，児童生徒の自発的，自治的な活動を目指す特別教育活動とは異なる領域と考えられたことが挙げられる。

　また，1958年版学習指導要領から教科および道徳の時間の授業時数の配当が，学校教育法施行規則に基づく標準時数として示された（1951年版学習指導要領では，年間総時数に対する教科の比率で示された）ことに加え，学校行事等に「等」が表記されていたことで，さまざまな教育活動が入り，学校では，学校行事等の精選が課題となっていた。

　こうして1968（昭和43）年版学習指導要領では，「学校行事」が「学校生活に秩序と変化を与える教育活動」を軸に「各教科等のそれぞれにおける学習や経験の総合された教育活動」，「学級の場を越えた学校的または学年的な場における教育活動」の観点から整理され，行事に積極的に参加させることで，日常の学習成果の総合的な発展を図ることにつなげ，集団への所属感を深め，「集団行動における望ましい態度を育てる」ことをねらう「特別活動」の領域として成立した。この過程で，児童会活動や生徒会活動での文化集会的なものが「学校行事」に組み込まれ，児童生徒の自発的，自治的な実践活動と併せて，「望ましい集団活動」に位置づけられた。「望ましい集団活動」については，さまざまな実践的な場での個と集団の関係を中心に多様な解釈があったが，2017（平成29）年版学習指導要領からは，「望ましい集団活動」に替わって，「集団や社会の形成者」を目指す資質・能力としてまとめられている。

〔白尾裕志〕

［参］肥田野直・稲垣忠彦編（1971）『戦後日本の教育改革 第六巻 教育課程（総論）』東京大学出版会。

儀式

　一般的には祝賀・慶弔の意を表すための特定の作法形態に従って行われる式典を指す。日本の学校においては，学習指導要領で「特別活動」の「学校行事」の中に「儀式的行事」が教育活動の一貫として定められている。ねらいは，①学校生活に有意義な変化や折り目をつけ，②厳粛で清新な気分を味わい，③新しい生活への展開への動機づけとなるようにすること，とされている。具体的には，入学式，卒業式，始業式，終業式，開校記念に関する儀式，着任式，離任式，朝会等を指す。諸外国ではそうした儀式が行われない国も多い。

　こうした学校儀式の原型は戦前に遡る。「小学校祝日大祭日儀式規程」（1891（明治24）年）において，紀元節，天長節，明治節といった祝日の儀式として，①御真影への「拝礼」，②教育勅語「奉読」，③校長訓話，④式歌斉唱といった形式が定められた。「小学校令施行規則」（1900（明治33）年）では，ここに「君が代」斉唱が加わり，三大節に加えて，卒業式・入学式，始業式・終業式など，ほとんどすべての学校儀式が，三大節学校儀式の内容に準拠して行われるようになった。それは，宮城遙拝といったコスモロジー，御真影といったシンボリズム，それへの拝礼というパフォーマンスといった宗教的で，ある意味「演劇的」な空間を強制的に演出し，身体を通して臣民化を図る天皇制教化のための重要な「装置」であった。

　1989（平成元）年の学習指導要領より儀式的行事のねらいの項で「清新な気分を味わい」に「厳粛で」という言葉が付け加わり，「内容の取扱」では「入学式や卒業式などにおいて……国旗を掲揚するとともに，国歌を斉唱するよう指導するものとする。」へと変わる。それ以前の学習指導要領では「国民の祝日などにおいて儀式などを行う場合」と祝日の行事が対象であり，「国旗を掲揚し，国歌を齊唱させることが望ましい。」という表現であった。

　学習指導要領解説特別活動編（2017（平成29）年）では，儀式的行事の教育効果の観点から「いたずらに形式に流れたり，厳粛な雰囲気を損なったりすることなく，……絶えず内容に工夫を加えることが望ましい。」としており，例えば，卒業式を卒業証書授与式と祝う会の二部制に分け，全校生徒で交流する機会をもつなどの工夫をしている学校も多い。

〔宮﨑充治〕

国旗・国歌

占領下の1950（昭和25）年10月，天野貞祐文相は，日の丸の掲揚と君が代斉唱を求める通達を発した。学習指導要領には1958年改訂で新たに「学校行事等」が設けられ，祝日など儀式を行う場合，児童生徒にその意義を理解させるとともに国旗を掲揚し，君が代を斉唱させることが望ましいとした。以後は（高校で「各教科以外の教育活動」とした時期を経て）特別活動の内容にこの表現が引き継がれた。1989（平成元）年改訂の際，「入学式や卒業式などにおいては，……国旗を掲揚するとともに，国歌を斉唱するよう指導するものとする。」と，国旗・国歌の扱いを学校管理上の義務として明示した。以後の改訂では，これが踏襲されている。

日の丸と君が代の学校での扱いについては，早い時期から異議申し立てが相次いだ。歌詞の内容が国民主権の国是に矛盾するのではないか。修身科国定教科書等で，戦時の日の丸の役割を称揚した歴史を不問に付してよいのか。多様な問いかけが交差し，当事者の間に緊張や葛藤が生じた。

過去に率直に向き合うことを道徳的な義務とする立場は今もなお意義深い。だが，時間を経て社会の記憶は移ろい，葛藤の内容や人々の認識が変化したことは否めない。国旗は日章旗とし，国歌は君が代とする。二つの条文から成る「国旗及び国歌に関する法律」が成立したのは1999（平成11）年8月。国会審議で，「君が代」とは「日本国民の総意に基づき天皇を日本国及び日本国民統合の象徴とする我が国のこと」（国会会議録検索システム）と政府側は答弁したが，元来の解釈との差異をどう見るか。

結果的に，法制化よりも学校での徹底策が先行した。それは，「日本人としての自覚を養い，国を愛する心を育てる」，「国際社会において尊敬され，信頼される日本人として成長していく」（『中学校学習指導要領（2017（平成29）年告示）解説特別活動編』）という論理に長く重きが置かれてきたからである。

しかし，掲揚と斉唱による所属感よりも本質的に重要なのは，人々が愛着や参加意識をもつことができる社会と平和な国際関係を生み出すために，人間社会と歴史に関する深い洞察をともに育むことである。内心の自由と相互の理性を尊重し，威圧を排して対話的な学びを深め，ともに学校行事のあり方や生き方を探り続けることが何よりも重視されるべきであろう。

〔河原尚武〕

〔参〕有本真紀（2013）『卒業式の歴史学』講談社。

遠足

学習指導要領において，「遠足・集団宿泊的行事」は「自然の中での集団宿泊活動などの平素と異なる生活環境にあって，見聞を広め，自然や文化などに親しむとともに，よりよい人間関係を築くなどの集団生活の在り方や公衆道徳などについて体験を積むことができるようにすること」とされており，遠足は知育的側面と集団生活や社会生活の訓練という側面からなる。

日本の学校教育を経験した者にとって遠足は自明な存在であるが，教育方法学ではその歴史的な経緯や過去の実践に遡り，今日の遠足のあり方を批判的に検討してきた。

遠足の始まりについてはさまざまな研究が存在するが，近代学校においては行軍を一つの契機として誕生し，明治2～30年頃に普及する。遠足の目的は身体の鍛錬であると次第に定義されるようになり，知識の教授を特徴とした校外教授とは一線を画され，隊伍的通行の修練など訓育的な要素が強調される。国民国家が形成されていく日露戦争期には国民の身体衛生管理の一環に遠足が位置づけられた場合もある。しかし，必ずしも定義通りに身体訓練に限定して実践されていたとは言い難く，その過程で直観教授や，学校や書籍における既習事項の体験的な学習が実践されてきた。その代表例として耳目を集めるのが，樋口勘次郎の「飛鳥山遠足」（1896（明治29）年）である。

樋口は直観教授と遠足を関連づけ，自然や社会の事物に直接触れることによって子どもの学習を総合的に組織しようとした。この背景には，すべての事物をその社会の中にて，他の事物と相互関係の状態において観察させるべきであるという「統合教授」の原理がある。教育内容の選択という観点では，子どもたちは実際に見る道草の草木や，走っている汽車，田畑に耕作されている栽培植物などの生きた教授教材から，農業や植物学，工業，人類学などの諸学科を「飛鳥山遠足」という一大学科に統合された状態で学ぶのである。ここには遠足が特定の教科（学科）に位置づけられたり，細分化され記号化した知識が先行したりするのではなく，直接体験による子どもたちの自発的な探究心を契機とした統合的な学習を組織し得る遠足の教育方法学上の意義が見て取れる。

〔星　瑞希〕

〔参〕新井孝喜（1993）「遠足の教授法史的検討―明治後期東京高師附小における「校外観察」を中心に―」『日本特別活動学会紀要』2, 51-62頁。中野光（1998）『大正自由教育の研究』黎明書房。

修学旅行

　修学旅行とは，教師が児童生徒を集団で引率して行う宿泊を伴う旅行のことである。学習指導要領では，特別活動における学校行事の一つ（旅行・集団宿泊的行事）として位置づけられている。学習指導要領第5章の第2には，そのねらいとして「平素と異なる生活環境にあって，見聞を広め，自然や文化などに親しむとともに，よりよい人間関係を築くなどの集団生活の在り方や公衆道徳などについての体験を積むことができるようにすること。」という記述がある。歴史的には1886（明治19）年に当時の東京師範学校が千葉県銚子方面に「長途旅行」したのが，日本では最初の修学旅行であるといわれている。

　現在では，修学旅行の目的やねらいに応じて各教科，道徳科，総合的な学習の時間，学級活動など教育課程と関連づけられた事前の学習や，事後のまとめや発表などが取り入れられている。例えば，特別活動や総合的な学習（探究）の時間を用いて，旅行先の事前学習を行い，グループ活動による自主的な研究や見学を組み込んだり，農業体験・漁業体験などを組み合わせて分宿し，田植えや家畜の世話，水産加工のほか，その地方の行事に参加したりするなど，体験を重視した活動を取り入れる形で実施されている。

　豊かな学習が展開される一方で，教師の責任範囲は拡大している。児童生徒の心身の発達の段階，安全，環境，交通事情，経済的な負担，天候，不測の事故，事故の発生時における対応策などに十分配慮し，学校や生徒の実態を踏まえた活動となるよう工夫することが求められている（「修学旅行における安全確保の徹底について」，1988（昭和63）年3月31日付け，文初高第139号文部事務次官通達）。

　地震や豪雨など激甚化する予測不能な自然災害への対応だけではなく，食物アレルギーをもつ児童生徒の増加に伴い，教師の目の届かないところで児童生徒が摂取した食品に含まれるアレルゲン物質によって重篤な症状が発生した場合の対応，新型コロナウイルスのような未知の病原体の感染拡大への対応，さまざまな要因に伴う旅程変更を余儀なくされた場合の経済的な損失や保護者の負担への対応など，解決すべき多くの問題を抱え込んでいる。

〔長島康雄〕

[参] 相原次男・新富康央編著（2001）『個性をひらく特別活動』ミネルヴァ書房。市原芳夫（2004）『スタディ・ツアーのすすめ』岩波書店。宇留田敬一（1981）『特別活動論』第一法規出版。

学芸会・文化祭

　学級や部活動等ごとに種々の発表や企画を準備・実施し，その全体的な運営を行うことで，日々の成長および学習の成果を自覚するとともに保護者や地域の人々とも共有するための，主として学校全体を巻き込んだ行事である。

　学習成果を周知する行事の歴史は古く，すでに江戸時代の寺子屋で「席書」と呼ばれる参観・展示が行われていた。明治期に入り，進級制度としての試験を一般人が参観することで学業成績の周知を代替した。この廃止に伴い，やがて明治後期には，「父兄懇話会」を経て「学芸練習会」等として広まった。学芸会とはここから発展したものであり，当初は朗読や書き方，唱歌，体操など各教科における学習成果の復習・発表が主であった。これが大正期に入り，児童の個性尊重の趣旨から，小原國芳らの推進によって学校劇が導入されて広まり，その自主的運営までが称揚されるにつれ，発展的な能力発揮の場として捉えられていった。現代の学校においても，学芸会という場合，合唱コンクールや演劇大会など，子どもたちの発表・公演を学友や訪問客が参観する，という形態をとるものが多い。

　一方，文化祭と呼ぶ場合には，時にそうした発表会も企画の一つとして包みつつ，研究成果の展示など，より幅広い活動が運営・展覧される傾向にある。その原形は，伊藤長七が1920（大正9）年から東京府立第五中学校で行った「創作展」にも見られる。伊藤が夏休みの研究を奨励し，その成果の出品を求めた結果，博物標本や作文，作曲の展示のみならず，化学実験などの研究発表も行われた。こうした活動が，戦後の文化祭の発展へとつながった。地域差もありながら，小学校から大学へと学校階梯を経るにつれ大がかりになる傾向にあり，その期間は平常の授業を休みにして，各教室は展示会場へ，体育館は劇場やコンサートホールへ，運動場等は模擬店会場へと変わる学校も多い。

　生徒の文化創作力の向上を祝う「祭」は，生徒自身の主体的な運営によらねば虚構と化す。そのため各団体による展示や発表の準備だけでなく，文化祭全体を取りまとめる過程における生徒会や実行委員会の役割もまた，重視される。

〔中西修一朗〕

[参] 小山利一・小西悦子編著（2023）『高校文化祭の教育論』学事出版。今野敏彦（1989）『「昭和」の学校行事』日本図書センター。

運動会・体育祭

運動会は明治以降，外国人教師によって高等教育機関で始められ，「初等・中等学校の運動会は，教育省令，学習成果発表の一環として，明治10年代後半に行われるように」なったとされる（大熊，1996）。

運動会・体育祭は，学習指導要領では特別活動の「学校行事 (3) 健康安全・体育的行事」に位置づけられ，一般に小学校では運動会，中学校や高等学校では体育祭・体育大会と呼ばれている。学校によってその内容はさまざまであるが，一般的に徒競走中心の個人種目に加え，綱引きやリレーといった団体種目で構成され，学級対抗または学年をこえ団を組んでの団対抗や紅白対抗で行われている。

児童生徒にその企画や運営を担わせることで主体性を育むことにも力が注がれてきた。競技の合間に行われる応援合戦が集団の成長に欠かせないと活発に行われてきた歴史もある。保護者や地域住民が参加することで，地域の伝統的行事として実施されている学校も少なからずみられる。

小学校学習指導要領（平成29年告示）解説・特別活動編では，「児童の健康や安全には特に留意し，日常の学校や家庭における健康管理，教師間の協力体制を万全にし，事故防止に努める必要がある。」と明記されている。児童生徒の心身の成長や達成感の獲得を目指し，難度の高い種目（組み体操等）に取り組んできた学校も多かったが，危険を伴う種目で過度な負担を児童生徒に負わせ，事故が続いたことで，学校安全の視点から注意喚起が図られている。

2020（令和2）年以降，教員の働き方改革や地球温暖化による熱中症の増加，また感染症の拡大防止といった要因が絡み，本番に向けての練習時間の削減，学年別開催で児童生徒の身体への負担軽減を図るといった練習段階や運営面での工夫や改善が進んでいる。その一方で，実施に至るまでの過程では，教師主導での運営が増え，児童生徒の主体性を損ないかねない懸念もされている。

2022（令和4）年に改訂された生徒指導提要では発達支持的生徒指導の充実が打ち出されている。「児童生徒一人一人が受け身でなく，主体的に参加できるよう」にという視点で，当事者の声をいかした改革を進めた学校もあり，今後，主権者教育の視点からもこのような教育活動がより注目されよう。

〔谷尻　治〕

[参] 大熊廣明（1996）「学校体育 運動会の歴史」文部省体育局監修『スポーツと健康』28(9), 51-53頁。

勤労生産活動

高度経済成長は子どもが家で働くことや身近に親たちが働くことを目にすることが少なくなり，現実の生活における労働と子どもの断絶という問題を表出させた。この状況を受けて1977（昭和52）年の学習指導要領は「勤労にかかわる体験的な学習」を重視する方針を打ち出した。教育課程の枠組みは変えず，家庭科や図工科などの従来の教科や特別活動の「勤労・生産的行事」として行われた。また，学校裁量の時間（ゆとりの時間）で勤労体験として取り組まれることも多くなった。実際には環境整備・美化・清掃活動が多く，労働の対価が見えにくいものだった。

この活動は1886（明治19）年高等小学校に，1890（明治23）年尋常小学校に，加設科目として「手工」が設けられた前史をもつ。手工教育は「勤労の習慣」や「勤労の態度」を第一に重視する勤労主義に立っていた。しかし，この時代に石橋勝治のように学級図書館を作るため，学級みんなで旅行に行くためなどの目標を立て，その目標のために労働し対価を得て目標を達成していくような実践も行われていた。

この戦前の勤労主義の流れを汲むように1989（平成元）年の学習指導要領で奉仕活動が重視され「勤労生産・奉仕的行事」と名称を改めた。「奉仕」を強調する精神主義，道徳主義的性格をもつ傾向が顕著に示された。勤労生産活動は2002（平成14）年の中央教育審議会答申「青少年の奉仕活動・体験活動の推進等について」の中で取り上げられた。

ユネスコは1974（昭和49）年の勧告で「技術及び労働の世界への手ほどきは，これがなければ普通教育が不完全なものになるような普通教育の本質的な構成要素であるべき」と言っている。また，城丸章夫は，栽培活動を育てる基本的方法として4点指摘する中で「子どもたちの生産物はどこまでも子どもたちのものとして子どもたちの処理に委ねる」としている（城丸，1993，154頁）。ここには子どもたちの労働に対する敬意がある。

勤労生産活動はユネスコの1974年勧告のいう「普通教育の本質的な構成要素」たるべき内容をもっているか，子どもたちの労働に対する敬意をもっているか検討されなければならない。そして，子どもたちが自らの進路・職業選択の主体になり，地域に権利意識や主権者意識をもって参加していく活動にしていくことが望まれる。

〔植田一夫〕

[参] 城丸章夫，城丸章夫著作集編集委員会編（1993）『城丸章夫著作集第5巻　集団主義と教科外活動』青木書店。

ボランティア活動

　一般にボランティア活動とは，「報酬を目的とせず，地域社会や個人・団体の福祉増進のために行う活動」である。そのボランティア教育とは，ボランティアとしての役割を効果的に果たすために必要な知識，スキル，サポートを個人に身につけさせる包括的プロセスを備えた教育論である。学校組織をはじめ，各種組織はボランティアプログラムの教育効果を上げ，最終的にはその使命を推進することを教育目的とする。そこで，そのボランティア教育の典型的なカリキュラム・授業論の一つとしてサービスラーニング（SL）に注目することができる。

　SL とは，1990 年代の米国の教育改革からカリキュラム開発（Curriculum Development）が法制化に伴い全米に浸透した教育実践であり，換言すれば，地域（コミュニティー）における市民性（Citizenship）を育成することを教育目標に据え，アカデミックな教科内容・スキルと他者に対するコミュニティー貢献活動を統合することによって，学校改善をも推進するカリキュラムマネジメント論として理解できる。（倉本哲男『アメリカにおけるカリキュラムマネジメントの研究—Service-Learning の視点から—』ふくろう出版，2021 年）。

　よって SL とは，サービス活動を中心に据え教科内容の基礎基本との関連を図りながら，教科内容の習得とその学習過程で培う問題解決能力や意志決定等の学習能力をさらに伸長する「統合カリキュラム（Integrated Curriculum）」，および，その教育方法論である。

　SL は米国の「生活と教育」という伝統的文脈から生起したもので，一つはアメリカ社会のボランタリズムに依拠した教育実践論であり，思想的には「経験としての教育」（Education-as-Experience）の哲学に派生すると整理できよう。

　SL は米国の K-12（幼稚園レベルから 12 年生まで）および，高等教育（Higher ED）で適用され，現在では国際的にもその評価・認知が進み，SL を専門とする国際学会にまで発展している。

　また，日本でも日本サービス・ラーニング・ネットワーク（Japan Service-Learning Network：JSLN）が設置され，教育機関と社会の往還による知と経験，理論と実践との再統合を進めるサービス・ラーニングの広がりと発展を目指している。

〔倉本哲男〕

［参］"International Service Learning"（https://islonline.org/）.「日本サービス・ラーニング・ネットワーク」（https://www.jsln.org/history）.

自然体験活動

　自然体験活動とは，自然と関わり，自然を活用して行われる教育的な意図を伴った諸活動である。広義には，幼稚園や学校等における日々の生活・学習の中で自然物に触れて遊んだり，四季の環境や動植物を観察したりする活動も含む。狭義にはキャンプや登山，川遊びなど，自然豊かな場所や施設へ特別に出かけて組織的・計画的に行われる，野外教育を指す。

　教育における自然体験の重視は，例えばルソーの『エミール』などに歴史をたどることができる。近代において，例えば米国では，19 世紀にキャンプ活動が実施されたのを嚆矢として，1930 年代にその教育的価値が注目された。これは野外教育の父ともされるシャープによって 1943（昭和 18）年に Outdoor Education（野外教育）と名づけられた。初期には集団生活を通したレクリエーション技術の習得という側面が重視されたが，やがて自然環境の保護保全に関する認識も意識されるようになっていった。この二つの流れを引き継いで 1970 年代以降，野外教育は，ドイツの K. ハーンの影響を受けた冒険教育（Adventure Education）と，持続可能性の教育をも包含した環境教育とを，合わせたものだと基本的には理解されている。

　こうした影響もあり，日本でも，早くは戦前から YMCA やボーイスカウトなどの民間団体が設立・運営されてきた。戦後は，特に高度経済成長期以降子どもたちの自然との関わりの減少が危惧され，徐々に制度化も進められた。1996（平成 8）年の文部省生涯学習局報告書「青少年の野外教育の充実について」をきっかけに，自然体験活動・野外教育ともに学校教育用語として広く定着した。1997（平成 9）年には日本野外教育学会が設立され，2006（平成 18）年の学校教育法改正により，自然体験活動の促進は義務教育の目標の一つともされている。

　学校教育においては，特別活動や総合的な学習の時間，理科などの時間を用いて実施されている。自然の認識，仲間との協同，冒険による自己対話と成長など，その教育的意図は多様である。いずれにせよ，意図的に提供される「自然」体験という不自然さに自覚的でありつつ，その教育的価値を追求することが肝要である。

〔中西修一朗〕

［参］自然体験活動研究会編（2011）『野外教育の理論と実践』杏林書院．

職場体験学習

　文部科学省によると、職場体験は「生徒が事業所などの職場で働くことを通じて、職業や仕事の実際について体験したり、働く人々と接したりする学習活動」と定義されている（「中学校職場体験ガイド」）。近年、小中学校におけるキャリア教育の根幹を成すといって差し支えないのが職場見学・職場体験である。特に、公立中学校において職場体験の実施率は約98％となっている（国立教育政策研究所「平成30年度職場体験・インターンシップ実施状況等」）。

　職場体験が全国へと広がったきっかけは、児童連続殺傷事件後の1998（平成11）年に兵庫県が始めた「トライやる・ウイーク」である。地域・保護者の力を引き出して児童生徒の全人格的な成長を目指したこの事業は、児童生徒の勤労観・職業観を育てるのみでなく、自己肯定感を高め、地域の中で生きていることを実感させるなど、多くの効果が認められるという成果を出し、全国自治体へと広がっていった。加えて、文部科学省が2005（平成17）年からキャリア教育を開始したことも、職場体験の普及を後押しすることとなった。

　主に特別活動や総合的な学習の時間を活用し、中学校では1日～5日程度の実施期間となっているが、3日以下が90％を占めている。受け入れる事業者側の事情や教科内容の増加・高度化に伴って、実施期間を増やすことが困難な現状がある。事前指導・事後指導を充実させることで、職業をめぐる社会的な課題に目を向けさせたり生徒自身の働くことへの関心を高めさせたりすることが期待できる。

　なお、職場体験はインターンシップと類似しているため両者は混同されがちであるが、前者が小中学校での望ましい勤労観・職業観を育む啓発的活動であるのに対し、後者は高等学校以降で、将来の職業選択の機会を与え職業的スキルを鍛えるといった具体的な就業活動であるといった違いがある。

　公立中学校では高い実施率となっている職業体験であるが、国立の中学校では約60％、私立の中学校では約35％という現状も見られる。公私を問わず小中高の系統性を重視した教育活動を推進することや職場体験学習も含めた豊かなキャリア教育の推進が望まれている。学校現場のみならず、地域のひと・こと・ものを活用して、地域総ぐるみで児童生徒の実態に沿ったキャリア教育を創り上げることが今後一層求められよう。

〔谷尻　治〕

[参] 児美川孝一郎（2023）『キャリア教育がわかる』誠信書房.

係活動

　係活動は特別活動の学級活動に位置づけられる。学級活動は話し合い活動、係活動、集会活動の三つに大別でき、それぞれの活動内容・形態に即して展開することで、学級活動のねらいを達成する必要がある。係活動のねらいは、児童生徒が学級生活の充実と向上を図るために、集団生活の場としての学級に必要な仕事について話し合い、その仕事を遂行するためにいくつかの係を組織し、学級全員でそれを分担し、よりよい学級の実現を目指して、教師の適切な指導のもとに、自発的自治的な活動を展開することにある。

　このような係活動の教育的意義は以下の点にある。第一に、学校生活の基礎集団である学級の充実と向上を図る活動を通して、集団生活の意味と民主的な役割分担および組織について理解することである。第二に、集団生活の場である学級に必要な仕事を総意に基づいて決定することにより、学級生活に対する課題意識と主体者意識を育むことである。第三に、よりよい学級生活の実現に伴う責任を共有化することにより、学級への所属感と学級成員相互のパートナーシップを高めることである。

　人口減少、少子高齢化、IT化、グローバル化で多様化と個別化が進み、児童生徒を含む若者にとって生きづらさを感じつつも、社会性が一層重視される今日。学級という小社会に所属し、その構成員全員にとって楽しく豊かな生活を実現するための仕事に主体的に取り組む係活動は、民主的市民性、公民的資質の育成の観点からも重要な意味をもっている。そのためには、以下の点に留意した教育方法が求められる。

・目的の想像。利己的にならず、その活動が公共的に誰にとってなぜ楽しく豊かになるのかを考えて行動するように指導する。
・議論の過程。課題発見・課題解決の過程が民主的な合意形成となるように促す。
・創造性の確保。児童生徒の創意工夫を生かした活動内容と活動過程を計画する。
・係の流動性。学級実態や児童生徒の要求に基づき、重要性の高い係を随時編成する。
・成果の省察。児童生徒の成就感・達成感を重視し、学級生活の向上を具体的に示す評価を行う。
・活動の発展性。他の学級活動や教科指導との交流を取り入れるなど、横断的・長期的な発展を保障する。

〔守谷富士彦〕

当番活動

　当番活動とは，学級活動・ホームルーム活動の一つであり，給食配膳や清掃，日直など，学級での生活を円滑に運営するために，学級運営上必要な仕事を児童生徒全員で分担する活動である。もともと「自由研究」の一部として扱われていたが，子どもらの社会性の発達において有益であることから「教科以外の時間」に位置づけられた。子どもの学校生活の基盤である学級・ホームルームという社会において，その一員としての役割を担うことで，学級・ホームルームへの所属意識を高めたり，自己有用感を高めたり，働くことの意義を理解したりしながら，社会に参画する意識を醸成することがめざされる。

　当番活動は，同じく学級活動の一つである係活動と区別される。係活動では，学級での生活を充実させるために，子どもが創意工夫して役割を見いだしたり，立候補制で役割を担当したりするのに対して，当番活動は学級生活を運営するために必要不可欠な活動であり，教師からあらかじめ役割を与えられたり，輪番制で担当する場合もある。そのため，子どもらは，言われた通りに役割を果たせばよいという受動的な意識を持ったり，当番活動の必要性を自覚しないことにより，活動自体が停滞したりする場合も考えられる。担任や学級の児童生徒が，お互いの取り組みを認め合ったり，励まし合ったりすることや，児童生徒が自らの活動を振り返り，意味づけを行うことは，当番活動への意欲を高める一助となるだろう。

　また，当番活動を通して，学級の様子を見渡すことが，学級内の課題を見出す契機となったり，その課題がよりよい学級づくりに向けた，学級会における議題の提案へと発展していったりする可能性もある。さらには，学校教育目標や学校内でのルールなどと関連づけて指導することにより，子どもらが当番活動の意義を理解し，意識的に行動することを可能にするとも考えられる。学級内の課題を共有し，よりよい学級集団を形成するためにも，当番活動の運営に子どもが参画することが求められる。自らの学級・ホームルームにおいて，居心地の良さを生み出すために必要な係・当番を提案できるようになることは，学校卒業後に，自らの生活する社会をより住みやすいものへと変えていく姿勢や能力の形成の土台となるだろう。係活動との違いを明確にしながら，子どもらの自発性，自治性を育むための工夫が求められる。

〔山本はるか〕

［参］小学校カリキュラム研究委員会編（1952）『教科以外の活動の計画と指導』牧書店。

委員会活動

　委員会活動（中・高では各種の委員会活動）は，代表委員会活動，児童会集会活動（小），生徒総会，生徒評議会（中央委員会など），生徒会役員会（生徒会執行部など）の活動（中・高）とともに，児童（生徒）会活動の目標を達成するために行われる主要な活動の一つである。『小学校学習指導要領（平成29年告示）解説　特別活動編』では，次のように述べられている。「代表委員会や委員会活動，児童会集会活動などにおいて，学校生活の充実と向上のための課題や発案・発想を生かした活動の計画，児童会の一員として自分の果たすべき役割などについて考え，話し合い，決めたことに協力して取り組むことができるようにする」，「委員会活動は，主として高学年の全児童が，いくつかの委員会に分かれて，学校全体の生活を共に楽しく豊かにするための活動を分担して行うものである」。学校生活の充実と向上を図る児童（生徒）会活動の目標の達成に資する委員会活動の教育的意義は以下の点にある。

① 児童（生徒）会活動の中核として，楽しく豊かで民主的な学校生活の創造に向けた諸活動を展開することにより，リーダーシップ・フォロワーシップ，協力・協働，規範意識・責任感等の社会参画に資する資質能力を育むことができる。
② 多様な児童生徒集団と関わる年間を通した継続的，全校的活動であり，コミュニケーション能力，ボランティア精神，合意形成と意思決定等人間関係形成に資する資質能力を育むことができる。
③ 児童生徒の学校生活に対する課題意識に基づいて個性豊かな学校文化を実現する過程を通して，主体者意識，自己・他者理解力，自己有用感等自己実現に資する資質能力を育むことができる。

　学校生活が多忙化し，自治的，協働的な生活の過程が希薄化する中で，形式化しがちな委員会活動を生活づくりの活動として活性化するためには，以下の点に留意することが必要である。

① 学校運営の下請的活動とならないよう教師の適切な指導の下で児童生徒による自発的，自治的活動としての課題意識と創意工夫の過程を尊重する。
② 活動内容や計画の作成過程において，民主的な合意形成と意思決定のための話合いを重視する。
③ 特別活動の諸活動や総合的学習，教科学習等との相互環流的な関係を密にし，全校また地域の文化活動としての発展性を保証する。

〔安井一郎〕

集会活動

　集会活動は，学級の授業とは異なり，学校行事などの特別な教育活動の場面において，学校全体，他学年間，学年全体などのさまざまな形態で行われる。子どもたちは，普段の学級の友人と異なる他の子どもたちや，他学年の教員とかかわることなどによって，新たな人間関係を生み出し，あるいは新たに自身の性格や個性，興味・関心ごとを発見する機会が得られる。集会活動に求められていることは，必要となる情報の共有と理解，教え学び合うことによる「資質・能力」の育成，帰属意識や人間関係の構築力などの醸成があげられる。

　集会活動を行うにあたっては，普段と異なる集団での交流活動の楽しさを求めながらも，特別なカリキュラムとして，事前・事後における個別的な指導や，学級指導などとの効果的な関係づけや相乗効果を意図する必要がある。具体的には，集会活動に向けた動機づけ，事前作業，話し合い，役割分担などの決め事を指導する場面，あるいは事後の振り返りや確認，実践活動などが挙げられる。また集会活動においては，普段と異なるプロジェクト型の教員集団が関与することになる。そのため，各集会活動に直接的に関わる教員間の意思疎通や作業準備については，特に注意を払う意識が必要となる。その中でホールスクールとしての多様性と一体性が醸成される効果も期待することができる。

　集会活動の中では，子ども一人ひとりが「参加」を実感することができる，主体的な活動の場面が必要となる。例えば個人や小グループでの全体発表と聴衆者における意見交換，小グループの中での活動，個々人の間での対話の場面，活動成果の公表などが想定できる。主体的な活動をよりよく進めるためには，子どもとの新たな関わりや，活動集団が新たに生み出す個性などについて，さまざまに配慮する必要がある。

　近年，リアルタイム・オンライン上での対話集会も多くみられてきている。近未来の学校教育を見据えると，AIが関与する集会活動やメタバースのサイバー空間上での集会活動も考えられる。テクノロジーを用いた集会活動においては，直接対話に伴う対人マナーとは異なり，メディア情報リテラシーの育成にも目を向けなければならない。

〔吉田　剛〕

［参］吉田剛・名取佑（2020）「ホールスクールアプローチ・デザインシートを活用した学校経営の展開—気仙沼市立唐桑小学校のESD実践を事例にして—」『ESD研究』3, 18-28頁。

学校給食の指導

　学校給食の完全実施が求められるのは，学校給食のない地域で支給される生活保護または就学援助費には，給食費分が加算されずに学校における昼食への支援がないからである。さらに，子どもの食における格差は，顕著にあり，夏休みに学童保育に給食を提供したり，親子方式で定時制高校の給食を確保したりすることも行われている。給食には，日々の食に対応する福祉機能もある。あるいは，一緒にご飯を食べる。ご飯の後に一緒に遊ぶ。食事にあるコミュニケーション機能を通して，教師は子どもとの信頼関係を構築し，子どものSOSや願いの萌芽をつかんできた。

　給食をカフェテリア方式にして，食べるのが遅い人から食べ始める教室がある。配膳されたものをできるだけ減らして，みんなでおかわりをする教室もある。食をともにする人との時間をどうするかは，みんなで考える問題である。「配膳されたものはすべて食べる」「全員が同じ量を食べる」「食べるまで居残り」といった自分たちを取り巻くルールや方法は変えることができるのだと，子どもたちと学んできた。

　子どもたちが食べるところを調理員が見て調理方法の改善を検討する。学校花壇をすべて野菜畑に変え，子どもたちが野菜を育て，それを学校給食にも使うようになる。調理する人と子どもたちをつなごうとする学校もある。

　こうした食材や調理をする人と子どもたちの関係性を重視した工夫だけではなく，食をめぐる全体構造に子どもたちを参画させていく必要性も指摘されている。子どもたち自身が「自分たちの食は，自分たちで選び，自分たちでつくる」経験を積む。それだけでなく，何を食べるかによって，社会が変わり，自然環境も変わる。食をめぐる議論が子どもたちにひらかれているかが問われている。

　学校給食の仕組みは，調理方式，献立の対象範囲，食材購入などが自治体ごとに異なっている。給食の合理化をすすめる自治体もあれば，栄養士を全校に配置し，有機農業や自然栽培の就労支援に取り組み，地産地消を推進する自治体もある。学校給食を通して子どもたちと何を考えるのかを検討することは，子どもたちの未来にかかわる住民自治の問題でもある。

〔竹内　元〕

［参］安井孝（2010）『地産地消と学校給食』コモンズ。

朝の会・帰りの会

　毎日の始業時，終業時にそれぞれ10分程度の時間で実施される学級単位での活動。中等教育ではショートホームルーム（SHR）などとも呼ばれる。出欠確認，予定や諸連絡の伝達，学級全体で知るべき事項や情報の共有，提出物の収集，印刷物などの配布といった事務的な作業や手続きが進められる場であると同時に，学校生活の開始と終了の明確化，意識づけなどの機会として活用される。さらに，読書や児童生徒によるスピーチの時間，歌の練習，ゲームなどのレクリエーションの他，短時間の基礎的反復学習，計算や漢字の書き取りのモジュール学習の時間とする事例も見られる。これら朝の会・帰りの会については，取り組みの企画および運営を担うことを通して児童生徒間の交流の活発化，主体性の向上，学級集団の生活の共同体化，自治能力の涵養なども期待される。

　学習指導要領に明確に位置づけがなされていないものの，2008（平成20）年以降の中学校学習指導要領解説・特別活動編において，教育的な効果が高いこと，学級活動と密接な関連をもちながらも学級活動のねらいそのものの達成を目指すものではないために，学習指導要領で定める学級活動の時間とは明確に区別できるよう留意することなどの指摘も見られる。

　朝の会や終わりの会は，教科担任制を採用する小中一貫校や中等教育等においては，学級担任が断続的に同じ教室で児童生徒と活動できる時間である。そのため，児童生徒に関わる際には，単純な体調確認や連絡通達，諸注意のみに限らず，その時の表情や言動，人間関係の様子，服装の変化や外傷の状態などに目を向けることによって，学級で生じた事象や学級の個々や全体の問題を早期発見し，解決へと導ける有意義な時間とすることが可能である。

　朝の会や帰りの会については学校によって時間，設定が異なるものの，日常的に同じ内容や展開が繰り返され惰性的に習慣化，単調化しないよう，また，他の行事や授業などに圧迫されて連日省略されることがないよう注意することが必要である。朝の会・帰りの会の機能や有効性を教師が理解し臨むことで，学級のさまざまな課題の解決や創造的な活動が展開できる認識を確立することは，教育的に大きな意義があるものと考えられる。

〔安谷元伸〕

［参］文部科学省（2017）『中学校学習指導要領（平成29年告示）解説　特別活動編』

学校文化・学級文化

　学校では一般社会とは異なる特殊なコミュニケーション様式や行動様式が求められる。例えば，教師と生徒の関係。生徒は教師の言うことを聞く，または教師は生徒に授業をする。その際，教師が独特な質問方法を生徒にしていることがいくつかの研究で明らかになっている。このような，学校のもつ独特な行動様式，文化，風土を学校文化と呼ぶ。

　学校文化は学校制度がもつ文化，教師がもつ文化，生徒が学校外から持ち込みながら形成する文化，そして地域文化等から構成されており，これらが相互交渉をおこしながら，学校文化が維持されたり，変革されたりしていくものである。また学級文化というものも学校文化の生成には影響しており，学級ごとの独特な雰囲気をいう。担任教師と生徒文化が学級の規範をめぐって相互交渉を行い生成される。

　今日，学校は不登校やいじめの増加などに象徴されるように，ある側面では学校としての正当性をなしていないようにみえる。しかし，不登校の生徒もいじめの問題を抱えている生徒も学校を放棄しないことが多いという点では，学校文化は維持され，人々に浸透し，社会に存在している。

　近年ではスクールカウンセラーやスクールソーシャルワーカー等，教師以外つまり教員文化をもたない専門家が学校に入るようになっており，そこで両者の感じる文化的違いや文化的葛藤についての研究も蓄積されてきている。

　その意味では学校文化の「おかしさ」のようなものはかつてよりも可視化されてきているといえよう。

　学校は先ほども述べたように不登校やいじめの問題等，学校の学習から排除される子どもが増えており，教師もまた精神疾患による休職が増え続けており，なんらかの改革が求められていることもまた可視化されている。

　学校文化というのは学校制度，教員文化，生徒文化，地域文化等の相互交渉で維持され，また変化もしていくという切り口からさまざまに現れる事象を研究することに大きな意義があるといえよう。

〔竹石聖子〕

生徒文化

「生徒文化（student culture）」という用語・概念は，これまで主に教育社会学の分野において，学校内のある生徒集団に形成された特有の価値意識・価値志向や行動規範・行動様式などと定義され，研究されてきた。そこでは，青年文化論等との関連から，生徒の向学校的・反学校的傾向のほか，勉学志向の生徒集団の下位文化，成績下位学級生徒の適応行動としての反抗文化や，逸脱的行動，遊び志向の下位文化など，特定の生徒集団のモデルや形態，タイプ・類別等が論じられてきた。

他方，実際の学校実践，特に生活指導実践の次元からすれば，何をもって生徒文化と称するのか，生徒文化はどこにあると措定するかなど，本来それ自身論争的で多義的な面もある。なお，「児童文化」という固有の意味合いを持った実践領域・視座も日本の教育史の中に存在してきた事実もある。

教育方法学の立場からは，むしろ，一層広い視野から，生徒文化（ここでは「生徒」には小学生も含む）ということばを，「子ども文化」，あるいは，「子ども（児童生徒）たちが集団で自ら創り出す文化」と意味づけ返し，学校での児童生徒の自治的集団づくりの営為と，そこに生み出され，かたちづくられる「文化」の内実が，実践の実際の文脈から，改めて捉え返されてよいであろう。

生徒文化への着眼には，本来，生徒集団を独自の文化をもつ自律的な集団として捉え，生徒が自らの要求に基づいて自主的，自治的に展開する文化的な活動を基軸にした学校づくりを構想・展開するという積極的な発想が含まれているといえる。

例えば，子ども主体の自治的な学級集団づくりや，全校での児童会・生徒会活動，児童生徒の参加による学校づくりの取り組みなどの中で，創造され形成される「文化」が，それに相当するといえよう。また，児童の自主性を重視した小学校での学習発表会や運動会，生徒が自ら企画し実施運営の中心を担う文化祭や体育祭など，全校での学校行事の中で創造される，「子どもたちの文化」もある。子どもたちが，自らの要求・志向と行動から生み出す，主体的な独自の学校活動に含まれる文化的実践内容（取り組みの成果や発表物，討議過程とそこでつくられた約束事，発表の中に表現される「文化」など）が，生徒文化に相当するものと捉え返されてよいであろう。

〔土屋直人〕

学校新聞・学級新聞

学校新聞（school newspaper）は，学校の児童生徒によって作成され，定期刊行される出版物である。同様に，学級新聞（class newspaper）は，学級の児童生徒によって作成され，定期刊行される出版物である。

米国を例とすると，高校生新聞の歴史は19世紀後半まで遡ることができる（Claussen, 1999）。日本でも学校で新聞を作るという活動は，1908年まで遡れる。日本の学校新聞では，当初は教師が記事を執筆していた（京都市・柳池尋常小学校）。

児童生徒が新聞を作成する場合，教師の適切な指導により児童生徒の相互の協力や主体的な学校生活の改善などの効果が期待できる。

小学校を例とすると，学習指導要領解説との関連では，国語科の第3学年及び第4学年の内容で，思考力，判断力，表現力等とかかわる「書くこと」の言語活動例として，日常生活で目にする形式でまとめるために学級新聞が例示されている。生活科では，児童のインタビューや調査を新聞にまとめて地域の人たちに発信していくことも示されている。総合的な学習の時間では，調査結果を新聞にまとめて表現することが示されている。特別活動では，学級活動の活動形態に係活動があるが，係活動でも学級生活をともに楽しく豊かにするために学級新聞係が例示されている。このように，学習指導要領解説では，学級新聞，あるいは教科の学習成果の表現として新聞づくりが推奨されている。

また，特別活動の児童会活動の内容に委員会活動がある。学校新聞については，学校全体の生活をともに楽しく豊かにするための委員会活動で，新聞委員会が例示されている。

学校新聞・学級新聞の作成による教育活動は，個別活動で興味関心に基づいた記事作成ができ，多様な意見交換を経て協働して新聞を作り上げる活動である。そのため，個別最適な学びと協働的な学びの一体的な充実に資する活動である。

新聞の定義にあるように定期刊行が特徴である。そのため，学級新聞も学校新聞も，定期刊行を意識して指導することが求められる。

〔林　尚示〕

[参] Claussen, D. S. (1999) High School Student Newspapers in U.S. Youth Culture: From Gossip to Social Issues; From Vocational Education to School PR Tool, to Forum for Expression and Back Again, *The Annual Meeting of the Association for Education in Journalism and Mass Communication* (82nd), New Orleans, August 4-7.

演劇活動

演劇は，文学，美術，音楽，舞踊，演技，衣装，照明など，さまざまな芸術的要素を集約した「総合芸術」である。演劇を上演するにあたっては，自主性，主体性，創造性はもとより，他者との協力，コミュニケーション能力などが必要とされ，広く人生や社会そのものを学び，追体験するものである。演劇は，学級づくりやいじめ，非行などの問題の克服に寄与する教育活動としても着目され，子どもの人間形成に大きな力を発揮する教育活動である。米国や英国などの諸外国では，演劇が必修科目，正課として位置づけられている小・中学校も少なくない。

日本では，子どもたち自身が行う演劇活動は，大正期における新教育や芸術教育運動の中で本格化した。この中で中心的な役割を果たした小原國芳は，自らの「学校劇」の実践をもとに，『学校劇論』(1923年)を執筆し，全人教育の一環として演劇の教育的意義を力説した。

演劇活動には，演劇の鑑賞と演劇創作の両面がある。演劇の創作については，①学習発表会等で台本を用いて子どもたちが舞台で観客を前に作品を上演する演劇活動，②演劇の手法を用いて授業で取り上げられた場面を即興的に演じるなど，上演を目的とせず，子ども自身の体験や創造の過程に重点を置く演劇的な活動，③演劇部などの課外活動(クラブ活動)などが挙げられる。

保育園・幼稚園における，劇あそびやごっこあそびにみられるように，子どもは本来，演じて遊びたいという「遊戯衝動」すなわち「演劇への欲求」をもっている。小学校では，「総合的な学習の時間」の一環として学年全員で取り組む学年劇や朗読劇，英語劇などがある。中学校や高校では，課外活動としての演劇部があり，文化祭や全国高等演劇研究大会などで演劇発表が行われている。また，演劇科や舞台芸術科を擁する高校もある。各種学校として，演劇を学ぶことのできる兵庫県立ピッコロ演劇学校などがある。

多様な演劇活動の中で最大の課題は，学校で演劇を十分に指導できる教員の不在・欠如である。大半の教員養成大学には演劇教育の講座が設けられておらず，学生たちは演劇教育についての学びの体験は持たない。演劇教育についての専門的な知見や技能をもつ教員養成が強く望まれている。

〔広瀬綾子〕

[参] 広瀬綾子(2011)『演劇教育の理論と実践―自由ヴァルドルフ学校の演劇教育―』東信堂。

第8章

学校・家庭・地域の連携

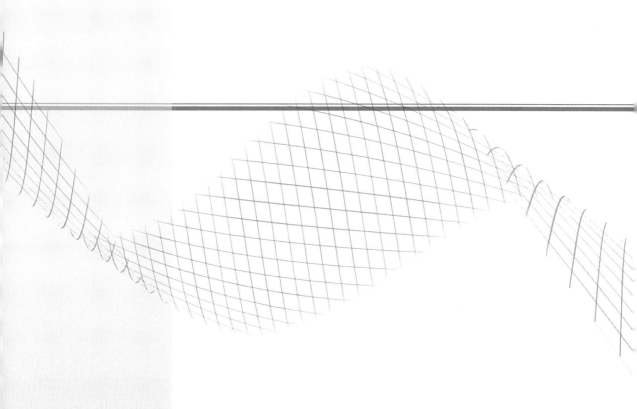

学習権宣言

　1985年にパリで開催された第4回ユネスコ国際成人教育会議にて採択された宣言。学習権の原語は"the right to learn"で、論者によっては「学習への権利」「まなぶ権利」とも訳される。

　この宣言において学習権は、「読み、書く権利」「問い、分析する権利」「想像し、創造する権利」「自分自身の世界を読み解き、歴史を綴る権利」「教育リソースを活用する権利」「個人的・集団的な力量を発達させる権利」と提起されている。

　この宣言の背景には、第二次世界大戦後のユネスコにおける平和教育の歩み、1960〜70年代の世界における識字教育運動や労働運動、人種差別や女性差別への抵抗運動がある。ユネスコは、1980年代に「生涯教育」論から「生涯学習」論へと転換していく。この転換期に成人教育部長を務めたエットーレ・ジェルピは、教育する‐される関係を批判し、学習者の自発性や主体性を強調した。

　この宣言の特質は、第一に、戦争や貧困や差別に苦しむ人々の立場から、基本的人権の一つとして学習権が提起されたことにある。「学習権は、人間の生存に不可欠な手段である。」とあるように、平和に、健康に生きていくために、学ぶことが必要だと提起されている。

　第二の特質は、学ぶことの意義が、自らの歴史と世界を創る主体形成に置かれていることである。「学習権はたんなる経済発展の手段ではない。」「学習活動は、あらゆる教育活動の中心にあり、人間存在を出来事になりゆきまかせの客体から、自分自身の歴史を創る主体へと変革するものである。」「学習権なくしては、人間的発達はありえない。」とあり、学習は、自らの歴史と世界を創造していく主体になるために、人間が人間らしく生きていくために行うものであると提起されている。

　日本では、1960年頃に始まる「国民の教育権」論で学習権の議論が行われてきた。そこでは、国家による教育統制や学校による子どもの統制が問題にされ、保護者や地域と連帯した民主的な教育の創造が追求されてきた。教育実践では、「みんなでわかる」授業づくりや学習主体の形成を通じて、すべての子どもに学習権を保障する指導が追求されてきた。「学習権宣言」はこの議論を継承しつつ、人類的課題や日本の教育課題を踏まえて、今日を生きる子どもにどのような学習や学びが必要なのかを問う役割を持ち続けている。

〔佐藤雄一郎〕

子どもの自立と社会参画

　人は誰もが自らの成長・発達の過程を通じて、身体的、精神的、経済的および社会的な自立を図り、他への従属から離れ、自分で考え判断して生きる存在である。幼稚園教育要領等にある「幼児期の終わりまでに育ってほしい姿」においても「自立心」が置かれ、「身近な環境に主体的に関わりさまざまな活動を楽しむ中で、しなければならないことを自覚し、自分の力で行うために考えたり、工夫したりしながら、諦めずにやり遂げることで達成感を味わい、自信を持って行動するようになる」(解説)と記されている。特別支援学校の教育課程においても「自立活動」が設けられ、目標に「個々の幼児児童生徒が自立を目指し、障害による学習上又は生活上の困難を主体的に改善・克服するために必要な知識、技能、態度及び習慣を養い、もって心身の調和的発達の基盤を培う」(学習指導要領)ことが明記されている。

　前者では、子どもがやりたいことを選べるように環境を整え、自分で考え挑戦できる時間を確保し、一人ひとりの行動を相互に認め、支え、励ますような個に応じた支援が欠かせない。後者では、一人ひとりの実態把握と個別の支援計画に基づく合理的な配慮を具現化し、健康と日常生活を円滑にする感覚の有効活用・身体動作・習慣獲得を実現し、環境・状況と自他を理解し、コミュニケーションを図るなどの支援と指導が必要とされる。

　さらに「不登校児童生徒への支援の在り方について(通知)」(文部科学省、2019年)を踏まえると、障害の有無にかかわらず子ども・若者の社会的自立に関する支援の必要性は増している。また「公職選挙法等の一部を改正する法律」(2015年)により、18歳からの選挙権行使が可能となり、「こども基本法」の施行(2023年4月)により、いっそう子どもの権利や若者の政治・社会参画が注目されてきた。これまでも社会参画を促す学習は、社会科・地歴科・公民科や総合的な学習、特別活動などで多様に取り組まれてきている。だが、多くは自分たちで社会課題を解決するために地域で調査し、活動に参加し、意見は表明するものの、実際に地域社会に影響力を与え、課題解決につなげていくまでのものは少ない。今後の実践には「参画のはしご」(ロジャー・ハート、1997年)の「8.子どもが主体的にとりかかり、大人と一緒に決定する」という子どもの自律性・主体性の徹底と尊重が必要不可欠になるとともに、「エージェンシー」(OECD Learning Compass 2030)の発揮も望まれる。

〔小林宏己〕

社会教育

　社会教育法（1949年制定）では，社会教育は「（略）学校の教育課程として行われる教育活動を除き，主として青少年および成人に対して行われる組織的な教育活動（体育およびレクリエーションの活動を含む。）」とされている（第2条）。教育基本法（1947年制定）第7条には，「家庭教育及び勤労の場所その他社会において行われる教育は，国及び地方公共団体によって奨励されなければならない。」とある。また同法（現行法2006年制定）第12条でも，「個人の要望や社会の要請にこたえ，社会において行われる教育は，国及び地方公共団体によって（略）」とある。すなわち，都道府県や市町村などの自治体や公的機関，博物館，図書館，公民館等の公的な施設での講座やカルチャースクールといった活動が含まれる。ところで，第4期教育振興基本計画（2023年6月閣議決定）においては，「持続可能な社会の創り手の育成」や「日本社会に根ざしたウェルビーイングの向上」の文言が見られる。そして，社会教育は，「社会を牽引する駆動力の中核を担う営み」であり，「一人一人の豊かで幸せな人生と社会の持続的な発展」に向けて重要なポジションを担っていくことになる。換言すれば，あらゆる社会の基盤となる人と人とのかかわり，つながりを豊かにすることが強調され，それが近未来の社会の持続可能性やウェルビーイングに結びつくとの主張である。

　少子高齢人口社会から人生100年社会への橋渡し，あるいは，さまざまな世代の社会における活躍や若い世代が安心して暮らせる社会基盤づくりとなる社会教育には，社会教育人材の養成が重要になってくる。最近では，地域全体の社会教育の振興の中核を担う社会教育主事やそれぞれの専門性と社会教育の知見を活かしながら，活動の活性化に向けて取り組む社会教育士の存在が注目されている。ある一定の社会教育関連講座を修了した者の意識的な貢献に期待がかかるが，形式的ではなく，実働的でなくてはならない。社会（あらゆる人々）のためにすべての人々の参加をつなぐオーガナイザーともいえる。このような関係性の構築を目指すところに共通する喜びに満たされた人の集まり（ふるさと）の実現があり，それこそが社会教育の意義と認められる。

〔溝邊和成〕

［参］社会教育・生涯教育研究所監修（2023）『地方自治の未来をひらく社会教育』自治体研究社。

生涯学習

　生涯学習という概念が広く知られる契機となったのは，1965年にユネスコの第3回成人教育推進国際諮問委員会で，ポール・ラングランが「生涯教育」をワーキングペーパーで提示したことである。その後，エドガー・フォールを委員長とする教育国際開発委員会が1972年に生涯教育・学習社会を提唱した報告書『未来の学習』を発表した。本報告書では急速な科学技術革命や情報化によって知識が絶えず修正されるようになった背景を挙げ，教育は，知識を獲得するための方法の習得（学ぶことを学ぶ）により多くの努力を注ぐべきであるという認識を示している。そして「学ばなければならないすべてのことがたえず再発見され，更新されつつあるのならば，教授は教育になり，さらにますます学習になる」（同上，27頁）としている。また同報告書では，生涯教育を成人が行うものとして考えるのではなく，子どもの教育をも再検討の対象として「将来成人した時のために自律性と自己学習のさまざまな方法を身につけさせることにある」（同上，172頁）と述べている。ラングランは著書『生涯教育入門』で，生涯教育・学習の意義について，上記に加え社会の均衡のために大人が生涯学習によって自身の知識や経験について絶えず反省，更新をする必要性や，選抜における不均衡の再考を指摘している。これらの意義からは，ラングランが生涯教育を，より学習者中心の学習を実現し，社会における不均衡の是正に資するものであると考えていたことが読み取れる。

　またジャック・ドロールを委員長とするユネスコ21世紀教育国際委員会の報告書『学習：秘められた宝』においても学校教育とその後の継続教育の連続性が強調されている。さらに，他者とその歴史や価値観などに対する理解の増進と，諸問題に対して協力して解決に向かうための「共に生きることを学ぶ（learning to live together）」（同上，14頁）という理念を強調している。つまり生涯学習は，個人が自らの志向や希望に応じて学び続けること（およびそれを実現する教育）に加え，社会全体の相互理解・協力を促進するために，全ての人が実践するものであると捉えられているのである。

〔馬場智子〕

［参］フォール，E. ほか著，ユネスコ教育開発国際委員会編，国立教育研究所内フォール報告検討委員会訳（1975）『未来の学習』第一法規出版（原著，1972年）。ラングラン，P. 著，波多野完治訳（1971）『生涯教育入門』全日本社会教育連合会（原著，1970年）。

成人教育

　成人教育とは一般に，ある社会や共同体においておとなと見なされる人々を対象とする教育のことを指す。ただし，その主体・対象・内容・方法は社会的・歴史的な文脈によって非常に多様であり，厳密に定義することには困難さが伴う。

　成人教育の思想や実践は古くから存在してきたが，現代の成人教育の方法について議論する際に必ず参照するべき人物と目されるのがマルカム・S・ノールズである。彼は1970年代以降，おとなには子どもとは異なる学習の心理的過程が存在するとの見地から，成人の学習を援助する技術と科学の体系化を試みた。それは当初，教師による他律的な学習の原理（＝ペダゴジー）に，学習者の自己主導的な学習の原理（＝アンドラゴジー）を対置するかたちで打ち出された。すなわち，①学習者の自己決定性が増大していくこと，②学習者が蓄積してきた経験が学習の豊かな資源となること，③学習へのレディネスが現実の生活の課題や問題に向けられていくこと，④知識の応用が即時的で課題達成中心的であること，である。

　しかし，やがてノールズ自身が，学習者の年齢によって両者を二分法的に把握することは誤りであると認め，むしろ両者をスペクトラムの両端として理解し，実際の学習の状況に応じて使い分けることが適切であると主張するに至った。

　生涯教育の重要性を1965年に提起したユネスコ（UNESCO）による成人教育の発展に関する勧告（1976年）や，経済協力開発機構（OECD）によるリカレント教育に関する報告書の発表（1973年）をはじめ，ノールズがアンドラゴジーの構築に取り組んだのと前後する頃から，さまざまな国際機関や研究者，実践者によって成人の教育や学習に関する重要な概念や理論，実践が発表されてきた。

　それらの潮流には，パウロ・フレイレによる識字教育の実践と思想，ジャック・メジローが提唱した変容的学習論，エットーレ・ジェルピの自己決定学習論，ジーン・レイヴとエティエンヌ・C・ウェンガーによる状況に埋め込まれた学習の理論，ユーリア・エンゲストロームの拡張的学習論などが含まれるとされる。

〔足立　淳〕

［参］渡邊洋子（2023）『新版　生涯学習時代の成人教育学』明石書店．

リカレント教育

　学校を卒業し，社会に出た者（社会人）が再び学校に戻って，一定の知識・技術を習得したり，学位・資格等を取得したりして，再度社会に戻って活躍するという往還的なスタイルがリカレント（re-current：繰り返す，循環する）教育と称されている。

　1960年代中頃，一生涯を通じて生きがいとなるさまざまな文化活動やボランティア活動などをも含む教育として生涯教育や生涯学習の考え方が広がり始めた。人生の各段階においても常に自身のもつ知識やスキルを刷新したり，さまざまな場所で学んだりする可能性を表す点において「学び（教育／学習）」そのものの捉え直しであり，変化する社会情勢下，その提言が受け入れられてきた。

　そうした流れの中において，リカレント教育は，1973年OECDが発表した報告書によって，整理されている。リカレント教育は，仕事に活かすための知識や技術を学び得ていくもので，技術革新による社会の変化や雇用制の変化，さらには多様なライフスタイルやライフステージの変化に応じた働き方・生き方をサポートすると捉えられる。近年では，リスキリング（re-skilling）も注目されることによって，リカレント教育との混同が生じている場合も見受けられる。仕事に関するスキルや知識向上に関して，リスキリングは，一般的に企業が主導しているのに対して，リカレント教育は，学び手本人が主体となり，大学といった教育機関等で実施している点で異なる。

　リカレント教育のメリットは，自ら従事している仕事に対して学問的・学術的な知見から学び直したり，より専門的なステージから捉え直したりする機会を得る点にある。そのため，高等教育機関等の学校には，再教育の場として，社会人のキャリア形成に応えることが求められている。修学時間の確保・学費面のサポートや実務家教員の拡充に加え，学修者（社会人）に対する教育方法の対応もその範囲内である。とりわけ，従来の子どもを対象としたペダゴジー（pedagogy）的な指導法に加え，成人教育としてのアンドラゴジー（andragogy）的な要素を含んだ授業改善や指導の工夫が強く求められる。

〔溝邊和成〕

［参］フォール，E.ほか著，ユネスコ教育開発国際委員会編，国立教育研究所内フォール報告書検討委員会訳（1975）『未来の学習』第一法規出版（原著，1972年）．ラングラン，P.著，波多野完治訳（1971）『生涯教育入門』全日本社会教育連合会（原著，1970年）．

学校の社会的機能

　教育機関としての学校が，ある特定の社会の中で果たしている役割。「社会化（socialization）」と「選抜（selection）・配分（allocation）」に大別される。古来より，人類が共同生活を営む中で，求められる文化・風習等を習得しその社会の一員となる意図的・無意図的な社会化が為されていた。しかし，近代以降の学校教育体制の確立に伴い，学校は「新しい世代の組織的な社会化」（É.デュルケム『教育と社会』1922年）の機能を主として担う機関へと位置づいた。そうした学校という機関を通して，自由・平等の理念のもと，出身階層や身分にかかわらず，適切に効率よく「能力」（「努力」・「業績」）を評価・選抜し，人を相応の地位や役割に配分する機能が強化されるに至った。この状況は，近代社会特有の「メリトクラシー（業績主義）」の具現化でもあった。

　一方，19世紀後半から20世紀初頭の新教育運動期で顕著だったように，「学校知」と「日常知・生活知」との乖離の状況が批判され，理論的・実践的な見地から新たな学校像も模索されていた。学校を「小型の共同体，胎芽的な社会」（『学校と社会』）と捉え直したデューイは，前近代社会で主流だったインフォーマル（付随的・偶然的）な教育的営為の意義に着目しながらも，そうした営みに依拠するだけでは，文明の進歩とともに子どもたちと成人たちとの能力等のギャップが拡大した社会に対応することが困難だと指摘した。そのうえで彼は，生活や体験，経験を通した学びを軸に，民主的社会の形成に資するフォーマル（意図的・制度的）な教育が展開される学校像を提示した（『民主主義と教育』）。その後ポスト近代を迎え，「文化資本」（ブルデュー）に基づく不平等や格差の「再生産」機能や，そうした不平等・格差の「正当化」機能も備えている等，「隠れたカリキュラム」の視座とも関わる学校を相対化した批判の数々が学校に投げかけられた。

　そして，「ペアレントクラシー（親の富・願望で子どもの学力が規定される）」化したと評され，新型コロナウイルスのパンデミックも経た現代社会では，生存権を保障する「居場所」機能の視点から，学校は再注目されている。それと連動して，他者と関わる対話的な営みである学びを通して，家庭を越えた社会的な規範や価値を子どもが身につける（社会化）機能を果たす機関として，学校を再定位することが今日求められている。

〔森　久佳〕

地域の福祉機能と学校との連携

　児童生徒に関する福祉的課題は，いじめ，不登校，虐待，貧困，非行，多文化共生等，幅広く，学校だけでは対応が難しいケースもある。そのため家庭支援が必要な実態に対して，社会福祉の関係機関の支援と連携する必要性が高まっている。

　例えば，児童生徒の虐待が疑われる場合，学校は児童相談所に通告や情報提供を行う義務がある。そして，要保護児童対策地域協議会において，学校を含めた地域の関係機関が情報を共有し，適切な連携のもとで対応していく。不登校の事例については，適応指導教室や教育支援センターとの連携が行われる。経済的な困窮に関する課題については，就学支援の認定等を目指し，市町村福祉部局，社会福祉協議会との連携が考えられる。他の関係機関の例としては，保健・医療機関，地域若者サポートステーション，民生委員，フリースクールやNPO等も存在する。

　上記のような学校と福祉関係機関の連携を担う職種としてスクールソーシャルワーカー（以下SSW）がある。SSWは，児童生徒の問題行動やその背景にある環境的要因に着目し，各機関等とのネットワークを構築し，情報・行動の連携を担う専門家である。学校側も校内組織を作り，情報の収集や見立てを行い，SSWとのケース会議などを通して，情報共有や対応への方向性を作る必要がある。

　近年では，関係機関との連携の基での学校内での予防的な取り組みも行われている。一例として，高校における居場所カフェの実践がある。それは校内の食堂，図書室，フリースペースなどを用いて，軽食の提供や催し等を行い，校内に理由がなくても立ち寄れる場所を創るものである。NPOや地域ボランティアと協働し，居場所での会話や関係づくりを通して，さまざまな課題を抱える生徒を孤立させず，就労支援，心理支援，学習支援，多文化共生ネットワークなどの外部支援につなぐ契機とする。これは，中退防止などのセーフティネットの役割も果たしている。

〔髙橋亜希子〕

［参］居場所カフェ立ち上げプロジェクト編著（2019）『学校に居場所カフェをつくろう！—生きづらさを抱える高校生への寄り添い型支援—』明石書店。文部科学省（2022）『生徒指導提要』（改訂版）。

家庭・地域の教育力

　子どもにとって，家庭は最初の社会である。子どもは保育園や幼稚園などの社会に入るまで，家庭の環境の力で育てられる。その期間に，健康であること以外に，教育で身につけることが望ましいものに，次の3点が挙げられるであろう。「自分の生活を愛する力」，「仲間（家族）と協働する力」，「仲間（家族）との信頼関係」である。

　子どもを一方的に教育する対象と考える親であるならば，これらの力を育むことは難しい。子どもがその子なりに生活を愛するためには，子どもの生活を理解し認めようとすることが重要である。子どもに協働する力をつけさせたいのであれば，一方的に何かをさせるのではなく，その子なりにできることを協働する努力が，大人に求められる。また，信頼関係をどのように築くのかは，大人の姿勢から学ぶことが多い。子どもは，この最初の小さな社会で，人間としての考え方の基本を身につけ，人や物との距離感を身につけ，民主主義的な人間関係が築けるように成長するのである。

　地域の教育力は，家庭の教育が望ましくない方向へ向かっているとき，それを受け止めて，家庭とともに解決できる力を持っていることが望ましい。そして，子どもを育てる家庭を励ますことができる力が求められる。また地域は，子どもが家庭という社会から少し大きな社会に出るとき，包摂し協力できるような社会であることが望ましい。そのようにあるためには，地方行政機関，地方公共団体および施設等，公の役割は大きい。よりよいシステムを構築し，地域の教育力を高めることは，地域の家庭を支えることになるであろう。また地域は，生涯学習を推進するうえで，重要な役割りをもつ。地域市民がいつでも学習できる環境を整える責務がある。

　このように，家庭・地域の教育力は重要であるが，その力や方法を監督・管理することはできない。また学校は，それらと切り離された教育機関であることはない。むしろ密接に絡み合い，影響し合うことが望ましい。学校は，家庭と地域と，三位一体的な教育を考えていかなければ，子どもにとってよりよい教育社会を築くことはできないであろう。しかしその方法論も一律ではなく，公が管理的に行うことは極めて困難である。

〔冨澤美千子〕

［参］野村芳兵衛（1950）『あすの子供』岐阜縣教育図書。

住民の学校参加

　学校教育では，新しい時代に求められる資質・能力を子どもたちに育む「社会に開かれた教育課程」という理念の実現が目指されている。学校と地域住民等が力を合わせて学校運営に取り組むことが可能となる「地域とともにある学校」を創るためには，地域と連携した教育活動の充実が模索されている。住民が学校教育と連携する方策として，「総合的な学習の時間」の活用が挙げられる。「総合的な学習の時間」では，目標にも明示されているように，特に，異なる多様な他者と協働して主体的に課題を解決しようとする学習活動を重視する必要がある。地域の実態に応じたカリキュラムを構築し，地域や学校，児童生徒の実態等に応じて横断的・総合的な学習を行い，「探究的な学習」や「協同的な学習」の実施が可能となる。

　コミュニティ・スクール（学校運営協議会制度）とは，「地域とともにある学校づくり」を目指し，「育てたい子供像」「目指すべき教育」のビジョンを保護者や地域の人々と共有し，目標の実現に向けて熟議しともに協働していく仕組みである。学校支援から地域学校協働活動を行うために，教育連携事業では，すでに地域の実情に応じて特色ある取り組みがなされている。今後は地域学校協働活動として，学校と地域住民が相互に連携・協働し，地域活性化につなげる事業や，学校および地域の課題解決につながる事業が多方面にわたって推進することが期待される。

　「社会に開かれた教育課程」を実現し，活力ある未来を切り拓く資質・能力をもった児童生徒を育成するために，学校内外において多様な他者と交流し，協働して活動できる機会と場を設け，豊かな人間性の育成を保障することが求められている。地域の教育力を高めるための社会参加学習に関する取組としては，これまでも，各地で，さまざまな取り組みがなされている。生徒が社会的事象等から学習課題を見つけ，他者と協働的に追究し，追究結果をまとめ，学びを振り返り，新たな問いを見いだすことで，地域の実態に応じた住民と学校のよりよい関係の構築が課題として挙げられる。

〔本多千明〕

［参］熊谷愼之輔ほか（2021）『地域学校協働のデザインとマネジメント―コミュニティ・スクールと地域学校協働本部―』学文社。

PTA

　Parent-Teacher Association の略であり，保護者と教員で構成される団体である。社会教育団体として規定されている。名称は，保護者と先生の会，父母と教師の会，親師会，育友会など多様にある。学校ごとに組織されるが，学校の一部ではなく，学校とは別の団体である。また，地方自治体の単位ごとに，その連合会や協議会がある。全国的な組織としては，公益社団法人日本 PTA 全国協議会がある。

　日本の PTA は，米国教育使節団報告書から始まったとされている。1946 年連合国軍総司令部（GHQ）によって導入された。民間情報教育局（CIE）によって文部省社会教育局に PTA 設立が奨励され，文部省は，パンフレットを発行し，「父母と先生の会―教育の民主化のために」という冊子を全国に配付し，「父母と先生の会参考規約」を作成している。PTA は，わずか 2, 3 年のうちに全国各地で非常に高い組織率を持って，自動的に加入する組織として普及した。学校後援会，母の会など戦前からあった保護者組織が母体となることが多かった。

　PTA は，義務感・強制感・不公平感から活動の簡素化や役員・係の決め方に工夫がされている。しかし，PTA は，任意加入の組織である。個人情報保護の観点からも，入会届や退会届などが整備され始めている。さらに，寄付やお手伝いで支えるという学校との関係を見直し，自発的服従と同調圧力がはたらいているPTA の仕組みを検討する必要性が指摘されている。保護者同士がつながり，エンパワーメントする場をどうつくるか。子どもの権利を保護する保護者として，子どもたちが人として大切にされているかを検討していくような学校との関係やおとなが学ぶ場，子どもの参画をどうつくるか。PTA が存在する理由を話し合う機会をつくることが求められている。

　さらに，PTA は，地域の多様な組織に関連づけられ，地域に対しても従属的に位置づけられている。しかも，教員・保護者一人ひとりには，組織体系や多様な組織との関係は見えにくい。PTA には，市区町村・都道府県の教育行政が張り付いていて，国家に統制されている側面もある。PTA を国の政策を上意下達で家庭に広めたりする装置として利用されたり，家庭教育に国家が介入する入り口になったりしていないかに注意が向けられている。

〔竹内　元〕

コミュニティ・スクール

　コミュニティ・スクール（CS）とは，学校運営協議会を設置した学校を指す。学校運営協議会は，地域住民等の意見が直接的に学校運営へと反映されることで，「社会に開かれた教育課程」の実現を可能にする。根拠法令である「地方教育行政の組織及び運営に関する法律」により，教育委員会はその所管する学校ごとに学校運営協議会を置くことが努力義務となっている（第47 条の 5）。学校運営協議会に与えられている法的権限は，①校長が作成する学校運営の基本方針の承認権（同条 4），②学校運営に関する教育委員会又は校長への意見具申権（同条 6），③職員の採用・任用に関する任命権者への意見具申権（同条 7）である。③の意見具申権については，教育委員会規則に定める事項によってその範囲が定められる。

　学校運営協議会制度において，学校は子どもの教育の場にとどまらない。学校は CS として地域コミュニティにとっての学びやまちづくりの中核として機能することが求められる。学校運営協議会での熟議（熟慮と協議）を通して教育課程が編成されることで，学校は「地域とともにある学校」となり「学校を核とした地域づくり」の拠点となることが目指されている。

　日本で CS の理念が議論の俎上に載ったのは，学校教育改革の必要性に社会的な注目が集まった 1990 年代前後である。その後 2000（平成 12）年に出された教育改革国民会議「教育を変える 17 の提案（最終報告）」によって制度の理念が具体化され，この報告書を基に2001（平成 13）年に文部科学省が策定した「21 世紀教育新生プラン」によって制度として具体化された。2017（平成 29）年に学校運営協議会の設置が努力義務化されて以降，CS の設置数は毎年増加している。

　学校運営協議会制度を効果的に運用するには，地域コミュニティと学校のパートナーシップ（連携・協働）が鍵となる。定期異動のある学校職員（風の人）と，地域コミュニティに定住している地域住民（木の人）とが連携・協働するには，両者を架橋するコーディネーターが求められる。「風の人」が中心的なコーディネーターを担う CS では，そうでない CS と比較して，校長による成果認識が相対的に高くなる傾向がこれまでのCS 研究により示唆されている。

〔早坂　淳〕

〔参〕佐藤晴雄（2019）『増補改訂版　「地域とともにある学校づくり」の実現のために』エイデル研究所。渡邉昭彦（2021）『日英米コミュニティスクール集成―教育・まち・建築　変遷する役割―』丸善出版。

フリースクール

　世界的にはフリースクールとは，英国のサマーヒル・スクールをはじめとする，子どもに最大限の自由を保障する進歩主義的な学校群を指す。他方，日本では，不登校児童生徒の学校外の居場所として認知されてきた。東京シューレ（1985年奥地圭子設立）がその草分け的存在である。不登校児童生徒の居場所に加えて，現在では，公教育とは異なる教育を提供するオルタナティブスクール，学習に特化したスクール等，全国に474の団体・施設が存在している（2015年文部科学省調査）。代表者・スタッフ・子ども・保護者を対象とした「フリースクール全国調査」（フリースクール全国ネットワーク，2022年）によると，フリースクールでは，体験的な学び，教科学習，スポーツ等多様な活動が行われており，「フリースクールに入ってよかった」と答えた子どもが96.3％にのぼっている。

　2017年に施行された「義務教育の段階における普通教育に相当する機会の確保等に関する法律」では，不登校児童生徒に確保されるべき教育機会の一つとしてフリースクールが挙げられている。このように不登校対策が講じられているものの，不登校児童生徒数は増加の一途をたどっている。「令和4年度児童生徒の問題行動・不登校等生徒指導上の諸課題に関する調査」によると，不登校児童生徒数は過去最多の299,048人（小中学校在籍児童生徒の3.2％）となり，フリースクールに子どもを通わせている家庭やフリースクール自体に対する，自治体による経済的支援も検討され始めている。

　文部科学省が2023年に出した誰一人取り残されない学びの保障に向けた不登校対策「COCOLOプラン」では，「教育支援センターの機能強化」と「多様な学びの場・居場所の確保」の項目で，フリースクールとの連携強化が明示されている。不登校児童生徒を受け入れる学びの多様化学校（不登校特例校）の設置と運営に関しても，フリースクールを運営するNPO等からの助言やノウハウの共有が期待されている。文部科学省では，すべての都道府県・政令指定都市に不登校特例校を早急に設置すること（2023年3月現在全国で21校）や，将来的に全国300校まで増やすことが目指されている。不登校特例校の増加に伴い，不登校児童生徒を対象としたフリースクールが今後どのような展開をたどるのか，注視が必要である。

〔大塚　類〕

オルタナティブスクール

　オルタナティブスクールとは，字義どおりには，既存の学校の「替わりになる学校」，「替わりとして選択できる学校」という意味である。これを日本の学校教育の文脈に置きなおすと，日本では学校教育法第1条により，「学校」が法的に定められており（これを一般に「一条校」という），それらの学校における学習内容・教育課程は学習指導要領が基準となっている。日本のオルタナティブスクールは，基本的に，この枠組みの外側に位置し，伝統的な学校（公立，私立を問わず）の「替わりとして選択できる学校」のことである。

　歴史的には，1980年代，不登校の子どもの居場所として興隆した日本のフリースクールに対して，オルタナティブスクールは，ヨーロッパや米国の教育思想・実践から影響を受けて設立された。代表的なものとして，モンテッソーリ教育，シュタイナー教育，フレネ教育，A. S. ニイルのサマーヒル・スクール，デモクラティック・スクール（サドベリー・バレー・スクール），イエナプラン教育が挙げられ，ホリスティックな教育を志向する。

　教育方法上の特徴としては，教科書を用いた講義型の一斉授業よりも，異年齢集団や少人数規模といった学校特性を生かした問題解決型・プロジェクト型の学習，独自の教材を用いた自由進度学習など，児童中心的で経験的なカリキュラム構成が積極的に採用されている。また，シュタイナー教育の「エポック授業」やイエナプラン教育の「ワールドオリエンテーション」など，独自の教育課程や時間割編成をもつところもある。

　2016年の「義務教育の段階における普通教育に相当する機会の確保等に関する法律」（教育機会確保法）の成立に前後して，フリースクールと同様にオルタナティブスクールも社会的な認知度は向上したが，学校法人ではなくNPO法人が主たる設立・運営主体のため，公的な財政援助が乏しく，事業の継続・展開に困難がある。また，日本の公教育は「就学義務」制度だが，その対象は一条校に限定されるため，子どもやその保護者が学習権を保障する場としてオルタナティブスクールを「替わりとして選択できる」権利はいまだ十全には保障されていない。

〔鈴木伸尚〕

［参］永田佳之編（2019）『変容する世界と日本のオルタナティブ教育―生を優先する多様性の方へ―』世織書房.

地域の過疎化と学校教育

　文部科学省の学校基本調査によれば，毎年小学校・中学校の在学者数は過去最少を更新し続けている。学校数も毎年小学校では170〜180校，中学校では60〜70校がなくなっている（文部科学省，2022（令和4）年，2023（令和5）年学校基本調査）。少子高齢化，人口減少は，地域の過疎化というよりも地域存続の危機となっており，そこで暮らす子どもたちの学び，育ちに大きな影響を及ぼしている。特に山間部や島嶼部のへき地と呼ばれる地域では，へき地教育として小規模・複式指導により，子どもたち一人ひとりを大事にする教育がすすめられてきた。また豊かな自然を活かした体験学習が地域と一体で行われ，それらの特徴から「教育の原点はへき地にあり」といわれ，厳しい暮らしや人口減少に苦しみながらも，魅力的な教育活動が積み重ねられてきた。

　複式指導においては，二つの学年を同時に指導するあり方が研究され，学年間を移動する「わたり」や指導内容を時間的にずらす「ずらし」に関する実践，「ガイド学習」と呼ばれる授業方法，複式指導にあった教科カリキュラムの工夫が構想されるなど深化を続けてきた。

　また，豊かな自然を生かした農水産業の体験学習や探究学習は，子どもたちのアイデンティティを育む重要な役割を果たしてきた。近年では，ICTを活用した合同学習や交流学習なども気軽にできるようになり，へき地であっても他地域との交流や協働ができるようになってきた。

　このような蓄積のあるへき地教育であるが，やはり学校存続が大きな課題となっている。地域自体の存続が深刻な地域も多く，山村留学制度による学校の維持や移住促進などの取り組みも行われているが，地域活性化や人口増加を生み出している地域は多くはないのが現状である。地域や保護者から学校の統廃合に向かう声もあり，市町村もやむを得ず統廃合に向かう地域が多い。

　このようななか，子どもたちとともに学校の存続，地域の未来をどう考えていくか，そうした学びが必要になっている。人口減少や産業の衰退を目の当たりにしつつも，自分たちが住んでいる地域，学校にどのような未来があるのかを，子ども自身が地域住民の一員として試行錯誤し，声をあげていくそのような学びが求められるだろう。

〔山口剛史〕

NGO/NPOによる教育活動

　NGOとはNon-Governmental Organization（非政府組織）の略称で，開発，貧困，平和，人道，環境など地球規模の問題に自発的に取り組む非政府・非営利組織のことである（外務省ホームページ）。NPOは，Non-Profit Organization（非営利組織）の略称である。日本では，海外の課題に取り組む活動を行う団体をNGO，国内の課題に対して活動する団体をNPOと呼ぶ傾向にある（同上）。

　NGO/NPOによる教育活動は，二つのタイプに大別できる。一つは，NGO/NPOの活動内容が直接，教育・職業訓練であるようなタイプである。これは学校外の教育活動といえるものである。もう一つは，活動分野は直接，教育・職業訓練ではないが，学校とパートナーシップを築き，連携して教育活動を行うタイプのものである。

　いずれのタイプの教育活動でも，学校でのスタンダードな学習，すなわちあらかじめ決まった問題が与えられてそれを解いたり，教科書に載っている知識を網羅的に覚えたりする学習を超えるような教育方法がその中で生み出されている。また，学校外の経験や認識から遮断された学習のカプセル化を打ち破る教育方法もそこでは創り出されている。例えば，知識の集団的創造，参加者間の水平的関係，問いかけ，探究，PBL，アグロエコロジー（農業生態学）の実験，土地固有の世界観，ピアツーピア学習，熟議民主主義，自治，抗議，アドボカシー，相互扶助など，先進的な教育実践がそこでは創造されている。

　NGO/NPOによる教育活動では，「私のためだけの学習」から「コミュニティのための学習」への拡張が起こっている。同時に，そこでは，学習を共同生産する多様な人々の集団的・協働的・異種混交的なエージェンシーと権限が拡張的に高められている。学校教育においても，社会の矛盾に立ち向かうNGO/NPOによる教育活動と連合し，学校教育の実践を社会の変革と結びつけ，社会をよりよく変える未来づくりにとって学校と学習がもちうる多大な潜在力を掘り起こしていくことが求められている。

〔山住勝広〕

[参] Yamazumi, K. (2021) *Activity theory and collaborative intervention in education: Expanding learning in Japanese schools and communities*, Routledge.

保護者との協働と対応

　学習指導要領に示された「社会に開かれた教育課程」の創造と学校改革の施策として推進されたコミュニティ・スクール化に伴い，学校は保護者や地域との協働が求められようになった。そして，学校と地域との連携は大きく進展したが，保護者との協働は空洞化している。なぜなら，保護者は学校教育が行われている時間は仕事に従事しているうえに，保護者との協働に前向きでない学校文化が存在するからである。しかし，保護者との協働は，次に示した点からも大きなメリットがある。①学校の現状を学校通信や我が子からの話だけでなく，具体的に把握し，理解することができ，学校協力に対するやらされ感も低減する。②子どもたちの成長や学びの具体に関わることで，保護者として，親として成長し，当事者として学校教育に取り組む姿勢が生まれる。③保護者と教員のネットワークが形成され，信頼関係を構築するとともに，孤立化する保護者や児童生徒の発現を予防する。

　このようなメリットは，授業参観や個人面談，学校報告会だけでは生じない。学校の教育活動の大半を占める授業において保護者との協働を具現化することが重要である。

　学校と保護者の授業における協働を1995（平成7）年に組織化した新潟県小千谷市立小千谷小学校の取り組みは特筆に値する。同校では地域全体が保護者の学習参加の取り組みに賛同し，学習に参加する保護者は，年次休暇を取ることなく授業に参加することができたのである。また，学校への信頼が崩れた際，保護者の不信に対して門を閉ざさず，授業を通した協働を具現化させたことで信頼回復に結びついた事例もあり，保護者との授業協働による教育的効果は大きい。

　効果を生み出す保護者と協働する授業づくりには，次の点に留意する必要がある。①希望制を原則とするため，ノルマ制や輪番制を課さなくてもすむ授業参加を考案する。②個人情報や学力差等が参加する保護者に伝わることが少ない探究学習等が望ましい。③参加する保護者には詳細な計画書等を送付して，実施内容を事前に明確に伝える。④参加する保護者への傷害保険等を配慮する。

〔栗原幸正〕

[参] 栗原幸正（2015）「地域社会の『学びあい』を生み出すカリキュラムマネジメント―学校再生に向けての挑戦―」平成26年度日本教育公務員弘済会神奈川支部『教育研究実践論文集』第3集，8-11頁。

家庭教育学級

　家庭教育学級は，保護者が子どもに関する課題などの学び，情報の交換や交流を目的に，各学校，幼稚園，認定こども園，保育園等，地域の公民館や企業の一室を会場として計画的，継続的に開設される取り組みである。高度経済成長期以降の核家族化，少子化，地縁的なつながりの希薄化など，家庭や家族を取り巻く社会状況の変化を背景とした家庭教育への関心の高まりを受け，文部省は1962（昭和37）年に「家庭教育指導資料」を作成，市町村が開設する家庭教育学級の経費補助などを開始した。2003（平成15）年度にこの補助金制度は廃止され，2004（平成16）年度以降は家庭教育に関するさまざまな学習機会や相談機会，情報の提供などを柱とする「家庭教育支援総合推進事業」が国の委託事業として行われることとなった。また，2006年の教育基本法改正により「家庭教育（10条）」が盛り込まれ，家庭教育への支援が多くの自治体でも本格的に取り組まれるようになった。

　家庭教育学級では，子どもの問題，教育に関連する専門家や見識者の講話や講演，参加者同士の討論や情報の交換，軽スポーツや料理，工作等を通した交流，乳幼児をもつ保護者が対象の演習，父親のための子育て講座，思春期の青少年のためのセミナーなど，対象，内容，費用も異なる多様なプログラムが実施され成果をあげている。一方，積極的な参加が認められない，関心がない保護者への動機づけや学習機会の保障は家庭教育学級の課題である。そのため，保護者同士の呼びかけや自治体による告知の他，学校園によっては年度の開始時期にプリントなどを配布して参加を募集する事例やWebサイト，SNS（ソーシャルネットワーキング）などを用いた参加の呼びかけも行われている。

　特に，スマートフォン等情報端末デバイスの個人所持率が向上し，保護者世代にSNS利用が浸透した近年においては，インターネットを介して流布される真偽不明の情報の信憑性の確認，根拠が定かではないニュースを共有して参加者が共同で真偽を思索する場としても対面で行う家庭教育学級は機能している。さらに，保護者が養育の負担から多忙感，孤独感を深めてしまう事態を防ぐ視点からも，保護者同士が空間をともにして悩み等を交流できる家庭教育学級は，今後もその必要性，有意性が認められるものである。

〔安谷元伸〕

家庭教育

　家庭教育とは，その字義の如く「家庭」において営まれる親から子に対する教育を意味する。それは，学校教育のような公教育とは異なる私教育の一領域として理解されている。この世に生まれ落ちた子どもが家庭という囲いの中で親という存在から受ける教育は，基本的な価値観や生活習慣の確立といった躾（しつけ）という意味で，重要な役割を果たすとされる。

　教育方法学の歴史を紐解くと，家庭教育の典型として，ヨハン・ハインリッヒ・ペスタロッチーによる「居間の教育（Wohnstubenerziehung）」という思想に突き当たる。ペスタロッチーは孤児院運営の経験から，居間において営まれる家庭教育にこそ原初的かつ理想的な教育の姿があると考え，理知的な「父の力」と慈悲に満ちた「母の眼」という両極的な教育が子どもの人間形成に不可欠であるとみなした。「居間の教育」としての家庭教育の思想は，公的な学校教育に対する対抗原理として，今でもしばしば参照されている。

　ただしこうした家庭教育の存立根拠は，必ずしも盤石ではない。その理由は次の点にある。

　第一に，家庭教育はその存在自体が問題とされることもある。例えば児童虐待は，家庭において「教育」の御旗のもとに振るわれることがある。家庭とは，子どもにとって保護の場であると同時に，脱出が容易でない「監獄」にもなりうる。

　第二に，根強いジェンダー規範が問い直されている。家庭教育はケア労働として，長年にわたり女性の無償労働として営まれてきたからである。また「父の力」と「母の眼」というペスタロッチーのイメージには，厳父慈母という旧来の性別役割分業の観念がそのまま投影されている。

　第三に，「家庭」という言葉のイメージをめぐる保守と革新の対立がある。例えば，2023年に発足した「こども家庭庁」は，構想段階では「こども庁」とされていたが，後に伝統的な家族観を考慮して「家庭」の二字が付け加えられた。このように「家庭」は保守的な親子関係のイメージと緊密に結びついている。ただしその語が保守的な意味合いを帯びたのは戦後一定の時期以降であり，それ以前は伝統的な家制度に対するリベラルな含意があったことにも留意すべきである。

〔田中　怜〕

［参］本多真隆（2023）『「家庭」の誕生―理想と現実の歴史を追う―』筑摩書房。

学童保育

　「学童保育」とは，学齢期の児童（学童）に対する保育のことである。第二次世界大戦後の混乱期の中で放置された子どもたちを乳幼児保育所が預かるようになったのがその始まりである。高度経済成長期に共働き世帯が増加する中で，放課後の子どもたちの安全な居場所と安心して就労できる環境を求める保護者らが中心となって全国に学童保育所が設置されていった。政府は1997年に児童福祉法を改正し，学童保育を「小学校に就学している児童であつて，その保護者が労働等により昼間家庭にいないものに，授業の終了後に児童厚生施設等の施設を利用して適切な遊び及び生活の場を与えて，その健全な育成を図る」「放課後児童健全育成事業」として法定化した（最初は「おおむね10歳未満」を対象としていたが，2015年度より全学年を対象とした）。その後，利用者の増加に伴う学童保育所の増設が進む中で，多様な経営主体が多様なキャリアの指導員を雇用し，設備や活動内容がバラバラであることが問題となり，政府は2015年に「放課後児童健全育成事業の設備及び運営に関する基準」および「放課後児童クラブ運営指針」を策定し，その平準化を図った。なお，政府は学童保育所を「放課後児童クラブ」，そこでの実践を「育成支援」とし，「学童保育」という言葉は用いていない。そのため「学童保育所」と名乗る事業所には，国・自治体の基準に基づいて運営する事業所（放課後児童クラブ）とそうではない事業所とが混在している。

　「放課後児童健全育成事業の設備及び運営に関する基準」には育成支援の目的が「家庭，地域等との連携の下，発達段階に応じた主体的な遊びや生活が可能となるよう，当該児童の自主性，社会性及び創造性の向上，基本的な生活習慣の確立等を図り，もって当該児童の健全な育成を図ること」と規定され，教育的機能を発揮することが求められている。さらに，地域の小学校との連携も求められている。低学年児童の4割以上が利用し，学童保育所の5割以上が小学校の敷地内に設置されている今日，多くの学童保育所は小学校との連携を模索しているが，情報交換や学校施設の利用にとどまっている場合が多く，情報連携・行動連携は今後の課題となっている。

　海外でも学童保育は多様な形で実施されている。学校との連携が進んでいる国にはスウェーデン，ドイツ，英国等がある。

〔住野好久〕

［参］日本学童保育学会編（2021）『学童保育研究の課題と展望』明誠書林。

少年自然の家等の利用

　少年自然の家は，野外活動などを通じて少年を自然に親しませ，集団宿泊生活を行い，その情緒や社会性を豊かにし，心身ともに健全な少年の育成を図る施設をいう。国立と公立がある。

　国立少年自然の家は，「学制百年記念事業」の一環として1975（昭和50）年に国立室戸少年自然の家が設立され，1991（平成3）年までに全国14か所に設置された。2001（平成13）年から独立行政法人に一元化され，2006（平成18）年には，独立行政法人国立オリンピックセンターと独立行政法人国立青年の家との三法人が統合して，独立行政法人国立青少年教育振興機構が発足している。モデルプログラム開発や青少年教育に関する調査・研究を行うとともに，指導者養成研修なども行っている。また，「体験の風をおこそう」運動を実施し，さまざまな体験活動の場や機会の拡充を図っている。

　都道府県・政令指定都市立の少年自然の家は，80余りの施設がある。指定管理者制度を導入しているところも多い。少年自然の家には，施設が企画運営する主催事業と利用者との事前協議を経た施設開放である受入事業がある。主催事業は，未就学児と保護者，家族，小学生，中学生，高校生，一般，地域住民などを対象に，登山，野外炊飯，キャンプ，サーフィン・ボディボード体験，苗植えから収穫・調理といった食育体験，イングリッシュ・キャンプ，通学合宿など多岐にわたる。防災士ネットワークなどと連携した防災に関する取り組みや教育支援室と連携した不登校支援など現代的な課題に対応した事業もある。さらに，高校生や大学生等を主たる対象としたボランティア養成講座や教育関係者を対象にした野外教育に関する研修事業なども行っている。受入事業では，一つの中学校区にあるすべての小学校が合同で行う集団宿泊体験活動や少年自然の家による学校への出前講座を含めた1泊3日型の集団宿泊体験学習といった新たな学校との連携のあり方や幼稚園・保育園・こども園と連携したプログラム開発や環境整備などが模索されている。

　少年自然の家が用意したプログラムを利用するというだけでなく，プログラムの立案や改善プロセスへの子ども・若者の参画が課題となっている。子ども・若者を外部の利用者と位置づけるのではなく，施設の運営会議のあり方も含めて，子ども・若者との新たな協働が期待されている。

〔竹内　元〕

博物館等の利用

　博物館等は，学校教育においても家庭教育においても市民にとっても重要な地域資源である。2017年版学習指導要領「社会」でも，博物館や資料館の活用が重視されている。博物館とは，歴史，芸術，民俗，産業，自然科学等の資料を収集，保管，展示して教育的配慮のもとに，一般の人たちの教養，調査研究等に資するための事業を行い，調査研究をすることを目的とする社会教育の機関のことである（博物館法，1951（昭和26）年）。

　日本の博物館は，全国に5,771館ある（文部科学省，2021年）。身近な地域をフィールドワークすると，多くの博物館や資料館を探すことができる。例えば，宮崎県には，日南市飫肥に，小村寿太郎記念館がある。ここには，小村寿太郎の遺品のコートや帽子などの展示や，小村寿太郎の生涯や業績の年表，日露講和条約の交渉を行ったテーブルのレプリカがある。酒井喜八郎（2022）は，小村寿太郎記念館を活用して，小6単元：明治時代「小村寿太郎と条約改正」で，「関税」の経済概念を主題とした社会科歴史授業づくりをしている。また，西都原古墳群近くには，西都原考古博物館があり，土器，勾玉など多くの古代の遺物があり，粘土で埴輪づくりもできる。このように，身近な地域にある博物館等の利用は，子どもたちにはよい体験学習の場になり，市民には教養の場，教師には，歴史授業づくりの教材研究の場となる。

　一方，海外に出かける時は，その国の歴史博物館を訪れるとよい。例えば，米国カリフォルニア州サンノゼの日系移民博物館を訪れると，日系移民の生活や歴史を学び，豪州のメルボルン移民博物館を訪れると，旅客機の発展と豪州の移民増加の関係を学ぶことができる。2014（平成26）年に日本博物館協会が海外の博物館調査を実施している（例えば米国の博物館数は17,500館）。

　博物館等の利用は，子どもたちにも教師にも，国内，海外，規模の大小を問わず多くの学びがある。体験学習，教材研究，地域交流のため，博物館等の施設を是非訪れ，利用したい。

〔酒井喜八郎〕

［参］酒井喜八郎（2022）「地域素材を活用した単元「小村寿太郎と条約改正」の授業づくり（6年歴史）」伊藤裕康編『社会科教育のリバイバルへの途―社会への扉を拓く「地域」教材開発―』学術図書出版社，157-164頁．

公民館の利用

　文部科学省の社会教育調査の結果では，類似施設を含む公民館数は1万3,798館（2021年度調査）であるが，年間利用者数は約1億6,651万7千人（2018年度調査），国民一人あたり年間約1.25回であり，十分に利用されているとはいえない。

　公民館は1949年の社会教育法第20条の規定により，地域住民の実際の生活に即した文化と教養を通して生活文化の振興と社会福祉の増進に寄与する社会教育施設とされた。その後，日本の経済的な発展，都市への人口集中の進展に伴い，公民館は文化的・教養的な知識や技能を教えたり，趣味や教養を学習したりする場所へと変容していった。1990年代以降に行政改革が進展し，市町村合併，指定管理者制度の導入等により，公民館数と職員数，財政面での効率的な削減も進められていった。

　しかし，現在，文部科学省だけでなく，人口減少，少子高齢化，地方公共団体の振興等の課題に取り組んでいる厚生労働省，総務省等も，地域住民による社会参加と地域経営等を促す観点から公民館の可能性と潜在力に大いに関心を寄せている。それは，住民自身が学習を通して，さまざまな課題によって衰退する地域社会の持続的な発展の主体となることを目指す政策的意図を明示しているといえよう。

　中央教育審議会答申「人口減少時代の新しい地域づくりに向けた社会教育の振興方策について」（2018年）では，公民館等の社会教育施設を教育機関として活用することを前提とし，学校教育自体が，地域社会へと開かれ，地域住民だけでなく，多様な人々が関与することにより，子どもたちを次世代の担い手として育成することが求められている。

　しかし，子どもたちの発達段階を考慮しながら，彼らを次世代の担い手としてだけでなく，現在の責任ある市民，社会の形成者，変革者として認める子ども観への転換が必要であろう。それは，公民館の活用も単に子どもたちの声を聞くだけでなく，彼らを地域活性化の有能な構成員と考えることである。上述の答申の学校教育との連携・協働の具体的方策で述べられているが，総合的な学習（探究）の時間等での各学校と地域社会の真の連携・協働による創造的な教育活動が期待されている。

〔中野真志〕

［参］牧野篤（2019）『公民館をどう実践してゆくのか』東京大学出版会。

図書館の利用

　地域住民に図書館サービスを無料で提供する公共図書館は，「社会教育法」（1949年制定）第9条第2項を受け，1950年に公布された図書館法に基づいて設置されている。図書館の定義については，同法第2条に「図書，記録その他必要な資料を収集し，整理し，保存して，一般公衆の利用に供し，その教養，調査研究，レクリエーション等に資することを目的とする施設」と示されている。なお，図書館法の対象は，地方公共団体が設置する公立図書館と，日本赤十字社などが設置する私立図書館であり，学校図書館は適用外であることが示されている（第2条）。

　また，現在の著作権法第31条の「図書館等」には，学校図書館は含まれていない。そのため，「授業の過程」における複製は，「学校その他の教育機関における複製等」を認める第35条に基づいて対応がなされている。

　図書館は，「土地の事情及び一般公衆の希望に沿い，更に学校教育を援助し，及び家庭教育の向上に資する」（図書館法第3条）ために利用されるものと示されている。また，2000年以降，「子どもの読書活動の推進に関する法律」（2001年），「文字・活字文化振興法」（2005年）など，読書活動を推進する法律が制定・施行された。これに伴い，2002年より「子どもの読書活動の推進に関する基本的な計画」が策定され，図書館の役割として，子どもの読書活動の支援が重視され，学校や学校図書館との連携・協力の推進が一層求められるようになった。例えば，文部科学省による学校図書館支援センター推進事業を通して，市町村レベルの教育センター等に「学校図書館支援センター」が配置され，図書の相互貸借や公共図書館の司書による学校図書館の支援等が行われている。

　ただし，図書館が提供するサービスは，情報技術の革新に伴い，図書館の利用指導も情報検索などにおいて高度化している。近年，学校教育においても，読書活動だけでなく，多様なリソースを利活用した調べ学習や探究的な学習などが行われている。社会問題を解決するリソースとして公共図書館を利活用できる市民を育成するためにも，相互貸借だけに限定されない，学校図書館との連携・協力が求められている。

〔新居池津子〕

［参］根本彰（2017）『情報リテラシーのための図書館―日本の教育制度と図書館の改革―』みすず書房。

野外文化活動

　野外文化活動は「自然の中で，自然を活用して行われる総合的な活動（野外活動，自然・環境学習活動，文化・芸術活動など）」である。

　野外文化活動の目標や活動内容は，社会の要請や指導者の考え方によって大きく異なり，野外文化活動に臨む参加者の年齢や人数，経験，実施場所によってもさまざまなバリエーションが想定される。ある程度共有される目標は，野外文化活動を通して「豊かな人間性・社会性を育むこと」である。

　自然環境の中で行われる野外文化活動は，参加者が野外文化活動そのものを楽しむことに意義があるとともに，参加者自身の五感を使ってさまざまな活動が行われるため，体験を伴った「学び」が期待できる。また，活動そのものに試行錯誤や立ち止まり，とまどい，こだわりが含まれるため，その参加者ならではの学びも形成される。そのため，指導者の役割は，活動に取り組む参加者の姿勢やそこでの学びを価値づけ，共感していくことや，活動そのものが快適でストレスなく，自然環境へ還元できる活動を提供することが重要である。このことにより，野外活動は「楽しさ」とともに生活文化の伝承も兼ねたものになり，さまざまな立場の他者と交流できるツールにもなるのである。特に，野外文化活動で留意すべきことは，「エコロジカルアプローチ」および「安全に関する意識」である。前者は，自然環境やそれを取り巻く地域社会への関わりである。この関わりこそ，その場所ならではの生物の生態系や地形・天候の特徴，コミュニティに対する理解を深めることにつながる。後者は，自然と向き合うための安全意識である。野外文化活動では，適切な装備を用意し，天候や地形などの条件を事前に確認することが必要である。こうした安全意識を喚起することによって，他の参加者らとのコミュニケーションや協働も促進される。

　子どもの人間関係の希薄さやコミュニケーション不足が指摘されて久しい。貴重で豊かな体験を提供する野外文化活動の充実こそ，このような課題解決に向けた大きな一歩になるであろう。

〔坂井清隆〕

〔参〕青少年の野外教育の振興に関する調査研究者会議（平成7年6月）「自然体験活動」(https://www.mext.go.jp/b_menu/shingi/chousa/sports/003/toushin/960701b.htm#top)。

伝統・文化の継承

　人間が創造した有形無形のあらゆる文化の伝達は教育の目的の一つである。一般的に伝統は文化のうち長い間守られてきた様式や形とされる。

　教育政策として「伝統」と「文化」を組み合わせた表現は多様な形で用いられてきた。小学校学習指導要領では「伝統と文化」（1989年），「文化と伝統」（1998年），「伝統と文化」（2007，2016年）と変化している。文化庁文化審議会は2006年答申で「伝統文化」（審議過程では学校現場からの委員提出資料で「伝統・文化」）を用い以後踏襲され，改正教育基本法では前文の「普遍的にしてしかも個性ゆたかな文化の創造」（旧）が「伝統を継承し，新しい文化の創造を目指す」（2006年）と改定された。

　戦前戦後を通して主に小学校段階では生活暦に即した年中行事はさまざまな教科で扱われてきたが次第に退潮する。1960年代から80年代には地域社会の関係再編と地域文化の創造のために，地域行事やわらべうた，民俗（族）舞踊などがさまざま形で学校・学級文化活動として取り組まれた。また，かねてより日本固有の伝統文化として茶道や伝統工芸，和学などが複数の教科・領域で扱われてきている。

　日本の伝統文化を国の文化とし，ローカルな伝統的文化の並列に，政策的方向性が現れ始めるのは1990年前後である。「国際理解を深め，我が国の伝統と文化を尊重する態度」（1989年版小学校学習指導要領），2000年代には，経済発展と地域振興を図るための総合的政策として文化振興政策が打ち出され，この中で国と地方の伝統文化振興が位置づけられた。また文化審議会4次答申では学校教育における「歴史，伝統，文化理解を深め，尊重する態度」（2015年）の育成が示された。

　日本と地域の伝統と文化を接合し，それを基礎に，国際社会を眼差す国民としてのアイデンティティー形成を図る構造は戦前の郷土教育に通じるものと捉えることもでき，さらに慎重な検討が必要である。まちおこしに関わる学習や復興教育では，地域の関係づくりから，地域の伝統や文化の再発見と，さらにそこから発展的継承へ向かう学びの過程が見られる。伝統・文化の継承が目的なのか方法なのか，あるいは，それらの複合概念かを見定め，伝統文化の歴史的変容と多様化を学ぶ過程を踏まえつつ，その不易と流行の今日的あり方を追究する必要がある。

〔前田賢次〕

子ども組織

　子ども組織とは，学校外教育として，保護者・地域住民の働きかけによって組織された子ども集団を指す。歴史的には，大きく少年団と子ども会がある。

　子ども会とは，遊び，スポーツ，文化活動，学習，仕事，キャンプなど子どもの自主的集団活動を通して，社会の一員としての豊かな成長を保障するべく，保護者・住民の協力によって支えられた異年齢の地域子ども集団をいう。ゆるやかで多様な形態と多様な活動，地域網羅的性格などの特色をもつ。子ども会の原型は，古くは村落共同体の子ども組にみることができる。

　少年団とは，政府や行政あるいは民間の成人団体が少年少女を組織し，独自の目的に沿った諸活動を通じて子どもを育成するための教育・訓練の機関とされる。子ども会と似ているが，少年団の場合は綱領・規約・目的が明確であり，活動形態と内容が計画的・組織的・継続的であり，構成員相互の集団帰属意識も強い。少年団の歴史的源流をたどると，ボーイスカウトの流れをくむものとピオニール（社会主義国における少年団）の流れをくむものとがある。戦時下には後者は弾圧され，前者は大日本青少年団の下に一元化された。

　戦後の子ども組織の中には保護者の運動による自治を基調としたものがある。少年少女組織を育てる全国センター（現・少年少女センター全国ネットワーク）や全国子ども劇場おやこ劇場連絡会による子ども集団づくりである。これは遊びなどを軸に，共同の仕事を介して子どもの権利の行使を保障することにその特徴がある。

　子ども組織は1980年代以降退潮が著しいとはいえ，2000年代に入ってからは，さまざまに活動の形を変えながら活動を継続している。子ども劇場が，プレーパークやこども食堂を運営しているという事例は珍しくない。

　また，従来からある子ども会・少年団のほか，プレーパークやこどものまちのようなヨーロッパ発の活動が広がりを見せてもいる。子ども集団の組織化という点で，両者にはどのような異同があるのか，その広がりの異同は子どもをとりまくどんな状況に由来するのか，検討すべき課題は多い。

〔中村（新井）清二〕

［参］増山均（1986）『子ども組織の教育学』青木書店。森本扶（2023）「子どもの文化運動の質的変化と本質」『子どもの文化』617号（2023年2月），文民教育協会，2-9頁。

祭りと年中行事

　祭りと年中行事は，学校，家庭，地域が一体となって子どもたちに地域の文化的・歴史的遺産を伝え，共同体意識を高める機会を提供する。それと同時に，多様な他者との連携・協働を通した教育機会や教育方法としても重要である。

　学校は子どもにとっての学びの場にとどまらない。地域の祭りや年中行事を教育課程に取り入れることで地域文化の継承者としての役割も学校は担っている。学校での学習を踏まえて祭りや年中行事に参加することで，歴史的背景や文化的意義をより深く理解させることができる。

　親や家族が地域行事に積極的に関与することで，子どもたちにとって地域コミュニティの歴史や文化への興味と尊重の感覚を育むことができる。家庭での話題として祭りの経験を共有することが，世代間の絆を強化し，歴史的・文化的伝承を促進する。

　地域の祭りや行事は，多世代が集うサードプレイス（家庭，学校・職場に次ぐ第三の居場所）として機能する。これにより地域住民間の相互理解と協力が促され，地域社会全体の結束力が強まる。また，地域に新しく移り住む家族や外国からの住民，そして新たに異動してきた学校職員を地域に迎え入れる機会として，多文化共生や地域学校協働活動の促進に寄与する。子どもたちが地域の祭りや行事に参加することで，社会的責任や地域への帰属意識が育まれ，若い世代が地域の将来に対して積極的な役割を果たす基盤が形成される。多様な地域住民が共通の経験や文化的遺産を共有することで，住民間の連帯感が高まる。このようにして祭りや年中行事は，地域社会における多様性の受容を促進し，文化的な豊かさを次世代に継承する手段となる。

　祭りや年中行事への参画を通じて，子どもたちは単に地域コミュニティの歴史や文化を学ぶだけでなく，計画性，協働性，リーダーシップなどの非認知能力を実践的に身につけることができる。また，これらの行事は自己表現の場としても重要で，舞台芸術や工芸など，多岐にわたる創造的活動を経験することができる。

　祭りと年中行事は，地域コミュニティの歴史的・文化的絆を強化するだけでなく，教育の一環として社会的スキルを育成するための貴重なリソースとなっている。学校，家庭，地域が連携・協働することで，これらの行事はより豊かな学びと歴史的・文化的体験の場となり，次世代に価値ある遺産を伝えていくことができる。

〔早坂淳〕

［参］新谷尚紀編（2021）『行事と祭礼（講座日本民俗学3）』朝倉書店。

地域文化

　地理学や文化人類学，民俗学では伝統的な地域共同体で形成されてきた地域文化の現代的問い直しの中で，地域外からの政策や経済行為と，地域内の文化形成の相関を，その創造主体の所在から問う「文化の真正性」が検討されてきた。

　日本では戦前期から生活と教育の統一を目指す試みが蓄積されてきたが，それは地域文化の継承と発展の模索として捉えることもできる。

　戦後期の地域教育プランや生活綴方・郷土教育再構築の過程において，学校教育は地域文化を地域社会とともに創造してきた。1960年代には，急激な産業構造転換に伴い，発達保障と文化的活動を切り結ぶために遊びや労働の再生が，1970年代には地域社会の諸矛盾に対する市民運動に学校教育が学ぶ「地域にねざす教育」が高揚した。1980年代には地方の空洞化や限界集落の進行に伴って，学校教育における地域の人材活用や地域連携が地域の教育力の向上と再生を目的として提起されたが，必ずしも地域文化の向上を直接の目標とするものではなかった。

　1990年代には地域おこし政策を背景に地域の特色や文化を学ぶことによる学習者の社会参加・参画の意識形成が謳われ始める。やがて文化芸術振興基本法（2003年）と「文化芸術の振興に関する基本的な方針」（2004年）を受け，文化審議会文化政策部会報告書は「地域経済の活性化」「観光資源」「教育や福祉」を柱として「地域社会を活性化する文化」を示した。そこでは「各地域で独自性のある文化が振興されることは日本全体として文化多様性の確保につながる」（2005年）とされたが，「地方文化に見られるローカリズムの傾斜」は，現代の地域文化は「ナショナルなものに絡め取られたり，ナショナルなものと接合（接合）したりして生成している」（杉浦，2008）との指摘もある。

　地域文化は伝統と創造を合わせもつ動的所産である。戦後からの民間教育運動の蓄積と，1980年代後半の地域社会とのパートナーシップ政策の課題と成果を見定め，そこから地域文化の継承と創造主体のあり方を捉えることが必要である。そのうえで今日的な状況から国と地域，政策と住民の緊張関係のあるべき姿を展望する必要がある。

〔前田賢次〕

[参] 杉浦直（2008）「地域文化の現代的文脈」『言語と文化・文学の諸相』岩手大学人文社会科学部，217-242頁．

子ども食堂

　子ども食堂は，近年急速な広がりを見せており，2023年には日本全国に9,132箇所ある（認定NPO法人「むすびえ」調査）。

　「子ども食堂」と名づけたのは，東京都の「気まぐれ八百屋だんだん店主」の近藤博子である。彼女は，子どもが一人でも安心して来られる無料または低額の食堂と定義している。孤食を防ぎ，さまざまな人たちの多様な価値観にふれながらだんらんを提供することが大切にされている。

　子ども食堂の活動形態は多様だが，大多数は「共生食堂」（多くの人たちが交わる交流拠点）と「ケア付食堂」（貧困家庭の子を対象に，課題発見と対応に軸足を置く）に属する（湯浅誠『「なんとかする」子どもの貧困』）。

　2020年春以降のCOVID-19感染拡大後は，集まって食事をとることが困難になった。特に，「共生食堂」は高齢者も含めて大人数で食事をするため，開催できない期間が続いた。そこで，全国各地の子ども食堂が，食材支援や弁当配布等，それまでのつながりを生かした支援を行った。

　筆者は，「ケア付食堂」に近いNPOに関わっている。コロナ禍では，登録世帯をまわって食材を配布する活動やフードパントリーといった新たな活動を開始した。食材を配布するだけでなく，当事者の話を聴くことで，休校による学校給食の停止でカップ麺とうどんしか食べていないこと，先の見えない不安で保護者の気力がわかず，食生活に影響を及ぼしていることを支援者たちがつかんだ。

　コロナ禍が収束したかのように見える2024年4月現在でも，雇用や家庭をとりまく状況，当事者の心身の状態が回復したとはいえず，物価の高騰もあり，食材配布世帯数は増加している。

　ただし，子どもたちは，食事を提供されるだけではない。上述のNPOでは，「子どもがつくる子ども食堂」を企画し，メニュー決定から調理までを子どもたちが行う活動もしている。

　このように，子ども食堂には重要な役割があるにもかかわらず，自治体からの援助は一定ではない。寄付，各種助成金，フードバンクの食材提供等で運営しており，財政的基盤が不安定である。また，担い手がほぼボランティアであり，市民の善意に頼るところが大きい。

〔谷口知美〕

子どもの居場所

　一般的には子どもが過ごす場所・空間や時間を指しているが，単に子どもが居る物理的空間といった捉え方ではなく，そこに居る子どもにとってある一定の空間的な特性を有している概念である。その特性とは，子どもという存在が認められ，安心してその空間に居られると子ども自身が感じることができるというものであり，そのような点に配慮した空間デザイン，並びにその空間において接する他の人との関係性に関するものである。

　子どもの居場所は，子どもの学びや育ち，発達，成長の場として重要な役割を担っているものであり，家庭や地域社会，学校その他の教育機関や社会施設などが，基本的にその役割を果たしている。しかし，過疎化や都市化の進展による地域交流の希薄化や子育て環境の変化，少子化の進展による交流機会の減少などにより，学びや育ちの機能を従来の形では果たすことが難しくなってきている。また，子どもの貧困やヤングケアラー，児童虐待やいじめなどの子どもを取り巻く課題や，それらの課題に起因する孤立や孤独への不安，不登校や自殺といった子どもをめぐる課題状況が複雑かつ複合化しており，子どもの多様で個別的な課題状況やニーズへのより細やかな支援が必要なケースが増えてきている。子どもがおかれた課題状況は，子ども自身が安全・安心で自分を認め支えてくれる関係性の中にいるという実感を得られていないような情況であることに起因していることが多い。そのような子どもへの支援は，単に物理的な居場所としての空間の提供だけでなく，その空間がそれぞれの子どもにとって安心して居られる関係性を構築できる場になっていることが求められる。誰一人取り残すことなく支援をしていくためには，子どもに関わる者どうしが必要に応じて情報交換や共通認識の醸成，役割分担や相互支援などの連携協力を行い，それぞれの課題状況やニーズを踏まえ細かな対応が求められている。

　このような子どもをめぐる課題状況を踏まえ，学校，家庭，地域においてさまざまな取り組みが行われ，相互の連携協力が積み重ねられてきている。児童館，プレーパーク，放課後子供教室，公民館・図書館，子ども食堂，多世代異年齢交流，フリースペース，自治会，放課後児童クラブ，学習支援の場，校内カフェ，特定のニーズ（ひきこもり・不登校・障害・性的マイノリティ・貧困など）を抱える子ども向けの場や施設等が設けられ，地域の実情に応じた取組が展開されている。

〔吉村功太郎〕

学習塾・習い事

　学習塾とは，鈴木繁聡（2020）によれば，「小学生，中学生，高校生などを対象とし，教科内容と関連させながら，学校の授業に追加して学習を組織する場」（270頁）と定義される。学習塾はさまざまなものがあり，中学校や高校，大学といった進学のための受験への対策の学習を行う進学塾や学校における授業の補習的な役割を担う補習塾，英会話など習い事に近い塾も存在し，その形態はさまざまである。

　また，鈴木（2020）が学習塾の起源を江戸時代の私塾にまで遡る研究や，第二次世界大戦前の学習塾を取り上げる研究もある中で，先行研究の多くは第二次世界大戦以降の学習塾を取り上げていることを指摘している。早坂めぐみ（2018）によれば，「1960～80年代は，教育政策において塾を問題視する見方が強まった時期」であったが，塾団体が「塾に対して向けられるまなざしを捉え，社会に塾を根付かせるために主体的・戦略的に活動を続けてきたこと」も影響し，「学校と塾の関係はかつての対立的な関係性から，より融和的な関係性へと変化を遂げ」てきたことを指摘している（1–2頁）。そのことは，鈴木（2020）も「現在は『学校と学習塾の連携』が推進され，さらにその連携の内容も多様化している」ことを指摘する（272頁）。

　また，「習い事」として学校以外でも体験や学習をさせることがある。ベネッセ教育総合研究所の報告によれば，幼児では，水泳，体操教室，芸術活動を経験させることが多い。一方で，子どもの年齢が上がるにつれ，親のスポーツや運動の習い事から学習塾への関心が高まっていくことが明らかとされている（ベネッセ教育研究所，2017）。

　このように，学校以外の子どもたちの学習経験を増やす場としての学習塾，習い事は，社会や親のニーズに対応しながら時代とともに変化していることが窺える。

〔長瀬拓也〕

［参］鈴木繁聡（2020）「学習塾研究の特徴と課題」東京大学大学院教育学研究科紀要第60巻。早坂めぐみ（2018）「塾の社会的受容過程に関する考察」東京学芸大学博士学位論文要旨。ベネッセ総合教育研究所「学校外教育活動に関する調査2017―幼児から高校生のいる家庭を対象に―」。

第9章

高等教育の方法と教師の力量形成

第1節　高等教育の方法
第2節　教師の力量形成

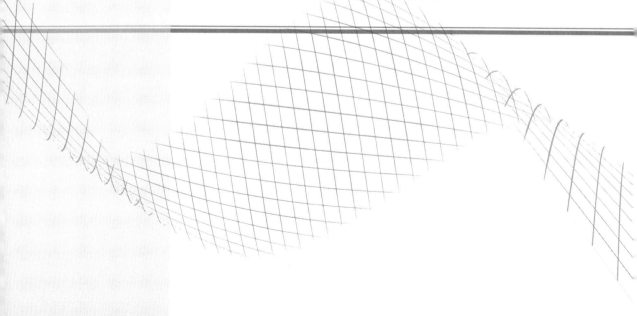

第1節　高等教育の方法

大学教育のカリキュラム

　カリキュラムは，最も広い意味では「学習者に与えられる学習経験の総体」を意味している。1991年の大学設置基準の改正により，大学は「教育上の目的を達成するために必要な授業科目を自ら開設し，体系的に教育課程を編成するものとする」とされた。まさに，「カリキュラムは大学・学部の教育意思の表現体」（寺﨑昌男）なのである。

　大学が提供する学習経験の機会は，大きく「正課カリキュラム」と「準正課活動（co-curricular activities）」に分けられる。正課カリキュラムは設置基準の「教育課程」にあたり，単位が付与される授業科目（必修科目，選択科目及び自由科目）が体系的に配列されることによって構成されている。日本は，45時間の学修を必要とする内容を1単位とし，124単位以上の修得をもって卒業要件とする単位制度をとっている。教養科目と専門科目をどう配置するか，1コマをどう設定するか，クラスをどう編制するか，学生の専攻分野をどの時点で選択させるかといったことが，カリキュラム編成の論点になる。一方，準正課活動とは，単位付与は行わないが大学・学部等が教育的意図をもって提供する教育・学習活動のことである（例：海外研修，サービスラーニングなど）。

　現在，大学のカリキュラム編成をめぐっては，「カリキュラムの体系化」と「カリキュラムの解体」という二つの対照的な方向性が見られる。前者は，国・地域や学問分野などで一定の枠組みを共有し，そのもとで大学・学部ごとにカリキュラムを体系化することによって，学習成果を明確化し，大学の出口での質を保証するという方向性である（三つのポリシーの策定・公表の義務化など）。ここでは学位プログラムが中心となる。後者は，学習成果の証明や質保証の単位を個々の授業科目や科目群へと小さくするという方向性である（オープンバッジなど）。日本では前者が主流だが，後者も次第に増えつつある。

　大学のカリキュラムは，大学・学部等によって提供された授業科目の中から選択・履修・修得するという学生自身の行為を通じて，初めてカリキュラムとなる。つまり，大学のカリキュラムは，あらかじめ決められた教育課程で完結するのではなく，一人ひとりの学生のたどった「学びの履歴」の中で姿を現すのである。

〔松下佳代〕

［参］松下佳代（2019）「大学カリキュラム論」日本カリキュラム学会編『現代カリキュラム研究の動向と展望』教育出版，160-167頁。

大学の授業

　大学では，授業形態（講義，演習，実験，実習，実技等），コミュニケーションスタイル（一方向知識伝達，ピアラーニング，グループディスカッション等），学習法（PBL，ケースメソッド，探究等），活動（聞く・話す・書く，身体を動かす，考える等），学習環境（教室設備，ICT，地域社会，実習先等）等の構成要素がある。そして，目標・計画－実践－評価（および改善）というサイクルで授業は展開されていく。目標・計画に関しては，近年，大学や各部局におけるディプロマ・ポリシー，カリキュラム・ポリシーと，各科目の学習目標との間の整合性を高めることが求められている。その作業が教員の裁量，教員と学習者の学問的探究と創造性を大きく阻害することのないよう，各授業においては整合性を基盤にしつつも，学術性を大切にし，学修者本位の原則で，学生の学習の実態を踏まえながら教授－学習活動や学習環境，および評価活動を構築・再構築していくことが大切である。

　マーチン・トロウは，大学進学率の増加に伴う教育のあり方の変化について指摘した。現在，ユニバーサル化して久しい日本の大学においては，エリート段階のゼミナールやマス段階の多人数講義を旧態依然に運用することが困難になっている。とはいえゼミナールや多人数講義がまったく有効性を失ったわけではない。いずれの教育方法を採用するにしても，そのメリットとデメリットを理解し，適切な活用を行うことが重要となる。多人数講義でいえば，例えば，ICTを活用して双方向型にする，途中でピアディスカッションの時間や学んだことを振り返る時間を設ける等である。また，探究・問題・プロジェクト等を基盤とした学習を行う授業も盛んになりつつあるが，その一つに教養教育の重要な目的である「市民性」育成を学問と切り離さずに行うサービスラーニングがある。ここでは，地域において社会貢献活動を体験するなか，学問的探究との往還が大切となる。

　大学の授業に対する教育方法学的アプローチでは，カリキュラム－各科目，教授－学習活動，教授－学習ツール等のカリキュラム編成や授業法への関心だけでなく，「学問」「専門知」「教養」等の学習成果に関する関心も併せもつことが大切となる。

〔杉原真晃〕

アクティブラーニング

アクティブラーニングは包括的な概念としてさまざまに定義づけられるが，よく用いられるのが「一方向的な知識伝達型講義を聴くという（受動的）学習を乗り越える意味での，あらゆる能動的な学習のこと。能動的な学習には，書く・話す・発表するなどの活動への関与と，そこで生じる認知プロセスの外化を伴う」（溝上，2014）という定義である。

アクティブラーニングという用語が政策上登場したのは，大学教育改革の文脈であり，転機となったのは，2012年8月28日の中央教育審議会「新たな未来を築くための大学教育の質的転換に向けて〜生涯学び続け，主体的に考える力を育成する大学へ〜（答申）」，いわゆる「質的転換答申」である。急激な社会的変化に対応し得る人材育成への要請を背景とし，学士課程教育の質的転換を図るべく，知識の伝達・注入を中心とした授業から，学生が主体的に問題を発見し解を見いだしていく能動的学修（アクティブラーニング）への転換が求められるようになり，学習方法としてグループ活動やワークショップ，PBL (Problem Based Learning/Project Based Learning) などが取り入れられてきた。国内大学の先行事例として立教大学経営学部のビジネス・リーダーシップ・プログラム（BLP）が知られる。その後，アクティブラーニングは，高大接続改革，そして2017年の小学校・中学校学習指導要領改訂，2018年の高等学校学習指導要領改訂において授業改善の視点として「主体的・対話的で深い学び」という用語に置き換えられるなどを経て，初等中等教育に広がり，日本の学校教育全体に行きわたっていった。

アクティブラーニングをめぐる批判には，アクティブラーニングとして表現・実施される学習方法の外形的な活動性によって，教育内容の習得という目的が後景に退きやすいこと，認識的・知的・内面的な能動性が見失われやすいことが挙げられる。また，方法のパターン化によって，その学校・その教室に固有な文脈を見失わせてしまうことも挙げられる。ただし，これらはアクティブラーニングに限らず，いずれも教育方法学の向き合ってきた古典的問題であるといえる。

〔原田拓馬〕

[参] 溝上慎一（2014）『アクティブラーニングと教授学習パラダイムの転換』東信堂。

ゼミ

ゼミ（演習）とは，独語Seminarに由来する語で，少数の受講者（通常20名程度まで）と教員による双方向的な学修形態を指す。大学設置基準では，授業と授業外学習の合計45時間で1単位と定められているが，「講義及び演習」については，授業時間を15〜30時間の範囲で各大学が定めることとされている（実験，実習及び実技については30〜45時間）。

かつての大学では，ゼミは主として専門教育の教育方法として実施されていたが，現在は，初年次教育での学修スキル獲得，キャリア教育，高校までの学力と大学の要求水準とのギャップを克服するためのリメディアル教育などの目的でも積極的に運用されている。特に，中央教育審議会「新たな未来を築くための大学教育の質的転換に向けて〜生涯学び続け，主体的に考える力を育成する大学へ〜（答申）」（2012年8月）以降，「アクティブ・ラーニング」の充実が呼号されるに及び，アクティブ・ラーニングの特徴としての「学生は，授業を聴く以上の関わりをしていること」，「情報の伝達よりスキルの育成に重きが置かれていること」，「学生は活動（読む，議論する，書くなど）に関与していること」（Bonwell, C. C. & Eison, J. A. による。松下編著，2015，1頁）といった要素を備えたゼミの重要性は高まっている。

具体的な内容としては，共通のテキストの講読とそれに基づく討論や発表，教員が設定したテーマでの体験的学修やフィールドワーク，学生個々が自身のテーマで探究した成果についての交流，論文作成にむけての支援といったように，さまざまなものが，各大学および担当者の創意工夫により実施されている。さらに，学習成果のアウトカムが学生個人のレポートや卒業論文にとどまらず，学術論文や書籍，その他の作品として公表されるといったことも少なくない。

ゼミは，少人数での実施，個々の学生の関与の度合いが講義に比べ強いなどの特徴から，教員と学生，学生同士の人間関係が濃密なものになりやすい。さらに，分野によっては，教員と企業等の間に強いコネクションがあるなどのこともある。こうしたことは一方では長所ともなるが，反面，アカデミック・ハラスメントなどのトラブル，学修内容以外の理由でのセミ選択などの問題にもつながりうる。

〔山崎雄介〕

[参] 西野毅朗（2022）『日本のゼミナール教育』玉川大学出版部。松下佳代編著（2015）『ディープ・アクティブラーニング』勁草書房。

研究の指導方法

　日本の多くの大学においては，学士課程では卒業論文あるいは卒業研究，修士課程では修士論文，博士課程では博士論文を課している。研究の指導方法とは，これらの論文・研究を指導するカリキュラム体系，具体的方法内容と指導体制を意味する。

　1877年発足の東京帝国大学では単位修得と論文を卒業要件とした。尋常師範学校，高等師範学校では，第4学年で課せられる「実地授業」で，実践研究の指導がなされていた。明治期の日本の大学は，当時のドイツや米国をモデルにした。19世紀のドイツの大学は，知識の伝達から研究を通しての教育へ転換していた。ここでのゼミナールは，ごく少数の学生を対象に研究の方法を学ぶ場であった（潮木守一『帝国大学の挑戦』名古屋大学出版会，1984年，44-51頁）。

　戦後の新制大学においては，一般教育を履修後，2年後期あるいは3年次以降の専門演習・ゼミナールで専門書の解読と個別の論文指導を受けることが多かった。ただし，教育学部の場合，卒業論文を課す学科が制限されている大学もあった。1991年の大学設置基準の大綱化により，多くの大学が教養部を廃止した後，教育改革がなされ，研究の指導指導にも多様な形態が見られる。卒業論文，卒業研究，卒業制作等の授業科目の法的基準は，大学設置基準にある。いくつかの大学で「卒業論文の手引き」が作成され，学生に配布されている。多くの大学では，大学1年次にアカデミックな文章を書く能力を育て，論文執筆に関わる研究倫理の教育がなされる。2年次に指導教員の選択方法を学ぶ。指導教員は，卒業論文の指導とともに，関係部局と密接な連携をとりながら学習指導の相談，生活相談にも対応する。指導教員は，ハラスメント教育も研修として受講する。

　教育系大学院では，文献検索の方法，質的研究法や，量的解析，論文構成，参考文献や注釈の方法などを，演習科目や，個別の論文指導で教えている。また，日本の教職大学院では，スクールリーダーの養成（東京学芸大）や自校での共同研究（福井大）など，教育実践と結びついた研究が行われている。香港や米国においては，Ed.D.コースで，実践を理論的に分析する研究指導がなされている。日本においても，フィールド調査で得たデータを演習で分析する研究の指導が行われている大学（名古屋大）がある。

〔的場正美〕

[参] 植上一希・寺崎里水編（2018）『わかる・役立つ教育学入門』大月書店。

TA（ティーチング・アシスタント）

　TA（ティーチング・アシスタント）とは，大学等の授業において授業者とは別に指導補助を行う者のことであり，大学院生が担うことが多い。米国の教育助手制度にならい，日本でも1960年代頃から一部の大学で導入されるようになったとされ，国から大学への財政的支援が行われるようになった1990年代以降，全国の大学に普及することとなった。

　TAという仕組みの教育方法学的意義を挙げるとすれば，一つは「授業における学生への学習支援の充実」であり，もう一つは「未来の大学教員の育成」という側面である。前者について，従来大学の授業は，大人数の講義形式のものが多く，効率的である反面，個々の学生に応じた指導は難しかった。指導の補助ができるTAのような存在がいることで，一人の教師で大人数の学生を指導するのに比べ，よりきめ細かな指導が可能になる。後者については，大学における教育方法の改善に焦点が当てられるなか，教員の教育能力の養成が課題とされてきた。FD（Faculty Development：高等教育機関における組織的な教育改善の取り組み）の推進とともに，これから大学教員となっていく大学院生の教育能力の養成も重視されるようになっている。

　2022年の大学設置基準の改正において，「指導補助者」の存在が改めて明確にされた。TAの授業への参画を促進し，学生へのより手厚い指導体制を確保することを通じて，教育のより一層の質の向上が期待されている。今後の課題としては，授業形態そのものの多様化や，より個々の学生に焦点をあてた個別的な支援の充実が挙げられる。実験や実習の補助という役割だけでなく，討議の促進者としての役割や，グループワーク等の拡散的な活動への支援，またオンライン授業等のICTを活用した授業形態においては，TAは学習活動の促進者であるとともに，時間管理者としての役割も担う。学習に困難を抱え個別的な支援を必要とする学生への対応にも，TAは力を発揮するだろう。

　大学としては実施要項等を整備し，TAに求められる能力の把握と養成，学生目線からの評価をもとにしたシステムの改善サイクルの構築，そして個々の科目においては，授業者がTAの役割を具体的に明確にすることが重要となろう。

〔細川和仁〕

[参] 北野秋男編（2006）『日本のティーチング・アシスタント制度』東信堂。

大学の学習評価

「学士課程教育の構築に向けて」(2018年)、「新たな未来を築くための大学教育の質的転換に向けて」(2012年) の二つの中央教育審議会答申以来、日本の大学教育は、「教員が何を教えるか」から「学生が何を学んだのか」に力点を置く「成果に基づく教育」へとシフトしつつある。大学における学習評価は、大学の質保証という観点からも避けては通れないものとなっている。

学習評価は、①直接評価と間接評価、②量的評価と質的評価の2軸からなる二次元図式によって、4タイプに整理できる。

①は、学習成果として何を評価するかの違いである。直接評価は、テストやレポート、作品、口頭試問など、学生が獲得した知識や能力を何らかの方法で表現させるものである。一方、直接評価だけでは、学生の興味関心といった、なぜ学んだのか (学ばなかったのか) を把握することができない。こうしたことを質問紙調査やインタビュー調査などを使って問うのが間接評価である。直接評価と間接評価は組み合わせて用いる必要がある。

②の量的評価は、主に集団に対して実施することで客観的なデータが得られることから、選抜やアカウンタビリティなどに用いられることが多い。そのため、評価の客観性がここでは最も重要になる。対して、質的評価は、個々の学生の学習の指導や改善のための情報を得るのに適している。パフォーマンス評価やポートフォリオ評価がこれに相当するが、こうした質的評価は、主観的要素が多分に含まれるため、評価の信頼性をいかに担保するかが課題になる。

そこで近年大学教育において注目されているのがルーブリックである。ルーブリックは、パフォーマンス評価やポートフォリオ評価のような質的な評価を、数値化できる機能がある。上記の中教審答申で言及されたこともあり、大学教育における質的な学習評価は、ツールであるはずのルーブリックのみが注目されている現状がある。

大学における学習評価は、数値化に偏向せず、学部や学科の柔軟かつ多様性を保障するカリキュラム設計を促進するものでなければならない。

〔伊藤実歩子〕

［参］松下佳代 (2017)「学習成果とその可視化」『高等教育研究』第20集, 93-112頁。

大学の授業評価

大学の授業評価には、学生による評価、授業者自身による評価、同僚による評価がある。学生による授業評価は、授業実施期間中のいずれかの時点で実施され、「配付資料は適切であったか」「説明はわかりやすかったか」等、授業が学習にいかに貢献したと思っているかについての多肢選択式項目と、自由記述式項目から構成されるものが代表的である。授業者自身による評価については、学生による授業評価の結果を受けて授業の良かった点や改善点を学生にフィードバックする報告書を作成するものが代表的である。同僚による評価については、授業者自身による報告書をもとにした部局内での議論と報告書の作成や、同僚による授業参観と協議会 (ないしは参観した感想・コメントの提出) が代表的である。また、学生による授業評価も一つの指標としつつ、自身の授業の目標と大学・部局のディプロマ・ポリシー等との関係や学生の学習成果、使用したテキスト・資料、同僚による授業評価の資料等をセットにして自身の授業を評価するティーチング・ポートフォリオを作成する取り組みも広がりつつある。

学生による授業評価に対しては、「学期の終盤に実施しても、回答する学生自身にメリットがない」「学生は大学授業を評価できるほど成熟していない」「わかりやすい授業の追求ばかりしてはいけない」等の批判がある。一方、教育機関としての大学が、充実した学習成果が得られるよう学生の実態や声に関心を寄せ、それを根拠の一つとして授業を改善していくこと、さらには学生を「評価される」だけの存在から「評価する」ことも行う存在へと変容させることもまた、これからの学術の発展とより良い社会の創造に貢献していく人間を輩出するためには必要なプロセスである。学生による授業評価の中に、「一生懸命に取り組んだか」「授業外学習をどの程度行ったか」といったような自己評価の項目が入ることは、このような自律的学習者として学生を育成することに寄与するといえる。学生による授業評価については、それをいかに有効に活用するかが肝要であり、そのためには、教員と学生との対話、教員同士の対話が必要となる。対話は授業評価という枠を超えて、大学の授業ならびにカリキュラムの充実においても有効に機能するのである。

〔杉原真晃〕

大学の正課外教育

　大学における正課外教育は，学生の授業等の正課による学習を補完する重要な要素である。正課外教育は，授業以外の活動を指し，学生の主体的な成長や人格形成に大きく寄与する。代表的なものは，サークル活動やボランティア活動などがある。正課の大学授業には，シラバスがあり，「講義の目標」「講義の概要（各回の計画）」「成績評価方法」「教科書」等が学生に明示され，学生はそれらを事前に確認して納得してから履修する。さらには，卒業に向けての必要な授業履修計画の「カリキュラム」が存在する。したがって，単位認定，卒業認定等は，大学の授業担当教員および大学側が担当することになる。一方で，正課外教育には，通常，単位等が発生しないことが原則とされてきた。

　運動，芸術等の表現活動の大学サークルは，学生の協調性，チャレンジ精神等を育むとともに，その従事する競技や芸術のスキルを磨くことができる。その中でも，地方大会，全国大会等につながるものは，大学公認サークルとして位置づけられているものも多い。ボランティア活動も，災害復興支援ボランティア等の大学教職員が引率する大規模なものから，学生が個人で申し込み，学業とのバランスを考慮しながら，担当する個別タイプのものまで多岐にわたる。いずれにしても，学生が自ら，考え，行動することも含めて，社会に参画，貢献していくキャリア意識やリーダーシップ能力の醸成につながることが期待されており，正課教育と併せて，学生の総合的な成長を促進することにつながる。

　留意すべきこととしては，学生の安心・安全を十分に担保できるかということがある。サークル・ボランティア活動も，避けることができない事故，怪我の危険性もあるが，正課外教育活動対応保険の加入を行うことで，学生は，安心して正課外の諸活動に従事することができる。大学側が保険の手続きを代替するものから，学生個人で手続きをするものまであるので確認等が必要である。正課外教育も，企業の就職活動，教職課程等でも「インターンシップ活動」等実地体験が，多くの大学等で，大学単位に認定される動きも顕在化しており，本来の学生の主体的な参加意識，意欲との折り合いのつけ方，ICT等の有効的・効率的な利活用もサポートする教職員のサポートのあり方が課題となっている。

〔平山　勉〕

職業教育・専門職教育

　これまで日本の高等教育における職業教育は，おしなべて希薄だったといえるだろう。「新卒一括採用」という日本型就職システムは，偏差値による大学ランキングを基準に，実際の卒業よりもかなり前から大卒見込者に内定を出して採用し，企業内で職業的知識やスキルを習得させることを慣例としてきた。こうした仕組みによって，企業側は学生が大学で獲得した知識や技能を軽視し，大学側は職業的意義の高い教育をする必要がなく，学生も学習への動機づけをもちにくいという循環ができあがった。

　しかしながら，1990年代以降，日本経済が停滞する中で，この循環システムが問題であること，あるいはすでに破綻していることが指摘されるようになった。特に，フリーターやニート（若年無業者），引きこもりといった教育と職業のミスマッチをその一つの要因とする社会問題は，この30年の間にたびたび取り上げられてきた。その間，米国を中心とするIT関連の巨大企業の台頭により，世界の産業構造は大きく変化した。

　ただ，こうした状況は，大学の専門分野によっても大きく異なる。保健，家政，教育，芸術などは卒業後の職業と結びつきやすく，教育の職業的意義を実感しやすい。加えて近年，政府は，理系学部，特にIT関係学部の新設などを通して，これらへの進学者を増加させようとしている。こうした学部はおのずと卒業後の職業と結びつきやすいものとなる。ただし，日本の大学生の専門分野は，文系がおよそ65％をしめている（文部科学省「令和3年度　学校基本調査」2021年）。こうした分野において職業的意義の高い学びはどのように保障していけばよいだろうか。

　高等教育機関と職業の関係においては，安易な職業技術訓練に陥らないこと，そのために既存学部のカリキュラム等の見直しや当該分野への女性の進学と就職，幅広い年齢層から大学を構成することなどを後押しするものでなければならないだろう。すなわち，職業教育とはそれ自体で成立するものではなく，これからどのような社会を構成していくのかという問題と直結するものである。

〔伊藤実歩子〕

［参］本田由紀（2009）『教育の職業的意義―若者，学校，社会をつなぐ―』ちくま新書.

高等専門学校

　高等学校・大学双方をまたぐ年齢期の学生を対象に5年間一貫教育を行う,実践的・創造的技術者の養成を目的とする高等教育機関のこと。

　学校教育法改正に伴い,1962(昭和37)年に国立12校,公立2校,私立5校,計19校の高等専門学校(高専)が創設された。当時,日本は戦後高度経済成長期にあって,産業界からの経済発展を担う中堅技術者の育成という強い要請に応える形で発足した。その後3年間で36校が開校。1967年工業限定であった専門分野に商船が加わり,商船高専5校が開校,同年工業高専1校も開校。1971年電波高専3校が開校し,約10年間で計64校となった。

　1990年代,日本の産業構造は,科学技術の進展とグローバル化により大きく変化した。これに対応して高専は創設当初の「中堅技術者養成」から「実践的・創造的技術者の養成」へと進化した。1991年学位規則改正により,工業・商船以外の専門分野の設置が認められ,さらに5年一貫教育の上に2年制の専攻科設置が可能となり,2009年までにすべての国立高専に専攻科が設置された。専攻科を修了し,学位授与機構(現大学改革支援・学位授与機構)の審査に合格すれば学士号が授与される。2004年の国立大学法人化と同時にすべての国立高専は独立行政法人国立高等専門学校機構のもとに設置された。2009年には国立高専で高度化を目指して再編統合が行われた。2023年に起業家教育に重点を置く私立高専1校が開校し,2024年現在,国立51校,公立3校,私立4校の計58校,約6万人が学ぶ。このように高専は産業界の人材育成の要請に応え,産業構造の変化に対応してきた。

　教育の特色は,5年一貫で一般科目と専門科目を配するくさび型教育課程である。ほとんどの高専に学生寮があり,全人的教育を実施。教員は90%以上が院卒の教授・准教授等で実験・実習・実技等の体験を重視する高度な専門教育が1クラス40名程度の少人数できめ細かに行われる。さらにロボットコンテストなど全国規模の大会を開催し,学生は日頃学んだ成果を競い合う。就職率はほぼ100%,有効求人倍率は20倍を超え,卒業生への産業界の評価は高い。国際的評価も高く,近年「KOSEN(日本型高専教育制度)」として海外展開されている。

〔山本裕子〕

［参］独立行政法人国立高等専門学校機構ほか(2012)『高等専門学校五十年史(高等専門学校50年の歩み)』。岩本晃代(2010)「高等専門学校創設法案の経緯と「複線型」教育の問題点」『カリキュラム研究』19, 29-41頁。

放送大学(公開大学／通信制大学／オンライン大学)

　テレビ・ラジオ・インターネット・印刷テキスト等のメディアを用いた放送・通信とスクーリングによって授業を行う大学のこと。通信教育課程として大学に設置されている場合もある。通学は最小限にとどめられ,個々の学習者のライフスタイルに応じた時間と場所で受講することを可能にし,柔軟で自立した学び方を支援する。仕事を続けながらでも,リカレント教育として大学で学ぶ機会を社会人に提供する役割も担っている。

　1969年に英国でThe Open Universityが設立されたのが最初である。日本では1983年に放送大学が設置された。他国にも同様の大学がある。多くの人々に高等教育を受ける機会を提供すること,生涯学習の要望に応えること等を目的としている。学習意欲のある人を広く受け入れ,所定の課程を修了した者には学位授与や資格認定を行う。現在では入学者選抜を行う通信制の大学もある。大学教育の機会拡充とともに教育の質保証が継続的な課題である。教授学習言語は,基本的にその大学が定める使用言語に限られている。そのため,学習者には受講に必要な言語の運用能力が要求されるのが現状である。

　1990年代にインターネットが普及し,通信制の大学教育システムも発展を遂げている。学習管理システム(LMS)が開発され年々改良が進み,非対面式でも学習者－教員の双方向性と学習者同士の相互性のある授業を可能にした。卒業要件の全単位をオンライン授業で修得できる大学もある。学び方に柔軟性が高まり,多様な学習者が参加しやすい学習環境になっている。

　また,2002年に米国のマサチューセッツ工科大学が,インターネットで授業コンテンツを無償公開するOCW(OpenCourseWare)の事業を開始した。2012年には,オンラインの教育プラットフォームのCoursera, Udacity, edXが,MOOCs (Massive Open Online Courses)のサービスを始めた。MOOCsには,授業コンテンツの無償公開に加え,受講期間,宿題,意見交換の場,確認テスト,修了証発行等のシステムが組み込まれる。さまざまな大学がOCWやMOOCsに参入し,大学教育の一部が世界に開放されている。

　今後もこの教授・学習のシステムを発展させ,大学教育を社会に広めていくためには,教育の質保証や,国内外の多様な学習者に向けた多言語化,時代に応じたメディアシステム等への対応も課題であろう。

〔冨永麻美〕

大学入学者選抜

　大学入学者選抜とは，選抜試験によって，各大学が自校の入学者を決めることを指す。選抜試験は，入学志願者の学力を序列化し，上から順に定員内に入った者を合格とする。一方，一定水準以上の学力をもつと認められる者を全員合格とする資格試験によって入学者を決定する国もある。

　大学入学者選抜には，次の二つの機能がある。一つ目は，選抜機能である。大学・学部の定員よりも入学志願者が多い場合，各大学・学部のアドミッション・ポリシーに基づいた方法で志願者を選抜することで，入学後に学業で成功する可能性の高い者のみを入学させることができる。これは，大学の学習成果を担保する質保証の効果を生むのみならず，社会的評判を引き上げて受験者を増やすことにつながり，経営上のメリットともなる。

　もう一つは，高校生を，高校から大学という異質な場へと円滑に移行させることを促す教育的機能である。入試競争がまだ激しかった1984年に，佐々木享は，「大学入試制度を教育制度の一環」とみなすべきと指摘している（『大学入試制度』大月書店）。さらに，2000年代以降は少子化によって大学全入時代に突入し，大学入学者選抜の選抜機能が低下しているゆえ，入試の教育的機能の重要性は一層高まっている。どんなに学力が低くても，選り好みしなければどこかの大学には入学できる。選抜をする（「ふるう」）だけでは，定員割れの大学・学部の場合，自分の大学・学部における学習についていけない学力レベル・意欲の者も入ってきてしまう。

　そこで1990年代からは，推薦入試や小論文，面接などの多面的・総合的な入試方法が多く導入され，多様な生徒と大学側の多様な需要のマッチングが図られた（「つなぐ」）。しかしそれでも，高校での教育水準と大学での教育水準の差は大きい。

　そのため近年は，大学入学者選抜によって入学志願者を選抜するだけではなく，入学者選抜のプロセス自体を通して生徒を学生へと「変える」試みがなされている。例えば京都工芸繊維大学のAO入試である「ダビンチ入試」では，大学入学共通テストや個別学力試験を免除し，活動の記録や講義レポートなどを通して，大学の各課程が求める資質・能力を見取っている。そしてこの入試自体が，資質・能力を高める機会になっているのである。

〔細尾萌子〕

高大接続

　学校種間の接続（アーティキュレーション）とは，二つの異なる学校段階間の，区別されながらなおかつ連続的な関係のことを指す。入学者選抜などの構造的側面，教育課程や方法などの内容的側面，両学校段階の教員の協働などの運営的側面のすべてにおいて，急激な変化や重複をなくし，移行をスムーズにすることがめざされている。

　このうち高大接続は，生徒の円滑な移行を促すために，大学入試のみならず，接続の他の側面も含め，高大の関係を調整することである。

　なお，高大連携は，入試や教育課程は動かさずに，大学の講義や情報を高校生に提供するなど，高校と大学が協力・交流を行うことである。

　高大接続については，①能力・適性の原則（大学教育にふさわしい力をもつ者を選抜），②公正・妥当の原則（生まれや思想・信条に関わらず公平に実施），③下級学校の教育尊重の原則という三つの原則をいかに両立させるかが論点となっている。

　近年，面接や小論文などの多面的な選抜方法が増えている。本田由紀は，意欲や独創性，対人能力といった個人の人格や情動の深い部分に根ざした能力は，家庭環境などの個々人の生育環境によって決まる部分が大きいという（『多元化する「能力」と日本社会』NTT出版，2005年）。面接などで評価されている力の多くは受験者の努力ではどうにもならないものだとしたら，それを規準に選抜することは公正なのか。①に基づいた受験者の力を総合的に捉えることと，②の評価の公正性とをいかに両立させるかが問われている。

　また，①と②の原則のために，③の原則は軽視され，多くの高校が大学受験予備校のようにされてきた。だが，少子化で大学入試の選抜性が低下した今，入試のプレッシャーで生徒の学習意欲を喚起することは難しい。その結果，多様な内容を学んださまざまな社会的属性の高校生が，多様な選抜方法で大学の多様な課程に進むという高大接続の「セグメント化」が生じている。生徒の大学への移行を支援するには，高校と大学が協力し，生徒のニーズをふまえつつも学力と学習意欲を一定水準以上に担保する仕組みが求められる。

〔細尾萌子〕

［参］細尾萌子（2017）「学校種間の教育接続と入試」西岡加名恵編著『教職教養講座第4巻　教育課程』協同出版，201-223頁。

高等教育とジェンダー

　学校基本調査（2023年）によると，高等教育機関の中でも大学における在学者数は過去最高の294万6千人で，高等学校卒業後の大学（学部）および短期大学（本科）への進学率は61.1％に至っている。同年には大学学部の女子学生数も過去最高となり，120万4千人あまりとなった。この人数をもとに算出された学部学生全体に占める女子学生の割合は45.7％で，この値も過去最高を記録した。

　しかし，同調査の学科別男女比率を詳しく見ていくと，「家政学」「芸術」「人文科学」「保健」には女子学生が多く，「工学」「理学」「社会科学」には男子学生が顕著であり，依然として男女の就学傾向にはジェンダー・バイアスが散見される。なお，「教育」は女性59.2％，男性40.8％である。

　文部科学省は，労働力人口減少社会において，最先端の研究開発や技術力による製品開発に資する理工系人材を「付加価値の高い」存在とみなし，戦略的に育成する目的で，2015年に「理工系人材育成戦略」を策定した。この中で2020年度末までに集中して進める取り組みの重点項目の一つに，「女性の理工系分野への進出の推進」が挙げられた。男女共同参画局は「理工チャレンジ（リコチャレ）」と称して，内閣府・文部科学省・経団連の共催で，女子中高生および大学生に向けて，理工分野に興味・関心をもって進路選択する支援を試み現在に至る。理系は男性，文系は女性というジェンダー・ステレオタイプを超えて，自らの資質・能力や適性に応じた高等教育機関への就学が保障されるようでありたい。

　また，2017年の日本学術会議による提言「性的マイノリティの権利保障をめざして—婚姻・教育・労働を中心に—」には，性自認が女性であるトランスジェンダー（TG）生徒が女子大学への進学を阻まれるとしたら，「「学ぶ権利」の侵害になる」との指摘がある。国立大学法人をはじめとする複数の女子大学で，2020年度入学者からTG学生の受け入れを認めるようになってきた。

　高等教育への進路選択は，将来の職業や生き方につながる。性自認にもかかわって，自分らしい人生の実現に向けた選択を可能にするために，高等教育機関には，ジェンダーの多様性を踏まえたミッションが問われているといえるだろう。

〔堀内かおる〕

教育におけるハラスメント

　教育におけるハラスメントには，当事者間の関係により，教員から児童生徒学生へのセクシャル・ハラスメント（セクハラ）やパワー・ハラスメント（パワハラ：体罰を含む），また，保護者や児童生徒学生から教員へのハラスメントや，児童生徒学生間でのいじめなどがある。ここでは，教員から児童生徒学生へのパワハラ，セクハラを見ていく。

　パワハラの定義として，三つの要件，すなわち，① 優越的な立場を背景にして，②（教育）業務の適正な範囲を超えて，③ 相手に身体的・精神的苦痛を与えることが挙げられる（井口，2021）。特に大学におけるハラスメントをアカデミック・ハラスメントといい，教員の教育研究上の優越的な立場を背景として行われることに特徴がある。

　②の「適正な範囲」とは，社会通念に照らし，当の言動がその指導の目的を達成するために必要で，言い方や声の大きさ，回数などが適切と認められる範囲となる。セクハラの場合，性的な言動が含まれる点で，すでに業務の適正な範囲を逸脱するため，③の「相手の苦痛」が焦点になる。

　③は「相手」が苦痛に感じるかである。身体的暴力は相手の苦痛に直結する。特段の意図をもたない言動によって，相手が想定外の苦痛を感じた場合，「無意識のパワハラ・セクハラ」となる。また，たとえ意図しなかったとしても，平均的な者であれば相手の苦痛を予見できるような場合は「無自覚のパワハラ・セクハラ」となる。

　より深刻な被害を生むのは，身体的精神的苦難を与えながら，指導やケアなどの名目によって相手の苦難を否認し受け入れさせる場合である。被害者が未成熟で弱い立場にあると，名目により被害者自身にも社会的にも，被害を被害として認知されにくくし，被害の訴えを封じてしまう。

　多くの大学ではハラスメント相談窓口が設けられているが，小中高等学校では窓口が設けられていないなど防止体制は未だ不十分である。防止体制を拡充し，関係者がハラスメントの被害者にも加害者にも傍観者にもならずに自他を守ることができるよう，早い段階から，自他の権利とその擁護について教育・研修を行っていく必要がある。

〔米村まろか〕

［参］井口博（2021）『教育・保育機関におけるハラスメント・いじめ対策の手引』新日本法規出版．

研究倫理の教育

　研究倫理の教育とは，研究者レベルでは研究活動を行うにあたって必要な倫理観や実践的スキルを学ぶことであり，研究者コミュニティ（機関）レベルでは，研究者の倫理的規範や社会的責任を組織的にメンバーに教育し，コミュニティの自浄作用を機能させることである。研究者および研究者コミュニティは，これにより研究への信頼性や透明性，健全性や公正性（研究インテグリティ）を確保し，社会的責任を果たすことができる。

　今日，強く求められている研究倫理の教育には課題も多い。ここでは三つの課題に大別し，その特徴と包括的アプローチについて述べる。

　第一に研究倫理の文化多様性の課題である。今日，国際共同研究は，飛躍的に増加している。当然，これにも研究倫理は適用される。しかし，国や民族によって研究倫理の内実が異なることがある。これからの研究倫理の教育は，研究者の所属する文化的背景によって倫理観が異なることを尊重しつつも，国内外の学協会と連携し研究公正規範の明確化・共有化を追求し続ける必要がある。

　第二に研究領域ごとの研究倫理の分野固有性の課題である。例えば，教育方法学の臨床研究において，研究者，研究参加者，研究対象者（教師や児童生徒）の間の関係には非対称性（権力や知識の偏り）が存在している。教育方法学の臨床研究者は，この関係の不均衡を自覚し倫理的責任を果たすべく適切な配慮を行う必要がある。

　第三に研究倫理の持続的更新の課題である。科学技術が急速に発達する現代社会においては研究倫理の内容も，日々の技術革新に適切に対応できるよう更新され続けなければならない。例えば生成 AI の研究では，個人情報保護の観点や著作権などさまざまな倫理的問題が議論されている。研究倫理の教育は，イノベーションがもたらす新たな課題に対して，常に最新の情報やリソースを提供し，迅速に対応し続ける必要がある。

　研究倫理の教育の目的は，研究者が具体的課題に直面した際，適切な法令等に基づき公正に判断し，主体的に倫理的行動ができることである。そのため研究倫理の教育では，さまざまな実際的場面を想定した不正行為の識別と適切な行動選択（e ラーニング）など多様な能動的学習が用いられる。

〔広石英記〕

オンライン授業

　遠隔教育の一形態であり，遠隔授業とも呼ばれる。インターネットや PC 等の ICT を利用した授業形態を指し，対面（面接）授業と対比される。

　オンライン授業は，実施形態によって大きく二つに分類される。一つは「同時双方向型」である。文字通り同時（リアルタイム）かつ双方向（教師と学習者が相互にコミュニケーション可能）で実施される。もう一つは「オンデマンド型」である。同時・双方向ではなく，学習者が任意の時期に，教師の配信する映像や文書等の資料を参照して学習に取り組む。いずれの場合も，対面授業が行われる教室等以外の場所から教育や学習を行う授業形態である点で共通している。

　オンライン授業の実施は，2010 年代末頃までは通信制教育校等の一部の教育機関に限られていた。しかし，2020 年から深刻化した新型コロナウイルス感染症（COVID-19）の影響により，大学等の高等教育機関は一斉にオンライン授業を開始した。その後，GIGA スクール構想の前倒し実施によって ICT 環境が急速に整備されたことで，オンライン授業は初等中等教育にも普及しはじめている。

　オンライン授業は，①病気療養や不登校などにより学校で学びたくても学べない児童生徒が学習に参加できる，②時間や空間の制約を受けない学習により社会の多様な人や教育資源を活用しやすくなる，③特定分野に特異な才能のある児童生徒や特別な支援を必要とする児童生徒の学習に活用できる，といった利点がある。また，対面授業とオンライン授業の併用（いわゆるハイフレックス型授業）による新しい教育実践も試みられている。

　その一方で，COVID-19 パンデミック禍における全面かつ長期間のオンライン授業の実施とその検証を通して，オンライン上でのコミュニケーションの不安，心身の拘束による疲労，学習活動の監視のおそれといった，オンライン授業の構造的な問題も指摘されている。

〔大坂　遊〕

〔参〕子安潤（2020）『画一化する授業からの自律―スタンダード化・ICT 化を超えて―』学文社。日本教育方法学会編（2021）『（教育方法 50）パンデミック禍の学びと教育実践―学校の困難と変容を検討する―』図書文化社。

インターンシップ

　1997年に「インターンシップの推進に当たっての基本的考え方」(文部科学省，厚生労働省及び経済産業省合意。以下，三省合意)で「学生が企業等において実習・研修的な就業体験をする制度」と定義された。その後，日本労働研究雑誌編集委員会(2021)はインターンシップの規模の拡大を受け，特集を組んで日本の現状とその課題を分析した。日本の現状として，① 政策は一貫して教育目的を重視する一方，実態として就職・採用目的が中心であること，② 諸外国と比較して期間が短く，規模の拡大に伴い短期化が進んでいること，を挙げている。その結果「大学生・大学・企業の三者間での，目的と実態の乖離」「就業体験を伴わない極端な短期実施」といった課題が生じている。また，採用と大学教育の未来に関する産学協議会報告書『産学協働による自律的なキャリア形成の推進』においても「就業体験を伴わないものが含まれている」と指摘され，2022年に三省合意が改正された。改正後は，インターンシップを「学生がその仕事に就く能力が自らに備わっているかどうかを見極めることを目的に，自らの専攻を含む関心分野や将来のキャリアに関連した就業体験(企業の実務を経験すること)を行う活動」であると限定した。

　この定義に照らし合わせると，三省合意の前から行われてきた教育実習や工場実習などもインターンシップに含めることができる。以下田中宣秀(2007)を参照して歴史を概観する。日本の教育実習は，東京師範学校(創設1872年)が師範学校生徒に附属小学校での実地訓練を課したものに端を発する。1907年に公布された師範学校規程第9条には「教育ハ心理及論理ノ大要ヨリ始メ……教育実習ヲ課スベシ」とあり，全国の師範学校で実施されていたことが確認できる。工場実習は，工部大学校(創設1874年)で開始された。その内容は，大学の講義内容と実習を連携させ，数年かけて現場での実務研修を行うものであった。日本で制度上インターンシップが定義される以前から実施されていたこうした実践からも，今後の方向性を検討する際の示唆を得ることができるだろう。

〔馬場智子〕

［参］田中宣秀(2007)「インターンシップはどのように始まったのか」石田宏之他編『インターンシップとキャリア―産学連携教育の実証的研究―』学文社，16-30頁。日本労働研究雑誌編集委員会(2021)「日本におけるインターンシップの展開と現状」日本労働研究機構『日本労働研究雑誌』733，2-3頁。

第2節　教師の力量形成

教師教育

　教師教育とは，初等・中等教育段階の教師を育てるための教育のことである。現在では，教職に就く前の教員養成（preservice education）と，教職に就いてからの現職教育（in-service education）との二段階を総称して教師教育（teacher education）と呼ぶ。

　この語は 1960 年代以前の「教員訓練（teacher training）」という語への批判として登場した。教師を育てる営為は人格の陶冶を基礎とする教育であり，動物を調教するような訓練ではないという考えのもと，1970 年代以降は教師教育という語が使用されるようになった。さらに，教師の成長は養成段階にとどまらないため，生涯を通して支援しようとする視座が一般的となり，教師の養成と研修の総体を含意するようになった。

　しかし，2000 年代以降に，教職の官僚化・脱専門職化が推進された国々では，「教師教育」という語に代わり「教員訓練」という語が再び用いられるようにもなっている。日本では，研究では教師教育という語が用いられるが，法律や行政用語では「教師」ではなく「教員」が用いられるため，「教員養成」および「教員研修」と表現される場合が多い。

　すべての子どもが無償で教育を受けられる公教育制度を維持または普及するために，その担い手である教師を教育し，必要な数を確保することは，多くの国や地域で重要な課題となっている。現在では国連教育科学文化機関（UNESCO）や経済協力開発機構（OECD）などの国際機関も，教師教育に多額の予算を支出するようになった。

　教師教育に関する研究は，広範な問題に関与する領域横断的かつ複合的な研究領域であることを，その大きな特徴としている。なぜなら教師教育は，初等・中等教育の内容や方法や制度，教師を養成する内容や方法や制度，教師の数や質を確保するための資格や研修，それらすべてに関わる法律や財政や政策など，国民国家における公教育に関する，あらゆる領域の問題と密接に関わっているからである。

　また，どのような研究課題や方法を設定するにせよ，研究者自身のナショナリティや人種やジェンダー，政治的・経済的・文化的・言語的立場など，どの立場からどんな用語を用いて，何のために教師教育を研究対象にするか，その立場性（positionality）が問われることに留意する必要がある。

〔佐久間亜紀〕

大学における教員養成

　日本の「大学における教員養成」の原型は，教育刷新委員会による「教員の養成は，総合大学及び単科大学において，教育学科を置いてこれを行なう」という基本方針（1946 年）に基づき確立した。それは大学・短大等での教員養成の機能／領域の設定要請と，教員養成は一般大学でも可能とした開放的養成制度を伴っていた。

　ただ，そこでは"学問の修得者であれば教師はつとまる"という楽観的な捉え方が強く，教育職員免許法に基づく各大学等の教員養成教育課程の開設と履修を条件としながらも，未検討部分があった。その後，「大学における教員養成」への実質化は，教職課程を設置した大学や学協会等でなされ，かつ制度改革もなされてきた。

　そこでは「大学における教員養成」という時，"大学で"と"教員養成"のどちらに重点をおくかによるスタンスの違いが出ている。後者に重点をおく主張は，主に政府の教員養成政策により強調されてきた。その端的な施策は，1971 年の中央教育審議会答申での「実際的な指導力」「実践的な指導力」の強化策である。その後，教員養成／現職研修の高度化あるいは教職専門性向上として，修士課程・専門職課程（教職大学院）を活用した教師教育の施策として現在に至っている。特別免許状制度の制定と教育委員会主催の教師養成塾等における施策は，"大学における"という観点を相対化・後退させているという意見もある。

　前者の"大学における"に重点をおいた教員養成の実質化は，大学・学協会で追究されてきた。しかし「総体としての大学教育の結果として，教員となり得る基礎教育を行う」という見解（山田昇）と「職業化されないように職業化する」（務台理作）あるいは「大学での職業教育」（木下一雄・天野貞祐）等の見解が十分議論されないまま，実質は混在状態といえる。

　このような議論の背景とその後の現状を視野に入れ，大学における教育学研究ならびに教育学教育と教員養成教育（教師教育）との関係の解明が，前記の近年の教員養成施策の展開を前に急務となっている。

〔三石初雄〕

〔参〕TEES 研究会（2001）『「大学における教員養成」の歴史的研究』学文社．

開放制教員養成

戦前の師範学校・高等師範学校等特定の専門機関による養成を改め『教育職員免許法』（1949年9月施行）に規定された，必要な単位を大学において修得したものに広く教員資格を与える制度のことである。戦後の改革では学芸学部・教育学部などの教員養成を主とする学部以外に，教育職員免許法に定める教職課程が多くの国公私立大学・短期大学に開設され，養成教育が可能になった。

1886年の学校令では天皇制下の近代学校教育制度の方針を明確化し，校種別の勅令による統制方式をとった。以後改定を重ねつつ，師範学校は小学校教員養成を専らとする富国強兵施策普及のための閉じた中等教育機関として，敗戦までその機能を維持した。兵式教育を取り入れた師範学校の教育内容は厳しく統制され，男子師範と女子師範で内容も区別されたが，「修身」を最重要視する方針は続けられた。こうした一連の体制を「開放制教員養成」に対して「閉鎖制教員養成」と呼ぶ。

敗戦後の民主的教育体制の確立と教育改革の実現にとって最も重要な意義をもつとして，日本国憲法と教育基本法の公布が挙げられる（『学制150年史』2022年，118頁）が，大学の制度改革，教員養成制度改革はこれらの新法制下で進められ，「開放制教員養成」も実施された。「開放制教員養成」は民主主義による国家再建を願って提案され，自由と平等を目指す教養豊かで，高い専門性を有する教員の養成を目指していた。

とはいえ改革実施過程の混乱の中では，その意図は十分には達成されず，大学での教養教育の合意形成も難航した。その後も行政の介入や社会的圧力からの自由と自律を養成主体である大学や教員が確保し，学生が自覚を形成するには多くの課題が残された。1990年代以降先端科学の国際競争激化の中で，国民の高等教育学歴要求が高まり「グローバル化」が進む。行政の介入は変化したが存在し，質の確保や教職への希望を形成するうえでの障害が見いだせる。こうした圧力に対する「開放制」に託された大学と教員の自立性と自律性の確保，学生の見識形成や自立性確保などの願いの実現にはさらなる改善の取り組みが必要といえる。

〔澤本和子〕

[参] 町田健一（2019）「戦後の開放制養成の意義と課題」『日本教師教育学会年報』28，8-17頁。文部科学省（2022）『学制150年史』。

教員養成カリキュラム

教員養成カリキュラムは，教師の力量形成の初期段階を担うものであり，日本では大学における教員養成および開放制の原則のもと，教職課程という形で立ち現れる。その内容は「三種の教養」とも呼ばれる一般教養，教科専門教養，教職専門教養という三領域で構成され，これらと教育実習等の実践に関する領域が組み合わされて存在する。

具体的な科目区分は2016年の教育職員免許法改正に伴う大括り化により「教科及び教科の指導法に関する科目」「教育の基礎的理解に関する科目」「道徳，総合的な学習の時間等の指導法及び生徒指導，教育相談に関する科目」「教育実践に関する科目」と「大学が独自に設定する科目」になっている。また前者四区分には2017年以来公表の「教職課程コアカリキュラム」で，全大学の教職課程で共通的に習得すべき資質能力が示されている。

このような教員養成カリキュラムは，その内容や構成，学修過程の内実が問われている。

第一に，理論と実践の往還や統合に関する課題である。ここには，①教育学（pedagogy）と教科内容（content）との統合，②理論的知識（大学での学び）と実践的知識（現場での学び）との統合の課題がある。実践的指導力と，専門性／専門職性の議論における「省察」の過度の強調により，現場での体験学習への傾倒もある中で，実習のカリキュラム上の位置づけや自治体主催の「教師塾」等との差別化が問われている。これらは，質保証の要求とスタンダードによる統制という教職の「自律性」の揺らぎとも関わらせて考える必要がある。

第二に，実践的・社会的課題に対する内容と学問的体系に基づく内容との連関である。具体的には，「情報通信技術を活用した教育の理論及び方法」新設に伴う，内容や担当者，既存の教育方法関連科目のあり方の議論が例示できる。社会的要請や現実的な制約を踏まえつつも，そこに内在する取捨選択や価値・倫理・文化・政治的な側面に着目したカリキュラムの構想と実践が問われている。

第三に，教員養成カリキュラムを通じた学修に関する課題である。隠れたカリキュラムや教師教育者の要因を含めて学修過程や成果を確認する必要がある。また高度化の課題や，市民的教養，教職アイデンティティ，多様な入職ルートをも考慮したカリキュラムの改善が求められる。

〔藤井真吾〕

第9章　高等教育の方法と教師の力量形成

教員養成の教授方法

　教員養成の教授方法は，大学設置基準第25条の「授業は，講義，演習，実験，実習若しくは実技のいずれかにより又はこれらの併用により行うものとする」という規定に従って大学の授業担当教員が授業科目の目的や内容に合わせて考案し，実施されてきている。

　例えば，演習では，授業の組み立て方や指導法を実践的に学ぶために模擬授業が導入されてきた。近年は「省察」に着目した模擬授業も行われている。その模擬授業の一般的な進め方は，①教師役の学生が子ども役の学生に授業を行う。②授業後に，評価基準を用いて教師役の学生と子ども役の学生が評価を行い，反省会で成果と課題について討論する。あるいは，模擬授業のVTRを見ながら熟練教師から指導・助言を受ける。③指導案を修正し，再度模擬授業を行って反省会をしたり，模擬授業で得た成果と課題をレポートに書いたりする。しかし，この方法では省察が行為志向の浅いものになるという見解から，「対話型模擬授業検討会」（渡辺・岩瀬，2017）が開発され，実施されている。

　また，「教職実践演習」という科目では，模擬授業をはじめ，事例研究として，学校現場で起こった問題事例について最適な判断を下す訓練を行うために，事例に対する個人の考えを記述し，それを持ち寄ってグループで討議を行い，さらに大学教員を加えて考察を行うという流れで事例検討を進めるケース・メソッドを取り入れることもある。それ以外にも，学生がポートフォリオと履修カルテを用いて，年度末にその年度の学修成果と課題を記入するとともに，それらを持ち寄って学生同士で発表し交流することを通して，協働的な学びを深め次年度に向けての自己の目標を明確にするという方法を取り入れることもある。

　実習では，教員養成系大学・学部において1年次や2年次に観察・参加実習を実施していることが多い。方法としては，最初に教職や観察・参加実習に関する講義が行われ，1週間ほど附属学校や公立学校の教育実践を観察・参加した後，大学において大学教員の指導を受けながら実習記録に基づいてグループ討論を行っている。

〔別惣淳二〕

［参］渡辺貴裕・岩瀬直樹（2017）「より深い省察の促進を目指す対話型模擬授業検討会を軸とした教師教育の取り組み」『日本教師教育学会年報』26，136-146頁。

教育実習

　教育実習は，教員免許状取得のために教育職員免許法・同施行規則によって定められた必修科目であり，現行の規則では幼稚園，小学校，中学校の教員免許状を取得するために5単位，高等学校の教員免許状を取得するために3単位を修得する必要がある。この単位数には，教育実習に係る事前・事後指導の1単位が含まれる。また，教育実習の単位数には，2単位まで（高等学校と特別支援学校は1単位まで），学校体験活動の単位を含めることができる。

　教育実習の目的は，①教育者としての愛情や使命感を深め，教員としての能力，適性，課題を考えること，②学校での体験を積み，学校教育を総合的に理解し，実践的能力の基礎と教育実践の研究的な態度と能力の基礎を身につけることである。

　実習形態は，一般大学・学部では出身校や協力校等での実習が多く，教員養成系大学・学部では附属学校と協力校等での実習が多い。履修時期は，一般大学・学部では4年次または3年次と4年次が多く，教員養成系大学・学部では1年次や2年次に1週間の学校等での観察・参加実習を設定し，3年次と4年次に教育実習を設定することが多い。

　実習内容・方法としては，出身校実習の場合，1学級に1名の配属だが，附属学校実習では1学級に3～5名の配属となることが多い。そのうえで校種や教科によって実習内容・方法は異なるが，4週間実習を想定した場合，①実習校の教育概要の理解，授業等の観察と参加（1週目），②教育活動への参加と学習指導実習（2～3週目），③学級経営，研究授業と事後反省会（4週目）等が考えられる。

　実習の事前指導では，大学において教育実習に関する理論，方法・技術の修得，態度の育成，指導案作成等が行われることが多い。教員養成系大学・学部では，1週間の学校等での観察・参加実習が設定されている場合もある。また，事後指導では，教育実習での成果や反省点と課題について実習生どうしで議論し合い，省察活動が行われる。

　藤枝静正（2001）は，教育実習を大学教育の一環として「理論と実践の結合の上に立った教育研究を充実・発展させる場」と捉えるべきであると述べている。そうした研究型教育実習の実現に向けて方法・形態を開発することが課題となっている。

〔別惣淳二〕

［参］藤枝静正（2001）『教育実習学の基礎理論研究』風間書房。

教職の専門性

　教育の専門職である教職特有の高次の資質能力（知識や思考様式，心構え等）と行動規範，また，教職特有の学習および成長発達過程にかかわる職務環境と社会関係のこと。

　1970年代まで，教職は医師や弁護士のような近代専門職の古典的定義に従うと実践基盤となる知識基礎を部分的にしか確立しておらず，不確実性を基礎とする「準専門職」と見なされてきた。しかし，世界各地で噴出した教育問題（学びからの逃走，校内暴力，体罰，不登校等）と教職の社会的地位低下を背景として教師の仕事と教師教育への関心が高まり，1980年代以降には教職の不確実性を克服して専門職化を推進する学術的および社会的議論が活性化した。

　教師の教授スキルの実行判断を支える知識と思考様式の解明を進める認知過程研究により，教師は教科の学問知識や教育方法の知識，学習過程の知識等の理論知を個別の教育状況に埋め込まれた実践知に翻案し，子どもたちの学習状況に応じて最適化することが解明された。そして，教師が実践の渦中で子どもたちの学習状況を見極め，適切な教授スキルの選択判断を可能にする「省察」という思考様式が教職の専門性の中核に位置づくことが明晰化された。すなわち，不確実性の克服ではなく価値づけこそが，教職の専門職化を推進する方途とビジョンとなっていった。

　教職はまた，子どもたちや同僚，保護者や地域の人々をはじめとした教育をめぐる多様なステークホルダーとの相互作用に基づく専門職である。そこで，1990年代以降になるとこの相互作用性を前提とした教師の情動・動機・学習研究が推進された。これらの研究知見が先行する認知過程研究の知見と統合されたことで，省察を基盤とする教師の実践と成長発達が相互作用的で協働的で長期漸成的な特性を色濃く帯びることが明確となった。

　現在，こうした教職をめぐる学術研究の展開とその知見の蓄積・統合から，教職の専門性の前提となる考え方が古典的な個人・独立・即成モデルから脱却し組織・相互依存・漸成モデルへと拡張するパラダイム転換が起こりつつある。

〔木村　優〕

〔参〕ハーグリーブス，A.・フラン，M.著，木村優ほか監訳（2022）『専門職としての教師の資本―21世紀を革新する教師・学校・教育政策のグランドデザイン』金子書房（原著，2012年）。

教師の専門知識

　教師の専門知識とは，教科内容やカリキュラム，教授学・心理学等の学問や学習者に関する知識など多岐にわたる領域を含み，また，個々の教師の経験や事例に根差した暗黙知をも含む知識である。

　教師の専門知識に関わる研究の起点は，1960年代後半にジョゼフ・シュワブが発表した一連の論文にあるといわれている。シュワブは，それまで主流であった行動科学を基礎とした「理論的様式（theoretic mode）」が，教育という営みの複雑性や多様性を捨象しているという問題を指摘し，「実践的様式（practical mode）」の重要性を提起した。以後，教師の専門知識に関する研究は，「実践的知識（practical knowledge）」を鍵概念として展開することになった。

　なかでも，その後の教師の専門知識に関する諸研究に大きな影響を与えたのは，リー・ショーマンである。ショーマンは，教師の専門知識に含まれる領域を，①教科内容の知識，②一般教育学の知識，③カリキュラムの知識，④授業を想定した教科の知識，⑤学習者とその特徴に関する知識，⑥教育の文脈に関する知識，⑦教育の目的，目標，価値，およびそれらの哲学的・歴史的根拠に関する知識，という7つに整理した。

　特に，4つ目の「授業を想定した教科の知識（pedagogical content knowledge：PCK）」は，教師の専門知識の中核であるとされている。PCKとは，教科内容の知識を具体的な授業へと翻案するための知識である。例えば，あるテーマについて授業を行う際に，子どもたちが当該テーマについて誤解しやすい点を事前に把握しておき，理解しやすい授業展開を構想するために必要となるのがPCKという教師固有の知識である。

　佐藤学は，優れた教師は「実践的知識」を豊かに保持しているだけでなく，具体的な状況に即して「実践的知識」を総合しながら省察と判断を行っていることを明らかにし，それを「実践的思考様式」と名づけた。教育という複雑で多様な営みにおいて，教師が「実践的思考様式」を働かせ省察と判断を行う際に必要不可欠となるのが「実践的知識」であり，これこそが，教師の専門知識にほかならない。

〔北田佳子〕

教師の専門的力量形成

教師の専門的力量形成を，professional development の訳語であり，その概念として捉える時，教師の専門的力量の形成の契機が，教師の「専門家共同体（professional community）」の構築にあるという視点が重要である。

教師の社会的関係への注目を促した嚆矢である教師の「同僚性（collegiality）」の概念を提起したジュディス・ワーレン・リトルを加えたミルブリィ・マクロフリンらによる一連の高校の学校改革研究は，教師たちが教室で対峙する，多くの困難を抱えた生徒たちを諦めることなく，革新的な授業実践を創造することを可能にした，教師たちの専門的力量の形成を教師たちによる「専門家共同体」の構築に見いだした。

教師の専門的力量の形成を理解するためには，専門家像の論題へも連なり，世界的に影響を与えたドナルド・ショーンによる「省察的実践家（reflective practitioner）」の概念の再検討も鍵となる。

まず，ショーンが「省察的実践家」の専門家像を提起するにあたり，「技術的合理性」を追求する「技術的熟達者」への批判のみならず，イヴァン・イリッチらによる「反専門家」の議論の沸騰への批判を企図していたことが重要である。ショーンは，そうした「省察的でない実践家（unreflective practitioner）」は「閉鎖的であり有害である」と看破していた。ショーンは「省察」を決定的に重視する専門家像を提起していたのである。ショーンのいう「子どもの理を見いだす」教育の専門家において，誰かが作った技術の反復的な適用ではなく，自らの新しい発見とともに自らの実践を更新する「自由の感覚」の享受が追求されていた。

さらにショーンの概念が，クリス・アージリスとのアクション・リサーチの追求の中に位置づけられることも重要である。ショーンによる「省察」の強調は，実践者と研究者による協同によって成し遂げられる「組織学習（organizational learning）」の鍵であり，実践者の実践を理解することを中心とする，専門的力量形成研究の創出を求めている。

〔鈴木悠太〕

[参] 鈴木悠太（2018）『教師の「専門家共同体」の形成と展開―アメリカ学校改革研究の系譜―』勁草書房。鈴木悠太（2022）『学校改革の理論―アメリカ教育学の追究―』勁草書房。

教師教育とジェンダー

「ジェンダー」とは，J. スコットによれば「身体的差異に意味を付与する知」のことである。

1980年代以降は身体的性別や性自認，性的指向などに関わる差別や抑圧，社会的な課題が広く認識されるようになった。また子育てや学校教育においても，ジェンダーに関するさまざまな不平等や不公正が可視化されるようになった。そのため，ジェンダーに関する諸問題を深く理解し，問題改善に寄与する教育を行える教師を養成し研修することの重要性が認識されるようになった。

しかし，教師教育という営み自体もジェンダー化された社会に位置づくため，様々な差別を内包していることが研究によって明らかにされ，問題の可視化や改善が大きな課題となっている。

例えば，第一に教職志望における性別選好の問題がある。高等学校では男女の進学率はほぼ同じだが，高等教育への進路選択については性別に分化する傾向がみられる。教員養成系大学・学部に進学する教職志望者に占める女性の割合は増え続けており，教職が女性化する傾向がある。

第二に，教員養成機関におけるジェンダー構造の問題がある。教員を養成する教職課程において，学生には女性が多いのに，大学教員の多くは男性で，管理職ほど男性が多く，教師教育の場における権力が男性側に偏在している。教員養成機関や教育実習校におけるセクシャル・ハラスメント等も問題視されるようになり，防止への取り組みも開始されたが，未だ十分に機能してはいない。

第三に，教員養成機関における隠れたカリキュラムの問題がある。女性大学教員は家庭科や英語科など特定の教科に偏在しているし，国語や社会科の教科書の登場人物は圧倒的に男性であるなど，教育内容にも教育方法にも既存のジェンダー規範が埋め込まれている。

以上のように，教員志望の学生や教師自身が，ジェンダーに関する差別や偏見をすでに内面化しているうえに，教師教育機関がそれを強化してしまう可能性もある中で，学校教育における不平等の改善に向けた教育実践を創造できる教師をどう育て支援するかが，重要な課題となっている。

〔佐久間亜紀〕

[参] スコット，J. W. 著，荻野美穂訳（2022）『ジェンダーと歴史学（30周年版）』平凡社（原著，初版1988年，本訳書底本は2018年改訂版）。

社会的公正／社会正義にむけての教師教育

　米国の多文化教育研究の第一人者であるクリスティン・スリーターによれば，社会的公正／社会正義にむけての教師教育（teacher education for social justice）は，次の三つの柱からなる。すなわち，① すべての生徒が，彼らの文化的・言語的背景に立脚した，質の高い，知的で豊かな教育を受けられるようにすること，② 若者の民主的な参画を促進する教師を養成すること，③ 不平等を体系的な社会政治的分析の中に位置づけることによって，子どもや若者の利益を擁護（advocate）する教師を養成すること，である。

　日本の文脈に引きつけていえば，外国につながる子どもたちの教育を受ける権利の保障の不十分さや，ジェンダーやセクシュアリティによる差別，単一民族国家神話のもとでのアイヌや沖縄の人々への抑圧，といった構造的不公正を考えるうえで，上記の視点が日本の教師教育の中で問われることは急務であろう。

　社会的公正／社会正義のための教師教育に対しては，いくつかの批判も向けられてきた。マリリン・コクラン＝スミスの整理によれば，①「社会的公正／社会正義」という概念の曖昧さや，② 自尊心を尊重するあまり，伝統的な教育目標としての基礎的な知識・技能の習得を軽視していること，③ 教員養成教育が「イデオロギー」化し，言論の自由が制限されること，などが批判されてきた。

　これらの批判を一考の価値もないと切り捨てることは避けるべきである一方，例えば文化多元主義（cultural pluralism）を乗り越えた多文化主義（multiculturalism）に対してなされてきた批判と大きく重なるのも事実である。とりわけ，「多文化」も「社会正義」も漠然としたスローガンとして，しばしば脱政治化された形で用いられることや，イデオロギー的であると批判する反対者の側もまた，「教育は非政治的・中立的であるべきである」という新自由主義に親和的な政治的立場に立っていることが不可視化されている点が共通している。

　社会的公正／社会正義にむけた教育を推進するうえでは，「そもそも教育は政治的である」という立場から，新自由主義が流布しようとする「常識」や「宿命」もまた，政治に他ならないことを指摘し対抗し続けることが必要であろう。

〔植松千喜〕

第10章

教育方法の歴史と実践

第1節　人名編（西洋）
第2節　人名編（日本）
第3節　実践編（西洋）
第4節　実践編（日本）

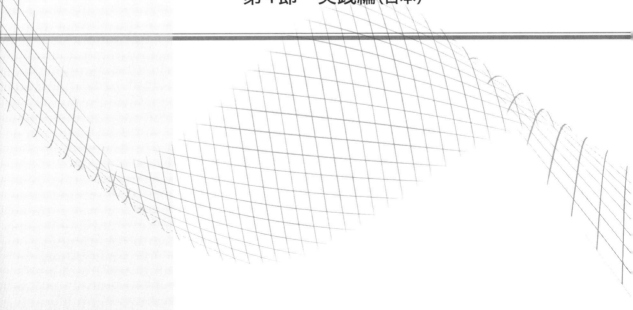

第1節　人名編（西洋）

ソクラテス
〔Socrates，紀元前469年〜399年〕

　古代ギリシャの哲学者（紀元前469年〜399年）。アテナイの民主政治の全盛と衰退の中で生き，70歳の時に死刑で毒杯を飲んで亡くなった。身体が頑強で，重装歩兵として三度，従軍し勇名をはせた。50歳の時にクサンチッペと結婚し，子どもが三人いた。

　40歳の頃から，「アテナイにソクラテス以上の知者はいない」というデルフォイの神託をきっかけに，自分は知者ではなく，無知であると思っているソクラテスは，神託の意味を尋ねて，知者と思われる人々を相手に，アゴラ（広場）で問答を行った。

　ソフィストのプロタゴラスが，技術的なものの教授によって，徳を教えうるとしたことに対して，ソクラテスは，徳は，善の知識であり，人間の各自の内部に探り，見出すことができる，無知とは，善についての無知であると考えた。

　自己の内部にある善の知識に気づかせるためにソクラテスがとった方法が，エレンコス（吟味）法と呼ばれる問答法である。対話者が持っている意見を問いによって引き出し，その回答に反駁したり，新たな問いを出して，対話者に自分の回答の矛盾，善の知識に気づかせるという方法である。この善の知識は，対話者が本来持っている知識であるから，それは想起であると述べている。徳の教育とは，その想起を助けることに他ならない。

　プラトンの『メノン』の中で，正方形の辺の2倍は，面積は2倍になると信じていたメノンの召使の少年が，ソクラテスとの対話の中で面積は4倍になることを自分で発見する。ソクラテスの問答法は，この意味で，発見法，産婆術と呼ばれることもある。

　書物は書かなかったが，その言動は，弟子プラトンの書いた『ソクラテスの弁明』『クリトン』『パイドン』『饗宴』『メノン』，クセノフォンの『ソクラテスの思い出』，等で伺うことができる。

〔中野和光〕

［参］稲富栄次郎（1980）『ソクラテス・プラトンの教育思想』学苑社。田中美知太郎（1957）『ソクラテス』岩波書店。中野幸次（1967）『ソクラテス』清水書院。林竹二（1986）『知識による救い―ソクラテス論考―』筑摩書房。村井実（1972）『ソクラテスの思想と教育』玉川大学出版部。

コメニウス
〔Johannes Amos Comenius，1592-1670〕

　コメニウス（チェコ語名 Jan Ámos Komenský）は，教育方法史上きわめて重要な人物である。近年は晩年の大作『人間に関わる事柄の改善に関する総合的熟議』（1966年）についての分析が深められ，彼の哲学者としての功績が高く評価されるようになった。とはいえ，そのことは教育方法学の発展に寄与してきた彼の提言の意義をいささかも低めるものではない。

　コメニウスの教育方法についての考えを知る上で『大教授学』（1638年）は必須の著作である。2022年には60年ぶりに新しい日本語訳が出版され，従来の翻訳ではあいまいであったり，不正確な理解に導いたりするような記述が改められている。

　『大教授学』の冒頭には「すべての人にすべての事を」と書かれている。コメニウスは，性別や居住地域，家庭の経済的事情などにかかわらず，「すべての人」が教育を受ける機会を得ることが重要であると考えた。彼が教育の対象と考えた子どもは，学校に通ったこともない人たちであり，学ぶことへの関心を彼らに呼び起こすことが最初にすべきことであった。

　コメニウスが約束したのは，学ぶ側や教える側にわずらわしさや嫌気を起こさせない，両者にとって楽しいやり方である。「簡略に，愉しく，着実に」という原則をはじめ，第17章では教えと学びを容易にする10の基本原則が示される。それは，「全般的なことから特殊なことへと進める」，「易しいことから難しいことへ」，「ゆっくり進む」，「感覚を通して提示して伝える」など，いずれも具体的である。第18章では他人に教えることが知識を定着させることから，質問したり，生徒同士で教え合ったりすることの大切さを説いている。

　コメニウスは「事物と言葉を結びつけて教える」ことを繰り返し主張し，実物を見せることができない場合には模型や絵図を用いることをすすめた。後に彼は「世界で最初の挿絵入りの教科書」として知られる『世界図絵』（1658年）を出版し，彼の提案を具体化した。それは多くの国で数百年にわたって教科書として使用された。また，「世界で最初のさわって動かすことのできる教材」でもあり，教科書や教材・教具の歴史上画期的な書物である。

〔井ノ口淳三〕

［参］コメニウス，J. A. 著，太田光一訳（2022）『大教授学』東信堂。コメニウス，J. A. 著，井ノ口淳三訳（1995）『世界図絵』平凡社。

ルソー
〔Jean-Jacques Rousseau, 1712-1778〕

　スイスのジュネーブで生まれた。ルソーは、『学問芸術論』(1750年)の執筆を機に活躍した教育思想家である。彼は主に子どもの成長に合わせた教育のあり方を見いだし、本来あるべき法則に則り子どもは教育されるとする新たな「子どもの発見」を提唱した。ルソーは著書『エミール』(1762年)の中で子どもに対する認識と接し方を定めている。それはまず子どもは小さな大人ではないということ。次に子どもには子ども固有の世界があるということ。そして子ども時代には子ども固有の成長論理があるということ。そして最後に子どもに合わせて手助けすることが教育であると説いている。

　このルソーの教育思想は当時の時代背景に由来する。18世紀以降、さまざまな産業革命を経て市民革命へと進む中で、ある程度の知識と情報、金銭などが中産階級以下にまで及ぶことになった。それによって特権階級がもつ権限を「不利・不平等」であるとする意識が高まりつつあった。こうした当時の状況を受け、時代に左右されない、本来人間がたどる普遍的な在り方を示し、人々の堕落を教育によって是正していこうとしたのである。

　ルソーは、こうした人々の堕落を人間が本来もつ自然の法則によって正すことを目指した。それが子どもたちに文化や文明を前もって教えないという、いわゆる消極的にかかわるという独自の教育理論につながっていく。「消極」とは、子どもにまったく手を下さず、なにも教えずに見守っておくということではない。子どもが内なる自然に導かれ、何かを学ぼうとする時、彼の成長が歪められないように見守ることであり、大人はそこから少しだけ子どもの手助けをすることにある。

　またルソーは、考える力や理性を育てる前に、感覚器官をしっかり育成すべきだとした。つまり3歳まで感覚器官を鍛えることで、そこから情報を得て、人間の精神の中に知識を獲得させていくことが自然から与えられた順序であるとした。このルソーの考え方は、後に人間の経験、感覚器官から情報・知識が得られ、そこから人間は誰でも能力や理性をもち、正しいことを自分で考えることができるという幼児教育の基礎理論につながった。

〔髙橋洋行〕

[参] ルソー, J. J. 著, 今野一雄訳 (1963)『エミール』岩波書店。

ペスタロッチー
〔Johann Heinrich Pestalozzi, 1746-1827〕

　ペスタロッチーは、フランス革命前後の激動期のスイスにおいて、人間を人間として育てる教育を模索した人物である。

　ペスタロッチーの代表的実践を描いた『シュタンツだより』の中で彼は、「教育的限界状況」であったと指摘される子どもたちへの教育に関わって、「居間におる母の眼が毎日毎時、その子の精神状態のあらゆる変化を確実に彼の眼と口と額とに読む」こととともに、「教育者の力」が「純粋でしかも家庭生活全体によって一般的に活気を与えられた父の力」であることが重要であると喝破していた。すなわち、安心と安全が保障された空間において呼びかけられ、かつ応答されながら、生き生きと活動する方へと働きかけられることを通して子どもたちは人間へと成長していくという人間教育の原理を彼は提起していたのである。

　1990年代から2000年代にかけて、ドイツを中心にペスタロッチーの神話化をめぐる議論が展開されていた。例えば、ペスタロッチーが示した「頭と心と手の調和的発達」という命題に対し、その具体的な手立てが示されているわけではないと指摘されるように、彼の主張はスローガンでしかなく、後の論者たちの主張に根拠のない権威を与えるだけの存在に堕してきたとの指摘がなされていた。

　こうした批判の一方で、ペスタロッチーの功績の本質は、時代に先んじて問題提起したことにあるのではなく、時代の核心を正確に表現したところにあるという指摘もある。つまり、彼が「対決」した現実に対し、何を彼が「選択」したのか、その「対決」と「選択」の関係のあり様に示される可能性と限界から学ぶことが肝要なのである。

　かつて長田新が「愚かな模倣家はペスタロッチーを研究してペスタロッチーの研究したものを研究しない」と述べ、「ペスタロッチーが求めたものを求めよ」と提起したことを思い起こそう。わたしたちはペスタロッチーとともに何と対決し、如何なる選択をするのか、ここにこそ今日における教育実践のあり様を問う姿勢が生み出されるのである。

〔福田敦志〕

[参] Ölkers, J., Osterwalder, F. (Hrsg) (1995) *Pestalozzi-Umfeld und Rezeption*. Beltz Verlag. Tröhler, D. (2008) *Johann Heinrich Pestalozzi*. Haupt Verlag. 長田新 (1974)「あとがき」長田新編集校閲『ペスタロッチー全集』第13巻, 平凡社。

第10章　教育方法の歴史と実践

フレーベル
〔Friedrich Fröbel, 1782-1852〕

　フリードリヒ・フレーベルは、ドイツのチューリンゲン地方オーバーワイスバッハ村の牧師の子として生まれた。ゲッティンゲン大学、ベルリン大学で鉱物学、結晶学を研究した。本格的な教育事業への着手は、1816年創設の「一般ドイツ学園」で、後にカイルハウ学園として発展した。カイルハウ時代の教育思索は主著『人間の教育』(1826年)として結実した。幼児教育への道は、1839年、バート・ブランケンブルクに「遊びと作業の施設」を創設したことに始まる。1840年、フレーベルがこの幼児教育施設を幼稚園(Kindergarten: 子どもたちの園)と改称したことによって、世界最初の幼稚園が誕生した。

　フレーベルは幼児の本性を、絶えず生成発展し、生命に満ち、生命を生み出す、創造力あふれる神性と捉えた。教育の目的はこの神性を意識して、自分の決断で外に表現することであった。幼児の神性を伸ばす教育とは、子どもの自然の発達に従って、注意深く本性を伸ばすもの、つまり受動的・追随的でなければならなかった。フレーベルによれば、幼児の神性を表現する教育とは、遊びを通して行われなければならない。フレーベルは、幼児が遊びを通して自然界の仕組みを理解し、自らの創造力を陶冶するために、恩物(Spielgabe)を考案・製作した。恩物を使った表現は、認識の形式、生活の形式、美の形式といった三つの形式で捉えられた。当時、救貧事業としての託児所や、知育を中心とする幼児学校はすでに存在していたが、幼児の遊びや作業を中心とする幼児教育施設は、フレーベルの幼稚園が教育史上初めてであった。フレーベルが希求した幼稚園の目的とは、子どもたちの育ちを援助するとともに、大人が幼児の遊びを観察することによって幼児教育について学び、さらには生命の若返りを果たすことであった。

　1851年プロイセン政府は幼稚園禁止令を発布した。当時、幼稚園を支持していた反政府的な自由教会の存在が理由であるといわれている。フレーベルの死後、幼稚園は彼の理解者たちによって、世界中に拡大発展していった。日本最初の幼稚園は1876(明治9)年に創設された東京女子師範学校附属幼稚園で、主席保姆松野クララはフレーベルの幼稚園理論と方法を日本人保姆たちに伝授した。

〔船越美穂〕

[参] フレーベル著、荒井武訳(1964)『人間の教育』(上・下)岩波書店。岩﨑次男(1999)『フレーベル教育学の研究』玉川大学出版部。

ヘルバルト
〔Johann Friedrich Herbart, 1776-1841〕

　ヨハン・フリートリヒ・ヘルバルトは1776年に現在のドイツ連邦共和国にあるオルデンブルクで生を受け、1841年にゲッティンゲンで永眠した。彼はフランス革命(1789年)、神聖ローマ帝国の終焉(1806年)、ウィーン会議(1814年)、3月革命(1848年)の手前までの時代を生きた。この時期には、ドイツに自由主義とナショナリズムが芽吹くとともに、これらに哲学的に応答した、いわゆるドイツ観念論が隆盛している。何よりも彼はフィヒテとならんで「カント哲学を継ぎ補った……卓越した地位を占めている」(シュヴェーグラー、1958、164頁)哲学者であった。

　ヘルバルトの教育学への行路を、確かにベルンの貴族シュタイガー家における家庭教師の経験やブルクドルフに立地していたペスタロッチーの学舎の訪問が後押ししたことは疑い得ない。しかし、そもそもの動因には彼の哲学上の問題意識があった。それは直接的にはフィヒテの絶対的自我、代表的には先験的自由論に対する不審である。自我が時空の制約の中でしか活動し得ないとするならば、その心的メカニズムの解明が希求される。またここでのみ自我の自由が生成し得るのであれば、これを実現する方途の探究が動機づけられる。一方が彼の心理学者の横顔であり、他方が教育学者のそれであった。この哲学上の問題意識を基底に彼の教育学は編まれたと見られている(杉山、2001)。

　「強固な道徳的性格」の育成を唯一かつ全体の目的としたヘルバルトの教育学には、現在までの教育方法学研究において問題化されてきた、また今後も問題化され得る鍵概念が散見する。それらには、例えば教育(学)の自律性、陶冶可能性、教育的教授、訓練、教育的タクト、多方興味、統覚、教授段階そして教育と教授の統一の問題などを挙げることができる。

　ヘルバルトの教育学者の横顔は、没後にいわゆるヘルバルト学派を経由して世界的に知られるところとなったが、しかし彼の実相には反観念論のリアリズムに基づく自由の哲学があった。彼の言葉はこれを端的に表現している。「教育が自由にまで導かないならば、それは専制的な行為となるだろう」(ヘルバルト、1972、52頁)。この意味で、彼の教育学は自由への教育学と呼称することができる。

〔牛田伸一〕

[参] シュヴェーグラー著、谷川徹三・松村一人訳(1958)『西洋哲学史・下巻』岩波書店。杉山精一(2001)『初期ヘルバルトの思想形成に関する研究』風間書房。ヘルバルト著、高久清吉訳(1972)『世界の美的表現』明治図書。

フンボルト
〔Wilhelm von Humboldt, 1767-1835〕

　19世紀初頭，近代学校教育成立期のプロイセン教育改革において内務省下，宗務・公教育局長官を務めた人物。古典的リベラリズムに依拠した国家論を提唱したことや，世界諸民族の言語を研究して言語と世界観形成の関係を説いたことで主に知られているが，他にもシラーやゲーテとの交友から生まれた美的陶冶論，ギリシア，ローマ古典の歴史研究など，多方面の学問分野に従事している。加えて近代大学モデル発祥のベルリン大学の創設に教育長官として携わり，その後外交官としてナポレオン帝政以後のウィーン会議に参加するなど，官僚・政治家としてのプロフィールももつ。

　上記の多様な活動を貫くのが，Bildung（陶冶・人間形成）思想であり，フランス革命以後の近代社会と人間像を模索する18世紀末の新人文主義的世界市民思想であった。国家や特定の市民的徳に人間を閉じ込めることなく，自由で多様かつ触発的な相互作用を通した自己－世界関係の形成（人間一般の形成）こそ重要であると説いたフンボルトは，公教育改革においても一般的人間陶冶（allgemeine Menschenbildung）を理念として掲げた。教育行政の自律化にむけた行政制度改革の訴え，ヘルバルトやシュライアマハー等を招いた教育課程編成を審議する学術委員会の招集，ペスタロッチーのもとへの教員派遣制度の拡充などの施策に携わり教育改革を進めた。ただし時代は対ナポレオン敗戦後のフィヒテやヘーゲルが活躍する19世紀的国民主義的潮流にあり，18世紀的思想の土壌に立つ改革構想は難航を極め途半ばで頓挫する（在職期間1809-1810年）。

　しかし同改革は，それまでの汎愛主義的・百科全書主義的教育改革とも，その後の国民主義的教育改革とも異なる画期をなす改革であったとして，20世紀以降教育学者らの注目を集める。特に学問の見方の形成カリキュラム構想および公教育を通した「学習の学習」という概念は後の時代に高く評価されている。「自己と世界の相互作用」という定式も，今日の教育哲学・教育思想の文脈におけるBildung思想の古典的理解としてみなされている。

〔宮本勇一〕

[参] トラバント，J.著，村井則夫訳 (2001)『フンボルトの言語思想』平凡社（原著，1986年）。宮本勇一 (2023)『ヴィルヘルム・フォン・フンボルトの陶冶理論と教育改革』春風社。

ディースターヴェーク
〔Friedrich Adolph Wilhelm Diesterweg, 1790-1866〕

　ディースターヴェークは，教授理論史上，特に教科等教授理論の開拓者として，また教師教育史上，特にメールズやベルリンの師範学校長職に就き教師教育論の理論的・実践的指導者としてさらに晩年はベルリン市選出の進歩派下院議員として，活躍した19世紀ドイツ教育界を代表する一人である。その理論は欧州の外，米国，ロシア，日本（立柄教俊による下掲主著の1899（明治32）年抄訳）にも紹介されている。

　19世紀という時代において，コメニウス，ルソー，ペスタロッチと続く近代教育方法原理の一つである「合自然」を引き継ぐとともに，それを分科的－体系的近代諸科学の興隆を背景としての新たな教育方法原理「合文化」とも結びつけることによって，自主的に思考し自律的に行動する人間形成のための一般的人間陶冶論を提唱したのである。そして彼は，その一般的人間陶冶論を踏まえて，近代的専門職として登場してきた「教職」の確立，教師教育の理論と実践を追究したのである。

　そうした三つの時代的潮流の合流産物といえる主著『ドイツの教師に寄せる陶冶のための指針』(1835年初版，1838年第2版，ただし上記書名は1844年第3版から）は，一般篇と各科篇より成り，彼の生存中に1850・51年第4版まで，さらに死後も版を重ね，公刊されていった。一般篇における一般教授理論とともに，各科篇では当時の各学問分野研究者・実践者たちとの共同によって「読方」「書方」「算術・幾何」や「直観訓練」「宗教」「線描画」「唱歌」から，「地理」「博物」「歴史」「自然科」や「外国語（英・仏）」「特別支援（盲・聾）教育」などの各教科・領域の教授理論を構築・提起するまでに及んでいる。

　教師教育の領域においても，上記のような実科的内容を含めた幅広い一般陶冶に基づき，師範学校附属学校と結びついた実践的な養成教育，さらには継続的な現職教育の理論と実践を提唱している。

　晩年の進歩的な活動業績とも相まって，第二次世界大戦後の東独において高く評価され，『全集』が統一前の東独から第1〜17巻，統一独ではそれを引き継ぐ形で第18〜20，23〜24巻が刊行されている。旧東西の研究者共同による生誕200年に際しての研究集会記録・論文集も独において出版されている。

〔山﨑準二〕

[参] 上記主著一般篇他の抄訳として，長尾十三二ほか (1963)『市民社会の教育』明治図書。

| 第10章 | 教育方法の歴史と実践 |

モンテッソーリ
〔Maria Montessori, 1870-1952〕

　マリア・モンテッソーリは，イタリアの幼児教育者，心理学者，医師である。1896年にイタリアで初めて女性として医学博士号を取得した。精神病院に勤め，特別な支援を要する子どもたちへの治療や教育に携わる経験を経て，さらには心理学や教育哲学を学んだ後に，教育者養成にも携わった。

　1907年にはローマ市内の貧困地域の子どもたちのための保育施設である「子どもの家」の開設に関わり，施設の運営と教育の実践に寄与した。モンテッソーリは，観察を重視し，発達を踏まえた科学的な教育方法や教材の開発を試みた。

　「子どもの家」では子どもに適したサイズや，重さ，色彩，手ざわり等の素材等を考慮した環境が構成されていた。ここでは感覚器が敏感な幼児期に，自然に五感を活用しつつ感覚を培うこと（感覚教育）がめざされた。子どもの興味や関心に沿い，かつ，発達に適切な環境が構成されれば，子どもは自発的に育つという「自己教育力」が前提とされており，子どもは「好きなことを好きなところで好きなだけ」繰り返し没頭して経験することが尊重されていた。

　当初は特別な支援を要する子どもを対象に考案された方法論や教材であったが，それらは，すべての子どもにとって有用であると考えられるようになり，実践研究の蓄積のもと，さらなる方法論の体系化や教材の開発がすすめられていった。1909年には『子どもの家の幼児教育に適用された科学的教育学の方法』を出版し，以降，『モンテッソーリ・メソッド』等，教育方法論の著書やハンドブックが多数，出版された。

　モンテッソーリらの教育理論と教育方法は，養成校において浸透していった。1929年には，息子らとともに「国際モンテッソーリ協会」が設立され，同会員や各国のモンテッソーリ協会組織によって，モンテッソーリ教育の保育者や教師の養成と，教育施設である「子どもの家」が世界中で浸透していった。「子どもの家」の対象は多くが乳幼児ではあるが，それに限らず，小学校以降においても広がっていった。現在もなお，世界各国で，モンテッソーリの教育理論と教育方法に基づきつつ，各国の文化的背景を踏まえた，教育の方法や教材の開発が進められている。

〔北野幸子〕

［参］Montessori, M. (2018) *The Montessori Method* (Classic Reprint), Forgotten Books. モンテッソーリ, M. 著, 小川直子監修（2021）『モンテッソーリは語る』風鳴舎。

デューイ
〔John Dewey, 1859-1952〕

　19世紀後半から20世紀前半の米国を代表する教育学者であるジョン・デューイは，進歩主義的な学校改革を牽引し，教育方法とカリキュラムの刷新を行うことで，民主的な社会の実現を目指した。特に，教育とは何かを根源的に問い，多様な人たちがともに生きる民主主義のあり方を探索した。

　デューイは1859年にバーモント州バーリントンで生まれ，バーモント大学を卒業した後，ジョンズ・ホプキンス大学の大学院に進学し博士の学位を取得した。その後，シカゴ大学やコロンビア大学などで教授を務めた。彼の著作には，『学校と社会』（1899年），『子どもとカリキュラム』（1902年），『民主主義と教育』（1916年），『経験と自然』（1925年），『経験と教育』（1938年）などがある。

　デューイは1896年にシカゴ大学に実験学校を創設し，子どもたちの活動的，協同的，問題解決的な学びを取り入れた。「仕事（オキュペーション）」と呼ばれる活動では，子どもの興味，探究，対話的なコミュニケーションを重視する主題中心のプロジェクトの学びが行われ，木材と道具による工作室作業や，調理や裁縫，織物作業などが実践された。学校は「小さなコミュニティ」であり，「発達の芽を宿す社会となる機会」を得るとされる。

　デューイにとって，民主主義と教育の問いは，私たち一人ひとりが世界の中でよりよく生き，よりよく学ぶことで，よりよい社会をつくることの課題につながっている。彼は，教科か子どもか，知識か関心か，科学か生活かといった二項対立的な教育の捉え方を批判し，それらを経験の観点から連続的に理解した。経験とは，思考や探究，振り返りとしてのリフレクションを通した社会的な課題解決を伴うものであり，その中で意味をもつ経験をすることで，「経験の質」が変化するのである。

　デューイの教育方法学は，今日，教育現場で広く取り入れられている学びの方法，例えば，アクティブ・ラーニング，探究的な学び，対話的な学び，協同的な学び，問題解決，プロジェクト学習，振り返り，クリティカル・シンキング，ワークショップなどの端緒，あるいはそれらと密接な関連があるとされるように，現代の教育にも大きな影響を及ぼしている。

〔上野正道〕

［参］日本デューイ学会編（2020）『民主主義と教育の再創造――デューイ研究の未来へ――』勁草書房。

フレネ
〔Célestin Freinet, 1896-1966〕

　セレスタン・フレネは，20世紀フランスの最も偉大な教師であり，教育学者である。その名前はフレネ教育学（Pédagogie Freinet）と結びつき，現代学校運動を通じて今日も生き続けている。また，ヨーロッパはもとより，中米，南米，アフリカ，中東，アジアなど世界中で知られている。南仏ヴァンスのフレネ学校は，1964年に国の実験校となり，1991年には買い上げられて公立学校となった。そして1995年，20世紀遺産として登録された。

　フレネは，1914年，ニース師範学校卒業後すぐに第一次世界大戦に従軍した。負傷して帰還し，闘う平和主義者になった。

　1920年に南仏の村で教職を開始し，1926年にエリーズ（Élise Freinet）と結婚する。フレネは，教師であり芸術家であった妻のエリーズとともに，また運動（協同的な運動）に参加した膨大な数の仲間と協力して，自由作文（texte libre），自由画（dessin libre），学校間通信，学校印刷，学校新聞，探究調査，学校協同組合の集会など，子どもの自由な表現に基づく一連の教育方法を開発した。それはフランスの教育方針（プログラムといわれる学習指導要領）にも取り込まれ，今日の学校教育に根づいているが，フランスで制度主義教育学といわれる運動や，より自由主義的な自主管理的アプローチにも影響を与えた。さらに学校を越えて，社会文化活動や社会教育，ソーシャルワークなど社会の広い領域に広がった。そこにあるのは，多面的な，さまざまな顔をもつ教育方法である。

　教育が重要視された19世紀末から20世紀初頭の国際的・歴史的文脈の中で，フレネは自身の運動を立ち上げた。（時代とは）異なるやり方の教育を受けた子どもが，（時代とは異なる）別の社会を作るという前提である。「喉が渇いていない馬に飲ませることはできない」のであり，学習が必要な状況に子どもを置き，子どもを目の前の現実に深く関わらせる。フレネとフレネ教育学の運動は，初等・中等・高等教育で活躍する教員の養成につながり，影響を与え続けている。

〔赤星まゆみ〕

[参] フレネ，C.著，宮ヶ谷徳三訳（1984/2010）『手仕事を学校へ』黎明書房（原著，1943年）。ゴ，H.-L.著，阿部一智訳（2020）『ヴァンスのフレネ学校―学校形式の再構築に向けて―』ひとなる書房（原著，2007年）。

シュタイナー
〔Rudolf Steiner, 1861-1925〕

　シュタイナー教育，シュタイナー学校で知られるその創始者ルドルフ・シュタイナーの業績は，哲学，芸術，教育，農業，医学，建築，治療教育，キリスト者共同体など，広い分野に及んでいる。シュタイナーは，1861年，オーストリアとハンガリーの国境の村クラリエヴェックで電信技師の鉄道員の子として生まれる。父親の仕事を通し，科学技術にも強い関心をもっていたシュタイナーは，ウィーン工科大学にて数学，物理学，自然科学を学ぶ。大学卒業後はワイマールに移住し，ゲーテ研究に力を注ぎ，ゲーテ全集の編集に従事する。

　シュタイナーは，ゲーテ，カント，フィヒテなどに影響を受けたが，とりわけ，シュタイナーが重視したのは，「人間とは何か」という人間認識の問題であった。シュタイナーは，人間および世界の中心に宿る目に見えない超感覚的な霊性・神性を認識することを課題とした「人智学」を確立し，人間を身体，魂および霊から成る存在と捉えた。この身体・魂・霊のあり方から，子どもの本性や子どもの発達段階に対する認識が導き出され，シュタイナー幼稚園，シュタイナー学校における教育内容や教育方法，カリキュラムといった具体的な教育実践に結実している。

　シュタイナーは，社会問題にも注目し，国家的領域，経済的領域および精神的領域が有機的に結びつきつつ，しかも各々が強い独立性をもつことを重視した「社会三層化運動」を展開する。その中でかれは，1919年，ドイツのシュトゥットガルトに，人智学的人間観に基づいた12年間一貫の自由ヴァルドルフ学校（別名，シュタイナー学校）を設立した。シュタイナー学校の教育内容・方法の特徴は，8年間一貫担任制，周期集中授業，教科書を使用しない，点数によるテストがない，芸術活動に満ちた授業，全員参加のクラス演劇などである。特色ある教育内容や方法を支えるのは，教師の高い力量である。シュタイナーは幼児期をも重視し，2024年現在，シュタイナー幼稚園の総数は，世界約80か国で1,900園を超え，シュタイナー学校の総数は，世界約60か国で1,200校を超えるという（日本では7校が開校されている），教育史上でも類を見ない発展を遂げている。

〔広瀬綾子〕

[参] シュタイナー，R.著，高橋巖訳（1989）『教育の基礎としての一般人間学』筑摩書房。広瀬俊雄・遠藤孝夫・池内耕作・広瀬綾子編（2020）『シュタイナー教育100年―80カ国の人々を魅了する教育の宝庫―』昭和堂。

フレイレ
〔Paulo Freire, 1921-1997〕

　ブラジルの教育者。1960年代のブラジルおよびチリで，非識字ゆえに苛酷な労働や貧困に苦しむ人々に，文字の読み書きと同時に，生活や社会の批判的認識と変革を目指す識字教育を行った。1970〜80年代には，多くの国での識字教育事業，国際的な教育会議に参加した。1989年から1991年にはサンパウロ市教育長を務めた。

　フレイレは，教育における植民地主義に問題意識を置き，ある文化内容を選択し，それを伝える文化的・政治的な行為として教育を把握する。フレイレは抑圧（非人間化）－解放（人間化），文化侵略－文化統合，反対話－対話，暗記－認識という形で，対比的に教育を語る。前者として，知識の一方的な伝達と暗記学習を特徴とする「銀行型教育」批判がなされる。後者として，教育者と学習者が生活や社会のあり方の問題について批判的に対話しながら学ぶことを特徴とする「課題提起教育」が提起されている。

　課題提起教育としての識字教育は，10数名〜30名程度の「文化サークル」をつくって行われた。教育者（識字コーディネーター）は，学習者の地域や生活の実態から，問題状況への批判的認識やその状況にまつわる感情を呼び起こす「生成語」を17個程度選び，配列する。学習者は，世界・他者・自己との「対話」を通じて，生活や社会の批判的認識，生活や社会を変えていく意欲と力を育んでいく。その過程は「意識化」と呼ばれた。

　サンパウロ市教育長時代には，公教育改革に取り組んだ。「学校評議会」を活用した子ども・保護者・教師・事務員・地域住民らで創る民主的な学校づくり，また子どもたちの切実な生活課題を教科の知識・概念を学びながら批判的に読み解くカリキュラムおよび授業の開発が行われた。

　フレイレの識字教育論は，1970年代以降のユネスコのリテラシー概念ならびに成人学習論に大きな影響を与えた。また米国におけるクリティカル・ペダゴジーの成立に貢献し，カリキュラムや教育実践をめぐるポリティクスの分析，批判的リテラシー論を基礎づけた。ブラジルでは，フレイレの教育改革を継承した学校づくりやカリキュラムおよび授業の開発が行われている。
〔佐藤雄一郎〕

［参］フレイレ，P.著，小沢有作・楠原彰・柿沼秀雄・伊藤周訳（1979）『被抑圧者の教育学』亜紀書房（原著，1970年）．

ブルーナー
〔Jerome Seymour Bruner, 1915-2016〕

　20世紀を代表する心理学者の一人。1915年10月1日，ニューヨーク州郊外のユダヤ人家庭に生まれる。学究活動の拠点をハーバード大学に置き，生涯のほとんどを米国で過ごす。2016年6月5日，ニューヨークの自宅にて死去。享年100歳。

　心理学者としての駆け出しの仕事は1940年代に行われた人間の知覚についての研究である。一連の研究は，人が世界をどのように見ているか，という問いに臨むものであった。彼が知覚の研究から思考の研究へと歩みを進めるなか，1956年に発表された『思考の研究』は，後に認知革命の旗揚げの仕事と目されることになる。これらの仕事を契機に人間についての学際的な研究の必要性を痛感したブルーナーは，同僚のジョージ・ミラーとともにハーバード認知研究センターを立ち上げる。1960年代，このハーバード認知研究センターを拠点として数多くの国際共同研究が行われた。

　一方，ブルーナー自身は1959年の初秋，後に教育の現代化運動の嚆矢と呼ばれることになるウッズホール会議の議長を務めたことで一躍時の人となっていた。会議の報告書として刊行された『教育の過程』（1960年）に記された「発見学習」「螺旋型カリキュラム」「教科の構造」といった概念は世界中で知られることとなった。認知研究センターの仕事と教育の仕事に奔走した1960年代はブルーナーの人生において最も忙しい時期であった。

　1972年，彼は長年勤めたハーバード大学を退官し，オックスフォード大学に移籍する。人間の認知発達についての研究を進めてきたブルーナーはことばの獲得をめぐる問いに向かった。オックスフォードを拠点とした研究生活の中で彼は「共同注視」や「足場かけ」といった概念を発表している。

　1980年，彼はオックスフォードでの研究生活に区切りをつけ，ニューヨークに帰ってくる。1980年代以降の彼の仕事は，心理学の探究にナラティヴという概念を取り込むことを目指すものであった。そこには，人間の心についての探究は自然科学の方法論に則った道だけではなく，人文学の方法論に則った道もあるというメッセージが込められていた。最晩年の彼の仕事は，人は特定の文化のもとで如何に意味を紡ぎ，生きていくのか，という問いに向かうものであった。
〔横山草介〕

［参］横山草介（2019）『ブルーナーの方法』渓水社．

ブルーム
〔Benjamin Samuel Bloom, 1913-1999〕

　ブルームは,「教育目標の分類学(taxonomy of educational objectives)」「形成的評価と総括的評価(formative evaluation and summative evaluation)」「マスタリー・ラーニング(mastery learning)」論のオピニオン・リーダーとして,その理論的影響力は内外に及んでいる。また,教育到達度評価国際協会(IEA)の国際セミナーの会長(1959年),アメリカ教育学会(AERA)の会長(1965-1966年),を歴任するとともに,シカゴ大学においてブルーム学派と称される研究集団を形成した人物としてよく知られている。

　ブルームの名を一躍有名にしたのは,「教育目標の分類学」の提唱である。それは,師であるR. W. タイラーが提唱した「教育目標」における二次元(内容と行動)記述をより精緻化したものである。その射程は,「認知領域」(1965年)のみならず「情意領域」(1964年)に及び,カリキュラム編成や授業設計やテスト作成の標準枠を提供した。なお,その後2000年代になると認知心理学や学習心理学の影響を踏まえて,「改訂版 ブルーム・タクソノミー」が提案されている。

　ブルームは,1960年代に高揚する「公民権運動」に参画する中で,すべての子どもたちに実質的な学習権を保障する立場を明確にし,「形成的評価」を基軸とする「マスタリー・ラーニング」を提唱する(1968年)。すなわち,授業プロセスにおいて,「形成的評価」を実施し,その結果習得できていない生徒に対して,その情報をフィードバックすることによって回復学習(correctives)を組織しようとするものである(習得した生徒には発展学習(enrichment activities)を提供)。なお,1980年代になると,英国やオーストラリアでは,「形成的評価」論は「形成的アセスメント」論として新たに展開されている。米国においては,1983年のレポート(A Nation at Risk)によって本格化する国家規模の教育改革運動への対応を意識して,ブルームが提唱したマスタリー・ラーニング論を基盤として,1980年代に全米規模で成立してくるのが,OBE(Outcome-Based Education)と称される学習権保障の系譜であり,地域単位での教育改革を実践するようになる。

　今日,学習権を実質化するために提案されたブルーム理論の先見性や多産性が,あらためて見直されようとしている。

〔田中耕治〕

[参] 田中耕治(2022)『「教育評価」の基礎的研究―「シカゴ学派」に学ぶ―』ミネルヴァ書房。

ヴィゴツキー
〔Lev Semenovich Vygotsky, 1896-1934〕

　レフ・セミョーノヴィチ・ヴィゴツキー(ロシア語：Лев Семёнович Выготский)はベラルーシのユダヤ人家庭に生まれ,20世紀初頭にロシアで活躍した心理学者である。10年余りの短い学究生活の間に心理学,教育学,児童学,障害学,医学等の幅広い領域で多数の業績を残した。彼の死後,ロシアでは児童学批判によりその著作は一時,発禁処分となるが,1960年代の出版再開,1980年代の選集の編纂を経て研究が加速し,ヴィゴツキーはロシアを代表する心理学者となった。

　日本では1960年代からヴィゴツキーの著作の翻訳と研究が進められた。当時,教育の現代化が急務であったことから,発達を先回りするヴィゴツキーの発達論は支持を集めた。1990年代頃,欧米の心理学においてヴィゴツキー・ルネサンスと称されるパラダイム転換が起こると,日本で再びヴィゴツキーが注目されるようになった。『思考と言語』(1934年)において彼が提起した発達の最近接領域,協同学習,内言,生活的概念と科学的概念の相互的発達等の学説は日本の教育研究において広く受容されている。

　ヴィゴツキー心理学の根幹は「文化‐歴史的理論」である。彼は人間に固有の心理の解明を課題として,『行動の歴史に関する序説』(A・ルリヤとの共著,1930年)において類人猿,自然人,文明化された社会の子どもの文化的発達過程を分析し,『高次心理機能の発達史』(1930-1931年)において言語に代表される記号の利用が人間の高度な思考を可能にさせ,自らの行動と心理の制御を促すようになる道筋を示した。最新の科学的知見と弁証法やスピノザ哲学に基礎づけられた独創的な方法論により,多様で変転する現象の核心的モメントに次々と鋭く迫り,従来の学説に新風を吹き込んだ。その他,年齢発達の理論,障害学関連の論考にも特筆すべきアイデアがみられ,情動論,芸術論においては深い哲学的思索を残している。

　ロシアでは2015年に演劇論,2018年に研究日誌,2022年に児童学講義が出版され,ヴィゴツキー研究は深まりと同時に広がりをみせている。ヴィゴツキーの魅力は方法論の斬新さとダイナミズムであり,勇猛果敢な批判精神と本質をつく問題提起にある。今後も教育学だけでなく,広く人間科学にとって新たなアイデアの源泉であり続けるだろう。

〔伊藤美和子〕

[参] ヴィゴツキー著,柴田義松訳(2001)『新訳版・思考と言語』新読書社(原著,1934年)。柴田義松監訳(2005)『文化的‐歴史的精神発達の理論』学文社。

第2節　人名編（日本）

芦田恵之助
〔あしだ えのすけ，1873-1951〕

　芦田恵之助は，「随意選題」「綴り方教授」「芦田式七変化」などで知られる国語教育の実践家。兵庫県生まれ。京都市淳風小学校，福知山町惇明小学校，國學院選科，姫路中学校教授嘱託等を経て，東京高等師範学校訓導（専任）となる。1921年に東京高等師範学校附属小学校を退職し，朝鮮総督府編修官，南洋庁読本編集嘱託を歴任した後は公職を離れ，1925年から教壇行脚を開始する。1951年に兵庫県氷上郡にある檀那寺の法楽寺にて死去。東京の多磨霊園に眠る。

　芦田は東京高師附小在職中に身心の不調をきたし，1912年から岡田虎二郎のもとで静坐をはじめ，同時に曹洞宗の嶽尾来尚から禅書の提唱を聴きはじめる。この岡田式静坐法によって，芦田の人生観と教育観は大きく転換した。芦田は最晩年に執筆した『恵雨自伝』（1950年）の中で，静坐の開始を人生の転機とし，「前半生とは，外に生きんとして，自ら疲れた時代。後半生とは，内に生きんとして，低所に安心を求めた時代」と記している。坐って息を調えることで自分と向きあい自己を知る「修養」が，芦田の教育思想と教育方法の中核になったのである。芦田は「修養」の方法を「内観につとめること，実行を継続すること，丹田に力をこむること，及び読書すること」（『綴り方教授に関する教師の修養』1915年）とする。読書以外の方法には岡田式静坐法の影響が認められる。そして「読み方は自己を読むものである。綴り方は自己を書くものである。聴き方は自己を聴くものであり，話し方は自己を語るものである」（『読み方教授』1916年）という，自己の内面を表現する国語教育の方法を創出した。芦田は終生静坐を継続し，禅を中心とした仏教思想も学び続けた。岡田の死後は垣内松三に師事して教壇行脚を積み重ね，晩年まで教壇に立ち続けて国語教育の実践を深めた。

　他方で，植民地の読本編纂に携わったことに加え，1930年代以降は，主に恵雨会の教師との関係を「同志同行」と表現し，著作内では「修行」を多用する。いずれにも時局に対する疑いのなさがあり，芦田にナショナリストの側面があることも忘れてはならない。

〔齋藤智哉〕

［参］蘆田恵之助(1988)『蘆田恵之助国語教育全集（全25巻）』明治図書．

糸賀一雄
〔いとが かずお，1914-1968〕

　1914年3月，鳥取市生まれ。京都帝国大学卒業後，滋賀県庁等の勤務を経て1946年に戦災孤児や知的障害児を対象にした「近江学園」（大津市）を池田太郎・田村一二らと創設した。1963年には重症心身障害児施設「びわこ学園」の設立にあたった。

　糸賀は福祉施設の実践を基盤にして田中昌人らと「発達保障論」を提起した。それは1979年の養護学校義務制施行まで続いた障害児の就学猶予・免除制度等に対して，障害児の発達権保障の理論と実践の柱になり，全国障害者問題研究会等の民間教育研究・福祉の運動の指針となった。糸賀は障害者の自己実現を目指す福祉の理念・思想の確立に寄与したが，1968年9月17日，滋賀県での研修会の講義中に倒れ，翌日54歳で没した。

　糸賀の業績は，『糸賀一雄著作集』（Ⅰ・Ⅱ・Ⅲ，日本放送出版協会，1982-1983年）に収められ，主著の一つ『福祉の思想』（日本放送出版協会，1968年）で，ハビリテーション（人間としての形成）を目指す福祉思想を展開した。「この子らを世の光に」と述べた主張はよく知られている。この主張については，「この子ら」ではなく，「この子」ら，と読むべきだ（渡部昭男『改訂新版　障がいのある子の就学・進学ガイドブック』日本標準，2022年，18頁）とされ，「障害児」と一括りにではなく，尊厳をもつ一人ひとりの存在を理解することが求められている。

　生前最後となる大学での集中講義で糸賀は，人と人との関係の中でペルソナ＝役割をもつことによる社会人としてのパーソナリティ形成の意義を語り，障害児がどのような関係に生きるのかを問いかけた（『著作集』Ⅲ，451-457頁）。この人格形成論は，孤立と不安の中で生活する子どもをスタンダードな価値に適応させようとする今日の学校において，未知の社会づくり＝共同と自治の世界を構築する生活指導論と教育実践の基軸になる。優生思想や新自由主義による排除と分断の思想が続く現代において，「夜明け前の子どもたち」（ドキュメンタリー映画，1968年）の人としての尊厳・価値を発見しようとした糸賀の福祉・発達保障の思想は，インクルーシブ教育や道徳教育の行方を展望する指針を示している。

〔湯浅恭正〕

［参］渡部昭男・國本真吾・垂髪あかり編，糸賀一雄研究会著(2021)『糸賀一雄研究の新展開　ひとと生まれて人間となる』三学出版．

及川平治
〔おいかわ へいじ，1875-1939〕

　大正新教育を代表する人物の一人。1875年宮城県生まれ。1897年宮城県尋常師範学校卒。1905年文部省中等教員検定試験（教育科）に合格。1907年に兵庫県明石女子師範学校教諭兼附属小学校主事に着任，「分団式動的教育」の提唱により大正新教育の嚆矢として注目を集める。「分団式」とは学級内の能力別学習小集団の組織法である。ただし，能力は学習の結果や教科によって可変的であるとされ，能力固定的な小集団作りを意味してはいない。「動的教育」とは児童を教育活動の主体とする理念であるとともに，発動的にする指導法を意味している。彼の主張が同時代の新教育の主張者の中でも，ひときわ学校現場の教師に注目を浴びた背景として，当時の大規模学級における児童間の能力差の大きさと，それに起因した指導の困難さがあった。一斉指導・画一教育の打破を掲げた「分団式動的教育」は，そうした同時代の学校現場での課題に応えるものであった。

　1925年から26年の欧米教育視察以後は欧米の進歩主義教育の研究動向に示唆され，カリキュラム改造の研究に取り組み，附属小学校で「生活単位」による日本の教科課程の改造を試みた。児童の興味や関心，生活経験を根幹にすえた「生活」を単位（単元）とする教育活動編成の取り組みは，教科越境的な総合学習としてのカリキュラム編成を志向していた。ただし，同時代の日本では法定の教科や国定教科書が存在し，教育実践を根幹で規定していた。及川もこれらの存在を全く無視することはできず，生活単位と教科単位が併存する教育内容編成，生活単位のカリキュラムにおける国定教科書の生かし方といった難題に挑まざるをえなかった。1936年には仙台市教育研究所所長となりカリキュラム研究に専念するも，着任して3年後の1939年1月に没する。

　及川の主張は主に海外の教育論に基づく緻密な理論研究と，附属小学校での堅実な実践に裏打ちされていたがゆえに，同時代の教師たちに説得力をもった。研究者的実践者の先駆的立場である彼の姿に，今日でも学ぶべき点は多い。

　主著に『分団式動的教育法』（1912年），『分団式各科動的教育法』（1915年），『算術中心生活単位のカリキュラム』（1937年）などがある。

〔冨士原紀絵〕

［参］及川平治（2012）『及川平治著作集』全5巻，学術出版会．

木下竹次
〔きのした たけじ，1872-1946〕

　木下竹次は，1893年に福井県尋常師範学校を卒業すると，県内の小学校訓導となった。しかし，翌年には休職して高等師範学校に入学し，修身・教育・倫理・国語・歴史などの免許を取得する。その後，富山県師範学校や鹿児島県師範学校などで教壇に立ち，1919年に奈良女子高等師範学校の教授として赴任した。その木下が，奈良女子高等師範学校附属小学校での教育方法学の理論をまとめたものが『学習原論』（1923年）である。

　『学習原論』は，「学習の目的」「学習の性質」「環境の整理」「学習の材料」「学習指導の教師」「学習の基礎」「学習の形式」「学習の順序」など全14章で構成されている。木下は『学習原論』の中で，学習の性質を「発動的学習」「創作的学習」「努力的学習」「歓喜的学習」の4つの視点から捉えている。

　「発動的学習」では，絶えず自ら学習問題を設定することで学習の目的と材料を学習者が決めていく。それによって，木下は自ら学習問題を解決し，整理することができると述べている。「創作的学習」では，学習の目的を達成するために，適切な規範を発見して，自ら追究し，自己の規範によって独創的に方法を探求する。木下は，この「創作的学習」を「独自学習」や「相互学習」の基礎に位置づけて学習法の理論を提起した。「努力的学習」では，困難に抵抗して学習者の心身の作用を発揮させることを求めている。そのため，木下は，学習者自身も自らの環境を整理して偉大な努力ができるように工夫すべきであると考えていた。「歓喜的学習」では，学習者の個性や境遇を踏まえて，学習の方法を工夫することが必要とされた。特に，木下は学習する内容が学習者の日常の心身生活の中に織り込まれて，生活上の役に立てば学習の興味は自ずから出てくると強調している。このように木下は，他律的教育から自立的学習へと進展する方途を『学習原論』で示したのである。

　木下はその後も『学習各論』（1926-1929年）をはじめとして，『学習諸問題の解決』（1927年），『学習生活の指導原理』（1931年），『低学年合科学習概論』（1938年）など「学習法」に関する書籍を次々に刊行した。こうした木下の「学習法」は教育方法学の理論として同校の訓導が実践化することで，日本全国にも広がり，「学習法」による優れた授業が数多く生み出されて今日へと至っている。

〔福田喜彦〕

［参］木下竹次（1923）『学習原論』目黒書店．

大村はま
〔おおむら はま，1906-2005〕

　大村はまは，子どもたちを「優れたことばの使い手・言語生活者」にするという願いのもと，一人ひとりが夢中になって国語学習に打ち込んでいくための授業づくりに生涯をかけて取り組んだ。そのために国語科を生きた学習の場（実の場）にする単元学習を開発するとともに，話し合い・討議の学習指導，古典に親しむ指導，読書指導，漢字や語句・語彙の学習指導などの面で多くの貴重な成果を生み出した。

　大村は，1928年に東京女子大学を卒業後，長野県立諏訪高等女学校，東京府立第八高等女学校，東京都江東区立深川第一中学校，目黒区立第八中学校，大田区立石川台中学校などに勤務した。大きく旧制高等女学校時代（19年間）と戦後新制中学校時代（33年間）に分けることができる。実践即研究という立場から，長きにわたって「大村国語教室」を創造していった。

　大村の単元学習の最大の特徴は，生徒の学びの質を高めるために，独自の「てびき」を作成・使用していることにある。この「てびき」に導かれ，生徒たちは課題追究に必要となる言語知識・言語技術を学びながら，言語能力を身につけていく。しかも，生徒が自らの力で自然に学習を進めていけるような配慮と工夫が施されている。

　単元学習（ないし総合的な学習）は，ともすると「子どもありき」や「活動主義」になりがちであるが，大村は言語知識・技術の学びの要素を的確に取り入れながら，経験主義的学習のアポリアを乗り越えている。単元学習の成否はハイレベルな授業デザイン力と学習指導力，さらに教師自身の研究力量にかかっているのである。

　それと関連して，大村は自らの国語力を高めていく努力も重ねていた。例えば，話し方の修練のために，話しことば関係の本を多く読んだり，自分の授業の録音テープを聞いたり，社説の朗読を続けたり，よい講演を聞いて耳を養ったりしたという（大村はま『大村はま国語教室 月報1』1982年）。

　現在，鳴門教育大学附属図書館には「大村はま文庫」として，1995年に寄贈された膨大な文献・資料が収蔵されている。

〔鶴田清司〕

［参］大村はま（1982-1985）『大村はま国語教室』（全15巻・別巻1）筑摩書房．

大西忠治
〔おおにし ちゅうじ，1930-1992〕

　教育学者。専門は生活指導・国語科教育。香川県の公立中学校教諭，茨城県の茗溪学園中学校高等学校教諭（中学部長）を経て都留文科大学教授を務めた。

　大西は，1963年に『核のいる学級』を上梓し，その後「班・核・討議つくり」による学級集団つくりを提唱していった。「班・核・討議つくり」による学級集団つくりは，子どもが自治的に民主的な集団をつくり上げていくことを目指すが，その中で子どもが，個人と集団の関係，指導と被指導の関係，集団のちからなどを学んでいくことを重視する。それにより大西は戦後の教科外教育の新しいあり方を切り開いた。その理論は全国生活指導研究協議会に受け継がれていくが，今日に至るまで生活指導実践に大きな影響を与えている。

　また，大西は学習集団論でも新たな理論を示した。学習集団を学級集団とは相対的に独立したものと捉え，特に教科指導との関連を重視した。

　大西は，1980年代以降，国語科教育において重要な提案をする。文学作品の指導過程として「構造読み→形象読み→主題読み」を，説明的文章の指導過程として「構造読み→要約読み→要旨読み」を提案する。文学作品では「構造よみ」でクライマックスなどに着目し作品を俯瞰する。そのうえで「形象よみ」で一語一文の形象を読み深め，最後に「主題よみ」で作品の主題を捉える。説明的文章では「構造よみ」で「前文・本文・後文」などに着目し文章を俯瞰する。そのうえで「要約よみ」で段落相互・文相互・言葉相互の関係を把握し要約を行い，最後に「要旨よみ」で文章の要旨を捉える。大西は，これらの指導過程によって「読む力」を子どもたちに保障していくことを重視した。戦後の読み方指導論の中でも優れたものの一つといえる。その方法論は，1986年に大西・阿部昇らが結成した「読み」の授業研究会で，さらに発展させられている。

　大西は，教科を越えた授業づくりについても重要な研究を行った。教師の立ち位置・姿勢・視線・発声の重要性，構造的板書の必要性，授業規律の指導や机間指導のあり方などこれまで顕在化されなかった授業の基礎的な指導技術を解明した。また，教師の指導言を，機能と形態に分類した。指導言をその機能から「提言」と「助言」とに分け，そのうえで提言・助言それぞれに「発問」「説明」「指示」という形態を位置づけた。

〔阿部　昇〕

［参］大西忠治（1991）『大西忠治教育技術著作集』（全18巻）明治図書．

小西健二郎
〔こにし けんじろう, 1924-1995〕

　小西健二郎とは戦後に優れた教育実践を展開し著名となった小学校教師である。生活綴方に学び、子どもに書かせることや文集づくりに力を入れた。小西の実践の中でも特に1950年代前半に兵庫県氷上郡（現丹波市）で展開した実践の記録『学級革命―子どもに学ぶ教師の記録―』（牧書店、1955年）は大変注目を浴びた。これは今日まで戦後生活指導史における「仲間づくり」の代表的実践の一つとして位置づけられている。

　小西の実践に対しては主に二つの側面から評価がされている。その一つは小西が子どもを理解し、子どもに寄り添い、子どもの仲間になろうと努めている側面である。戦後間もないこの時代、子どもに対して権力的にふるまう教師はたくさんいた。しかし小西は「子どもと同じような気持ちになって」あえて「先生らしくない」働きかけをした。「教師と子どもがなんのへだたりもなく自由に話し合える」学級を目指したのである（『学級革命』）。

　もう一つの側面はいわゆる「ボス退治」である。5年生を担任した小西は、子どもの日記を読むこと等を通して清一という子どもが陰で「ボス」的に振舞っていることを捉えた。小西は、清一に不満を抱える子どもたちに対し、彼を批判するよう粘り強く働きかけ続けた。その結果、勝郎を中心とする子どもたちが「話し合いの会」で清一を批判し、清一が涙を流して謝罪するという「革命」が起こった。城丸章夫らはこれを「生活綴方の発展史上」の「頂点」であると大変高く評価した。

　一方でこの「ボス退治」は、特に教師から独立した「集団のちから」を組織しえなかった点に対して、竹内常一や大西忠治らから厳しい批判を受けた。このような批判が、戦後生活指導史上「仲間づくり」が「集団主義的学級集団づくり」に乗り越えられるという展開へと繋がっていった。

　さらに今日、小西が子ども理解を重視する立場に徹するのであれば、勝郎だけでなく清一の声も聴き、革命ではなく対話を実現することもできたのではないか、小西の清一理解を阻害したのは当時の社会通念だったのではないかとの指摘もある。

　このように小西は、生活綴方を教育方法とする「仲間づくり」の実践家であり、戦後生活指導史の転換点に立つ人物であり、集団づくりを問い直す視点を与える存在であるといえる。

〔星川佳加〕

近藤益雄
〔こんどう えきお, 1907-1964〕

　長崎県佐世保市生まれ。戦前、長崎県北部の離島等の小学校で、国語科教師として生活綴り方教育を実践し、戦後には、小学校校長を辞し、口石小学校の特殊学級「みどり組」の教師として黎明期の知的障害教育に尽くした人物である。彼の膨大な著作は、『近藤益雄著作集（全8巻）』（明治図書、1975年）に収められている。近藤研究の第一人者は、清水寛であり、数々の論稿で、その生涯と教育思想を明らかにしている。また、湯浅恭正は、授業論上の意義と特質、小川英彦は、知的障害教育における学力保障、石橋由紀子は、自立論から、近藤の知的障害教育実践の現代的意義について研究を進めている。

　近藤は、国学院大学高等師範部時代に、東京巣鴨細民街の桜楓会託児所でボランティア活動を行った。その貧しい人たちの生活への認識と子どもたちとの諸経験が、綴り方教師としての取り組みにつながった。また、学生時代から文学に関心を持ち、北方教育運動の影響を受けながら、生活綴り方教育の成果を『てんぐさ』、『朝の花粉』等の文集にまとめ発行している。

　さらに、生活綴り方教育実践の積み重ねの上に、新たに生活教育を核とした知的障害教育実践を展開していった。当時、生活経験主義の特殊教育が主流であったが、近藤は、生活指導と学習指導の二領域による知的障害教育課程を構想し、学習指導では、国語・算数等の教科学習、社会科・理科等の生活学習、生産学習、運動訓練や感覚訓練等の基礎学習を設定した。このような「生活の力となる」教科指導を明確に位置づけた教育の提起は、現代の新しい学力観につながる見解を包摂していた。また、「のんき・こんき・げんき」で知られる教師論は、今なお、多くの障害児教育教師に影響を与え、その心の支えとなっている。

　近藤は、1953（昭和28）年に知的障害施設「のぎく寮」、1962（昭和37）年に知的障害者施設「なずな寮」（後の「なずな園」）を創設し、教育と福祉の結合をめざしたが、1964（昭和39）年に自ら命をたっている。これは当時の知的障害児（者）の置かれた厳しい環境とそれに懸命に対峙した心労の重なりが生んだ結果でもあった。近藤の数々の先駆的取り組みに対し、ヘレンケラー賞、読売教育賞等、数多くの賞が贈られている。

〔冨永光昭〕

［参］清水寛（2024）『詩人教師・近藤益雄 その生涯―知的障がいのある子たちとともに―』新日本出版社。

西郷竹彦
〔さいごう たけひこ，1920-2017〕

　西郷竹彦は，鹿児島県で生まれ，東京帝国大学応用物理学科で学んだ。出征して，平壌で敗戦を迎え，ソ連軍の捕虜となり，シベリアで抑留生活を送った。後にモスクワの東洋大学日本学部で教えるようになり，日露の文学，文芸学，演劇学の研究に打ち込んだ。1949年帰国後，民話の会での活動を経て，1960年代から次第に文学の教育実践との関わりが深くなり，文芸教育研究協議会（以下，文芸研）を組織し，多くの著作を刊行した。

　西郷・足立（2015）は，西郷の文芸教育理論の深化と発展を三つの時期に分けた。第Ⅰ期は，1967年に文芸研第1回沼津大会が開催されて以降1976年頃までである。文芸教育理論が探究された時期で，相関的形象論，視点論，同化・異化論，典型論，イメージの筋論，引き出す授業・せりあがる授業論等が提起された。これらは，『西郷竹彦文藝教育著作集』全20巻・別巻3（明治図書，1975-1982年）にまとめられた。

　1978年の文芸研第13回奄美大会から第Ⅱ期に入り，国語科教育の全体像が課題になった。1983年には「認識・表現の力を育てる系統指導案」が，提起された（『文芸教育』第40号，明治図書）。

　さらに，1987年の文芸研第22回京都大会から第Ⅲ期に入り，人間観・世界観の教育や美と真実の教育が探究された。第Ⅱ・Ⅲ期の成果は，『西郷竹彦文芸・教育全集』全36巻・別巻2（恒文社，1996-1999年）にまとめられている。

　第Ⅳ期を加えるなら，2009年刊行の『宮沢賢治「二層ゆらぎ」の世界』（黎明書房）あたりからである。主観・客観の二元論的世界観ではない仏教的な相変移論に関心を深め，一元論的な世界観による文芸教育理論を本格的に探究するようになった。その深化は，2010年代の『文芸教育』（新読書社）各号によって知ることができる。

　先の第Ⅰ・Ⅱ期に，吉本均（広島大），杉山明男（神戸大），柴田義松（東京大），鈴木秀一（北海道大）らが共同研究，『文芸教育』への寄稿という形で深い関わりをもった。

〔松崎正治〕

［参］西郷竹彦（2008）『わが人生を織りなせる人々―戦後半世紀に及ぶ私の「交遊録」―』新読書社。西郷竹彦・足立悦男（2015）「西郷文芸学50年と国語教育」『文芸教育』106，新読書社，6-53頁。

斎藤喜博
〔さいとう きはく，1911-1981〕

　昭和戦前期から昭和後半期に活躍した日本の小学校教師。その活躍の場は幅広い。全国の幼稚園から大学まで，さらには教育に関心をもつ者たちへ影響を与え続けている。歌人としても活躍の場を拡げ，授業づくりと短歌創作とを同一地平線上に発想し，ひとつの系譜をかたちづくった。

　出身は群馬県である。群馬師範学校を卒業後，師と仰いだ宮川静一郎のもとで教師としての生活を出発させる。その後県教組の文化部長職を経ていわゆる"島小教育"の仕事に携わる。1952（昭和27）年，41歳の時である。当時島小には延べ1万人を超す参観者が集まり一種のムーブメントとなった。この11年間の取り組みで8回に及ぶ学校公開研究会を開催し，今日に続く学校づくり運動の起点を形成した。

　一方でその独自の実践は学校界，教育研究界から多くの反発を受けもした。生涯に30巻に及ぶ全集を公刊し，並行して従来の文献一辺倒だった教育実践記録の枠組みを拡大し，写真集や映画，レコードなど複数の媒体を駆使して実践を記録し，残した。

　自ら組織した教育研究団体"教授学研究の会"を通じ学校を基盤とする実践的な研究を展開した。その特長は"子どもと教師との接点"を追究した点である。瞬間瞬間に生じる子どもと教師との関わり合いの中において，真に心をひらき集中する子どもの姿の上に美を創造しようとした（横須賀，1997）。さらに授業の枠組みを幅広く捉え，学校行事をその一環として組織し，教師が腕を磨く場として位置づけた。後に表現活動としてひとつのジャンルを構成する指導分野を創り，自らその中で子どもの可能性の追究に努めた。そこでは従来からある描画や彫塑，身体運動，歌唱，朗読など各教科目ごとにバラバラに取り組まれている表現領域の統合を促し，さらに子どもの心を子ども自身がひらくという事実を創造した。後年，教師の養成と研修というテーマに注力し，宮城教育大学の授業分析センター教授として学生や同大学の教員，現職教員たちに授業開眼といってよい経験をつくり，実践と理論を繋ぐ教育研究の礎を創った。1981（昭和56）年に没するが，その実践はその後も各地の学校づくりとして継承され，今日に至っている。最新の研究書として横須賀薫編『斎藤喜博の現在』（春風社，2012年）がある。

〔狩野浩二〕

［参］斎藤喜博（2006）『授業入門〈新装版〉』国土社。横須賀薫（1997）『斎藤喜博　人と仕事』国土社。

東井義雄
〔とうい よしお，1912-1991〕

東井義雄は，姫路師範を卒業し20歳で兵庫県豊岡市の豊岡尋常高等小学校に赴任する。

新任早々若い教師の間で行われていた校内での「授業の試合」という相互参観・批判の勉強会で鍛えられ，また当時盛んになりだした生活綴方教育に参入し，全国の生活綴方仲間と交流を始める。こうして，教科書にはこう書いてあった，先生はああ言った，でもいつでもどこでもそうなのだろうか，と下校後も疑問をもって子どもが自ら進んで探求学習を始め，その結果を過程まで含めて「ひとり調べノート」に書きため，授業で〔(この)ひとり調べ⇒みんなでわけあい・磨きあい⇒ひとり学習〕というサイクルの授業展開の基本を25・6歳頃までにほぼ確立する。東井の授業指導観の基本は，「子どものつまずきは教師のつまずき」という子ども目線からの授業，一人ひとりの子どもの学習権を保障する授業づくりであった。国語科の作文という枠に止まらず，すべての教科にこれを貫いたのが東井特有の生活綴方的教育方法である。

戦後新教育が開始された1947年，東井は母校の相田小学校に転勤する。そこでさっそく全校児童をフォローした謄写印刷の『相田校子ども新聞土生（ハブ）』を発行し，家庭にも配布する。彼の主著『村を育てる学力』(1957年)の契機にもなった学校文集『土生が丘』(1954年第1号～1961年第66号)への助走である。『土生が丘』の特徴は，村民のほとんどが投稿し，ここでも村中「みんなでのわけあい・磨きあい」の主体的な学びが生みだされる点である。彼が刊行した諸著書には，多様な教科の―図画の裏に書いた子どものメモまで含めた―「調べるノート」を基に，ボイスレコーダーで授業を記録したかの如く文字起こししたものが多数遺されている。豊岡小に赴任2年目，4年生になっても自分の名前が書けない子，カタカナが十分に読めない子どもを志願して担任する東井の子どもへの温かい「まなざし」は，八鹿小学校での通信簿改革の断行を経て定年退職まで貫徹される。ワルシャワ大学のオコンが提唱したような詳細な授業のプロトコルが東井の諸著書には多数ある。東井の教育・授業実践を今後さらに丁寧に究明していくことが，教育方法学徒の仕事の一つである。

〔豊田ひさき〕

［参］豊田ひさき（2024）『東井義雄　授業実践史』風媒社。

林竹二
〔はやし たけじ，1906-1985〕

宮城教育大学学長として，教員養成に責任を負った林竹二は，教師の専門性の根拠を「深い学び」が子どもの内面で生じる「授業の組織」に置いた。自らの実践を踏まえ，授業のあり方を根本から問い直し，すべての子どもが参加する「授業の成立」について，特に問い続けた。子どもの発言の量に注目する傾向を「悪弊」とみなし，子どもの内面で起きる問題の追求の過程を重視した。真の学習を「ガラクタの知識（ドクサ），浅い考えでの自足が打ち砕かれ，真の知識を求める動き」へ向かう「自分との格闘」と捉えた林は，子どもの発言を教師が厳しく「吟味」することにより，子ども自身の内部に根拠をもつ発言が生じて追求を深める学びを重視した。さらに，子どもどうしが互いの発言を聞きながら自分の発言を「吟味」する対話を求めた。「他の子どもたちの発言を充分に聞き取り，授業の流れのなかで，そして他の発言との関連で，自分の発言が必要になった時に，発言するという姿勢が子どもとクラスの中に作られていないと，実は子どもが授業の主体となることはできません。」とする。

林自身の学問（哲学，歴史学）に根ざした「深く重い」内容の授業では，成績の差が消え，すべての子どもの学ぶ欲求を満たす事実が示された。「子どもがもっているそれぞれの個性的な，固有のたから（可能性）を引き出す作業」が授業であり，教材は「子どもの深いところにしまいこまれているたからを引き出す道具」であるという。林によれば，「授業者のうちにある教えたいものが，子どもたちの追求の対象となる」時に授業が成立する。授業の出発点は「教師のうちにある教えたいもの」であり，教師自身の「中」に動機のある授業が子どもの追求を促す。そのため，教師には，授業の根幹をなす「自分に納得ゆくまで教材をかみくだく」徹底的な教材研究が要る。授業の根底には教師による学問の追求の経験が不可欠であると，林は説いた。「子どもから出たことば，ことばにならない内に動くものをまともに豊かにこまやかに受けとめる力を養うために，学問が必要」という。「子どもたちが，自分たちだけでは，決して到達できない高みにまで，自分の手や足を使ってよじ登ってゆくのを助ける仕事」として，教職の専門性を高めるべく，教師教育改革を進めた。

〔吉村敏之〕

［参］林竹二（1977）『授業の成立』一莖書房。

無着成恭
〔むちゃく せいきょう，1927-2023〕

　無着成恭は山形県の本沢村の曹洞宗・沢泉寺の長男として生まれ，1948年3月山形師範学校を卒業して，隣村山元村の中学校の，1年生43人の担任となった。

　山形師範で数学科から社会科に移籍した無着は，社会科学研究会を組織し，山形新聞編集部に直接に須藤克三（1906-1982）をたずねて，研究会の講師を依頼した（1947年11月）。以来，須藤は，無着の教育実践を指導し支援する人であり続けた。

　発足間もない新制中学校には教育課程実施に必要な教材も教師も揃っていなかった。無着が須藤や国分一太郎の勧めもあって，社会科の生きた教材として子どもたち自身の生活を綴らせることを始めたのは1948年初秋のころからだった。1949年1月に最初の回覧文集『山峡』を発行。同年7月には「私たちの手と足と頭と，私たちの持っているすべてを総動員して作った，私たちの教科書である」と冒頭に記した文集『きかんしゃ』第1号を印刷発行。2号は1950年1月発行であり，そこに載せた江口江一「母の死とその後」は全国作文コンクールで文部大臣賞を受賞。江口江一をはじめ43人全員の作品からなる生活綴方集『山びこ学校』が，1951年3月に出版され，無着は戦後教育実践を導く教師として名を馳せることになる。しかし選挙活動での逸脱や無断欠勤などで村にいづらくなり，1954年4月駒澤大学3年に編入学。1956年寒川道夫の橋渡しで明星学園に就職した。

　明星学園では公開授業研究会を推進し，1963年からは奥田靖雄を講師に迎え研究会を組織し，『にっぽんご』シリーズを刊行。明星学園の授業についての作文集『続・山びこ学校』（1970年）をつくり，そのあとがきで『山びこ学校』ののりこえは日本の教師共通の課題だと無着は書いたが，世評は高くなかった。

　第三の実践記録と自称する『無着成恭の詩の授業』（1982年）は教頭無着が，思春期に入り始めた学年の子どもとの人間としての出会いを求めて行った詩の授業の実践記録であり，その課題は子どもたちの自分の発見にあった。

　1983年に明星学園を退職し，1987年から千葉県多古町の福泉寺住職になった。

〔奥平康照〕

［参］奥平康照（2016）『「山びこ学校」のゆくえ』学術出版会。

第3節　実践編（西洋）

五段階教授法

　五段階教授法とは，19世紀後半にヘルバルト派教授学の中で形成された授業過程を段階的に構成する方法である。

　五段階教授法の成立に大きく貢献したのは，ヘルバルト派を代表するT.ツィラーとW.ラインであった。J. F. ヘルバルトが人間の学習の過程を「明瞭－連合－系統－方法」という四つの段階（形式段階 Formalstufen）に区分したことに則りつつ，ツィラーはそれを「分析－総合－連合－系統－方法」の五段階の教授の過程に編み直した。さらに，ラインは，

　　予備－子どもの既存の知識の整理
　　提示－新しい内容の提示
　　比較－既存の知識と新しい内容との比較
　　総括－既存の知識と新しい内容との結びつけ
　　応用－新しく獲得した知識の応用

といった形でより具体的な授業構成の段階的図式にした。

　五段階教授法は，ドイツのみならず，日本や米国といった国々でも導入され，国際的な広がりの中で同時代の学校教育実践や教員養成に大きな影響を与えた。その背景には，19世紀後半に多くの国で国民教育制度が整備され，学級制度が普及したことがある。学級制度の普及によって，子ども一人ひとりに個別的に対応する指導から，学級全体で進める授業の方法が求められたのであり，そのための実践的指針を提供し，公教育の「定型」を形成したのが五段階教授法だった。

　その後，五段階教授法は，授業の形式化・硬直化を引き起こすものとして，新教育運動から今日に至るまで批判の対象となっていく。しかしながら，今日においても「導入－展開－終結」といった流れで授業を構想することが一般的なように，子どもの認識過程に即して授業の流れを構想すること自体が否定されたわけではない。求められる授業のあり方を踏まえつつ，いかに授業過程を段階的に構成するのかといった問題は，今なお重要な教育方法学的問題として残り続けている。

〔熊井将太〕

[参] 稲垣忠彦（1966）『明治教授理論史研究―公教育教授定型の形成―』評論社（増補版1995）。庄司他人男（1985）『ヘルバルト主義教授理論の展開―現代教授理論の基盤形成過程―』風間書房。

プロジェクト・メソッド

　プロジェクト・メソッドは，米国で1920年代半ばをピークに展開された，経験主義教育による学習指導法の一つであり，学習者の合目的的で自発的な活動を基礎とした，単元学習法の典型とされる。教育用語としてのプロジェクトの起源は，16世紀ヨーロッパの建築アカデミーにあるとされるが，19世紀後半には米国の教育現場でもプロジェクトと呼ばれる学習活動が導入され，20世紀初頭には手工教育や農業教育などの分野で先駆的な実践が行われた。プロジェクト・メソッドは工業や家庭科，理科教育などでも展開されたが，それらをすべての教科に適用される，一般的な方法として定式化したとされるのがウィリアム・ハード・キルパトリックである。

　キルパトリックは1918年に論文「プロジェクト・メソッド」を著し，プロジェクトを「社会的環境の中で展開される全精神を打ち込んだ目的ある活動」と定義した。同論文においてプロジェクトは，①アイデアや計画を具体的に表現することを目的とするもの，②美的経験の享受を目的とするもの，③知的な問題解決を目的とするもの，④特定の知識や技術の習得を目的とするものという4類型に整理された。①と④のタイプのプロジェクトについては，「目的－計画－遂行－判断」という学習過程も定式化された。さらに，目的ある活動における学習の展開過程を三層に構造化し，習慣や態度など道徳的な性格形成に関わる附随学習を重視した点も特徴的である。以上のように，キルパトリックがプロジェクトを「価値ある生活を構成する上での典型的な構成単位」としてその概念を拡大したことにより，プロジェクト・メソッドは単なる職業・技術的な学習指導の一技能ではなく，カリキュラム論や目標論を含んだ教育方法論にまで高められた。

　プロジェクト・メソッドは国際的にも普及し，1960年代以降はヨーロッパを中心に発展した。日本でも大正後期に幼児教育や低学年教育を中心にその導入が図られ，第二次世界大戦後の新教育運動にも影響を与えてきた。近年では「プロジェクト・ベースド・ラーニング（PBL）」の源流として取り上げられるなど，再び注目を集めている。

〔渡邉眞依子〕

[参] キルパトリック，W. H. 著，市村尚久訳（1967）『プロジェクト・メソッド』明玄書房（原著，1918年）。

ドルトン・プラン

　米国の教育者ヘレン・パーカーストが開発した教育方法。彼女が1922年に刊行した主著『ドルトン・プランの教育』によれば，それは，「自由」と「共働」を原理として掲げ，学校を一つの社会として機能させることを目的として，教師の役割や教室，教材・教具，学校生活の様式などの改革案を提起するものだった。

　ドルトン・プランは，教科を，数学・歴史・科学などの主要教科（Major Subjects）と，音楽・芸術・手芸などの副次的教科（Minor Subjects）とに，便宜的に分ける。教師たちは専科教員として主要教科のいずれかを担任する。そして，1年（＝10か月）分の教科課程を子どもの興味や他教科との関連性に配慮した課業（assignment）へと細分化し，各主要教科の1か月（＝20日）分の課業を編成して請負仕事（contract job）として提示する。

　教室は，教科書や参考書，協同学習のための大きな机，その他のさまざまな教具などを備えた主要教科ごとの実験室（laboratory）へと改造される。

　ドルトン・プランは，9歳未満の子どものために設計された学校を除く，あらゆる学校に適用できるとされる。そこでは午前の時間割は撤廃される。子どもは，自らの好き嫌いや得手不得手を考慮したり，教師と相談したりしつつ，請負仕事に関する学習の予定や時間配分を決める。そして，自分で立てた計画に沿って実験室間を自由に移動し，各実験室に常駐している専科教員の助言や支援を受けたり，同じ課業に取り組む子どもたちと協同したりして学習を進めることができる。

　一人ひとりの進捗状況は個人用・学級用・実験室用という3種類の進度表（graph）に記録され，管理される。子ども間で，また，一人の子どもの中でも主要教科間で，学習進度の差が必然的に生じるが，1か月分の請負仕事に含まれるすべての課業を終えなければ，次に進むことは許されない。

　午後の時間は，昼食，副次的教科の授業，集団による作業・遊戯・交流，校外での見学，各種の委員会，子どもたちが抱える個々の問題について各学級で相談する会議などといった多彩な活動に充てられる。

　ドルトン・プランは20世紀初頭にさまざまな国や地域に紹介された。今日でも，米国，日本，オランダなどの諸国に適用している学校が存在する。

〔足立　淳〕

〔参〕宮本健市郎（2005）『アメリカ進歩主義教授理論の形成過程』東信堂。

イエナ・プラン

　イエナ・プランとは，ドイツの教育学者ペーター・ペーターゼンが1924年からイエナ大学附属学校において着手した学校改革の実践と理論の総称である。「イエナ・プラン」は，その成果が1927年の国際新教育連盟第4回国際大会にて発表される際に，会議の責任者らによって名づけられた呼称であることが知られている。

　ドイツの改革教育学運動に位置づくイエナ・プランには，学校の組織構造の改革を志向する内的学校改革の側面と，教育制度全体の改革を志向する外的学校改革の側面がある。

　内的学校改革としてのイエナ・プランの学校組織上の特徴には，年齢別の学級に代わる異年齢組織による基幹グループ（Stammgruppe），教科による固定的な時間割に対して子どもの生活に応じて編成する週作業案（Wochenarbeitsplan），教授空間としての教室に代わる生活－作業空間としての学校居間（Schulwohnstube），などが挙げられる。これら組織構造の改革のみでなく，子どもの成績を記述で評価することによる教育的働きかけの視点からの評価の改革などを通して，学校を教育共同体（Erziehungs-gemeinschaft）へと改革することにイエナ・プランの主眼がある。

　イエナ・プランは「自由で一般的な民衆学校」を理念とする外的学校改革でもある。「自由」ということで経済・国家・教会による学校支配からの脱却と，民衆としての両親・教師・子どもたちによる自治を，「一般的」ということで性や身分や宗派にて区分されない学校を意味した。この理念が，教育学的な事実研究による目の前の事実の分析と解釈や，それを取り入れた学術的な教師教育による将来の教育実践の改善といった，ペーターゼンによる自律的教育科学の構想とも関連している点に，学校改革としてのイエナ・プランの要諦がある。

　それゆえに，現代において，学校改革のキーワードとしてイエナ・プランを構想していくためには，ペーターゼンの枠組み的な模倣ではなく，イエナ大学附属学校の教師ハンス・ヴォルフが「プラン」という名称を不正確とした意味を解釈しながら，学校組織のモデルやコンセプトに限定することのない理解が求められる。

〔安藤和久〕

〔参〕ペーターゼン，P.著，三枝孝弘・山﨑準二著訳（1984）『学校と授業の変革─小イエナ・プラン─』明治図書。

ヘッド・スタート計画

　ヘッド・スタート計画は1965年,「貧困との戦い」政策の一環として導入された国家的福祉事業。低所得者層の黒人その他の少数民族の子どもが劣悪な保育環境から被る認知・情動・身体的問題を予防・治療するための補償教育である。就学前の総合的支援により「学校レディネス」や「社会的適応力」の向上が目指された。また,子どもの保護者に,教育活動やプログラム運営への参画,スタッフとしての雇用などを通して,家庭の教育力向上や社会参画への機会を促す親支援プログラムでもある。究極の目的は,この親子二世代に自立への道を開き,貧困の連鎖を断ち切ることにある。

　初期の評価報告では,子どもに期待された認知得点,特にIQの向上が就学後減少していくことから,貧困撲滅の特効薬としての期待感は揺らいだ。8週間の短期プログラムを年間へと延長し,1967年にはフォロー・スルー計画と親子センターを新たに導入した。フォロー・スルー計画は,対象年齢を小学校3年生にまで広げ,親子センターでは3歳以下の子どもとその親が対象となった。新たな計画導入の背景には,ヘッド・スタート計画に参加した親や地域住民の強い支援があった。親たちは子どもへの意識・態度を改善し家庭に波及させるとともに,自らの手で能力を開発・社会参画へと挑む者も少なくなかった。さらに,全国規模で質的なばらつきがあったプログラムは,実施基準の開発,プログラムの研究・証明・評価体制が整備されていく。国際児童年（1979年）の記念事業の一つとして注目され,再評価されてきたヘッド・スタート計画は,リーマン・ショックによる経済不況を克服する景気刺激策としての大規模な追加予算を獲得することで,政府主導の目玉プロジェクトになるまでに発展した。

　経済学者ジェームズ・J・ヘックマンによるペリー就学前プロジェクトの追跡調査は,幼少期での非認知能力の育成が人生の成功に及ぼす多大な影響とともに,ヘッド・スタート計画への膨大な投資の効率・公平性を実証している。また,ヘッド・スタート計画による研究・評価体制は,各州で進められている幼児教育の質と量拡充のための制度改革において,すべての幼児に適応される基準やガイドライン,さらに評価システムのモデルとなり,サービスの質を底上げする一翼を担っている。

〔橋川喜美代〕

[参] 添田久美子 (2005)『「ヘッド・スタート計画」研究―教育と福祉―』学文社。ヘックマン, J. J. 著, 古草秀子訳 (2015)『幼児教育の経済学』東洋経済新報社（原著, 2013年）。

第4節　実践編（日本）

大正自由教育

　大正自由教育は，「大正新教育」とも呼ばれ，19世紀末から20世紀初頭における欧米を中心に展開された新教育運動の影響下で，日本で広がった教育運動である。
　「自由教育」という語そのものは明治期にはすでに存在していたが（『文部省日記（5）』文部省，1879年），「大正自由教育」という言葉は，川合章による「日本教育の近代化と大正自由教育」『明治図書講座「学校教育」』（第2巻，明治図書，1957年）が初出である。実は，「大正新教育」という言葉は1948（昭和23）年に島為男『社会科教育の諸問題』（中和書院）ですでに登場しており，「大正自由教育」よりも早く使用されている。なお，「大正自由教育」という言葉がよく知られるようになったのは，中野光『大正自由教育の研究』（黎明書房，1968年）の刊行によってである。
　大正自由教育は，1890年代，樋口勘次郎による明治期ヘルバルト派の教育に対する批判から始まるとされる。樋口はF. W. パーカーの著作ヒントを得て，1896年東京高等師範学校附属小学校2年の「飛鳥山遠足」により「統合主義」に基づく新教育を唱導した。その後，1900年以降，小学校授業料無償化による急速な児童増と教師不足により自学主義教育や分団教育に注目が集まり，1910年代に明石女子師範学校附属小学校の及川平治が『全国附属小学校の新研究』（金港堂，1910年）で「為さしむる主義による分団式教授法の教育」を発表し，1920年代に入ると，手塚岸衛『自由教育真義』（宝文館，1922年）を，木下竹次『学習原論』（目黒書店，1923年）を刊行した。また，1923年には，教育の世紀社の野口援太郎が「池袋児童の村小学校」を設立した。これらの一連の大正自由教育運動のうち，最大のトピックとされているのが，1921年の「八大教育主張講演会」である。8名の教育実践家による学術講演会には多くの教育関係者が参集し，大いに世間から注目された。尼子止編『八大教育主張』（大日本学術協会，1921年）にその詳細は記載されている。隆盛をきわめた大正自由教育運動は次第に陰りを見せ始め，1924年の「川井訓導事件」を契機として，大正自由教育に対する厳しい弾圧が始まり，自由主義に基づく教育は戦後まで封印されることになった。

〔深谷圭助〕

［参］中野光（2008）『学校改革の史的原像―「大正自由教育」の系譜をたどって―』黎明書房。橋本美保・田中智志（2015）『大正新教育の思想―生命の躍動』東信堂。

生活綴方的教育方法

　生活綴方は，生活に取材した作品を子どもたちに綴らせる過程や，できた作品をみんなで読み，話し合う過程を通して，子どもたちの不安や悩み，喜び，悲しみを明らかにし，共有し，そのことによって子どもたちに確かな表現と認識の力を育て，生き方の指導を行う教育である。その教育を重視・実践する教師を綴方教師と呼ぶ。この歴史は1920年頃まで遡ることができる。
　生活綴方的教育方法は，1950年代に国分一太郎を中心に提唱されたもので，生活綴方を国語科の言語指導に限定せず，特に子どもたちの具体的な生活体験の中での個別的・具体的・特殊的なものを基盤としながら，言葉で学級集団の中に提出させ，それを手がかりとして，より一般的・抽象的・普遍的な新しい認識を子どもたちのうちに育てようとする方法・態度を指す（『生活綴方事典』1958年）。この定義には，雑誌『北方教育』を中心に培われたリアリズム綴方の強い影響を看守できる。教科指導にも生活指導にも適用可能なものとして提唱され，著書『生活綴方的教育方法』（1955年）等で，理論的・実践的整理が試みられた。
　生活綴方的教育方法は，教育の現代化を背景に，教科研究の中では教科と教科外の違いを曖昧にするものと批判された。生活指導研究の中では，特に仲間づくりといわれた生活綴方的集団づくりに対して，集団主義教育の立場に立つ集団づくりの主唱者から，教師の全面的許容を前提とした情緒主義に陥ると厳しい批判を受けた。その結果，戦後の綴方教師が集う民間教育研究運動団体である日本作文の会は，1962年度活動方針において，生活指導の「重荷」を下ろして，国語科文章表現指導を中心とすることを表明した。この方針転換に批判的な教師は一定数存在した（日本作文の会編『日本の子どもと生活綴方の50年』2001年）。
　これら生活綴方の目標，教育課程上の定位については，生活指導の語を文書で初めて使用（1922年）した峰地光重における定位の変更，1930年代の生活教育論争，1950年頃の生活綴方・作文教育論争，1970年代の野名龍二・田宮輝夫の論争等でも扱われ，教育と生活，認識と表現と組織等に関する重要な論点を含んでいる。

〔川地亜弥子〕

［参］竹内常一（1995）『竹内常一教育のしごと』（全5巻）青木書店。中内敏夫（2000，1999）『中内敏夫著作集』（Ⅴ，Ⅵ），藤原書店。

| 第 4 節 | 実践編（日本）|

コア・カリキュラム運動

　コア・カリキュラム（「・」が必須）は，戦後初期に，各教科が分かれたままにとどめずに，あらゆる活動を社会科（ときに理科，家庭科，職業・家庭科，あるいは教科外の活動等）に集約してコア（中心，中核）と称し，このコアにとって必要な道具・用具・手段となりうる他の教科の要素（知識，技能や技術，態度）を有機的に関連づけたようなプラン全体の構成論であり，二重か三重の同心円で描かれた。コアとされた活動には総合性があり，総合的な学習や生活科の源流といえる。1947年版学習指導要領での生活単元学習には各教科バラバラに活動を導入する点で時間的なロス，精神的な負担が伴うとする批判が元となり，コアに据えられた活動の未分化性や力動性を活かしてカリキュラム全体にわたって改造をすることで，経験か教科か，生活か科学か他あらゆる二項対立の克服が試みられ，社会科中心の地域教育計画よりも徹底した総合性がめざされた。

　戦後初期，コア・カリキュラム連盟（コア連，1948～1953年）という学校連合が，機関誌『カリキュラム』や全国あるいは各地区の研究集会を通じて普及させた。だが，批判者や文部省が教科主義，科学主義，教科の学力を対置し，はいまわる経験主義，活動主義，児童中心主義，学力低下の元凶と見なすなどしたことも背景に，1950年代に三層四領域論へと再構成された。こうした批判者（マルクス主義者など）は，戦後新教育としてのジョン・デューイらのアメリカ進歩主義（新教育）・プラグマティズムからの影響を強調していた。

　コア・カリキュラムのいう生活は，必ずしも教科や科学を否定せず，包摂することをめざしていた。コア・カリキュラムの成り立ちを遡ると，東京高等師範学校＝東京文理科大学＝東京教育大学出身のコア連の研究者たち（梅根悟ら）が戦前以来，ドイツ教育学の専門家であったことに行き当たる。彼らは生活概念で，遊びや仕事（作業，労働，労作），今でいう特別活動といった，生き生きとした活動を表した。それは日常生活自体でも，個人の自己活動でも，単に身体が動く行為や行動といった意味でもない総合的なまとまりある活動を含意した。生命こそがカリキュラム全体のコアたる活動のさらにコアであったといえるだろう。

〔金馬国晴〕

[参] 金馬国晴・安井一郎・溝邊和成編（2018-2022）『戦後初期コア・カリキュラム研究資料集』（全17巻）クロスカルチャー出版（とくに解題）。金馬国晴（2024）「コア・カリキュラムからのメッセージ」溝邊和成ほか編『子どもと教師の学びと育ち―新時代の探究をひらくポイント61+α―』三学出版，132-136頁。

地域教育計画

　国による中央教育計画に対して，学校と地域（校区や市区町村，都道府県）の資源や課題などを関連づけて編成される教育計画をさしている。具体的には，1940年代後半から50年代の教育の地方分権下の時期に，子どもの実態調査や地域の課題の調査をもとに編成される社会科や学校教育計画をさしている。

　日本最初の本格的な地域教育計画とされるのは，埼玉県川口市の教員を中心とする「川口新教育研究会」によって1947年3月に学習計画案が発表され，同年12月にその編成の成果として公開された「社会科教育計画」（川口プラン）である。また，実験研究として取り組まれた「地域教育計画」としては，大田堯の指導のもとで編成された広島県豊田郡本郷町（現在：三原市）を中心とする「地域教育計画」（本郷プラン）がある。

　その後，1949年から51年にかけて地域教育計画の編成手法によるカリキュラム（多くは，生活カリキュラムやコア・カリキュラムと呼称）が，続々と刊行された。その代表例としては，兵庫師範女子部附属小（明石プラン）や千葉県館山市北条小（北条プラン），神奈川県福沢小（福沢プラン）および全久留米市内小・福岡学芸大久留米附属小（久留米プラン）などがある。しかし，日本が主権を回復した1952年4月末以降，再び教育の中央集権化の政策が始まり，また学習指導要領（1958年改訂より文部省告示）も法的拘束力があるとされたことにより，従来の「地域教育計画」の編成はほぼ不可能となった。

　その後，1970年代半ばより各民間教育団体は「地域教育計画」が取り上げていた社会の諸課題は，今も各地域の生活現実に顕わになっているという立場から，改めて学校と地域の関係を捉え直す，いわゆる「地域に根ざす教育」，「地域に根ざす社会科」の理論の構築とそれに基づく実践を重ねてきた。その視点に立つ実践は，今日まで継承されている。

　なお，1969年に改正された旧自治法第2条第5項（現在4項）により，各自治体には「その地域における総合的かつ計画的な行政の運営を図る基本構想」の策定が求められた。そのうちの一つとして策定された教育計画も，これ以降「地域教育計画」と呼ばれている。

〔谷本美彦〕

[参] 大田堯（1949）『地域教育計画 広島県本郷町を中心とする実験的研究』福村出版。中央教育研究会・川口市社会科委員会編（1948）『社会科の構成と学習―川口市案による社会科指導―』金子書房。

水道方式

　水道方式は，数学者遠山啓が数学教育協議会（以下，数教協と記す）とともに提唱した系統的な計算指導の過程である。日本文教出版から小学校用検定教科書として出版予定であった『みんなの算数』の編纂過程で，1958年に発表された。

　3桁の加法を指導する場面を例として説明する。まず，最も簡単な計算プロセス，すなわち素過程である筆算の各位における1桁同士の加法に着目する。その後，これらを組み合わせた複合課程のうち，典型的な事例に着目する。水道方式では，「234＋512」といった，すべての桁がそろっていて，0もなく，繰り上がりのない，「一般」的な事例から指導される。その後，「234＋52」といった「特殊」な事例の指導へと展開していく。この配列に沿うと，2桁に2桁を足すイメージで，「230＋510」といった事例によって単元を導入する指導過程は，特殊な事例から出発していることになる。こうした典型的な事例から，特殊な過程へと枝分かれして次第に型崩れに移っていくありさまが，水源地からパイプで枝分かれしていって各家庭の台所に達している水道に似ているところから，呼称されるようになった。

　遠山らは，従来の計算指導が，暗算を基礎とした配列になっている点を問題視し，筆算を基礎とした配列へと転換する必要性を主張した。この主張に基づいて，児童の計算学習の基礎となる10進法に基づく「位取りの原理」が確立された。これを，児童にもわかりやすく提示する「タイル」が教具（シェーマ）として開発された。タイルは，1個，10個をつなげて1本，10本を合わせて1枚とつなぎ合わせることで，記数法を視覚や操作を通じて実感できるように設計された。

　『みんなの算数』は，6年生の下の教科書が検定を通過しなかったため，自治体に採用されるケースは少なかった。そこで，数教協は『わかる算数』を非検定教科書として出版し，カリキュラムの自主編成を具体的に示した。数教協の研究成果は，今日の検定教科書にも部分的に取り入れられるなど，その影響を残している。

〔大下卓司〕

〔参〕銀林浩・榊忠雄・小沢健一編（2009）『遠山啓エッセンス 第2巻 水道方式』亀書房。

仮説実験授業

　1963年，科学史研究者の板倉聖宣と，私立小学校教諭の上廻昭や庄司和晃らによって提唱された，自然科学を教える独自の授業方式を指す。科学上の基礎的な概念や法則について，子どもが既有知識や生活経験などを拠りどころに考える「問題」を提示し，与えられた選択肢から「予想」し，なぜそう考えるのかの理由や仮説について「討論」する。再び「予想」した後，教師が「実験」してその真偽を確かめ，結論を得る。こうした「問題−予想−討論−実験」のサイクルで学ぶことによって，科学的概念形成がすべての子どもに保障されるよう，「ふりこ」や「燃焼」などさまざまな単元で多数の実践・研究が行われた。1960年代の教育内容の現代化運動を推進した民間教育研究団体の一つで，授業研究の科学化にも貢献した。

　仮説実験授業の特徴でもある「問題−予想−討論−実験」のサイクルで授業を進行する背景には，板倉が重視した二つの原理が関係している。一つは，科学的認識が成立するのは予想や仮説をもって対象に問いかけ，実験によってその答えを引き出したときのみだとする考えである。もう一つは，問題に対する自他の予想が一致しない状況で自分の考えを説明することが科学的認識の形成には不可欠であり，科学的認識が社会的な営みであるとする考えによるものである。

　「授業書」も仮説実験授業の特徴の一つである。子どもにとっては教科書兼ノート兼読み物，教師にとっては指導案という複数の機能を備える。授業展開上の指示や問題・選択肢などが収められた授業書通りに教師は授業を進行する。この点について，教師の主体性や指導性が損なわれると厳しい批判も寄せられた。これに対し，すぐれた授業を他者がまねようとするとき，偶発的出来事ではなく授業の本質こそ模倣されるべきであり，そうした本質を見分ける有力な武器として授業書が機能すると板倉は指摘した。「授業書」を用いると，誰にでも簡単に授業ができそうだが，教師自身が「子ども本位の姿勢」で臨んでこそ，予想／討論で子どもが存分に思考を巡らせ，科学のおもしろさに気づいていく「たのしい授業」が実現できるといえよう。

〔吉永紀子〕

〔参〕板倉聖宣編（1968）『子どもの変革と仮説実験授業』明治図書。

楽しい授業

　1970年代に日本の教育界で普及した用語。当初は，民間教育運動（民間教育研究運動）に関与する教師を中心に使用された。ただ，いつ頃から使用され始めたのか，誰が用語の発案者なのかといった仔細は判然としない。それ以前の時期にも，授業の評価について，「楽しい」（形容詞）＋「授業」（名詞）という表現は存在していたが，1970年代以降の「楽しい授業」という用語には，以下に概説するような史的文脈があり，それ自体を一つの歴史的概念として理解する必要がある。

　1970～80年代において，この用語は，同時代に展開された能力主義批判や近代学校批判を前提に使用された。1970年代の日本では，青少年人口の増加や高等教育機関への進学率の上昇といった社会的背景により，受験競争が熾烈化した。また，折悪しく，教育内容の「現代化」（「教育の現代化」）に対応するために改訂された1968年版学習指導要領によって，学習内容も著しく増加した。こうした経緯から，当時，「受験戦争」や「詰め込み教育」といった，授業に関する「教育病理」が社会問題化することになった。このような事態を解決するために，一部の教育関係者の中に画一的な評価基準（成績や受験学力）によって，児童生徒を序列化することを忌避する風潮が生まれた。そして，既存の学校教育のあり方を脱構築するために，能力主義批判や近代学校批判を含意する教育実践や教育論が展開された。「楽しい授業」という用語は，そうした文脈に生まれたものである。一元的な到達点を目指して「わかる」授業を実施するのではなく，個々人の多様性を包摂した授業が「楽しい」のだという思想が，この用語の核心にある。なお，「楽しい授業」を主張した代表的な論者として，数学者・遠山啓と，科学史学者・板倉聖宣がいる。両者の所論には微妙な差異もあるが，彼らが理想とする授業は，①成績や受験学力による児童生徒の一元的な序列化を忌避しつつも，②学習指導要領や検定教科書による既存の教科教育以上の学力の獲得を志向するという点が共通している。教育界の現状を相対化する彼らの理想は高かった。その意味で，同時代の「楽しい授業」は，小手先の「楽しさ」による現状の「ガス抜き」などではなく，教育界の創造的な革新を意図する教育関係者の挑戦だったのである。

〔香川七海〕

［参］川合章（1975）『子どもの発達と教育』青木書店。

極地方式

　高橋金三郎（元宮城教育大学）らが，「すべての子どもに，高いレベルの科学をやさしく教える」という目標を目指した授業実践研究の一つの方式。1970年に正式発足させた極地方式研究会の名称で知られている。極地方式の名称は，高峰・極地探検での既知のルート（既知の先行実践・知見等）を手がかりにベースキャンプを設営し，そこから第一・第二の前進キャンプを設置し山頂（すべての子どもに高いレベルの科学を）をめざす"極地法"に由来している。そこに大自然の中では，できる・できないではなく，探検すること・頭を使うことの楽しさを，高所に立つことにより味わえることを教えるという願いを込めた。

　また，この着想には，戦後の「生活単元学習」に続く「科学教育の現代化」の議論と前後する科学／理科教育をはじめとする授業実践研究に対する次のような課題意識が基にある。

　一つは，科学・学問の体系ならびに方法を手がかりに教育実践研究を進めることを全否定はしないが，逆の視点からの実践研究方法論が必要ではないかという見解である。「本質論から実践へではなく，実践を通じて本質の探究」を重視する必要があるという主張であり，教育実践に基づいた科学教育の本質論や目的論，教育内容・方法論を再構築することの必要性を強調する。ここには理科に限らず授業研究が共通理解となる「事実」が欠如しており，それを蓄積・検証する必要性を訴え，自作「テキスト」改訂作業を奨励する。

　二つには，この実践研究方法論は，固定的な天才的先人を想定するのでもなく，優れた実践がすぐに「誰にでもできる」ことを推奨してはいない。「誰にでもできる」ことをめざすと画一的な授業方式に陥りがちであり，教育内容と教育方法を分離する傾向をも自問する。そうではなく子どもと教師の創り出す「事実」により，科学・学問や芸術の本質を同時追究・吟味する授業方式としての方法論を探っている。教科書を用いながらも，じっくり基本概念を学ぶ「探検コース」，共通的一般的な概念や事象を学ぶ「観光コース」，日常経験を確認するような「急行コース」として再構成できる教職専門性の必要性を提起している。

〔三石初雄〕

［参］高橋金三郎・細谷純編（1974）『極地方式入門―現代の科学教育―』国土社。

集団主義教育

　集団主義は個人主義の対立概念である。しかし，このことは，集団主義が個人を尊重しないことを意味しない。資本主義体制では，生産手段を持たない労働者は，自らの労働を売ることでしか生活できない。労働者が，利潤追求を旨とする資本家に孤立的に労働を売ると，際限ない賃下げ競争にさらされ，労働者は無限に搾取されていく。このような資本家による分断統治は，労働者の生存すら脅かす。労働者は，目先の個人的利益の追求をやめ，団結して賃下げ競争に対抗することで搾取に歯止めをかけ，結果，労働者全体の利益を確保することができる。このように，全体の利益を追求することで個々の利益を確保する，労働者階級の解放のための団結・連帯・相互援助のモラルや世界観を集団主義という。したがって，集団主義は，全体の利益を損なわない個人の利益追求や自由・幸福追求は排除しないと解されるべきであり，日本型集団主義といった同調主義，画一主義と混同すべきでもない。

　集団主義教育は，集団主義のモラルと世界観を持った集団主義的人間を育てる教育のことである。集団主義の思想はカール・マルクスやフリードリヒ・エンゲルスによって確立されたが，社会主義社会を実現したソ連でウラジーミル・イリイチ・レーニンやナデジダ・K・クルプスカヤに継承され，集団主義的人間は理想像として教育の目的に位置づけられた。この文脈の中で，集団主義的人間を形成するさいの集団の教育的意義を明らかにしたのがアントン・セミョーノヴィチ・マカレンコである。彼は，集団の発展と個の人格発達が相互作用的に展開する訓育過程の組織方法論を実践をもとに提起し，集団主義教育の理論的体系化を図った。

　日本でマカレンコの集団主義教育から最も影響を受けたのは，全国生活指導研究協議会の「集団づくり」論であろう。とりわけ『学級集団づくり入門　第二版』（1971年）では，民主的集団の定義等，随所に集団主義教育の概念や手法が採用されている。

　今日，労働者は多様化し，ますます分断され，団結や連帯は困難になっている。その意味で，集団主義のモラルや世界観はけっして色あせたわけではない。多様化，複雑化する社会に対応しつつ，民主主義理論の発展を踏まえながら，集団主義教育の理論と方法を進化させ続けることが求められていると言えよう。

〔藤井啓之〕

［参］小川太郎編（1967）『講座　集団主義教育』（1～3），明治図書．

全国授業研究協議会

　1960年代，大学所属の研究者と諸学校の教師等を主な構成員とし，教育科学研究を志向した組織。中核的な役割を担った砂沢喜代次の死去まで学際的な授業研究を組織し，その成果を雑誌および関連著作にて発信し続けた。世界的に稀有な日本における教育方法学研究の学的基盤を創出し，教育方法学会の歴史的起点として評価されている。

　その成果の第一の特徴は研究対象の措定にある。当時の世界的潮流であった「教育の現代化」を背景とした教育課程編成基準への国家の権力介入という学校状況のもと，教育学研究の対象領域は地域社会と学校から教室と授業へと矮小化された。同協議会では発足当初から教育実践が教育学研究の対象の一つとして位置づけられ，その中核である授業の改造へと多様な立場の多くの人々が結集した。例えば同一教材による授業比較など，学校での授業公開と学会での課題研究をリンクする学会大会運営の起源はここに求められるのである。

　二つ目の成果として研究方法の開発を挙げたい。旧社会主義諸国から援用された研究成果が計画的に実施される授業の分析・評価のあり方を洗練させた。テープレコーダー等のメディアに固定保存される授業の事実には，実践者の反省と参観者の評価における客観性，教職キャリア等の個人を超えた再現性が期待され，授業の普遍性も遠望された。記録計測技術の飛躍的な発展に伴い多様なアプローチで展開される今日の教育方法学研究ではあるが，実践と理論とを往還させる根本思想には逆コースの時代に真理を希求した願いが共有されている。

　最後に特筆すべき特徴は運動の波及範囲である。研究者養成大学の結集に端を発した運動は，学会の発展に伴い教師教育にも多大な影響を及ぼしてきた。その功罪を認めるとしても，授業研究は，大学における養成と学校における研修とをリンクし，教職の専門性の解明に一定程度，貢献した。さらに，教師教育における授業研究の意義は20世紀以降，世界各地でも認識され，Lesson Studyと訳された理論と実践が，多くの人々の手によって輸出されている。

　グローバル化とネットワーク化が急激に進み今日かわる学校において，半世紀以上まえの運動からより多くを学ぶ姿勢が，我々には求められている。

〔尾島　卓〕

［参］土井捷三（2014）「授業研究（1950～1980年代）」日本教育方法学会編『教育方法学研究ハンドブック』学文社，170-173頁．

教育技術法則化運動

1984〜85年にかけて，東京の小学校教師である向山洋一が開始した運動。2000年にTOSSへと改称した。

向山は，歴史的に蓄積された教授学研究の成果である理論を正しく学ぶことで授業に上達していくという，当時自明視されていた若手教師の授業上達論に異を唱えた。そして，授業の法則というより授業上達の法則を追求し，若手教師が授業づくりを上達させるノウハウを普及しようとした。

運動開始当時の向山の仮説としては，若手教師はまずは先人が生み出したすぐれた授業の経験法則をそのまま追試してみる必要がある。そうすると，いつもの授業とは異なって子どもが集中・熱中するという事実を目の当たりにする。そのことによって，従来の自身の授業づくりには何が欠けていたのかを考えるようになる。また，他者が開発した技術を自身の文脈に応じて柔軟に使いこなす力量が身につくというものであった。

したがって向山は，すぐれた技術を持っているけれども公開しないというベテラン教師の態度を批判した。そして，若手教師がそこから自由に選んで追試できるようにするためのカタログを作成すべく，日本全国に埋もれている技術を大量に発掘して集積しようとした。若手教師に，一つでも二つでも持っている技術を論文に書いて投稿するよう呼びかけ，目標（理論）の検討に終始することがないよう論文には目標を書かずに技術のみを書くことを求めた。他者の技術の追試と自身の技術の論文化（言語化）という授業づくり上達のノウハウを含んだ運動は熱狂的に盛り上がった。

しかしながら，個々の技術ではなく授業づくりを上達させるノウハウを普及するという当初の向山の意図が実現したのかについては検討を要する。また，目標と技術を切り離したことについては，本来追試の対象となるのは目標（理論）であり，目標を書かなければ技術は法則化されることはなく指導手順が定式化されるにすぎないといった批判や，技術にこめられている願いや目標と切り離されて技術が使われるとそれはやがて子どもたちを管理する手段に転化するといった批判（「技術主義」）がなされた。

〔八田幸恵〕

［参］向山洋一（1985）『授業の腕を上げる法則』明治図書。

学びの共同体

「学びの共同体としての学校（School as Learning Community, SLC）」を追求する学校改革（以下，学びの共同体）は，1998年4月に創設された茅ヶ崎市立浜之郷小学校を世界に先駆けるパイロット・スクールとして誕生した。東京大学の佐藤学の論文集『カリキュラムの批評』（1996年）と出会った茅ヶ崎市教育委員会の大瀬敏昭（後に同校の初代校長）が，佐藤とともに21世紀の学校の創造に着手したのであった。1992年に概念として初めて提起された際には「学習共同体」とも表記された学びの共同体は，その後2000年代には，「ヴィジョン」（子ども・教師・保護者や市民が学び育ち合う場所）と「哲学」（公共性・民主主義・卓越性）と「活動システム」（基盤とする聴き合う関係）によって構成されるとの説明に至り，日本国内の数千校に及ぶ実践と，北アメリカやアジアやヨーロッパでの広範かつ着実な普及の最中にあり，世界規模で追求される21世紀の学校の比類なきモデルとなった。

学びの共同体の最大の特徴は，それが学校改革の「アクション・リサーチ（action research）」として推進されていることである。それは浜之郷小学校の誕生を振り返ることで明確になる。1996年の論文にてジョン・デューイやクルト・レヴィンからドナルド・ショーンに至る「実践的探究としての教育学」を照射する佐藤は，「実践の中の理論（theory in practice）」の追求を鮮明にした。同時期に学校改革を追求していた大瀬は佐藤の理論と出会い自ら学校改革を構想する決意を固めた。ここに，ショーンらが明記する従来型の研究者と実践者の関係を一新する「アクション・リサーチ」の追求は明らかであり，21世紀の学校の追求は，学校の「モダニティ」を「内破」する近代の教育学の系譜に求められたのである。理論を超える実践が作り出され続ける学びの共同体の研究は，歴史的課題であり，その鍵は，それを作り出す学校改革の「アクション・リサーチ」の脱構築にある。

〔鈴木悠太〕

［参］Suzuki, Y. (2022) *Reforming Lesson Study in Japan: Theories of Action for Schools as Learning Communities*, Routledge. 佐藤学監修，大瀬敏昭ほか（2000）『学校を創る―茅ヶ崎市浜之郷小学校の誕生と実践―』小学館。

公害と教育

　1960年代，高度経済成長期を迎えた日本では，数年ごとに全国総合開発計画が打ち出され，大企業の誘致に基づく地域開発が次々と進められた。開発が計画された地域や開発が進められた地域では，開発がもたらす公害への懸念や実際の公害被害の発生（例えば，四日市ぜんそくやイタイイタイ病，光化学スモッグなど）から，時に激しい反対運動が展開された。

　開発地域の教師の一部は，地域の開発やそれに伴う公害発生による影響を受ける子どもの姿を目の当たりにし，地域の知識人として反対運動の住民学習会に参画したり，公害に関連した教育実践を草の根的に展開したりした。公害関連事項が教科書に掲載される前から，これらの教師たちは地域で起きていることをボトムアップで教材化し教えていた。ここに公害教育の始まりが見いだせる。その代表的な教師としては，水俣病の授業実践を行った田中裕一，高校生たちとともに科学調査に取り組み，三島・沼津コンビナート反対運動を成功させた西岡昭夫などが挙げられる。

　これら実践の核心には，人権意識（公害の被害を受けうる人々の生存権や環境権など）と，科学認識（公害への怒りといった感性にとどまらず，社会科学と自然科学の統一による現実の把握）の追求があった。また，これら実践は教科の授業づくりにとどまらず，1970年代に総合学習という概念が提起される際に，重要な原型ともなった。

　公害と教育の関係は，公害を題材とする教育実践のみならず，教育実践におけるより根本的な問題を提起する。まず，地域開発に関わる諸問題を生じさせた論点，すなわち中央対地域，あるいは上対下の対立軸は，地域開発政策だけでなく教育における教育課程の自由編成や生活と教育の結合といった主題にも通底する。

　また，反対運動に見られる住民主体の地域づくりという要求は，公害についての学習への要求へとつながり，その学習要求が応えられるような教育要求へとつながる。これは，地域課題の教材づくりにとどまらず，地域と教育の結合のあり方を問うものである。さらに，開発と公害という現実は，資本主義の原罪を暴き出し，教育を含む資本主義原理の支配下にある社会全体のあり方をも問い直そうとしている。

〔祁　白麗〕

［参］国民教育研究所（1970）『全書 国民教育 第6巻 公害と教育』明治図書．

東日本大震災と教育実践

　日本における治山治水等は自然の摂理，原理に沿いながら行われてきた。アフガニスタンのマルワリード用水路にもそれらの知見がいかされている。しかし，「全国総合開発」に見るように，経済効率一辺倒で科学技術を過信する分別なき開発はコミュニティを解体させ都市と地方を脆弱にしてきた。巨大自然災害リスクを抱える日本の沿岸部には工場や原発なども立地し，セーフティネットも貧困である。

　2011年3月11日に発生した東日本大震災ではそれらが露わになった。未曾有の「複合的な大災害」とする復興庁の『令和5年版 東日本大震災復興白書』（2023年3月1日時点）では，13都道県で死者19,765名（震災関連死含），6県で2,553名が行方不明，9都県で122,039棟の住宅が全壊，13都道県で283,698棟が半壊，これに福島第一原発事故とその後の経過が記されている。衰弱したコミュニティや自治体広域合併等に見る新自由主義が被害を拡大させたといえる。国による復興は自己責任や民間に依存し，原発問題は未だに深刻である。増税による巨額の復興予算はゼネコン等に使われ，使途不明金も多大である。大衆民主主義の底なしの劣化は，震災関連死につながっているが，主権者，公民教育が喫緊の課題といえる。

　一方，震災直後からの復旧・復興支援は過去の災害経験がいかされ，工学，医学，社会学等の連携による災害科学の構築，兵庫県舞子高校や宮城県多賀城高校，岩手県釜石東中学校等を参考に防災教育（学）も体系化されてきた。そして東北大学災害科学国際研究所は歴史研究も踏まえ実践的な防災・減災教育研究を世界的にリードしており，自治体や学校等との研修も進めている。大学等と連携する学社融合による気仙沼市・東松島市・釜石市等の体系的防災教育等はSDGsに発展している。関係者による地域作り，防災・減災研修会や震災ツーリズムには世界中から参加者がある。マスコミ，特にNIE等と連携した生涯学習も盛んである。こうした実践は市民社会や国家の思想，あり方にも影響を与えている。日本の災害・防災教育実践が人類の未来につながる可能性を示している。日本は「誰一人取り残さない」を胸に「社会的共通資本」（宇沢弘文）を確立する教育で，世界に貢献することができるだろう。

〔佐藤幸也〕

［参］宮城県教職員組合編（2012）『東日本大震災 教職員が語る子ども・いのち・未来―あの日，学校はどう判断し，行動したか―』明石書店．河北新報社編集局（2022）『復興を生きる―東日本大震災被災地からの声』岩波書店．

パンデミックと教育実践

2019年12月以降新型コロナウイルスによる感染症の拡大というパンデミック（「感染爆発」，「感染症の世界的流行」）が起きた。感染症拡大防止の観点から全国の学校では，政府の要請により2020年3月2日から一斉臨時休業が行われた。4月7日に政府の緊急事態宣言が出され，4月16日に全都道府県が緊急事態措置の対象となり，多くの学校が5月末まで臨時休業を行うことになった。学校が長期休校となり，子どもの学習保障について試行錯誤が重ねられ，ICTを活用したオンラインによる授業や学習が進められた。2020年度は，2017年版学習指導要領の全面実施の時期（2020年4月小学校）と重なる困難もあったが，GIGAスクール構想が前倒しで実施され，オンライン教育の端末としてのタブレットの1人1台の配布が急速に広がった。以前のオンラインによる取り組みは，離島やへき地・遠隔地とリアルタイムで結びつける工夫等の長崎大学（1971〜80年）や高知県（1995年）の実践などがあり，やむを得ない手段としての情報提供・交流・処理等の点から有効とされていた。

パンデミック下におけるオンライン教育は，①時間や場所に縛られずに学習できる，②自分のペースで学習できる，③個々の子どもへのアプローチが容易になる，④不登校の子どもなどが学習に参加しやすくなる，などの利点がある。

一方，①教師と子ども間，子ども同士のコミュニケーションが取りにくく，相互作用が不足する，②子ども同士のつながりが持てず，相互交流が成立しにくく，孤独感をもつ，③子ども個々の息遣いや感情などが捉えにくいなどの問題もある。

また，オンライン教育は，情報セキュリティの面からの安全確保が可能かどうかの検討も必要である。授業では，知識や技能はもとより，子どもの思考や人間性をも取り扱うので，その個人情報の保護が重要となるからである。

さらに，オンライン教育では，学習習慣が確立していない子どもや教育指導の限界がある家庭への支援のあり方の検討も必要である。オンライン化については，ICTの環境整備とその運用技術や技能，および学習規律・能力が必要とされ，その条件整備が鍵となる。このようにオンライン教育の利点と問題点などを見極め，学校としての教育課程経営の観点から各々の状況や条件を踏まえオンライン教育を活用することが，今後の課題である。

〔小泉祥一〕

家永教科書検定訴訟

「主たる教材」と位置づけられている教科書をめぐり，高等学校用社会科教科書『新日本史』（三省堂）の執筆者・家永三郎（元東京教育大教授）は三度にわたって国を相手に訴訟を起こした。これが「家永教科書検定訴訟」である。

1950年代半ば，保守層は再軍備や憲法「改正」をすすめるため，教科書検定を強化した。アジア・太平洋戦争に対する深い自責の念をもつ家永は，日本が再び戦争への道を歩み始めようとしている，知識人の一人として何をすべきか，と考え，これに抵抗した。

1965年に検定処分の違憲・違法を訴え国家賠償を要求する第一次教科書検定違憲訴訟を提訴，1967年には検定処分取り消しを求める第二次訴訟，1984年には検定に対する国家賠償を要求する第三次訴訟を提訴した。家永の主張の中心は教科書検定が表現の自由（日本国憲法第21条），学問の自由（第23条）に反する，特に21条で禁止されている検閲に当たるとするもので，それゆえ検定の廃止を訴えた。家永の提訴には，多くの歴史学研究者，法学研究者，教育学研究者が賛同し，法廷でも彼らが証人として支えた。

教育学はこの訴訟を通して，憲法第26条の「教育を受ける権利」を「国民の教育権論」「学習権」として大きく発展させた。1970年の第二次訴訟第一審（杉本判決）はこれを受け入れ，「国家は教育のような人間の内面的価値にかかわる精神活動については，できるだけその自由を尊重してこれに介入するのを避け」，「必要かつ適切な教育を施し，教育の機会均等の確保と，教育水準の維持向上のための諸条件の整備確立に努むべきことこそ福祉国家としての責務である」としている。

しかし，他の判決は，家永側の違憲の訴えを真摯に受け止めるものではなかった。「訴えの利益」を否定するものであったり，個別の検定事例について可否を論じるものであったりして，1997年の第三次訴訟最高裁判所判決をもって訴訟は終結した。本来，杉本判決の成果をもとに，子どもの学習権保障のために教育内容や教育目標はどう定めていくのがよいか，教科書はどうつくられ，採択されるのがよいか，制度的な検討が深められるべきであった。また，学校教育において教科書はどうあるべきか，いかに使われるべきか等，教育方法学上の課題も残されている。教育統制が進む現代において，訴訟に注目する意味は大きい。

〔久保田貢〕

| 第10章 | 教育方法の歴史と実践 |

同和教育運動

　部落解放を求める「部落解放運動」と結合して，部落解放を目的とする学校教育・社会教育における営みを総称した「同和教育」を推進してきたのが，「同和教育運動」である。

　戦前の融和教育や同和教育は治安維持や戦争遂行が目的だったという批判をふまえて，戦後の同和教育は，日本国憲法と教育基本法に基づき再出発した。部落解放全国委員会（1946年）や，全国同和教育研究協議会（1953年，略称は全同教）が結成され，部落に集中していた長欠・不就学への対応がすすめられた。「今日も机にあの子がいない」（1954年，高知県福祉教員記録）はその象徴である。また，義務教育の教科書無償（1964年）も，同和教育運動による。今日でも文部科学省は「義務教育教科書無償給与制度の意義」を印刷した紙袋を作成し，小学校等新1年生に教科書を給与している。その後，国の同和対策審議会答申（1965年），同和対策事業特別措置法（1969年）の成立へと進んでいく。

　1960年代には，同和地区の子どもたちの学力保障や進路保障が課題となる。1970年代以降，同和加配教職員を活用して少人数学級やティーム・ティーチングなどを実現し，学校をあげて学力保障や健康保障に取り組んだ。また，保幼小中高校と地域が連携しての教育改革もすすめられた。同時に，各地で同和教育副読本が発刊され，教科書にも部落問題の記述が登場する。自主解放という考え方のもとに，障がい者や在日韓国・朝鮮人などの社会的諸差別からの解放をめざす「解放教育」も提唱された。この流れは，国際的人権教育運動とも連動して，21世紀になってからは人権教育として展開されている。

　教育内容・方法としては，1950年代から生活綴り方や集団主義教育が取り組まれ，1970年代以降になると，全同教が四認識（1972年）を提起した。四認識とは，言語認識・自然認識・社会認識・芸術認識を枠組みとしてカリキュラムを構想しようとするものである。1990年代には開発教育・民衆教育・反差別教育など，国際的な人権教育の理念と方法を取り入れた参加型学習が盛んに行われるようになり，2000年代以降の人権総合学習へとつながる。このように，同和教育運動は一貫して民間教育研究団体と連携してきた。

〔佐久間敦史〕

［参］部落問題・人権研究所（1986）『部落問題・人権事典』解放出版社。

索 引

事項索引

A-Z

AI (Artificial Intelligence) 180, 187
BBS (Bulletin Board System) 119
Communicative language teaching (CLT) 221
Content based language teaching (CBLT) 221
DE & I (Diversity, Equity and Inclusion) 92
DeSeCo (Definition and Selection of Competencies) 95
EdTech 11, 176, **180**
ESD (Education for Sustainable Development) **225**
FD (Faculty Development) 292
Grammar-translation method 221
IEP (Individualized Education Program) 79
KOSEN (日本型高専教育制度) 295
Lesson Study 157, 330
LMS (Learning Management System) 119, 118, **190**, 295
MEXCBT (文部科学省CBTシステム) 188
MOOC (Massive Open Online Course) 180
OBE (Outcome-Based Education) 315
OECD (Organisation for Economic Co-operation and Development) 95, 274
OPPA (One Page Portfolio Assessment) 169
PBL (Problem Based Learning/Project Based Learning) 140, 291
PCK (pedagogical content knowledge) 185, 303
PISA (Programme for International Student Assesment) 94, 122, 179, 204, 253
PTA (Parent-Teacher Association) **277**
SDGs (Sustainable Development Goals) 96, **225**, 227, 229-231, 234, 332
SNS (Social Networking Service) 85, 181, **191**, 280
Society 5.0 **178**
SOGI (sexual orientation & gender identity) 38
3R's 70, 127
TIMSS (Trends in International Mathematics and Science Study) 122
TPACK (Technological Pedagogical and Content Knowldge) **185**
2E (Twice Exceptional) 82
VUCA (Volatility, Uncertainty, Complexity, Ambiguit) 44, 128
Well being →ウェルビーイング
X-Tech 180

あ行

ICT支援員 **189**
アイデンティティ 21, **57**
アカウンタビリティ 120, 293
アクション・リサーチ 19, 157, 304, 331
アクティブラーニング／アクティブ・ラーニング 49, 104, 107, 134, 146, 195, 199, 211, 229, 239, **291**, 312
朝の会・帰りの会 **268**
足場かけ 52, **133**, 314
足場はずし 133
アセスメント 90, 148, **163**
遊び 36, 67, 207, 310
遊び込む 62, 207
遊びと発達 36
遊びを通しての総合的な指導 72
アドボカシー 279
アトム化 37
アナログ 179
ありのままの自分 37
在ること・居ること 86
アンカー作品 170
安全・防災教育 **233**
アンドラゴジー 274
暗黙知 32, **129**, 303
委員会活動 **266**, 269
家永教科書検定訴訟 **333**
イエナ・プラン 242, 278, **324**
「異己」理解・共生授業プロジェクト 232
生きていく力の基礎 64
生きる力 51, 79, **94**, 107, 212, 233, 236
意見表明権 15, 38, 87, 151, 245, 251
意識化 94, 314
意思決定支援ガイドライン 57
異質性 18, 28, 154
意志の発達 **54**
いじめ 8, **85**, 119
依存症 89
一元的能力主義 12
一条校 278
一人称の語り 159
一枚の指導案 153
一斉学習 184
一斉授業 **135**
一斉保育 62
異年齢集団 **154**
いのちと死の教育 **237**
異文化理解教育 **232**
イマージョン教育 123

居間の教育 281
イメージ 144
インクルーシブ教育 16, 17, 73, 79, 81, 110, 152, 316
インクルージョン 16, 73, 80, 81
インターセクショナリティ 28, 234
インターセクショナル 38
インタビュー調査 20, 161
インターンシップ 265, 294, **299**
インテグレーション 16, 73, 81
イントラネット 190
院内学級 78
インフォメーションコモンズ 191
ヴァージニア・プラン 98, 113
WEB会議システム 190
ウェルビーイング 41, 56, 95, **96**, 122, 129, 178, 230, 234, 273
ウォーノック報告 73, 81
運動会・体育祭 263, 269
AIドリル **186**
英語科 182, 304
永続的理解 99
栄養教諭・栄養士 111
エコスクール 117
エコロジー 9
エージェンシー 95, **96**, 272, 279
STS教育 205
エスノメソドロジー 20
エデュケア 69
エピソード記憶 44
エビデンス 187
エポケー 22
絵本・紙芝居 65, 71, 238
NHK放送番組 178
NGO/NPOによる教育活動 **279**
エレンコス（吟味）法 138, 308
遠隔教育 177, 298
演劇 260, 262, 313, 315, 320
演劇活動 270
演劇教育 270
演劇の手法 **146**
演劇的な活動 270
演劇の知 32
演劇部 270
エンジニアリングデザインプロセス 217
援助 7
遠足 **261**
園内研修 72
エンパワーメント 8, 277
おいしさと幸福感 84
応援合戦 263
大きな物語 28
屋外運動施設 118
オーセンティックな課題 168

索 引

オープン・エデュケーション　115
オープン・スクール　115
オープン・スペース　115
オペレーション法　217
おもちゃ・遊具　60, 64, 67, 71
オルタナティブスクール　278
音　楽　48, 67, 77, 93, 105, 115, 116, 143, 155, 180, 187, 208
音楽科の教育方法　209
音楽科の教科論　208
音楽的思考　208
恩物（Spielgabe）　61, 64, 310
オンライン会議　190
オンライン教育　333
オンライン教材　190
オンライン授業　295, 298

か行

外言　30, 47
外国語科の教育方法　221
外国語科の教科論　220
外国人児童生徒　90
解釈学　21
解釈主義　19
ガイダンス　100, 245
ガイド学習　137
概念　48
概念型カリキュラム　101
概念の形成　48
開発教育　231
外発的動機づけ　45
開発予防的心理教育プログラム　247
回復　58
解放教育　334
開放制教員養成　301
開放的な学び　146
会話分析　20, 159
カウンセリング　246, 247
科学教育研究協議会　103, 204
科学的概念　48
係活動　258, 265, 266, 269
各教科等における見方・考え方　106
学芸会・文化祭　262
拡散的好奇心　43
学習意欲　45
学習改善　160
学習科学　27, 44, 147
学習課題　133, 134, 136, 140, 142, 151, 194, 217, 219, 251, 276
学習観　50
学習環境　108
学習規律　68, 152, 333
学習空間　115, 116, 191
学習経験単元　209
学習形態　135, 136, 138, 146, 152, 162, 186, 207
学習権　13, 14
学習権宣言　14, 149, 272
学習権保障　102, 126, 148, 315, 333
学習材　112
学習参加　151, 280

学習指導案　130
学習指導要領　107
学習者の教室環境認知　114
学習者の主体性　153
学習者用デジタル教科書　186
学習集団　30, 149, 151-153, 155, 162, 242, 318
学習塾・習い事　287
学習障害（LD）児の教育方法　76
学習としての評価（Assessment as Learning）　162
学習と発達　35
学習と評価の一体化　169
学習の学習　311
学習の基盤となる資質・能力　176, 181-183
学習の権利　34
学習のための評価（Assessment for Learning）　162
学習の評価（Assessment of Learning）　162, 168, 173
学習のレディネス（準備状態）　41
学習評価　95
学習方略　51
学術性　290
学制　212-214, 222, 223
学籍　78
拡張的学習（理）論　25, 274
学童保育　252, 281
『核のいる学級』　318
学問中心カリキュラム　101
学力　12, 40, 122, 126, 163, 166
学力格差　154
学力調査　122
学力と人格　40
学力の構造　126
学力の三要素　104
学力評価　163
学力モデル　46, 166
学力論争　40
隠れたカリキュラム　9, 92, 97, 234, 304
仮説実験授業　101, 138, 157, 328
価値の教育　255
学科別男女比率　297
学級　135, 149, 153, 242
学級革命　319
学級活動　265, 268
学級教育　149
学級経営　149, 254
学級指導　149
学級集団　150
学級集団づくり　243, 244, 258
『学級集団づくり入門　第二版』　243
学級新聞（class newspaper）　269
学級担任制　155
学級通信　254, 252
学級づくり　150, 243
学級の文化　254
学級文集　253, 254
学級（ホームルーム）活動　258
学級目標　150

学校安全　263
学校裏サイト　119
学校運営協議会　276, 277
学校園・ビオトープ　117
学校外教育　285
学校給食　111
学校給食の指導　267
学校教育　283
学校教育の情報化　176
学校教育法　92, 120
学校教育法第78条　79
学校行事　260
学校経営　258
学校支援ボランティア　112
学校施設整備指針　116, 118
学校新聞・学級新聞　269
学校生活管理指導票　78
学校づくり　269
学校図書館　117, 283
学校の教育目標　93
学校の社会的機能　275
学校の代理人　250
学校評価　97, 120
学校文化・学級文化　268
学校保健　111
活動理論　25, 157
家庭　276
家庭学習　42
家庭科の教育方法　215
家庭科の教科論　214
家庭教育　280, 281
家庭教育学級　280
課程主義と年齢主義　102
家庭・地域の教育力　276
家庭との連携　69
カノン　101
カームダウンスペース　77
カリキュラム　61, 92
カリキュラム・オーバーロード　104
カリキュラムの格差　202, 203
カリキュラムの類型　98
カリキュラム評価　99, 120, 165
カリキュラム・マネジメント　61, 98, 120, 121, 123, 239
カルテ（みとり）　161
カロカガティア　39
川井訓導事件　326
川口プラン　327
感覚　77
感覚器官　309
歓喜的学習　317
環境教育　7, 207, 228, 246, 264
『環境教育指導資料』　228
玩具　71
関係論的個性観　56
観察・参加実習　302
鑑識眼　167, 170
間主観性　170
鑑賞　211
感情　52
感情の発達　54

事項索引

感性　44
間接評価　293
完全習得学習　168, 173
観点別学習状況　164
観点別評価　170
監督　109
カンファレンス　158
管理　7
管理教育　249
管理主義　244
管理職　109
管理と指導　244
記憶　44
機会の平等　13
GIGAスクール構想　176, 178, 179, 184, 186, 188, 298
机間指導　148
机間巡視　148
記号接地問題　31
キー・コンピテンシー　95
儀式　260
儀式的行事　260
寄宿舎における教育　79
技術イノベーション　216
技術科の教育方法　217
技術科の教科論　216
技術ガバナンス　216
技術リテラシー　216
基礎学力　127
基礎・基本　103, 128
帰属意識　150
機能的リテラシー（functional literacy）　94
ギフテッドの子どもと教育　82
基本的信頼　89
基本的生活習慣　64
きまり　152
君が代　260, 261
義務教育の段階における普通教育に相当する機会の確保等に関する法律（教育機会確保法）　278
逆向き設計　99, 106
客観的解釈学　21
キャリア教育　248, 265, 291
給食　62, 84, 111, 233, 257, 266, 267, 286
教育CIO　189
教育DX　179, 188
教育運動　3, 326
教育映画　176
教育科学研究会　109, 157, 195, 254, 255
教育課程　92, 117, 259, 290
教育課程特例校　123
教育課程の自主編成　104
教育課程の編成　93
教育課程の民主主義　10
教育技術　2, 142
教育技術の法則化運動　331
教育基本法　12, 92
教育権　13
教育工学　157, 176, 177, 179
教育実習　299, 301, 302

教育実践　3
教育情報セキュリティ　188
教育職員免許法　110, 111, 122, 300, 301
教育振興基本計画　12, 92
教育的関係　8
教育的鑑識眼　167
教育的タクト　143
教育的道具　150
教育データ　185
教育データ利活用　188
教育とエコロジー　9
教育と科学の結合　4
教育とジェンダー　9
教育と生活の結合　4
教育と多言語多文化　10
教育とテクノロジー　11
教育と民主主義　10
教育と労働　5, 36
教育内容に関する知識（CK：Content Knowledge）　185
教育内容の現代化　4, 205, 328, 329
教育内容の精選　104
教育の市場化　11
教育の情報化　189
教育の情報化に関する手引（新・教育の情報化に関する手引）　176, 183, 189
教育の目的と目標　92
教育バウチャー　11
教育方法　2
教育方法に関する知識（PK：Pedagogical Knowledge）　185
教育メディア　11, 177
教育目標　126
教育目標の分類学　126, 315
教育を受ける権利　13
教員研修　180, 226, 300
教員のICT活用指導力チェックリスト　181, 184
教員養成　300
教員養成カリキュラム　301
教員養成の教授方法　302
教科　98, 101
教科以外の活動　257
教科横断　106
教科横断的・総合的な学習　228
教科外活動　257
教科・科目　105
教科準備室，特別教室　116
教科書　112, 113
教科中心の教育課程　74
教科等横断　255
教科内容　194
教科用図書　186
共感　44
教材　113, 144
教材開発　131
教材・教具　112
教材研究　117, 131, 132
教材単元　105
教師教育　158, 300, 330
教師教育とジェンダー　304

教室　114
教室環境経営　114
教師の専門知識　303
教師の専門的力量形成　304
教師の発問　219
教授学研究の会　320
教授原理　3
教授行為　132, 158
教授組織改善　156
教師用指導書　113
教職員の専門性　115
教職員配置改善計画　156
教職課程コアカリキュラム　301
教職の専門性　303
共生と寛容　59
「共生」の視点　219
協調学習　136, 147
共通教養　128
協働　109, 115, 303
協同　147
共同化　132
協同学習　35, 136, 191, 315
協働学習　184
「協働型」園内研修　72
協働型学習　24
協働する組織体　109
共同生活のルール　249
共同注視　314
協働的な学び　136
教諭　110
教諭・講師（常勤・非常勤）　110
教養教育　301
教練　139
極地方式　329
規律　152
キレる　88
議論　143
吟味　321
勤労観・職業観　265
勤労生産活動　263
空間　115
くさび形カリキュラム　100
くさび型教育課程　295
具体的な活動や体験　206
クラブ活動　258
クリティカル・ペダゴジー　314
グループ学習　136
訓育（Erziehung）　5
ケア　8
ケアの倫理　214
経験　49, 98
経験主義　24, 74
経験主義と系統主義　101
経験単元　105
経験領域拡大主義（同心円的拡大主義）　196
経済協力開発機構（OECD）　274
掲示　114
形式段階　323
形式陶冶　97, 202
掲示物　114

索引

芸術を通した教育　212
形成的アセスメント　168, 172, 315
形成的評価　165, 168, 170, **173**, 315
傾聴　21, 247
系統性　4, 105
劇あそび　270
劇化　48
研究インテグリティ　298
研究型教育実習　302
研究指定校・研究開発学校　123
研究者コミュニティ　298
研究者としての教師（teacher-as-researcher）　19
研究主任　110
研究の指導方法　292
研究方法論　19
研究倫理の教育　298
言語　182
言語活動　220
言語技術　194
言語ゲーム　28
言語コード理論　30
言語材料　220
言語能力　195
研修　110
現象学　19, **22**, 32
現象学的心理学　22
現職教育　300
言説分析　25
検定制　113
原発問題　332
権利主体　6, 34, 37, 67, 100, 243, 244
権利要求　28
権力関係　5
コア・カリキュラム　98, 100, 101, 106, **327**
合意形成　151, 266
公害　332
工学的アプローチ　41, 93, 98, **99**
講義法　137
公共　256
交差性　74
講師　110
合自然の原理　3
公私二元論　214
公正（equity）　23
構成主義　19, **24**, 27, 47, 50, 54, 57, 139, 140, 169
公正性　11, 23, 92, **174**, 296, 298
構造改革特別区域研究開発学校　123
構造的暴力　227
校則　249
高大接続　296
構築主義　25
行動　52
講堂　118
高等学校　100
行動規範　30
高等教育とジェンダー　297
高等専門学校　295
行動様式　268
校内研修　122

幸福追求権　14
公民科の教育方法　201
公民科の教科論　200
公民館の利用　283
公民的資質　196, 200, 265
校務 DX　185
校務の情報化　185
校友会　259
合理的（な）配慮　75, 78, 174
交流及び共同学習　81
交流教育　81
国語科の教育方法　195
国語科の教科論　194
国際協力　231
国際理解教育　226
黒板・電子黒板　118, 142
国民統合　10
国民の教育権　13, 272, 333
心の教育　236
互酬性　29
個人情報の保護　333
個人的知識　129
個人内評価　164, 170, **171**
個性化　132
個性の発達　56
子育て支援　64, 68-70, 72
子育ての社会化　70
五段階教授法　323
国家の教育権　13
国旗・国歌　261
コーディネーター　277
誤答分析　160
個と集団　6, 162, 260
言葉かけ　142
ことばの発達　47
子ども会　285
こども家庭庁　68, 70, 87, 281
こども基本法　13, 15, 34, 70, 90, 229, 245, 251, 272
子ども虐待　87
子ども・子育て支援新制度　68
子ども食堂　286
子ども組織　285
子どもたちの百の言葉　66
子ども哲学　222
子どもの家　312
子どもの意見表明権　15
子どもの居場所　287
子どもの健康をめぐる課題　84
子どもの権利　67, 69
子どもの権利条約　14, **15**, 38, 87, 244, 245, 250, 251
子どもの最善の利益　15, 250
子どもの参画　251
子どもの自殺　86
子どもの自立と社会参画　272
子どもの発見　309
子どもの発達の権利保障　34
子どもの発達の困難　83
子どもの貧困　90
こどもの貧困解消に向けた対策推進法

89
子ども文化　269
子ども理解　61, 72, 131, 161, **246**, 252
子ども・若者の参画　282
個に応じた指導　148, 156, 219
5 年間一貫教育　295
個別化　132
個別学習　135, 184
個別教育計画　79
個別最適な学び　**136**, 178
個別の教育支援計画　79
個別の指導計画　75, 79
コミュニケーション　191, 220
コミュニケーション論　26
コミュニティ・スクール　106, 276, **277**, 280
コモン・コア　103
ゴールフリー評価（Goal-free evaluation）　165
コロナ禍　179
コンサルテーション　247
コンテンツ　190
コンピテンシー　12, 94, **95**, 96, 199

さ行

差異　17
災害・防災教育　332
再生産論　30
才能教育（gifted education または gifted and talented education）　82
差異の政治　17
サイバネティック　168
座席表　131
座席表指導案　131
サービスラーニング　230, 264
サラマンカ宣言　**16**, 73
参加　66, 251
参加型学習　229
参画のはしご　272
三角形モデル　130
三省合意　299
算数・数学科の教育方法　203
算数・数学科の教科論　202
産婆術　308
飼育・栽培　65
支援　7
ジェンダー規範　281, 304
ジェンダー・性の教育　234
ジェンダー・センシティブ　9
ジェンダー・バイアス　9
ジェンダー不平等　215
自我アイデンティティ　57
資格試験　296
自学自習　42
時間割編成　107
識字教育　272, 274, 314
シークエンス　21, **98**, 196, 216
ジグソー法　**147**, 198, 239
試験　262
自己意識　58
思考過程の分析　161

事項索引

思考の発達 47
思考力 46
思考力，判断力，表現力等 94
思考力・判断力・表現力の評価 166
自己決定 57
自己決定学習論 274
自己決定理論（Self-Determination Theory) 57
自己肯定感 58, 89
自己効力 45
自己（自我）同一性 57
自己実現 56
自己責任 17
自己調整 52
仕事・労働と発達 36
自己評価 169, 172
自己表現 253
自殺 84-86, 237, 250, 287
指示 141
事実的な知識 167
資質・能力 92, 95, 134, 163, 218
自主性の発達 55
市場化 29
自傷行為 86
静岡市立安東小学校 131, 161
死生観 237
施設整備指針 114
自然 65
自然科学 204
自然災害 262
自然体験活動 264
自然の法則 309
持続可能な開発のための教育 225, 228
持続可能な開発目標 → SDGs
持続可能なライフスタイル 214
自尊感情 58
自尊心 58
自治 4, 38, 59, 149, 243, 251
自治性 266
自治的活動 258, 266
自治的活動と発達 38
自治的集団 38
自治的集団づくり 30
視聴覚教育 177
しつけ 64
実験学校 123
実質陶冶 97
実証主義 19
実践共同体 26
実践記録 3
実践的知識 129
実存 23
実存主義 23
実地授業批評会 157
質的評価 293
質評価 60
シティズンシップ教育 73, 222, 256
指導 6, 7
児童（生徒）会活動 38, 251, 258, 259, 260, 266, 269
指導改善 160

児童虐待 249
児童虐待防止法 87
指導言 141
児童憲章 15
児童権利宣言 15
指導者用デジタル教科書 186
児童（生徒）会活動 259, 266
児童相談所 275
児童中心カリキュラム 100
児童中心主義 213
指導と評価の一体化 121, 169
児童の権利に関する条約（子どもの権利条約) 34, 69
児童文化 269
指導要録 46, 163, 164, 170, 171
指標 173
自閉症スペクトラム障害児 80, 83
島小教育 320
市民 181, 201
市民性 100, 290
市民性教育 256
市民的資質 197
市民的能力（Citizenship) 257
指名 145
指名なし発表 145
社会移動の流動性 41
社会化 254, 275
社会科学的な認識 201
社会科の教育方法 197
社会科の教科論 196
社会科の初志をつらぬく会 139, 157
社会機能主義 196
社会教育 273
社会教育施設 283
社会構成主義／社会的構成主義 27, 142
社会参加 17, 231, 256, 259, 276, 283
社会システム論 27
社会施設 287
社会情動的スキル 51, 53, 55, 129
社会性 55, 154
社会性の発達 55
社会的共通資本 332
社会的公正／社会正義にむけての教師教育 305
社会に開かれた教育課程 276, 277
社会認識 196
社会認識形成 197
社会福祉士 248
社会・文化的アプローチ 25
社会奉仕 112
尺度 173
自由ヴァルドルフ学校 313
集会活動 267
就学能力をめぐる議論 70
修学旅行 262
週間プログラム 148
自由研究 257, 258
自由七科 105
習熟度別学習（指導) 154
修士論文 292
修身科 196, 222, 255, 261, 301, 317

自由進度学習 148
集団アイデンティティ 57
集団過程の分析 162
集団思考 152
集団主義教育 6, 330
集団づくり 6, 243, 326, 330
集団に準拠した評価 164
集団編成 150
集中方式 107
習得・活用・探究 104
修得主義と履修主義 102
自由読書 238
重度重複障害 80
重度・重複障害児の教育方法 77
自由保育 62
住民の学校参加 276
修養 316
儒教 255
授業 130, 153
授業改善 160
授業観 130
授業記録 159
授業研究 157, 158, 160, 162
授業研究会 158
授業時数特例校 123
授業書 328
授業づくり 133, 153
授業におけるICTの活用 184
授業のプロトコル 321
授業の山場 133
授業評価 173
授業分析 157, 173
授業を想定した教科の知識（pedagogical-content knowledge : PCK) 303
宿題 42, 147
熟達化 34
受苦の知 32
主権者教育 73, 256
手工教育 263
主体 85
主体性 67, 254
主体的・対話的で深い学び 67, 97, 107, 134, 194, 291
主体的に学習に取り組む態度の評価 166
シュタイナー学校 313
シュタイナー幼稚園 313
シュタンツだより 309
受容と要求 247
主要発問 140
純粋贈与 29
準正課活動 290
情意 46
障害 16, 17, 81
生涯学習 272, 273, 276, 295
障害児教育課程の変遷 74
障害者の権利条約 73
障害のある児童の教科指導 74
障害のある人とトランジション 80
小学校 100
小学校祝日大祭日儀式規程 260
状況に埋め込まれた学習 26, 274

339

索引

消極教育　4, 309
小集団学習　135
情操　63
状態興味　43
小中一貫教育　154
象徴遊び　36
象徴機能　49
焦点的注意　43
情動知能　54
承認　18, 85
少人数授業　155
少年自然の家　282
少年自然の家等の利用　282
少年団　285
情報科　183
情報格差　182
情報活用能力　117, 176, 181-183
情報活用の実践力　183
情報教育　176, 180, 183
情報社会に参画する態度　183
情報通信技術　145, 178
情報読書　238
情報の科学的な理解　183
情報モラル　183, 189, 191
情報モラル教育　180, 181, 191
情報リテラシー教育　191
食育　111
職員室　115
職員室文化　115
職業教育・専門職教育　224, 294
職業指導　245, 248
職業的意義　294
職業に関する教科の教科論・教育方法　224
食に関する教育　235
食の問題と発達　84
職場体験　265
職場体験学習　265
植民地主義　10, 29, 314
食物アレルギー　262
助言　142
女子差別撤廃条約　214
女性解放　28
ショートホームルーム　268
自律　6, 55
自立　6, 74, 80
自立活動　75, 77
自立した読者　238
自律性　301
自律的な学習者　293
自立と発達　37
事例研究　302
進学　287
人格　40
人格形成　40
人格的自立　37
人格の発達　39
新学力観　166
新型コロナウイルス感染症（COVID-19）　84, 190, 233, 262, 275, 298, 333
進級原理　102

新教育運動　323
新教育指針　138
人権教育　229, 334
人権総合学習　229
人材バンク　112
新自由主義　60
心情　63
真正の評価　165
新卒一括採用　294
身体（論）　31
人智学　313
進捗管理　190
心的外傷　8, 88
人的環境　60
『新版　学級集団づくり入門小学校編』　243
進歩主義　312, 327
親密圏と公共圏の再編　214
信頼関係　8
信頼性　173
心理特性　129
進路指導　248
水道方式　101, 157, 328
数学教育協議会　103, 153, 203, 328
数学的活動　203
数学的コンピテンシー　203
数学的モデル化　203
図画工作科の教育方法　211
図画工作科の教科論　210
杉本判決　333
スキル　291
スクール・カウンセラー　86, 246, 247
スクールソーシャルワーカー　86, 248, 275
スクール・ポリシー　93
スクール・ミッション　93
スクール・レディネス　70
スクール・ロイヤー　250
スコープ　98
スタディ・ログ　188
スタートカリキュラム　68
STEM/STEAM教育　103, 106, 204
ストップモーション方式　158
ストレス　58
スーパーサイエンスハイスクール　123
スプートニク・ショック　106
ずらし　137, 279
生活科の教育方法　207
生活科の教科論　206
生活教育　105
生活指導　242, 243, 245, 319
生活集団　149
生活世界　22
生活単元学習　76, 80, 327
生活づくり　252
生活綴（り）方　253, 254, 319
生活綴方的教育方法　321, 326
生活的概念　48
生活表現　253
生活文化　67
静坐　316
省察　143, 159, 303

省察活動　302
省察的実践家　304
政治　201
政治的リテラシー　256
性自認　297, 304
成人教育　274
生成AI　298
生成の原理　208
生存権　14
生態学　9
成長発達権　14
性的指向　304
正統的周辺参加論　26, 27
生徒指導　244-246
生徒指導主任　244
生徒指導提要　85, 245
生徒指導の手引き　245
生徒文化　268, 269
性のグラデーション　38
性の多様性　234
生物・心理・社会モデル　83
性別役割分業　215
世界授業研究学会（WALS）　157
『世界図絵』　65, 177, 308
世界への根づき　29
世界保健機関憲章　84
世界保健機構（WHO）　96
セキュリティ　191
セキュリティポリシー　188
セクシズム　215
セクシュアリティ・ジェンダーと保育・教育　38
接続（アーティキュレーション）　296
絶対評価　164, 171
説明　141
ゼミ　291
全員参加　153
専科制と教科担任制　155
専決事項　249
全国学力・学習状況調査　152, 156, 174
全国授業研究協議会　149, 152, 153, 157, 162, 330
全国生活指導研究協議会　30, 151, 243, 258, 318, 330
潜在的カリキュラム（hidden curriculum）　92, 254
全人教育　90
選択的注意　43
善導　29
選抜　275
選抜試験　296
全面主義　254
全面発達　5, 22, 36, 39
専門家共同体　304
専門教科　224
専門高校　224
専門職　303
専門性開発　158
総括的評価　170, 172
造形的な遊び　212
造形的な見方・考え方　210, 211

総合技術教育(ポリテフニズム) 22, 39
総合的学習の教育 239
総合的な学習の時間 76, 94, 107, 169, 239, 253, 264, 276
総合的な学習の時間(養護学校・特別支援学校) 76
相互行為 20
相互交渉 268
相互作用 161, 311
相互評価 172
創作的学習 317
創造性 49, 129, 213
創造的創造 49
創造美育協会 210
想像力 49
創造力 49
相対的貧困 89
相対評価 164, 171
贈与論 29
組織運営体制 109
組織学習 304
ソーシャル・インクルージョン 16
ソーシャルワーク 248
卒業研究 292
卒業論文 292
尊厳(dignity) 86
存在 86
存在要求 83, 85

た行

体育館・講堂 118
体育祭 263
大学院生 292
大学教育のカリキュラム 290
大学設置基準 290
大学全入時代 296
大学における教育方法 292
大学における教員養成 300
大学における保育者養成 72
大学入学者選抜 296
大学の学習評価 293
大学の授業 290
大学の授業評価 293
大学の正課外教育 294
『大教授学』 308
体験 207
体験学習 282
題材 210
大正自由教育 326
大正新教育 116, 317, 326
対人援助 8
態度 46
体罰 250
対面(面接)授業 298
タイラー原理 93, 120
対話 87, 152, 293, 314
対話型模擬授業検討会 302
タキソノミー 46
卓越主義(パーフェクショニズム) 220
他者 18, 59
多重知能 47

多職種連携 109
妥当性 173
楽しい授業 329
タブレット 118
多文化共生 285
多文化主義 305
多様性と包摂性の教育 73
多様な食経験 84
単位制度 290
短期記憶 44
探究 66
探究学習／探究的学習／探究的な学習 24, 105, 205, 239, 283
単元 105
単元学習 318
単元内自由進度学習 148
談話分析 159
地域開発 332
地域教育計画 327
地域教材 113
地域コミュニティ 285
地域社会 283
地域社会を活性化する文化 286
地域と教育 332
地域とともにある学校 277
地域の過疎化と学校教育 279
地域の福祉機能と学校との連携 275
地域文化 286
地域若者サポートステーション 275
知覚・感受 208
茅ヶ崎市立浜之郷小学校 331
地球サミット 225
逐語記録 161
知識・技能の評価 167
知識・理解 46
知性 45
知的興味・好奇心 43
知的財産権 180
知的障害 80
知的障害教育 319
知・徳・体 94
チーム学校 109
注意欠陥／多動性障害 77
注意・集中 43
中学校 100
中心発問 133
超越論的主観性 22
懲戒 249
懲戒権 249
長期的な改善のサイクル 52
直接経験 24
直接的な体験 88
直接評価 293
著作権教育 180
直観教授 261
直観の原理 3
地理 198
地理総合 199
地理歴史科の教育方法 199
地理歴史科の教科論 198
追試 331

通級による指導 76, 77
通信簿改革 321
通知表 171
つまずきと知的発達 50
TEES研究会 300
TA(ティーチング・アシスタント) 292
定型発達と非定型発達 40
T-C型授業記録 159
定性的アプローチ 160
ティーチング・ポートフォリオ 293
ティーチングマシン 176
ディベート 143
ティーム・ティーチング 132, 156
チームワーク 72
定量的アプローチ 160
適応指導教室 275
出口論争 140
テクネー 11
テクノロジー 113
テクノロジーに関する知識(TK：Technological Knowledge) 185
デザイン研究 27
デジタル 118, 187
デジタル技術 179
デジタル教科書 179, 186, 187
デジタル教材 189
デジタルコンテンツ 187
デジタルシチズンシップ教育 181
デジタル社会 181
デジタル・ディバイド 182
データサイエンス 187
転位可能 46
電子掲示板 119
展示・展示物 114
伝達学習 145
「伝達型」園内研修 72
伝統と文化 284
『ドイツの教師に寄せる陶冶のための指針』 311
動機づけ 54
討議法 138
統計学 187
統合教育 81
当事者 280
当事者性 230
動植物 65
同心円的拡大 113
到達度評価 164, 165
到達目標 127
道徳教育 236, 254
道徳心 235
道徳性の発達 53
道徳的価値 254
道徳の教育方法 223
道徳の教科論 222
道徳の時間 236
統廃合 279
当番活動 266
陶冶(Bildung) 5, 97, 311
同僚性 304
同和教育 229

索　引

同和教育運動　334
ドキュメンテーション　66, 71
特殊的好奇心　43
読書活動　253, 283
読書指導　253
読書に関する教育　238
特性興味　43
特別活動　154, 257, 258, 260, 264, 265
特別教育活動　257, 258
特別支援学級における教育方法　80
特別支援教育　7, 73, 75, 79, 81, 109
特別なニーズ教育　16, 73
特別の教科　道徳　181, 222, 223
徳目主義　255
途上国　231
図書館教育　117
図書館の利用　283
ともに食べる　111
トラウマ　88
ドラマ教育　146
トランスジェンダー　297
努力的学習　317
ドリル・練習　139
ドルトン・プラン　132, 324

な行

内言　47, 315
内心の自由　261
内的／外的資源　58
内発的動機づけ　45
内容知　137
仲間づくり　319, 326
ナラティブ　21, 35
二次障害　77
日記指導　252
『にっぽんご』　322
ニート　294
日本国憲法　15
日本語指導　90
日本作文の会　195, 253, 326
日本生活教育連盟　139, 258
二面的開示　97
乳幼児期の教育課程　61
乳幼児期の教育形態　62
乳幼児期の教育方法　61
乳幼児教育の構造　60
乳幼児教育の質　60
乳幼児の子ども文化　67
乳幼児の情操教育　63
乳幼児の知育　63
乳幼児の福祉と養護　69
乳幼児の保育環境　67
ニュー・パブリック・マネジメント　60
人間観・世界観の教育　320
人間形成／自己形成　31, 311
人間と食の関係　84
人間の尊厳　87
認識論　9
認知　52
認知機能　46
認定こども園　68

認定評価　164
ネットいじめ　85
年間指導計画等　92
年間授業時数　107
脳イメージング技術　34
脳神経活動　34
能動的な学習　145
能力主義　12
能力主義批判　329
望ましい集団活動　260
ノート指導　144
ノーマライゼーション　16

は行

配分　275
バイリンガル・マルチリンガル教育　10
博物館　282
博物館等の利用　282
場所（論）　31
パーソナリティ　39
パターナリスティック　83
パターナリズム（父権主義）　29
働き方改革　185
発見学習　205, 314
発見法　308
発達権　14
発達状況　246
発達疎外　83, 85
発達段階　246
発達的自立　37
発達と環境移行（トランジション）　37
発達特性　206
発達の最近接領域（最近接発達領域）　35, 41, 47, 52, 163, 315
（発達の生理的基盤）脳及び身体の発達　34
発達の段階と教育　41
発達保障論　316
発達要求　83, 85
発問　132, 140, 141, 145, 160
発問分析　160
発話行為　142
パトス（情動）の知　32
パートナーシップ　279
ハビトゥス　41
パフォーマンス　170
パフォーマンス課題　99, 168
パフォーマンス評価　166, 168, 293
パブリック・スクール　79
ハラスメント　88, 191, 292, 297
　アカデミック・ハラスメント　291
　セクシャル・ハラスメント（セクハラ）　304
　パワー・ハラスメント（パワハラ）　297
パラダイム　19
春田－吉本論争　242
班　150, 151
班・核・討議づくり　150, 151
反社会的の行動　88
板書　132, 142

反証可能性　187
反省的思考　24, 128
班長（学習リーダー）　151
パンデミック　333
反転学習　147
反転授業　145
反復練習　139
範例　104
東浦町立緒川小学校　148
東日本大震災　332
引きこもり　86
非行のある少年（少女）　85
非行・問題行動　85
非社会的行動　88
美術科の教育方法　213
美術科の教科論　212
美術教育の危機　212
非対称性　298
ビッグデータ　179
非定型化　40
否定の否定　30
否定発問（ゆさぶり）　30
PDCAサイクル　121, 215
美と真実の教育　320
1人1台端末　86, 116, 176, 179, 184-186, 188, 333
非認知的発達（社会情動的スキルなど含む）　53
非認知能力　55, 129, 325
批判主義　25
批判的リテラシー（critical literacy）　94, 314
批判理論　21, 23
批評　167
ヒューマンライブラリー　232
評価の規準と基準　169
表現　48, 182, 211, 213
表現活動　320
表現力　48
病弱　78
病弱児の教育方法　78
評定　164, 172
平等権　13
平等主義　13
びわこ学園　316
貧困　17, 256
貧困・格差　89
貧困な福祉観　230
ファシリテーター　146, 213
フィードバック　162, 168, 173
フィードフォワード　172
フェミニズム　28
部活動　259
復学　78
複式学級　137
複式指導　279
複式授業　137
福祉教育　230
普通教育と専門教育　100
普通教室　116
物的環境　60

不適切な指導　250
不登校　278, 287
不平等　97
部落解放　334
部落差別　229
プラグマティズム　24
フラッシュバック　88
フランクフルト学派　23
フリースクール　180, 275, 278
フリーター　294
フレネ学校　313
フレネ教育学　313
プレーパーク　285
フロー　49
プログラミング的思考　183
プログラム学習　6
プログラム教授　176
プロジェクト　312
プロジェクト・アプローチ　66
プロジェクト学習／プロジェクト型学習／プロジェクト型の学習　106, 140, 205
プロジェクト法　217
プロジェクト・メソッド　140, 323
文学　182
文化資本，社会関係資本　41
文化心理学　35
分割的注意　43
文化の再生産論　30
文化的リテラシー（cultural literacy）　94
文化的・歴史的発達　5
文化と伝統　284
文化と発達　35
文化の真正性　286
文化-歴史的理論　35, 315
文芸教育研究協議会　195, 320
ペア学習　135
ペアレントクラシー　275
平和教育　227
へき地教育　279
壁面　114
ペダゴジー　90, 274, 314
ヘッド・スタート計画　325
ペーパーテスト　167
ヘルスプロモーション　84
ペルソナ　39
ヘルバルト派　117, 323, 326
変革（transformation）　225
変革的エージェンシー　25
弁証法　30
弁証法的唯物論　22
変容的学習論　274
保育・教育の質　60
保育形態　62
保育・子育てのパートナー　69
保育者　7
保育所　69
保育所・幼稚園と家庭との連携　69
保育の専門性　72
保育の脱専門職化　72
保育・幼児教育における遊び（リスクも含む）　62

保育・幼児教育の記録　71
放課後児童クラブ　281
放課後児童健全育成事業　252, 281
放課後の遊びと学び　252
放課後の学校化　252
包括的性教育　38, 234
冒険教育　264
方向目標　127
奉仕活動　263
方式（型）　2
包摂と排除　17, 90
放送教育　177, 178
放送大学（公開大学／通信制大学／オンライン大学）　295
放送番組　178
方法知　137
暴力　87
保健室　116
保健室登校　116
保健・体育科の教育方法　219
保健・体育科の教科論　218
保護者　69, 280
保護者との協働と対応　280
補償教育　34, 325
ポストモダン　28
ポートフォリオ　71, 166
ポートフォリオ評価　169, 239, 293
ホームプロジェクト　215
ボランティア　112
ボランティア活動　264, 294
ホリスティックな教育　278
ホールスクール　267
本郷プラン　327
本質主義（エッセンシャリズム）　103
本質的な問い　99

ま行

マイプラン学習　148
マシュマロテスト　53
マスタリー・ラーニング　168, 315
祭りと年中行事　285
学び方　128
学び方を学ぶ（メタ認知）　51
学びに向かう力・人間性　129
学びに向かう力の発達　51
学びの共同体　7, 331
学びのユニバーサル・デザイン　75
学ぶことを学ぶ　273
未来の学習　273
マルクス主義　22, 23, 39, 327
マルトリートメント　87
味覚　235
見方・考え方　198
ミニマム・エッセンシャルズ　103, 127
明星学園　322
民間教育運動（民間教育研究運動）　329
民間教育研究団体　112
民主主義　10, 251, 312, 249
民主主義教育　200
民主的人格　10, 243, 251
民主的な人間関係　150, 243

民族誌的分析　159
ムカつく・キレる　88
無境界性　253
『村を育てる学力』　237, 321
命題（論題）　143
メタ認知　169, 173
メタバース　267
メディア　118
メディア・リテラシー　182
メリトクラシー　12
模擬授業　302
目標に準拠した評価　99, 164, 170
目標にとらわれない評価　99
目標に基づく評価（Goal-based evaluation）　165
目標の種類　127
モジュール学習　268
モジュール方式　107
モチベーション（動機づけ）　45
モントリオール・システム助教法　132
物語のプロット　21
モラルジレンマ　223
問題解決学習／問題解決型の学習／問題解決的な学習　105, 106, 139, 223
問題発見・解決能力　128
モンテッソーリ・メソッド　312
問答法　138

や行

野外文化活動　284
約束や責任感　64
薬物乱用　89
『山びこ学校』　3, 242, 322
ヤングケアラー　90, 248
有機体的発達論　37
優生思想　316
有能感　57
ゆさぶり　144
ゆさぶり発問　140
豊かな感性　63
ユニバーサル・デザイン　74, 75, 114
ユネスコ（UNESCO）　226, 272, 274
「夜明け前の子どもたち」（映画）　316
要求　247
養護教諭（保健室）　111, 116
養護・訓練　75
養護と教育　69
幼児　7
幼児期の終わりまでに育ってほしい姿　68
幼児向けメディアコンテンツ　71
幼小接続期　207
幼稚園（Kindergarten: 子どもたちの園）　310
幼保小接続　206
幼保小の架け橋プログラム　68
幼保小連携・接続と架け橋期　68
幼保の一元化　68
欲求5段階説　56
読み合い　65
読み書き算　127
読み聞かせ　65

索　引

「読み」の授業研究会　195, 318

ら行

ライフヒストリー　20
羅生門的アプローチ　41, 98, **99**
螺旋型カリキュラム　314
ラーニング・エコロジー　**108**
ラーニングコモンズ　**191**
ラーニング・プログレッションズ　48
リアルタイム・オンライン　267
理科の教育方法　**205**
理科の教科論　**204**
リカレント教育　**274**, 295
理工チャレンジ（リコチャレ）　297
履修原理　**102**

リスキリング　274
リーダーシップ　259
リテラシー　94, 314
量的研究と質的研究　**19**
量的評価　293
旅行・集団宿泊的行事　262
理論的知識　**197**
臨時教育審議会　155, 176, 183
臨床の知　**32**
ルーブリック（評価指標）　169, **170**, 172, 293
令和の日本型学校教育　136, 186
歴史総合　199
レジリエンス　**58**
レッジョ・エミリア　**66**, 71

レディネス　274
レリバンス　253
連携・協働　285
連携協力　287
労作教育運動　5
労作の原理　3
論争問題　256

わ行

わかりやすさの原理　3
ワークショップ　**146**
技　2
わざ言語　31
わたり　137, 279

人名索引

あ行

芦田恵之助　253, **316**
アップル（Michael W. Apple）　23, 97
安彦忠彦　98, 104, 105, 172
アロンソン（Elliot Aronson）　147
家永三郎　333
池田潔　79
板倉聖宣　127, 138, 157, 205, 328, 329
糸賀一雄　**316**
稲富栄次郎　2
ヴァン＝マーネン（Max van Manen）　56, 143
ヴィゴツキー（L. S. Vygotsky）　24, 30, 35, 41, 47-49, 52, 54, 83, 136, 142, 163, **315**
上田薫　6, 131, 161, 255
ウェンガー（Étienne Charles Wenger）　26, 27, 35, 274
梅根悟　327
エリクソン（Erik Homburger Erikson）　37, 39, 41, 57
エンゲストローム（Yrjö Engeström）　25, 35, 274
及川平治　**317**, 326
大瀬敏昭　331
大田堯　327
大西忠治　30, 118, 138, 141, 151, 195, 242, 243, **318**
大村はま　110, 194, 195, **318**
岡田虎二郎　316
長田新　309
小原國芳　48, 262, 270
オルフ（Carl Orff）　67, 207

か行

梶田叡一　127
ガダマー（Hans-Georg Gadamer）　21
勝田守一　2, 127, 226
加藤公明　138
ガードナー（Howard Gardner）　47
ガーフィンケル（Harold Garfinkel）　20

ガルトゥング（Johan Galtung）　227
川合章　326, 329
カント（Immanuel Kant）　2, 39, 310, 313
木下竹次　**317**, 326
ギリガン（Carol Gilligan）　28
キルパトリック（William Heard Kilpatrick）　66, 105, 140, 217, 323
ギルフォード（Joy Paul Guilford）　47, 49
倉橋惣三　61
クラフキ（Wolfgang Klafki）　97
クルプスカヤ（Nadezhda Konstantinovna Krupskaia）　4, 39, 330
グレイ（William Gray）　94
国分一太郎　322, 326
コクラン＝スミス（Marilyn Cochran-Smith）　305
小西健二郎　242, **319**
コメニウス（Johannes Amos Comenius）　3, 65, 135, 177, 242, **308**, 311
コールバーグ（Lawrence Kohlberg）　53, 223
近藤益雄　74, **319**

さ行

西郷竹彦　195, **320**
斎藤喜博　30, 140, 144, 157, 159, 160, **320**
小砂丘忠義　253
佐藤学　110, 128, 154, 157, 158, 179, 303, 331
サルトル（Jean-Paul Sartre）　23
ジェルピ（Ettore Gelpi）　272, 274
シュタイナー（Rudolf Steiner）　143, 278, **313**
シュライアマハー（Friedrich Daniel Ernst Schleiermacher）　21, 311
シュワブ（Joseph Schwab）　303
ショーマン（Lee Shulman）　185, 303
ジルー（Henry Giroux）　23
城丸章夫　2, 6, 30, 36, 243, 244, 263, 319
砂沢喜代次　152, 157, 162, 330
スピアマン（Charles Edward Spearman）　47

スリーター（Christine E. Sleeter）　305
ソクラテス（Socrates）　138, **308**
ソーンダイク（Edward L. Thorndike）　139

た行

タイラー（Ralph W. Tyler）　93, 99, 120, 126, 315
高橋金三郎　329
竹内常一　30, 37, 38, 83, 85, 151, 242, 243, 247, 319, 326
竹内敏晴　31, 32
棚橋源太郎　117
ツィラー（Tuiskon Ziller）　105, 323
津田八洲男　252
ディースターヴェーク（Friedrich Adolph Wilhelm Diesterweg）　3, **311**
手塚岸衛　326
デューイ（John Dewey）　2, 4, 10, 24, 30, 66, 100, 101, 105, 106, 123, 128, 167, 208, 209, 217, 275, **312**, 327, 331
デュルケーム（Émile Durkheim）　27
東井義雄　153, 237, **321**
遠山啓　157, 203, 328, 329
鳥山敏子　146

な行

中内敏夫　40, 46, 112, 126, 127, 165, 326
長岡文雄　131
中野光　261, 326
中村雄二郎　32
滑川道夫　253
ニイル（Alexander Sutherland Neill）　100, 278
野口援太郎　326
ノディングズ（Nel Noddings）　8
野村芳兵衛　235, 276
ノールズ（Malcolm Shepherd Knowles）　274

は行

パーカー（Francis Wayland Parker）　100, 326

人名索引

パーカースト（Helen Parkhurst）　324
ハーシュ（Eric Donald Hirsch）　94
橋本誠一　252
パーソンズ（Frank Parsons）　245
パーソンズ（Talcott Parsons）　27
ハート（Roger Hart）　251, 272
ハーバーマス（Jürgen Habermas）　26
林竹二　103, 308, **321**
針塚長太郎　117
バーンスティン（Basil Bernstein）　30, 216
ピアジェ（Jean Piaget）　36, 41, 45, 47, 48, 53
樋口勘次郎　261, 326
ビースタ（Gert Biesta）　10, 29, 251, 256
藤田昌士　255
ブラウン（Ann Lesley Brown）　51
フリードソン（Eliot Freidson）　29
フリードマン（Milton Friedman）　11
ブルデュー（Pierre Bourdieu）　30, 41, 275
ブルーナー（Jerome Seymour Bruner）　21, 35, 41, 52, 101, 103, 128, **314**
ブルーム（Benjamin Samuel Bloom）　126, 162, 168, 173, **315**
フレイヴェル（John H. Flavell）　51
フレイレ（Paulo Freire）　23, 94, 274, **314**

フレネ（Célestin Freinet）　278, **313**
フレーベル（Friedrich Fröbel）　61-64, 213, **310**
プロタゴラス（Protagoras）　308
フンボルト（Wilhelm von Humboldt）　311
ペスタロッチー（Johann Heinrich Pestalozzi）　3, 4, 36, 39, 100, 143, 213, 281, **309**, 310, 311
ペーターゼン（Peter Petersen）　324
ヘックマン（James Joseph Heckman）　53, 129, 325
ベネット（William John Bennett）　255
ヘルバルト（Johann Friedrich Herbart）　2, 3, 143, **310**, 311, 323
ボーヴォワール（Simone de Beauvoir）　28
ボルノー（Otto Friedrich Bollnow）　23

ま行

マカレンコ（Anton Semyonovich Makarenko）　30, 143, 152, 330
マラグッツィ（Loris Malaguzzi）　66
マルクス（Karl Marx）　22, 25, 39, 330
峰地光重　242, 253
ミーハン（Hugh Mehan）　20
宮坂哲文　160, 242, 243, 257, 259
ミレット（Kate Millett）　29

向山洋一　145, 157, 331
無着成恭　242, **322**
メジロー（Jack Mezirow）　274
モンテッソーリ（Maria Montessori）　36, 64, 213, 278, **312**

や行

吉本均　3, 5, 6, 30, 55, 130, 140, 149, 152, 153, 160, 320

ら行

ライン（W. Rein）　323
ラムス（Petrus Ramus）　2
ランゲフェルト（Martinus Jan Langeveld）　32
リオタール（Jean-François Lyotard）　28
リード（Herbert Read）　210, 212
ルソー（Jean-Jacques Rousseau）　3, 4, 100, 264, **309**
ルーマン（Niklas Luhmann）　26, 27
レイヴ（Jean Lave）　27, 274
レヴィン（Kurt Lewin）　19, 331

わ行

渡部淳　31, 32, 146

執筆者一覧

赤木　和重	稲垣　忠	香川　七海
赤沢　早人	井ノ口　淳三	鹿毛　雅治
赤沢　真世	今井　理恵	影浦　紀子
赤塚　祐哉	岩田　遵子	栫井　大輔
赤星　まゆみ	岩本　泰	梶原　郁郎
秋田　喜代美	上杉　嘉見	桂　直美
浅井　幸子	植田　一夫	加登本　仁
芦田　祐佳	上野　正道	金井　香里
足立　淳	植松　千喜	鎌倉　博
阿部　昇	上森　さくら	鎌田　和宏
新居　池津子	牛田　伸一	鎌田　祥輝
新井　英靖	梅津　正美	上條　晴夫
荒木　寿友	胡田　裕教	狩野　浩二
荒巻　恵子	遠藤　貴広	川口　俊明
有井　優太	遠藤　野ゆり	川口　広美
有馬　実世	遠藤　宏美	川地　亜弥子
有間　梨絵	大泉　義一	河野　麻沙美
安藤　和久	大坂　遊	河原　尚武
池田　竜介	大下　卓司	川村　光
池野　正晴	大島　崇	祁　白麗
石井　英真	大塚　類	菊地　洋
石川　英志	大貫　守	北川　剛司
石﨑　和宏	大野　栄三	北島　信子
石田　智敬	大村　龍太郎	北田　佳子
磯田　三津子	岡出　美則	北野　幸子
板橋　雅則	岡花　祈一郎	木原　俊行
市川　和也	奥平　康照	木村　範子
一柳　智紀	奥村　好美	木村　美来
伊藤　大輔	尾島　卓	木村　優
伊藤　実歩子	小柳　和喜雄	木村　裕
伊藤　美和子	折出　健二	清重　めい

金馬　国晴	佐久間　亜紀	髙橋　洋行
草原　和博	佐久間　敦史	髙林　直人
楠見　友輔	佐久間　裕之	竹石　聖子
久野　弘幸	佐藤　英二	竹内　元
窪田　知子	佐藤　公	竹川　慎哉
久保田　貢	佐藤　幸也	田代　高章
熊井　将太	佐藤　真	田中　耕治
倉本　哲男	佐藤　雄一郎	田中　容子
栗原　幸正	佐野　美奈	田中　怜
栗山　宣夫	サルカール　アラニ	谷口　知美
栗山　靖弘	モハメッドレザ	谷尻　治
黒田　友紀	澤田　稔	谷本　美彦
黒谷　和志	澤本　和子	田上　哲
桑原　敏典	茂見　剛	田端　健人
小泉　祥一	篠﨑　正典	田渕　久美子
神月　紀輔	柴田　好章	玉城　明子
光本　弥生	島田　希	田村　知子
古賀　竣也	清水　克博	田村　真広
小寺　隆幸	清水　良彦	田村　恵美
後藤　明史	清水　禎文	田本　正一
後藤　みな	庄井　良信	丹下　悠史
小林　将太	白井　克尚	千々布　敏弥
小林　宏己	白石　陽一	趙　卿我
子安　潤	白尾　裕志	塚原　健太
小栁　亜季	杉原　真晃	次橋　秀樹
小山　英恵	杉本　憲子	土屋　直人
小山　優子	鈴木　伸尚	土屋　弥生
齋木　喜美子	鈴木　正敏	鶴田　清司
齋藤　智哉	鈴木　悠太	鄭　谷心
酒井　喜八郎	住友　剛	鉄口　真理子
坂井　清隆	住野　好久	徳岡　慶一
境　智洋	園部　友里恵	徳島　祐彌
酒井　雅子	髙木　啓	徳永　俊太
坂本　篤史	高橋　亜希子	冨澤　美千子
坂本　將暢	高橋　英児	富田　充保

執筆者一覧

冨永　麻美	樋口　直宏	星川　佳加
冨永　光昭	樋口　裕介	細尾　萌子
豊田　和子	久田　敏彦	細川　和仁
豊田　ひさき	姫野　完治	細矢　智寛
内藤　由佳子	平岡　秀美	堀　哲夫
長島　康雄	平野　拓朗	堀内　かおる
仲条　幸一	平山　勉	本宮　裕示郎
長瀬　拓也	広石　英記	本所　恵
永田　麻詠	広瀬　綾子	本多　千明
中坪　史典	廣瀬　真琴	前田　賢次
中西　さやか	深澤　悦子	増田　美奈
中西　修一朗	深澤　広明	松尾　奈美
中野　和光	深見　俊崇	松崎　正治
中野　真志	深谷　圭助	松下　佳代
中橋　雄	福井　駿	松下　晴彦
中村（新井）清二	福嶋　祐貴	松田　充
成田　雅樹	福田　敦志	松本　和寿
西岡　加名恵	福田　八重	松本　康
二宮　衆一	福田　喜彦	的場　正美
根本　淳子	藤井　佳世	三浦　浩喜
野口　隆子	藤井　真吾	水野　正朗
埜嵜　志保	藤井　啓之	溝上　敦子
野中　陽一	藤井　康之	溝邊　和成
橋川　喜美代	藤井　佑介	三石　初雄
八田　幸恵	藤江　康彦	南浦　涼介
馬場　智子	藤川　大祐	箕輪　潤子
馬場　大樹	藤村　宣之	三橋　謙一郎
早川　知宏	藤本　和久	三村　和則
早坂　淳	冨士原　紀絵	宮川　洋一
林　尚示	伏木　久始	宮﨑　充治
羽山　裕子	船越　勝	宮原　順寛
原田　大介	船越　美穂	宮本　勇一
原田　拓馬	別惣　淳二	椋木　香子
樋口　太郎	鋒山　泰弘	椋田　善之
樋口　とみ子	星　瑞希	村井　尚子

村瀬　公胤	山岸　知幸	吉田　茂孝
望月　一枝	山口　剛史	吉田　剛
望月　未希	山﨑　準二	吉田　成章
森　枝美	山崎　雄介	吉永　紀子
森　久佳	山路　茜	吉村　功太郎
森　玲奈	山住　勝広	吉村　敏之
森田　真樹	山田　綾	米村　まろか
森本　和寿	山辺　恵理子	若林　身歌
森本　洋介	山本　敏郎	若松　大輔
守谷　富士彦	山本　はるか	脇本　健弘
八木　秀文	山本　裕子	渡辺　貴裕
安井　一郎	山本　理絵	渡邉　巧
安谷　元伸	湯浅　恭正	渡邉　眞依子
谷塚　光典	綴利　真奈美	渡辺　雅之
矢野　英子	横山　草介	亘理　陽一
山内　絵美理	横山　真理	

（五十音順）

日本教育方法学会『教育方法学辞典』
編集委員会

(五十音順)

秋田　喜代美
浅井　幸子
梅津　正美
大野　栄三
小柳　和喜雄
川地　亜弥子
木原　俊行
金馬　国晴
子安　潤
佐久間　亜紀
澤田　稔
竹内　元
西岡　加名恵
樋口　直宏
深澤　広明
福田　敦志
冨士原　紀絵
松下　佳代
的場　正美
亘理　陽一

教育方法学辞典

2024 年 10 月 20 日　第 1 版第 1 刷発行

日本教育方法学会編

発行者　田中　千津子	〒153-0064　東京都目黒区下目黒3-6-1
発行所　株式会社 学 文 社	電話　03（3715）1501 ㈹ FAX　03（3715）2012 https://www.gakubunsha.com

©National Association for the Study of Educational Methods（NASEM）2024

乱丁・落丁の場合は本社でお取替えします。　　　Printed in Japan
定価はカバーに表示。　　　印刷　新灯印刷

ISBN978-4-7620-3381-0